Arbeit vor Rente

Diktatur und Demokratie im 20. Jahrhundert, Bd. 5

Schriftenreihe der Forschungs- und Dokumentationsstelle
des Landes Mecklenburg-Vorpommern
zur Geschichte der Diktaturen in Deutschland

Herausgegeben von
Stefan Creuzberger
Fred Mrotzek

Carolin Wiethoff

Arbeit vor Rente

Soziale Sicherung bei Invalidität und berufliche Rehabilitation in der DDR (1949–1989)

be.bra
wissenschaft verlag

Das Buch veröffentlicht eine Dissertationsschrift der Philosophischen Fakultät der Universität Potsdam, die am 19. März 2015 verteidigt wurde. Gutachter: Prof. Dr. Dierk Hoffmann, Prof. Dr. Michael Schwartz

Gedruckt mit freundlicher Unterstützung des Forschungsnetzwerkes Alterssicherung der Deutschen Rentenversicherung BUND.

Bibliografische Information der Deutschen Nationalbibliothek
Die Deutsche Nationalbibliothek verzeichnet diese Publikation in der Deutschen Nationalbibliografie; detaillierte bibliografische Daten sind im Internet über http://dnb.d-nb.de abrufbar.

KulturBrauerei Haus 2
Schönhauser Allee 37, 10435 Berlin
post@bebra-wissenschaft.de
Redaktion der Reihe: Stefan Creuzberger, Fred Mrotzek, Rostock
Redaktion des Bandes: Sabine Grabowski
Lektorat: Matthias Zimmermann, Berlin
Umschlag und Satz: typegerecht, Berlin
Schrift: Minion Pro 10,5/13,5 pt
Druck und Bindung: Finidr, Český Těšín
ISBN 978-3-95410-081-1

www.bebra-wissenschaft.de

Inhalt

Einleitung

Deutschland ist seit dem 3. Oktober 1990 wieder vereinigt. In diesem Zeitraum ist über die damit zur Geschichte gewordene DDR viel gestritten worden. Zwischen den beiden Polen Verdammung und Verklärung[1] hat sich ein weites Feld von Zuschreibungen eröffnet, die erklären wollen, was die DDR nun eigentlich war, wie sie funktionierte und vor allem, wie sie über 40 Jahre hinweg trotz aller Widrigkeiten bestehen konnte. Dass die DDR eine Diktatur war, ist dabei in der Forschung weitgehend unbestritten, allerdings scheiden sich die Geister dahingehend, um was für eine Art von Diktatur es sich dabei gehandelt hat. Neben Klassifizierungen als »(spät-)totalitärer Überwachungs- und Versorgungsstaat«,[2] »moderne Diktatur«,[3] Erziehungsdiktatur«[4] und »Versorgungsdiktatur«[5] existiert eine Vielzahl weiterer Begrifflichkeiten, die versuchen, das System der DDR einzuordnen und dessen Spezifika angemessen zu berücksichtigen. Vielen dieser Begrifflichkeiten ist gemein, dass sie sich bemühen, die »harten Seiten« des Regimes, verkörpert durch die Staatssicherheit, die Verfolgung politisch Andersdenkender und die Opfer der Mauer, mit den »weicheren« Aspekten des SED-Staates, wie der Sozial- und Konsumpolitik und dem emanzipatorischen Anspruch einer neueren und besseren Gesellschaft, zu verbinden. Hieran zeigt sich der

1 Vgl. Konrad H. Jarausch: Jenseits von Verdammung und Verklärung. Plädoyer für eine differenzierte DDR-Geschichte, in: Agnès Bensussan u. a. (Hrsg.): Die Überlieferung der Diktaturen. Beiträge zum Umgang mit Archiven der Geheimpolizeien in Polen und Deutschland nach 1989, Essen 2004, S. 229–240.

2 Klaus Schröder: Die DDR. Eine (spät-)totalitäre Gesellschaft, in: Manfred Wilke (Hrsg.): Anatomie der Parteizentrale. Die KPD/SED auf dem Weg zur Macht (= Studien des Forschungsverbundes SED-Staat an der Freien Universität Berlin), Berlin 1998, S. 525–562, S. 556–562.

3 Jürgen Kocka: Die DDR – eine moderne Diktatur? Überlegungen zur Begriffswahl, in: Michael Grüttner u. a. (Hrsg.): Geschichte und Emanzipation. Festschrift für Reinhard Rürüp, Frankfurt am Main 1999, S. 340–350.

4 Dorothee Wierling: Die Jugend als innerer Feind, in: Hartmut Kaelble u. a. (Hrsg.): Sozialgeschichte der DDR, Stuttgart 1994, S. 404–425, hier S. 417–420 (künftig zitiert: Kaelble u. a., Sozialgeschichte der DDR).

5 Beatrix Bouvier: Die DDR – Ein Sozialstaat? Sozialpolitik in der Ära Honecker, Bonn 2002, S. 337 (künftig zitiert: Bouvier, Die DDR – ein Sozialstaat?).

Wunsch, ein differenzierteres Bild zu erhalten und den Alltag und das Leben im SED-Staat stärker in den Vordergrund zu rücken.[6] Ein besonders umstrittenes Beispiel ist dabei der von Konrad H. Jarausch geprägte Begriff der »Fürsorgediktatur«,[7] bei dem neben der Bedeutung einer helfenden Fürsorge ein Unterton von Strenge und Bevormundung mitschwingt, der gekoppelt mit dem Begriff der Diktatur auch die politische Unterdrückung deutlich macht.[8] Trotz aller Kritik[9] ist Jarausch zugute zu halten, dass er mit diesem Begriff versucht, die Ambivalenzen des SED-Staates stärker hervorzuheben und den Widerspruch zwischen Intention und Praxis deutlich zu machen.

Das ist auch das Anliegen der vorliegenden Studie, die sich mit der Sozialpolitik der DDR beschäftigt. Das Thema hat in den letzten Jahren viel Aufmerksamkeit gefunden und das Interesse daran ist ungebrochen. Über die Frage, ob die DDR ein Sozialstaat war, ist dabei ebenso diskutiert worden[10] wie über Pfadabhängigkeiten und Neuerungen im System der ostdeutschen sozialen Sicherung.[11] Innovationen werden vor allem in der starken Ausweitung der betrieblichen Sozialpolitik gesehen, die damit zusammenhing, dass die DDR eine »Arbeitsgesellschaft«[12] war und

6 Vgl. hierzu vor allem Mary Fullbrook: Ein ganz normales Leben. Alltag und Gesellschaft in der DDR, Darmstadt 2008. Fullbrooks Ansatz einer »partizipativen Diktatur« hat ebenfalls viel Anklang und Kritik gefunden, vgl. dazu die Rezension von Thomas Großbölting in: sehepunkte, 9. Jg. (2009), Nr. 7/8 [15.07.2009], URL: http://www.sehepunkte.de/2009/07/15118.html (10.9.2015). – Vgl. Eckhard Jesse: Alltag in der DDR, in: Andreas Kötzing u. a. (Hrsg.): Vergleich als Herausforderung. Festschrift zum 65. Geburtstag von Günther Heydemann (= Schriften des Hannah-Arendt-Instituts für Totalitarismusforschung, Bd. 57), Göttingen 2015, S. 217–228, hier S. 220.

7 Konrad H. Jarausch: Realer Sozialismus als Fürsorgediktatur, Zur begrifflichen Einordnung der DDR, in: Aus Politik und Zeitgeschichte (APuZ), 48. Jg. (1998), H. B 20, S. 33–48.

8 Siehe ebd., S. 42.

9 Vgl. dazu Michael Schwartz: Vertriebene, Evakuierte, Bombengeschädigte, Kriegsheimkehrer sowie Kriegsbeschädigte und Kriegshinterbliebene (künftig zitiert: Schwartz, Kriegsbeschädigte und Kriegshinterbliebene, Bd. 8), in: Dierk Hoffmann/Michael Schwartz (Hrsg.): 1949–1961. Deutsche Demokratische Republik. Im Zeichen des Aufbaus des Sozialismus (= Geschichte der Sozialpolitik in Deutschland seit 1945, Bd. 8), Baden-Baden 2004, S. 592–641, hier S. 593, Anm. 48 (künftig zitiert: Geschichte der Sozialpolitik in Deutschland seit 1945, Bd. 8). – Bouvier, Die DDR – ein Sozialstaat?, S. 337 f. – Vgl. Florian Gräßler: War die DDR totalitär? Eine vergleichende Untersuchung des Herrschaftssystems der DDR anhand der Totalitarismuskonzepte von Friedrich, Linz, Bracher und Kielmannsegg (= Extremismus und Demokratie, Bd. 30), Baden-Baden 2014, S. 299–305.

10 Vgl. Bouvier, Die DDR – Ein Sozialstaat?

11 Vgl. Hans Günter Hockerts (Hrsg.): Drei Wege deutscher Sozialstaatlichkeit. NS-Diktatur, Bundesrepublik und DDR im Vergleich (= Schriftenreihe der Vierteljahrshefte für Zeitgeschichte Bd. 76), München 1998 (künftig zitiert: Hockerts, Drei Wege deutscher Sozialstaatlichkeit).

12 Martin Kohli: Die DDR als Arbeitsgesellschaft? Arbeit, Lebenslauf und soziale Differenzierung (künftig zitiert: Kohli, Die DDR als Arbeitsgesellschaft?), in: Kaelble u. a., Sozialgeschichte der DDR, S. 31–61.

der Betrieb im Vordergrund stand, »in dem sich über 8 Millionen Bürger für in der Regel mehr als 9 Stunden von Montag bis Freitag, zunehmend auch an Wochenenden, aufhalten mussten«.[13] Martin Kohli hat die DDR insofern als eine »radikal moderne Gesellschaft« bezeichnet, als dort im Gegensatz zu Westdeutschland der Erwerbs- und Funktionsstatus weitaus stärker im Vordergrund stand als die Zugehörigkeit zu Besitz- oder Versorgungsklassen.[14] Die Betriebe entwickelten sich zu »zentralen Vergesellschaftungskernen«, die, um Kohlis zugespitzter Formulierung zu folgen, die »soziale Landkarte« letztlich stärker als die Wohnorte dominierten.[15] Im Unterschied zur Bundesrepublik vermischten sich in der DDR betriebliche und staatliche Sozialpolitik. Die Betriebe wurden aufgrund der Verstaatlichung der Wirtschaft zu »Filialen der staatlichen Sozialpolitik«,[16] waren jedoch gleichzeitig durch die Vorgaben der zentralen Wirtschaftsplanung gebunden. Die DDR-Sozialpolitik war damit vor allem von der »Sorge um den arbeitenden Menschen«[17] bestimmt. Als Bezeichnung für dieses System sozialer Sicherung hat sich der Begriff »workfare-state« eingebürgert, der dem traditionellen Wohlfahrtsstaat-Begriff (welfare-state) gegenübergestellt wird.[18]

Doch wo hatten in diesem »workfare-state« diejenigen DDR-Bürger ihren Platz, die nicht mehr oder nur noch eingeschränkt arbeiten konnten, sei es aufgrund von Invalidität, Unfall, einem Kriegsleiden, einer geistigen oder körperlichen Behinderung oder gesundheitlichen Einschränkungen, wie Berufs- oder chronischen Krankheiten? Die vorliegende Studie untersucht die soziale Sicherung dieses Personen-

13 Renate Hürtgen: Entwicklung in der Stagnation? Oder: was ist so spannend am Betriebsalltag der 70er und 80er Jahre in der DDR? (künftig zitiert: Hürtgen, Entwicklung in der Stagnation?), in: Dies./Thomas Reichel (Hrsg.): Der Schein der Stabilität. DDR-Betriebsalltag in der Ära Honecker, Berlin 2001, S. 11–34, hier S. 12 (künftig zitiert: Hürtgen/Reichel, Der Schein der Stabilität).

14 Kohli, Die DDR als Arbeitsgesellschaft?, S. 51.

15 Ebd., S. 43.

16 Peter Hübner: Der Betrieb als Ort der Sozialpolitik in der DDR (künftig zitiert: Hübner, Betrieb als Ort der Sozialpolitik), in: Christoph Boyer/Peter Skyba (Hrsg.): Repression und Wohlstandsversprechen. Zur Stabilisierung von Herrschaft in der DDR und der ČSSR (= Berichte und Studien des Hannah-Arendt-Instituts, Bd. 20), Dresden 1999, S. 63–74, hier S. 63.

17 Otto Grotewohl: Im Mittelpunkt steht der Mensch, S. 191 f., zitiert nach: Dierk Hoffmann/Michael Schwartz: Einleitung, in: Dies. (Hrsg.): Sozialstaatlichkeit in der DDR, Sozialpolitische Entwicklungen im Spannungsfeld von Diktatur und Gesellschaft 1945/49–1989 (= Vierteljahrshefte für Zeitgeschichte, Sondernummer), München 2005, S. 1–11, hier S. 4 (künftig zitiert: Hoffmann/Schwartz, Sozialstaatlichkeit in der DDR).

18 Vgl. Manfred G. Schmidt: Sozialpolitik in Deutschland. Historische Entwicklung und internationaler Vergleich, 2. vollst. überarb. u. erw. Aufl., Opladen 1998, S. 134 (künftig zitiert: Schmidt, Sozialpolitik). – Hans Günter Hockerts, Einführung, in: Ders., Drei Wege deutscher Sozialstaatlichkeit, S. 7–26, hier S. 21.

kreises im Zeitraum von 1949 bis 1989 anhand zweier Bereiche: Der Absicherung bei Invalidität und der beruflichen Rehabilitation. Wie eng diese beiden Bereiche miteinander verbunden waren, mag ein Zitat verdeutlichen. So wandte sich der Kriegsbeschädigte Franz S. im Sommer 1954 mit einem Beschwerdeschreiben, einer sogenannten »Eingabe«, an das Ministerium für Arbeit und Berufsausbildung, in der er sich über die Rentenleistungen in der DDR beschwerte: »Man hat also gut reden, wenn man sich rühmt, Arbeitsplätze für die Schwerbeschädigten zu schaffen und die Schwerbeschädigten ohnehin keine andere Wahl haben, als den Existenzkampf in den Betrieben genau wie jeder Gesunde aufnehmen zu müssen.«[19] Mit dieser Aussage fasste Franz S. die zentralen Punkte der DDR-Sozialpolitik für Menschen mit einer Erwerbsminderung treffend zusammen: Die zuständigen Stellen im Staats- und Parteiapparat sahen die Aufgabe der sozialen Sicherung weniger darin, den Betroffenen durch Rentenleistungen eine Teilhabe am gesellschaftlichen Leben zu ermöglichen, sondern vielmehr in der Reintegration in den Arbeitsmarkt. Für dieses Ziel waren die Behörden bereit, einige Mühen in Kauf zu nehmen. Das in der Verfassung der DDR festgeschriebene »Recht auf Arbeit«[20] war im Gegensatz zu manch anderem dort postuliertem Recht kein leeres Versprechen, sondern verwandelte sich 1961 sogar in eine »Pflicht zur Arbeit«,[21] die zu ignorieren harte Konsequenzen nach sich ziehen konnte.

Doch warum eine weitere Studie zur DDR-Sozialpolitik? Aufgrund der zahlreichen Forschungsaktivitäten auf dem Gebiet der DDR-Geschichte stellt sich bereits die Frage nach einer überforschten[22] oder ausgeforschten DDR-Geschichte, in der noch nicht alles von jedem gesagt worden sei.[23] Dem bleibt entgegenzuhalten, dass es noch eine Menge ungeklärter Forschungsfragen gibt und einige wichtige Bereiche bislang nur unzureichend erforscht sind. Hierzu gehört insbesondere das Zu-

19 Bundesarchiv (BArch), DQ 2/4102, unpag., Eingabe von F. S. an Ministerium für Arbeit und Berufsausbildung (MfAB), 6.7.1954.

20 Verfassung der DDR, Art. 15, Abs. 2: »Das Recht auf Arbeit wird verbürgt. Der Staat sichert durch Wirtschaftslenkung jedem Bürger Arbeit und Lebensunterhalt. Soweit dem Bürger angemessenen [sic!] Arbeitsgelegenheit nicht nachgewiesen werden kann, wird für seinen notwendigen Unterhalt gesorgt.« Gesetzblatt (GBl.) der DDR 1949, S. 5–16.

21 GBl. der DDR I 1961, S. 27–29, hier § 2, Abs. 1 und 2, S. 29. – Vgl. auch Dierk Hoffmann: Leistungsprinzip und Versorgungsprinzip: Widersprüche der DDR-Arbeitsgesellschaft (künftig zitiert: Hoffmann, Leistungsprinzip und Versorgungsprinzip), in: Hoffmann/Schwartz, Sozialstaatlichkeit in der DDR, S. 89–114, hier S. 99.

22 Vgl. dazu Jürgen Kocka: Bilanz und Perspektiven der DDR-Forschung. Hermann Weber zum 75. Geburtstag, in: Deutschland-Archiv 5 (2003), H. 5, S. 764–769, hier S. 768.

23 Vgl. dazu Thomas Lindenberger: Ist die DDR ausgeforscht? Phasen, Trends und ein optimistischer Ausblick (künftig zitiert: Lindenberger, Ist die DDR ausgeforscht), in: APuZ, 64. Jg. (2014), H. 24–26, S. 27–32, hier S. 29.

sammenspiel zwischen einzelnen staatlichen und den regionalen Stellen.[24] Zudem besitzt die Forschung zur DDR, bedingt durch die zeitliche Nähe und die in der Bundesrepublik lebenden ehemaligen DDR-Bürger, immer auch einen Aktualitätsbezug. Dies gilt vor allem für die Sozialpolitik, denn trotz der Übernahme des westdeutschen Sozialversicherungssystems in Ostdeutschland gibt es noch Konflikte, beispielsweise, wenn es um Rentenleistungen für bestimmte Gruppen geht.[25]

Das hier untersuchte Thema, zu dem bislang noch keine wissenschaftliche Gesamtstudie existiert, bietet die Möglichkeit, zu einer genaueren Kenntnis dieser zum Teil sehr komplexen Strukturen zu gelangen und zudem den bereits angeführten Widerspruch zwischen Anspruch und Praxis des SED-Regimes in Augenschein zu nehmen. War die DDR tatsächlich eine Fürsorgediktatur? War sie ein Sozialstaat? Diese Fragen lassen sich nur beantworten, wenn man auch die Situation von Randgruppen mit in den Blick nimmt. Sozialpolitik ist immer auch ein Gradmesser für das Verhältnis eines Staates zu seinen Bürgern. Eine moderne Sozialstaatlichkeit zeichnet sich dadurch aus, ein »in Verfassungen, Gesetzen und Verordnungen kodifizierter Vergesellschaftungsmodus« zu sein, der eine Parteinahme für sozial Schwächere voraussetzt, Eingriffe in das Wirtschaftsleben bedingt und neben Schutz- auch Gestaltungsaufgaben umfasst.[26] Inwieweit gelang es der Parteiführung, eine solche Politik für Menschen mit Erwerbsminderungen durchzusetzen? Und welche Rolle spielte dabei der Alleinherrschaftsanspruch der SED? Anhand des Untersuchungsgegenstandes lässt sich danach fragen, wie Politik und Herrschaft in der DDR funktionierten, welche Konflikte es über bestimmte Themenbereiche gab und wie die einzelnen Stellen auf Probleme reagierten.

Terminologie und Methode

Im Fokus stehen die gesetzlichen Regelungen und Verordnungen und deren Umsetzung für Menschen mit einer Erwerbsminderung, ganz gleich, ob diese auf eine Krankheit, einen Unfall, eine angeborene Behinderung oder eine Kriegsbeschädigung zurückzuführen war. Der Begriff Erwerbsminderung kam zwar im Recht der DDR nicht vor, wurde aber in der medizinischen Fachsprache benutzt. In der vorliegenden Untersuchung wird dieser Begriff verwendet, da er sich auf verschiedene Gruppen be-

24 Vgl. dazu den Tagungsbericht von Rüdiger Bergien: Die DDR-Bezirke – Akteure zwischen Macht und Ohnmacht, 30.11.2012 Berlin, in: H-Soz-Kult, 15.01.2013, URL: http://www.hsozkult.de/conferencereport/id/tagungsberichte-4573 (16.7.2016).

25 Vgl. Markus Wanzeck, Revolte der Rentnerinnen, in: Die Zeit, 31.3.2011, Nr. 14.

26 Christoph Butterwege: Wohlfahrtsstaat im Wandel – Probleme und Perspektiven der Sozialpolitik, 3. Auflage, Opladen 2001, S. 15.

ziehen kann, denen jedoch eines gemeinsam ist: Sie konnten nicht unmittelbar einer Erwerbstätigkeit nachgehen, sondern mussten aufgrund gewisser Einschränkungen – meist gesundheitlicher Art – Hilfe zur beruflichen Integration in Anspruch nehmen. Aus diesem Grund wird auch der Begriff »Behinderung« hier nicht verwendet, da Menschen mit Behinderungen nicht per se erwerbsgemindert sind.[27]

Ein übergreifender Begriff ist vor allem deshalb wichtig, weil die gesetzlichen Regelungen zum Teil für unterschiedliche Gruppen galten, zwischen denen jedoch häufig nicht näher differenziert wurde. Beispielsweise beziehen sich die Bemühungen der Arbeitsintegration in den 1970er- und 1980er-Jahren vor allem auf junge Menschen mit einer geistigen oder einer schweren körperlichen Behinderung, aber auch auf Invaliden- oder Unfallrentner, die wieder in den Arbeitsprozess integriert werden sollten. Die Bezeichnung des Personenkreises hängt dabei häufig von der jeweils zuständigen Stelle ab: In den Akten der Verwaltung der Sozialversicherung der Arbeiter und Angestellten, die ab 1956 offiziell dem Freien Deutschen Gewerkschaftsbund (FDGB) unterstand, war überwiegend die Rede von Invalidenrentnern, das Ministerium für Arbeit hingegen sprach meist von Schwerbeschädigten, das Ministerium für Gesundheitswesen dagegen von Schwerbeschädigten, Schwerstgeschädigten und Rehabilitanden. Die Autorin orientiert sich dabei vorrangig an den in den untersuchten Quellen vorherrschenden Begrifflichkeiten, die im Folgenden näher definiert werden sollen.

Generell war im Recht der DDR statt des Begriffs »Behinderung«, der in der Bundesrepublik verwendet wurde, von einer »Beschädigung« die Rede, und die Betroffenen wurden als »Geschädigte« oder »Schwerbeschädigte« bezeichnet.[28] In die sehr heterogene Kategorie der »Schwerbeschädigten« fielen schon in der Sowjetischen Besatzungszone (SBZ) bestimmte Personengruppen ab dem 14. Lebensjahr, die einen Körperschaden von mehr als 50 Prozent vorweisen konnten und damit zum Besitz eines Schwerbeschädigten-Ausweises, der bestimmte Vergünstigungen gewährte, berechtigt waren.[29] Anfang der 1950er-Jahre wurde die Bestimmung novelliert; fortan verstand man darunter alle chronischen Leiden, sofern es sich nicht um Alterserscheinungen handelte.[30] Die Regelung einer prozentualen Einstufung wurde 1954 abgeschafft und die Ausweise nun nach vier Stufen, nämlich »leichtbeschädigt«,

27 Vgl. Felix Welti: Behinderung und Rehabilitation im sozialen Rechtsstaat. Freiheitsgleichheit und Teilhabe behinderter Menschen, Tübingen 2005, S. 34 (künftig zitiert: Welti, Behinderung und Rehabilitation).

28 Siehe ebd., S. 23.

29 Siehe BArch, DY 34/27740, Bl. 102 f., Befehl Nr. 89 des Obersten Chefs der Sowjetischen Militäradministration in Deutschland (SMAD) vom 17. April 1947.

30 Siehe Anweisung über die Ausgabe von Schwerbeschädigten-Ausweisen vom 21.12.1951, GBl. der DDR 1951, S. 1187.

»schwerbeschädigt« und »schwerstbeschädigt« sowie »schwerstbeschädigt mit Begleiter« ausgegeben.[31] Die letzten beiden Begriffe wurden ab den 1970er-Jahren durch den Terminus »physisch und psychisch Schwerstgeschädigter« ersetzt, wobei es sich um Personen mit einer schweren körperlichen und geistigen Behinderung handelte. Bei einer Beschädigung von über 66 2/3 Prozent konnten Schwerbeschädigte eine Invalidenrente beziehen, wenn sie zuvor mindestens fünf Jahre ununterbrochen bei der Sozialversicherung versichert gewesen waren und die festgelegten Voraussetzungen erfüllten. Invalidität lag vor, wenn Versicherte »infolge einer Krankheit oder anderer Leiden oder Schwächen der geistigen und körperlichen Eigenschaften nicht in der Lage waren, durch bezahlte Arbeit, die ihren Kräften und Fähigkeiten entsprach und die sie sonst nach ihrer Bildung und ihrem Beruf leisten konnten, ein Drittel dessen zu verdienen, was ein körperlich und geistig gesunder Mensch desselben Berufs und des gleichen Bildungsganges im selben Bezirk gewöhnlich verdienen«[32] konnte. 1974 wurde diese Definition durch die Bestimmung ersetzt, dass Invalidität dann vorlag, wenn »durch Krankheit, Unfall oder eine sonstige geistige oder körperliche Schädigung das Leistungsvermögen oder der Verdienst um mindestens zwei Drittel gemindert« war und dies »in absehbarer Zeit nicht behoben« werden konnte.[33]

Der Begriff »Rehabilitation« tauchte in der DDR analog zur Bundesrepublik erst ab Mitte der 1950er-Jahre auf. Gleichwohl hat die berufliche Rehabilitation ihre Tradition in der Berufsfürsorge verschiedener Bereiche, wie der Unfallversicherung, der Krüppelfürsorge und der Kriegsopferversorgung.[34] In der DDR wurde Rehabilitation als »zweckgerichtete Tätigkeit eines Kollektivs in medizinischer, sozialer und ökonomischer Hinsicht« verstanden, die »zur Erhaltung, Wiederherstellung und Pflege der Fähigkeiten des Menschen« beitragen und diesen zu einer aktiven Teilnahme am gesellschaftlichen Leben befähigen sollte.[35] Als das »qualitativ Neue der

31 Siehe Anweisung für die Durchführung der ärztlichen Feststellungen über Körperschäden für die Ausstellung von Schwerbeschädigten-Ausweisen vom 25. März 1954, Zentralblatt (ZBl.), Nr. 14, S. 144.

32 § 54 der Verordnung über die Sozialpflichtversicherung vom 28. Januar 1947, in: Arbeit und Sozialfürsorge (AuS), 1947, S. 92–102, hier S. 92.

33 § 8, Abs. 1 der VO über die Gewährung und Berechnung von Renten der Sozialversicherung vom 4. April 1974, GBl. der DDR I vom 17. Mai 1974, S. 201–215.

34 Vgl. dazu: Kurt-Alphons Jochheim/Ferdinand Schliehe/Helfried Teichmann: Rehabilitation und Hilfen für Behinderte (künftig zitiert: Jochheim u. a., Rehabilitation und Hilfen für Behinderte), in: Udo Wengst (Hrsg.): 1945–1949. Die Zeit der Besatzungszonen. Sozialpolitik zwischen Kriegsende und der Gründung zweier deutscher Staaten (= Geschichte der Sozialpolitik in Deutschland seit 1945, Bd. 2/1), Baden-Baden 2001, S. 561–595 (künftig zitiert: Geschichte der Sozialpolitik in Deutschland seit 1945, Bd. 2/1).

35 Zitiert nach Karlheinz Renker, Die Wandlung der Rehabilitation in der sozialistischen Gesellschaft, in: AuS, 16. Jg. (1961), H. 15, S. 349–350, hier S. 349.

Rehabilitation« wurde die zentrale Rolle der »Arbeitstätigkeit des Menschen« hervorgehoben.[36] Mit dem Verweis auf eine gesellschaftliche Verantwortung versuchten Rehabilitationsexperten der DDR, die »sozialistische« Rehabilitation von den westdeutschen Definitionen abzugrenzen.[37] Im Rahmen der vorliegenden Untersuchung soll vor allem die berufliche Rehabilitation im Vordergrund stehen, womit andere Dimensionen des Begriffs, wie die pädagogische Rehabilitation, die sich insbesondere auf Kinder und Jugendliche mit Behinderungen erstreckte[38] und die soziale Rehabilitation – ein euphemistischer Begriff für den Umgang des SED-Staates mit Personen, die als »asozial« oder »arbeitsscheu«, diskriminiert wurden,[39] weitgehend ausgeklammert bleiben.

Untersucht wird die DDR und ihre Vorgeschichte bis zum Sturz Honeckers. Im Vordergrund stehen vier Fragekomplexe, die sich grob darauf verkürzen lassen, wie sozialpolitische Initiativen zur Invalidenrentenversicherung und beruflichen Rehabilitation in der DDR entstanden, woran sie sich orientierten, wer an ihrer Ausarbeitung beteiligt war und wie sie umgesetzt wurden. Die ersten drei Fragekomplexe konzentrieren sich dabei auf die staatliche Sozialpolitik und die Staats- und Parteiführung. Im Vordergrund steht die Entstehung gesetzlicher Initiativen. Woher kamen Anregungen für Beschlüsse, die im Zusammenhang mit den beiden Themenbereichen standen, und woran orientieren sich diese? Welche Kontinuitäten und Brüche gab es innerhalb des Untersuchungszeitraums? Im Zusammenhang damit steht die Frage nach den Akteuren und ihrem Gestaltungsspielraum innerhalb des Politikfeldes. Hierfür werden Prozesse der Entscheidungsfindung innerhalb des Par-

36 Joachim Walther: Das spezielle betriebliche Rehabilitationsverfahren zur Verhinderung der Frühinvalidität. Arbeitsökonomische Auswertung des »Rehabilitationsmodells Lichtenberg« (= Beiträge zum Betriebsgesundheitsschutz, Bd. 15), Berlin (Ost) 1967, S. 22 (künftig zitiert: Walther, Rehabilitationsverfahren zur Verhinderung der Frühinvalidität).

37 Vgl. ebd., S. 20.

38 Vgl. u. a. Ricarda Hübner: Die Rehabilitationspädagogik in der DDR. Zur Entwicklung einer Profession. Frankfurt am Main u. a. 2000 (künftig zitiert: Hübner, Die Rehabilitationspädagogik in der DDR). – Birgit Werner: Sonderpädagogik im Spannungsfeld zwischen Ideologie und Tradition. Zur Geschichte der Sonderpädagogik unter besonderer Berücksichtigung der Hilfsschulpädagogik in der SBZ und DDR zwischen 1945 und 1952, Hamburg 1999. – Sebastian Barsch: Bildung, Arbeit und geistige Behinderung in der DDR. Zwischen Anspruch und Wirklichkeit, in: Deutschland Archiv, 41. Jg. (2008), H. 3, S. 480–487.

39 Vgl. hierzu v. a. Sven Korzilius: »Asoziale« und »Parasiten« im Recht der SBZ/DDR. Randgruppen im Sozialismus zwischen Repression und Ausgrenzung (= Arbeiten zur Geschichte des Rechts in der DDR, Bd. 4), Köln 2005 (künftig zitiert: Korzilius, »Asoziale« und »Parasiten« im Recht der SBZ/DDR). – Thomas Lindenberger: »Asoziale Lebensweise«. Herrschaftslegitimation, Sozialdisziplinierung und die Konstruktion eines »negativen Milieus« in der SED-Diktatur (künftig zitiert: Lindenberger, »Asoziale Lebensweise«). in: Geschichte und Gesellschaft (GuG), 31. Jg. (2005), H. 2, S. 227–254.

tei- und Staatsapparates anhand der gesetzlichen Bestimmungen näher beleuchtet. Welche Diskussionen gingen diesen voraus? Wie positionierten sich die einzelnen Akteure und traten Differenzen oder sogar Konflikte auf? Gab es Netzwerke und welchen Einfluss hatten diese? Denn während die Rentengesetzgebung durch das Politbüro beschlossen und dann in der Regel auch umgesetzt wurde, war bei der beruflichen Integration wesentlich mehr Mithilfe durch die unteren Instanzen notwendig. Wichtig waren hier vor allem die Abteilungen Gesundheits- und Sozialwesen beim Bezirk und Kreis, ebenso wie die Ämter für Arbeit. Als Reaktion auf zentrale Beschlüsse wurden zunächst meist eigene Beschlüsse im Bezirk gefasst, die dann auch über die Kreise, Städte und Gemeinden auf die Betriebe einwirkten.[40] Zudem wird die »Verschränkung von Herrschaft und Gesellschaft« auf der regionalen Ebene besser greifbar als aus Sicht der zentralen Stellen.[41]

Um das Zusammenspiel örtlicher Stellen näher zu untersuchen, wurde deshalb ein DDR-Bezirk – der Bezirk Frankfurt (Oder) – exemplarisch beleuchtet. Der Bezirk umfasste bei seiner Gründung 1952 zunächst sieben Kreise,[42] die Zahl erhöhte sich jedoch durch neue Gebietseinteilungen und den Bau zweier wichtiger Kombinate bis in die 1960er-Jahre auf 14. So wurde 1952 aufgrund der Entstehung des Eisenhüttenkombinates Ost aus Teilen des Kreises Frankfurt der Kreis Fürstenberg gebildet, der 1962 in Eisenhüttenstadt-Land umbenannt wurde. Die gleichzeitig geschaffene Stadt, die ab 1953 den Namen Stalinstadt trug, erhielt einen eigenen Stadtkreis, ebenso wie 1962 die Stadt Schwedt.[43] Der Bezirk Frankfurt (Oder) scheint aufgrund seiner agrarischen Prägung und der Tatsache, dass im Bezirk auch einige wichtige Großbetriebe wie das Eisenhüttenkombinat Ost, das Petrolchemische Kombinat Schwedt (Oder) und das Halbleiterwerk Frankfurt (Oder) lokalisiert waren, besonders geeignet für die Beantwortung der Forschungsfragen.

Gerade bei der beruflichen Rehabilitation von Menschen mit Erwerbsminderungen waren die Betriebe ein wichtiges Element. Die zuständigen Stellen im Be-

40 Siehe Eva Rickmers: Aufgaben und Struktur der Bezirkstage und Räte der Bezirke in der DDR 1952–1990/91 am Beispiel des Bezirkes Cottbus (= Quellen, Findbücher und Inventare des brandenburgischen Landeshauptarchivs, Bd. 22), Frankfurt am Main 2007, S. 13 (künftig zitiert: Rickmers, Aufgaben und Struktur der Bezirkstage und Räte der Bezirke).

41 Henrik Bispinck u. a.: Die Zukunft der DDR-Geschichte. Potentiale und Probleme zeithistorischer Forschung, in: Vierteljahrshefte für Zeitgeschichte (VfZ), 53. Jg. (2005), H. 4, S. 547–570, hier S. 569.

42 Es handelte sich dabei um die Kreise Angermünde, Frankfurt (Oder), Fürstenwalde, Niederbarnim, Oberbarnim, Seelow und Storkow-Beeskow, vgl. Karl Heinz Hajna: Länder – Bezirke – Länder. Zur Territorialstruktur im Osten Deutschlands 1945–1990, Frankfurt am Main 1995, S. 133 f. (künftig zitiert: Hajna, Länder – Bezirke – Länder).

43 Vgl. ebd.

zirk traten dabei als Mittler zwischen den Betrieben und der zentralen Ebene auf. Untersucht wird deshalb auch, ob die Betriebe die Beschlüsse der zentralen Stellen umsetzten oder ob sie versuchten, sich den gesetzlichen Vorgaben zu entziehen. Um konkrete Aussagen treffen zu können, wurde ein Großbetrieb – das zu Beginn der 1950er-Jahre in der Nähe von Fürstenberg (Oder) entstandene Eisenhüttenkombinat Ost (EKO) – als betriebliches Fallbeispiel untersucht. Das EKO bietet sich besonders an, weil es im Gegensatz zu anderen Großbetrieben, wie dem Halbleiterwerk Frankfurt (Oder) oder dem Petrolchemischen Kombinat bereits kurz nach der Gründung der DDR entstand. Damit eröffnet sich die Möglichkeit, die Entwicklung nahezu im gesamten Untersuchungszeitraum zu prüfen. Zudem galt es als besonders privilegiertes DDR-Kombinat.[44] Die Studie untersucht also ausgehend von der Entscheidung auf der zentralen Ebene auch die Entwicklung auf der Mikroebene. Mit dieser Vorgehensweise lassen sich neue Erkenntnisse darüber gewinnen, wie das politische System funktionierte und wo es sich selbst blockierte. Ziel ist es, die innerhalb des Politikfeldes bestehenden Konflikte zu benennen und deren Auswirkungen zu analysieren. Der lange Untersuchungszeitraum bietet den Vorteil, Kontinuitäten und Brüche in den unterschiedlichen Zeiträumen herauszuarbeiten.

Forschungsstand

Bislang existiert noch keine wissenschaftlich fundierte Gesamtstudie zum Thema. Gleichwohl wurden Teilaspekte des Themas bereits untersucht. Einen Einblick bietet das Handbuch der Geschichte der Sozialpolitik in Deutschland von Johannes Frerich und Martin Frey,[45] das die wichtigsten sozialpolitischen Regelungen zur Sozialpolitik bündelt. Die Autoren gehen auf diese jedoch nur kurz mit einer knappen Einordnung in den historischen Kontext ein. Für eine ausführlichere Darstellung sind hier die DDR-Bände des vom Bundesministerium für Arbeit und Soziales und dem Bundesarchiv herausgegebenen Sammelwerkes »Geschichte der Sozialpolitik in Deutschland seit 1945«[46] hilfreich, in denen alle sozialpolitischen Felder der

44 Zur Geschichte des EKO vgl.: Lutz Schmidt (Hrsg.): Einblicke. 50 Jahre EKO Stahl, hrsg. v. d. EKO Stahl GmbH Eisenhüttenstadt, Eisenhüttenstadt 2000 (künftig zitiert: Schmidt, Einblicke).

45 Johannes Frerich/Martin Frey: Handbuch der Geschichte der Sozialpolitik in Deutschland, Bd. 2: Sozialpolitik in der Deutschen Demokratischen Republik, München u. a. 1993 (künftig zitiert: Frerich/Frey, Handbuch der Geschichte der Sozialpolitik, Bd. 2).

46 Dierk Hoffmann/Michael Schwartz (Hrsg.): 1949–1961. Deutsche Demokratische Republik (= Geschichte der Sozialpolitik in Deutschland seit 1945, Bd. 8, Baden-Baden 2004 (künftig zitiert: Geschichte der Sozialpolitik in Deutschland seit 1945, Bd. 8). – Christoph Kleßmann (Hrsg.): 1961–1971. Deutsche Demokratische Republik. Politische Stabilisierung und wirtschaftliche

SED-Politik näher untersucht werden. In Bezug auf die Rentenpolitik der DDR sind vor allem die Arbeiten von Dierk Hoffmann relevant. Neben dem Umbau der Sozialversicherung in den Jahren 1945–1956[47] hat er die Rentenpolitik in einzelnen Studien für den DDR-Zeitraum[48] sowie deren Auswirkung auf die Lebenssituation von Rentnern[49] untersucht. Einen knappen Überblick über die einzelnen gesetzlichen Entscheidungen zur Rentenpolitik der DDR bietet auch die Publikation von Elke Hoffmann, die eine umfassende Materialsammlung – ergänzt durch eine kurze Einführung – beinhaltet.[50] Mit der Kriegsbeschädigten-Problematik hat sich neben Marcel Boldorf[51] vor allem Michael Schwartz[52] auseinandergesetzt und wichtige Erkenntnisse über den Protest von Schwerbeschädigten gegen den Sozialabbau im

Mobilisierung. (= Geschichte der Sozialpolitik in Deutschland seit 1945, Bd. 9), Baden-Baden 2006 (künftig zitiert: Geschichte der Sozialpolitik in Deutschland seit 1945, Bd. 9). – Christoph Boyer, u. a. (Hrsg.): 1971–1989. Deutsche Demokratische Republik Bewegung in der Sozialpolitik. Erstarrung und Niedergang (= Geschichte der Sozialpolitik in Deutschland seit 1945, Bd. 10), Baden-Baden 2008 (künftig zitiert: Geschichte der Sozialpolitik in Deutschland seit 1945, Bd. 10).

47 Dierk Hoffmann: Sozialpolitische Neuordnung in der SBZ/DDR. Der Umbau der Sozialversicherung 1945–1956 (= Studien zur Zeitgeschichte, Bd. 47), München 1996 (künftig zitiert: Hoffmann, Sozialpolitische Neuordnung in der SBZ/DDR).

48 Ders.: Sozialistische Rentenreform? Die Debatte über die Verbesserung der Altersversorgung in der DDR 1956/57 (künftig zitiert: Hoffmann, Sozialistische Rentenreform?), in: Stefan Fisch/Ulrike Haerendel (Hrsg.): Geschichte und Gegenwart der Rentenversicherung in Deutschland. Beiträge zur Entstehung, Entwicklung und vergleichenden Einordnung der Alterssicherung im Sozialstaat, Berlin 2000, S. 293–309.

49 Ders.: Am Rande der sozialistischen Arbeitsgesellschaft. Rentner in der DDR 1945–1990 (= Veröffentlichung der Landeszentrale für politische Bildung Thüringen). Erfurt 2010 (künftig zitiert: Hoffmann, Am Rande der sozialistischen Arbeitsgesellschaft). – Ders.: Lebensstandard, Alterssicherung und SED-Rentenpolitik. Zur sozialen und wirtschaftlichen Lage der Rentner in der DDR während der fünfziger Jahre (künftig zitiert: Hoffmann, Lebensstandard, Alterssicherung und SED-Rentenpolitik), in: Deutschland Archiv, 38. Jg. (2005), H. 3, S. 461–473.

50 Elke Hoffmann: Das Alterssicherungssystem der DDR: Zur Geschichte der Rentengesetzgebung 1946–1990, Berlin 1995 (künftig zitiert: Hoffmann, Alterssicherungssystem der DDR).

51 Marcel Boldorf: Die Verdrängung der Kriegsbeschädigtenproblematik in der SBZ/DDR (künftig zitiert: Boldorf, Verdrängung der Kriegsbeschädigtenproblematik), in: Paul Erker (Hrsg.): Rechnung für Hitlers Krieg. Aspekte und Probleme des Lastenausgleichs, Heidelberg 2004, S. 235–247.

52 Schwartz, Kriegsbeschädigte und Kriegshinterbliebene, Bd. 8. – Ders.: Vertriebene, Evakuierte, Bombengeschädigte, Kriegsheimkehrer sowie Kriegsbeschädigte und Kriegshinterbliebene (künftig zitiert: Schwartz, Kriegsbeschädigte und Kriegshinterbliebene, Bd. 9), in: Geschichte der Sozialpolitik in Deutschland seit 1945, Bd. 9, S. 611–624. – Ders.: Vertriebene, Evakuierte, Bombengeschädigte, Kriegsheimkehrer sowie Kriegsbeschädigte und Kriegshinterbliebene (künftig zitiert: Schwartz, Kriegsbeschädigte und Kriegshinterbliebene, Bd. 10), in: Geschichte der Sozialpolitik in Deutschland seit 1945, Bd. 10, S. 585–595.

Rahmen des Sparkurses der 1950er-Jahre zu Tage gefördert.[53] Mit Einsparungen der Sozialversicherung beschäftigt sich auch Boldorf in seiner Studie über die Sozialfürsorge in der SBZ/DDR.[54] Zudem hat er die Integration von Kriegsbeschädigten in den Arbeitsprozess näher untersucht.[55] Auch Boldorfs Artikel im Rahmen der »Geschichte der Sozialpolitik in Deutschland« zum Thema Rehabilitation bieten einen guten Überblick.[56] Die Sozialpolitik in der Ära Honecker beleuchtet Beatrix Bouvier, die auch die Arbeitskraftlenkung und Arbeitsverfassung näher untersucht.[57] Auf diese geht ebenso Peter Hübner in seinen zahlreichen Publikationen zur Geschichte der Arbeiter in der DDR ein.[58]

Die Geschichte der Betriebe in der DDR hat zwar eine Vielzahl von Autoren beschäftigt,[59] die insbesondere das soziale Gefüge in den Blick nehmen. Das betriebliche Gesundheits- und Sozialwesen und insbesondere die Betreuung von Menschen

53 Ders.: SED-Sozialabbau und Bevölkerungsprotest. Strukturbedingungen und Eskalation des Konflikts zwischen SED-Regime und Schwerbeschädigten im Vorfeld des Juni-Aufstandes von 1953 (künftig zitiert: Schwartz, SED-Sozialabbau und Bevölkerungsprotest), in: Henrik Bispinck u. a. (Hrsg.): Aufstände im Ostblock: Zur Krisengeschichte des realen Sozialismus, Berlin 2004, S. 75–96.

54 Marcel Boldorf: Sozialfürsorge in der SBZ/DDR 1945–1953. Ursachen, Ausmaß und Bewältigung der Nachkriegsarmut, Stuttgart 1998 (künftig zitiert: Boldorf, Sozialfürsorge in der SBZ/DDR).

55 Ders.: Eingliederung der Kriegsopfer und Schwerbeschädigten Ostdeutschlands in den Arbeitsprozeß (künftig zitiert: Boldorf, Eingliederung der Kriegsopfer und Schwerbeschädigten), in: Christoph Buchheim (Hrsg.): Wirtschaftliche Folgelasten des Krieges in der SBZ/DDR, Baden-Baden 1995, S. 403–415.

56 Marcel Boldorf: Rehabilitation und Hilfen für Behinderte (künftig zitiert: Boldorf, Rehabilitation und Hilfen für Behinderte, Bd. 8), in: Geschichte der Sozialpolitik in Deutschland seit 1945, Bd. 8, S. 453–474. – Ders.: Rehabilitation und Hilfen für Behinderte (künftig zitiert: Boldorf, Rehabilitation und Hilfen für Behinderte, Bd. 9), in: Geschichte der Sozialpolitik in Deutschland, Bd. 9, S. 449–470. – Ders.: Rehabilitation und Hilfen für Behinderte (künftig zitiert: Boldorf, Rehabilitation und Hilfen für Behinderte, Bd. 10), in: Geschichte der Sozialpolitik in Deutschland, Bd. 10, S. 433–450.

57 Bouvier, Die DDR – Ein Sozialstaat?

58 Peter Hübner: Arbeit, Arbeiter und Technik in der DDR 1971–1989. Zwischen Fordismus und digitaler Revolution (= Geschichte der Arbeiter und der Arbeiterbewegung in Deutschland seit dem Ende des 18. Jahrhunderts, Bd. 15), Bonn 2014 (künftig zitiert: Hübner, Arbeit, Arbeiter und Technik in der DDR). – Ders./Klaus Tenfelde (Hrsg.): Arbeiter in der SBZ/DDR, Essen 1999 (künftig zitiert: Hübner/Tenfelde, Arbeiter in der SBZ/DDR). – Peter Hübner: Arbeiterklasse als Inszenierung? Arbeiter und Gesellschaftspolitik in der SBZ/DDR, in: Richard Bessel/Ralph Jessen (Hrsg.): Die Grenzen der Diktatur. Staat und Gesellschaft in der DDR, Göttingen 1996, S. 199–223. – Peter Hübner: Konsens, Konflikt und Kompromiß. Soziale Arbeiterinteressen und Sozialpolitik in der SBZ/DDR 1945–1970 (= Zeithistorische Studien, Bd. 3), Berlin 1995 (künftig zitiert: Hübner, Konsens, Konflikt und Kompromiß).

59 Verwiesen sei hier vor allem auf zwei wichtige Sammelbände: Hürtgen/Reichel, Der Schein der Stabilität. – Annette Schuhmann (Hrsg.): Vernetzte Improvisationen. Gesellschaftliche Subsys-

mit Erwerbsminderungen bleiben darin allerdings sehr unterbelichtet. Dies gilt auch für die jüngst erschienene Studie von Rüdiger Gerlach, der die betriebliche Sozialpolitik des VEB Sachsenring und des Volkswagenwerkes miteinander vergleicht.[60] Auch Alexander Burdumy, der die Sozialpolitik in der Ära Honecker mit dem Fokus auf Berlin untersucht, konnte für das untersuchte Thema kaum etwas Neues bieten.[61] Im Gegensatz dazu bietet die jüngst erschienene Arbeit von Jenny Linek einen ersten Einblick in die Wirksamkeit des Betriebsgesundheitswesens in Hinsicht auf die in der DDR großgeschriebene Prophylaxe. Die Autorin skizziert anhand des Bezirkes Rostock den Umgang mit dem Krankenstand und Erkältungskrankheiten in den dortigen Betrieben.[62] Studien fehlen vor allem zur ärztlichen Begutachtung. Hier musste auf DDR-Publikationen zurückgegriffen werden, welche die Kernfragen der Untersuchung jedoch nur zum Teil beantworten können und zudem stark medizinisch geprägt sind.[63] Auch eine Durchsicht der von Horst Spaar herausgegebenen Studien über das Gesundheitswesen der DDR ergab für den untersuchten Bereich nur wenig hilfreiche Erkenntnisse.[64] Stattdessen boten durch Kommentare ergänzte Gesetzessammlungen einen guten Überblick über die rechtliche Situation zur Schwerbeschädigtenbetreuung und Rehabilitation.[65] Für den Themenbereich der beruflichen Rehabilitation wurde auch auf Arbeiten aus der DDR zurückgegriffen, die allerdings unter Vorbehalt zu betrachten sind, da sie zum einen häufig die SED-Herrschaft zu legitimieren versuchen, zum anderen aufgrund weitschweifiger

teme in Ostmitteleuropa und in der DDR(= Zeithistorische Studien, Bd. 42), Köln u. a. 2008 (künftig zitiert: Schuhmann, Vernetzte Improvisationen).

60 Rüdiger Gerlach: Betriebliche Sozialpolitik im historischen Systemvergleich. Das Volkswagenwerk und der VEB Sachsenring von den 1950er bis in die 1980er Jahre (= Vierteljahrschrift für Sozial- und Wirtschaftsgeschichte, Beihefte, Bd. 227), Stuttgart 2014.

61 Alexander Bruce Burdumy: Sozialpolitik und Repression in der DDR. Ost-Berlin 1971–1989, Essen 2013.

62 Jenny Linek: Gesundheitsvorsorge in der DDR zwischen Propaganda und Praxis (= Medizin, Gesellschaft und Geschichte, Beiheft 59), Stuttgart 2016.

63 Vgl. Frank Tellkamp: Die Ärzteberatungskommissionen. Leistungsbeurteilung und Arbeitsfähigkeit, Berlin (Ost) 1983 (künftig zitiert: Tellkamp, Ärzteberatungskommissionen). – Joachim Mandel/Hans Lange: Ärztliche Rechtspraxis. Ein juristischer Leitfaden für Mediziner, Berlin (Ost) 1985 (künftig zitiert: Mandel/Lange, Ärztliche Rechtspraxis). – Joachim Mandel: Schwerbeschädigte – betreut und gefördert (= Recht in unserer Zeit, Bd. 48), Berlin (Ost) 1984 (künftig zitiert: Mandel, Schwerbeschädigte).

64 Horst Spaar (Red.): Dokumentation zur Geschichte des Gesundheitswesens der DDR, Berlin 1996–2000.

65 Schwerbeschädigtenbetreuung und Rehabilitation. Rechtliche Bestimmungen und Arbeitsmaterialien, hrsg. vom Ministerium für Gesundheitswesen und der Akademie für Ärztliche Fortbildung der DDR, Berlin (Ost) 1987 (künftig zitiert: Schwerbeschädigtenbetreuung und Rehabilitation). – Sozialistisches Gesundheitsrecht, hrsg. vom Ministerium für Gesundheitswesen, 2. überarbeitete Auflage, Berlin (Ost) 1989.

ideologischer Formulierungen meist nur wenig fachlichen Inhalt bieten.[66] Die berufliche Rehabilitation findet auch in einigen aktuelleren Arbeiten Beachtung, so beispielsweise in der Arbeit von Sebastian Barsch zu Menschen mit geistiger Behinderung in der DDR.[67] Neben den Arbeiten von Boldorf[68] bietet lediglich ein von Christian Mürner bearbeiteter Begleitkatalog zu einer Ausstellung der Bundesarbeitsgemeinschaft Werkstätten für Behinderte e. V. einen knappen Überblick über die Entwicklung der sogenannten geschützten Arbeit in der DDR.[69] Auch ein studentisches Erkundungsprojekt der Gesamthochschule Kassel von 1993, bei dem Interviews mit Menschen mit einer körperlichen Behinderung geführt wurden, verweist auf interessante Aspekte und die Haltung der Betroffenen zur Situation nach dem Mauerfall.[70]

Quellenlage

Die Quellenlage für den Untersuchungsgegenstand ist ausgesprochen günstig, weil eine Vielzahl von Akten unterschiedlicher Ressorts vorhanden ist. Im Blickpunkt stehen vorrangig jene staatlichen Stellen, die unmittelbar an der Konzeption der Sozialpolitik beteiligt waren. Untersucht wurden die Bestände der »Stiftung Archiv der Parteien und Massenorganisationen der DDR« (SAPMO) im Bundesarchiv Berlin, hierin neben dem Politbüro insbesondere die Bestände der ZK-Abteilungen Gewerkschaften und Sozialpolitik sowie Gesundheitspolitik, ebenso wie der Sekretariate von ZK-Wirtschaftssekretär Günter Mittag, des Vorsitzenden des Zentralvorstandes der Sozialversicherung Helmut Lehmann und dem Politbüromitglied Kurt Hager, dem die ZK-Abteilung Gesundheitspolitik zugeordnet war. In der SAPMO befinden sich auch die Bestände des FDGB, bei dem insbesondere das Sekretariat für Sozialpolitik und die Sitzungen des Bundesvorstandes untersucht wurden. Daneben

66 Wolfgang Presber/Reimer Schorr/Christa Seidel: Planung und Organisation der Rehabilitation in der DDR, Berlin (Ost) 1973. – Wolfgang Presber/Joachim Walther/Ulrike Katzenstein: Organisation der geschützten Arbeit in der DDR, Berlin (Ost) 1975 (künftig zitiert: Presber u. a., Organisation der geschützten Arbeit).

67 Sebastian Barsch: Geistig behinderte Menschen in der DDR. Erziehung – Bildung – Betreuung. (= Lehren und Lernen mit behinderten Menschen, Bd. 12), Oberhausen 2007.

68 Marcel Boldorf: Rehabilitation und Hilfen für Behinderte, Bd. 8, 9 und 10.

69 Christian Mürner: Werktätige in geschützter Arbeit. Ein Überblick über 40 Jahre berufliche Rehabilitation in der DDR, hrsg. von der Bundesarbeitsgemeinschaft Werkstätten für Behinderte e. V., Frankfurt am Main 2000 (künftig zitiert: Mürner, Werktätige in geschützter Arbeit).

70 Martin Kipp (Hrsg.): Die berufliche Rehabilitation Behinderter in der ehemaligen DDR. Erfahrungen aus einem studentischen Erkundungsprojekt an der Gesamthochschule Kassel (= Gesamthochschule Kassel-Universität, Berufs- und Wirtschaftspädagogik, Bd. 15), Kassel 1993.

sind die Akten der staatlichen Bürokratie von herausragender Bedeutung, die sich ebenfalls im Bundesarchiv befinden. Insbesondere das Ministerium für Arbeit und Gesundheitswesen und seine Nachfolgeinstitutionen waren mit der Ausarbeitung relevanter gesetzlicher Beschlüsse beschäftigt, die anschließend nach Bestätigung durch das ZK an den Ministerrat weitergegeben wurden. Neben den Akten des Ministerrates wurden die Bestände des Ministeriums für Finanzen und der Staatlichen Plankommission, der die Planung der gesamten Volkswirtschaft oblag, untersucht.

Für die Bezirksebene wurden die Bestände des Bezirkes Frankfurt (Oder) im Brandenburgischen Landeshauptarchiv herangezogen. Hierbei waren vor allem die Akten des Rates des Bezirkes hilfreich, der sich in den 1970er-Jahren häufiger mit dem Thema Rehabilitation beschäftigte. Für die 1950er- und 1960er-Jahre sind hierzu jedoch kaum relevante Akten vorhanden. Auch die Akten des FDGB-Bezirksvorstandes sind von zentraler Bedeutung, da die Verwaltung der Sozialversicherung eng mit den staatlichen Stellen zusammenarbeitete. Die Akten der SED-Bezirksleitung enthalten hingegen kaum Hinweise auf eine Beschäftigung mit dem Thema.

Für die betriebliche Untersuchung wurden die Bestände des EKO im Firmenarchiv der Arcelor Mittal GmbH Eisenhüttenstadt ausgewertet, insbesondere die Akten der Betriebsgewerkschaftsleitung (BGL) und einzelner Fachdirektoren, wie dem Direktor für Kader und Bildung (DKB) und dem Direktor für Arbeits- und Lebensbedingungen (DAL) sowie der Werkleitung. Auch der Nachlass des Ärztlichen Direktors der Poliklinik wurde im Stadtarchiv Eisenhüttenstadt eingesehen, ebenso wie Protokolle der Stadtverordnetenversammlung und des Rates der Stadt. Die Untersuchung der Bezirksebene und des EKO erweist sich vor allem für die Ära Honecker als wichtige Ergänzung. Denn in diesem Zeitraum nimmt der Aussagewert der Schriftstücke auf der zentralen Ebene diametral zur zunehmenden Zahl standardisierter, inhaltsleerer Floskeln ab.[71] Das gilt auch für Akten der Bezirks- und Kreisebene.[72] Auf betrieblicher Ebene werden hingegen konkrete Schwierigkeiten, die in den Akten zentraler Stellen nicht oder nur selten auftauchen, greifbar.

71 Vgl. dazu Matthias Judt: »Nur für den Dienstgebrauch« – Arbeiten mit den Texten einer deutschen Diktatur (künftig zitiert: Judt, Nur für den Dienstgebrauch), in: Alf Lüdtke (Hrsg.): »Akten, Eingaben, Schaufenster« – Die DDR und ihre Texte. Erkundungen zu Herrschaft und Alltag, Berlin 1997, S. 29–38, hier S. 35 (künftig zitiert: Lüdtke, Akten, Eingaben, Schaufenster).

72 Vgl. Ralph Jessen: Diktatorische Herrschaft als kommunikative Praxis. Überlegungen zum Zusammenhang von »Bürokratie« und Sprachnormierung in der DDR-Geschichte (künftig zitiert: Jessen, Diktatorische Herrschaft als kommunikative Praxis), in: Lüdtke, Akten, Eingaben, Schaufenster, S. 57–78.

Kontinutiäten und Brüche in der Sozialpolitik der Sowjetischen Besatzungszone (1945–1949)

Politischer Umbruch und sozialpolitische Herausforderungen der Nachkriegszeit

Nach dem Zweiten Weltkrieg wurde Deutschland grundlegend umgestaltet. Obwohl es zunächst in allen vier Zonen ähnliche Konzepte gab, um die wirtschaftliche und soziale Not zu lindern, schlugen die Alliierten unterschiedliche Wege in der Sozialpolitik ein. Dazu trug insbesondere die politische Entwicklung in der Sowjetischen Besatzungszone bei. Mit Gründung der Sowjetischen Militäradministration in Deutschland (SMAD) am 9. Juni 1945[1] nahm die Sowjetunion Einfluss auf alle wichtigen Bereiche des öffentlichen Lebens in ihrer Besatzungszone. Die SMAD konnte die Herrschaft in ihrer Zone dabei durch ein weitverzweigtes Verwaltungssystem und einen eigenen Sicherheitsapparat aufrechterhalten. Sie diente nicht nur als Kontrollinstrument für Reparationszahlungen, sondern sollte auch auf die wirtschaftliche, politische, soziale und kulturelle Entwicklung Einfluss nehmen.[2] Doch durch die repressiven Maßnahmen verspielten die sowjetischen Besatzer die Chance auf einen friedlichen Neuanfang. Neben der wirtschaftlichen Ausplünderung in Form von Demontagen und Reparationen sowie der Deportation von Fachkräften in die UdSSR sorgten auch die Einrichtung von Lagern für politische Häftlinge und der brutale Umgang mit der Bevölkerung bei Vernehmungen für eine ablehnende Haltung innerhalb der Bevölkerung.[3]

Die SMAD erlaubte mit dem Befehl Nummer 2 vom 10. Juli 1945 die Gründung von Parteien und Gewerkschaften. Diese durften jedoch nur unter der Kontrolle der Besatzer tätig werden, womit eine Neubildung oder auch die Wiederentstehung

1 SMAD-Befehl Nr. 1 vom 9.6.1945 »Über die Organisation der Militärverwaltung der SBZ«, in: Befehle des Obersten Chefs der Sowjetischen Militärverwaltung in Deutschland. Aus dem Stab der Sowjetischen Militärverwaltung in Deutschland, Sammelheft 1, Berlin 1946, S. 9.

2 Siehe Hoffmann, Sozialpolitische Neuordnung in der SBZ/DDR, S. 23.

3 Siehe Udo Wengst, Politische Rahmenbedingungen (künftig zitiert: Wengst, Politische Rahmenbedingungen), in: Geschichte der Sozialpolitik in Deutschland seit 1945, Bd. 2/1, S. 1–76, hier S. 9 f.

freier Interessenverbände unterbunden wurde.[4] Mit der überraschend frühen Erlaubnis zur Parteienbildung hatte die Sowjetunion die Möglichkeit, von Anfang an Einfluss auf die politische Entwicklung in der von ihr besetzten Zone zu nehmen und die KPD zu protegieren, die sich der Öffentlichkeit am 11. Juni 1945 als »antifaschistische Aufbaupartei« präsentierte.[5] Obwohl die KPD aufgrund ihrer Zusammenarbeit mit der SMAD von großen Teilen der Bevölkerung abgelehnt wurde, konnte sie die Schlüsselpositionen in der deutschen Verwaltung besetzen.[6] Die KPD übte starken Druck auf die SPD aus und vereinigte sich mit dieser im April 1946 zur Sozialistischen Einheitspartei Deutschlands (SED). Nach dem katastrophalen Ausgang der ersten Wahlen in der SBZ 1946 orientierte sich die SED neu und strebte eine Umwandlung in Richtung einer »Partei neuen Typus« an.[7] Entscheidend war dabei vor allem das von Lenin entwickelte, als »demokratischer Zentralismus« bezeichnete Führungsprinzip innerhalb der Partei, nach dem alle wichtigen Entscheidungen innerhalb des Parteiapparates getroffen werden sollten. Den staatlichen Stellen fiel damit nur noch die Funktion zu, diese umzusetzen.[8]

Auf administrativer Ebene stärkte die SMAD allerdings den Einfluss der Länder und Provinzen, die sie mit Befehl Nr. 5 vom 9. Juli 1945 geschaffen hatte. Diese verfügten zunächst über die alleinige Weisungs- und Gesetzgebungskompetenz in ihren Territorien. Sie konnten sich daher anfangs noch gegen die im Juli 1945 gegründeten und für einzelne Politikfelder bestehenden elf Zentralverwaltungen durchsetzen.[9] Kompetenzstreitigkeiten zwischen den beiden Instanzen waren jedoch durch die Festlegung programmiert, dass nur Gesetze oder Verordnungen erlassen werden durften, die den Befehlen des Kontrollrates und der SMAD nicht widersprachen. Diese Streitigkeiten waren aber nur ein Abbild der Konflikte innerhalb der SMAD, da dort Anweisungen an die deutschen Stellen oft nicht miteinander abgestimmt wurden.[10] Die anfänglichen Zugeständnisse gegenüber den Landesverwaltungen gingen auf praktische Erwägungen zurück, denn die Wirtschaftsplanung konnte in

4 Siehe Peter Krause/Dierk Hoffmann: Gemeinsame Fragen der Organisation und des Rechts der sozialen Leistungen (künftig zitiert: Krause/Hoffmann, Gemeinsame Fragen, Bd. 2/1), in: Geschichte der Sozialpolitik in Deutschland seit 1945, Bd. 2/1, S. 341–390, hier S. 377.

5 Siehe Andreas Malycha/Peter Jochen Winters (Hrsg.): Die SED. Geschichte einer deutschen Partei, München 2009, S. 19 (künftig zitiert: Malycha/Winters, Die SED).

6 Siehe Wengst, Politische Rahmenbedingungen, S. 12.

7 Siehe Frerich/Frey, Handbuch der Geschichte der Sozialpolitik, Bd. 2, S. 3.

8 Vgl. Malycha/Winters, Die SED, S. 57–60.

9 Entscheidend hierfür war der SMAD-Befehl Nr. 32 vom Februar 1948, der die Zentralverwaltungen mit erheblichen Kompetenzen ausstattete, vgl. Wengst, Politische Rahmenbedingungen, S. 15.

10 Siehe Friederike Sattler: Wirtschaftsordnung im Übergang. Politik, Organisation und Funktion der KPD/SED im Land Brandenburg bei der Etablierung der zentralen Planwirtschaft in der

der unmittelbaren Nachkriegszeit nur auf regionaler Ebene erfolgen. Kommunikationsmöglichkeiten waren eingeschränkt, Verkehrswege nur bedingt nutzbar und auch Ressourcen meist nur lokal vorhanden und einsetzbar.[11] Doch die SED hatte kein Interesse an der Einführung eines föderalen demokratisch-parlamentarischen Staates im westlichen Sinne. Im Gegenteil: Im »demokratischen Zentralismus« war kein Platz für die Länder und ihre Verfassungen.[12]

Stattdessen wuchs der Einfluss der 14 Zentralverwaltungen auf die Politik. Diese wurden bis auf zwei Zentralverwaltungen durch die »Deutsche Wirtschaftskommission« (DWK) zusammengefasst, die am 4. Juni 1947 gegründet worden war und von der Besatzungsmacht kontrolliert wurde. Im Februar 1948 wurde die DWK durch den SMAD-Befehl Nr. 32 zum wichtigsten Staatsorgan für die Leitung der Wirtschaft erklärt und mit Gesetzgebungskompetenz ausgestattet.[13] Diese Entwicklung begünstigte eine eigenständige politische Entwicklung in der Sowjetischen Besatzungszone, da die Deutsche Wirtschaftskommission den Grundstock für den späteren Staatsapparat der DDR bilden sollte.[14]

Die wichtigste Zentralverwaltung für den Bereich der sozialen Sicherung war die »Zentralverwaltung für Arbeit und Sozialfürsorge« (ZVAS). Diese war durch den SMAD-Befehl Nr. 17 vom 27. Juli 1945 ins Leben gerufen worden und wurde am 19. Juni 1946 in »Deutsche Verwaltung für Arbeit und Sozialfürsorge« (DVAS) umbenannt. Am 4. Juni 1947 wechselte sie erneut den Namen und wurde als »Hauptverwaltung für Arbeit und Sozialfürsorge« (HVAS) in die Deutsche Wirtschaftskommission eingegliedert.[15] Die DVAS gliederte sich in die drei Hauptabteilungen »Sozialfürsorge und Sozialversicherung«, »Arbeit und Löhne« und »Erfassung und Arbeitslenkung der Bevölkerung« und arbeitete unter der Kontrolle der SMAD-Abteilung Arbeitskraft in Karlshorst.[16] Die ZVAS wurde seit Anfang 1946 zunehmend aktiv bei der Ausarbeitung gesetzlicher Regelungen und Leitlinien für die Gestaltung der Sozialfürsorge.[17] Ihr finanzieller Spielraum war dabei begrenzt, denn nur die Zentralverwaltungen Volksbildung und Justiz verfügten über ein noch niedrigeres Budget.[18] Diese

SBZ/DDR 1945–1952, Teil 1 (= Diktatur und Widerstand, Bd. 5), Münster 2002, S. 123 (künftig zitiert: Sattler, Wirtschaftsordnung im Übergang).

11 Siehe Bernd Niedbalski: Deutsche Zentralverwaltungen und Deutsche Wirtschaftskommission (DWK). Ansätze zur zentralen Wirtschaftsplanung in der SBZ 1945–1948 (künftig zitiert: Niedbalski, Deutsche Zentralverwaltungen), in: VfZ, 33. Jg. (1985), H. 3, S. 456–477, hier S. 477.

12 Siehe Wengst, Politische Rahmenbedingungen, S. 19 f.

13 Siehe Niedbalski, Deutsche Zentralverwaltungen, S. 458 f.

14 Siehe Wengst, Politische Rahmenbedingungen, S. 42.

15 Siehe Hoffmann, Sozialpolitische Neuordnung in der SBZ/DDR, S. 27.

16 Siehe ebd., S. 28.

17 Siehe Boldorf, Sozialfürsorge in der SBZ/DDR, S. 11.

18 Siehe Hoffmann, Sozialpolitische Neuordnung in der SBZ/DDR, S. 25.

Zentralverwaltung war zwar der engagierteste Akteur auf dem Gebiet der sozialen Sicherung, insbesondere bei der Arbeitsmarktintegration,[19] wichtige Entscheidungen wurden jedoch auf höherer Ebene getroffen. Schon im Juni 1945 war in der KPD-Zentrale eine Abteilung »Arbeit und Sozialfürsorge« gebildet worden, die 1947 um die ein Jahr zuvor beim Parteivorstand gegründete Abteilung Gesundheitswesen erweitert wurde.[20] Diese kontrollierte auch die Zentralverwaltung für das Gesundheitswesen (ZVG; DZVG), die zeitgleich mit der ZVAS gegründet worden war.[21]

Die soziale Situation in der Nachkriegszeit stellte in allen vier Besatzungszonen hohe Anforderungen an die Besatzungsmächte und die deutschen Verwaltungsstellen. Insbesondere das Heer von Kriegsbeschädigten und Vertriebenen bedeutete eine große Herausforderung. Armut war zum »Massenphänomen«[22] geworden, und damit wuchsen die Anforderungen an die regierenden Stellen, diese zu mildern und eine funktionierende Sozialversicherung zu garantieren. Gemein war allen Besatzungsmächten, dass sie eine Verbesserung der Lebenslage der Bevölkerung anstrebten und hierfür entsprechende Versorgungs- und Versicherungsleistungen garantieren mussten. Die Vorstellungen der Alliierten über die soziale Sicherung unterschieden sich dabei zunächst nicht grundsätzlich. Die SED führte in ihrer Zone jedoch die radikalsten Veränderungen im Bereich der sozialen Sicherung durch, die auch die DDR prägen sollten. Diese Entwicklung zeigte sich insbesondere in vier Bereichen: den grundsätzlichen Umgestaltungen innerhalb der Sozialversicherung und des Gesundheitswesens, der Abschaffung von Sonderprivilegien für Kriegsbeschädigte sowie der verstärkten Integration von Schwerbeschädigten in den Arbeitsprozess.

19 Der Begriff »Arbeitsmarkt« wird hier in Anlehnung an Dierk Hoffmann für die Zeit bis 1961 verwendet, vgl. Dierk Hoffmann: Die Lenkung des Arbeitsmarktes in der SBZ/DDR 1945–1961. Phasen, Konzepte und Instrumente (künftig zitiert: Hoffmann, Lenkung des Arbeitsmarktes), in: Hübner/Tenfelde, Arbeiter in der SBZ/DDR, S. 41–80, hier S. 44–46.

20 Vgl. Andreas Horn: Einleitung, Findbuch ZK-Abteilung Gewerkschaften und Sozialpolitik im ZK der SED, 1946–1962, Online-Version: URL: http://www.argus.bstu.bundesarchiv.de/dy30agewerk/index.htm (28.7.2016) (künftig zitiert: Horn, Findbuch ZK-Abteilung Gewerkschaften und Sozialpolitik). – Silvia Gräfe: Einleitung, Findbuch ZK-Abteilung Gesundheitspolitik 1949–1971, Online-Version: URL: http://www.argus.bstu.bundesarchiv.de/dy30agesund/index.htm (28.7.2016) (künftig zitiert: Gräfe, Findbuch ZK-Abteilung Gesundheitspolitik). – Vgl. auch Heike Amos: Politik und Organisation der SED-Zentrale 1949–1963. Struktur und Arbeitsweise von Politbüro, Sekretariat, Zentralkomitee und ZK-Apparat (= Diktatur und Widerstand, Bd. 4), Münster 2002, S. 386 (künftig zitiert: Amos, Politik und Organisation der SED-Zentrale).

21 Zur Gründung und den Aufgaben der DZVG, vgl. Helga A. Welsh: Deutsche Zentralverwaltung für das Gesundheitswesen (DZVG), in: Martin Broszat/Hermann Weber (Hrsg.): SBZ-Handbuch, München 1990, S. 244–252.

22 Boldorf, Sozialfürsorge in der SBZ/DDR, S. 19.

Neue gesundheits- und sozialpolitische Konzepte

In der unmittelbaren Nachkriegszeit bestand Sozialpolitik aus kurzfristigen Nothilfemaßnahmen in Bezug auf Wohnraum, Arbeit und die materielle Versorgung. Diese wurden zunehmend um Integrationshilfen in Form von Barzahlungen, Sachleistungen oder Kreditvergaben erweitert, welche die Betroffenen nur unzureichend versorgten und für die Verwaltungen hohe Ausgaben bedeuteten.[23] Angesichts dieser Extremsituation waren neue sozialpolitische Konzepte notwendig. Die Funktionsfähigkeit der Sozialversicherung war durch den Krieg beachtlich eingeschränkt, denn die Nationalsozialisten hatten die Kapitalreserven der Kassen zur Kriegsfinanzierung benutzt. Die bedingungslose Kapitulation am 8. Mai 1945 bedeutete somit aus finanzpolitischer Sicht für die deutsche Sozialversicherung einen Neuanfang.[24]

In allen Zonen stand dieser zentrale Bereich des Wohlfahrtsstaates kurz vor einem entscheidenden Bruch.[25] Die Alliierten erwogen in ihren sozialpolitischen Konzepten die Errichtung einer Einheitssozialversicherung und knüpften damit an ein zur Zeit der Weimarer Republik von Gewerkschaften, KPD und SPD gefordertes Konzept an.[26] Dagegen formierte sich eine breite Gegnerfront von den Arbeitgeberverbänden über die privaten Versicherungen, die Sonderkassen der gesetzlichen Krankenversicherung bis hin zu den Ärzten und ihren Verbänden, dem selbstständigen Mittelstand und den bürgerlichen Parteien.[27] Der ursprüngliche Konsens der Alliierten über die Einheitssozialversicherung brach jedoch mit der Verschärfung des Ost-West-Konfliktes, der die Auflösung des Alliierten Kontrollrates zur Folge hatte, zunehmend auseinander.[28]

In der SBZ wurde die Errichtung einer Einheitssozialversicherung von Einzelpersonen wie dem SPD-Politiker Helmut Lehmann vorangetrieben.[29] Lehmann

23 Siehe Michael Schwartz: Flüchtlinge/Vertriebene, Evakuierte, Bombengeschädigte, Kriegsheimkehrer und Kriegsbeschädigte in der SBZ (künftig zitiert: Kriegsbeschädigte und Kriegshinterbliebene, Bd. 2/1), in: Geschichte der Sozialpolitik in Deutschland seit 1945, Bd. 2/1), S. 769–790, hier S. 774.

24 Siehe Hoffmann, Sozialpolitische Neuordnung in der SBZ/DDR, S. 14.

25 Siehe Hans Günter Hockerts, Sozialpolitische Entscheidungen im Nachkriegsdeutschland. Alliierte und deutsche Sozialversicherungspolitik 1945 bis 1957, Stuttgart 1980, S. 13. (künftig zitiert: Hockerts, Sozialpolitische Entscheidungen im Nachkriegsdeutschland).

26 Siehe Udo Wengst: Sozialpolitische Denk- und Handlungsfelder (künftig zitiert: Wengst, Sozialpolitische Denk- und Handlungsfelder), in: Geschichte der Sozialpolitik in Deutschland seit 1945, Bd. 2/1, S. 79–149, hier S. 99.

27 Siehe ebd., S. 100. – Vgl. auch Gerhard A. Ritter: Der Sozialstaat, München 2010, S. 158 f. (künftig zitiert: Ritter, Der Sozialstaat).

28 Siehe Wengst, Sozialpolitische Denk- und Handlungsfelder, S. 104.

29 Siehe ebd., S. 101.

war bis zu seinem Rücktritt im April 1946 der erste Vizepräsident der Zentralverwaltung für Arbeit und Sozialfürsorge und konnte daher entscheidenden Einfluss auf die Umgestaltung der Sozialversicherung in der Sowjetischen Besatzungszone nehmen.[30] Nach Lehmanns Vorstellungen, die er im sozialpolitischen Programm der SPD festschrieb, gab es keinen Platz mehr für Wohlfahrtspflege und Arbeitslosenunterstützung, die seiner Ansicht nach nur einer vorübergehenden Notlinderung dienen konnten.[31] Weniger wirkungsvolle soziale Leistungen sollten zurückgestellt werden, bis sich die Wirtschaftslage wieder erholt hatte. So plädierte Lehmann für einen Auszahlungsstopp von Teilrenten und schlug vor, die Rentengewährung von einer völligen Arbeitsunfähigkeit abhängig zu machen.[32] Damit hatte nur die SPD konkrete sozialpolitische Vorstellungen, die sich auch in den Entwürfen für das Grundsatzprogramm der SED niederschlagen sollten.[33]

In den »Sozialpolitischen Richtlinien«, die das Zentralsekretariat am 30. Dezember 1946 verabschiedete und die ebenso von Lehmann verfasst worden waren, konkretisierte die SED ihre Vorstellungen. Neben der Sozialversicherung, die als Einheitssozialversicherung alle »Werktätigen« und »Fürsorgebedürftigen« einbeziehen sollte, ging es um eher allgemein gehaltene arbeitsrechtliche Fragen. Die SED forderte allerdings eine zentrale Arbeitskräftelenkung durch die Arbeitsämter bei den Arbeitsverwaltungen der Länder und Provinzen.[34] In Bezug auf die Sozialversicherung favorisierte die Partei das Umlageverfahren und sprach sich gegen das Kapitaldeckungsprinzip aus. Interessant ist außerdem, dass die SED die Forderung erhob, alle Beschädigten und Invaliden ohne Rücksicht auf ihre arbeitsrechtliche Stellung gleich zu behandeln. Diese Forderung richtete sich insbesondere gegen Pensionszahlungen für Beamte. Die sozialpolitischen Richtlinien waren eher eine Zusammenstellung von Forderungen als ein Konzept,[35] blieben jedoch für etwa 15 bis 20 Jahre die programmatische Basis der SED.[36]

Bereits im September 1945 hatte die Zentralverwaltung für Arbeit und Sozialfürsorge vorgeschlagen, eine Sozialversicherungsanstalt in der SBZ einzurichten, wel-

30 Siehe Hoffmann, Sozialpolitische Neuordnung in der SBZ/DDR, S. 29.

31 Siehe Dierk Hoffmann, Kontinuität und Wandel beim Aufbau der ostdeutschen Sozialversicherung 1945–1947 (künftig zitiert: Hoffmann, Kontinuität und Wandel), in: Hartmut Mehringer u. a. (Hrsg.): Erobert oder befreit? Deutschland im internationalen Kräftefeld und die Sowjetische Besatzungszone (1945/46) (= Schriftenreihe der Vierteljahrshefte für Zeitgeschichte, Sondernummer), München 1998, S. 263–286, hier S. 269 (künftig zitiert: Mehringer u. a., Erobert oder befreit?).

32 Siehe Hoffmann, Sozialpolitische Neuordnung in der SBZ/DDR, S. 29 f.

33 Siehe ebd., S. 31.

34 Siehe ebd.

35 Siehe ebd., S. 32.

36 Siehe Bouvier, Die DDR – Ein Sozialstaat?, S. 54.

che die bisherigen Träger der ehemaligen Sozialversicherung zusammenfassen sollte.[37] Ein im Oktober vorgelegter überarbeiteter Entwurf sah vor, neue Gruppen in die Sozialversicherungspflicht einzubeziehen. Hierzu gehörten neben gewerblichen und landwirtschaftlichen Unternehmern und Freiberuflern mit mehr als fünf Beschäftigten auch mitarbeitende Familienangehörige und Sozialhilfeempfänger. Die SMAD genehmigte den Entwurf nicht – offenbar aufgrund der Verhandlungen im Alliierten Kontrollrat. Sie gestattete jedoch die Gründung von Sozialversicherungsanstalten auf Länderebene. Diese sollten ab 1946 ihre Tätigkeit aufnehmen.[38] Bei der Umstrukturierung der Sozialversicherung, die bei den Krankenkassen begann und sich dann auf die anderen Versicherungszweige ausweitete, stützten sich die Landesverwaltungen auf den Entwurf der ZVAS. Schließlich übernahmen die Sozialversicherungsanstalten als einziger Versicherungsträger die verschiedenen Stränge der Kranken-, Unfall- und Rentenversicherung.[39]

Zur gesetzlichen Grundlage der Sozialversicherung in der SBZ wurde der SMAD-Befehl Nr. 28. Mit dessen Ausarbeitung begann die Sowjetische Militäradministration unter Mitarbeit der Deutschen Verwaltung für Arbeit und Sozialfürsorge im Dezember 1946.[40] Die Landesregierungen wurden an den Vorarbeiten nicht beteiligt.[41] Es zeigte sich, dass die SMAD in sozialpolitischen Fragen zurückhaltend agierte und den deutschen Stellen das Feld der Sozialversicherung weitgehend überließ. Wichtiger als die inhaltliche Ausgestaltung der Sozialversicherungsordnung waren der Besatzungsmacht organisatorische Fragen wie die Zusammensetzung der Sozialversicherungsorgane oder die Wahl der Versichertenvertreter durch die Gewerkschaften.[42] Der Historiker Dierk Hoffmann führt diese Zurückhaltung auf ein fehlendes eigenes Konzept zur Neuordnung der Sozialversicherung in der SBZ zurück.[43] Zu einer ähnlichen Einschätzung kommt auch Pavel Stiller in seiner Studie zu Systemen der sozialen Sicherheit in Polen, der Tschechoslowakei, der DDR und der UdSSR. Darin wird deutlich, dass die DDR und die Tschechoslowakei auf bestehende Traditionen in der Sozialversicherung und Fürsorge zurückgreifen konnten, wohingegen die UdSSR und Polen »mehr oder weniger auf dem Nullpunkt«[44] began-

37 Siehe Krause/Hoffmann, Gemeinsame Fragen, Bd. 2/1, S. 379.
38 Siehe ebd., S. 380.
39 Siehe ebd., S. 382.
40 Siehe Hoffmann, Sozialpolitische Neuordnung in der SBZ/DDR., S. 67.
41 Siehe ebd., S. 69.
42 Siehe ebd., S. 41.
43 Siehe ebd., S. 40 f.
44 Pavel Stiller: Systeme der sozialen Sicherung in der UdSSR, Polen, DDR und der ČSSR. Unter besonderer Berücksichtigung der Behindertenversorgung (= Gegenwartsfragen der Ost-Wirtschaft, Bd. 11), München 1981, S. 119 (künftig zitiert: Stiller, Systeme der sozialen Sicherung).

nen. Stattdessen wurden Elemente der Sozialversicherungsbestimmungen auf Länderebene übernommen. Beispiele waren die Höhe der Beitragsbemessungsgrenze, die bei 600 Reichsmark (RM) lag, und der Beitragssatz für Arbeitnehmer und Arbeitgeber, der sich auf jeweils zehn Prozent belief.[45] Der Befehl Nr. 28 wurde am 28. Januar 1947 veröffentlicht, mitsamt drei Verordnungen, die zum 1. Februar 1947 in Kraft traten: Die »Verordnung über die Sozialpflichtversicherung«, die »Verordnung über die freiwillige zusätzliche Versicherung« sowie die »Verordnung über die Versicherung bei Arbeitslosigkeit«.[46] Den Landes- und Provinzialverwaltungen wurde zur Auflage gemacht, ihre zuvor erlassenen gesetzlichen Bestimmungen mit diesen Verordnungen in Einklang zu bringen.[47] Mit der Aufsicht über die Organisation und Tätigkeit der Sozialversicherung betraute die SMAD die DVAS, womit sie die Kompetenzstreitigkeiten zwischen den Landesverwaltungen und der Zentralverwaltung beendete.[48]

Die Sozialpflichtversicherung schloss nahezu alle Erwerbstätigen ein, erließ jedoch für drei Berufsgruppen Ausnahmeregelungen: Für Mitarbeiter des Eisenbahntransportwesens, des Post- und Fernmeldewesens sowie des Bergbaus war jeweils eine eigene Sozialversicherungskasse zuständig.[49] Obwohl die drei Sozialversicherungskassen der Sozialversicherungsanstalt des jeweiligen Landes unterstellt waren, wurde mit dieser Entscheidung das Prinzip der Einheitssozialversicherung von Beginn an durchbrochen.[50] Personen, die nicht pflichtversichert waren, konnten sich freiwillig versichern. Neben der Krankenversicherung war auch die Möglichkeit einer privaten Rentenversicherung bei Alter und Invalidität gegeben. Die Beiträge und Leistungen entsprachen den Bestimmungen der Verordnung über die Sozialpflichtversicherung. Die Absicherung im Falle eines Unfalls oder bei Arbeitslosigkeit blieb jedoch offen. Hierfür waren offenbar die Bemühungen verantwortlich, die Betroffenen wieder in die Arbeitswelt zu integrieren.[51] Beiträge zur Sozialversicherung wurden nach einem Grundbetrag berechnet, der sich nach dem Teil des Einkommens oder Entgeltes einer Zahlungsperiode richtete, das auf einen bestimm-

45 Siehe Krause/Hoffmann, Gemeinsame Fragen, Bd. 2/1, S. 384.

46 Alle drei Verordnungen sind in der Zeitschrift »Arbeit und Sozialfürsorge« aus dem Jahr 1947 abgedruckt. Von besonderer Bedeutung ist die Verordnung über die Sozialpflichtversicherung (VSV), abgedruckt in: AuS 1947, S. 92–105, S. 99 (künftig zitiert: VSV). – Vgl. auch Hoffmann, Das Alterssicherungssystem in der DDR, S. 108–124.

47 Siehe Hoffmann, Sozialpolitische Neuordnung in der SBZ/DDR, S. 69.

48 Siehe Krause/Hoffmann, Gemeinsame Fragen, Bd. 2/1, S. 385.

49 Siehe Hoffmann, Sozialpolitische Neuordnung in der SBZ/DDR, S. 70.

50 Siehe ebd.

51 Siehe Krause/Hoffmann, Gemeinsame Fragen, Bd. 2/1, S. 386.

ten Kalendertag entfiel.[52] Von diesem Grundbetrag hatten Beschäftigte 20 Prozent (Arbeitgeber und Arbeitnehmer je zehn Prozent), Bergleute 30 Prozent (Versicherte zehn Prozent, Unternehmer 20 Prozent) und selbstständig Erwerbstätige sowie Unternehmer einschließlich mitarbeitender Familienmitglieder 14 Prozent an die Sozialversicherung zu entrichten.[53]

Die Verordnung über die Sozialpflichtversicherung (VSV) bildete die Grundlage des Systems sozialer Sicherheit in der SBZ/DDR.[54] Die Sozialversicherungsanstalten blieben alleinige Versicherungsträger und die Auflösung der noch bestehenden privaten Versicherungen wurde in der Verordnung angekündigt.[55] Bei Streitigkeiten zwischen einem Versicherten und seiner Sozialversicherungskasse traf ein vom Vorstand der Sozialversicherung bestellter Beschwerdeausschuss eine Entscheidung, gegen die der Betroffene Einspruch bei den Arbeitsgerichten erheben konnte.[56] Im Gegensatz zu den westlichen Zonen entwickelte sich in der SBZ kein nennenswerter Widerstand gegen die Zusammenlegung der Versicherungsträger und -zweige. Der fehlende Protest gegen diese Entwicklung hing damit zusammen, dass anstelle von Interessenverbänden nur Massenorganisationen zugelassen wurden, deren Aufbau von den sowjetischen Besatzern stark überwacht wurde.[57] Die Massenorganisationen,[58] die offiziell als überparteilich galten, wurden zunehmend von der SED gelenkt und ab 1948 ausschließlich zur Propagierung ihrer Ziele in die Pflicht genommen.[59]

In den ersten Grundsatzdokumenten der SED finden sich auch nahezu alle Zielvorstellungen für die Neuordnung des Gesundheitswesens, die eng mit den Zielen der Weimarer Republik verknüpft waren und maßgeblich durch Exil-Gesundheits-

52 Siehe Ulrich Lohmann: Die Entwicklung des Sozialrechts in der DDR (Beiträge zu den Berichten der Kommission für die Erforschung des sozialen und politischen Wandels in den neuen Bundesländern e. V. (KSBW) (= Beiträge zum Bericht 6 »Die Umwandlung der Arbeits- und Sozialordnung«, Bd. 6.6), Opladen 1996, S. 32 (künftig zitiert: Lohmann, Entwicklung des Sozialrechts in der DDR), S. 32.

53 Siehe § 18 VSV, S. 94.

54 Siehe Hoffmann, Sozialpolitische Neuordnung in der SBZ/DDR, S. 69.

55 Siehe § 8 und § 9 VSV, S. 92.

56 Siehe Lohmann, Entwicklung des Sozialrechts in der DDR, S. 64.

57 Siehe Hoffmann, Sozialpolitische Neuordnung in der SBZ/DDR, S. 43.

58 Zu den Massenorganisationen vgl. Rainer Eckert: Zur Rolle der Massenorganisationen im Alltag der DDR-Bevölkerung, in: Deutscher Bundestag (Hrsg.): Materialien der Enquete-Kommission »Aufarbeitung von Geschichte und Folgen der SED-Diktatur in Deutschland« (12. Wahlperiode des Deutschen Bundestages), Bd. II/2: Machtstrukturen und Entscheidungsmechanismen im SED-Staat und die Frage der Verantwortung, Baden-Baden u. a. 1995, S. 1243–1300.

59 Vgl. Matthias Helle: Nachkriegsjahre in der Provinz. Der brandenburgische Landkreis Zauch-Belzig 1945–1952 (= Studien zur brandenburgischen und vergleichenden Landesgeschichte, Bd. 4), Berlin 2011, S. 173 f.

politiker formuliert wurden.[60] Eine wichtige Persönlichkeit war der stellvertretende Leiter der Deutschen Zentralverwaltung für das Gesundheitswesen, Maxim Zetkin. Dieser – Sohn von Clara Zetkin, ehemaliger Spanienkämpfer und Militärchirurg der Roten Armee – genoss beträchtliches Ansehen innerhalb der SMAD.[61] Weitere einflussreiche Emigranten neben Zetkin, die KPD-Mitglieder waren oder während ihrer Exilzeit mit dieser in Verbindung gestanden hatten und nach ihrer Rückkehr im Bereich des Gesundheitswesens arbeiteten, waren Erwin Marcusson und Kurt Winter. Marcusson leitete bis 1948 die Abteilung Gesundheitsfürsorge der DZVG und übernahm anschließend das Zentralinstitut für Sozial- und Gewerbehygiene.[62] Winter, der von 1948 bis 1949 das Amt des Vizepräsidenten der DZVG innehatte, sollte zu einem der bedeutendsten Sozialhygieniker der DDR avancieren.[63]

Inhaltliche Schwerpunkte im Gesundheitswesen waren dessen Verstaatlichung, die Bedeutung prophylaktischer Maßnahmen sowie ein neu geschaffenes System von Polikliniken und betrieblichen Gesundheitseinrichtungen.[64] Diese Prinzipien wurden in den »Gesundheitspolitischen Richtlinien« des ZK der SED vom 31. März 1947 festgeschrieben und durch den SMAD-Befehl Nr. 272 vom 11. Dezember 1947[65] durchgesetzt. Insbesondere die Polikliniken gelten als »Kern des SBZ- und DDR-Strukturmodells für das Gesundheitswesen«.[66] Dabei stellte dieses Modell keinen Beleg für eine Sowjetisierung des Gesundheitswesens dar, sondern die SMAD griff hier vielmehr bereits vorangeschrittene regionale Entwicklungen auf.[67] Gleichzeitig nutzten die gesundheitspolitischen Akteure die von der SMAD gewährten Handlungsspielräume, da diese nur eine generelle Richtung vorgab.[68] In der Praxis der un-

60 Siehe Jürgen Wasem u. a.: Gesundheitswesen und Sicherung bei Krankheit und im Pflegefall (SBZ) (künftig zitiert: Wasem u. a., Gesundheitswesen, Bd. 2/1), in: Geschichte der Sozialpolitik in Deutschland seit 1945, Bd. 2/1, S. 461–528, hier S. 513. Winfried Süß: Gesundheitspolitik (künftig zitiert: Süß, Gesundheitspolitik), in: Hockerts, Drei Wege deutscher Sozialstaatlichkeit, S. 55–100, hier S. 64.

61 Siehe ebd. – Vgl. auch Wasem u. a., Gesundheitswesen, Bd. 2/1, S. 517.

62 Siehe Sabine Schleiermacher: Rückkehr der Immigranten: Ihr Einfluss auf die Gestaltung des Gesundheitswesens in der SBZ/DDR (künftig zitiert: Schleiermacher, Rückkehr der Immigranten), in: Dies./Norman Pohl (Hrsg.): Medizin, Wissenschaft und Technik in der SBZ und DDR. Organisationsformen, Inhalte, Realitäten (= Abhandlungen zur Geschichte der Medizin und der Naturwissenschaften, Heft 107), Husum 2009, S. 79–95, hier S. 87.

63 Siehe ebd., S. 91 f.

64 Siehe Wasem u. a., Gesundheitswesen, Bd. 2/1, S. 513.

65 SMAD-Befehl Nr. 272 zur Errichtung von Ambulanzen und Polikliniken zur Sicherstellung der ärztlichen Versorgung der deutschen Bevölkerung in der SBZ vom 11.12.1947, ZBl. Nr. 4 vom 28.2.1948, S. 41–44.

66 Wasem u. a., Gesundheitswesen, Bd. 2/1, S. 520.

67 Siehe ebd., S. 520 f.

68 Siehe Süß, Gesundheitspolitik, S. 64.

mittelbaren Nachkriegszeit schwankten gesundheitspolitische Interventionen dabei zwischen Fürsorge und Repression, die bis zur Zwangshospitalisierung ging.[69] Dies war nicht nur auf die spezifische Situation in der SBZ zurückzuführen, die noch bis Anfang der 1950er-Jahre von Seuchen und Infektionskrankheiten beherrscht wurde, sondern deren Kombination mit einer »preußisch-deutschen Tradition intervenierender Gesundheitsfürsorge«.[70] Die Prägung der gesundheitspolitischen Eliten in dieser Zeit erklärt auch das Überdauern solcher Praktiken bis zum Ende der DDR.[71]

Abschaffung der Kriegsopferversorgung

Neben der Umgestaltung der Sozialversicherung fanden im Bereich der Sonderversorgungssysteme radikale Veränderungen statt. Diese trafen vor allem die Kriegsinvaliden, deren Zahl sich nach Schätzungen der Deutschen Verwaltung des Inneren 1949 auf etwa 1,2 Millionen Personen belief.[72] Sonderregelungen für Kriegsinvaliden hatten nach dem Ersten Weltkrieg mit den Bestimmungen des Reichsversorgungsgesetzes[73] eingesetzt. In der NS-Zeit war die Kriegsopferfürsorge durch das »Wehrmachtsfürsorge- und -versorgungsgesetz« (WFVG) von 1938 neu strukturiert und ein »Versehrtengeld« nach militärischen Kategorien gewährt worden. Anstatt an einer für den Arbeitsmarkt relevanten Erwerbsminderung hatte sich dieses am jeweiligen Dienstgrad orientiert und Gruppen wie Polizei und SS mit einbezogen.[74] Obwohl auch in den Westzonen ein Bruch mit dieser Tradition erfolgte, waren die neuen Regelungen für Kriegsbeschädigte in der SBZ besonders einschneidend und trugen langfristig zu einer sozialen Benachteiligung dieser Gruppe bei. Denn im

69 Als Beispiel ist hier der SMAD-Befehl Nr. 297 vom 3. Oktober 1946 über »Maßnahmen für die Tuberkulosebekämpfung innerhalb der deutschen Bevölkerung« zu nennen, der eine Zwangshospitalisierung der Erkrankten vorsah, sofern es keine andere Isolationsmöglichkeit gab, vgl. Jochheim u. a., Rehabilitation und Hilfen für Behinderte, S. 583.

70 Süß, Gesundheitspolitik, S. 70.

71 Siehe ebd.

72 Vgl. Michael Schwartz: Kriegsfolgelasten und »Aufbaugesellschaft«. Vertriebene, Bombengeschädigte und Kriegsbeschädigte in den langen fünfziger Jahren der DDR, in: Dierk Hoffmann u. a. (Hrsg.): Die DDR vor dem Mauerbau. Politik und Gesellschaft in der DDR der fünfziger Jahre (= Schriftenreihe der Vierteljahrshefte für Zeitgeschichte, Sondernummer), München 2003, S. 165–189, hier S. 168 (künftig zitiert: Hoffmann u. a., Die DDR vor dem Mauerbau).

73 Gesetz über die Versorgung der Militärpersonen und ihrer Hinterbliebenen bei Dienstbeschädigung (Reichsversorgungsgesetz) vom 12. Mai 1920, Reichsgesetzblatt, S. 989–1019.

74 Siehe Boldorf, Sozialfürsorge in der SBZ/DDR, S. 121. – Vgl. Rainer Hudemann: Kriegsopferpolitik nach den beiden Weltkriegen, in: Hans Pohl: Staatliche, städtische, betriebliche und kirchliche Sozialpolitik vom Mittelalter bis zur Gegenwart (= Vierteljahrschrift für Sozial- und Wirtschaftsgeschichte [VSWG], Beihefte, Nr. 95), Stuttgart 1991, S. 269–294.

Unterschied zu den Westzonen betrachtete die DVAS die materiellen Rentenleistungen für die Kriegsbeschädigten nicht als erworbenen Versorgungs- bzw. Entschädigungsanspruch.[75] Ein Befehl der SMAD stoppte im Mai 1945 die Auszahlung des bislang gezahlten Versehrtengeldes. Die KPD/SED brach mit der Versorgungstradition, da sie keine Ansprüche aus der Sozialversicherung gewähren wollte, die nicht durch Beitragszahlungen abgedeckt waren.[76] Ebenso wie die Beamten, deren Sonderversorgung abgeschafft worden war, blieben die Kriegsinvaliden damit auf die Leistungen der allgemeinen Fürsorge angewiesen, die überaus gering waren und zum Leben kaum ausreichten. Ehemalige NS-Aktivisten waren von dieser Grundsicherung ausgeschlossen und standen damit völlig ohne Versorgung da.[77]

Das in der Nachkriegszeit zunächst stark eingeschränkte und nur unzureichend funktionierende System sozialer Sicherung sollte den einzelnen Kriegsbeschädigten auch nicht mit Rentenzahlungen versorgen. Ziel war es stattdessen, ihn schnellstmöglich dazu zu befähigen, einer Arbeit nachzugehen.[78] Mit diesem Anspruch unterschied sich die SBZ nicht maßgeblich von den anderen Zonen. Zunächst war nämlich auf Anweisung der Alliierten allen Kriegsopfern eine Unterstützung untersagt und nur eine Versorgung durch die Sozialfürsorge zugebilligt worden.[79] Infolgedessen war jedoch die Frage aufgekommen, wie man diesen Personenkreis, der sich auf etwa zehn Prozent der Gesamtbevölkerung belief,[80] behandeln wollte. Obwohl sich die Alliierten darüber einig waren, eine gesonderte Kriegsopferversorgung abzuschaffen, kam es zu unterschiedlichen Entwicklungen in den einzelnen Zonen. In der französischen Zone wurde zum Beispiel nicht strikt auf eine Auflösung der Kriegsopferversorgung bestanden. Stattdessen tolerierten die französischen Besatzer eine Weiterführung, die jedoch mit unterschiedlichen Regelungen in den Ländern ihrer Zone einherging.[81] In den anderen beiden Westzonen wurde hingegen beschlossen, Renten für Kriegsbeschädigte nach den Maßstäben der Unfallversicherung auszuzahlen. Einbezogen waren dabei alle militärischen und zivilen Kriegsopfer.[82]

75 Siehe Boldorf, Eingliederung der Kriegsopfer und Schwerbeschädigten, hier S. 403.

76 Siehe Boldorf, Sozialfürsorge in der SBZ/DDR, S. 122.

77 Siehe Lohmann, Entwicklung des Sozialrechts in der DDR, S. 60.

78 Siehe Schwartz, Kriegsbeschädigte und Kriegshinterbliebene, Bd. 2/1, S. 786.

79 Siehe Wengst, Sozialpolitische Denk- und Handlungsfelder, S. 88.

80 Siehe ebd.

81 Vgl. Rainer Hudemann: Sozialpolitik im deutschen Südwesten zwischen Tradition und Neuordnung. Sozialversicherung und Kriegsopferversorgung im Rahmen französischer Besatzungspolitik (= Veröffentlichungen der Kommission des Landtages für die Geschichte des Landes Rheinland-Pfalz, Bd. 10), Mainz 1988, S. 455, 458–459.

82 Siehe ebd., S. 449.

In der SBZ sollte eine Besserstellung der Kriegsinvaliden gegenüber anderen Invaliden um jeden Preis vermieden werden. Diese Haltung hatte neben einer Tabuisierung des Begriffs »Kriegsbeschädigter« zur Folge, dass die Kriegsinvaliden in der SBZ in die sehr allgemein gehaltene Gruppe der »Schwerbeschädigten« einbezogen wurden.[83] Diese umfasste 1948 etwa 380.000–400.000 Menschen.[84] Als schwerbeschädigt galten Personen mit einer Minderung der Erwerbsfähigkeit von über 50 Prozent infolge angeborener oder erworbener Körperschäden. Sie erhielten einen Ausweis, der ihnen eine bevorzugte Behandlung bei Amtsstellen, Ärzten, in Geschäften sowie die Garantie eines Sitzplatzes in öffentlichen Verkehrsmitteln zusicherte.[85]

Bis zum 23. April 1946 blieben die Kriegsbeschädigten in der SBZ auf die Sozialfürsorge angewiesen, es sei denn, sie bekamen eine Altersrente. Ab diesem Zeitpunkt gestattete die SMAD den Ländern, Pensionen auch an Bürger auszuzahlen, die keine Ansprüche an die Sozialversicherung hatten. Der Kreis der Empfangsberechtigten wurde jedoch nicht näher definiert, und auch genauere Bestimmungen über die Ausführung fehlten.[86] Ein Runderlass der Zentralverwaltung für Finanzen an die Landes- und Provinzialverwaltungen vom 28. Oktober 1946 bestimmte schließlich, dass Invaliden eine Pension ausgezahlt werden sollte, die »vormals Ansprüche gegen einen Versorgungsträger hatten, oder denen aufgrund von Kannvorschriften [eine] Versorgung aus Haushaltsmitteln gewährt wurde und die keinen Anspruch an die Sozialversicherung haben«.[87] Militärbeamte konnten diese nur erhalten, falls sie nach Januar 1933 beurlaubt worden waren. Aktive Mitglieder der NSDAP und Mitglieder von SS, SA, SD oder Gestapo blieben von dieser Regelung ausgeschlossen. Die Bezüge durften eine Höhe von 90 Reichsmark im Monat nicht überschreiten.[88]

Eine allgemeine Versorgung der Kriegsinvaliden erfolgte erst mit einer Verordnung der Deutschen Wirtschaftskommission im Juli 1948.[89] Dabei konnten die Betroffenen maximal eine Rente von 90 Reichsmark monatlich erhalten, womit die

83 Siehe Schwartz, Kriegsbeschädigte und Kriegshinterbliebene, Bd. 2/1, S. 744.

84 Siehe BArch, DQ 2/3728, unpag., Bericht DVAS an SMAD betreffend Durchführung des Befehls 89, 1.9.1948. – Vgl. auch BArch, DQ 2/3848, unpag., Aktenvermerk Stegemann (MfA), 27.6.1951.

85 Siehe SMAD-Befehl Nr. 89 vom 17. April 1947 betreffend Erteilung von Ausweisen für Schwerbeschädigte, in: Zentralverordnungsblatt (ZVOBl.), S. 53 und Durchführungs-Verordnung vom 25. Juli 1947, in: ZVOBl. 1947, S. 135.

86 Siehe Boldorf, Sozialfürsorge in der SBZ/DDR, S. 123.

87 BArch, DN 1/ 34949, unpag., Vordruck: Runderlass der Deutschen Verwaltung der Finanzen, o. D.

88 Siehe ebd.

89 Siehe Verordnung über die Zahlung von Renten an Kriegsinvaliden und deren Hinterbliebene vom 21.7.1948, in: ZVOBl. 1948, S. 363–365.

Renten in den meisten Fällen niedriger als die der Berufsbeschädigten waren.[90] Nur diese hatten in der unmittelbaren Nachkriegszeit Anspruch auf eine Invalidenrente erheben können.[91] Zum November 1948 übernahm der Haushalt der Sozialversicherung die Kriegsinvalidenrenten, die nun nach der Verordnung zur Sozialpflichtversicherung (VSV) des Befehls Nr. 28 der SMAD berechnet wurden. Die Länder wurden aber weiterhin an der Finanzierung der Kriegsbeschädigtenrenten beteiligt.[92]

Laut der VSV waren Personen mit einem Körperschaden von über 66 2/3 Prozent zum Bezug einer Invalidenrente berechtigt. Es galt derjenige als Invalide, »der infolge einer Krankheit oder anderer Leiden oder Schwächen der geistigen und körperlichen Eigenschaften nicht in der Lage ist, durch bezahlte Arbeit, die seinen Kräften und Fähigkeiten entspricht und die er sonst nach seiner Bildung und seinem Beruf leisten könnte, ein Drittel dessen zu verdienen, was ein körperlich und geistig gesunder Mensch desselben Berufs und des gleichen Bildungsganges im selben Bezirk gewöhnlich verdienen kann«.[93] Damit unterschied sich die Definition von Invalidität kaum von den Festlegungen der Invalidenversicherung von 1889. Nach diesen lag eine Invalidität vor, wenn der Versicherte nicht in der Lage war, durch Lohnarbeit wenigstens ein Drittel seines persönlichen bzw. des ortsüblichen Lohnes zu verdienen. Auch die Regelung, dass eine Invalidenrente erst nach fünf Beitragsjahren gewährt werden konnte, blieb in Kraft.[94] Mit diesem Modell der Invalidenrentenversicherung blieb die ostdeutsche Sozialversicherung bei den bestehenden Definitionen, anstatt das sowjetische Modell einer Abstufung in drei Invalidengruppen[95] zu übernehmen. Wahrscheinlich spielt hierbei die Tatsache eine Rolle, dass den Kriegsinvaliden in der Sowjetunion ein privilegierter Status zukam.[96]

Nach den Bestimmungen der Pflichtversicherung von 1947 setzen sich die Invalidenrenten analog den Altersrenten aus einem Grundbetrag von 30 RM sowie einem Steigerungsbetrag von einem Prozent des Durchschnittsverdienstes für jedes Jahr der Dienstzeit bis zur Beitragsbemessungsgrenze von 600 RM zusammen. Weitere

90 Siehe Boldorf, Eingliederung der Kriegsopfer, S. 124.
91 Siehe Boldorf, Sozialfürsorge in der SBZ/DDR, S. 122.
92 Siehe Hoffmann, Sozialpolitische Neuordnung in der SBZ/DDR, S. 146.
93 § 54 VSV, S. 99.
94 Siehe Winfried Schmähl: Sicherung bei Alter, Invalidität und für Hinterbliebene, in: Geschichte der Sozialpolitik in Deutschland seit 1945, Bd. 2/1, S. 403–459, hier S. 406. – Vgl. auch ebd., Anm. 10.
95 Vgl. dazu Pavel Stiller: Sozialpolitik in der UdSSR 1950–80. Eine Analyse der quantitativen und qualitativen Zusammenhänge (= Osteuropa und der internationale Kommunismus, Bd. 12), Baden-Baden 1983, S. 128–142 (künftig zitiert: Stiller, Sozialpolitik in der UdSSR).
96 Vgl. Stiller, Systeme der sozialen Sicherung, S. 74–79.

Zuschläge konnten hinzukommen.[97] Bereits ein Jahr später wurde die Mindestrente durch den SMAD-Befehl Nr. 44 auf 50 RM erhöht.[98] Für viele Kriegsbeschädigte war die Berechnung nach den Grundlagen der Sozialversicherung jedoch problematisch und sie wandten sich mit Beschwerden an die Sozialversicherungskassen, da ihre Renten herabgesetzt worden waren. Den amtlichen Stellen war durchaus bewusst, dass sich die Berechnung nach dem Versicherungsprinzip insbesondere für die jüngeren Beschädigten erheblich auswirkte. Denn diese konnten kaum Beitragsjahre vorweisen und fielen damit auf den Mindestrentenbeitrag zurück.[99] Jedoch wurde pflegebedürftigen Personen neben ihrer Rente ein Pflegegeld in Höhe von 20 bis 60 RM gewährt. Dies stellte tatsächlich eine Erleichterung dar, da die Pflegezulagen für Blinde und Schwerstbeschädigte nach dem Befehl Nr. 28 im Oktober 1947 eingestellt worden waren.[100]

Pflegebedürftige hatten auch die Möglichkeit, in einem Heim unterzukommen. Allerdings belief sich die Höchstzahl der Heimplätze etwa auf 45.000 in der gesamten SBZ.[101] Für die auf 300.000 Personen geschätzten arbeitsunfähigen Schwerbeschädigten,[102] von denen ein Teil pflegebedürftig war, waren diese Kapazitäten sicherlich zu gering. In Pflegeheimen sollte zudem jede Art von Arbeitskraft genutzt werden. Die Länder waren angewiesen worden, den Ausbau der Heime so zu gestalten, dass auch dauerhaft Invalide die Möglichkeit hatten, leichtere Arbeiten wie Kleintierzucht, gärtnerische Arbeiten und Bastelarbeiten zu übernehmen.[103] Arbeitende Rentner durften allerdings, die Rente eingeschlossen, nicht mehr als 140 RM verdienen, da sonst die Rente gekürzt wurde.[104]

97 Siehe Frerich/Frey, Handbuch der Geschichte der Sozialpolitik, Bd. 2, S. 331.

98 Siehe Befehl Nr. 44 des Obersten Chefs der Sowjetischen Militärverwaltung und des Oberbefehlshabers der sowjetischen Besatzungstruppen in Deutschland vom 18. März 1948, in: AuS 3 (1948), S. 101.

99 Siehe BArch, DQ 2/3758, unpag., Landesregierung Sachsen, Die Renten für Kriegsinvaliden und deren Hinterbliebene, 14.12.1948.

100 Siehe Schwartz, Kriegsbeschädigte und Kriegshinterbliebene, Bd. 2/1, S. 788.

101 Sicher zur Verfügung standen 41.526 Plätze. Da aber einige Heime in Thüringen noch nicht erfasst waren, ging die DVAS von einer höheren Zahl aus, siehe BArch, DQ 2/490, unpag., DVAS, Invalidenbetreuung im Jahre 1946, 17.12.1946.

102 Siehe ebd. Die DVAS ging davon aus, dass von der geschätzten Zahl von 500.000–600.000 Schwerbeschädigten etwa 300.000 arbeitsfähig waren.

103 Siehe BArch, DQ 2/490, unpag., DVAS, Invalidenbetreuung im Jahre 1946, 17.12.1946. – Schwartz, Kriegsbeschädigte und Kriegshinterbliebene, Bd. 2/1, S. 787.

104 Siehe BArch, DQ 2/3758, unpag. Landesregierung Sachsen, Die Renten für Kriegsinvaliden und deren Hinterbliebene, 14.12.1948.

Arbeitsintegration statt Rentenversorgung: Schwerbeschädigte in der DDR

In der SBZ bildeten sich Ansätze heraus, die die Gestaltung der sozialen Sicherung in der DDR entscheidend prägen sollten. Neben der Marginalisierung der Kriegsopferfürsorge und der offiziellen Gleichheit aller Schwerbeschädigten stellte die Integration von Menschen mit Erwerbsminderungen in den Arbeitsprozess ein bedeutsames Ziel dar. Die SED wollte möglichst viele Arbeitskräfte für den Wiederaufbau rekrutieren und damit eine kostspielige Versorgung der Kriegsfolgegeschädigten vermeiden. 1946 forderte die SED-Führung von der DVAS 162.000 Arbeiter, um die gröbsten wirtschaftlichen Anforderungen zu erfüllen. Arbeitskräfte sollten insbesondere in der Textil-, Schwer- und Grundstoffindustrie und bei der Regulierung der Oder eingesetzt werden. In der Arbeitskräftepolitik verfolgte die SED-Führung schon zu diesem Zeitpunkt zwei Ziele, die bis 1989 Bestand haben sollten: Die Einbeziehung von Randgruppen und die daraus resultierende Freisetzung von Arbeitskräften für wichtigere Bereiche.[105]

Das Konzept einer Integration in den Arbeitsprozess war nicht neu, sondern findet sich schon im Reichsversorgungsgesetz von 1920. Dieses schrieb eine staatliche Berufsfürsorge fest, welche durch das »Gesetz über die Beschäftigung Schwerbeschädigter« von 1923, das eine Einstellungsquote und arbeitsrechtlichen Schutz festlegte, konkretisiert wurde.[106] Vordringliche Zielgruppe waren die Kriegsbeschädigten. Aber auch Unfallverletzte mit einer Minderung der Erwerbsfähigkeit von mindestens 50 Prozent waren in die Berufsfürsorge eingeschlossen. Die Abwendung von drohender Invalidität war bereits in den Gesetzen des Kaiserreiches festgeschrieben worden. So gab das Gesetz über die »Invaliditäts- und Alterssicherung« vom 22. Juni 1889 der Rentenversicherung die Möglichkeit, krankheitsbedingte Invalidität durch Heilverfahren abzuwenden. Die Reichsversicherungsordnung von 1911 erweiterte dies insofern, als auch Heilverfahren bei »drohender Invalidität« eingeleitet werden konnten.[107] In Deutschland wurden also schon Maßnahmen der beruflichen Reintegration ergriffen, als diese in den angelsächsischen Ländern noch gar keine Rolle spielte.[108]

105 Siehe Dierk Hoffmann: Die Beseitigung der Arbeitslosigkeit in der DDR (künftig zitiert: Hoffmann Beseitigung der Arbeitslosigkeit), in: Ders. u. a., Die DDR vor dem Mauerbau, S. 87–118, hier S. 100.

106 Siehe Schwartz, Kriegsbeschädigte und Kriegshinterbliebene, Bd. 2/1, S. 786.

107 Siehe Jochheim u. a., Rehabilitation und Hilfen für Behinderte, S. 563, Anm. 17.

108 Siehe ebd., S. 565.

Nach dem Zweiten Weltkrieg diskutierten die Besatzungsmächte über eine Wiedereingliederung von Kriegsversehrten und Körperbehinderten in den Arbeitsprozess und setzten hierzu Regelungen in Kraft. So wurde schon im November 1946 ein gemeinsamer Beschluss des Arbeitsdirektoriums des Kontrollrates verabschiedet, der eine »Generalregelung für die Einstellung Versehrter und Behinderter« vorsah.[109] Einzig die Briten lehnten eine verbindliche Verpflichtung für Betriebe in Form eines Einstellungssolls für Schwerbeschädigte ab. In der französischen und amerikanischen Zone wurden hingegen entsprechende Regelungen getroffen.[110] In der Sowjetischen Besatzungszone war neben den praktischen wirtschaftlichen Erwägungen die ideologische Komponente von besonderer Bedeutung. Das sozialistische Verständnis, wonach der Mensch seine Erfüllung im Arbeitsleben finde, spielte dabei eine wichtige Rolle.[111] Immer wieder wurde herausgestellt, dass die Wiederaufnahme einer Tätigkeit auch für die betroffenen Personen selbst ein erstrebenswertes Ziel darstelle, um »bei ihnen das Bewusstsein zu erhalten, dass sie trotz ihrer Beschädigung noch ein wertvolles Glied der menschlichen Gesellschaft« seien.[112] Dabei befanden sich »ideologische Motive in schönem Einklang mit ökonomischen Notwendigkeiten«.[113] Treffend brachte dies ein Mitarbeiter der DVAS, Fritz Förster, 1946 mit den Worten auf den Punkt: »Das Ziel aller Arbeit für die Schwerbeschädigten muss sein, sie zu schaffensfrohen Menschen zu machen, deren Denken und Fühlen lediglich darauf gerichtet ist, eine höhere Leistung, nicht aber eine höhere Rente zu erreichen.«[114]

Der Arbeitseinsatz hatte zweifelsohne eine weitaus höhere Priorität als eine eindeutige und einheitliche Regelung der Rentenfrage für die Kriegsinvaliden. Denn schon zwei Jahre vor einer Rentenregelung für Kriegsinvaliden wurde eine zonenübergreifende Regelung zur Beschäftigung von Schwerbeschädigten getroffen.[115] Bereits seit November 1945 existierte in Sachsen eine Verpflichtung zur Beschäftigung von Schwerbeschädigten, die am 2. September 1946 auf die gesamte Zone ausgeweitet wurde.[116] Eine Verordnung verpflichtete Betriebe und Verwaltungen dazu, mindestens zehn Prozent Schwerbeschädigte zu beschäftigten. Verantwortlich für die Umsetzung waren die Arbeitsämter.[117] Offenbar hatten die Maßnahmen Erfolg, denn

109 Wengst, Sozialpolitische Denk-und Handlungsfelder, S. 90.
110 Siehe ebd.
111 Siehe Boldorf, Eingliederung der Kriegsopfer und Schwerbeschädigten, S. 403.
112 BArch, DQ 2/3726, unpag., Land Thüringen, Jahresbericht über Sozialversorgung 1946.
113 Rainer Geißler: Die Sozialstruktur Deutschlands. Ein Studienbuch zur Entwicklung im geteilten und vereinten Deutschland, Opladen 1992, S. 242.
114 BArch, DQ 2/490, unpag., DVAS (Foerster), Die Invalidenbetreuung im Jahre 1946, 17.12.1946.
115 Siehe Boldorf, Eingliederung der Kriegsopfer und Schwerbeschädigten, S. 405.
116 Siehe Schwartz, Kriegsbeschädigte und Kriegshinterbliebene, Bd. 2/1, S. 786.
117 Siehe Abdruck der VO über die Beschäftigung von Schwerbeschädigten vom 2. September 1946, in: AuS 1/1946, S. 302–304.

die DVAS verzeichnete einen Anstieg der Zahl der arbeitenden Schwerbeschädigten von 136.391 (Juli 1946) auf 164.912 (Oktober 1946). Diese Erfolgsmeldung musste die Zentralverwaltung allerdings modifizieren, da die Zahl der Schwerbeschädigten in diesem Zeitraum insgesamt von 238.566 auf 312.893 gestiegen war.[118] Ein Jahr später gingen von den 422.000 erfassten Schwerbeschädigten 224.063 einer Arbeit nach.[119] Insgesamt gelang es von 1946 bis 1949, einem Großteil – um 1949 war die Rede von 87,2 Prozent – der arbeitsfähigen Schwerbeschädigten einen Arbeitsplatz zu vermitteln.[120]

Das ausschlaggebende Kriterium für die Aufnahme einer Beschäftigung war die mangelnde finanzielle Unterstützung von staatlicher Seite. Qualitative Aspekte blieben bei der schnellen Vermittlung weitgehend unberücksichtigt, und die Schwerbeschädigten fanden daher häufig nur in untergeordneten Positionen eine Beschäftigung.[121] Dies zeigt die Arbeitsvermittlung von »Hirnverletzten«, deren Zahl in der SBZ etwa auf 20.000 geschätzt wurde.[122] Im Gegensatz zu den Körperbeschädigten galten Hirnverletzte als chronisch krank und auf dem Arbeitsmarkt schwer vermittelbar. Die Deutsche Zentralverwaltung für das Gesundheitswesen (DZVG) konstatierte 1947, dass Hirnverletzte selbst für »Invalidenberufe« nicht einsetzbar seien und damit den größten Teil der Erwerbsunfähigen ausmachten.[123] Typische Berufsfelder für Invaliden waren also bereits in den Köpfen der Machthaber vorhanden. Ein Rundschreiben der Deutschen Zentralverwaltung für das Gesundheitswesen vom 15. November 1947 verkündete schließlich besondere Richtlinien zur ärztlichen und sozialen Betreuung dieses Personenkreises. Danach galt eine Hirnverletzung als mindestens 50-prozentige Körperbeschädigung. Die Betroffenen sollten speziell betreut und im Straßenverkehr besonders gekennzeichnet werden. Als geeignete Tätigkeiten für Hirnverletzte wurden Berufe wie Büroarbeiter, Pförtner, Packer, Lagerist und Kontrolleur sowie leichte Gartenarbeit, Kleintierzucht und Heimarbeit empfohlen.[124]

118 Siehe BArch, DQ 2/490, unpag., DVAS (Foerster), Die Invalidenbetreuung im Jahre 1946, 17.12.1946.

119 Siehe BArch, DQ 2/490, unpag., Köchling, Die Invalidenbetreuung im Jahre 1947, 24.12.1947.

120 Siehe Schwartz, Kriegsbeschädigte und Kriegshinterbliebene, Bd. 2/1, S. 787.

121 Siehe Boldorf, Eingliederung der Kriegsopfer, S. 415.

122 Siehe BArch, DQ 2/3758, unpag., DZVG (Lindenberg), Ärztliche und soziale Betreuung des Hirnverletzten, 7.10.1947.

123 Siehe Wladimir Lindenberg: Fehlbeurteilungen Hirnverletzter, in: Das Deutsche Gesundheitswesen, 5. Jg. (1947), H. 7, S. 1–4, hier S. 3.

124 Siehe BArch, DQ 2/3758, unpag., DZVG, Rundschreiben 53 an die Landesregierungen/Abteilung Gesundheitswesen, Richtlinien zur ärztlichen und sozialen Betreuung Hirnverletzter, 5.11.1947.

Die Betriebe hielten sich häufig nicht an das ambitionierte Einstellungssoll für Schwerbeschädigte. Denn die Aufwendungen für den Schwerbeschädigteneinsatz fehlten an anderer Stelle im Betrieb, womit betriebliche Interessen dem geforderten Arbeitseinsatz entgegenstanden.[125] Doch nicht nur die Betriebe weigerten sich, die staatlichen Auflagen zu erfüllen. Im Dezember 1946 beschwerte sich die Versicherungsanstalt Berlin (VAB) beim Präsidenten der Deutschen Zentralverwaltung für die Industrie (DZVI), Leo Skrzypczynski, über die mangelnde Bereitschaft seiner Behörde, das Einstellungssoll zu erfüllen. Der zuständige Sachbearbeiter der VAB versuchte Skrzypczynski mit der Drohung einzuschüchtern, dass »ein Bekanntwerden des Umstandes in der Öffentlichkeit [...] wohl erhebliches Aufsehen erregen« werde.[126] Die DZVI stellte daraufhin bei der DVAS einen Antrag auf Herabsetzung des Schwerbeschädigtensolls. Sie begründete den Antrag damit, dass sie qualifizierte, hochspezialisierte Mitarbeiter brauche, die zudem wochenlang in der SBZ unterwegs sein müssten. Mit der Leistung der eingestellten Schwerbeschädigten war sie nicht zufrieden, sondern verwies darauf, dass diese aufgrund ihres schlechten Gesundheitszustandes infolge von KZ- oder Zuchthausaufenthalt häufig der Arbeit fernblieben.[127] Jenny Matern, Vizepräsidentin der DVAS, war jedoch der Ansicht, dass man vor allem innerhalb der Verwaltungen bemüht sein sollte, die Quote zu erfüllen.[128]

Anhand der Regelungen für Schwerbeschädigte zeigen sich die Kompetenzstreitigkeiten zwischen den Zentralverwaltungen und den regionalen Stellen deutlich. Die Zentralverwaltungen für Industrie und für Justiz hatten die Zuständigkeit der Versicherungsanstalt Berlin für die Kontrolle des Einstellungssolls angezweifelt. Daraufhin fand am 15. Januar 1947 eine gemeinsame Besprechung zwischen der DVAS und der VAB statt. Die VAB forderte in dieser Zusammenkunft einen Runderlass an alle Zentralverwaltungen, in dem auf ihre Zuständigkeit verwiesen werden sollte. Die DVAS wandte ein, dass das geforderte Einstellungssoll nicht immer eingehalten werden könne. Sie ging so weit, vorzuschlagen, offiziell zehn Prozent festzulegen, stillschweigend jedoch nur acht Prozent zu erfüllen. Die VAB zeigte sich jedoch unnachgiebig und wandte ein, dass genügend Schwerbeschädigte als Telefonisten, Pförtner, Boten sowie Büropersonal eingestellt werden könnten.[129] Die DZVI wertete diese Forderungen jedoch als Eingriff in die Selbstständigkeit der Zentralverwaltun-

125 Siehe Boldorf, Eingliederung der Kriegsopfer, S. 407.

126 BArch, DQ 2/889, unpag., VA Berlin an DZVI, 13.12.1946.

127 Siehe ebd., DZVI an DVAS, Antrag auf die Herabsetzung der zu beschäftigenden Schwerarbeitsbehinderten, 16.9.1946.

128 Siehe ebd., Handschriftliche Notiz Matern, 19.12.1946.

129 Siehe BArch, DQ 2/889, unpag., Protokoll über die Verhandlung bei der DVAS, 15.1.1947.

gen.[130] Auch Jenny Matern von der DVAS war inzwischen der Ansicht, dass für die Zentralverwaltungen arbeitsrechtlich weder der Magistrat von Groß-Berlin noch die Alliierte Kommandantur verantwortlich seien. Die Beschäftigung von Schwerbeschädigten müsse durch die DVAS im Rahmen der Verordnung vom 2. September 1946 kontrolliert werden.[131] Die Zentralverwaltungen setzten sich schließlich durch. Die Entscheidung kam aber von sowjetischer Seite, welche die Verordnung vom 2. September 1946 für maßgebend hielt und die Kontrolle und Überprüfung durch die DVAS bestätigte.[132] Damit war die Angelegenheit zunächst einmal erledigt. Offenbar forderte die Hauptverwaltung für Arbeit und Sozialfürsorge die anderen Zentralverwaltungen weiterhin zur Erfüllung des Solls auf, obwohl sie es selbst nicht einhielt.[133] Die Zentralverwaltung ging also mit zweierlei Maß an das Einstellungssoll heran, um zu kaschieren, dass weniger Schwerbeschädigte beschäftigt wurden, als vorgegeben. Ein Grund für die ablehnende Haltung der Zentralverwaltungen waren wohl auch Vorurteile gegenüber Kriegsbeschädigten, die häufig als »Militaristen« abgestempelt wurden.[134] So weigerte sich der FDGB-Bundesvorstand beispielsweise, aus »Gründen der Klassenwachsamkeit«,[135] Schwerbeschädigte einzustellen.[136]

Da viele Schwerbeschädigte aufgrund ihrer körperlichen Einschränkungen nicht mehr in ihren alten Berufen arbeiten konnten, musste häufig eine Umschulung erfolgen. Diese fand entweder in speziellen, von den Ländern unterhaltenen Umschulungswerkstätten oder in den Betrieben direkt statt. Dabei wurde auf einen Einsatz in der Industrie abgezielt, um die Körperversehrten »als Ersatz für gesunde Arbeiter und Arbeiterinnen in der Industrie einzusetzen, nicht etwa um sie für Arbeiten auszubilden, die man als Spielerei und unproduktiv betrachten könnte, wie Matten- und Bürstenherstellung, Spielzeugfabrikation usw.«.[137] Diese Ansprüche galten offenbar nicht für Blinde, die in speziellen Blindenanstalten eben in Berufe mit solchen Tätigkeitsschwerpunkten umgeschult wurden.[138] Die Umschulung in industrielle Berufe war der Produktionssteigerung geschuldet, mit der die SED versuchte, den beiden wichtigsten wirtschaftlichen Herausforderungen der Nachkriegszeit gerecht zu wer-

130 Siehe BArch, DQ 2/889, unpag., DZVI an DVAS, Zuständigkeit in Fragen des Arbeitsschutzes, 21.1.1947.
131 Siehe BArch, DQ 2/889, unpag., Matern an DVAS (Herm), intern, 30.1.1947.
132 Siehe BArch, DQ 2/889, unpag., Vermerk vom 29.3.1947.
133 Siehe Boldorf, Eingliederung der Kriegsopfer, S. 408.
134 Siehe Boldorf, Sozialfürsorge in der SBZ/DDR, S. 125.
135 Zitiert nach Boldorf, Eingliederung der Kriegsopfer, S. 408.
136 Ebd.
137 BArch, DQ2/3726, unpag., Jahresbericht Thüringens über die Sozialfürsorge 1946.
138 Siehe ebd.

den, nämlich, den Wiederaufbau voranzutreiben und die sowjetischen Wiedergutmachungsforderungen zu erfüllen.[139]

In Sachsen-Anhalt wurde überwiegend in den Bereichen Industrie, Bürowesen und Handwerk umgeschult. Andere Berufe, vor allem im künstlerischen Bereich, wurden kaum angeboten. Unter den im Jahr 1946 1.047 umgeschulten Schwerbeschädigten gab es nur einen Fotografen, einen Grafiker, einen Kunstmaler sowie einen Musiker. In Sachsen-Anhalt waren Ende 1946 insgesamt 77.524 Schwerbeschädigte erfasst, von denen 31.245 Personen als dauerhaft arbeitsunfähig gemeldet waren.[140] Die Umschulungspraxis war regional unterschiedlich. In Sachsen-Anhalt versuchten die verantwortlichen Stellen der Landesverwaltung, das System der geschlossenen Umschulung zu vermeiden und betriebs- und praxisnah umzuschulen. Mit den Betrieben wurde dabei ein Umschulungsvertrag abgeschlossen und die Schwerbeschädigten blieben in der Regel anschließend im gleichen Betrieb.[141] In Sachsen hingegen war der zuständige Oberregierungsrat Johannes Hausdorf der Ansicht, dass sich die Umschulung in den 1945 ins Leben gerufenen Werkstätten für Schwerbeschädigte bewährt habe.[142]

Zudem wurden für Schwerbeschädigte Produktionsgenossenschaften gegründet, die sich am sowjetischen Beispiel orientierten und häufig mehrere Gruppen schwer vermittelbarer Arbeitskräfte aufnahmen, wie zum Beispiel Schwerbeschädigte und alleinstehende Vertriebene.[143] Ein großes Hindernis für die Arbeit in diesen Produktionsgenossenschaften war der vorherrschende Materialmangel. Weiterhin fehlten orthopädische Hilfsmittel wie Prothesen. Von den rund 77.500 Schwerbeschädigten in Sachsen-Anhalt waren etwa 40 Prozent auf orthopädische Hilfsmittel, überwiegend Arm- und Beinprothesen, angewiesen. Über diese verfügten aber nur 77,4 Prozent der Betroffenen.[144]

Im Betrieb ließ die hygienische und orthopädische Versorgung oft zu wünschen übrig. 1947 richteten die Schwerbeschädigten des Kraftwerks Zschornewitz eine Entschließung an das Amt für Arbeit und Sozialfürsorge in Bitterfeld. In dieser betonten sie ihre Bemühungen, »jedes Gefühl der Minderwertigkeit abzustreifen

139 Vgl. André Steiner: Von Plan zu Plan. Eine Wirtschaftsgeschichte der DDR, Berlin 2007, S. 50 (künftig zitiert: Steiner, Von Plan zu Plan).

140 Siehe BArch, DQ 2/3758, unpag., Rechenschaftsbericht über die Schwerbeschädigtenfürsorge und -umschulung des Landes Sachsen-Anhalt bis zum Ablauf des Jahres 1946, Februar 1947.

141 Siehe BArch, DQ 2/3758, unpag., HVAS, Aktenvermerk, 9.12.1949.

142 Siehe BArch, DQ2/3758, unpag., Hausdorf, Stellungnahme zur Umschulung Schwerbeschädigter, 25.10.1949.

143 Siehe Boldorf, Eingliederung der Kriegsopfer, S. 412.

144 Siehe BArch, DQ 2/3758, unpag., Rechenschaftsbericht über die Schwerbeschädigtenfürsorge und -umschulung des Landes Sachsen-Anhalt bis zum Ablauf des Jahres 1946, Februar 1947.

und als vollwertiges Glied innerhalb unserer Gesellschaft zu gelten«, forderten dafür aber Unterstützung von den zuständigen Behörden.[145] Wichtigstes Desiderat war die Aushändigung von Kernseife im Kraftwerk. Offenbar handelte es sich bei den Unterzeichnern überwiegend um Personen mit Amputationen. Denn sie betonten, dass sich vor allem in den Sommermonaten die Schweißabsonderung »nachteilig und schädlich auf die Gliedstumpfe« auswirke.[146] Die DVAS, an welche die Entschließung weitergeleitet wurde, befand die Versorgung von Ärzten und Pflegepersonal sowie von Kleinkindern mit Seife für dringlicher. Für die lückenhafte orthopädische Versorgung machte sie die unteren Stellen, insbesondere die Sozialversicherungsanstalten, verantwortlich. Die Forderungen der Schwerbeschädigten des Kraftwerks nach Zusatzurlaub, den diese mit einer schlechten körperlichen Verfassung begründet hatten, wiegelte die DVAS mit dem Einwand ab, dass dieser Zustand für den Großteil der deutschen Arbeiterschaft zutreffe. Weitere Forderungen wurden lediglich mit dem von der DVAS häufig verwendeten Hinweis beantwortet, dass Veränderungen »nur durch zähe Kleinarbeit und Heranziehung möglichst breiter Kreise zur demokratischen Mitarbeit«[147] erfolgen könnten. Die Beschwerde aus dem Kraftwerk zeigt, dass sich die Schwerbeschädigten dort zusammengeschlossen und ihre Forderungen auf einer Betriebsversammlung besprochen hatten.

Neben innerbetrieblichen Organisationen gab es auch Ausschüsse für Schwerbeschädigte auf regionaler Ebene. Die zuständigen Behörden, die zum Teil selbst in den Ausschüssen vertreten waren und damit über eine gewisse Kontrolle verfügten, sahen darin zunächst eine Erleichterung ihrer Arbeit.[148] Denn die Schwerbeschädigten-Ausschüsse übernahmen in Zusammenarbeit mit den bei den Ländern bestehenden Referaten für Schwerbeschädigte Aufgaben wie Arbeitsvermittlung und informierten diese über die Anzahl der Schwerbeschädigten und deren Umschulung.[149] Besonders aktiv bei der Bildung von Schwerbeschädigten- und Blindenausschüssen war das Land Sachsen. Dort engagierte sich Oberregierungsrat Hausdorf für die Schwerbeschädigten, insbesondere die Blinden. Hausdorf, der selbst blind war, strebte einen zonalen Schwerbeschädigten-Ausschuss an. Nach dem Befehl Nr. 28, der aufgrund des Wegfalls von Pflegegeldleistungen für viele Betroffene eine

145 BArch, DQ 2/3758, unpag., Abschrift: Kraftwerk Zschornewitz an Amt für Arbeit und Sozialfürsorge Bitterfeld, 2.10.1947.

146 Ebd.

147 BArch, DQ 2/3758, unpag., DVAS an Landesamt für Arbeit und Sozialfürsorge der Landesregierung Sachsen-Anhalt 12.12.1947.

148 Siehe BArch, DQ 2/3758, unpag., Tätigkeitsbericht des Landes Thüringen über Sozialfürsorge, 7.11.1947.

149 Siehe BArch, DQ 2/3758, unpag., Berichte des Referates Schwerbeschädigtenfürsorge für die Zeit vom 1.7.–30.11.1948, 31.12.1948.

Existenzbedrohung darstellte, setzte er sich intensiv für die Belange von Schwerbeschädigten ein.[150] Auch der Vorsitzende des Blinden-Ausschusses der Stadt Leipzig, Max Schöffler, wandte sich offen gegen den Befehl Nr. 28, durch den auch Rentenzahlungen an Angehörige von Vermissten weggefallen waren. Er hielt die Regelung, Pflegegeld nur den Rentenempfängern, die durch Berufsunfall oder Berufskrankheit pflegebedürftig geworden seien, zu zahlen, für eine »untragbare Härte«. Schöffler forderte von der DVAS, diese »Unebenheiten in der sozialpolitischen Gesetzgebung« zu beheben.[151] Sowohl Hausdorf als auch Schöffler waren in der DDR Mitglieder des Arbeitsausschusses für Blindenfragen, der Anfang der 1950er-Jahre in Konflikt mit dem Staats- und Parteiapparat geraten sollte. Schien die Haltung der Machthaber zu den Schwerbeschädigten-Ausschüssen zunächst unproblematisch, wandelte sich dies nach der Staatsgründung. Politische Organisationen jenseits der Massenorganisationen waren nun endgültig nicht mehr erwünscht.

150 Siehe BArch, DQ 2/3758, unpag., Bericht über die 2. Arbeitstagung der Referate für Schwerbeschädigte bei den Sozialämtern der Stadt- und Landkreise im Lande Sachsen am 30.1.1948, 10.2.1948.

151 BArch, DQ 2/3758, unpag., Entschließung der Blindenversammlung der Stadt Leipzig vom 25.3.1948.

»Den Existenzkampf in den Betrieben wie jeder Gesunde aufnehmen« – Ausdifferenzierung der Schwerbeschädigtenpolitik (1949–1958)

Gründung der DDR als Ausgangspunkt für Veränderungen

Umstrukturierungen im Staats- und Parteiapparat

Mit der Gründung der DDR wurden die in der SBZ entwickelten Konzepte deutlich ausgebaut. Ein starker Einschnitt innerhalb des Politikfeldes war die Auflösung der Länder im Jahr 1952, anstelle derer mit Bezirken und Kreisen das System des »demokratischen Zentralismus« implementiert wurde. Zwar war ein Großteil der Veränderungen innerhalb von Gesellschaft, Politik und Wirtschaft schon während der Besatzungszeit erfolgt,[1] aber mit diesem Schritt wurde das neue System festgezurrt. An den Strukturen innerhalb des politischen Systems änderte sich nicht nur das äußere Gewand, sondern die SED durchdrang den Staatsapparat in wachsendem Maße mithilfe von Säuberungen und der Etablierung einer streng zentralisierten Kaderpolitik.[2] Die DDR distanzierte sich dabei stark vom bürgerlichen Rechtsstaat, entwickelte sich dadurch zu einem »vormundschaftlichen Staat«,[3] dessen Bürger auf das Wohlwollen der SED-Führung zählen mussten.[4] Dies sollte sich vor allem für jene auswirken, die aufgrund von gesundheitlichen Einschränkungen oder einer Behinderung besonders auf die Unterstützung des Staates angewiesen waren.

Wichtige sozialpolitische Entscheidungen wurden in der frisch gegründeten DDR weiterhin auf oberster Ebene der SED-Führung getroffen. Hauptakteur bei wichtigen Entscheidungen war das im Januar 1949 gebildete Politbüro. Es legte die

1 Siehe Dierk Hoffmann/Michael Schwartz: Politische Rahmenbedingungen (künftig zitiert: Hoffmann/Schwartz, Politische Rahmenbedingungen), in: Geschichte der Sozialpolitik in Deutschland seit 1945, Bd. 8, S. 2–71, hier S. 5.

2 Vgl. dazu ebd., S. 18–50.

3 Vgl. dazu Rolf Henrich: Der vormundschaftliche Staat. Vom Versagen des real existierenden Sozialismus, Reinbek bei Hamburg 1989. (künftig zitiert: Henrich, Der vormundschaftliche Staat).

4 Siehe Hoffmann/Schwartz, Politische Rahmenbedingungen, S. 37.

Höhe der Mindestrenten fest und entschied über den Zeitpunkt der sporadischen Rentenerhöhungen in den 1950er-Jahren. Zuarbeit leisteten die einzelnen Fachabteilungen des Zentralkomitees, die gleichzeitig in engem Kontakt mit den Institutionen des Staatsapparates standen. Die ZK-Abteilungen erarbeiteten Beschlussvorlagen für das Politbüro und das Sekretariat des ZK und kontrollierten die Umsetzung der Beschlüsse. Mit der Ausarbeitung von Gesetzen und Verordnungen wurde meist eine Kommission aus Mitarbeitern des Staats- oder Wirtschaftsapparates beauftragt und deren Entwürfe durch die ZK-Abteilungen beim Politbüro eingereicht. Bei Gesetzen von größerer politischer Bedeutung arbeitete ein verantwortlicher Mitarbeiter der entsprechenden ZK-Abteilung direkt in dieser Kommission mit.[5]

Innerhalb des ZK-Apparates kam es nach der Staatsgründung zu einigen Umstrukturierungen. 1950 wurde die ZK-Abteilung Arbeit und Sozialfürsorge aufgelöst und ihre Aufgaben wurden durch andere Abteilungen übernommen.[6] Eine eigenständige Abteilung entstand erst wieder im Jahr 1952. Dieser wurde auch der Bereich Gesundheitspolitik angegliedert.[7] Die Abteilung Planung und Finanzen, die diesen Bereich mitbetreut hatte, hatte im Februar 1952 die Bildung eines eigenständigen Sektors Gesundheitspolitik vorgeschlagen. Zur Zusammenfassung der Bereiche Arbeit, Sozial- und Gesundheitswesen dürfte die Tatsache beigetragen haben, dass der Generalsekretär des ZK der SED, Walter Ulbricht, zuvor den Einfluss der Gesundheitspolitik auf die Steigerung der Arbeitsproduktivität betont hatte.[8] Die Abteilung trug ab 1953 den Namen »Abteilung Arbeit, Sozial- und Gesundheitswesen« und ab 1957 »Abteilung Gewerkschaften, Sozial- und Gesundheitswesen«. Leiter war ab 1953 Fritz Schellhorn, der 1956 von Fritz Rettmann abgelöst wurde.[9] Für den gesamten Zeitraum der DDR blieb diese Abteilung innerhalb der Sozialpolitik federführend. Für den Bereich Sozialwesen war Horst Petruschka zuständig, über dessen Schreibtisch alle wichtigen Informationen aus den Ministerien weiter ins Politbüro liefen.

Auch auf ministerieller Ebene fand zunächst eine Zusammenfassung der Bereiche Arbeit, Sozial- und Gesundheitswesen statt. In das aus der Hauptverwaltung

5 Siehe SAPMO BArch, DY 30/IV 2/2/244, Bl. 22, Sitzung des Politbüros am 11.11.1952, Protokoll Nr. 144/52.

6 Vgl. Horn, Findbuch ZK-Abteilung Gewerkschaften und Sozialpolitik. – Amos, Geschichte und Politik der SED-Zentrale, S. 386–389.

7 Siehe Udo Schagen/Sabine Schleiermacher: Gesundheitswesen und Sicherung bei Krankheit und im Pflegefall (künftig zitiert: Schagen/Schleiermacher, Gesundheitswesen), in: Geschichte der Sozialpolitik in Deutschland seit 1945, Bd. 8, S. 390–431, hier S. 395.

8 Siehe SAPMO BArch, DY 30/IV 2/19/19, Bl. 34, ZK-Abteilung Planung und Finanzen, Entwurf, 14.2.1952.

9 Siehe Horn, Findbuch ZK-Abteilung Gewerkschaften und Sozialpolitik.

für Arbeit und Sozialfürsorge (HVAS) gebildete Ministerium für Arbeit und Gesundheitswesen wurde auch die Hauptverwaltung Gesundheitswesen der Deutschen Wirtschaftskommission eingegliedert.[10] Unter dem CDU-Politiker Luitpold Steidle übernahm das Ministerium für Arbeit und Gesundheitswesen den Gesamtbereich der Schwerbeschädigtenfürsorge. Zuständig für das Politikfeld waren die drei Hauptabteilungen Arbeit, Gesundheitswesen und Sozialwesen des Ministeriums. 1950 wurde das Ministerium für Arbeit und Gesundheitswesen geteilt und die Hauptabteilung Gesundheitswesen dem neu entstandenen Ministerium für Gesundheitswesen angegliedert. Die Hauptabteilungen Sozialwesen und Arbeit hingegen verblieben im Ministerium für Arbeit, das bis 1953 von dem SED-Politiker Roman Chwalek und anschließend bis 1958 von seinem Parteigenossen Friedrich Macher geleitet wurde. Mit den Staatssekretären Paul Peschke und Friedel Malter lag die stellvertretende Leitung des Ministeriums hauptsächlich in der Hand von FDGB-Funktionären.[11] 1954 wurde das Ministerium für Arbeit in »Ministerium für Arbeit und Berufsausbildung« umbenannt und 1958 komplett aufgelöst. Für den Bereich Arbeit war nun das »Komitee für Arbeit und Löhne« zuständig, der Bereich Berufsausbildung fiel zunächst in den Aufgabenbereich des Ministeriums für Volksbildung. Erst 1966 wurde ein eigenes Staatssekretariat für Berufsausbildung geschaffen.[12] Das Ministerium für Gesundheitswesen bestand hingegen bis zum Ende der DDR. Luitpold Steidle blieb bis 1958 Gesundheitsminister und wurde dann von Max Sefrin, ebenfalls CDU-Mitglied, abgelöst. Dass kein SED-Mitglied Gesundheitsminister wurde, hing damit zusammen, dass man die Ärzteschaft »zu Recht weiterhin als eher konservativ« einstufte.[13] Hermann Redetzky, der zum Stellvertreter des Ministers avanciert war und ab 1956 als Rektor der »Akademie für Sozialhygiene, Arbeitshygiene und Ärztliche Fortbildung« fungierte, und Erwin Marcusson, ab 1953 Hauptabteilungsleiter für den Bereich Heilwesen, blieben weiterhin einflussreiche Persönlichkeiten innerhalb des Gesundheitswesens. Jenny Matern konnte sich die Position als Staatssekretärin sichern, die sie bis 1958 ausübte.[14]

10 Siehe Dierk Hoffmann: Gemeinsame Fragen der Organisation und des Rechts der sozialen Leistungen (künftig zitiert: Hoffmann, Gemeinsame Fragen, Bd. 8), in: Geschichte der Sozialpolitik in Deutschland seit 1945, Bd. 8, S. 270–288, hier S. 302.

11 Siehe Schwartz, Kriegsbeschädigte und Kriegshinterbliebene, Bd. 8, S. 598.

12 Siehe Friedrich P. Kahlenberg/Dierk Hoffmann: Sozialpolitik als Aufgabe zentraler Verwaltungen in Deutschland – Ein verwaltungsgeschichtlicher Überblick (künftig zitiert: Kahlenberg/Hoffmann, Sozialpolitik als Aufgabe zentraler Verwaltungen) in: Geschichte der Sozialpolitik in Deutschland seit 1945, Bd. 1, S. 103–182, hier S. 169 f.

13 Schagen/Schleiermacher, Gesundheitswesen, S. 399.

14 Siehe ebd., S. 398 f.

Nach der Auflösung des Ministeriums für Arbeit und Berufsausbildung wurde dem Ministerium für Gesundheitswesen die Hauptabteilung Sozialwesen einverleibt. Diese stand unter der Leitung der früheren Sozialdemokratin Käthe Kern[15] und war für Fragen der Schwerbeschädigtenbetreuung maßgeblich zuständig. Schon 1953 hatte die Staatliche Plankommission die Übernahme der Abteilung Sozialwesen durch das Ministerium für Gesundheitswesen vorgeschlagen.[16] 1956 wurde aus dem Vorschlag eine Forderung, da die Staatliche Plankommission mit der Arbeit des Ministeriums für Arbeit und Berufsausbildung unzufrieden war und den Planungsapparat des Gesundheitswesens insgesamt für qualitativ besser hielt.[17] Das Gesetz »über die Vervollkommnung und Vereinfachung der Arbeit des Staatsapparates in der DDR«[18] vom 11. Februar 1958 setzte diese Forderungen um, indem es die Auflösung des Ministeriums für Arbeit und Berufsausbildung festschrieb.

Veränderungen fanden auch innerhalb der Sozialversicherung statt, die nach einem dreistufigen Verwaltungssystem aufgebaut wurde. Der FDGB-Bundesvorstand stand dabei an erster Stelle und übte maßgeblichen Einfluss auf den 1950 gebildeten Zentralvorstand der Sozialversicherung aus, dessen Vorsitzender Helmut Lehmann wurde. Die Dienstaufsicht über die Sozialversicherung oblag bis zur vollständigen Übernahme durch den FDGB dem Ministerium für Arbeit.[19] 1954 gestattete die SED die Übernahme, woraufhin eine erneute Umstrukturierung stattfand, da der FDGB nur seine eigenen Mitglieder betreuen konnte.[20] Daher gliederte man die Selbstständigen, Handwerker und Bauern am 31. Dezember 1955 aus der Pflichtversicherung der Arbeiter und Angestellten aus und unterstellte sie der Deutschen Versicherungs-

15 Käthe Kern (22.7.1900–16.4.1985), SPD, ab 1946 SED, 1946 mit Elli Schmidt im ZK für die Frauenarbeit verantwortlich, ab 1949 Leiterin der Abteilung Mutter und Kind, ab 1950 Hauptabteilungsleiterin für die HA Mutter und Kind im MfG. 1958–1970 Leitung HA Sozialwesen im MfG. Der urkundliche Geburtsname von Käthe Kern lautete eigentlich Katharina Kern, sie begründete die offizielle Verwendung ihres Spitznamens damit, dass sie in ihrer politischen Tätigkeit schon seit 1925 als Käthe Kern bekannt sei; siehe BArch, NY 4145/44, Bl. 100, Kern an Günter Fritzsche, 27.5.1981.

16 Siehe BArch, DE 1/17182, Bl. 4, Staatliche Plankommission (SPK), Plangebiet Gesundheits- und Sozialwesen, Aktenvermerk, 14.8.1953.

17 Siehe BArch, DE 1/17176, unpag., SPK, Hinweise zur Zusammenarbeit zwischen dem Ministerium für Arbeit und Berufsausbildung und der Hauptabteilung Gesundheits- und Sozialwesen, 13.4.1956.

18 Gesetz über die Vervollkommnung und Vereinfachung der Arbeit des Staatsapparates in der Deutschen Demokratischen Republik vom 11. Februar 1958, GBl. der DDR I 1958, S. 117–120, hier S. 119 (§ 7). – Vgl. auch Kahlenberg/Hoffmann, Sozialpolitik als Aufgabe zentraler Verwaltungen, S. 170.

19 Siehe Hoffmann, Sozialpolitische Neuordnung in der SBZ/DDR, S. 333.

20 Siehe ebd., S. 334.

anstalt (DVA).[21] Von da an teilte sich die Sozialversicherung der DDR auf diese beiden Institutionen auf. Obwohl die Sozialversicherung der Arbeiter und Angestellten ab dem 23. August 1956 dem FDGB formal unterstellt war, führte dieser lediglich Befehle aus. Auf grundlegende Entscheidungen bei der Neuordnung der Sozialversicherung hatte er kaum Einfluss; diese wurden ihm von der SED-Führung und auch von den staatlichen Organen gelegentlich nicht einmal mitgeteilt.[22] In Rentenangelegenheiten kam es zwar zu unterschiedlichen Auffassungen zwischen SED und FDGB, dennoch akzeptierte der Gewerkschaftsbund die Vorrangstellung der SED im politischen System der DDR und vermied Konflikte.[23]

Eine der wichtigsten Aufgaben der Sozialversicherung nach der Staatsgründung war eine Verbesserung der Rentenleistungen, die in der Nachkriegszeit ein sehr niedriges Niveau aufwiesen. Bemühungen des FDGB hatten im November 1949 lediglich eine Erhöhung der Mindestrenten um fünf Mark zur Folge. Die Erhöhung war aufgrund von Haushaltsengpässen ziemlich bescheiden ausgefallen, woraufhin im August 1950 erneut die Renten für alle Alters-, Invaliden- und Unfallinvalidenrentner um zehn Mark angehoben wurden. Damit lag die monatliche Mindestrente für Invalidenrentner bei 65 Mark. Der durchschnittliche Rentenbetrag betrug für diese Gruppe 1950 83,26 Mark und sollte in den folgenden drei Jahren nur um 6,40 Mark ansteigen. Der Betrag für Invalidenrentner lag etwas unter den Altersrenten, jedoch weit über den Witwenrenten, deren durchschnittliche Rente bis 1953 unter 70 Mark blieb.[24]

Die Rentenleistungen bei Invalidität wurden aufgrund der Bestimmungen des § 54 der Verordnung über die Sozialpflichtversicherung von 1947 unverändert gewährt.[25] Ein großes Problem der Nachkriegszeit war weiterhin, dass viele Kriegsbeschädigte die Voraussetzungen für den Bezug einer Rente nicht erfüllten oder nur die Mindestrente erhielten, da sie noch jung waren und kaum Versicherungsjahre vorweisen konnten. Nur Wehrmachtsbeschädigte, also Personen, die während ihrer Zugehörigkeit zur Wehrmacht eine Beschädigung erlitten hatten, waren ver-

21 Vgl. Barbara Eggenkämper/Gert Modert/Stefan Pretzlik, Die Staatliche Versicherung der DDR. Von der Gründung bis zur Integration in die Allianz, München 2010, S. 59–112.

22 Siehe Hoffmann, Sozialpolitische Neuordnung in der SBZ/DDR, S. 337.

23 Siehe Dierk Hoffmann: Sicherung bei Alter, Invalidität und für Hinterbliebene, Sonderversorgungssysteme (künftig zitiert: Hoffmann, Sicherung bei Alter, Invalidität, Bd. 8), in: Geschichte der Sozialpolitik in Deutschland seit 1945, Bd. 8, S. 347–385, hier S. 350.

24 Siehe Bundesministerium für Arbeit und Soziales, Statistische Übersichten zur Sozialpolitik in Deutschland seit 1945 (Band SBZ/DDR), Verfasser: André Steiner unter Mitarbeit von Mathias Judt und Thomas Reichel, Bonn 2006, Tab. 4.1.3.1.a. (künftig zitiert: BMAS, Statistische Übersichten).

25 § 54, Abs. 1, VSV, S. 99.

Jahr	Altersrenten	Witwenrenten	Invalidenrenten	Invaliden-Altersrenten
1950	86,10	60,98	83,26	-
1951	-	-	-	-
1952	90,70	64,82		86,04
1953	93,91	68,55	89,66	-
1954	95,32	71,38	93,76	-
1955	95,51	71,64	93,16	-
1956	126,35	101,46	122,21	-
1957	126,38	101,79	121,83	-
1958	140,36	110,62	133,83	127,15
1959	151,47	120,27	145,01	136,16

Tabelle 1: Durchschnittliche Renten der Sozialversicherung für Arbeiter und Angestellte nach Rentenarten in Mark

Quelle: BMAS, Statistische Übersichten, Tab. 4.1.3.1.a.

sorgungsberechtigt. Zivilbeschädigte blieben von der Versorgung ausgeschlossen. Zudem erhielten Kriegsinvaliden, die eine Umschulung abgelehnt hatten, keine Rente. Ausgeschlossen vom Rentenbezug waren auch Personen, die wegen Kriegsverbrechen oder »faschistischer Taten« zu Freiheitsstrafen von mehr als einem Jahr verurteilt worden waren. Darunter fielen auch Urteile nach Direktive Nr. 38 des Kontrollrates oder im Sinne von Art. 6 Abs. 2[26] der Verfassung der DDR.[27] Die Kriegsopferversorgung blieb weiterhin an die Sozialversicherung gekoppelt, Kriegsopfer erhielten dieselben Zuschläge wie Sozialversicherungsrentner und dieselben Mindestrenten.[28] Im Oktober 1952 wurden einige Beschränkungen aufgehoben.[29]

26 Diese waren »Boykotthetze gegen demokratische Einrichtungen und Organisationen, Mordhetze gegen demokratische Politiker, Bekundung von Glaubens-, Rassen-, Völkerhaß, militaristische Propaganda sowie Kriegshetze und alle sonstigen Handlungen, die sich gegen die Gleichberechtigung richten«, § 6, Abs. 2 der Verfassung der Deutschen Demokratischen Republik vom 7. Oktober 1949, GBl. der DDR 1949, S. 5–16.

27 BArch, DC 20-I/3/14, Bl. 30, § 4, Verordnung über die Anpassung der Versorgungsbestimmungen für die Kriegsinvaliden, ehemaligen Beamten, ehemaligen Offiziere und ihre Hinterbliebenen an die Vorschriften der Sozialversicherung vom 16. März 1950, 19. Sitzung des Ministerrates vom 16.3.1950.

28 Siehe Frerich/Frey, Handbuch der Geschichte der Sozialpolitik, Bd. 2, S. 362 f.

29 Siehe Gesetz über staatsbürgerliche Rechte der ehemaligen Offiziere der faschistischen Wehrmacht und der ehemaligen Mitglieder und Anhänger der Nazipartei vom 2. Oktober 1952, GBl. der DDR 1952, S. 928.

Die Bestimmungen auf dem Gebiet der Sozialversicherung blieben davon jedoch unberührt.[30] Obwohl eine Vielzahl von Anträgen und Anfragen bei den staatlichen Stellen einging, hob das Ministerium für Arbeit die »Gleichstellung [...] in staatsbürgerlicher Beziehung«[31] hervor und beachtete die Eingaben nicht weiter.

Widerstand gegen das Einstellungssoll für Schwerbeschädigte

Auch zu Beginn der 1950er-Jahre richteten die staatlichen Stellen den Fokus darauf, Schwerbeschädigte, wenn möglich, wieder in den Arbeitsprozess einzugliedern. Auf einer vom 19. November bis zum 18. Dezember 1949 im Leipziger Grassi-Museum stattfindenden Ausstellung mit dem Titel »Zurück ins Leben. Schwerbeschädigte in der Berufsausbildung«,[32] gab der Leiter der Hauptabteilung Arbeit des Ministeriums für Arbeit und Gesundheitswesen, Litke, einen Überblick über die Zahlen: Insgesamt waren bis Juni 1949 von den offiziell anerkannten 386.604 Schwerbeschädigten 245.564 erwerbstätig. Der Rest war arbeitslos (22.527), suchte keine Arbeit (7.133) oder war von der Arbeit unter anderem aufgrund von dauerhafter Arbeitsunfähigkeit freigestellt (110.049).[33] Minister Steidle legte auf der Arbeitstagung den Kurs des Ministeriums fest. Er hob hervor, dass die Ursache der Beschädigung keine Rolle spiele und Kriegsbeschädigte auf keinen Fall bevorzugt werden dürften. Stattdessen sah Steidle »in dem beschädigten und verstümmelten Menschen schlichtweg den Beschäftigten, dem wir helfen müssen«, ganz gleich, worauf die Beschädigung zurückzuführen war.[34]

Diese Haltung sollte sich auch in den gesetzlichen Initiativen niederschlagen. Sie zeigte sich vor allem in der Veränderung der Anerkennungspraxis für Schwerbeschädigte. Die bereits in der SBZ erfolgte Zusammenfassung verschiedener »Geschädigten«-Gruppen in der heterogenen Sammelkategorie der »Schwerbeschädigten« wurde im Dezember 1951 deutlich ausgedehnt. Nun war nicht mehr die Ur-

30 Hierunter fielen beispielsweise die »Verordnung über die Gewährung von Renten an ehemalige Kriegsinvaliden und deren Hinterbliebene« vom 21.7.1948 und die »Anordnung der Deutschen Wirtschaftskommission über die Zahlung von Renten an ehemalige Beamte und deren Hinterbliebene aus Mitteln der Sozialversicherung« vom 15.9.1948 sowie deren Durchführungsbestimmungen.

31 Siehe SAPMO BArch, DY 34/18947, unpag., MfA (Macher) an Bundesvorstand FDGB (Büro Sozialversicherung), 9.1.1953.

32 Die anlässlich der Ausstellung stattgefundenen Redebeiträge des Ministers für Arbeit und Gesundheitsweise sowie seiner Mitarbeiter sind unter dem Titel »Zurück ins Leben« abgedruckt in: AuS, 5. Jg. (1950), Nr. 2, S. 25–28.

33 Siehe ebd., S. 27.

34 Ebd., S. 25.

sache, sondern die Tatsache des Körperschadens ausschlaggebend für die Anerkennung als Schwerbeschädigter.[35] Die Neuregelung bot insbesondere den früher nicht berücksichtigten Zivilgeschädigten den Zugang zu staatlichen Hilfen und Vergünstigungen.[36] Dies hob auch das Ministerium für Arbeit hervor und rühmte die Maßnahme als »sozialen Fortschritt«.[37] Zuvor war der Schwerbeschädigten-Ausweis nur an Opfer des Faschismus, Arbeitsbeschädigte, Kriegsbeschädigte, Opfer des Verkehrs und Personen mit schweren angeborenen und erworbenen Körperschäden ausgegeben worden. Nun wurden alle chronischen Leiden darunter verstanden, sofern es sich nicht um Alterserscheinungen handelte.[38] Personen mit altersbedingten Leiden erhielten nur dann einen Schwerbeschädigten-Ausweis, wenn sie voll erwerbstätig waren oder wenn eine Beeinträchtigung der Sinnesorgane wie Altersblindheit vorlag.[39] Der Ausweis bot zahlreiche Vergünstigungen wie Fahrpreisermäßigungen und Sitzplatzprivilegien bei der Nutzung öffentlicher Verkehrsmittel, Steuerermäßigungen und eine »bevorzugte Abfertigung bei öffentlichen Dienststellen und dem Lösen von Eintrittskarten«.[40] Die Neuregelung sorgte dafür, dass sich die Zahl der anerkannten Schwerbeschädigten verdoppelte. Vor Inkrafttreten der Anweisung waren 440.101 Schwerbeschädigte in der DDR anerkannt, bis 1954 erhöhte sich ihre Zahl auf 954.006 Personen. Das Ministerium für Arbeit und Berufsausbildung machte für diese hohe Zahl eine zu großzügige ärztliche Begutachtung verantwortlich und hielt sie daher nicht für valide.[41]

Die neuen Regelungen zur Anerkennungspraxis von Schwerbeschädigten waren eng mit weiteren arbeitsmarktpolitischen Initiativen verbunden. Bei der Einführung kam es allerdings zu erheblichen Pannen. Verantwortlich war die Abteilung Sozialfürsorge im Ministerium für Arbeit, die den Nachdruck alter Ausweise sowie den

35 Siehe GBl. der DDR 1951, S. 1187. Anweisung über die Ausgabe von Schwerbeschädigten-Ausweisen vom 21.12.1951.

36 Siehe Frerich/Frey, Handbuch der Geschichte der Sozialpolitik, Bd. 2, S. 379.

37 BArch, DQ 2/4109, unpag., MfAB (Abteilung Sozialfürsorge), Kurzanalyse über die Betreuung der Schwerbeschädigten im 1. Fünfjahrplan und Perspektive für den 2. Fünfjahrplan, 9.9.1955.

38 Siehe BArch, DQ 1/2212, unpag., Abschrift: Rat des Stadtbezirkes V der Stadt Karl-Marx-Stadt an die Redaktion der Zeitschrift »Arbeit und Sozialfürsorge«.

39 Siehe BArch, DQ 2/4106, unpag., MfA (Abteilung Sozialfürsorge), Richtlinien zu den Anweisungen über die Ausgabe von Schwerbeschädigten-Ausweisen vom 21.12.1951, 28.2.1953.

40 GBl. der DDR 1951, S. 1187. Anweisung über die Ausgabe von Schwerbeschädigten-Ausweisen vom 21.12.1951. – Vgl. auch Schwartz, Kriegsbeschädigte und Kriegshinterbliebene, Bd. 8, S. 633.

41 Siehe BArch, DQ 2/4109, unpag., MfAB (Abteilung Sozialfürsorge), Kurzanalyse über die Betreuung der Schwerbeschädigten im 1. Fünfjahrplan und Perspektive für den 2. Fünfjahrplan, 9.9.1955. – Vgl. auch BArch, DE 1/7182, unpag. Analyse über die Entwicklung in der Schwerbeschädigtenbetreuung im I. Fünfjahrplan und Perspektive für den II. Fünfjahrplan.

Druck neuer Ausweise untersagt hatte.[42] Allein in Leipzig waren deshalb über 400 Schwerbeschädigte ohne rechtsgültigen Ausweis und konnten die ihnen zustehenden Fahrpreisermäßigungen für Straßenbahn und Reichsbahn nicht nutzen. Auf drängende Nachfrage der Leipziger Volkszeitung wies das Ministerium für Arbeit jede Verantwortung von sich. Stattdessen gab der zuständige Mitarbeiter an, dass die neuen Ausweise nicht ausgegeben werden könnten, solange die ZK-Abteilung Wirtschaft den geplanten Regelungen zum Gesetz der Arbeit nicht zugestimmt habe.[43]

Das am 19. April 1950 verabschiedete Gesetz der Arbeit[44] hatte das in der Verfassung festgeschriebene Recht auf Arbeit bekräftigt. Denn es schrieb vor, dass jeder DDR-Bürger einen Arbeitsplatz erhalten sollte, der seinen Fähigkeiten entsprach und zumutbar war. Damit stand nicht mehr die soziale Betreuung im Vordergrund, »sondern die Eingliederung in ein Arbeitsverhältnis«.[45] Aufgabe des Ministeriums für Arbeit war von nun an, »den bei jedem Beschädigten vorhandenen Rest von Arbeitsfähigkeit zu Gunsten unserer Gesellschaft auszunutzen und dadurch die bestehenden Minderwertigkeitskomplexe bei den Beschädigten zu beseitigen«.[46] Paragraph 28 des Gesetzes der Arbeit verpflichtete alle Betriebe und Verwaltungen, Schwerbeschädigte einzustellen.[47] Diese Verpflichtung wurde zunächst nicht näher definiert. Die Abteilung Sozialfürsorge des Ministeriums für Arbeit entwarf aber im Herbst 1950 eine Durchführungsbestimmung, deren Veröffentlichung sich durch Zielkonflikte zwischen den beteiligten Stellen verzögerte. Die ZK-Abteilung Wirtschaft hatte nämlich gegen die im Entwurf vorgesehenen Ordnungsstrafen für Betriebe, die keine oder nicht genügend Schwerbeschädigte einstellten, protestiert.[48]

Die Notwendigkeit, eine entsprechende Durchführungsbestimmung zum Gesetz der Arbeit zu erlassen, forcierte auch ein Beschluss des Ministerrates im November 1951. Dieser hatte bestimmt, dass die ca. 60.000 arbeitsfähigen Schwerbeschädig-

42 Siehe BArch, DQ 2/3783, unpag., Leipziger Volkszeitung an MfA (Abteilung Sozialwesen), 7.12.1951.

43 Siehe BArch, DQ 2/3783, unpag., Abteilung Sozialwesen (Zumpe) an Chefredakteur der Leipziger Volkszeitung, 11.12.1951.

44 Gesetz der Arbeit zur Förderung und Pflege der Arbeitskräfte, zur Steigerung der Arbeitsproduktivität und zur weiteren Verbesserung der materiellen und kulturellen Lage der Arbeiter und Angestellten vom 19. April 1950, GBl. der DDR 1950, S. 349–355.

45 BArch, DQ 2/1872, unpag., MfA (Abteilung Sozialfürsorge), Stellungnahme zum Entwurf der Verordnung über die Reorganisation der Ämter für Arbeit vom 30.3.1951, 20.4.1951.

46 Ebd.

47 § 1, Abs. 1, Gesetz der Arbeit zur Förderung und Pflege der Arbeitskräfte, zur Steigerung der Arbeitsproduktivität und zur weiteren Verbesserung der materiellen und kulturellen Lage der Arbeiter und Angestellten vom 19. April 1950, GBl. der DDR 1950, S. 349.

48 Siehe Schwartz, Kriegsbeschädigte und Kriegshinterbliebene, Bd. 8, S. 628.

ten »vollwertige Arbeit für die Gesellschaft« leisten sollten.[49] Der Ministerrat beauftragte das Ministerium für Arbeit, Beschäftigungsmöglichkeiten für Schwerbeschädigte ausfindig zu machen und die Situation der Produktionsgenossenschaften zu verbessern.[50] Auch der FDGB und der Leiter der Abteilung Sozialfürsorge der sächsischen Landesregierung, Johannes Hausdorf, drängten auf den Erlass konkreter Regelungen.[51] Der Arbeitsausschuss für Blindenfragen, dem Hausdorf vorstand, hatte eine Entschließung an das Ministerium für Arbeit gerichtet. Darin wurde ein »lückenloses Gesetz« gefordert. Da die bisherigen Entwürfe nach Ansicht des Ausschusses Schwächen enthielten, schlug dieser vor, praktische Erfahrungen auf einer Konferenz mit Schwerbeschädigten-Vertretern zu diskutieren.[52] Die Forderungen des Arbeitsausschusses blieben ungehört.

Die Durchführungsbestimmung zum Gesetz der Arbeit erschien am 18. Dezember 1951,[53] also drei Tage vor Änderung der Anerkennungspraxis für Schwerbeschädigte. Die Durchführungsbestimmung verpflichtete die Leiter von Betrieben und Verwaltungen dazu, Schwerbeschädigten einen »ihrem Körperschaden, ihren Kenntnissen und Fähigkeiten entsprechenden und zumutbaren Arbeitsplatz zur Verfügung zu stellen«.[54] Analog den Regelungen der Besatzungszeit wurde auch hier das Einstellungssoll von zehn Prozent festgelegt. Hatte der Betrieb das Soll noch nicht erfüllt, war er dazu verpflichtet, den Abteilungen für Arbeit beim Rat der Stadt oder beim Landkreis freie Arbeitsplätze anzuzeigen. Im Vorfeld musste zudem die voraussichtliche Zahl von geeigneten Arbeitsplätzen im Rahmen der Arbeitskräfteplanung angegeben werden.[55] Die Durchführungsbestimmung galt für alle Betriebe und Verwaltungen. In Betrieben mit schwerer körperlicher Tätigkeit wie beispielsweise im Bergbau, in der Bauindustrie oder Forstwirtschaft gab es häufig nur wenige für Schwerbeschädigte geeignete Arbeitsplätze. Das Ministerium für Arbeit war hierüber informiert[56] und gestand diesen Betrieben die Möglichkeit zu, sich von der

49 BArch, DC 20-I/ 3/80, Bl. 37, 53. Sitzung der Regierung der DDR vom 22.11.1951, TOP 11, Anlage 9.
50 Siehe ebd.
51 Siehe Schwartz, Kriegsbeschädigte und Kriegshinterbliebene, Bd. 8, S. 628.
52 Siehe BArch, DQ 2/3783, unpag., Entschließung des Arbeitsausschusses für Blindenfragen in der Deutschen Demokratischen Republik zur Verordnung über die Einbeziehung der Beschädigten in den Produktionsprozess und deren gesundheitliche und soziale Betreuung.
53 Durchführungsbestimmung (DB) zu § 28 des Gesetzes der Arbeit – Einbeziehung der Schwerbeschädigten in den Produktionsprozess vom 18.12.1951, GBl. der DDR 1951, S. 1185–1187.
54 Ebd., S. 1185. § 1, Abs. 1.
55 Siehe ebd.
56 Vgl. Karlheinz Renker/Richard Weise, Die Rehabilitation im Gesetz. Zum Nachschlagen für den Arzt, den Bevollmächtigten der Sozialversicherung und andere mit Fragen der Rehabilitation Beschäftigte, Leipzig 1960, Berlin 1961, S. 38.

Verpflichtung teilweise befreien zu lassen.[57] Ausnahmeregelungen tolerierte das Ministerium dabei aber nicht. Dazu gehörte auch die Zahlung einer Ausgleichsabgabe zur Befreiung von der Einstellungspflicht, die zuvor in den Gesetzen der Länder verankert gewesen war. Diese lag beispielsweise in Sachsen bei 240 Mark pro Jahr und Arbeitsplatz.[58] Die Ämter für Arbeit entschieden nun darüber, ob die Quote im Einzelfall gesenkt werden konnte. Die ZK-Wirtschaftsabteilung hatte sich mit ihrem Protest gegen die Ordnungsstrafen nicht durchsetzen können. Denn die Ämter für Arbeit hatten laut Durchführungsbestimmung die Möglichkeit, Ordnungsstrafen von bis zu 300 Mark gegen Betriebsleiter zu verhängen, die das Einstellungssoll nicht erfüllten.[59] Die Arbeitsämter drohten schnell mit Strafen, wie ein Schreiben des Arbeitsamtes Leipzig an die Firma ABUS Stahlbau zeigt. Darin forderte das Amt den Betrieb dazu auf, innerhalb von zwei Wochen das gesetzliche Schwerbeschädigtensoll zu erfüllen.[60] ABUS Stahlbau bat daraufhin das Ministerium für Arbeit um eine Befreiung von der Verpflichtung.[61] Dieses kritisierte, dass zunächst durch eine Betriebsbegehung vorhandene Arbeitsplätze ausgemacht werden müssten und man erst danach bei Nichteinhaltung auf die Strafbestimmung hinweisen könne.[62] Zwar hatte das Arbeitsamt den Betrieb vorher geprüft, war aber zu einem anderen Ergebnis gekommen als der Betrieb selbst. Schließlich einigte man sich und legte für den Betrieb eine Herabsetzung des Solls auf sechs Prozent fest.[63]

Auch innerhalb des Staatsapparates gab es Auseinandersetzungen bezüglich des Einstellungssolls. So kritisierte das Ministerium für Arbeit, dass das Ministerium der Finanzen das Soll nur zu 6,9 Prozent erfülle und pochte auf die Einhaltung der gesetzlichen Bestimmungen aufgrund der Vorbildfunktion der Ministerien.[64] Das Ministerium der Finanzen rechtfertigte sich hingegen mit dem Verweis auf die erforderliche »gesellschaftliche und fachliche Qualifikation« seiner Mitarbeiter.[65] Das

57 Siehe § 4, 1. Durchführungsbestimmung zu § 28 des Gesetzes der Arbeit, GBl. der DDR, 1951, S. 1185.

58 Siehe BArch, DQ 2/1875, unpag., Abteilung Arbeitskraftlenkung an Verwaltung der SAG-Betriebe, 12.9.1951.

59 Siehe § 15, Durchführungsbestimmung zu § 28 des Gesetzes der Arbeit, GBl. der DDR 1951, S. 1186.

60 Siehe BArch, DQ 2/1873, unpag., Rat des Stadtkreises Leipzig (Abteilung Arbeit), an Firma ABUS- Stahlbau, 23.2.1952.

61 Siehe BArch, DQ 2/1873, unpag., ABUS-Stahlbau an Ministerium für Arbeit, 26.2.1952.

62 Siehe BArch, DQ 2/1873, unpag., Abteilung Arbeitskraftlenkung an den Rat des Stadtkreises Leipzig (Abteilung für Arbeit), Einstellung von Schwerbeschädigten, 28.2.1952.

63 Siehe BArch, DQ 2/1873, unpag., Rat des Stadtkreises Leipzig (Abteilung Arbeit) an MfA (Abteilung Arbeitskraftlenkung), 10.3.1952.

64 Siehe BArch, DQ 2/1875, unpag., MfA an MdF, 23.2.1952.

65 BArch, DQ 2/1875, unpag., MdF an MfA, 22.1.1952.

Ministerium für Arbeit beschäftigte insgesamt 26 Schwerbeschädigte und gehörte damit ebenfalls nicht zu den Institutionen der DDR, die hier besonders vorbildlich agierten.[66] Die Zahl der im Staatsapparat tätigen Schwerbeschädigten schwankte erheblich: So hatte das Statistische Zentralamt insgesamt 82 Schwerbeschädigte eingestellt, wohingegen die Oberste Staatsanwaltschaft und das Amt für Staatliche Kontrolle jeweils nur einen Schwerbeschädigten beschäftigten.[67]

Deutlich gravierender war die Tatsache, dass sich ein großer Teil der Betriebe nicht an die Vorgaben hielt und keine Mitteilung über freie Arbeitsplätze für Schwerbeschädigte machte.[68] Sanktionen begegneten viele Betriebsleiter damit, Anträge auf eine Herabsetzung des Einstellungssolls an die Arbeitsämter zu richten. Darin behaupteten sie häufig, dass die Tätigkeiten im Betrieb einen hohen Qualifizierungsgrad oder körperliche Unversehrtheit erforderten.[69] Gelegentlich findet sich der Hinweis darauf, dass geeignete Arbeitsplätze bereits von Frauen oder Altersrentnern belegt waren.[70] Diese Gruppen sollten ebenfalls verstärkt den Arbeitsprozess einbezogen werden. Viele Betriebsleiter beschwerten sich auch über den in der Durchführungsbestimmung festgelegten Kündigungsschutz, der vor allem bei Kürzungen in der Belegschaft virulent wurde. So schilderte die Malzfabrik Niedersedlitz 1953: »Jeder Betriebsleiter, besonders in den VEB, muss bemüht sein, schon bei der Personalarbeit auf höchste Produktivität zu sehen. Wenn er bisher, wie wir, den guten Willen hatte, soviel Schwerbeschädigte als möglich in den Arbeitsprozess einzugliedern, dann wird er es in Zukunft nicht tun, weil er weiss, dass er sie auch dann nicht wieder los wird, wenn er seinen Arbeitskräfteplan ändern muss.«[71] Doch es gab auch Betriebe, die das Soll erfüllten oder sogar übererfüllten und als Vorbilder gefeiert wurden.[72] Die regionalen Stellen sollten Musterbeispiele angeben. Die Abteilungen für Arbeit wiesen in diesem Kontext darauf hin, dass die erfolgreiche Unterbringung neben der Bereitschaft der Betriebe auch von der Kompetenz des zuständigen Sachbearbeiters abhing.[73]

66 Siehe BArch, DQ 2/1875, unpag., VAB an MfA, 18.1.1951.

67 Siehe ebd.

68 Vgl. Schwartz, Kriegsbeschädigte und Kriegshinterbliebene, Bd. 8, S. 629.

69 Vgl. die zahlreichen Anträge in BArch DQ 2/1873–1876.

70 Siehe BArch, DQ 2/1873, unpag., ABUS-Stahlbau an MfA, 26.2.1952. – Vgl. Ebd., Eisen- und Hüttenwerke Thale an den Rat des Landkreises Quedlinburg, 6.3.1952.

71 BArch, DQ 2/1874, unpag., Malzfabrik Niedersedlitz an MfA, 23.6.1953.

72 Siehe BArch, DQ 2/1877, unpag., MfA (Abteilung Arbeitskraftlenkung), Arbeitsbesprechung der Sonderbeauftragten für Schwerbeschädigte der Landesregierungen im Ministerium für Arbeit, 4.6.1952.

73 Siehe BArch, DQ 2/1876, unpag., Rat des Landkreises Osterburg (Abteilung Arbeit) an Ministerium für Wirtschaft Sachsen-Anhalt (Hauptabteilung Arbeit), 23.2.1952.

Die Festsetzung eines verbindlichen Solls von zehn Prozent stieß nicht nur bei den Betrieben auf Unmut, auch einige Industrieministerien beschwerten sich darüber. Arbeitsminister Chwalek sah sich schließlich aufgrund der mangelnden Umsetzung der Durchführungsbestimmung in den Betrieben dazu gezwungen, seine Ministerratskollegen zu kontaktieren. Er bat diese darum, die ihnen unterstellten Betriebe auf die Verbindlichkeit der Quote hinzuweisen.[74] Chwalek erntete daraufhin Kritik aus einigen Fachbereichen: Fritz Selbmann,[75] Minister für Hüttenwesen und Erzbergbau, hielt die Erfüllung der Quote in der Grundstoffindustrie für unmöglich, da man dann in Bergbaubetrieben über Tage im Grunde nur Schwerbeschädigte beschäftige könne. Dies sei von den Arbeitsschutzorganen des Ministeriums für Arbeit überhaupt nicht erlaubt. Selbmann versprach zwar, den Brief weiterzuleiten, machte Chwalek aber wenig Hoffnung auf eine Verbesserung. Stattdessen kritisierte er, dass »dieser Schematismus in der Beauflagung jeder Vernunft« widerspreche.[76] Chwalek gab daraufhin zu, dass er diese Auffassung teile, aber mit der Verordnung die Betriebe besser kontrolliert werden könnten.[77]

Auch das Staatssekretariat für Bauwirtschaft stellte den Antrag, aufgrund der Struktur der Bauindustrie das Verhältnis der zu beschäftigenden Schwerbeschädigten auf 1:20 festzulegen. Die Unterbringung in Baracken und Notunterkünften sei Schwerbeschädigten aufgrund ihres Gesundheitszustandes und der fehlenden ärztlichen Betreuung einfach nicht zuzumuten.[78] Das Ministerium für Arbeit war damit nicht einverstanden. Stattdessen sollten die Abteilungen für Arbeit bei den Räten der Stadt- und Landkreise die Bauwirtschaft überprüfen und für jede Baustelle eine individuelle Festsetzung treffen.[79] Dem darauf folgenden Protest der IG-Bergbau setzte das Ministerium für Arbeit entgegen, dass es im Braunkohlebergbau durchaus Betriebe gebe, die das Soll zu sieben Prozent erfüllten. Der Prozentsatz könne nur durch eine individuelle Überprüfung der Beschäftigungsmöglichkeiten in den einzelnen Betrieben festgelegt werden.[80]

74 Siehe BArch, DQ 2/638, unpag., MfA (Chwalek), Rundschreiben, 7.3.1952.

75 Siehe zur Biographie Selbmanns: Oliver Kiechle: Fritz Selbmann als Kommunist und SED-Funktionär. Individuelle Handlungsspielräume im System. Eine politische Biographie (= Düsseldorfer Historische Studien, Bd. 1), Düsseldorf 2013 (künftig zitiert: Kiechle, Fritz Selbmann).

76 BArch, DQ 2/1876, unpag., Ministerium für Hüttenwesen und Erzbergbau (Selbmann), an MfA (Chwalek), 8.2.1952.

77 Siehe BArch, DQ 2/1876, unpag., MfA (Chwalek), an Ministerium für Hüttenwesen und Erzbergbau (Selbmann), 4.3.1952.

78 Siehe BArch, DQ 2/1876, unpag., Staatssekretariat für Bauwirtschaft an MfA (Chwalek), 8.3.1952.

79 Siehe BArch, DQ 2/1876, unpag., MfA (Abteilung Arbeitskraftlenkung) an alle Landesregierungen, 9.4.1952.

80 Siehe BArch, DQ 2/1874, unpag., MfA (Abteilung Arbeitskraftlenkung) an Zentralvorstand der IG Bergbau, 12.2.1953.

Nach den Auflagen des Ministerrates hatten das Ministerium für Arbeit und die Landesregierungen Sonderbeauftragte für Schwerbeschädigte benannt. Diese sollten die örtlichen Abteilungen für Arbeit anleiten, geeignete Arbeitsplätze in den Betrieben festlegen und die bestehenden Produktionsgenossenschaften und Umschulungswerkstätten unterstützen.[81] Auf einer Sitzung im Ministerium für Arbeit im Juni 1952 diskutierten die Verantwortlichen über diese Praxis, die sie als erfolgreich einschätzten. Als Beleg wurde angeführt, dass sich die Zahl der arbeitssuchenden Schwerbeschädigten um die Hälfte verringert hatte. So hatten in Sachsen und Sachsen-Anhalt etwa je 1.000 Schwerbeschädigte vermittelt werden können.[82]

Möglichkeiten der Arbeitsmarktintegration – Produktionsgenossenschaften und »Qualifizierung«

Im Rahmen der verstärkten Integrationsbemühungen zogen die staatlichen Akteure auch die Bildung von Produktionsgenossenschaften erneut in Erwägung. Angeregt hatte die Diskussion der stellvertretende Vorsitzende der Staatlichen Plankommission, Bruno Leuschner, der zu Beginn des Jahres 1951 den Entwurf einer Verordnung beim Ministerium für Arbeit und beim FDGB eingereicht hatte.[83] Im Ministerium für Arbeit wurden ablehnende Stimmen laut, so zum Beispiel von Paul Zumpe, Referent der Abteilung Sozialfürsorge. Zumpe begründete seine ablehnende Haltung mit den bisherigen Erfahrungen hinsichtlich der Produktionsgenossenschaften, die der Industrie gegenüber nicht wettbewerbsfähig seien.[84] Diese Haltung vertrat Staatssekretärin Malter der Staatlichen Plankommission gegenüber jedoch nicht offen.[85] Auch der FDGB äußerte Vorbehalte gegen die Produktionsgenossenschaften und zögerte seine Zustimmung zu Leuschners Entwurf hinaus. Chwalek wies den Bundesvorstand aber darauf hin, dass die Sozialversicherung durch den Einbezug von etwa 60.000 Schwerbeschädigten in die Produktion ca. 60 Millionen Mark im Jahr einsparen könne.[86]

81 Siehe BArch, DQ 2/1875, unpag., MfA (Chwalek), Entwurf an den Chef der Regierungskanzlei und Staatssekretar der Regierung (Geyer), 14.1.1952.

82 Siehe BArch DQ 2/1877, unpag., MfA (Abteilung Arbeitskraftlenkung), Arbeitsbesprechung der Sonderbeauftragten für Schwerbeschädigte der Landesregierungen im Ministerium für Arbeit, 4.6.1952,

83 Siehe Schwartz, Kriegsbeschädigte und Kriegshinterbliebene, Bd. 8, S. 630.

84 Siehe BArch, DQ 2/776, unpag., MfA (Hauptabteilung Sozialwesen) an Staatssekretärin Malter, Bildung von Produktivgenossenschaften der Invaliden, 26. April 1951. – Schwartz, Kriegsbeschädigte und Kriegshinterbliebene, Bd. 8, S. 630.

85 Siehe ebd.

86 Siehe BArch, DQ 2/776, unpag., MfA (Chwalek) an FDGB (Kirchner), 27.7.51.

Mitte März 1951 erschien das Gesetz über den Volkswirtschaftsplan.[87] Darin wurden die Gründung und der Ausbau von Produktionsgenossenschaften für die »Kriegsinvaliden und Körperbehinderten« festgelegt. Der Ministerrat sollte dazu finanzielle Mittel gewähren und Maßnahmen beschließen.[88] Das Ministerium für Arbeit ging davon aus, dass der Beschluss die Auflösung der Schwerbeschädigten-Produktionsgenossenschaften nur hinauszögere.[89] Hauptgrund für die Lage waren Materialschwierigkeiten. Das Land Sachsen-Anhalt versuchte diese Problematik zu lösen, indem die Materialmengen für die Schwerbeschädigten-Produktionsgenossenschaften direkt bei der Staatlichen Plankommission eingeplant wurden.[90] Leuschner legte dem Ministerrat seinen Entwurf am 5. November 1951 vor.[91] Die Vorlage wurde zunächst zurückgestellt, da der Sachverhalt nicht mit der ZK-Wirtschaftsabteilung abgesprochen war, die sich gegen die Bildung von Schwerbeschädigten-Produktionsgenossenschaften gewandt hatte.[92] Trotzdem bestätigte der Ministerrat den Entwurf am 25. November 1951. Das Ministerium für Arbeit wurde per Ministerratsbeschluss damit beauftragt, die Materialversorgung der Produktionsgenossenschaften und die Abnahme der Produkte zu sichern sowie ein Statut für diese auszuarbeiten und dem Ministerrat bis zum 1. Dezember 1951 vorzulegen.[93] Erneut war die ZK-Abteilung Wirtschaft übergangen worden. Die Staatliche Plankommission konnte sich hier nicht nur gegen diese durchsetzen, sondern auch gegen alle anderen entscheidenden Stellen, die den Produktionsgenossenschaften eher skeptisch gegenüberstanden. Letztlich hatte der Beschluss kaum Bedeutung, denn im Vordergrund stand der Einsatz von Schwerbeschädigten im Betrieb. Dazu gehörte auch der Bereich der Ausbildung und Umschulung. Deshalb gab es kaum Bemühungen, neue Produktionsgenossenschaften zu gründen. Sie galten als Alternative für Gebiete mit wenig Industrie, um auch dort die Schwerbeschädigten »aus der öffentlichen Fürsorge herauszubekommen«.[94] Das Ministerium für Arbeit befand eine Zahl von 20 Produktionsgenossenschaften in der DDR für völlig ausrei-

87 GBl. der DDR I 1951, S. 187–198: Gesetz über den Volkswirtschaftsplan, das erste Jahr des Fünfjahrplanes der Deutschen Demokratischen Republik vom 14.3.1951.

88 Siehe BArch, DQ 2/1875, unpag., Hauptabteilung Arbeit und Abteilung Sozialwesen an Malter, Stellungnahme zum Schreiben des Herrn stellvertretenden Ministerpräsidenten Heinrich Rau vom 15.10.1951, 16.10.1951.

89 Siehe BArch, DQ 2/776, unpag., Abteilung Sozialfürsorge, Aktenvermerk, 13.6.1951.

90 Siehe ebd.

91 Siehe BArch, DC 20-I/3/77, Bl. 134, SPK (Leuschner) an Staatssekretär Geyer, 5.11.1951.

92 Siehe Schwartz, Kriegsbeschädigte und Kriegshinterbliebene, Bd. 8, S. 630.

93 Siehe BArch, DC 20-I/3/80, Bl. 37, 53. Sitzung der Regierung der DDR vom 22.11.1951, TOP 11, Anlage 9.

94 BArch, DQ 2/3783, unpag., MfA (Abteilung Sozialfürsorge), Aktenvermerk, 27.6.1951.

chend.[95] Von Neugründungen wurde Abstand genommen; vielmehr sollten die bestehenden Genossenschaften ausgebaut werden, da dies kostengünstiger war.[96] Der Ministerrat schloss sich dieser Ansicht nach einem Bericht Chwaleks schließlich an und nahm von einer Neugründung oder Erweiterung bestehender Schwerbeschädigten-Produktionsgenossenschaften Abstand. Die Koordination und Kontrolle der bestehenden Produktionsgenossenschaften für Schwerbeschädigte wurde den Sonderbeauftragten für Schwerbeschädigtenfragen aufgetragen.[97] Nach eingehender Überprüfung der Länder war das Ministerium für Arbeit schließlich über die Zahl der tatsächlich bestehenden Produktionsgenossenschaften für Schwerbeschädigte informiert. Insgesamt handelte es sich um fünf Blindengenossenschaften, zwei Schuh- und zwei holzverarbeitende Produktionsgenossenschaften, deren finanzielle Lage allerdings eher für eine Auflösung sprach. Durch Verhandlungen mit der Staatlichen Plankommission und dem Staatssekretariat für Materialversorgung wurde schließlich erreicht, dass die Produktionsgenossenschaften mit einer Sonderkontrollziffer und einem einmaligen Beitrag berücksichtigt wurden. Sie wurden zudem aufgrund von Verhandlungen mit dem Ministerium der Finanzen in ihrem Zahlungsverkehr den volkseigenen Betrieben gleichgestellt. Das bedeutete, dass sie für ihre gefertigte Ware eine Bezahlung innerhalb von 15 Tagen verlangen konnten.[98]

Falls eine Ausbildung im Betrieb nicht möglich war, erfolgte diese in speziellen Ausbildungsstätten. So gab es für Tuberkulose-Rekonvaleszenten Umschulungsmöglichkeiten in speziellen Zentren in Stralsund, Bad Berka oder Langenstein.[99] Nach der Behandlung wurden sie in den Betrieben beschäftigt.[100] Auch für Menschen mit schweren körperlichen Behinderungen existierten Ausbildungsstätten in Dresden, Eisenberg/Saasa (Thüringen) und in Halle (Saale), welche die DVAS bereits 1946 eingerichtet hatte.[101] Finanziert wurden sie zunächst durch die

95 Siehe BArch, DQ 2/1875, unpag., Hauptabteilung Arbeit und Abteilung Sozialwesen an Staatssekretärin Malter, Stellungnahme zum Schreiben des Herrn stellvertretenden Ministerpräsidenten Heinrich Rau vom 15.10.1951, 16.10.1951.

96 Siehe BArch, DQ 2/776, unpag., MfA (Abteilung Sozialfürsorge), Aktenvermerk, 13.6.1951.

97 Siehe BArch, DC 20-I/3/97, Bl. 37, 74. Regierungssitzung vom 20. März 1952, Anlage 5, Beschluss zur Lage der Schwerbeschädigten vom 20. März 1952.

98 Siehe BArch, DQ 2/4106, unpag., MfA (Abteilung Sozialwesen), Erfüllungsbericht über den Volkswirtschaftsplan 1951, 31.1.1952.

99 Siehe BArch, DQ 1/6379, unpag., Broschüre, 2.9.1958.

100 Siehe BArch, DQ 2/4102, unpag., MfAB (Abteilung Arbeitskraftlenkung) an MfG (Tuberkulosereferat), 27.4.1955.

101 Siehe BArch, DQ 2/4102, unpag., MfAB (Abteilung Arbeitskraftlenkung) an SPK (Ständige Kommission für wissenschaftlich-technische Zusammenarbeit mit der rumänischen Volksrepublik), Methoden der Umschulung Schwerbeschädigter in der Deutschen Demokratischen Republik, 30.4.1954.

Länder.[102] Nach deren Auflösung 1952 unterstanden die Ausbildungsstätten dem entsprechenden Bezirk direkt, der die Mittel für ihre Finanzierung einplante und bereitstellte. Die Auszubildenden mussten für die Aufnahme einen amtlichen Schwerbeschädigten-Ausweis besitzen und wurden nur aufgenommen, wenn sie nicht im Berufsleben standen. Blinde hatten die Möglichkeit, eine Ausbildung in den Blindenanstalten Karl-Marx-Stadt, Neukloster (Mecklenburg) und Halle (Saale) zu absolvieren. Das Ministerium für Arbeit und Berufsausbildung hielt die Blindenanstalten für deutlich effektiver, da der Prozentsatz der in Arbeit vermittelten Personen höher war als bei den anderen Einrichtungen.[103] In Karl-Marx-Stadt und Halle wurden Blinde als Telefonisten, Masseure, Klavierstimmer, Bürsten- und Korbmacher sowie Industriearbeiter ausgebildet. Die Industriearbeiter waren überwiegend im Leichtmaschinenbau, in der Elektrotechnik, Feinmechanik und Optik beschäftigt oder wurden als Arbeiter in der Kontrolle, Montage und Materialprüfung eingesetzt. In Neukloster hingegen fand die Ausbildung zu Bürsten- und Korbmachern sowie Seilern statt. Sie dauerte drei Jahre und schloss mit einer Facharbeiterprüfung für den jeweiligen Beruf ab.[104]

Die Ausbildungsstätten für Schwerbeschädigte nahmen zwar den mit den schwersten Körperschäden behafteten Personenkreis auf, waren aber aufgrund der personellen und finanziellen Kapazitäten nicht in der Lage, pflegebedürftige Schwerbeschädigte zu betreuen.[105] Dies wirkte sich stark auf den Alltag der betroffenen Jugendlichen und Erwachsenen aus, die in den Ausbildungsstätten untergebracht waren. So mussten die zum Teil beinamputierten Auszubildenden in Dresden einen vierstündigen Fußweg zur Berufsschule zurücklegen.[106] Während in Dresden und Saasa überwiegend Jugendliche ausgebildet wurden, erfolgte in Halle (Saale) nur die Ausbildung von Erwachsenen im Rahmen einer anderthalbjährigen Umschulung zu Buchhaltern mit Lehrabschlussprüfung.[107] In den 1950er-

102 Siehe BArch, DQ 2/1877, unpag., Ministerium für Wirtschaft und Arbeit Sachsen an MfA (Abteilung Arbeitskraftlenkung), 11.7.1952.

103 Siehe BArch, DQ 1/6379, unpag., MfAB (Abteilung Arbeitskraftlenkung), Analyse über die Situation der Schwerbeschädigten, 2.4.1958.

104 Siehe BArch, DQ 2/4102, unpag., MfAB (Abteilung Arbeitskraftlenkung) an SPK (Ständige Kommission für wissenschaftlich-technische Zusammenarbeit mit der rumänischen Volksrepublik), Methoden der Umschulung Schwerbeschädigter in der Deutschen Demokratischen Republik, 30.4.1954.

105 Siehe BArch, DQ 1/6379, unpag., MfAB (Abteilung Arbeitskraftlenkung), Analyse über die Situation der Schwerbeschädigten, 2.4.1958.

106 Siehe BArch, DQ 2/4102, unpag., MfA (Abteilung Arbeitskraftlenkung), Bericht von der Überprüfung der Ausbildungsstätten für Schwerbeschädigte in Dresden und Saasa, 31.3.1954.

107 Siehe BArch, DQ 2/4102, unpag., MfAB (Abteilung Arbeitskraftlenkung) an SPK (Ständige Kommission für wissenschaftlich-technische Zusammenarbeit mit der rumänischen Volksre-

Jahren standen die Umschulungen deutlich im Vordergrund. So gab es in der Ausbildungsstätte in Dresden 1954 beispielsweise 83 Lehrlinge und 145 Umschüler. Von Letzteren absolvierte etwa die Hälfte einen rein theoretischen Lehrgang. Im Rahmen dieser Lehrgänge wurden die Berufe Bauzeichner, technischer Zeichner, »Normenbearbeiter« und »Technologe« angeboten. Neben den theoretischen Lehrgängen konnten auch praktische Berufe, wie Mechaniker, Werkzeugmacher, Schneider oder Tischler erlernt werden. In Saasa wurden im selben Jahr 61 Lehrlinge und 78 Umschüler in Berufsfeldern wie Schumacher, Schneider, Buchbinder, Gärtner und im Metallbereich ausgebildet. Einige Umschüler besuchten nur einen halbjährlichen Grundlehrgang in den Ausbildungsstätten. Dies war insbesondere in den Metallberufen der Fall. In dieser Zeit erhielt der Umschüler die Kenntnisse, die ein Lehrling während seines ersten Jahres im Betrieb erhielt. Nach Abschluss dieser Grundausbildung brachte der für den Wohnsitz zuständige Rat des Kreises die Umschüler in einem Patenbetrieb unter, in dem sie ein weiteres Jahr arbeiteten. Ein Teil der Umschüler wurde aber auch in den Betrieben als angelernte Arbeiter eingestellt und innerbetrieblich weiterqualifiziert.

Das Ministerium für Arbeit und Berufsausbildung kritisierte nach einer Überprüfung der Ausbildungsstätten in Dresden und Saasa die dortigen Ausbildungsmethoden und die Ausstattung mit Mobiliar und Maschinen.[108] Der Bericht macht nicht nur die harten Bedingungen für die dort untergebrachten Personen deutlich, sondern auch die Ineffizienz des Systems. Personen mit Beschädigungen im Armbereich, die den Beruf des Buchbinders erlernten wollten, mussten beispielsweise mit einer Hand und den Zähnen knoten. Der zuständige Sachbearbeiter des Ministeriums schlussfolgerte, dass die Betroffenen aufgrund der mangelhaften Ausstattung mit Maschinen nach ihrer Lehre oftmals hilflos und unselbstständig in den Produktionsbetrieben standen, ohne den gestellten Aufgaben gewachsen zu sein. Neben dem daraus resultierenden Verlust des Selbstvertrauens habe dies ein Abrutschen in weniger qualifizierte Berufe zur Folge. Dem Staat gehe damit nicht nur Geld verloren, sondern auch den Schwerbeschädigten sei nicht geholfen.[109] Nach diesem katastrophalen Ergebnis gab das Ministerium für Arbeit und Berufsausbildung neue Richtlinien heraus. Ab September 1954 sollte für alle Umschüler und Lehrlinge eine Vollausbildung eingeführt werden, die mit einer Facharbeiterprüfung abschloss. Aufzunehmen waren nur arbeitssuchende Lehrlinge und Umschüler, die aufgrund ihrer Einschränkungen nicht in Betrieben ihres Heimatkreises ausgebildet

publik), Methoden der Umschulung Schwerbeschädigter in der Deutschen Demokratischen Republik, 30.4.1954.

108 Siehe BArch, DQ 2/4102, unpag., MfA (Abteilung Arbeitskraftlenkung), Bericht von der Überprüfung der Ausbildungsstätten für Schwerbeschädigte in Dresden und Saasa, 31.3.1954.

109 Siehe ebd.

werden konnten. Schwerbeschädigte, die bereits in einem Beschäftigungsverhältnis standen, durften auf keinen Fall in die Ausbildungsstätten aufgenommen werden. Die Leiter der Ausbildungsstätten wurden verpflichtet, ihre Ausbilder auf einen Internatslehrgang für Berufsausbilder des Staatssekretariates für Berufsausbildung zu schicken und eine regelmäßige Weiterbildung des Ausbildungspersonals zu gewährleisten.[110] Das Ministerium für Arbeit und Berufsausbildung bemühte sich also, die Ausbildung von Schwerbeschädigten gemäß den wirtschaftlichen Anforderungen zu gestalten. Ob konkrete Verbesserungen der Lebenssituation der Umschüler und Lehrlinge eintraten, blieb dabei allerdings offen.

Insgesamt zeigt die geringe Zahl der Auszubildenden, dass der Fokus eher auf die betriebliche Ausbildung gelegt wurde. Denn § 28 des Gesetzes der Arbeit verpflichtete die Betriebe, Schwerbeschädigten eine Umschulung zu ermöglichen. Das Ministerium für Arbeit und Berufsausbildung betonte, dass durch diese gesetzliche Regelung »in den Betrieben bisher Tausende von Schwerbeschädigten nicht nur qualifiziert«, sondern gleichzeitig für solche Berufe ausgebildet worden seien, in welchen sie »trotz ihrer Behinderung wettbewerbsfähig« blieben.[111] Zur Verbesserung der Arbeitsbedingungen für diesen Personenkreis sollte in allen volkseigenen Betrieben entweder eine Unterkommission für Schwerbeschädigtenfragen oder ein Schwerbeschädigten-Obmann eingesetzt werden. Bereits vor dem Erlass der Durchführungsbestimmung hatte sich das Ministerium für Arbeit dafür ausgesprochen, regelmäßige Arbeitsplatzüberprüfungen anzuordnen. Diese sollten unter Beteiligung der Werkleitung, der Betriebsgewerkschaftsleitung, der Betriebsarbeitsschutzkommission, einem Schwerbeschädigten des Betriebes, dem Betriebsarzt und Vertretern der »technischen Intelligenz« sowie die Betriebssektionen der Kammer der Technik stattfinden. Hier sind bereits Vorläufer der in den 1970er-Jahren gesetzlich festgelegten betrieblichen Schwerbeschädigtenkommissionen zu finden.[112]

Die Vermittlung geeigneter Arbeitsplätze gestaltete sich nicht so einfach. Dies zeigt das Schreiben eines Schwerbeschädigten-Obmannes aus dem VEB Sternradio Sonneberg, der nach harten Auseinandersetzungen mit der Betriebsgewerkschaftsleitung und der Werkleitung etwa 150 Schwer- und 200 Leichtbeschädigte betreute. Seine Aufgaben im Betrieb schilderte er eindrücklich: »Bei Einstellung eines Schwerbeschädigten werde ich zum Kaderleiter gebeten und dort [wird] die Einstellung erst besprochen. Nach Erledigung dieser wird mir der Schwerbeschä-

110 Siehe BArch, DQ 2/4102, unpag., MfAB (Abteilung Arbeitskraftlenkung) an SPK (Ständige Kommission für wissenschaftlich-technische Zusammenarbeit mit der rumänischen Volksrepublik), Methoden der Umschulung Schwerbeschädigter in der Deutschen Demokratischen Republik, 30.4.1954.

111 Ebd.

112 Siehe BArch, DQ 2/3783, unpag., MfA (Abteilung Sozialfürsorge), Aktenvermerk, 27.6.1951.

digte übergeben, und es ist meine Aufgabe, für diesen zu sorgen. Der Abteilungsleiter wird von mir instruiert, wie der Schwerbeschädigte zu behandeln ist. (…) Der zukünftige Arbeitsplatz wird von mir begutachtet, ob dieser auch in jeder Weise dem Leiden des Schwerbeschädigten entspricht. Weiter schenke ich dem Verdienst die größte Beachtung.«[113] Waren die Schwerbeschädigten mit ihrem Arbeitsplatz nicht zufrieden, schlug ihnen der Obmann Alternativen vor. Einmal im Monat fand eine Arbeitsplatzbesichtigung statt, bei der Beschwerden vorgetragen werden konnten. Teil nahmen Vertreter der Abteilung Arbeit, des Arbeitsschutzes, der Betriebssanitätsstelle sowie der Obmann. Im Betriebskollektivvertrag des VEB Sternradio Sonneberg waren Vergünstigungen für Schwerbeschädigte festgelegt. Dazu gehörte die Berechtigung, den Arbeitsplatz fünf Minuten früher zu verlassen und der Vorrang bei der Arbeiterversorgung, in der HO-Betriebsverkaufsstelle und bei der Vergabe von Ferienplätzen.[114] Solche Sonderkonditionen tolerierte die Abteilung Arbeitskraftlenkung üblicherweise nicht. 1953 hatte das Ministerium für Arbeit die Betriebsgewerkschaftsleitung des VEB Sternradio Rocklitz zurechtgewiesen und Zugeständnisse wie eine Erschwerniszulage und geringfügig verkürzte Arbeitszeiten kritisiert. Stattdessen pochte das Ministerium auf eine strikte Einhaltung der Arbeitszeit.[115]

Die Arbeitsintegration von Schwerbeschädigten sollte der wichtigste Strang der Politik des SED-Regimes für Menschen mit Erwerbsminderungen bleiben. Gerade zu Anfang der 1950er-Jahre kam es zu weiteren wichtigen Maßnahmen. Diese machten auch die Haltung der Machthaber gegenüber dem betroffenen Personenkreis deutlich, welche sich besonders in dem 1952 beginnenden Sparkurs des SED-Staates zeigt.

Harte Einschnitte in der sozialen Sicherung: Sparkurs 1952/1953

Im Juli 1952 rief Walter Ulbricht auf der II. Parteikonferenz der SED den »Aufbau des Sozialismus« aus. Im Beschluss der Parteikonferenz wurden unter anderem der freiwillige Zusammenschluss der Bauern in Landwirtschaftlichen Produktionsgenossenschaften (LPG) und Erweiterungen im Bereich der Schwerindustrie festgehalten.[116] Diese Pläne gingen auf Gespräche der SED-Spitze mit Stalin zurück, der

113 BArch, DQ 1/2122, unpag., Abschrift: VEB Sternradio Sonneberg 3 (Obmann der Körperbehinderten).
114 Siehe ebd.
115 Siehe BArch, DQ 2/1874, unpag., MfA (Abteilung Arbeitskraftlenkung) an BGL des VEB Sternradio Rocklitz (Unterkommission für Schwerbeschädigte), 16.9.1953.
116 Siehe Hoffmann, Sozialpolitische Neuordnung in der SBZ/DDR, S. 285.

nach Ablehnung der »Stalin-Note« durch die Westmächte Anfang 1952 plante, die DDR stärker auszubauen. Hierfür hatte Stalin neben der Kollektivierung der Landwirtschaft auch den Aufbau einer eigenen Armee[117] aufgrund der zunehmenden Aufrüstung infolge des Koreakrieges[118] vorgesehen. Neben dem Aufbau der Schwerindustrie und trotz wirtschaftlicher Überlastung sollte in der DDR ein »gigantisches Aufrüstungsprogramm« stattfinden.[119] Die sowjetische Seite hatte dazu angeregt, die Arbeitsproduktivität zu steigern und gleichzeitig in allen Bereichen Einsparungen vorzunehmen.[120]

Diese betrafen auch die Sozialversicherung, die immer stärker auf staatliche Zuschüsse angewiesen war. Denn 1952 standen den Einnahmen von 247 Millionen Mark aus Versichertenbeiträgen Ausgaben von 712 Millionen Mark gegenüber. Dieses Haushaltsdefizit führte zu Diskussionen über Sparmaßnahmen, die nun auch Kürzungen bei den Sozialleistungen vorsahen.[121] Das Politbüro thematisierte diese Probleme der Sozialversicherung am 19. August 1952 im Rahmen der Erfüllung des Staatshaushaltes. Finanzminister Hans Loch wurde damit beauftragt, im zweiten Halbjahr des Jahres 1952 die Rückstände an Pflichtbeiträgen zur Sozialversicherung in einer Größenordnung von etwa 51 Millionen Mark einzuziehen. Arbeitsminister Chwalek sollte darlegen, wie die Aufgaben der Sozialversicherung mit den im Staatshaushalt vorgesehenen Mitteln für das Jahr 1952 sichergestellt werden könnten. Doch statt über eine Reform der Sozialversicherung zu beraten, wies das Politbüro auf die wachsende Zahl der Invalidenrentner hin, die »im Widerspruch zu dem steigenden Volkswohlstand, der laufenden Verbesserung der Lebenslage unserer Bevölkerung und der Verbesserung des Arbeitsschutzes« stehe.[122] Das Politbüro beauftragte Chwalek, die Ursachen gemeinsam mit dem FDGB zu untersuchen und Vorschläge zu unterbreiten, die »eine den Verhältnissen entsprechende Entwicklung« garantierten.[123]

117 Vgl. Torsten Diedrich: Aufrüstungsvorbereitung und -finanzierung in der SBZ/DDR in den Jahren 1948–1953 und deren Rückwirkungen auf die Wirtschaft, in: Bruno Thoß (Hrsg.): Volksarmee schaffen – ohne Geschrei! Studien zu den Anfängen einer »verdeckten Aufrüstung« in der SBZ/DDR 1947–1952 (= Beiträge zur Militärgeschichte, Bd. 51), München 1994, S. 273–336.

118 Vgl. Christoph Kleßmann/Bernd Stöver (Hrsg.): Der Korea-Krieg. Wahrnehmung, Wirkung, Erinnerung, Köln 2008.

119 Steiner, Von Plan zu Plan, S. 84.

120 Hoffmann, Sozialpolitische Neuordnung in der SBZ/DDR, S. 285.

121 Siehe. ebd., S. 287 f.

122 SAPMO BArch, DY 30/IV 2/27227, Bl. 27, Protokoll der Sitzung des Politbüros der SED vom 19.8.1952, Anlage Nr. 2.

123 Ebd.

Jahr	Invalidenrentner	Steigerung zum Vorjahr in Prozent
1947	284.400	
1948	385.477	35,5
1949	441.779	14,6
1950	484.979	9,8
1951	588.761	21,4
1952 (Juni)	625.391	

Tabelle 2: Zahl der Invalidenrentner 1947–1952

Quelle: SAPMO BArch, DY 34/18947, unpag. Abschrift: MfA, Stellungnahme zu Punkt 37 des Ministerratsbeschlusses vom 21.8.1952 über Maßnahmen zur Erfüllung des Staatshaushaltsplanes 1952, 10.9.1952.

Das Ministerium für Arbeit erklärte daraufhin, dass die Zahl der Invalidenrentner, die sich monatlich »um 3000 bis 5000 Personen« erhöhe, seit 1947 um 107,2 Prozent gestiegen sei.[124] Den Grund sahen die Verantwortlichen im Ministerium für Arbeit vor allem darin, dass die formale Trennung zwischen Invaliden- und Invaliden-Altersrenten aus verwaltungstechnischen Gründen seit 1947 zunehmend verschwunden war. Die Zahl der Invaliden-Altersrentner sei deutlich höher als die der Invalidenrentner. Den hohen Anstieg zwischen Dezember 1951 und Januar 1952 führte das Ministerium für Arbeit darauf zurück, dass die 1947 in die Versicherung aufgenommenen Selbstständigen nun die fünfjährige Wartezeit erfüllt hatten. Staatssekretärin Friedel Malter schlug daraufhin eine neue Invaliditätsbegutachtung nach sowjetischem Beispiel vor, zu der bereits Grundsätze ausgearbeitet worden waren. Sie war gegen eine prozentuale Festsetzung der Invalidität und regte an, bei der Begutachtung »die Bewertung des Begriffs von Arbeit und Leistung im Verhältnis zu Gesundheit und Krankheit« in den Vordergrund zu stellen.[125] Die Staatssekretärin unterbreitete dem Finanzministerium zudem Sparvorschläge für die Sozialversicherung, die keine Veränderung der gesetzlichen Bestimmungen zur Folge hatten. Hierzu gehörte die Forderung, dass bei einer überschrittenen Verdienstgrenze die Invalidenrente unbedingt wegfallen müsse und zu hoch berechnete Invalidenrenten auf keinen Fall weitergezahlt werden dürften. Weitere Sparmöglichkeiten sah sie bei den Rentenleistungen für ehemalige Selbstständige.[126]

124 SAPMO BArch, DY 34/18947, unpag., Abschrift: MfA, Stellungnahme zu Punkt 37 des Ministerratsbeschlusses vom 21.8.1952 über Maßnahmen zur Erfüllung des Staatshaushaltsplanes 1952, 10.9.1952.

125 Ebd.

126 Siehe BArch, DN 1/34134, Bl. 465–472, Vorschläge Malter, 10.9.1952.

Die Sozialversicherung begann daraufhin unmittelbar mit der Überprüfung und den Nachuntersuchungen von Invalidenrentnern, die sehr unterschiedliche Ergebnisse aufwiesen. So wurden beispielsweise in Beeskow von 22 überprüften Invalidenrentnern elf als arbeitsfähig eingestuft, in Quedlinburg nur drei von 193. Das Ministerium für Arbeit forderte daraufhin eine neue Zusammensetzung der mit den Nachuntersuchungen betrauten Ärztekommissionen, »wenn die Aktion den erforderlichen Erfolg bringen und eine Verärgerung der Invalidenrentner durch Anlegen eines strengeren Maßstabes vermieden werden soll«. Gleichzeitig beauftragte es den FDGB damit, Vorschläge für eine obligatorische Nachuntersuchung der Invalidenrentner im Jahre 1953 auszuarbeiten.[127]

Auch 1953 war das Thema noch auf der Agenda. Der Ministerrat entschied am 19. Februar 1953 über die Aufgabenverteilung im Rahmen der Sparmaßnahmen und beauftragte den Zentralrat der Sozialversicherung der Arbeiter und Angestellten mit der Überprüfung der Invaliden- und Unfallrentner sowie der Pflegegeldempfänger. Die Sozialversicherung sollte gemeinsam mit den Ministerien für Arbeit und Gesundheitswesen neue Grundsätze für die Beurteilung der Invalidität und die Einschränkung der Erwerbsfähigkeit ausarbeiten. Der Ministerrat entschied zudem, die Sozialversicherung durch eine Überleitung der zusätzlichen und der freiwilligen Versicherten an die Deutsche Versicherungsanstalt zu entlasten. Diese war für April 1953 vorgesehen.[128]

Die Sozialversicherung beschloss, Pflegegeldempfänger nicht sofort nachzuuntersuchen. Zunächst wollte sie bei der Ausgabe der Ausweise prüfen, ob Rentner in einem Arbeitsverhältnis standen und ob das Lohndrittel überschritten wurde. Auf regionaler Ebene plante sie zudem eine stärkere Zusammenarbeit mit den Stellen der Arbeitskräftelenkung, um diejenigen, denen die Rente entzogen worden war, wieder in den Arbeitsprozess einzugliedern.[129]

Doch so schnell wie geplant ließ sich das »Sparsamkeitsregime« nicht durchführen. Denn auch das Krankengeld machte einen Großteil der Ausgaben der Sozialversicherung aus. Der zuständige Staatssekretär im Ministerium der Finanzen, Willy Rumpf, berichtete Arbeitsminister Roman Chwalek Ende Februar 1953, dass die Sozialversicherung ihr Budget für Kranken-, Haus- und Taschengeld bereits im Januar 1953 deutlich überschritten hatte. Rumpf forderte daraufhin eine Überprüfung der Krankheitsdiagnosen und die Vermeidung von »Gefälligkeitskrank-

127 SAPMO BArch, DY 34/18947, unpag., MfA an FDGB-Bundesvorstand (Büro Sozialversicherung), 20.12.1952.

128 Siehe BArch, DC-I/3/174, Bl. 42–44, Beschluss über die Realisierung des Sparsamkeitsregimes in der Sozialversicherung, 117. Sitzung der Regierung vom 19.2.1953.

129 Siehe SAPMO BArch, DY 34/15244, unpag., FDGB, Grundsatzfragenbesprechung am 4.2.1953.

schreibungen«, mit denen in den Betrieben Schwierigkeiten in der Kohle- und Materialversorgung überbrückt würden.[130] Dieses innerbetriebliche Vorgehen zur Kompensation von Lohnausfall und Leerlaufzeiten war den staatlichen Stellen also durchaus bekannt. Chwalek teilte daraufhin dem Vorsitzenden des Bundesvorstandes des FDGB, Herbert Warnke, mit, dass Rumpf wegen der Überschreitung der Mittel erneut Alarm schlage, die weder das ZK noch die Regierung erneut zulassen würden. Er beschwerte sich über die schleppende Umsetzung der Sparmaßnahmen und bat Warnke, persönlich dafür zu sorgen, dass der Etat eingehalten werde.[131] Gegenüber Paul Peschke, dem Direktor der Sozialversicherung, trat Chwalek deutlich fordernder auf und sah den einzigen Ausweg darin, Sparmaßnahmen durch eine Sperrung der Mittel zu erzwingen. Er drohte Peschke sogar damit, das Ministerium der Finanzen anzuweisen, »keine Mittelüberschreitung zu billigen«. Chwalek war erst gewillt, die Forderungen der Sozialversicherung mitzutragen, wenn diese »endlich einen konkreten Plan mit entsprechenden Sparmaßnahmen« vorlege.[132] Peschke hingegen warf dem Ministerium für Arbeit mangelnde Unterstützung bei der Arbeitsvermittlung der ehemaligen Invalidenrentner vor. Rückendeckung holte er sich hier beim Ministerium für Gesundheitswesen: Eine Besprechung mit diesem habe ergeben, dass der Erfolg der Ärztekommissionen von der Arbeitsvermittlung abhänge. Denn die Rentner, denen die Invalidenrente entzogen worden war, besäßen »zum überwiegenden Teil den guten Willen (…) zu arbeiten«, seien aber auf die Unterstützung vor Ort angewiesen, da die einzelnen Dienststellen und Betriebe »von sich aus nicht allzu sehr bereit sind, diese teilweise behinderten Kollegen in den Arbeitsprozess einzureihen«.[133] Das Ministerium für Arbeit hatte zuvor den Vorschlag der Sozialversicherung abgelehnt, die Betriebe über die Fachministerien zu einer Einstellung des betroffenen Personenkreises aufzufordern. Möglicherweise spielte hier die Erinnerung an die Reaktion der Ministerratskollegen in Bezug auf das Einstellungssoll eine Rolle. Staatssekretärin Malter antwortete nur knapp auf Peschkes Forderungen, dass ein fehlender Arbeitsplatz nicht der Grund dafür sein dürfe, »bisher ungerechtfertigte Invalidenrenten weiterzuzahlen«.[134] Das Ministe-

130 Siehe SAPMO BArch, DY 34/18947, unpag., Abschrift: MdF (Rumpf) an MfA (Chwalek), Finanzlage der Sozialversicherung im Monat Januar 1953, 7.3.1953.

131 Siehe SAPMO BArch, DY 34/18947, unpag., MfA (Chwalek), an FDGB-Bundesvorstand (Warnke), 7.3.1953.

132 Siehe SAPMO BArch, DY 34/18947, unpag., MfA (Chwalek), an Zentralverwaltung der Sozialversicherung (Peschke), 16.3.1953.

133 SAPMO BArch, DY 34/15244, unpag., Zentralverwaltung der Sozialversicherung (Peschke) an MfA (Malter), Protokoll der Grundsatzfragenbesprechung am 4.2.1953, 19.3.1953.

134 SAPMO BArch, DY 34 18947, unpag., MfA(Malter) an FDGB-Bundesvorstand (Deter), 28.03.1953.

rium für Arbeit und die Sozialversicherung arbeiteten hier weniger zusammen, als dass sie sich gegenseitig für die schleppende Umsetzung der Vorgaben verantwortlich machten.

Unstimmigkeiten gab es auch zwischen dem Ministerium für Arbeit und dem Ministerium für Gesundheitswesen über die Untersuchung der Invaliden- und Unfallrentenempfänger. Das Ministerium für Gesundheitswesen hatte hierzu Ende März 1953 Bestimmungen ausgearbeitet. Der darin vorgeschlagene Invaliditätsbegriff setzte nach Ansicht des Ministeriums für Arbeit eine gesetzliche Änderung voraus.[135] Das Ministerium für Gesundheitswesen hatte nämlich geplant, Invaliden in drei Gruppen aufzuteilen. Unter den Gruppen I und II verstand es dabei Invaliden, die ihre Arbeitsfähigkeit verloren hatten und die sich nur durch die Notwendigkeit einer Pflegeperson unterschieden. In Gruppe III sollte eingruppiert werden, »wer zu einer systematischen Arbeit in seinem Beruf unter den üblichen Arbeitsbedingungen nicht mehr fähig ist, in diesem Beruf unter bestimmten, nicht normalen Arbeitsbedingungen arbeiten kann oder in einem anderen Beruf auch erheblich unter seiner bisherigen Qualifikation tätig sein könnte«.[136]

Tätigkeiten auf niedrig entlohnten Stellen wurden damit bewusst einkalkuliert. Nur die ersten beiden Gruppen sollten ein Anrecht auf eine Rente erhalten. Die in Gruppe III eingestuften Personen waren hingegen auf ihre verbliebene Arbeitsfähigkeit zu überprüfen. Nach Malters Einschätzung hätte diese Neuregelung einen Entzug von Teilrenten bei einem Großteil von Unfall- und Kriegsinvalidenrentnern zur Folge gehabt. Im Prinzip war sie damit einverstanden, da auch diese Renten ihrer Meinung nach unberechtigt bezogen würden. Sie riet jedoch davon ab, nach neuen Grundsätzen zu entscheiden, ohne die bestehenden Bestimmungen außer Kraft zu setzen, da sie ansonsten eine »Fülle von berechtigten Beschwerden« voraussah.[137] Friedel Malter favorisierte stattdessen eine durch den FDGB ausgearbeitete Direktive. Diese konzentrierte sich auf die Nachuntersuchungen, von der lediglich Pflegegeldempfänger und Invaliden-Altersrentner ausgenommen bleiben sollten. Ärztekommissionen sollten den Begutachteten als »arbeitsfähig« einschätzen, wenn der ihm »verbliebene Teil der Arbeitskraft noch mehr als ein Drittel« betrug, ansonsten als »arbeitsunfähig«. Bei den Unfallrentnern wurde zusätzlich der Grad der Verminderung der Arbeitskraft in Prozent hinzugefügt. Der Betroffene konnte gegen die Entscheidung innerhalb von 14 Tagen nach Erhalt des Bescheides Beschwerde einlegen. Auch alle neuen Anträge auf Invalidenrente sollten nach diesen Richtlinien

135 Siehe SAPMO BArch, DY 34/18947, unpag., MfA (Malter) an MfG (Matern), 1.4.1953.

136 BArch, DQ 1/4720, unpag., Anweisung über die durchzuführenden Untersuchungen der Invalidenrenten-Empfänger, 26.3.1953.

137 SAPMO BArch, DY 34/18947, unpag., MfA (Malter) an MfG (Matern), 1.4.1953.

bearbeitet werden.[138] Malter schlug vor, beide Vorlagen beim Ministerrat einzubringen und über eine Veränderung der gesetzlichen Bestimmungen zu entscheiden.[139]

Im Rahmen des Sparkurses kam es zu einem verstärkten Sozialabbau, der neben den Invalidenrentnern auch Sozialfürsorgeempfänger und die Schwerbeschädigten betraf. Bereits Ende 1951 war beschlossen worden, diesen nur noch eine Fahrpreisermäßigung von 75 Prozent für zwei Fahrten im Jahr zuzugestehen.[140] Im Februar 1953 ordnete das ZK der SED schließlich an, alle unbegründeten Fahrpreisermäßigungen bei der Reichsbahn zu streichen, was auch die Fahrpreisermäßigungen für Schwerbeschädigte, darunter erwerbstätige Pendler, betraf.[141] Daneben wurde auch an anderen Stellen massiv gespart: So wurde beispielsweise das Pflegegeld in der Sozialfürsorge gestrichen, wenn der Pflegebedürftige im Familienverband lebte, das Pflegegeld auf das Einkommen angerechnet und alle Sonderbeihilfen für Schwerstbeschädigte gestrichen. Zudem wurden Vergünstigungen in der sozialen Steuergesetzgebung und beim Besuch von kulturellen Veranstaltungen eingeschränkt. Sozialpolitische Zugeständnisse, die zuvor in Aussicht gestellt worden waren, wie etwa die Einführung eines Sonderpflegegeldes an Blinde mit weiteren schweren Körperschäden, wurden zurückgenommen und zudem Mittel für die Organisation der Blinden gestrichen.[142] Auch die Leistungen der Sozialfürsorge waren massiv eingeschränkt worden und es wurde auch hier versucht, möglichst vielen Sozialhilfeempfängern eine Arbeit zu vermitteln. Im Rahmen des Sparkurses wurde verfügt, die Unterstützungsleistungen für arbeits- und teilarbeitsfähige Sozialhilfeempfänger auf drei Monate im Jahr zu begrenzen.[143] Gegen diese Fürsorgesperre protestierten sogar die zuständigen Sachbearbeiter, die sich durch offene Kritik und durch Kündigungen von den neuen Vorschriften distanzierten.[144] Zusätzlich wurden die Möglichkeiten, sich rechtlich gegen Entscheidungen der Sozialversicherung zu wenden, eingeschränkt. Beschwerden waren nach 1951 bei eingerichteten Beschwerdekommissionen auf Kreis- bzw. Bezirksebene einzureichen. Mit der Verfahrensordnung für die Sozial-

138 Siehe SAPMO BArch, DY 34/18943, unpag., Anweisung über die durchzuführenden Untersuchungen der Invaliden-und Unfallrenten-Empfänger, 10.4.1953.

139 Siehe SAPMO BArch, DY 34/18947, unpag., MfA (Malter) an MfG (Matern), 1.4.1953.

140 Siehe Schwartz, SED-Sozialabbau und Bevölkerungsprotest, S. 85.

141 Siehe ebd.

142 Siehe SAPMO BArch, DY 30/IV 2/4/271, Bl. 30–37, Bl. 31 f., »Die neue Lage«, aus der Zeitschrift für Blindenfragen »Die Gegenwart«, Nr. 5/6 Mai bis Juni 1953, herausgegeben vom Arbeitsausschuss für Blindenfragen.

143 Siehe Marcel Boldorf, Sozialfürsorge (künftig zitiert: Boldorf, Sozialfürsorge, Bd. 8), in: Geschichte der Sozialpolitik in Deutschland seit 1945, Bd. 8, S. 475–494, hier S. 488.

144 Vgl. Boldorf, Sozialfürsorge in SBZ/DDR, S. 217 f. – Willing, Matthias: »Sozialistische Wohlfahrt«. Die staatliche Sozialfürsorge in der Sowjetischen Besatzungszone und der DDR (1945–1990) (= Beiträge zur Rechtsgeschichte des 20. Jahrhunderts, Bd. 59), Tübingen 2008, S. 168 f.

versicherung vom 11. Mai 1953 wurde festgelegt, dass nach einem Verfahren vor der Kreisbeschwerdekommission entweder bei der Bezirksbeschwerdekommission oder beim Bezirksarbeitsgericht Einspruch gegen das Ergebnis erhoben werden konnte, wobei die Beschwerde beim Bezirksarbeitsgericht als »Ausdruck einer gegnerischen Position« gewertet wurde.[145]

Der verstärkte Abbau sozialer Leistungen verschärfte den Konflikt, der zwischen den Schwerbeschädigten-Interessenorganisationen und dem Ministerium für Arbeit schwelte. Denn das Ministerium hatte begonnen, diese im Zuge der »Demokratisierung der Verwaltung« sukzessive aufzulösen. Mit diesem neuen Konzept beseitigte das Regime endgültig die letzten Formen von Selbstverwaltung und parlamentarischer Demokratie und zielte stattdessen auf eine »administrative Mobilisierung«.[146] Nicht nur planwirtschaftliche und zentralistische Strukturen wurden etabliert, sondern die Bevölkerung sollte als »Motor und Kontrolle der Verwaltung ›von unten‹« genutzt werden.[147] 1952 wurden daraufhin die Länder aufgelöst und ein System von 14 Bezirken implementiert. Die Zahl der Kreise erhöhte die SED-Führung von 132 auf 217.[148] Diese wesentlich kleinteiligere Gliederung diente dem Ziel, direkter auf Ressourcen zugreifen und zentrale Beschlüsse bis auf die unterste Ebene durchsetzen zu können.[149] Die Demokratisierung der Verwaltung sah zwar vor, die Bevölkerung innerhalb örtlicher Volksvertretungen formal zur Mitarbeit heranzuziehen, dem Historiker Oliver Werner ist allerdings zuzustimmen, dass es sich bei diesen um »unselbstständige Institutionen [handelte], die nichts repräsentierten als den ungebrochenen Geltungsanspruch der zentralen Führung«.[150]

Unabhängige Interessengruppen hatten in dieser neuen Ordnung keinen Platz mehr. Das mussten auch Organisationen erfahren, die zur Vertretung der relativ gut aufgestellten Blindenlobby gehörten. So war zur Interessenvertretung der Blinden 1950 ein Arbeitsausschuss gebildet worden, der sich nun entschieden gegen die Sparmaßnahmen wandte. Dabei blieben die Mitglieder jedoch bei moderaten Hinweisen

145 Lohmann, Entwicklung des Sozialrechts in der DDR, S. 65.

146 Oliver Werner: Die »Demokratisierung des Verwaltungsapparates« der DDR als Beispiel administrativer Mobilisierung (1949–1961) (künftig zitiert: Werner, »Demokratisierung des Verwaltungsapparates«), in: Ders. (Hrsg.): Mobilisierung im Nationalsozialismus. Institutionen und Regionen in der Kriegswirtschaft unter Verwaltung des »Dritten Reiches« 1936–1945, Paderborn 2013, S. 303–323, hier S. 309.

147 Ebd.

148 Vgl. Henning Mielke: Die Auflösung der Länder in der SBZ/DDR. Von der deutschen Selbstverwaltung zum sozialistisch-zentralistischen Einheitsstaat nach sowjetischem Modell 1945–1952 (= Beiträge zur Wirtschafts- und Sozialgeschichte, Bd. 66) Stuttgart 1995 (künftig zitiert: Mielke, Auflösung der Länder in der SBZ/DDR).

149 Siehe Werner, »Demokratisierung des Verwaltungsapparates«, S. 313.

150 Ebd., S. 316.

und Anfragen an die staatlichen Stellen und das ZK. Deutlich schärfer gestaltete sich der Konflikt auf Bezirksebene. Dort protestierten die Blindenausschüsse in einer Resolution gegen die Streichung der Fahrpreisermäßigungen und verweigerten »die ihnen zugedachte Funktion eines einseitigen Transmissionsriemens« zwischen den staatlichen Stellen und den Blinden.[151] Die Sparmaßnahmen verurteilten aber nicht nur Blinde, sondern auch andere Schwerbeschädigte, die in den Betrieben die Betriebsgewerkschaftsleitungen für ihren Protest nutzten und sich mit ihren Kollegen solidarisierten. Diese Solidarisierung verschiedener Konfliktgruppen auf der Betriebsebene wirkte letztlich konfliktverschärfend.[152]

Die SED-Führung konnte ihren harten Kurs nicht lange beibehalten. Nach Stalins Tod im März 1953 befahl die neue Parteiführung in Moskau der SED-Spitze im Mai 1953 einen Kurswechsel. Diese ließ daraufhin in einem Kommuniqué im Juni 1953 ihre Parole vom »Aufbau des Sozialismus« fallen und gestand eine Reihe von Fehlern ein. Am 9. Juni 1953 beschloss das Politbüro, die eingeleiteten Untersuchungen der Invalidenrentner sofort einzustellen. Der Staatssekretär im Finanzministerium Willy Rumpf wurde verpflichtet, gemeinsam mit der Verwaltung der Sozialversicherung neue Vorschläge vorzulegen.[153] Auch arbeitsfähige oder teilarbeitsfähige Sozialhilfeempfänger erhielten wieder eine Unterstützung, aber nur, wenn sie nicht im Arbeitsprozess untergebracht werden konnten und einen ihnen zugewiesenen Arbeitsplatz nicht abgelehnt hatten. Arbeitsfähige Invalidenrentner konnten ebenfalls unter diesem Aspekt Sozialfürsorge beziehen.[154] Die Fahrpreisermäßigungen für Schwerbeschädigte wurden wieder eingeführt, ebenso wie die Übernahme der Fahrtkosten bei ärztlich angeordneten Besuchen.[155] Die Beschlüsse wurden am 11. Juni durch den Ministerrat bestätigt.[156]

Der Hauptgrund für die Unzufriedenheit innerhalb der gesamten Arbeiterschaft, nämlich die Erhöhung der Arbeitsnormen, welche die Regierung Ende Mai 1953 angeordnet hatte, wurde jedoch beibehalten, was den Unmut unter den Arbeitern weiter schürte. Es kam zu Demonstrationen, die in den Volksaufstand vom 17. Juni 1953 mündeten und ein tiefes Trauma in der SED-Führung auslösten. Die diversen

151 Schwartz, SED-Sozialabbau und Bevölkerungsprotest, S. 87.
152 Siehe ebd., S. 91.
153 Siehe SAPMO, BArch, DY 30/J IV 2/2/288, Bl. 2, Protokoll der außerordentlichen Sitzung des Politbüros am 9. Juni 1953.
154 Siehe SAPMO, BArch, DY 30/J IV 2/2/288, Bl. 10, Anlage 3.
155 Siehe SAPMO, BArch, DY 30/J IV 2/2/288, Bl. 2, Protokoll der außerordentlichen Sitzung des Politbüros am 9. Juni 1953. – Siehe auch Hoffmann, Sicherung bei Alter, Invalidität, Bd. 8, S. 374.
156 Siehe BArch, DC 20 I/3/191, Bl. 63, Beschluss über die Änderung von Maßnahmen der Sozialversicherung, Protokoll der Ministerratssitzung vom 11.6.1953.

schwelenden Konflikte hatten sich zu einer handfesten Krise zugespitzt. Das Eingeständnis von Fehlern zeitgleich mit der Aufrechterhaltung der Normerhöhung war ein »konfliktstimulierendes Signal«, denn die Eingeständnisse, von der SED-Führung als »Neuer Kurs« bezeichnet, konnten der Staatsführung letztlich als »Schwäche« ausgelegt werden.[157] Die Proteste der Schwerbeschädigten für ihre Rechte im Vorfeld des Juni-Aufstands sind daher in Bezug auf ihren Einfluss auf den Ausbruch der Proteste der Arbeiterschaft gegen die Arbeitsnormerhöhungen nicht zu unterschätzen. Der Sparkurs zeigt auch die Haltung des SED-Regimes zu den Schwerbeschädigten und Invaliden: Es wird deutlich, dass der Sparkurs zuerst diejenigen traf, die sich am Rande der sozialistischen Arbeitsgesellschaft befanden und von denen weniger Widerstand erwartet wurde als von den »Werktätigen«. Die Anstrengungen der Sozialversicherung, Gelder bei den »Werktätigen« einzusparen, konzentrierten sich nämlich vor allem auf eine Verringerung des Krankenstandes. Dabei wurden allerdings nur wenige konkrete Maßnahmen ergriffen.

Gleichschaltung von Betroffenenverbänden am Beispiel des Arbeitsauschusses für Blindenfragen

Der latent schwelende Konflikt zwischen dem Ministerium für Arbeit und dem Arbeitsausschuss für Blindenfragen war infolge der Proteste gegen die Sparmaßnahmen offen ausgebrochen. Bereits 1952 gab es Meinungsverschiedenheiten, da der Arbeitsausschuss Mitte des Jahres die Absicht bekannt gab, einen »Zentralen Deutschen Blindenausschuss« einzurichten und die Bildung eines eigenen Sekretariats beim Ministerium für Arbeit forderte.[158] Das Ministerium für Arbeit wollte allerdings nur ein Referat für die soziale Betreuung der Blinden genehmigen, das dem Bereich Sozialfürsorge angegliedert werden und aus einem Referenten mit Sekretärin bestehen sollte. Da die Mitglieder des Arbeitsausschusses dem Vorschlag des Ministeriums nicht zustimmten, kam es am 16. Januar 1953 zu einem Gespräch in der Abteilung Arbeit, Gewerkschaften und Sozialpolitik des ZK, das allerdings ergebnislos verlief, da der Arbeitsausschuss an seinen Plänen festhielt.[159]

Den Vorschlag, ein Referat für Blindenangelegenheiten im Ministerium für Arbeit einzurichten, begründete Staatssekretärin Friedel Malter dem ZK gegenüber

157 Schwartz, SED-Sozialabbau und Bevölkerungsprotest, S. 91.

158 Siehe SAPMO BArch, DY 30/IV 2/6.11/88, Bl. 14–18, hier Bl. 14, Malter und Rudolf an ZK der SED (Gurgeit), 29.1.1953.

159 Siehe SAPMO BArch, DY 30/IV 2/6.11/88, Bl. 143–151, hier Bl. 144, Stellungnahme der Abteilung Arbeit, Sozial- und Gesundheitswesen im ZK zur Tätigkeit der Genossen […] im Arbeitsausschuss Blindenfragen in der DDR, 13.10.1953.

damit, dass der Arbeitsausschuss sich »operative Funktionen« angeeignet habe, die von keiner Stelle kontrolliert würden.[160] Sie schlug vor, die bestehenden Blindenausschüsse auf regionaler Ebene in Beiräte bei den Räten der Kreise umzuwandeln. Das Referat im Ministerium sollte Gesetzesmaterialien erarbeiten, Einfluss auf die Verteilung von Hilfsmitteln und Blindenhunden nehmen, und dazu beitragen, Blinde in den Produktionsprozess einzugliedern.[161]

Für den Posten des Referatsleiters hatte das Ministerium für Arbeit den Leiter der Blindenanstalt Neukloster, Ernst Puchmüller, vorgesehen. Dieser geriet in den Konflikt zwischen dem Arbeitsausschuss und den zentralen Stellen und hatte dem Ministerium für Arbeit mit Hinweis auf seinen Gesundheitszustand den Leiter des Kreissozialamtes im Kreis Schöneberg/Grevesmühlen, Helmut Pielasch, vorgeschlagen.[162] Das Ministerium für Arbeit ging auf diesen Vorschlag nicht ein. Puchmüller fürchtete offenbar den Einfluss der Mitglieder des Arbeitsausschusses für Blindenfragen. Denn er leitete private Briefe von Max Schöffler und Johannes Hausdorf an das ZK weiter, was dieses zum Anlass nahm, eine Untersuchung bei der Zentralen Parteikontrollkommission (ZPKK) gegen beide zu eröffnen. Zum anderen forderte er immer wieder eine Klärung der Aufgaben des Referatsleiters in Bezug auf den Arbeitsausschuss für Blindenfragen.[163]

Dessen Mitglieder hatten heftig gegen die Maßnahmen des ZK im Rahmen des Sparkurses protestiert, insbesondere gegen die ausbleibende staatliche Finanzierung der Blindenausschüsse, die die Hauptreferentin für Sozialfürsorge im Ministerium für Arbeit, Elfriede Krellwitz, im April 1953 untersagt hatte.[164] Die Anweisung war nicht nur eine Sparmaßnahme, sondern sollte auch der Arbeit der Blindenorganisationen den Boden entziehen. Dies macht die Tatsache deutlich, dass sie zeitnah dem Vorschlag eines eigenen Referates im Ministerium folgte. Zudem hatte Malter auch eine Zusammenkunft des Arbeitsausschusses mit den Blindenausschüssen auf Bezirksebene untersagt.[165] Auf die Beschwerden des Arbeitsausschusses sowie der Blinden-Vertreter Hausdorf und Schöffler reagierten die entsprechenden Stellen nicht, trotz der Drohung des Vorsitzenden, den Arbeitsausschuss aufzulösen. Dies

160 SAPMO BArch, DY 30/IV 2/6.11/88, Bl. 14–18, hier Bl. 14, Malter und Rudolf an ZK der SED (Gurgeit), 29.1.1953.

161 Siehe SAPMO BArch, DY 30/IV 2/6.11/88, Bl. 45 f., ZK Abteilung Arbeit, Sozial- und Gesundheitswesen an Hengst, 18.3.1953.

162 Siehe SAPMO BArch, DY 30/IV 2/6.11/88, Bl. 55–56, hier Bl. 55, Puchmüller an ZK-Abteilung Wirtschaft (Gurgeit), 16.6.1953.

163 Siehe SAPMO BArch, DY 30/IV 2/6.11/88, Bl. 72, Puchmüller an Malter, 20.7.1953.

164 Siehe SAPMO BArch, DY 30/IV 2/6.11/88, Bl. 53, Abschrift HR Sozialfürsorge vom 7.4.1953, Betreff: Finanzierung der Blindenausschüsse, 22.5.1953.

165 Siehe SAPMO BArch, DY 30/IV 2/6.11/88, Bl. 51, Hausdorf an Malter, Abschrift, 4.5.1953.

ging so weit, dass sich einflussreiche Parteimitglieder wie der Erfurter Bezirkssekretär der SED, Erich Mückenberger, für den Arbeitsausschuss einsetzten und eine Aussprache zwischen diesem und dem ZK forderten.[166]

Zu dieser kam es schließlich am 25. August 1953 zwischen Hausdorf, der ZK-Abteilung Arbeit, Sozial- und Gesundheitswesen und dem Ministerium für Arbeit. Johannes Hausdorf war bewusst allein vorgeladen worden.[167] Er nutzte die Gelegenheit, um mehrere sozialpolitische Missstände anzusprechen, insbesondere die Härten bezüglich des Pflegegeldes sowie die unzureichende Sicherung von Personen mit doppeltem Körperschaden, deren Zahl er auf etwa 400 Personen bezifferte.[168] Ferner forderte er eine Erhöhung des anrechnungsfreien Arbeitseinkommens für Schwerstbeschädigte. Der Arbeitsausschuss habe kein Verständnis dafür, dass diesen Personen, die unter erschwerten Bedingungen einer Arbeit nachgingen, bei einer Überschreitung des freien Arbeitseinkommens die Rente entzogen werde. Hausdorf war zudem gegen die Einrichtung neuer Produktionsgenossenschaften, da schon jetzt außerordentliche Schwierigkeiten bestünden, die Waren abzusetzen.[169] Der Vertreter der ZK-Abteilung, Horst Petruschka, ging auf diese Forderungen nicht ein, sondern machte deutlich, dass das ZK eine besondere Blindenorganisation in der DDR nicht für notwendig hielt. Dafür läge keine Notwendigkeit vor und der Staat selbst habe diese Aufgabe zu lösen.[170] Hausdorf wurde schließlich das Einverständnis in den Mund gelegt, dass er mit einem Beirat beim Ministerium sowie bei den Räten der Bezirke und Kreise einverstanden sei.[171]

Tatsächlich verweigerte dieser sein Einverständnis[172] und drohte, dass er nicht zulassen werde, dass bei der Mitgliederberufung eine »wilde Wahl« in die Blindenausschüsse erfolge. Zudem bat Hausdorf um ein erneutes Gespräch mit der ZK-Abteilung und stellte anderenfalls den Rücktritt des Arbeitsausschusses in Aussicht.[173] Gleichzeitig befürchtete er auch Maßnahmen des ZK, da er gehört hatte, dass ihn der Leiter der Abteilung Arbeit, Sozial- und Gesundheitswesen als »parteifeindlich« eingestuft habe. Er schrieb dazu: »Es scheint sogar, als wolle man uns, d. h. die Mitglie-

166 Siehe SAPMO BArch, DY 30/IV 2/6.11/88, Bl. 63, Mückenberger an Schellhorn, 7.7.1953.

167 Siehe SAPMO BArch, DY 30/IV 2/6.11/88, Bl. 78 f., Handschriftliche Notizen.

168 Siehe SAPMO BArch, DY 30/IV 2/6.11/88, Bl. 75, Hausdorf an ZK-Abteilung Arbeit, Sozial- und Gesundheitswesen, 16.6.1953.

169 Siehe SAPMO BArch, DY 30/IV 2/6.11/88, Bl. 83–92, hier Bl. 84, Protokoll über die am 25. August 1953 geführte Besprechung über die Fragen der Blindenbetreuung, o. D.

170 Siehe ebd., Bl. 85.

171 Siehe ebd., Bl. 92.

172 Siehe SAPMO BArch, DY 30/IV 2/6.11/88, Bl. 108–117, hier Bl. 115, Hausdorf an ZK-Abteilung Arbeit, Sozial- und Gesundheitswesen, 28.8.1953.

173 Siehe SAPMO BArch, DY 30/IV 2/6.11/88, Bl. 136, Hausdorf an Hausdorf an ZK-Abteilung Arbeit, Sozial- und Gesundheitswesen, 30.9.1953.

der des Arbeitsausschusses, irgendwie mit dem Vorgang des 17. Juni in Verbindung bringen.«[174] Wie richtig Hausdorf damit lag, zeigt sich daran, dass die gewünschte Aussprache mit der ZK-Abteilung und dem Ministerium für Arbeit schließlich im Januar 1954 vor der Zentralen Parteikontrollkommission (ZPKK) stattfand. Als Ergebnis hielt die ZK-Abteilung fest, dass alle vier Genossen »ernste politische Fehler in ihrer Tätigkeit« begangen hätten und die kadermäßige Zusammensetzung des Arbeitsausschusses sowie die Verantwortung für die Herausgabe der Blindenzeitschrift »Die Gegenwart« sofort geregelt werden müsse.[175] Vorgeschlagen wurde ein kompletter Personalwechsel im Arbeitsausschuss und in der Redaktion der »Gegenwart«.[176] Am 25. Januar 1954 teilte Hausdorf den Mitgliedern des Arbeitsausschusses mit, dass eine Weiterarbeit nicht möglich sei und die »Gegenwart« nicht weiter erscheinen könne, da außer Max Schöffler, der sein Amt niedergelegt hatte, niemand die Lizenz dazu habe, die Zeitschrift herauszugeben.[177] Der Arbeitsausschuss für Blindenfragen erklärte schließlich am 2. März 1954 seinen Rücktritt. Die Redaktion der »Gegenwart« war an ein vom Ministerium für Arbeit eingesetztes Redaktions-Kollektiv abgegeben worden und der an den Arbeitsausschuss gerichtete Schriftwechsel wurde an das Referat für Blindenfragen beim Ministerium für Arbeit weitergeleitet.[178]

Im April 1954 fand erneut eine »Aussprache« zwischen der ZK-Abteilung Arbeit, Schöffler und Hausdorf statt. Der Vertreter der Abteilung, Petruschka, warf ihnen vor, die Tätigkeit des neugebildeten Arbeitsausschusses behindert zu haben.[179] Dieser war nach dem Rücktritt der Mitglieder des alten Arbeitsausschusses gebildet worden. Puchmüller hatte hierfür Mitglieder vorgeschlagen. Staatssekretärin Malter informierte Otto Grotewohl darüber, dass am 5. April eine erste Beratung mit den Blindenvertretern stattgefunden habe.[180] Das Urteil der ZPKK folgte im Juni 1954. Schöffler erhielt »wegen Doppelzünglerei, Verleumdung von Funktionären der Par-

174 SAPMO BArch, DY 30/IV 2/6.11/88, Bl. 174, Hausdorf an ZK-Abteilung Arbeit, Sozial- und Gesundheitswesen (Schellhorn), 18.12.1953.

175 Siehe SAPMO BArch, DY 30/IV 2/6.11/88, Bl. 193–196, hier Bl. 193, ZK-Abteilung Arbeit, Sozial- und Gesundheitswesen, Betreff: Vorschläge zur Regelung der Blindenfragen in der DDR, 3.2.1954.

176 Ebd., Bl. 196.

177 Siehe SAPMO BArch, DY 30/IV 2/6.11/88, Bl. 186 f, hier Bl. 186, Hausdorf an die Mitglieder des Arbeitsausschusses für Blindenfragen, 25.1.1954.

178 Siehe SAPMO BArch, DY 30/IV 2/6.11/88, Bl. 203–205, hier Bl. 205, Hausdorf an ZK-Abteilung Arbeit, Sozial- und Gesundheitswesen, 2.3.1954.

179 Siehe SAPMO BArch, DY 30/IV 2/4/271, Bl. 88–89, hier Bl. 88, ZK Abteilung Arbeit, Schlussfolgerungen aus dem Verhalten der ehemaligen Mitglieder des Arbeitsausschusses für Blindenfragen, 5.6.1954.

180 Siehe SAPMO BArch, DY 30/IV 2/6.11/88, Bl. 240–241, hier Bl. 240, Malter an Grotewohl, 28.4.1954.

tei und Veröffentlichung von Artikeln, die sich gegen die Politik der Partei richten« eine strenge Rüge. Zudem durfte er zwei Jahre lang keine Funktion im Blindenwesen ausüben. Hausdorf erhielt »wegen Versöhnlertum und Unehrlichkeit der Partei gegenüber« eine Rüge. Die beiden anderen Mitglieder des Arbeitsausschusses wurden verwarnt.[181]

Schöffler wurde im Oktober 1954 beurlaubt und aufgrund des Parteiverfahrens schließlich im März 1955 als Direktor der DZB entlassen.[182] 1959 verlieh ihm der zwei Jahre zuvor gegründete Allgemeine Deutsche Blindenverband (ADBV) den Louis-Braille-Preis, den Schöffler zurückgab, mit der Begründung, der Preis sei für ihn moralisch entwertet worden.[183] Zur Strafe für diesen »unfreundlichen Akt« strich ihn der ADBV aus dem Erholungsaustausch mit Polen und verweigerte ihm eine Kur.[184]

Mit dieser Entwicklung wurde eine neue Epoche der politischen Partizipationsmöglichkeiten von Schwerbeschädigten eingeläutet, die deutlich zum Nachteil der Betroffenen ausfiel. Helmut Pielasch, der Puchmüller ein Jahr nach seinem Amtsantritt als Referatsleiter abgelöst hatte, avancierte 1957 zum Vorsitzenden des neu gegründeten Allgemeinen Deutschen Blindenverbandes. Neben diesem wurde zeitgleich ein Allgemeiner Deutscher Gehörlosenverband (ADGV) gegründet. Pielasch hatte durch seine Position als Verbandspräsident und Mitarbeiter im Ministerium für Arbeit zwar die Möglichkeit, die Interessen der Blinden durchzusetzen. Mit Ausnahme eines Sonderpflegegeldes für Blinde und andere Schwerbeschädigte 1959 kümmerte er sich aber vorrangig darum, seinen Verband international zu vernetzen und dessen Ansehen durch den Besuch von Konferenzen und Veranstaltungen zu festigen. Hiervon zeugen zahlreiche Reiseberichte Pielaschs in den Akten des Gesundheitsministeriums.[185] Der ehemalige Sekretär der ADBV, Martin Jaedicke, charakterisierte die Vorgehensweise Pielaschs später als »Verzicht auf jede eigenständige Verbandspolitik«[186], womit ein unabhängiger Blindenverband bis zum Ende der DDR zur Utopie geworden war. Seine linientreue Haltung musste Pielasch allerdings zeitweilig mit anonymen Anrufen und Kritik aus den Reihen der Blinden bezahlen.[187]

181 Siehe SAPMO BArch, DY 30/IV 2/4/271, Bl. 3–6, hier Bl. 5 f., Bericht der ZPKK über die Überprüfung der Tätigkeit der verantwortlichen Genossen im Arbeitsausschuss für Blindenfragen in der DDR, o. D.

182 Siehe SAPMO BArch, DY 30/IV 2/6.11/88, Bl. 290, DZB an ZK-Abteilung Arbeit, Sozial- und Gesundheitswesen, Abschrift, 14.11.1955.

183 Siehe SAPMO BArch, DY 30/IV 2/6.11/88, Bl. 296, Schöffler an ADBV, 27.6.1960.

184 Siehe SAPMO BArch, DY 30/IV 2/6.11/88, Bl. 297, ADBV an Schöffler, 1.7.1960.

185 Vgl. BArch, DQ 1/23905, DQ1/3198, DQ 1/23904.

186 Martin Jaedicke: Zur Geschichte des BSV – einige Thesen und Probleme, horus 2/1991 http://www.dvbs-online.de/horus/1991-2-1959.htm (23.4.2012).

187 Siehe SAPMO BArch, DY 30/IV 2/6.11/87, Bl. 469, Pielasch, Mitteilung an die Parteileitung im Hause, o. D.

Gescheiterte Reformen? Rentenpolitik und Schwerbeschädigtenbetreuung bis 1958

Verbesserungen der Renten- und Pflegegeldleistungen

Obwohl der Arbeitsausschuss für Blindenfragen abgesetzt worden war, wurde die von seinen Mitgliedern vertretene Idee eines Sonderpflegegeldes für Blinde und Schwerstbeschädigte aufgegriffen. Das Sozialleistungssystem der DDR gewährte Pflegebedürftigen eine Unterstützung, die teilweise aus Mitteln der Sozialversicherung sowie aus öffentlichen Mitteln finanziert wurden. Blinde hatten Anspruch auf ein Pflegegeld, dessen Höhe je nach Schädigung bei 20, 40 oder 60 Mark pro Monat lag.[188] Da das Pflegegeld für die betroffenen Personen häufig nicht ausreichte, hatte der Arbeitsausschuss für Blindenfragen dafür votiert, Blinden mit weiteren körperlichen Schädigungen ein Sonderpflegegeld zu zahlen. Dies war Teil eines ganzen Katalogs an Vorschlägen, die die soziale Gesetzgebung betrafen. Unter anderem hatte der Arbeitsausschuss eine Ausdehnung des Pflegegeldes auf blinde Witwen und Waisen gefordert, die 1950 im Rahmen der zweiten Rentenerhöhung erfolgt war.[189] Eine weitere Forderung war die Einbeziehung der »Geburts- und Jugendbeschädigten« in die Renten- und Pflegegeldgewährung der Sozialversicherung, auch dann, wenn zuvor kein Versicherungsverhältnis bestanden hatte. Doch die Forderungen des Arbeitsausschusses bezogen sich vor allem auf Personen, die neben ihrer Blindheit taub, gelähmt oder von mehrfachen Amputationen betroffen waren. Hausdorf und Schöffler waren der Ansicht, dass »die grauenvolle Einsamkeit und die totale wirtschaftliche Ohnmacht, die Menschen mit solch schweren Gebrechen zu durchleben haben« erfordere, diese in der sozialen Sicherung besonders zu berücksichtigen. Hausdorf wies die Verwaltung für Sozialversicherung darauf hin, dass mit der Staatssekretärin Jenny Matern eine grundsätzliche Übereinstimmung über diese Fragen erzielt werden konnte.[190]

Auch Staatssekretärin Malter sah Handlungsbedarf, denn sie übersandte dem Büro der Sozialversicherung im Dezember 1952 den Entwurf einer Verordnung über ein Sonderpflegegeld für Schwerstbeschädigte. Hierüber sei schon mehrfach beraten worden, und da die Forderung der Blinden schon seit 1950 erhoben werde, liege ihr daran, »diese Verordnung so schnell wie möglich dem Ministerrat zuzulei-

188 Siehe Frerich/Frey, Handbuch der Geschichte der Sozialpolitik, Bd. 2, S. 376.

189 Siehe § 4, Verordnung über die Erhöhung der Renten vom 17.8.1950, GBl. der DDR 1950, S. 844.

190 Siehe BArch, DQ 2/3783, unpag., Arbeitsausschuss für Blindenfragen an Zentralverwaltung der Sozialversicherung, 19.5.1951.

ten«.[191] Der FDGB billigte den Entwurf und bat das Ministerium für Arbeit, bei den anderen staatlichen Stellen die Zustimmung dazu einzuholen, um die entsprechenden Mittel in den Haushaltsplan der Sozialversicherung für das Jahr 1953 aufzunehmen.[192] Doch das Finanzministerium war nicht bereit, Mittel für das Sonderpflegegeld zur Verfügung zu stellen. Die dortigen Verantwortlichen vertraten den Standpunkt, dass die Kosten für das Sonderpflegegeld nicht höher als 2,5 Millionen Mark sein dürften. Das Ministerium für Finanzen hatte daher vorgeschlagen, das Sonderpflegegeld aus dem Haushalt der Sozialversicherung zu zahlen. Arbeitsminister Roman Chwalek hielt dies mit Blick auf die angespannte Situation der Sozialversicherung, die in den ersten beiden Monaten des Jahres 1953 ihren Haushalt kräftig überschritten hatte, nicht für vertretbar.[193] Daraufhin wurde die ganze Angelegenheit zunächst zurückgestellt.[194] Im Juli 1953 teilte Staatssekretärin Malter dem FDGB-Bundesvorstand mit, dass sie das Finanzministerium ersucht habe, dem Sonderpflegegeld unter der Voraussetzung zuzustimmen, dass der Mehrbedarf aus Haushaltsmitteln getragen werde.[195] Johannes Hausdorf hatte sich einen Monat zuvor an die ZK-Abteilung Arbeit, Gewerkschaften und Sozialpolitik gewandt und diese um Prüfung der Angelegenheit gebeten. Er bezifferte die Zahl der Blinden mit weiteren schweren Körperschäden auf 392 und betonte, dass sich dieser Kreis durch eine strenge Prüfung sicherlich noch verringern werde.[196]

Der Entwurf des Ministeriums für Arbeit wurde schließlich mit geringfügigen Modifikationen im Januar 1954 im Gesetzblatt der DDR veröffentlicht. Danach wurde ein Sonderpflegegeld von 60 Mark an Blinde mit weiteren Körperschäden wie Taubheit, Lähmung, Hirnverletzung, Doppel- und Dreifachamputationen sowie schweren organischen Leiden gewährt. Einseitig arm- oder beinamputierte Blinde erhielten nur ein Sonderpflegegeld von 30 Mark. Das Sonderpflegegeld wurde unabhängig von anderen Zahlungen gewährt. Befanden sich die Betroffenen in einem Krankenhaus, wurde das Pflegegeld nur zu 50 Prozent gezahlt. Personen, die nicht sozialversichert waren, erhielten die Mittel aus dem Staatshaushalt. Der Anspruch wurde aufgrund bereits vorliegender ärztlicher Gutachten ermittelt und

191 SAPMO BArch, DY 34/18947, unpag., MfA (Malter) an Büro der Sozialversicherung (Deter), 19.12.1952.

192 Siehe SAPMO BArch, DY 34/18947, unpag., FDGB-Bundesvorstand an MfA (Rudolph), 2.2.1953.

193 Siehe SAPMO BArch, DY 34/18947, unpag., MfA (Malter) an FDGB-Bundesvorstand (Deter) 12.2.1953.

194 Siehe SAPMO BArch, DY 34/18947, unpag., Deter an Malter, 21.2.1953.

195 Siehe SAPMO BArch, DY 34/18947, unpag., Malter an Deter, dem 20.7.1953.

196 Siehe SAPMO BArch, DY 30/IV 2/6.11/88, Bl. 75, Hausdorf an MfA, 16.6.1953.

in Zweifelsfällen eine Neubegutachtung angeordnet.[197] Das Sonderpflegegeld sollte »einen notwendigen Ausgleich für die außerordentlichen Aufwendungen« bieten, die durch die »weit über den üblichen Rahmen hinausgehende Pflege« entstanden waren.[198] Der bezugsberechtigte Personenkreis war extrem eingeschränkt und das Sonderpflegegeld primär auf die Versorgung von Blinden ausgerichtet, die unter körperlichen Einschränkungen litten. Damit handelte es sich im Grunde nur um ein Zugeständnis, das keine großen Konsequenzen nach sich zog. Wie streng bei der Auslegung verfahren wurde, zeigt, was »dreifachamputiert« für die zuständigen Stellen bedeutete. So war ein Schwerstbeschädigter im Sinne der Verordnung nicht dreifachamputiert, wenn ihm neben dem Verlust des linken Unterarmes und des rechten Beines der linke Fuß amputiert worden war, sondern erst dann, wenn das linke Bein bis zum Unter- oder Oberschenkel fehlte. Das Sonderpflegegeld konnten auch Invalidenrentner erhalten, welche die Voraussetzungen erfüllten und aufgrund einer Überschreitung des Lohndrittels keine Rente mehr erhielten.[199]

Die Zahl der Invalidenrenten ging bis 1956 stark zurück und stieg danach wieder leicht an. Ein 1956 mit 299.455 Invalidenrenten erreichter Tiefpunkt[200] hing vermutlich mit der Ausgliederung der Bauern, Handwerker, Freiberufler und Selbstständigen aus der Sozialversicherung der Arbeiter und Angestellten infolge der Übernahme durch den FDGB zusammen. Auch die Zahl der Kriegsbeschädigtenrentner hatte sich massiv verringert: Sie sank von 589.514 im Jahr 1950 auf 304.885 im Jahr 1957. Dieser Rückgang ist verwunderlich, da die restriktiven Bestimmungen der Kriegsbeschädigtenrenten 1956 gelockert wurden und demnach deutlich mehr Personen rentenberechtigt waren. Grund für die Zugeständnisse war die Entlassung von etwa 9.000 kriegsverurteilten Deutschen aus der sowjetischen Gefangenschaft.[201]

Der seit 1953 amtierende Arbeitsminister Friedrich Macher schlug vor, allen Personen, die bisher wegen begangener Kriegsverbrechen oder anderer faschistischer Taten von der Rentengewährung ausgeschlossen waren, nach Verbüßung ihrer Strafen eine Rente zu zahlen. Berechnungsgrundlage war der Verdienst vor der Straftat. Diese Regelung sollte ab dem 1. Juli 1956 in Kraft treten und den Betroffenen »die Eingliederung in das normale Leben […] erleichtern«.[202] Mit der »Verordnung

197 Siehe Verordnung über die Zahlung eines Sonderpflegegeldes vom 7. Januar 1954, GBl. der DDR 1954, S.29.

198 O. Schmack, Zahlung eines Sonderpflegegeldes an Schwerbeschädigte, in: AuS, 9. Jg. (1954), H. 2, S. 64f.

199 Siehe ebd.

200 Vgl. BMAS, Statistische Übersichten, Tab. 4.1.3.1.

201 Siehe BArch, DE 1/17176, unpag., MfA (Macher) an SPK (Leuschner), 18.4.1956.

202 BArch, DE 1/17176, unpag., Entwurf der Beschlussvorlage für das Präsidium des Ministerrates, o. D.

Jahr	Invaliden-Altersrentner	Invalidenrentner	Altersrentner	Kriegsbeschädigten-rentner
1950		484.979	865.422	589.514
1951				
1952	654.513		1.133.571	
1953	in Altersrenten	608.608	1.126.151	455.896
1954	In Altersrenten	359.358	1.542.375	
1955	In Altersrenten	343.291	1.602.410	
1956	In Altersrenten	299.425	1.416.512	
1957	In Altersrenten	301.810	1.462.515	304.885
1958	357.618	306.200		
1959	378.054	307.027		
1960	396.492	300.320		158.277

Tabelle 3: Renten der Sozialversicherung der Arbeiter und Angestellten nach Rentenarten
Quelle: BMAS, Statistische Übersichten, Tab. 4.1.3.1.

über die Aufhebung von Sühnemaßnahmen vom 28. Juni 1956« und der zugehörigen Durchführungsbestimmung[203] wurde Machers Vorschlag umgesetzt. Die Zahl der Kriegsbeschädigtenrentner, die 1950 bei fast 600.000 Personen lag, nahm bis Ende der 1950er-Jahre auf etwa 158.000 Personen ab. Es handelte sich also zu Anfang der 1950er-Jahre noch um ein sehr wichtiges Politikfeld, das in der Folgezeit durch den auf die Kriegsfolgen beschränkten Personenkreis immer mehr an Bedeutung verlor. 1990 belief sich die Zahl der Kriegsbeschädigtenrentner nur noch auf 3.867 Personen.[204]

1956 kam es innerhalb der SED-Führung endlich zu einer Debatte über eine mögliche Rentenreform. Auslöser waren zum einen die Entstalinisierung und das politische Tauwetter in Osteuropa, zum anderen die Reformpläne des Systemgegners Westdeutschland, der 1957 die dynamische Rente einführte. Im Politbüro wurde im März 1956 erklärt, dass die gegenwärtige Rentenhöhe nicht befriedigen könne. Nachdem Ulbricht eine kurze Diskussion zu Reformkonzepten in der Rentenpolitik abgebrochen hatte, wurde am 2. Mai 1956 eine Rentenkommission gebildet, welche kurz darauf Vorschläge für eine neue Rentenregelung vorlegte. Ein treibender Motor bei

203 Verordnung über die Aufhebung von Sühnemaßnahmen vom 28.6.1956, GBl. der DDR I 1956, S. 550. – Erste Durchführungsbestimmungen zur Verordnung über die Aufhebung von Sühnemaßnahmen vom 29.6.1956, GBl. der DDR I 1956, S. 550 f.

204 Vgl. BMAS, Statistische Übersichten, Tab. 4.1.3.1.

der Ausarbeitung eines neuen Konzeptes war Gerhart Ziller, ZK-Sekretär für Wirtschaftsfragen.[205] Die Renten sollten stärker an die Löhne und Gehälter gekoppelt und der Durchschnittsverdienst der letzten fünf Jahre vor Renteneintritt als Berechnungsgrundlage zu Grunde gelegt werden. Ulbricht erklärte auf der 28. Tagung des ZK der SED, die vom 27. bis 29. Juni stattfand, dass nicht nur eine Verbesserung der Renten, sondern eine Rentenreform erfolgen solle. Dieses Grundsatzreferat wurde im »Neuen Deutschland« veröffentlicht, wodurch die SED-Spitze unter Zugzwang geriet, da nun auch die Bevölkerung informiert war und mit entsprechenden Zuschriften reagierte.[206] Arbeitsgruppen wurden gebildet, die Ziller koordinieren sollte. Die geplante Reform stockte bereits im Herbst 1956 aufgrund der allgemeinen Haushaltslage, die eine weitgehende Verbesserung der Rentenleistungen nicht zuließ. Durch die steigende Zahl von Zuschriften aus der Bevölkerung bestand jedoch Handlungsbedarf.[207] Die Rentenkommission schlug daher eine Erhöhung sämtlicher Renten um 30 Mark vor, die am 16. November von der Volkskammer als »Gesetz über die Erhöhung der Renten und der Sozialfürsorgeunterstützung«[208] verabschiedet wurde.[209]

Trotz Überlegungen im Frühjahr 1957 griffen weder das ZK noch das Politbüro oder auch das Sekretariat des ZK das Thema »Rentenreform« in den 1950er-Jahren wieder auf. Stattdessen wurden Ende der 1950er-Jahre lediglich die Alters- und Invalidenrenten infolge der Abschaffung der Lebensmittelkarten 1958 um einen Zuschlag von neun Mark monatlich ergänzt.[210] Die Invalidenrenten lagen damit 1958 durchschnittlich bei 133,83 Mark.[211] Im Gesetz war außerdem festgelegt, dass Verdienste, die ein Drittel des vor Eintritt der Invalidität erzielten Verdienstes überstiegen und unter 105 Mark lagen, auf die Zahlung von Invalidenrente keinen Einfluss hatten.[212] Die SED blieb in den 1950er-Jahren auf ihrem Kurs der sporadischen Rentenerhöhungen, ohne die Renten an die sozioökonomische Entwicklung anzupassen und das Beitragssystem zu überarbeiten. Damit wuchs auch der Staatszuschuss, der sich bis 1961 auf 18,1 Prozent bei der Sozialversicherung der Arbeiter und Angestellten und bei der DVA auf 49,8 Prozent 1960 erhöhen sollte.[213]

205 Siehe Hoffmann, Lebensstandard, Alterssicherung und SED-Rentenpolitik, S. 469 f.
206 Siehe ders., Sozialistische Rentenreform?, S. 304.
207 Siehe ebd.
208 Gesetz über die Erhöhung der Renten und der Sozialfürsorgeunterstützung vom 16.11.1956, GBl. der DDR I 1956, S. 1279 f. – Erste Durchführungsbestimmung zum Gesetz über die Erhöhung der Renten und der Sozialfürsorgeunterstützung vom 16.11.1956, ebd., S. 1281.
209 Siehe Hoffmann, Sozialistische Rentenreform?, S. 304.
210 Siehe ebd., S. 308.
211 Siehe Hoffmann, Lebensstandard, Alterssicherung und SED-Rentenpolitik, S. 472.
212 Siehe § 1, Erste Durchführungsbestimmung zum Gesetz über die Erhöhung der Renten und der Sozialfürsorgeunterstützung vom 16.11.1956, GBl. der DDR I 1956, S. 1281.
213 Siehe Hoffmann, Lebensstandard, Alterssicherung und SED-Rentenpolitik, S. 472.

Bemühungen zur Eingrenzung der Schwerbeschädigten-Ausweise

Während die Zahl der Invalidenrentner stark gesunken war, hatte sich die Zahl der anerkannten Schwerbeschädigten deutlich erhöht. Schon im März 1952 und im Februar 1953 waren ergänzende gesetzliche Bestimmungen über die Ausgabe von Schwerbeschädigten-Ausweisen ergangen, die nur Einzelheiten veränderten.[214] Eine Neuregelung erfolgte 1955 mit der Anordnung über die Ausgabe von Schwerbeschädigten-Ausweisen und durch die Herausgabe einer neuen Behinderungstabelle. Schon 1953 hatte das Ministerium für Arbeit mit Sorge konstatiert, dass die Zahl der arbeitssuchenden Schwerbeschädigten gegenüber dem Vorjahr um mehr als 4.000 Personen auf 10.757 Personen angestiegen sei. Zudem gingen kontinuierlich Beschwerden bei den verschiedensten Stellen der Regierung darüber ein, dass sich die Schwerbeschädigten vergeblich bei den Betrieben um eine Arbeit bemühten.[215] Die Betriebsleitungen waren darauf konzentriert, ihre Pläne zu erreichen. Soziale Belange spielten daher eher eine untergeordnete Rolle.[216]

Auch von den dem Ministerium für Arbeit untergeordneten regionalen Stellen waren Beschwerden über den Schwerbeschädigten-Ausweis laut geworden. So kritisierte der Leiter der Abteilung Arbeitskraftlenkung Karl-Marx-Stadt, dass den Schwerbeschädigten-Ausweis zunehmend Frauen beantragten, die längere Zeit nicht mehr oder noch nie im Berufsleben gestanden hatten. Dies konterkarierte seiner Ansicht nach den Sinn des Ausweises, nämlich die »Gewährleistung des Schutzes« der im Produktionsprozess stehenden Schwerbeschädigten. Zunehmend stellten auch alte Menschen einen Antrag, der vielfach auch bewilligt werde, da selbst die Ärzte Schwierigkeiten hätten, altersbedingte Erscheinungen von »wirklichen« Körperschäden zu trennen. Nach Ansicht des Abteilungsleiters waren hierfür vor allem die Veränderungen im Gesundheitswesen verantwortlich. Während bis Ende 1951 die Beurteilung eines Körperschadens in der Regel von städtischen Amtsärzten durchgeführt worden war, wurden nun zur Beurteilung sämtliche Polikliniken und Krankenhäuser herangezogen.[217] Eine Untersuchung durch frei praktizierende Fachärzte durfte nur noch unter besonderen Umständen erfolgen. Diese lagen vor,

214 Siehe Zweite Anweisung über die Ausgabe von Schwerbeschädigten-Ausweisen vom 10.3.1952, GBl. der DDR I 1952, S. 233 f.

215 Siehe BArch, DQ 2/851, unpag., MfA, Begründung zu den Prinzipien einer VO über Lenkung der Arbeitskräfte, 18.9.1953.

216 Siehe Peter Hübner: Betriebe als Träger der Sozialpolitik, betriebliche Sozialpolitik (künftig zitiert: Hübner, Betriebliche Sozialpolitik, Bd. 8), in: Geschichte der Sozialpolitik in Deutschland seit 1945, Bd. 8, S. 729–773, hier S. 757.

217 Siehe BArch, DQ 1/2212, unpag., Abschrift: Rat des Stadtbezirkes V der Stadt Karl-Marx-Stadt (Sachgebiet Arbeit) an die Redaktion von »Arbeit und Sozialfürsorge«,4.8.1953.

wenn in der näheren Umgebung keine Einrichtung des öffentlichen Gesundheitswesens vorhanden und eine entsprechende Untersuchung im Nachbarkreis nicht oder nur unter besonderem Zeitaufwand möglich war.[218] Diese Festlegungen hingen mit der Verstaatlichung des Gesundheitswesens zusammen. Seit Beginn der 1950er-Jahre legte die SED-Führung den Fokus verstärkt auf den Ausbau der Polikliniken, des Betriebsgesundheitswesens und der staatlichen Arztpraxen. Private Praxen galten nur noch als ein »geduldetes, aber nicht mehr gesundheitspolitisch gefördertes Modell«.[219] Die Kritik des Abteilungsleiters für Arbeitskraftlenkung bezog sich darauf, dass durch die Vielzahl der begutachtenden Ärzte eine ebensolche Vielzahl an Diagnosen entstehe. Dadurch werde der Schwerbeschädigten-Ausweis zunehmend zu einem »Invaliden-Ausweis«.[220]

Ähnliche Kritik kam auch aus dem Ministerium für Gesundheitswesen, das den Grad der Behinderung nicht mehr in Prozenten abstufte, sondern eine Unterteilung in die Gruppen Leichtbeschädigte, Schwerbeschädigte und Schwerstbeschädigte vornahm. Personen mit altersbedingten Leiden waren mit Ausnahme von Altersblindheit oder Alterstaubheit weiterhin ausgeschlossen, ebenso wie nichtberufstätige geistig behinderte Menschen.[221] Mit Verweis auf die wachsende Zahl der Schwerbeschädigten forderte Gesundheitsminister Steidle eine grundsätzliche Neuregelung für die Beurteilung der Schwerbeschädigten: »[…] da zur Zeit jeder Werktätige, der auf Grund eines Leidens nicht in der Lage ist, schwer zu heben oder zu tragen, den Antrag auf einen Schwerbeschädigten-Ausweis stellt und in den meisten Fällen auch zugebilligt erhält.«[222] Hierfür machte er die Produktionsbetriebe verantwortlich, welche von den Arbeitssuchenden vor der Einstellung die Vorlage eines Schwerbeschädigten-Ausweises verlangten. Steidle sprach sich dafür aus, das Einstellungssoll für Schwerbeschädigte in den Produktionsbetrieben auf die tatsächlichen Produktionswerkstätten zu beschränken. Es bestehe der »begründete Verdacht«, dass die Betriebe versuchten, Schwerbeschädigte in der Verwaltung unterzubringen, »weil daraus keine Schwierigkeiten beim Einsatz in der Produktion entstehen«.[223] Die Abteilung Sozialfürsorge protestierte gegen diesen Vorschlag und

218 Siehe BArch, DQ 2/4106, unpag., MfA (Abteilung Sozialfürsorge), Arbeitsrichtlinien zu der Anweisung über die Ausgabe von Schwerbeschädigten-Ausweisen vom 21.12.1951, 28.2.1952.

219 Schagen/Schleiermacher, Gesundheitswesen, S. 424.

220 BArch, DQ 1/2212, unpag., Abschrift: Rat des Stadtbezirkes V der Stadt Karl-Marx-Stadt (Sachgebiet Arbeit) an die Redaktion von »Arbeit und Sozialfürsorge«, 4.8.1953.

221 Siehe Anweisung für die Durchführung der ärztlichen Feststellungen über Körperschäden für die Ausstellung von Schwerbeschädigten-Ausweisen vom 25. März 1954, GBl. DDR II 1954, S. 144.

222 BArch, DQ 1/2212, unpag., MfG (Steidle) an MfA (Malter), Arbeitsplatzbeschaffung für Schwerbeschädigte, 21.6.1954.

223 Ebd.

verwies darauf, dass die Betriebe das Schwerbeschädigten-Einstellungssoll erst mit 6 Prozent erfüllt hätten. Bei strenger Einhaltung des Einstellungssolls könnten alle Schwerbeschädigten im Arbeitsprozess untergebracht werden.[224] Trotz dieser Differenzen herrschte im Staatsapparat Einigkeit darüber, den Personenkreis der Schwerbeschädigten neu festzusetzen und darüber gemeinsam zu beraten.[225]

1955 stellte das Ministerium für Arbeit und Berufsausbildung erneut Überlegungen an, wie die Zahl der schwerbeschädigten Ausweisinhaber, die sich langsam der Millionengrenze annäherte, gesenkt werden könne. Die Abteilung Sozialfürsorge wurde daraufhin beauftragt, eine neue Anordnung über die Ausgabe von Schwerbeschädigten-Ausweisen zu entwerfen.[226] Nach diesem Entwurf sollten zukünftig nur noch Personen einen solchen Ausweis erhalten, die in einem sozialversicherungspflichtigen Arbeitsrechtsverhältnis standen und deren Gesundheitszustand durch einen dauernden Körperschaden gegenüber dem eines gesunden Menschen um die Hälfte gemindert war. Dies schloss nicht nur alle Schwerbeschädigten aus, die nicht in einem Arbeitsverhältnis standen, sondern auch Gruppen, die nicht sozialversicherungspflichtig waren. Hierzu gehörten beispielsweise Handwerker, Künstler und Bauern. Aber auch Rentner, Hausfrauen und Sozialfürsorgeempfänger fielen darunter.[227] Der Ausschluss dieser Gruppen, wodurch etwa 200.000 Schwerbeschädigte ihren Ausweis verlieren sollten,[228] wurde mit einer angeblich fehlenden Hilfsbedürftigkeit begründet. Staatssekretärin Malter behauptete, dass die Maßnahmen der Regierung »zu einer Entwicklung und Festigung der privaten Produktion-Handwerksbetriebe sowie der Wirtschaften von Einzelbauern geführt« hätten. Aus diesem Grund wies sie zurück, dass körperbehinderte Betriebsinhaber, Selbstständige oder Unternehmer soziale Vergünstigungen benötigten, da das Einkommen als ausreichend betrachtet wurde.[229]

Hier zeigt sich die kompromisslose und wenig verantwortungsbewusste Haltung des Ministeriums für Arbeit und Berufsausbildung gegenüber dem betroffenen Personenkreis. Staatssekretärin Malter wies darauf hin, dass es »völlig falsch« sei, die Rücksichtnahme gegenüber gebrechlichen Menschen nur durch die Aushändigung von Schwerbeschädigten-Ausweisen zu lösen. Ihrer Ansicht nach bestand überhaupt

224 Siehe BArch, DQ 1/2212, unpag., MfA (Abteilung Sozialfürsorge), Entwurf (abgesandt am 1.10.1954).

225 Vgl. ebd.

226 Siehe BArch, DQ 2/474, unpag., MfAB (Malter), Beschlussvorlage über die Grundsätze zur Ausgabe von Schwerbeschädigten-Ausweisen, 12.2.1955.

227 Siehe ebd.

228 Siehe ebd.

229 Siehe BArch, DQ 2/4105, unpag., Entwurf: Argumentation zur Kollegiumsvorlage (Arbeitsrichtlinie über die Ausgabe von Schwerbeschädigten-Ausweisen), o. D.

keine Notwendigkeit für den Schwerbeschädigten-Ausweis, wenn die Bürger Rücksicht auf die Schwerbeschädigten nehmen würden. Malter ging sogar so weit, zu behaupten, dass die bevorzugte Behandlung von Schwerbeschädigten die Rechte der »werktätigen« Bevölkerung einschränke und die Schwerbeschädigten selbst eine Neuregelung »zwingend gefordert« hätten.[230] Tatsächlich standen wirtschaftliche Erwägungen im Vordergrund und kleinste Hinweise aus der Bevölkerung dürften ausgereicht haben, um die Notwendigkeit einer Änderung zu untermauern. Die ausgeweitete Anerkennungspraxis wurde nicht in Frage gestellt, sondern als Fortschritt gegenüber den bundesdeutschen Regelungen propagiert.[231] Dort blieben die Zivilbehinderten trotz Diskussionen von den Vergünstigungen des 1953 erschienenen Schwerbeschädigtengesetzes ausgeschlossen.[232] Dieses umfasste neben den Kriegsbeschädigten lediglich Personen, die ihre Beschädigung durch nationalsozialistische Verfolgungs- und Unterdrückungsmaßnahmen, einen Arbeitsunfall oder eine Berufskrankheit erworben hatten sowie blinde und hochgradig sehschwache Personen.[233]

In einer Kollegiumssitzung des Ministeriums für Arbeit und Berufsausbildung im Februar 1955 stellte Malter rigide Sparvorschläge zur Eingrenzung des Kreises der Schwerbeschädigten-Ausweisinhaber vor. Obwohl sie diese mit den erheblich angewachsenen Staatskosten begründete, konnte sie sich nicht gegen die beiden Stellvertreter des Ministers durchsetzen. Diese äußerten politische Bedenken und befürchteten unter anderem, dass das Vertrauen der Bevölkerung durch den Entzug der Ausweise für einzelne Personengruppen erschüttert werden könne. Für eine Begrenzung der Ausweisinhaber machte das Ministerium für Arbeit und Berufsausbildung letztlich das Gesundheitsministerium verantwortlich, da eine solche nur durch eine strengere Begutachtung erfolgen könne. Hierzu müsse das Ministerium für Gesundheitswesen schnell eine neue Behinderungstabelle erlassen, um über eine neue Handhabe bei den zum Jahresende aufgrund des Ablaufes der Ausweise fälligen Nachuntersuchungen zu verfügen.[234] Der Stellvertreter des Ministers für Gesundheitswesen sah ebenfalls Handlungsbedarf. Er gab auf einer Kollegiumssitzung im

230 Ebd.

231 Siehe BArch, DQ 2/474, unpag., MfAB (Malter), Beschlussvorlage über die Grundsätze zur Ausgabe von Schwerbeschädigten-Ausweisen, 12.2.1955.

232 Wilfried Rudloff: Rehabilitation und Hilfen für Behinderte, in: Günther Schulz (Hrsg.): Bundesrepublik Deutschland. 1949–1957: Bewältigung der Kriegsfolgen, Rückkehr zur sozialpolitischen Normalität (= Geschichte der Sozialpolitik in Deutschland seit 1945, Bd. 3), Baden-Baden 2006, S. 515–558, hier S. 535–541.

233 Siehe § 1, Gesetz über die Beschäftigung Schwerbeschädigter (Schwerbeschädigten-Gesetz) vom 16. Juni 1953, Bundesgesetzblatt I 1953, S. 389–401.

234 Siehe BArch, DQ 2/474, unpag., MfAB, Protokoll über die fünfte Kollegiumssitzung am 18. Februar 1955, 22.2.1955.

Juli 1955 bekannt, dass das Ministerium für Arbeit und Berufsausbildung eine neue Verordnung plane, um die »Inflation« von Schwerbeschädigten-Ausweisen einzudämmen. Auch im Ministerium für Gesundheitswesen war man der Ansicht, dass der Ausweis in erster Linie den Personenkreis unterstützen sollte, »der aufgrund eines Körperschadens dem gesunden Menschen gegenüber so benachteiligt ist, dass man ihm am Arbeitsplatz besondere Berücksichtigung zukommen lassen muss«.[235]

Die neue Behinderungstabelle erschien am 1. Oktober 1955.[236] Darin war festgelegt, dass bei der Untersuchung der objektiv nachweisbare Befund und »keinesfalls das subjektive Befinden des Antragstellers oder prognostische Erwägungen« ausschlaggebend sein sollte.[237] Die neue Anordnung über die Ausgabe von Schwerbeschädigten-Ausweisen wurde zwei Tage später veröffentlicht. Alle Personen, deren Gesundheitszustand durch einen dauernden Körperschaden gegenüber dem eines gesunden Menschen um mindestens die Hälfte herabgesetzt war, konnten einen Schwerbeschädigten-Ausweis erhalten. Voraussetzung war, dass eine schwere Schädigung von einem durch das staatliche Gesundheitswesen beauftragten Arzt festgestellt worden war. Unter einem dauernden Körperschaden wurde dabei ein Zustand verstanden, »bei dem innerhalb der nächsten zwei Jahre nicht mit einer wesentlichen Besserung« gerechnet werden konnte.[238] Personen mit altersbedingten Erscheinungen blieben von den Regelungen ausgeschlossen, außer sie konnten ein zusätzliches Gebrechen wie Taubheit, Blindheit oder amputierte oder stark beeinträchtigte Gliedmaßen vorweisen. Unter Alterserscheinungen verstand das Ministerium für Gesundheitswesen Veränderungen, die bei Frauen nach dem 50. und bei Männern nach dem 55. Lebensjahr auftraten. Auch geistig behinderte Personen, die nicht berufstätig waren, hatten keinen Anspruch auf einen Schwerbeschädigten-Ausweis, ebenso wenig wie Personen, die sich ihren Körperschaden bei der Ausführung eines Verbrechens zugezogen hatten.[239]

Das Ministerium für Arbeit und Berufsausbildung überprüfte zudem Kreise mit einer hohen Anzahl anerkannter Schwerbeschädigter. Die hohe Zahl wurde auf »völlig unzureichend« beachtete Nachuntersuchungstermine und eine beden-

235 BArch, DQ 1/5502, unpag., MfG, Zweiter Entwurf, Vorwort der Behinderungstabelle.

236 Behinderungstabelle – Ausgabe vom 1. November 1955 – Sonderdruck des Ministeriums für Gesundheitswesen, abgedruckt in: Schwerbeschädigtenbetreuung und Rehabilitation. Rechtliche Bestimmungen und Arbeitsmaterialien, hrsg. vom Ministerium für Gesundheitswesen und von der Akademie für Ärztliche Fortbildung der DDR, 4. Aufl., Berlin (Ost) 1987, S. 230–237.

237 Siehe ebd., S. 231.

238 Anordnung über die Ausgabe von Schwerbeschädigten-Ausweisen vom 3. November 1955, GBl. der DDR I 1955, S. 823f.

239 Ebd.

kenlose Anerkennungspraxis zurückgeführt.[240] Im Kreis Ludwigslust waren 1956 beispielsweise 11,39 Prozent der Gesamtbevölkerung als Schwerbeschädigte anerkannt – doppelt so viel wie in Industriestädten wie Karl-Marx-Stadt oder Zwickau. Das Ministerium für Arbeit und Berufsausbildung hatte daher den Rat des Bezirkes Schwerin zu einem Gespräch mit dem zuständigen Kreisarzt verpflichtet.[241]

Obwohl nach den neuen Bestimmungen zwischen 100.000 und 120.000 Ausweise nicht erneuert wurden, hatten die staatlichen Maßnahmen wenig Einfluss auf die wachsende Zahl der Schwerbeschädigten, die von 954.000 im Jahr 1954 auf 1.052.000 in 1957 anstieg.[242] Einzig die sich verringernde Zahl arbeitssuchender Schwerbeschädigter, die zwischen 1951 und 1958 von 15.000 auf 2.400 zurückgegangen war, konnte das Ministerium für Arbeit und Berufsausbildung beeinflussen. Dies war aber auch auf den bestehenden Arbeitskräftemangel zurückzuführen. Ende der 1950er-Jahre konstatierte die Hauptabteilung Arbeitskräfte des Ministeriums für Arbeit und Berufsausbildung, dass die Betriebe das Einstellungssoll durchschnittlich mit 7,5 Prozent erreicht hatten.[243] Die Abteilung Arbeitskraftlenkung schloss daraus, dass auf jeden Fall Arbeitsplätze für Schwerbeschädigte in den Betrieben vorhanden seien; sie müssten nur ausfindig gemacht werden. Die Betriebsfunktionäre wurden dafür verantwortlich gemacht, dass noch nicht alle arbeitssuchenden Schwerbeschädigten eine Arbeit gefunden hatten, da diese »mit allen Mitteln« versuchten, ihre Arbeitsplätze mit »gesunden« Kräften zu besetzen. Auch schlechte Verkehrsverbindungen, eine ungenügende medizinische Beratung und die Ansprüche von Schwerbeschädigten an ihren Arbeitsplatz waren nach Ansicht der Abteilung nicht förderlich bei der Arbeitsintegration.[244]

Neue Impulse in der Schwerbeschädigtenbetreuung

Neben diesen Überlegungen kam es Ende der 1950er-Jahre erneut zu einer Diskussion über Produktionsgenossenschaften für Schwerbeschädigte, denn die Sowjetunion hatte »internationale Systemvergleiche in der Sozialpolitik« angeord-

240 BArch, DQ 2/4118, unpag., MfAB (Abteilung Sozialfürsorge), Bericht über die am 14.3.1956 durchgeführte Überprüfung des Rates des Kreises Ludwigslust, 10.4.1956.

241 Siehe ebd.

242 Siehe BArch DQ 2/4104, unpag., Hauptabteilung Arbeitskräfte an Macher, Stellungnahme zur Wiedereingliederung Beschädigter in den Produktionsprozess, 26.3.1958.

243 Siehe ebd.

244 Siehe BArch, DQ 1/6379, unpag., MfAB (Abteilung Arbeitskraftlenkung), Analyse über die Situation der Schwerbeschädigten, 2.4.1958.

net.[245] Das Gesundheitsministerium, das sich aus dem Feld der Arbeitsintegration von Schwerbeschädigten bislang weitgehend herausgehalten hatte, regte 1955 die Bildung von Invalidengenossenschaften an.[246] In einem Entwurf hierzu wiesen die Verfasser darauf hin, dass diese Genossenschaften in den Volksrepubliken Polen und in der Sowjetunion erfolgreich arbeiteten. Verantwortlich für den Aufbau von Produktionsgenossenschaften in der DDR sollte laut Entwurf das Staatssekretariat für Örtliche Wirtschaft sein. Der Entwurf sah ferner vor, zwei Musterbeispiele in einem landwirtschaftlichen und in einem stark industriell geprägten Bezirk zu entwickeln.[247]

1958 nahm Richard Weise, Referent der Abteilung Heilwesen des Ministeriums für Gesundheitswesen, Stellung zur Bildung von Schwerbeschädigten-Produktionsgenossenschaften. Er machte darauf aufmerksam, dass die Zahl der arbeitssuchenden Schwerbeschädigten zwar in den letzten Jahren stark zurückgegangen sei, es sich bei 75 Prozent der registrierten arbeitssuchenden Schwerbeschädigten aber um Personen handele, deren Vermittlung sich aufgrund ihres körperlichen Leidens schwierig gestalte. Nach Aussagen der Ärzte gebe es einen erheblichen Teil von Invalidenrentnern, die ohne Weiteres in der Lage seien, zu arbeiten, wenn ein passender Arbeitsplatz zur Verfügung gestellt werde. Allein in Berlin handele es sich laut Angabe des Bezirksorthopäden Dr. Wolfgang Presber um 15.000 Frühinvalidisierte unter 50 Jahren, denen die Rente bei Nachuntersuchungen belassen werde, da sie nicht in den normalen Arbeitsprozess eingegliedert werden könnten und andere für sie in Frage kommende Institutionen nicht zur Verfügung stünden. Weise befürwortete daher erneut eine Bildung von Produktionsgenossenschaften unter der Leitung des Staatssekretariates für Örtliche Wirtschaft, insbesondere in Gebieten, in denen besonders viele schwer vermittelbare Schwerbeschädigte einen Arbeitsplatz suchten.[248]

Die Hauptabteilung Arbeitskräfte sprach sich gegenüber Minister Macher vehement gegen Weises Vorschlag aus. Ihre Ablehnung begründete sie mit dem starken Rückgang arbeitssuchender Schwerbeschädigter. Diesen schrieb sie dem Arbeitskräftemangel zu, aufgrund dessen die Betriebe die Möglichkeiten zur Beschäftigung von Schwerbeschädigten weitgehend ausnutzten. Malters Argumentation widersprach allerdings der gleichzeitig getätigten Aussage, dass sich die arbeitsuchenden Schwerbeschädigten überwiegend in Bezirken mit hohem Arbeitskräftebedarf konzentrierten. Die Hauptabteilung Arbeitskräfte kam zu dem Schluss, dass in Bezirken

245 Schwartz, Kriegsbeschädigte und Kriegshinterbliebene, Bd. 8, S. 631.

246 Siehe ebd.

247 Siehe BArch, DQ 2/4104, unpag., Entwurf: Plan zur Vorbereitung der Bildung von Invalidengenossenschaften, 17.8.1955.

248 Siehe BArch, DQ 2/4104, unpag., MfG (Weise), Stellungnahme zur Bildung von Schwerbeschädigtengenossenschaften, 25.3.1958.

und Kreisen mit Industrie kein Bedürfnis nach einer Bildung besonderer Genossenschaften bestehe, zumal für diese staatliche Mittel zur Verfügung gestellt werden müssten »und doch zweifellos beim Einsatz der Schwerbeschädigten in der Industrie eine höhere Produktivität zu erreichen« sei.[249] Die niedrige Zahl der registrierten arbeitssuchenden Schwerbeschädigten in den landwirtschaftlichen Bezirken spreche ebenfalls gegen Produktionsgenossenschaften.[250] Die Verantwortung für die Frage, ob Invalidengenossenschaften gebildet werden sollten, musste das Ministerium für Arbeit allerdings abgeben, denn die Abteilung Sozialwesen wurde 1958 in das MfG überführt und dieses mit Untersuchungen beauftragt, um zu verhindern »dass die Zahl der Schwerbeschädigten weiter in dem bisherigen Maße anwächst«.[251]

Die Abteilung Arbeitskraftlenkung des Ministeriums für Arbeit und Berufsausbildung betrachtete Arbeit als die beste soziale Fürsorge für die Schwerbeschädigten. Dabei forderte sie, soziale Maßnahmen auf ein Mindestmaß zu reduzieren und sich mit der Tendenz auseinander zu setzen, Invaliden höhere Renten zu zahlen, um damit das »soziale Problem der Schwerbeschädigten zu lösen«.[252] Dies könne nur in enger Zusammenarbeit zwischen der staatlichen Arbeitsverwaltung, dem staatlichen Gesundheitswesen und den Betrieben erfolgen. Unter dieser Zielsetzung plante das Ministerium für Arbeit und Berufsausbildung neue Aufgaben, wie Schwerstbeschädigte in Heimen mit Arbeitsmöglichkeiten unterzubringen bzw. eine Abteilung zur Beschäftigung von Schwerbeschädigten in Pflegeheimen zu schaffen, Teilzeitarbeit und Heimarbeit für Schwerbeschädigte auszubauen sowie geschützte Arbeitsplätze in den Betrieben einzurichten.[253]

Das Ministerium für Arbeit und Berufsausbildung sah außerdem neue Formen der sozialen Betreuung der Schwerbeschädigten in den Städten, Gemeinden und Betrieben vor, die von sogenannten »Aktivs« für Schwerbeschädigtenfragen bei den Ständigen Kommissionen für Gesundheitswesen und Sozialfürsorge durchgeführt werden sollten.[254] Die Ständigen Kommissionen waren eine Einrichtung des Bezirkstages. In diesen bereiteten mindestens fünf Abgeordnete Beschlüsse vor oder kontrollierten deren Durchführung. Zu einzelnen Arbeitsbereichen konnten die Ständigen Kommissionen »Aktivs« bilden, die auf den Sitzungen ihre Stimme ab-

249 BArch, DQ 2/4104, unpag., Hauptabteilung Arbeitskräfte an Macher, Stellungnahme zur Wiedereingliederung Beschädigter in den Produktionsprozess, 26.3.1958.
250 Siehe ebd.
251 Ebd.
252 BArch, DQ 1/6379, unpag., MfAB (Abteilung Arbeitskraftlenkung), Analyse über die Situation der Schwerbeschädigten, 2.4.1958.
253 Siehe ebd.
254 Siehe BArch, DQ 1/3198, unpag., MfAB (Abteilung Sozialfürsorge), Soziale Betreuung der Schwerbeschädigten in den Städten, Gemeinden und Betrieben, 28.12.1957.

geben konnten und die auch engagierten Bürgern offenstanden.[255] Die bestehenden »Aktivs« sollten die Verhältnisse auf dem Gebiet der Schwerbeschädigtenbetreuung analysieren und Verbesserungsvorschläge zu Themenbereichen einbringen, in denen keine einheitlichen gesetzlichen Regelungen bestanden, wie zum Beispiel bei den Fahrpreisermäßigungen im Nahverkehr oder der Eintrittsermäßigung bei kulturellen Veranstaltungen. Die »Aktivs« sollten zudem die bestehenden gesetzlichen Bestimmungen den örtlichen Verhältnissen anpassen.[256] Das Ministerium für Arbeit und Berufsausbildung hatte gleichzeitig vorgesehen, Schwerbeschädigte durch erweiterte Sozialkommissionen zu betreuen, die bei den Stellen der staatlichen Sozialfürsorge der Räte der Kreise, Städte und Gemeinden sowie auf unterster Ebene in den Betrieben angesiedelt waren. Die Arbeitsvermittlung blieb allerdings den Räten der Bezirke und Kreise vorbehalten. In Betrieben war vorgesehen, bei einer Betriebsgröße von bis zu 100 Beschäftigten einen Schwerbeschädigten-Vertrauensmann durch die BGL zu wählen. In Betrieben mit mehr als 100 Beschäftigten sollte eine Kommission für Schwerbeschädigtenfragen bestehend aus drei bis sieben Mitgliedern gewählt werden, die für »die besonderen Belange« der Schwerbeschädigten in sozialer, kultureller und arbeitsrechtlicher Hinsicht eintreten sollten. Eine weitere Aufgabe der Kommissionen war es, die Erfüllung des Schwerbeschädigtensolls zu überprüfen und Qualifizierungsmaßnahmen und technische Verbesserungen vorzuschlagen. Die Kommission für Schwerbeschädigtenfragen sollte bei der BGL angesiedelt sein und über diese der Betriebsleitung ihre Vorschläge unterbreiten.[257]

Die Abteilung Arbeitskraftlenkung konnte ihre ambitionierten Pläne nicht mehr in die Tat umsetzen, denn das Ministerium für Arbeit und Berufsausbildung wurde 1958 aufgelöst. Stattdessen übernahm das Ministerium für Gesundheitswesen die Hauptabteilung Sozialwesen und führte unter dem Schlagwort »Rehabilitation« die Pläne für den zusätzlichen Arbeitseinsatz von Schwerbeschädigten aus. Die Nachfolgebehörde des Ministeriums für Arbeit und Berufsausbildung, das Staatssekretariat für Arbeit und Löhne, war überwiegend mit der Ausarbeitung von Rentenentwürfen beschäftigt; die Arbeitskraftlenkung für Schwerbeschädigte oblag hingegen der Abteilung Sozialwesen im Ministerium für Gesundheitswesen.

255 Siehe Rickmers, Aufgaben und Struktur der Bezirkstage und Räte der Bezirke, S. 29 f.

256 Siehe BArch, DQ 1/3198, unpag., MfAB (Abteilung Sozialfürsorge), Soziale Betreuung der Schwerbeschädigten in den Städten, Gemeinden und Betrieben, 28.12.1957.

257 Siehe ebd.

Erfolgreiche Integration von Schwerbeschädigten im Betrieb? Das Eisenhüttenkombinat Ost in den 1950er-Jahren

In den 1950er-Jahren wurde die Arbeitsintegration von Schwerbeschädigten ausdifferenziert. Dem Gesetz der Arbeit und der zugehörigen Durchführungsbestimmung von 1951, die das in der Verfassung festgeschriebene Recht auf Arbeit, das »Prunkstück der Sozialversicherung«,[258] auch für Schwerbeschädigte durchsetzen sollten, kamen Schlüsselfunktionen zu. Die darin festgelegten Regelungen zur Ausbildung oder Umschulung im Betrieb waren wichtige Integrationsfaktoren für den Personenkreis mit Erwerbsminderungen. Allerdings war die Berücksichtigung dieser staatlichen Vorgaben in den Betrieben sehr unterschiedlich und hing neben der Bereitschaft der Betriebsleiter von den finanziellen und materiellen Kapazitäten der betrieblichen Sozialpolitik ab. Während staatliche Betriebe beim Ausbau betrieblicher Sozialeinrichtungen verstärkt berücksichtigt wurden, blieb den privaten Betrieben, welche die gesetzlichen Vorgaben ebenfalls umzusetzen hatten, aufgrund der hohen Steuersätze hier wenig Spielraum.[259]

Wie in den vorherigen Kapiteln deutlich geworden ist, hielten insbesondere Betriebe der Schwer- und Bauindustrie das Einstellungssoll für Schwerbeschädigte nicht ein. Anhand des Eisenhüttenkombinates Ost (EKO)[260] wird im Folgenden untersucht, wo die Sozialpolitik für Schwerbeschädigte innerhalb des betrieblichen Gesundheits- und Sozialwesens angesiedelt war und welchen Stellenwert sie besaß. Dabei ist wichtig festzuhalten, dass das Hüttenkombinat erst Anfang der 1950er-Jahre entstand, also nicht auf eine lange Tradition betriebsinterner Sozialpolitik zurückgreifen konnte. Denn in vielen anderen Betrieben hatten betriebliche Sozialeinrichtungen den Krieg überlebt und bildeten damit den »substantiellen Grundstock für den Aufbau des betrieblichen Sozialwesens«.[261]

258 Gerhard A. Ritter, Thesen zur Sozialpolitik der DDR, in: Hoffmann/Schwartz, Sozialstaatlichkeit in der DDR, S. 11–30, hier S. 17.

259 Siehe Hübner, Betriebliche Sozialpolitik, Bd. 8, hier S. 749.

260 Das Kombinat wechselte im Laufe seines Bestehens mehrfach den Namen: Ursprünglich als Eisenhüttenkombinat Ost VEB Fürstenberg (Oder) eingetragen, erhielt es im Mai 1953 den Namen »Eisenhüttenkombinat J. W. Stalin (EKS)«, 1961 wurde es wieder in »Eisenhüttenkombinat Ost (EKO)« umbenannt. Aus Gründen der besseren Verständlichkeit wird die Bezeichnung EKO durchgängig verwendet.

261 Peter Hübner: Betriebe als Träger der Sozialpolitik, betriebliche Sozialpolitik (SBZ) (künftig zitiert: Hübner, Betriebliche Sozialpolitik, SBZ, Bd. 2/1), in: Geschichte der Sozialpolitik in Deutschland seit 1945, Bd. 2/1, S. 920–943, hier S. 924.

Die betriebliche Sozialpolitik war in der SBZ ebenso wie in den anderen Zonen von pragmatischen Bestrebungen gekennzeichnet. Die Produktion sollte angekurbelt, Arbeitsplätze gesichert und die Beschäftigten mit Nahrungsmitteln und Konsumgütern versorgt werden. Dennoch entwickelten sich bereits im Ansatz gravierende Unterschiede zu den anderen drei Zonen, die vor allem durch die Implementierung des planwirtschaftlichen Systems in der SBZ entstanden und soziale Leistungen an den Plan banden.[262] Neben der Tatsache, dass viele Betriebe verstaatlicht wurden oder als Sowjetische Aktiengesellschaften (SAG) firmierten, war zunächst von Bedeutung, dass die Betriebsratswahlen in der SBZ abgeschafft und Aufgaben der Betriebsräte dem FDGB mit seinen Betriebsgewerkschaftsleitungen übertragen wurden. Betriebliche Vorsorge- und Unterstützungseinrichtungen wurden durch eine allgemeine Sozialversicherung ersetzt, die den staatlichen Einfluss verstärken sollte.[263] Für die betriebliche Sozialpolitik war vor allem der Befehl der SMAD Nr. 234[264] bedeutsam, da dieser die Sozialversicherung in den Dienst der Arbeitsmarktpolitik stellte und mit der Einführung von sogenannten Bevollmächtigten der Sozialversicherung eine Vermittlungsinstanz zwischen Betrieb und Versicherung schuf.[265] Die Bevollmächtigten sollten erkrankte Arbeiter und Angestellte betreuen und diese gegebenenfalls zu Hause oder im Krankenhaus aufsuchen. Dabei kam den Bevollmächtigten eine Doppelfunktion zu: Während sie als Vertrauenspersonen der Versicherten fungieren sollten, nahmen sie gleichzeitig eine wichtige Kontrollfunktion wahr, indem sie deren Gesundheitszustand überprüften.[266] Der Befehl 234 nutzte insofern das Arbeitsrecht als Mittel zur Produktionssteigerung und versuchte die Leistungsbereitschaft der Beschäftigten zu beeinflussen.[267]

Ein weiterer wichtiger Unterschied zu den anderen Zonen bzw. Westdeutschland bestand darin, dass die SED die betriebliche Sozialpolitik zur Herrschaftslegitimierung instrumentalisierte. Die Betriebe sollten für ihre Belegschaften nicht nur »zweckorientierte Institutionen«, sondern »gruppenbildende Lebenswelten« darstellen, hinter denen ein »versorgender und fürsorglicher Staat« stand.[268] Dabei blieb wenig Raum für eine individuelle Lebensgestaltung der »Werktätigen«; denn

262 Siehe ebd., S. 943.

263 Siehe ebd., S. 926 f.

264 SAPMO BArch, DY 34/27750, unpag., »Maßnahmen zur Steigerung der Arbeitsproduktivität und zur weiteren Verbesserung der materiellen Lage der Arbeiter und Angestellten in der Industrie und im Verkehrswesen« vom 9. Oktober 1947.

265 Vgl. auch Hoffmann, Sozialpolitische Neuordnung in der SBZ/DDR, S. 81–85.

266 Siehe ebd., S. 83.

267 Siehe Reinhard Richardi/Wera Thiel: Arbeitsverfassung und Arbeitsrecht, in: Geschichte der Sozialpolitik in Deutschland, Bd. 2/1, S. 153–210, hier S. 200.

268 Ingrid Deich/Wolfgang Kohte: Betriebliche Sozialeinrichtungen (= Beiträge zu den Berichten der Kommission für die Erforschung des sozialen und politischen Wandels in den neuen

viele Bereiche des persönlichen Lebens wurden in den Betrieb eingegliedert. Mit diesem Konzept knüpfte die DDR an die »klassische patriarchalische Sozialpolitik« der Vorkriegszeit an, wie sie beispielsweise in Betrieben der Schwerindustrie verbreitet gewesen war.[269]

Innerbetriebliche Organisation: Entstehung einer Schwerbeschädigtenkommission

Auf ihrem III. Parteitag 1950 legte die Parteispitze der SED den Ausbau der Schwerindustrie als zentralen Punkt des ersten Fünfjahrplanes fest. Die Situation der ostdeutschen Industrie war Anfang der 1950er-Jahre problematisch, vor allem im Hinblick auf die Metallurgie, da die schwerindustriellen Kapazitäten sowie Rohstoffe für die Eisen- und Stahlerzeugung fehlten.[270] Obwohl sich die SED-Spitze ab 1948 stärker auf den Außenhandel mit dem ost- und südosteuropäischen Raum konzentriert hatte,[271] traf das vor dem Koreakrieg verhängte und etwa ein halbes Jahr andauernde »Stahlembargo« der Westalliierten im Februar 1950 die DDR schwer.[272] Viele Betriebe konnten nicht mehr produzieren. Um die Zielsetzungen des Parteitages zu erreichen, war im Fünfjahrplan festgelegt worden, ein Hüttenkombinat in unmittelbarer Nähe zur Stadt Fürstenberg (Oder) zu errichten.[273] Nachdem die Regierung am 17. August 1950 dem Fünfjahrplan zugestimmt hatte,[274] begann bereits einen Tag später der Bau des Eisenhüttenkombinates mit einem symbolischen Axthieb durch den Minister für Industrie, Fritz Selbmann.[275] Ende des gleichen Jahres wurde die Werkleitung bestimmt und Otto Ringel zum Werkleiter berufen. Das Eisenhüttenkombinat wurde bei der Regierungskanzlei als »Eisenhüttenkombinat Ost VEB Fürstenberg (Oder)« eingetragen und zu einem von über 50 Schwerpunktbetrieben

Bundesländern e. V., Bd. 6.9), Opladen 1997, S. 64 (künftig zitiert: Deich/Kothe, Betriebliche Sozialeinrichtungen).

269 Siehe ebd.

270 Siehe Schmidt, Einblicke, S. 43 f.

271 Vgl. Steiner, Von Plan zu Plan, S. 70 f.

272 Zu den Zielen und Wirkungen vgl. Bernd Stöver: Die Befreiung vom Kommunismus. Amerikanische Liberation Policy im Kalten Krieg 1947–1991 (= Zeithistorische Studien, Bd. 22), Köln 2002, S. 466–493.

273 Siehe Schmidt, Einblicke, S. 42.

274 Siehe BArch, DC 20-I/3/27, Bl. 56–62, Beschluss zur Sicherstellung der Durchführung des Fünfjahrplanes auf dem Gebiete des Eisenerzbergbaues sowie der Eisen- und Stahlindustrie vom 17. August 1950, Anlage 10 zum Protokoll der 37. Sitzung der provisorischen Regierung der DDR vom 17.8.1950.

275 Siehe Kiechle, Fritz Selbmann, S. 322.

der Grundstoffindustrie und des Schwermaschinen- und Hochseeschiffbaus erklärt.[276] Das EKO entwickelte sich zu einer der größten Baustellen in der DDR, und die Zahl der Beschäftigten verzehnfachte sich von August bis zum Jahresende 1950 auf 2.000 Personen.[277]

Zeitgleich mit dem Beschluss zur Errichtung eines Eisenhüttenkombinates war im Juli 1950 der Bau einer ganzen Stadt beschlossen worden. Am 14. November 1950 legte der Ministerrat den Standort der Wohnstadt fest, die südlich des zukünftigen Hüttenkombinates lokalisiert sein sollte.[278] Am 19. September 1951 wurde erstmalig ein Hochofen des EKO angeblasen, und die ersten 128 Wohnungen in der Wohnstadt konnten bezogen werden. Das EKO wurde ab 1951 bevorzugt mit Industriewaren und Waren des täglichen Bedarfs beliefert. Teile der Belegschaft, vor allem die Arbeiter am Hochofen, erhielten eine Sonderverpflegung. 1952 beauftragte das Zentralkomitee das Berliner HO-Kaufhaus am Alexanderplatz, sich bevorzugt um die Versorgung des EKO zu kümmern.[279] Der SED-Politbürobeschluss vom 5. Februar 1952 sah eine Reihe neuer Einrichtungen wie provisorische Verkaufsstellen in Wohnungen, eine Kantine am Hochofen, Umkleideräume sowie Kultur- und Speiseräume in verschiedenen Teilen des Betriebes vor. Oberste Priorität besaß bis Mitte 1953 der Aufbau der Industrieanlagen; für Verbesserungen der Arbeits- und Lebensbedingungen im Werk wurden nur die notwendigsten Mittel zur Verfügung gestellt. In der Anfangszeit des EKO gab es neben baulichen Problemen vor allem Schwierigkeiten in Bezug auf die sanitären Einrichtungen. Beispielsweise war im Erzlager für 200 Mitarbeiter lediglich eine Waschgelegenheit mit nur drei Waschschüsseln vorhanden.[280] Der Betriebsarzt des EKO wies 1952 rückblickend darauf hin, dass »man sich beim Aufbau des Werkes sehr wenig Gedanken über soziale- und Gesundheitsschutzmaßnahmen gemacht«[281] habe. Der niedrige Krankenstand sei weniger auf eine gute ärztliche Betreuung und die Einrichtung hygienischer Anlagen zurückzuführen, als »auf den Arbeitsenthusiasmus unserer Kollegen«.[282]

Das Gesundheitswesen des EKO befand sich Anfang der 1950er-Jahre noch im Aufbau. Im November 1950 hatte sich die Abteilung Arbeit und Sozialwesen der Hauptabteilung Metallurgie an das EKO gewandt und Angaben zur Betriebsgesund-

276 Siehe Schmidt, Einblicke, S. 59.
277 Siehe ebd., S. 57.
278 Siehe ebd., S. 114 f.
279 Siehe ebd., 104 f.
280 Siehe Unternehmensarchiv (UA EKO), A 614, Bl. 227–229, hier Bl. 227 f., Bericht über vorgenommene Überprüfungen in der Zeit vom 25. Januar bis 6. Februar 1952, 15.2.1952.
281 UA EKO, A 614, Bl. 247–257, hier Bl. 247, Protokoll der Besprechung der Planbrigade II zur Aufstellung des Betriebsplanes für 1952 am 30.1.1952.
282 Ebd.

heitsfürsorge erfragt, die zur Aufstellung des Fünfjahrplanes nötig waren. Gleichzeitig wurde das junge Kombinat über die Richtlinien der Gesundheitsfürsorge aufgeklärt, die ab einer Anzahl von 3.000 Beschäftigten die Errichtung einer Poliklinik mit mindestens 25 Räumen vorschrieben.[283] Der Bau der Poliklinik gestaltete sich schwieriger als geplant, was vor allem auf finanzielle Gründe zurückzuführen war. Die Aufbauleitung des EKO beschwerte sich im April 1951 bei der ZK-Wirtschaftsabteilung in Berlin über die zu geringe Mittelzuteilung bei der Planung der Betriebspoliklinik. Aufgrund des repräsentativen Charakters des Werkes sei es »eine architektonische Verunstaltung, wenn man in diesem Riesenwerk mit seinen gewaltigen Bauten eine Poliklinik bauen würde, die man vielleicht als besseres Landkrankenhaus bezeichnen« könne.[284] Auch die kommunalen Stellen machten hinsichtlich einer funktionierenden Betriebsgesundheitsfürsorge Druck. Im Juli 1951 kritisierte die zuständige Abteilung des brandenburgischen Gesundheitsministeriums nach landesinternen Überprüfungen, dass die innerbetriebliche Zusammenarbeit vielerorts »äußerst mangelhaft« sei. Gerade die Unterschätzung der Betriebsgesundheitsfürsorge führe in vielen Betrieben zu einer Erhöhung der Kranken- und Unfallziffern.[285]

Der Ministerrat beschloss im Februar 1952 Verbesserungen des Arbeitsschutzes und der Arbeitshygiene im EKO.[286] Daraufhin erarbeitete eine Kommission einen Entwicklungsplan für das Gesundheitswesen im Gebiet Fürstenberg. Dieser enthielt Vorschläge für den Bau eines Krankenhauses, einer Kinderkrippe und den Aufbau von Sanitätsstationen an den Hochöfen und im Hüttenzementwerk. Gleichzeitig war durch den Ministerratsbeschluss eine eigene Abteilung Gesundheitswesen für Fürstenberg (Oder) ins Leben gerufen worden. Diese begann im März 1952 ihre Arbeit und unterstand dem Ministerium für Gesundheitswesen des Landes Brandenburg.[287] Sie hatte allerdings nur wenige Kompetenzen, denn über wichtige Belange entschied das Ministerium für Gesundheitswesen direkt. Hierzu gehörten die Sicherstellung von Ärzten und Heilhilfspersonal, die Versorgung mit Geräten und Medikamenten sowie eine laufende Lebensmittelkontrolle und regelmäßige Reihenuntersuchungen

283 Siehe UA EKO, A 613, Bl. 129, Ministerium für Industrie (Abteilung Arbeit und Sozialwesen) an VVB Eisenhüttenkombinat Ost, 6.11.1950.

284 UA EKO, A 258, Bl. 137 f, hier Bl. 138, SED-Betriebsgruppe (Aufbauleitung Eisenhüttenkombinat Ost) an ZK-Abteilung Wirtschaft, 10.4.1951.

285 Siehe UA EKO A 258 Bl. 76–78, Analyse über den Krankenstand beim Stahl- und Walzwerk Brandenburg.

286 Siehe BArch, DC 20-I/3/93, Bl. 11, Beschluss zur Verbesserung der Arbeitsschutzmaßnahmen und der Arbeitshygiene im Eisenhüttenkombinat Ost, Anlage 2 zum Protokoll der 68. Sitzung der Regierung vom 14.2.1952.

287 Siehe Schmidt, Einblicke, S. 105.

innerhalb der Belegschaft. Dem Ministerium für Gesundheitswesen oblagen zudem die Überprüfung der Arbeitsbedingungen an den Hochöfen und die Verbesserung des Gesundheitswesens im Werk.[288]

Die Poliklinik des EKO wurde im Mai 1952 in Anwesenheit von SED-Generalsekretär Walter Ulbricht eröffnet. Durch einen Freundschaftsvertrag mit der Berliner Charité, die einen Austausch von Fachpersonal vorsah, konnte die gesundheitliche Betreuung der Beschäftigten verbessert werden.[289] Chefarzt der Poliklinik wurde Dr. Warnecke, der 1954 für den Leitungsposten der geplanten Zentralen Arbeitssanitätsinspektion beim Ministerium für Gesundheitswesen abgeworben wurde.[290] Unmittelbar nach seiner Berufung verließ er die DDR.[291] Sein Nachfolger wurde bis 1968 Medizinalrat Dr. Kloss, danach zwei Jahre Medizinalrat Dr. Stöck von Ranken und schließlich von 1970 bis 1990 Obermedizinalrat Dr. Schieche. Die Poliklinik war juristisch selbstständig, abgesehen von der Zeit vom 15. Februar 1966 bis zum 31. Juli 1970. Während dieser Zeit war sie als Abteilung in die »Vereinigten Gesundheitseinrichtungen der Stadt Eisenhüttenstadt« eingegliedert. Die Mitarbeiter der Poliklinik unterstanden als staatliche Angestellte dem ärztlichen Leiter beziehungsweise dem Kreisarzt. Medikamente, Hilfs- und Heilmittel zahlte die Sozialversicherung.[292]

Neben der Poliklinik befanden sich in den einzelnen Betriebsabteilungen Sanitätsstellen, die mit einem Arzt oder einer Krankenschwester besetzt waren.[293] Neben der Poliklinik war die Betriebsgewerkschaftsleitung ein weiterer wichtiger Eckpfeiler des betrieblichen Gesundheits- und Sozialwesens. Bereits im August 1950 war die erste Betriebsgruppe des FDGB im EKO entstanden. Die erste Betriebsgewerkschaftsleitung wurde am 12. September 1950 gewählt. Sie organisierte eigenverantwortlich Versorgungsleistungen und verwaltete den Kultur- und Sozialfonds des EKO, aus dem wichtige Sozialleistungen finanziert wurden. Hauptanliegen ihrer Arbeit war die Verteilung von Wohnungen, Ferien- und Krippenplätzen sowie die

288 Siehe BArch, DC 20-I/3/93, Bl. 12, Beschluss zur Verbesserung der Arbeitsschutzmaßnahmen und der Arbeitshygiene im Eisenhüttenkombinat Ost, Anlage 2 zum Protokoll der 68. Sitzung der Regierung vom 14.2.1952.

289 Siehe Schmidt, Einblicke, S. 104.

290 Siehe UA EKO, A 591, Bl. 52–54, MfG (Stellvertreter des Ministers) an Betriebsleitung des Eisenhüttenkombinates Ost (Betriebsdirektor), 9.2.1954.

291 Siehe Interview mit S. Kober, in: Dagmar Semmelmann/Gudrun Prengel/Ursula Krüger: Eisenhüttenstädter Lesebuch, Bd. II (hrsg. i. A. der Geschichtswerkstatt Eisenhüttenstadt), Berlin 2004, S. 243 (künftig zitiert: Eisenhüttenstädter Lesebuch).

292 Siehe Manfred Schieche: Die Betriebspoliklinik des Eisenhüttenkombinat Ost vom 1. Mai 1952 bis 31. Dezember 1990, in: Heimatkalender 1996. Eisenhüttenstadt und Umgebung, S. 31–33.

293 Siehe UA EKO, A 614, Bl. 28–29, Stellungnahme zu den Punkten 3, 4, und 5 für die Werbebroschüre laut Schreiben des Ministeriums für Erzbergbau und Hüttenwesen vom 18.12.1952.

Betreuung von Kranken und »Veteranen«. Zwar unterstand auch die BGL im EKO den »Spielregeln der SED«, war bis zum Ende der DDR jedoch wichtig für die arbeitsrechtliche, soziale und kulturelle Betreuung der Belegschaft.[294] Sie setzte sich aus einem ersten und zweiten Vorsitzenden aus dem Kreis der Leiter der einzelnen Kommissionen zusammen. Neben politisch und wirtschaftlich ausgerichteten Kommissionen existierten die auf die sozialen und gesundheitlichen Belange der Belegschaft ausgerichteten Kommissionen für Arbeiterversorgung und für Arbeitsschutz sowie der Rat für Sozialversicherung.[295]

Eine Kommission für Arbeiterversorgung existierte im EKO seit Oktober 1951 und spaltete sich in einzelne Unterkommissionen auf. Hierzu gehörten beispielsweise die Küchenkommission, die Wohnungskommission und die Schwerbeschädigtenkommission. Letztere war 1953 gegründet worden, »obwohl des Öfteren [sic!] Versuche unternommen worden sind, Kollegen zur freiwilligen Mitarbeit für die Kommission zu finden«.[296] Die Betriebsgewerkschaftsleitung verpflichtete sich im Betriebskollektivvertrag 1953, die Unterkommission für Schwerbeschädigte »zu befähigen, dass sie die besonderen Belange der Schwerbeschädigten und Körperbehinderten vertritt und dafür sorgt, dass jeder Kollege nach seinen Fähigkeiten und unter Beachtung seiner Körperbehinderung am richtigen Arbeitsplatz eingesetzt wird«.[297] Auf einer Ratssitzung am 5. Juni 1953 bestätigte die BGL den ersten und zweiten Vorsitzenden.[298] Am 19. August fand eine Sitzung der Schwerbeschädigten-Kommission statt, bei der nur vier Mitglieder der insgesamt achtköpfigen Kommission anwesend waren, um die Arbeitsgebiete untereinander aufzuteilen. Insgesamt wurden vier Aufgabengebiete bestimmt. Neben der Vertretung der Schwerbeschädigten in der Wohnungskommission gehörten dazu der Bereich Schulung-Bekanntmachung-Verordnungen, die Organisation von Heil- und Hilfsmitteln sowie die Betreuung am Arbeitsplatz. Diese sollte durch die Durchführung von Arbeitsplatzanalysen und Umschulungen sowie die Bereitstellung von Schonplätzen erfolgen. Jeden zweiten Mittwoch im Monat wurden in der Poliklinik Fürstenberg (Oder) und in der Betriebspoliklinik orthopädische Sprechstunden für Schwerbeschädigte angeboten. Beschäftigte konnten bei der Kommission Anträge auf eine Arbeitsplatz-Umbesetzung stellen, welche diese dann dem Arbeitsdirektor vorlegte. Nach Angaben der

294 Siehe Schmidt, Einblicke, S. 103.

295 Siehe UA EKO, BGL A 2, Bl. 75 f., Protokoll über die Konstituierung der BGL am 29.10.1951.

296 UA EKO, BGL A 7, Bl. 26–62, hier Bl. 55, Rechenschaftsbericht der BGL am 2.8.1952.

297 UA EKO, A 698, Bl. 24, Betriebskollektivvertrag 1953, Sozialversicherung und Gesundheitsschutz.

298 Siehe UA EKO, BGL A 11, Bl. 166–170, hier Bl. 168, Protokoll der BGL-Sitzung am 9.6.1953, Beschluss 115, 10.06.1953.

Personalabteilung waren 1953 etwa 220 Schwerbeschädigte im Werk beschäftigt.[299] Wie lange die Schwerbeschädigten-Kommission existierte, ist unklar. Spätere BGL-Akten erwähnen sie nicht mehr explizit. 1959 waren bei der Kommission Arbeiterversorgung nur noch die beiden Unterkommissionen Versorgungsfragen sowie Bau- und Wohnungswesen angesiedelt. Der Rat für Sozialversicherung, die Arbeitsschutzkommission und die Kurenkommission wurden hingegen im Bereich Gesundheits- und Arbeitsschutz zusammengefasst.[300]

Gerade in der Aufbauphase des Werkes gestaltete sich die Integration von Schwerbeschädigten unter anderem aus logistischen Gründen schwierig. Dies zeigt der Bericht eines beinamputierten Ingenieurs der Abteilung Wärmestelle: »Da ich beinamputiert bin und an dem einen noch vorhandenen Fuß eine Entzündung hatte, konnte ich vom 6. bis zum 24.11.52 nicht zur Arbeit kommen. Um meine Arbeitskraft nicht länger als unbedingt notwendig, [sic!] dem Aufbau des EKO zu entziehen, ließ ich mich ab dem 24.11.52 vom Arzt wieder arbeitsfähig schreiben, obwohl die Wunde noch nicht vollständig verheilt ist. Allerdings nur unter der Voraussetzung, daß ich morgens mit einem Wagen von der Wohnstadt nach meiner Arbeitsstelle und abends wieder nach dort zurückgebracht werde. Am 24.11.1952 trat ich meinen Weg zur Arbeit an, natürlich ›zu Fuß‹, es war anscheinend dem EKO nicht möglich, einen Wagen mit dieser Fahrt zu beauftragen.«[301] Erst »nach unendlich vielen Telefongesprächen und persönlichen Rücksprachen« war er, häufig mehrere Stunden später, heimgefahren oder abgeholt worden. Nach Rücksprache mit dem Fahrer hatte er offenbar den Grund dieser Verzögerungen gefunden: »›Komm hole mir mal eine Bockwurst aus der HO‹, oder ›fahr mich schnell mal zum Frühstück‹, oder so ähnlich lauten auf [sic!] die Aufträge. Dann ist es allerdings verständlich, wenn für einen schwerkriegsbeschädigten Ingenieur, dazu noch mit einem wunden Fuß, der gerne zur Arbeit kommen möchte keine Zeit übrig bleibt.«[302] Der Betroffene betonte seinen Arbeitswillen und bat die BGL um Hilfe, ob es wirklich nicht möglich sei, »ein Fahrzeug mit dieser kleinen Fahrt zu beauftragen«.[303]

Auf die Tätigkeit von Schwerbeschädigten verweist auch eine Anordnung zur Abgabe von Brennholz. Der Kaufmännische Direktor des EKO schilderte 1954 dem Direktor für Arbeit, dass er die Abgabe von Abfall-Brennholz an »Werktätige« in Ausnahmefällen genehmigt habe, »zumal es sich vorwiegend um Schwerbeschä-

299 Siehe UA EKO, BGL A 3, Bl. 12, Vorsitzender der Schwerbeschädigten-Kommission, Bericht über die Sitzung vom 19.8.1953, 2.9.1953.

300 Siehe UA EKO, BGL A 22, unpag., BGL EKS, Protokoll über die am 20.6.1959 konstituierende BGL-Sitzung der neu gewählten BGL- und AGL-Leitung, 22.6.1959.

301 UA EKO, BGL 1, Bl. 7, Ingenieur S. an BGL EKO, 27.11.1952.

302 Ebd.

303 Ebd.

digte, im Werk Verunglückte oder Spitzensportler handelte«.[304] Aufgrund der gehäuft auftretenden Anträge könne er solche Sonderfälle nicht mehr berücksichtigen. Denn der Werkdirektor hatte die Abgabe von Abfall-Brennholz sowohl an Betriebsfremde als auch an Betriebsangehörige untersagt.[305]

Mit der BGL-Wahl im Oktober 1951 war auch eine Arbeitsschutzkommission gebildet worden. Die Aufgaben der Kommission umfassten die Einhaltung der 48-Stunden-Woche, die Wahl von Arbeitsschutzobleuten und deren fachliche Anleitung. Sie war ferner für die Einhaltung der Gesetze und die Kontrolle der Arbeitsplätze auf Sicherheit verantwortlich, vor allem, wenn auf diesen Jugendliche, Frauen oder Schwerbeschädigte beschäftigt waren. Die Arbeitsschutzkommission hatte zudem gesundheitsschädliche und schwere Arbeit einzugruppieren, die bei der Vergabe von Urlaub, Lebensmittelkarten und Zuschlägen berücksichtigt werden sollte. Eine Direktive des Ministeriums für Erzbergbau und Hüttenwesen und der Zentralverwaltung der IG-Metallurgie schrieb diese Aufgaben fest. Danach hatte die Betriebsgewerkschaftsleitung die Qualifikation der Arbeiter und Angestellten mit den Plänen abzustimmen und die Arbeiter entsprechend ihrer Qualifikation im Arbeitsprozess einzusetzen.[306] Auch die Auswahl und Anleitung von Gesundheitshelfern fiel zunächst in den Aufgabenbereich des Arbeitsschutzes, ebenso wie die Einrichtung und Kontrolle von Wasch- und Umkleideräumen, Toiletten, Behelfsunterkünften und Sanitätsstellen.[307] Die Arbeitsschutzkommission bestand im EKO bis Februar 1952 nur auf dem Papier, »da sich niemand um sie kümmerte oder [sie] anleitete«.[308]

Im Dezember 1951 begann auch die Arbeit des Rates für Sozialversicherung, indem in allen Abteilungsgewerkschaftsgruppen Sozialbevollmächtigte gewählt wurden. Diese wiederum wählten aus ihrem Kreis den Rat der Sozialversicherung für das ganze Werk. Ähnlich wie beim Arbeitsschutz gab es auch für die Ratsmitglieder Seminare und Sitzungen. Die Sozialbevollmächtigten entschieden über die Gewährung von Leistungen aus der Sozialversicherung, arbeiteten im betrieblichen Gesundheitsfürsorgewesen mit und wählten gemeinsam mit den Ärzten Beschäftigte für Kuraufenthalte aus. Der Rat für Sozialversicherung sollte vor allem den Krankenstand überwachen, »um zu verhindern, dass sich Kollegen auf Kosten der

304 UA EKO, A 652, Bl. 78, Kaufmännischer Direktor an Direktor für Arbeit, 1.12.1954.

305 Siehe ebd.

306 Siehe UA EKO, BGL A 12, Bl. 61–68, hier Bl. 64, Direktive des Ministeriums für Erzbergbau und Hüttenwesen und der ZV-IG Metall über den Abschluss von Betriebskollektivverträgen 1952 an alle Werkleiter und Vorsitzenden der Betriebsgewerkschaftsleitungen, o. D.

307 Siehe UA EKO, BGL A 7, Bl. 205–212, hier Bl. 210, Richtlinien für den Aufbau und die Arbeit der neu gewählten BGL und AGL, o. D.

308 UA EKO, BGL A 7, Bl. 26–62, hier Bl. 44, Rechenschaftsbericht der BGL am 2.8.1952.

Sozialversicherung und damit auf unsere eigenen Kosten einen guten Tag machen, da ja bekanntlich vom ersten Tage an Krankengeld gezahlt wird«.[309] Im November 1951 fand beim Zentralvorstand der IG-Metallurgie des FDGB eine Sitzung statt, auf der Aufgaben dieses Gremiums mit mehreren Vorsitzenden der Räte für Sozialversicherung durchgesprochen wurden. Dabei ging es um Fragen der Anleitung und Kontrolle der Sozialbevollmächtigten und die Vergabe von Leistungen der Sozialversicherung. Es wurde festgelegt, dass die Räte über die Gewährung von Heilverfahren und Kuren entscheiden sollten. Entscheidungskriterien waren dabei neben dem Gesundheitszustand des Antragsstellers die Wohnverhältnisse, die soziale Lage und die gesellschaftliche Mitarbeit. Wenn durch die Kur eine Invalidisierung des Antragstellers verhindert oder hinausgezögert werden konnte, war der Antrag bevorzugt zu behandeln. Neben diesen Aufgaben übernahm der Rat für Sozialversicherung auch die Betreuung von Körperbehinderten und Teilinvaliden im Werk. Er sollte außerdem gemeinsam mit der Betriebsleitung und der BGL die Ursachen für besonders häufig und regelmäßig auftretende Krankheiten ausmachen. Auch die Überprüfung und Verbesserung der Einrichtungen der Sanitätsstellen und der Polikliniken gehörte zu den Aufgaben des Rates für Sozialversicherung.[310]

»Kampf gegen die Ausnutzung der Sozialversicherung« – Krankheiten und Unfälle im Eisenhüttenkombinat Ost

Der Sparkurs der Sozialversicherung Anfang der 1950er-Jahre wirkte sich auch auf das betriebliche Gesundheits- und Sozialwesen des Eisenhüttenkombinates aus. Der Aussage des Historikers Peter Hübner, dass das »Sparsamkeitsregime« die betriebliche Sozialpolitik nur indirekt tangierte,[311] ist in Bezug auf die Sozialversicherung nur bedingt zuzustimmen. Zwar wurden im EKO keine direkten Kürzungen vorgenommen, aber auch hier war der Haushalt der Sozialversicherung schon im ersten Quartal 1953 mit 77.900 Mark und damit zu 36,3 Prozent überschritten worden. Der Rat für Sozialversicherung sah Handlungsbedarf und der Vorsitzende forderte, dass jede Überschreitung verhindert werden müsse. Er rief unter der Losung »Den Kranken alles – den Bummelanten nichts«[312] zu einem sparsamen Umgang mit den Geldern der Sozialversicherung auf und führte die Überschreitung auf einen »anor-

309 Ebd., Bl. 48.

310 Siehe ebd.

311 Hübner, Betriebliche Sozialpolitik, Bd. 8, S. 759.

312 UA EKO, BGL A 12, Bl. 152f., hier Bl. 152, Vorsitzender des Rates für Sozialversicherung. »Verhindere die Vergeudung von Geldern der Sozialversicherung, denn es sind deine Gelder«.

mal« hohen Krankenstand zurück.[313] Diese Hinweise zogen strenge Untersuchungen nach sich: »Bei einer Aktion wurden 118 Patienten vorgeladen, 59 erschienen, davon 26 arbeitsfähig geschrieben, 33 arbeitsunf., 59 nicht erschienen, davon 10 entschuldigt, 44 ließen sich vorher gesundschreiben, in fünf Fällen wurde Krankengeld gesperrt. Ergebnis also von 118 sind mit einer beratungsärztl. Kontrolle 70 arbeitsfähig geschrieben.«[314] Die Betriebsabteilungen des EKO sollten »bei entsprechenden Verdacht und bei Hinweisen auf [eine] geringe Arbeitsfreudigkeit des Kollegen eine schnelle Bestellung zum Beratungsarzt« erwirken.[315]

Unzufrieden resümierte der stellvertretende Vorsitzende des Rates für Sozialversicherung im Januar 1953, dass sich die Barmittel für den Krankenstand gegenüber 1951 um das Achtfache erhöht hätten.[316] Hierfür machte er auch die Mitarbeit der Sozialbevollmächtigten verantwortlich, die Krankenbesuche zunächst abgelehnt hatten, weil die meisten von ihnen glaubten, »sie hätten Spionagedienst zu leisten«.[317] Die Durchsetzung dieses betriebsinternen Kontrollsystems funktionierte im EKO also zunächst nur schleppend, und die Überprüfung von Kranken stieß auf Widerwillen in der Belegschaft. Deshalb versuchten die Verantwortlichen, den Sozialbevollmächtigen Anreize zu bieten, indem sie bei erfolgreicher Arbeit mit Prämien belohnt wurden. Der Werksdirektor hatte sich im Betriebskollektivvertrag von 1953 verpflichtet, zu diesem Zweck vierteljährlich 500 Mark aus dem Direktorenfonds zur Verfügung zu stellen. Die größte Prämie erhielt mit 150 Mark allerdings der Vorsitzende des Rates für Sozialversicherung, da er »hier die beste Arbeit geleistet [hatte] und das Werk [...] ohne seinem [sic!] Einsatz große Schädigung erfahren« hätte.[318] Andere Sozialbevollmächtigte wurden mit Geld- oder Buchprämien ausgezeichnet, vor allem dann, wenn ihr Einsatz zu einer Verringerung des Krankenstandes beigetragen hatte.[319]

Um den Krankenstand zu senken, etablierte sich zunehmend ein Konzept, das in den 1960er-Jahren als Teil der beruflichen Rehabilitation in den Betrieben umgesetzt werden sollte. Hierbei handelte es sich um die sogenannte Schonarbeit. Bereits 1952 waren die Abteilungsleiter im EKO dazu aufgefordert worden, Angaben über »leichte Arbeitsplätze« in ihren Abteilungen zu machen, um Personen mit leichten Verletzungen dort einzusetzen: »Es wird angestrebt, daß die Patienten, die

313 Ebd.
314 UA EKO, A 258, Bl. 28–31, Betriebspoliklinik EKO, Abschrift: Protokoll der Sitzung vom 10.11.1952 in der Betriebspoliklinik des EKO, 11.11.1952.
315 Ebd.
316 Siehe UA EKO, BGL A 4, Bl. 167–169, hier Bl. 168, Arbeitsbericht der SVK vom 2.1.1953.
317 Siehe UA EKO, BGL A 11, Bl. 100 f., Protokoll der Sitzung des Rates für Sozialversicherung am 10.8.1953 und zur Vorlage in der BGL-Sitzung am 11.8.1953.
318 Ebd.
319 Siehe ebd.

zum Beispiel mit einer Fingerverletzung (d. i. hier die häufigste Verletzung) krankgeschrieben worden sind und an ihrem Arbeitsplatz nicht arbeiten können, sehr wohl in der Zeit der eigentlichen Krankschreibung einen leichten Arbeitsplatz wie Botendienst u. ä. ausführen können. Damit könne der Krankenstand maßgeblich gesenkt werden.« Zur Rechtfertigung dieser Maßnahme wurde darauf hingewiesen, dass sich ein selbstständiger Handwerker auch nicht mit einer Fingerverletzung »ins Bett legt und krank ist, sondern sich eine leichte Arbeit während dieser Zeit vornimmt, die er trotz der Verletzung ausführen kann«.[320] In jeder Abteilung sollten leichte Arbeitsplätze festgelegt und diese ausschließlich mit Personen besetzt werden, die eine ärztliche Bescheinigung für einen klar definierten Zeitraum vorweisen konnten. Das grundsätzliche Problem der Schonarbeit bestand darin, dass die Betroffenen meist weniger verdienten als auf ihrem regulären Arbeitsplatz. Im EKO wurde dies so gelöst, dass den Beschäftigten für eine Zeitdauer von etwa vier Wochen das Krankengeld von der Sozialversicherungskasse weitergezahlt wurde. Dies bedeutete keine Mehrausgabe und der Volkswirtschaft sei eine Arbeitskraft zugeführt worden. Enthusiastisch gingen die Initiatoren davon aus, dass sich aufgrund der zunehmenden Mechanisierung genügend Stellen für leichte Arbeit finden ließen und nahmen dafür auch organisatorischen Mehraufwand in Kauf.[321] Betriebsarzt Dr. Warnecke hielt das Projekt für so wichtig, dass er dem Leiter der Abteilung Betriebsgesundheitsfürsorge im Ministerium für Gesundheitswesen das Protokoll der Konferenz, auf der über Schonarbeit beraten worden war, unmittelbar übersandte und die »Erfassung der leichten Arbeitsplätze für Arbeitsbehinderte«[322] als wesentliche Lösung zur Senkung des Krankenstandes präsentierte. Er wies darauf hin, dass bei hochqualifizierten Arbeitskräften ein höherer Verdienstausfall entstehe, als durch den Lohnausgleich des Betriebes ausgeglichen werden könne. In diesem Falle sei es notwendig, durch die Sozialversicherungskasse Zuschüsse zu zahlen.[323] Kurz darauf wurde die Schonarbeit im EKO in einer Anlage zum Betriebskollektivvertrag 1953 unter dem Punkt »Kampf gegen die Ausnutzung der Sozialversicherung«[324] festgeschrieben. Die Arbeitsdirektion des EKO wurde verpflichtet, eine Liste mit leichten Arbeitsplätze herauszugeben. Hierzu gehörten Tätigkeiten, die keinen Witterungseinflüssen unterlagen, die man im Sitzen oder mit einer Hand ausführen konnte.

320 UA EKO, A 258, Bl. 28–31, hier Bl. 30 f., Betriebspoliklinik EKO, Abschrift: Protokoll der Sitzung vom 10.11.1952 in der Betriebspoliklinik des EKO, 11.11.1952.

321 Siehe ebd.

322 Siehe UA EKO, A 258, Bl. 27, Betriebspoliklinik des EKO (Betriebsarzt) an MfG (Abteilung Betriebsgesundheitsfürsorge), 11.11.1952.

323 Siehe ebd.

324 UA EKO, A 698, Bl. 87–91, hier Bl. 89 f., Anlage zum Betriebskollektivvertrag 1953 Nr. 6, »Verbesserung der Betriebsgesundheitsfürsorge im Eisenhüttenkombinat Ost«.

Diese Arbeitsplätze galten auch als Alternative für Bewerber, bei denen sich in der Einstellungsuntersuchung herausgestellt hatte, dass sie nicht auf dem vorgesehenen Arbeitsplatz beschäftigt werden konnten.[325]

Ende 1953 hatte die DDR-Regierung eine Verordnung[326] erlassen, die den Einfluss der Gewerkschaften stärkte und deren Festlegungen auch in den Betriebskollektivvertrag des EKO aufgenommen wurden.[327] In Bezug auf den Arbeitsschutz verpflichtete die Verordnung die Betriebsleiter zur Einhaltung der bestehenden Bestimmungen und die übergeordneten Stellen zu einer ständigen Kontrolle.[328] Gleichzeitig musste das Ministerium für Gesundheitswesen für den Bereich des Betriebsgesundheitswesens zusätzliche Mittel in Höhe von 100 Millionen Mark zur Verfügung stellen. Damit sollte die Einrichtung von Sanitätsinspektionen beim Ministerium für Gesundheitswesen und bei den Räten der Bezirke finanziert werden. Zusätzlich sollte mit diesen Mitteln in Großbetrieben die Ausstattung mit medizinischen Geräten und Bedarfsgütern verbessert, Erholungsheime und Nachtsanatorien eingerichtet sowie Reihenuntersuchungen durchgeführt werden.[329]

Im EKO legte die Kommission Arbeiterversorgung gemeinsam mit den Ärzten der Betriebspoliklinik die Grundsätze ärztlicher Reihenuntersuchungen fest. Jeder Beschäftigte sollte jährlich einmal untersucht werden. Beschäftigte, die unter besonders gesundheitsschädlichen und schweren Bedingungen arbeiteten, hatten sich diesen Untersuchungen halbjährlich zu unterziehen. Besondere Aufmerksamkeit galt dem Gesundheitsschutz und der Prophylaxe von Jugendlichen unter 18 Jahren und von Frauen.[330] Im Betriebskollektivvertrag von 1953 war außerdem festgelegt worden, Beschäftigte an Risiko-Arbeitsplätzen regelmäßig auszutauschen. Hierzu gehörten Arbeitsplätze, welche die Gefahr einer Silikose, der sogenannten »Staublunge« bargen, »um einer solchen Erkrankung von vornherein auszuweichen«.[331] Schwerpunkte

325 Siehe ebd.

326 Verordnung über die Verbesserung der Arbeits- und Lebensbedingungen der Arbeiter und die Rechte der Gewerkschaften vom 10.12.1953, GBl. der DDR I 1953, S. 1219–1226.

327 Siehe Schmidt, Einblicke, S. 106.

328 Siehe BArch, DC 20/I-3/208, Bl. 141–164, hier Bl. 145, Dokumente und Materialien der 145. Sitzung der Regierung der Deutschen Demokratischen Republik vom 10. Dezember 1953, Anlage B: Verordnung über die Verbesserung der Arbeits- und Lebensbedingungen der Arbeiter und die Rechte der Gewerkschaften.

329 Siehe ebd., Bl. 147 f.

330 Siehe UA EKO, A 652, Bl. 128, Gruppe Arbeiterversorgung, Bericht über die Durchführung des Planes der Maßnahmen, die sich aus der Verordnung vom 10.12.1953 über die weitere Verbesserung der Arbeits- und Lebensbedingungen der Arbeiter und die Rechte der Gewerkschaften [ergeben].

331 UA EKO, A 591, Bl. 68 f., Protokoll über die am 24.6.1953 stattgefundene Besprechung, 26.6.1953.

waren die Erzaufbereitung, die Sinteranlage und das Brech- und Siebhaus.[332] Falls der Gesundheitszustand den Einsatz auf dem vorgesehenen Arbeitsplatz nicht (mehr) zuließ, schlug der Betriebsarzt der Personalabteilung einen anderen Arbeitsplatz vor.[333] Mit diesem Vorgehen sollten Berufskrankheiten vermieden, beziehungsweise deren Folgen abgemildert werden. Berufskrankheiten wurden anhand einer Liste, die zunächst 35, ab 1950 40 Krankheiten umfasste, klassifiziert.[334] Daneben war in der Verordnung auch eine Verbesserung der Rentenversorgung für Arbeiter, Angehörige der »technischen Intelligenz« und Angestellte, die mehr als 20 Jahre im Betrieb gearbeitet hatten, vorgesehen. Sie sollten nach Überschreiten der Altersgrenze (65 Jahre bei Männern, 60 Jahre bei Frauen) oder bei Arbeitsunfähigkeit eine Zusatzrente von fünf Prozent ihres letzten Nettoverdienstes aus Betriebsmitteln erhalten.[335]

Peter Hübner definiert die Verordnung als »den wohl wichtigsten Orientierungsrahmen für die betriebliche Sozialpolitik in der DDR« in den 1950er-Jahren, denn die darin formulierten Grundsätze veränderten sich bis zur Veröffentlichung des Gesetzbuches der Arbeit 1961 kaum.[336] Dennoch wurde der Verordnung in den Betrieben der Schwerindustrie nicht die gewünschte Aufmerksamkeit geschenkt. Im Februar 1954 kritisierte Minister Selbmann, dass seine Mitarbeiter bei Kontrollen festgestellt hätten, dass die Verordnung, die er als wichtig herausstellte, noch nicht überall zufriedenstellend durchgeführt werde. Er machte daher alle Werkdirektoren und Werkleiter persönlich für die Umsetzung verantwortlich und forderte diese zur Berichterstattung auf.[337]

Die Verordnung sah zwar auf allen Gebieten des betrieblichen Gesundheits- und Sozialwesens Verbesserungen vor, der Fokus lag jedoch eindeutig auf dem Gebiet des Arbeitsschutzes. Gerade in der Anfangszeit des EKO gab es hier Schwachstellen, die sich in den hohen Unfallzahlen widerspiegeln. So ereigneten sich 1952 bei einer Belegschaftsstärke von 3.812 Personen 527 Unfälle, davon sechs mit Todesfolge. Ab 1953 wurde eine kontinuierliche Statistik über das Unfallgeschehen geführt. Schwerpunktorte für Unfälle waren die Hochöfen, die Masselgießmaschine und die

332 Siehe ebd.

333 Siehe UA EKO, BGL A 4, Bl. 108, Kopie aus der Werkzeitung: Aufgaben des Arbeitsschutzes in der Betriebspoliklinik [1953].

334 Siehe Wolfgang Gitter: Unfallversicherung (künftig zitiert: Gitter, Unfallversicherung, Bd. 8), in: Geschichte der Sozialpolitik in Deutschland seit 1945, Bd. 8, S. 437–452, hier S. 446f.

335 Siehe BArch, DC 20/I-3/208, Bl. 141–164, hier Bl. 152, Dokumente und Materialien der 145. Sitzung der Regierung der Deutschen Demokratischen Republik vom 10. Dezember 1953, Anlage B: Verordnung über die Verbesserung der Arbeits- und Lebensbedingungen der Arbeiter und die Rechte der Gewerkschaften.

336 Hübner, Betriebliche Sozialpolitik, Bd. 8, S. 756.

337 Siehe UA EKO, A 1679, Bl. 95–96, Abschrift: Minister für Schwerindustrie an alle Werksdirektoren und Werkleiter, 6.2.1954.

Jahr	Tödliche Unfälle	Schwere Unfälle	Anteil Gasvergiftungen[338]	Unfälle gesamt[339]	Belegschaftsstärke[340]
1952	6	37	472	507	3.812
1953	11	42	272	737	6.654
1954	2	18	122	780	6.310
1955	5	12	22	796	6.135
1956	4	5	24	704	6.025
1957	0	2	10	671	5.972
1958	5	4	16	723	6.028

Tabelle 4: Unfälle im EKO 1952–1958

Quelle: UA EKO, A 181, Bl. 15–25, Analyse der Unfall- und Krankenstatistik 1951–1960.

Sinteranlage. Gerade die Gasgefahr wurde in den Anfangsjahren des EKO massiv unterschätzt und 1953 ereignete sich ein schwerer Unfall mit 48 Verletzten.[341] Bereits 1951 war im Werk mit dem Aufbau einer Gasschutzstelle begonnen worden, da die Zahl der Gaserkrankungen »erschreckend hoch« war[342] (Tabelle 4). 1955 wurde die Gasschutzstelle fertiggestellt, mit der das Eisenhüttenkombinat über »die modernste Einrichtung im Gasschutz« verfügte.[343] Die Zahl der Gasvergiftungen verringerte sich danach stark: Sie sank von 472 im Jahr 1952 auf 10 im Jahr 1958. Seit 1956 traten keine tödlichen oder schweren Gasverletzungen mehr auf.[344] Neben den Gasunfällen ereigneten sich Unfälle im EKO hauptsächlich bei Transportarbeiten, durch Stürze und beim Herab- und Umfallen von Gegenständen. Häufige Verletzungen waren Verbrennungen und leichte Augenverletzungen infolge von Staub.[345]

In der DDR gab es keine eigenständige Unfallversicherung mehr; diese war bereits durch die Verordnung über die Sozialpflichtversicherung (VSV) aufgehoben und in die Einheitssozialversicherung integriert worden.[346] Dennoch blieben Sonderrege-

338 UA EKO, A 181, Bl. 15–25, hier Bl. 17 f., Analyse der Unfall- und Krankenstatistik, 1951–1960.
339 Ebd., Bl. 16.
340 Ebd., Bl. 17.
341 Siehe Schmidt, Einblicke, S. 106.
342 UA EKO, A 181, Bl. 15–25, hier Bl. 15, Analyse der Unfall-und Krankenstatistik 1951–1960.
343 Ebd., Bl. 15 f. – Siehe auch Schmidt, Einblicke, S. 106.
344 Siehe UA EKO, A 181, Bl. 15–25, hier Bl. 15 f., Analyse der Unfall-und Krankenstatistik 1951–1960.
345 Siehe ebd., Bl. 18 f.
346 Siehe § 8, VSV, S. 92. – Vgl. auch Wolfgang Gitter: Unfallversicherung (künftig zitiert: Gitter, Unfallversicherung, Bd. 2/1), in: Geschichte der Sozialpolitik in Deutschland seit 1945, Bd. 2/1, S. 531–557.

lungen für Arbeitsunfälle und Berufskrankheiten in Kraft, die sich zum Teil an der Reichsversicherungsordnung orientierten. Gitter führt dies darauf zurück, dass trotz Einheitsversicherung eine Absicherung gegen die speziellen Risiken »Arbeitsunfall« und »Berufskrankheit« notwendig schien und dass die bestehenden Verordnungen und Gesetze in diesem Bereich nicht per se als »kapitalistisches Unrecht« verworfen wurden.[347] Die Verordnung über die Sozialpflichtversicherung, die in den 1950er-Jahren weiterhin in Kraft blieb, regelte die Leistungen bei einem Unfall oder einer Berufskrankheit für den Versicherten. Falls dieser seine Arbeitsfähigkeit völlig verloren hatte, erhielt er eine Vollrente von zwei Dritteln des letzten Jahresarbeitsverdienstes bis zur Beitragsbemessungsgrenze von 600 Mark. Bei seinem Tod wurde den Witwen und Waisen eine Hinterbliebenenrente gezahlt. Falls nur eine Teilminderung der Arbeitsfähigkeit vorlag, erhielt der Versicherte eine Teilrente, die sich nach dem Prozentsatz der Minderung seiner Arbeitsfähigkeit richtete.[348]

Daneben gab es eine zusätzliche werksinterne Versorgung. So legte der Betriebskollektivvertrag des EKO von 1953 fest, für tödliche und schwere Unfälle Mittel aus dem Direktorenfonds zur Verfügung zu stellen.[349] Aus diesen Mitteln wurden auch persönliche Geschenke wie Weihnachtspäckchen bezahlt: 1954 beispielsweise erhielten alle 38 Beschäftigten, die sechs Monate und länger arbeitsunfähig waren, vom Werk ein Päckchen mit Lebensmitteln im Werk von zehn Mark, einen Barbetrag von 30 Mark sowie eine Weihnachtskarte. Diese Geschenke wurden persönlich von einem Mitarbeiter der Unterabteilung für Arbeit überbracht. Auch die 14 Beschäftigten, die durch einen erlittenen Unfall oder durch Krankheit arbeitsunfähig und aus dem Werk ausgeschieden waren, erhielten 30 Mark aus dem Direktorenfonds und Weihnachtsschreiben per Post, ebenso wie die Angehörigen tödlich verunglückter Beschäftigter. Deren Kinder wurden auf einer Weihnachtsfeier in der Kulturhalle des EKO beschenkt. Insgesamt stellte das Werk zu Weihnachten 1954 für diese Zwecke 2.500 Mark bereit.[350]

Am Beispiel eines Mitarbeiters des Werkverkehr-Betriebsdienstes lässt sich die Betreuung von Unfallopfern nachzeichnen. Der Mann hatte im Mai 1954 einen schweren Unfall im Erzlager erlitten, woraufhin ihm beide Unterschenkel amputiert werden mussten. Im Krankenhaus zahlte ihm eine Mitarbeiterin der Sozialversicherung alle zehn Tage das Krankengeld aus und er erhielt Betreuungspakete von Mitgliedern der BGL und der Abteilungsgewerkschaftsleitung (AGL). Auch der ehe-

347 Siehe Gitter, Unfallversicherung, Bd. 8, S. 438.

348 Siehe § 42–48, VSV, S. 97 f.

349 Siehe UA EKO, A 698, Bl. 23, Betriebskollektivvertrag 1953, Teil Sozialversicherung und Gesundheitsschutz.

350 Siehe UA EKO, A 652, Bl. 69, Bericht über durchgeführte Maßnahmen zur Betreuung kranker und aus dem Werk aus gesundheitlichen Gründen ausgeschiedener Kollegen zur Friedensweihnacht 1954, 29.12.1954.

Leistungsart	Leistungshöhe in Mark
Krankengeld und Lohnausgleich	2.667
Unfallrente	21.670
Einmalige Zuwendungen Unfallsumme	9.487
Krankenhaus- und Kurkosten	2.730
Selbstfahrer	900
Gesamtkosten	37.454

Tabelle 5: Ausgaben für das Unfallopfer Erich J. in Mark

Quelle: UA EKO, A 1679, Bl. 72–75, hier Bl. 73, Bericht über die Entwicklung des Krankenstandes und die Einhaltung des Haushaltsplanes für Sozialversicherung, 12.8.1958.

malige Werkleiter Ringel hatte den Betroffenen mit einem Betreuungspaket besucht und ihm eine Parterre-Wohnung zugesichert, in die er umziehen könne. Ringel war hier weitsichtiger als die Abteilung Arbeiterversorgung der BGL, die dem Beinamputierten eine Wohnung im ersten Stock angeboten hatte. Die Wohnverhältnisse blieben allerdings zunächst ungeklärt, weshalb der Mann von einer anderen Familie »in ihre Wohnung aufgenommen und familiär« betreut worden war.[351] Der Betroffene erhielt von 1954 bis Ende Juli 1958 insgesamt 37.454 Mark an laufenden Unterstützungen, die sich wie folgt aufteilten (Tabelle 5). 1958 konnte der Mann wieder arbeiten und war fortan als Pförtner tätig. Neben seinem Verdienst wurde ihm die volle Unfallrente weitergezahlt.[352]

Die Betriebsgewerkschaftsleitung kritisierte 1958 eine fehlende Mitarbeit der »Wirtschaftsfunktionäre« bei der Betreuung von Unfallopfern oder schwer erkrankten Mitarbeitern, insbesondere bei deren Arbeitsintegration. Dem Verunglückten werde bei Besuchen beteuert, »dass ihm ein Arbeitsplatz offen bleibt«. Dies trage zur Gesundung bei, führe aber bei seiner Rückkehr häufig zu Schwierigkeiten.[353] Als Beispiel führte die Betriebsgewerkschaftsleitung einen Mitarbeiter aus der Abteilung Reparaturen, Montagen und Anlagenbau (RMA) an. Dieser wollte nach zweijähriger Invalidität seine Arbeit wieder aufnehmen, war aber aufgrund seiner Erkrankung nicht leicht vermittelbar: »Der Kollege wurde nun umhergejagt. Von der Abteilung zur Arbeitskräftelenkung, von da zur Unterabteilung Arbeit. Zwei Tage vergingen und Arbeit hatte er noch nicht. Letztenendes wollte man ihm nicht einmal diese zwei

351 Siehe UA EKO, A 652, Bl. 86, Mitteilung von Abteilung Arbeit (Gruppe Arbeiterversorgung) an Kollege B., 25.10.1954.

352 Siehe UA EKO, A 1679, Bl. 72–75, hier Bl. 73, Bericht über die Entwicklung des Krankenstandes und die Einhaltung des Haushaltsplanes für Sozialversicherung, 12.8.1958.

353 Ebd., Bl. 74.

Tage bezahlen. Nun ging der Kollege zur BGL. Diese schaltete den Rat für Sozialversicherung ein und auf einmal fand man auch eine Lösung. Der Kollege wurde als Reparaturschlosser für leichte Arbeiten untergebracht.«[354] Die Betriebsgewerkschaftsleitung machte für die Verzögerungen die Wirtschaftsfunktionäre verantwortlich, die »mehr die Einhaltung des Lohnfonds als den Menschen« im Blick hätten, und bat die Werkleitung um entsprechende Anweisungen, denn: »Was macht das aber für ein [sic!] Eindruck auf den Kollegen, dem man während der Krankheit zusichert; ›Deinen Arbeitsplatz erhältst Du, werde nur bald gesund‹ und es bleiben nur leere Worte?«[355]

Wirksamkeit des betrieblichen Gesundheits- und Sozialwesens

Die Verbesserung des Arbeits- und Gesundheitsschutzes blieb auf der Agenda und wurde vor allem vor Parteitagen offensiv proklamiert. Die Betriebsgewerkschaftsleitung des EKO beschwerte sich darüber, dass die wenigsten Abteilungen die Verpflichtungen hierzu ernst nahmen und nur infolge verstärkter Bemühungen Erfolge zu verzeichnen waren. Ein Beispiel war die Einführung der Straßenverkehrsordnung im gesamten Straßennetz des Werkes, welche die Verkehrsunfallziffer 1958 von 37 auf null gesenkt hatte.[356] Solche Kampagnen, zu denen auch Arbeitsschutzwochen, Ausstellungen und Ähnliches gehörten, fanden in den Betrieben regelmäßig statt, konnten aber nicht darüber hinwegtäuschen, dass die Vorschriften des Arbeitsschutzes häufig unter dem Druck der Planerfüllung vernachlässigt wurden.[357]

In der Sozialversicherung beklagte die Betriebsgewerkschaftsleitung das inaktive Verhalten der insgesamt 240 Sozialbevollmächtigten im Werk, von denen nur ein Drittel wirklich arbeite und noch weniger zu Schulungen kämen. Nachdem der FDGB 1956 die Sozialversicherung übernommen hatte, waren sowohl die Betriebsleitungen als auch die Betriebsgewerkschaftsleitung für die Einhaltung des Haushaltsplanes der Sozialversicherung verantwortlich. Dies erhöhte den Druck zur Sparsamkeit beim Krankengeld. Die Betriebsgewerkschaftsleitung im EKO forderte daher die Ärzte der Betriebspoliklinik dazu auf, mehr von den Schonplätzen Gebrauch zu machen. Nur sie könnten darüber entscheiden, »ob in diesem oder jenem Fall ein Schonplatz gegeben ist«. Der Arzt sollte mit der Unterabteilung Arbeit zusammenarbeiten, um den Patienten, dem er vorher in »kameradschaftlich aufklären-

354 Siehe ebd., Bl. 75.
355 Ebd.
356 Siehe UA EKO, A 1679, Bl. 62–68, hier Bl. 62, Bericht zur BGL Sitzung am 27. August 1958, 21.8.1958.
357 Siehe Lutz Wienhold: Arbeitsschutz (künftig zitiert: Wienhold, Arbeitsschutz), in: Geschichte der Sozialpolitik in Deutschland seit 1945, Bd. 8, S. 201–249, hier S. 248 f.

der Form« die Vorteile eines Schonarbeitsplatzes deutlich gemacht hatte, auf einem solchen unterzubringen.[358]

Der Direktor für Arbeit brachte Ende 1958 schließlich eine Vorlage bei einer Sitzung des Werkleiterkollektivs ein, in welcher er die Bildung einer Arbeitsgruppe oder Kommission forderte, die sich mit der Frage der Schonplätze beschäftigen sollte. Diese sollte aus dem Chefarzt und dem behandelnden Arzt der Poliklinik, dem Kaderinstrukteur, dem Arbeitskraftlenker der Abteilung für Arbeit, dem Sachbearbeiter der Abteilung Lohn- und Sozialfragen und dem Leiter der zuständigen Betriebsabteilung bestehen. Diese Kommission sollte vom Betriebsarzt einberufen werden, um den Einsatz von Werksangehörigen auf möglichen Schonarbeitsplätzen zu überprüfen. Ihre Entscheidung sollte die Grundlage für eine Änderung des arbeitsrechtlichen Verhältnisses mit dem Beschäftigen darstellen, sofern dieser einen anderen Arbeitsplatz erhielt. Fragen der Qualifikation und der Vermeidung von Härten infolge von Lohnminderungen sollten dabei ebenfalls beachtet werden.[359] Für die Folgezeit ist kein weiterer Nachweis über die Existenz und Tätigkeit einer solchen Kommission zu finden. Hier war bereits das Prinzip der späteren Rehabilitationskommissionen angelegt. Eine solche wurde im EKO Ende der 1960er-Jahre gebildet.

Auch die Reihenuntersuchungen funktionierten nicht so reibungslos wie angedacht. Im Januar 1958 stellte die Poliklinik fest, dass von 2.500 Reihenuntersuchungen Ende August erst 1.000 durchgeführt worden waren. Lediglich die halbjährlichen Untersuchungen von Lehrlingen waren korrekt abgelaufen. Auch im Hochofenbetrieb waren bereits 85 Prozent der Beschäftigten beim Arzt gewesen.[360] Verantwortlich für die schlechten Zahlen wurden die Abteilungen Bimsanlage, Werkverkehr und Erzaufbereitung gemacht. Die Ursachen sah die BGL neben einer mangelnden Überwachung und dem Widerwillen der Betroffenen selbst darin, dass während des Urlaubs der Betriebsärzte keine Vertretung für die Reihenuntersuchungen angeboten wurde und diese dann komplett ausfielen.[361] Auch die Reihenuntersuchungen für Frauen, die vor allem einer frühzeitigen Krebserkennung dienen sollten, gingen nur schleppend voran: Der zuständige Gynäkologe aus dem Krankenhaus in Stalinstadt, Dr. Schäfer, hatte der BGL hierzu erklärt, »dass bisher noch nicht so viel Frauen aus unserem Werk sich dieser Untersuchung unterzogen haben, wie er Finger an den Händen« habe.[362]

358 Siehe UA EKO, A 1679, Bl. 62–68, hier Bl. 64 f., Bericht zur BGL Sitzung am 27. August 1958, 21.8.1958.

359 Siehe UA EKO, A 591, Bl. 25 f., hier Bl. 25, Direktor für Arbeit, Vorlage für die Sitzung des Werkleiterkollektivs, Betreff: Einsatz von Kollegen auf Schonplätzen, 9.12.1958.

360 Siehe UA EKO, A 1679, Bl. 51–54, hier Bl. 52 f., Inspektion an Werkleitung, Gesundheits- und Arbeitsschutzmonat 1958, 27.8.1958.

361 UA EKO, A 1679, Bl. 62–68, hier Bl. 65 f., Bericht zur BGL-Sitzung am 27. August 1958, 21.8.1958.

362 Ebd., Bl. 66.

Es bleibt festzuhalten, dass nicht nur der Aufbau des betrieblichen Gesundheits- und Sozialwesens im EKO zunächst langsam voranging, sondern auch, dass wichtige Forderungen wie die Verringerung von Unfällen und Krankheiten anfänglich nur schleppend durchgesetzt werden konnten. Während zu Beginn vor allem der Aufbau der Anlagen im Vordergrund stand, erschwerte später der Konflikt zwischen der Planerfüllung und einer angemessenen gesundheitlichen und sozialen Betreuung der Beschäftigten zunehmend die Erfolge im betrieblichen Gesundheits- und Sozialwesen. Dies war besonders im Bereich des Arbeitsschutzes der Fall, der häufig aufgrund wirtschaftlicher Erwägungen zurückgestellt wurde, während stattdessen die Intensivierung der Arbeitskraft im Vordergrund stand.[363] Der Arbeitswissenschaftler Lutz Wienhold nennt als besonders negative Beispiele für diese in der DDR der 1950er-Jahre vorherrschende Haltung die Arbeitsbedingungen bei der Wismut-AG und die Arbeitsbedingungen für Häftlinge, die in den Betrieben tätig waren.[364]

Auch für das EKO lässt sich in Bezug auf die dort tätigen Strafgefangenen ein solcher Befund bestätigen. Im Juni 1951 hatte der Einsatz von 30 Häftlingen im EKO in einem speziellen Lager begonnen und war im September 1951 zwischen dem EKO und der Hauptverwaltung Deutsche Volkspolizei des DDR-Innenministeriums vertraglich geregelt worden. Die Häftlinge wurden zunächst durch das zuständige Sozialamt betreut.[365] Von einer bewussten Vernachlässigung zeugt ein Bericht des Betriebsarztes, der eine Verbesserung der Situation für die Häftlinge forderte. Denn diese war durch fehlende Kleidung, schlechte Unterbringung und die Verweigerung einer angemessenen Versorgung geprägt.[366] Der Anstaltsleiter der Haftanstalten Cottbus und Fürstenberg hatte sich daraufhin vehement gegen eine Versorgung der Häftlinge gewandt und erklärt, dass Zivilisten grundsätzlich nicht befugt seien, mit diesen in Kontakt zu treten: »Die Häftlinge gehen keinem [sic!] etwas an, sie sind aus der Gesellschaft ausgeschlossen, weil sie Verbrecher sind, also hat sich auch die Gesellschaft nicht um sie zu kümmern. Die Versorgung der Häftlinge ist einzig und allein die Sache der Haftanstalt. Kontrolle bei den Häftlingen ist nur mit Genehmigung des Haftanstaltsleiters oder dessen Vertreter gestattet.«[367] 1952 waren etwa 320 Strafgefangene auf dem Erzlagerplatz beschäftigt. Sie wurden an Orten eingesetzt, an denen eine hohe Fluktuation aufgrund der schlechten Arbeitsbedingungen an der Tagesordnung war. Eine vorzeitige Entlas-

363 Siehe Lutz Wienhold: Arbeitsschutz in der DDR. Kommunistische Durchdringung fachlicher Konzepte, Hamburg 2014, S. 152. (künftig zitiert: Wienhold, Arbeitsschutz in der DDR).

364 Siehe ebd., S. 154–160.

365 Siehe UA EKO, BGL A 2, Bl. 70–71, hier Bl. 71, Bericht über die Sitzung der Räte der Sozialversicherung, 22.11.1951.

366 Siehe UA EKO, A 614, Bl. 227–229, hier Bl. 227, Bericht über vorgenommene Überprüfungen in der Zeit vom 25. Januar bis 6.2.1952, 15.2.1952.

367 Zitiert nach ebd.

sung aus dem Strafvollzug war möglich, wenn sie ihre Arbeitsnormen übererfüllten. 1953 entstand ein neues Lager, das ursprünglich für 1.500 Personen geplant war. In diesem waren etwa 600 Strafgefangene untergebracht, die in den folgenden Jahren vor allem in der Massenbedarfsgüterproduktion, insbesondere in der Herstellung von Hohlblocksteinen, eingesetzt wurden. Erst 1964 wurden im Rahmen einer Amnestie viele Strafgefangene freigelassen und das Häftlingslager kurz darauf aufgelöst.[368]

Die betriebliche Sozialpolitik der Anfangsjahre war im EKO von einer starken Unterordnung unter wirtschaftliche Belange gekennzeichnet. Allerdings wurde nach dem Juni-Aufstand 1953 versucht, eine Verbesserung herbeizuführen. Auch in Stalinstadt hatten Proteste und Streiks stattgefunden, an denen sich weniger die Werksangehörigen beteiligten als die Arbeiter auf den dortigen Baustellen.[369] Das Ministerium für Hüttenwesen und Erzbergbau wandte sich am 25. Juni 1953 an alle Werkleiter und verkündete, dass die am 1. April 1953 festgelegten Normerhöhungen laut Ministerratsbeschluss sofort rückgängig zu machen waren und alle Arbeiten im Werk nach den zuvor gültigen Normen zu erfolgen hatten. Gleiches galt für die Bezahlung nach Leistungsprämien. Außerdem sollte die Entlassung von Arbeitskräften sofort gestoppt werden.[370] Die Betriebsgewerkschaftsleitung versuchte, das Vertrauen der Arbeiter im EKO zurückzugewinnen, indem sie ein Sofortprogramm entwickelte, um soziale Missstände zu beseitigen. Diese waren zum Teil schon »seit Jahr und Tag bekannt«, wurden aber nicht angegangen, da keine Mittel vorhanden waren. Demütig räumte die BGL ein, dass vieles auch ohne Mittel hätte verhindert werden können, »aber wir hatten uns ja schon so daran gewöhnt alles mit der Mittelfrage zu entschuldigen«.[371]

In Hinsicht auf die Zahl der Arbeitsunfälle änderten diese Maßnahmen nur wenig: Diese sank von 13,3 Prozent 1952 auf 11,9 Prozent im Jahr 1958. Allerdings hatte sich die Zahl der schweren und tödlichen Unfälle stark vermindert. Die hohen Unfallzahlen begründeten auch die kontinuierliche Beschäftigung der Sozialversicherung und des Betriebsarztes mit dem Thema Schonarbeit. Denn diese bot die Möglichkeit, den Krankenstand zu senken und die Arbeitsproduktivität im Werk zu steigern, indem verletzte »Werktätige« einfach auf anderen Arbeitsplätzen beschäftigt wurden. Schon aufgrund der Unfallzahlen kann darauf geschlossen werden, dass die Reintegration von Berufserkrankten, Unfall- und Invalidenrentnern ein Thema war, das im Werk nicht an Bedeutung verlor.

368 Siehe Schmidt, Einblicke, S. 122f.

369 Siehe UA EKO, A 1700, Bl. 68, Werkdirektor an alle Betriebschefs, Betriebsleiter und Abteilungsleiter.

370 Siehe UA EKO, A 1700, Bl. 54f., hier Bl. 54, Ministerium für Hüttenwesen und Erzbergbau (Selbmann) an alle Werkleiter, Abschrift, 25.7.1953.

371 UA EKO, BGL A 3, Bl. 50–64, hier Bl. 53, Referat der BGL auf der Gewerkschaftsaktivtagung, o. D.

Professionalisierung der beruflichen Rehabilitation und neue Ansätze in der Rentenpolitik (1958–1971)

Von der Schwerbeschädigtenbetreuung zur beruflichen Rehabilitation

Neue Akteure und ihr Einfluss

Die Jahre 1957/1958 markieren eine deutliche Zäsur im Umgang mit dem Thema Erwerbsminderung. Dies ist vor allem auf institutionelle Veränderungen und die Entwicklung neuer Netzwerke zurückzuführen. Anregungen zu einer intensiveren Auseinandersetzung mit dem Thema Rehabilitation kamen weder von den staatlichen Stellen selbst noch aus dem ZK-Apparat, sondern aus medizinischen Fachkreisen, welche mit dem Gesundheitsministerium eng vernetzt waren.

Treibender Motor in der Entwicklung neuer Konzepte war die Forschungsgruppe Rehabilitation, die am 22. Oktober 1957 als eigene Sektion der 1954 gegründeten Arbeitsgemeinschaft der Sozialhygieniker entstanden war. Die Forschungsgruppe bestand aus vier Kommissionen. Neben den Kommissionen »Medizinische Rehabilitation« und »Rehabilitation geschädigter Kinder und Jugendlicher« existierte eine »Kommission Arbeit«, die Strategien zur Eingliederung von Menschen mit Erwerbsminderungen in das Berufsleben ausarbeitete.[1] Hierfür beriet die Kommission auch über den Bau von Rehabilitationszentren und befasste sich mit speziellen Aufgabenbereichen wie der beruflichen Rehabilitation in der Landwirtschaft oder der Rehabilitation von Menschen, die an Tuberkulose erkrankt waren. Die Kommission »Organisation und gesetzliche Grundlagen der Rehabilitation« beschäftigte sich hingegen mit der Vorbereitung einer umfassenderen Rehabilitationsgesetzgebung.[2] Zu ihrer

1 Siehe Karlheinz Renker: Bericht über die Arbeit der Forschungsgruppe Rehabilitation der Sektion Hygiene der medizinisch-wissenschaftlichen Gesellschaft für die gesamte Hygiene in der Deutschen Demokratischen Republik, in: Rehabilitation. Ausgewählte Vorträge aus einem Lehrgang mit internationaler Beteiligung vom 17. bis 22. Oktober 1960 (= Schriftenreihe für ärztliche Fortbildung), Berlin (Ost) 1962, S. 23 (künftig zitiert: Renker, Bericht über die Arbeit der Forschungsgruppe Rehabilitation).

2 Siehe ebd., S. 19–22.

Gründungszeit gehörten der Forschungsgruppe etwa 200 Personen an. Die meisten Mitglieder waren Ärzte. Im Vorstand der Forschungsgruppe, welcher alle drei Monate zusammentrat, war ein Mitarbeiter des Ministeriums für Gesundheitswesen vertreten. Nach dem Tod des ersten Vorsitzenden übernahm der Medizinprofessor Ernst Holstein die Leitung.[3] Sein Stellvertreter wurde Karlheinz Renker[4], der zu einer wichtigen Figur in der beruflichen Rehabilitation der DDR avancieren sollte.

Die Forschungsgruppe befasste sich auch mit der Rehabilitation im Ausland und entsandte Delegationen in die Sowjetunion, aber auch nach England, Finnland, Österreich und in die USA. Hinsichtlich der Rehabilitation in Westdeutschland kam die Forschungsgruppe zu dem Schluss, dass dort »die uneinheitlichste und geringste Entwicklung« zu verzeichnen sei und »nur einige Einzelheiten« das Studium lohnten.[5] Die Forschungsgruppe organisierte zudem internationale Konferenzen in der DDR. So fand im Juni 1958 in Leipzig eine Arbeitstagung für Rehabilitation, Dispensairebetreuung und Prämorbidität statt, an der Wissenschaftler aus 17 Ländern teilnahmen.[6] Die Tätigkeit der Forschungsgruppe hatte großen Einfluss auf die Rehabilitation und sorgte dafür, dass diese »ihre Schattenexistenz zwischen Randbereich der Medizin und Nebenaspekt der Sozialfürsorge« verlassen konnte.[7] Da der Forschungsgruppe kaum finanzielle Mittel zur Verfügung standen, bemühte sie sich um staatliche Unterstützung. Nachdem das Ministerium für Arbeit und Berufsausbildung diese abgelehnt hatte, kontaktierte die Forschungsgruppe den FDGB, stellte aber kurz darauf fest, dass dieser bei einer Ausarbeitung zu Fragen der Rehabilitation letztlich »nicht die Bohne [...] gemacht« habe.[8]

Ende der 1950er-Jahre stießen die Bemühungen der Forschungsgruppe auf fruchtbaren Boden, da sich die Verantwortlichen im ZK-Apparat verstärkt mit ge-

3 Siehe Boldorf, Rehabilitation und Hilfen für Behinderte, Bd. 8, S. 470.

4 Karlheinz Renker (* 19. Mai 1921 in Pirna-Copitz, † 6. Januar 1982 in Halle), 1938–1948 Medizinstudium in Leipzig und Halle; Promotion 1948; ab 1952 Direktor der Betriebspoliklinik der Volkswerft Stralsund; 1956–1958 Oberarzt am Institut für Sozialhygiene der Humboldt-Universität zu Berlin; Habilitation 1958; anschließend Leitung des Hygiene-Instituts und des Instituts für Sozialmedizin der Martin-Luther-Universität Halle-Wittenberg bis 1982; 1972–1977 war er Dekan der Medizinischen Fakultät; Träger zahlreicher nationaler wie internationaler Auszeichnungen. Vgl. Klaus Peter Becker: Zur Geschichte der Gesellschaft für Rehabilitation in der Deutschen Demokratischen Republik. In: Deutsche Vereinigung für die Rehabilitation Behinderter (Hrsg): Von der »Krüppelfürsorge« zur Rehabilitation von Menschen mit Behinderung – 90 Jahre Deutsche Vereinigung für die Rehabilitation Behinderter e. V., Heidelberg 1999, S. 47–60.

5 Siehe Renker, Bericht über die Arbeit der Forschungsgruppe Rehabilitation, S. 24.

6 Siehe BArch, DQ 1/20599, unpag., Abschrift: Renker an Staatlichen Rundfunk (von Schnitzler), 11.11.1958.

7 Boldorf, Rehabilitation und Hilfen für Behinderte, Bd. 8, S. 474.

8 BArch, DQ 1/20599, unpag., Handschriftliche Notiz; Protokoll über die Beratung wegen Erarbeitung eines Dokumentes zu Fragen der Rehabilitation am 4.8.1958, 6.8.1958.

sundheitspolitischen Fragen auseinandersetzten. Schon 1957 hatte Fritz Schellhorn, Abteilungsleiter der ZK-Abteilung Arbeit, Sozial- und Gesundheitswesen, eine qualifiziertere interne Arbeit im Bereich des Gesundheitswesens gefordert. Hierbei bezog er sich auf eine direkte Kritik des ZK-Wirtschaftssekretärs Gerhart Ziller, dem die Abteilung zugeordnet war.[9] Ein halbes Jahr später stellte die Abteilung fest, dass sich der finanzielle Aufwand für das Gesundheits- und Sozialwesen nicht auszahle. Horst Petruschka, Leiter des abteilungsinternen Sektors Sozial- und Gesundheitswesen, machte dafür eine fehlende einheitliche Leitung verantwortlich. Er kritisierte, dass die Kreis- und Bezirksleitungen Fragen des Gesundheitswesens völlig unterschätzten und schlug die Bildung einer Arbeitsgruppe vor. Obwohl das Gesundheits- und Sozialwesen seiner Ansicht nach »außerordentlich ineinander verzweigt und nicht zu trennen«[10] war, wurde der Bereich Gesundheitswesen 1959 aus der ZK-Abteilung Arbeit, Sozial- und Gesundheitswesen ausgegliedert. Stattdessen entstand eine eigene ZK-Abteilung Gesundheitspolitik unter der Leitung von Werner Hering. Schon ein Jahr zuvor hatte die SED entschieden, eine Politbürokommission für medizinische Wissenschaften und Fragen des Gesundheitswesens zusammenzusetzen, die dem Politbürokandidaten Kurt Hager unterstellt war. Die ZK-Abteilung Gesundheitspolitik unterstand ebenfalls Hager. Die ursprüngliche Abteilung existierte als ZK-Abteilung Gewerkschaften und Sozialpolitik weiter und wurde nach dem Selbstmord Zillers, der auf Machtkonflikte im Politbüro zurückzuführen war,[11] dem Politbüromitglied Alfred Neumann zugeordnet.[12]

Im Ministerium für Gesundheitswesen befasste sich die Hauptabteilung Sozialwesen mit sozialfürsorgerischen Belangen und der Arbeitsmarktintegration von Schwerbeschädigten. Gleichzeitig war die Hauptabteilung Heilwesen mit ihrer Abteilung »Spezieller Gesundheitsschutz« für die allgemeine Organisation der Rehabilitation im Gesundheitswesen zuständig. Rehabilitation und Schonarbeit gehörten auch zum Fachgebiet »Arbeitsschäden und Berufskrankheiten« der Arbeitssanitätsinspektion, welche der Hauptabteilung »Staatliche Hygieneinspektion« des Ministeriums für Gesundheitswesen zugeordnet war.[13]

Zwischen der Hauptabteilung Sozialwesen, die 1958 in das Gesundheitsministerium eingegliedert worden war, und der Hauptabteilung Heilwesen gab es starke Kompetenzstreitigkeiten über die Organisationen der Rehabilitation. Denn die Ab-

9 Siehe SAPMO BArch, DY 30/IV 2/6.11/6, Bl. 268 f., ZK-Abteilung Arbeit, Sozial- und Gesundheitswesen, Abteilungsberatung vom 6.10.1958.

10 Ebd.

11 Vgl. dazu Amos, Politik und Organisation der SED-Zentrale, S. 481–537.

12 Siehe ebd., S. 388.

13 Siehe BArch, DQ 1/21094 unpag., Strukturpläne des Ministeriums für Gesundheitswesen, Hauptabteilungen Heilwesen und Staatliche Hygieneinspektion.

teilungsleiterin der Hauptabteilung Sozialwesen, Käthe Kern, versuchte, die Leitung für den Bereich der Schwerbeschädigtenbetreuung und Rehabilitation ausschließlich in ihrem Ressort zu verankern. So kritisierte Kern im Februar 1959 gegenüber Staatssekretär Jahnke die organisatorische Zersplitterung bei der Betreuung »körperbehinderter« Menschen scharf. Innerhalb des Staatsapparates fehle eine Stelle, »die sich federführend und allseits umfassend« mit diesem Bereich befasse und sich »für die Durchführung der notwendigen Maßnahmen verantwortlich« fühle, denn derzeit werde der Körperbehinderte »hin und her geschickt [...], ohne dass sich jemand intensiv um ihn kümmert«[14]. Zuvor hatte Kern in einer Stellungnahme Schwierigkeiten in der Rehabilitation ebenfalls mit der organisatorischen Zersplitterung des Aufgabenbereiches begründet. Schwächen sah sie dabei vor allem in den fehlenden Ausbildungsstätten für Jugendliche und Spezialeinrichtungen für Erwachsene mit körperlichen und geistigen Behinderungen.[15] Kern forderte, diese Aufgaben innerhalb des Ministeriums in einer Abteilung oder einem Hauptreferat des Bereichs Sozialwesen unter der Mitarbeit eines Arztes zu lösen. Ihrer Ansicht nach handelte es sich bei der Rehabilitation nicht um eine Aufgabe des Heilwesens, sondern der Sozialfürsorge.[16] Sie verwies darauf, dass Fragen der Rehabilitation im sozialistischen Ausland ebenfalls zu den Aufgaben der Sozialfürsorge gehörten und führte als Beispiel die bestehenden Ministerien in der Russischen Sozialistischen Föderativen Sowjetrepublik (RSFSR), in Polen und in Bulgarien an. Kern machte darauf aufmerksam, dass eine einheitliche Bearbeitung auch die Durchführung der mit sozialistischen Ländern abgeschlossenen Abkommen und Verträge auf sozialpolitischem Gebiet erleichtern werde.[17]

Die Abteilungsleiterin setzte ihre Vorstellungen letztlich durch, denn im Kollegium des Ministeriums für Gesundheitswesen wurde beschlossen, innerhalb der Hauptabteilung Sozialwesen eine Abteilung für Rehabilitation einzurichten.[18] Diese wurde kurz nach ihrer Gründung in einen Sektor umgewandelt und koordinierte alle Rehabilitationsfragen und die Zusammenarbeit mit den zentralen Stellen, Instituten, Gesundheitseinrichtungen und der Forschungsgruppe Rehabilitation. Sie war zudem für die Planung und Gründung von medizinischen Rehabilitationszentren verantwortlich und arbeitete Grundsätze und gesetzliche Bestimmungen zur

14 BArch, DQ 1/2607 unpag., MfG (Hauptabteilung Sozialwesen) an Staatssekretär Jahnke, Eingliederung des Aufgabenbereiches Rehabilitation in die HA Sozialwesen, 25.2.1959.

15 Siehe BArch, DQ 1/22167, unpag., MfG (Hauptabteilung Sozialwesen), Stellungnahme zur Analyse über den Stand der Rehabilitation und Schlussfolgerungen für die weitere Arbeit in der Rehabilitation, 6.10.1958.

16 Siehe BArch, DQ 1/2607 unpag., MfG (Hauptabteilung Sozialwesen) an Staatssekretär Jahnke, Eingliederung des Aufgabenbereiches Rehabilitation in die HA Sozialwesen, 25.2.1959.

17 Siehe ebd.

18 Siehe BArch, DQ 1/21096, unpag., MfG, Kollegiumsbeschluss vom 24.8.1959.

Rehabilitation aus. Auch die Ausgabe von Schwerbeschädigten-Ausweisen und die Beantwortung von Eingaben fielen in den Aufgabenbereich der Abteilung, ebenso wie Aspekte der Arbeitskräftelenkung. So hatte diese Beurteilungsgrundsätze für die berufliche Eignung auszuarbeiten und Rehabilitanden in geeignete Ausbildungs- und Arbeitsstellen zu lenken. Die Abteilung unterstützte zudem die formalen Interessenvertretungen der Betroffenen. Hierzu gehörten neben dem Allgemeinen Deutschen Blindenverband (ADBV) auch der Allgemeine Deutsche Gehörlosenverband (ADGV) sowie der Versehrtensportbund.[19]

Das Aufgabengebiet der Rehabilitation wurde damit federführend in der Hauptabteilung Sozialwesen verankert. Die Hauptabteilung Heilwesen sollte fortan nur noch die erarbeiteten Grundsätze auf medizinischem Gebiet umsetzen. Als gemeinsame Aufgabe beider Abteilungen wurde festgelegt, in Zusammenarbeit mit der Forschungsgruppe Rehabilitation die Gründe für die steigende Zahl der anerkannten Schwerbeschädigten herauszufinden. Diese hatte sich trotz Überprüfungen im Rahmen einer 1956/1957 durchgeführten Umtauschaktion der Schwerbeschädigten-Ausweise nicht verringert.[20] Versuche der Hauptabteilung Heilwesen, noch irgendein Mitspracherecht bei der fachlichen Anleitung der regionalen Stellen in der Rehabilitation zu erhalten, wurden von Kern abgeschmettert. Sie begründete ihre kompromisslose Haltung damit, dass es sich in der Vergangenheit als äußerst nachteilig erwiesen habe, die »unteren Organe« und Einrichtungen durch zwei Stellen anzuleiten. Federführend in allen Fragen der Rehabilitation, auch in Fragen der medizinischen Rehabilitation, sei die Hauptabteilung Sozialwesen.[21]

Neben der Einrichtung einer Abteilung für Rehabilitation hatte das Kollegium des Ministeriums für Gesundheitswesen die Bildung einer Zentralen Rehabilitationskommission beim Ministerium für Gesundheitswesen vorgesehen, in der Abgesandte aller mit dem Thema verbundenen staatlichen Stellen und Massenorganisationen vertreten sein sollten. Zugleich sollten Betroffene mit Erfahrungen in der Rehabilitation die Kommission unterstützen. Gemäß des zentralistischen Prinzips war vorgesehen, bei den Räten der Bezirke und Kreise Kommissionen nach dem gleichen Muster zu bilden. Noch im Dezember 1959 sollte die Zentrale Rehabilitationskommission als beratendes Organ beim Ministerium für Gesundheitswesen einberufen werden.[22]

19 Siehe BArch, DQ 1/21096, unpag., MfG (Hauptabteilung Sozialwesen), Übersicht über die Aufgaben der Abteilung Rehabilitation, 12.11.1959.

20 Siehe BArch, DQ 1/21096, unpag., MfG, Kollegiumsbeschluss vom 24.8.1959.

21 Siehe BArch, DQ 1/21096, unpag., Hauptabteilung Sozialwesen an Hauptabteilung Heilwesen, Aufgabenverteilung auf dem Gebiete der Rehabilitation.

22 Siehe BArch, DQ 1/3087, unpag., MfG, Kollegiumsbeschluss in Fragen der Rehabilitation, 24.9.1959.

Zunächst musste die personelle Besetzung der Abteilung Rehabilitation geklärt werden. Einer der erfahrensten Mitarbeiter für Fragen der Rehabilitation im Ministerium für Gesundheitswesen war Richard Weise. Dieser arbeitete in der Hauptabteilung Heilwesen und Staatssekretärin Kern versuchte, ihn schnellstmöglich in ihre Abteilung einzugliedern.[23] Der Leiter der Abteilung Organisation des Gesundheitsschutzes wollte auf Weises Mitarbeit in seiner Abteilung nicht verzichten und protestierte. Es wurde sogar erwogen, zwecks Klärung die Parteileitung anzusprechen.[24] Weise wechselte schließlich in die Abteilung Sozialwesen, und Anfang 1960 kam es mit einer halbjährigen Verzögerung zur Bildung des Sektors für Rehabilitation.[25] Insgesamt verfügte die Hauptabteilung Sozialwesen über 19 Stellen, von denen 15 besetzt waren. Die Stelle des Leiters des Sektors Rehabilitation blieb zunächst unbesetzt und wurde ehrenamtlich von Karlheinz Renker betreut. Hauptreferent für die soziale Betreuung der Schwerbeschädigten, Blinden und Gehörlosen war Helmut Pielasch, Hauptreferent für Rehabilitation der aus der Hauptabteilung Heilwesen abgeworbene Richard Weise. Vorgesehen war noch eine weitere Oberreferentenstelle für Rehabilitation, bei der Grundsätze für eine Umschulung und Qualifizierung von Körperbehinderten erarbeitet werden sollten.[26]

Gegenüber der ZK-Abteilung Gesundheitspolitik begründete das Ministerium für Gesundheitswesen diese Entwicklung mit Mängeln in der Rehabilitation. Diese seien während der Vorbereitung der Internationalen Arbeitstagung über Fragen der Rehabilitation, Dispensairebetreuung und Prämorbidität, die 1958 in Leipzig stattgefunden hatte, aufgedeckt worden. Als Schwachstelle definierte Kern die fehlende Leitung, da Aufgaben der Rehabilitation durch die »örtliche Organe sporadisch oder überhaupt nicht« erfüllt worden seien. Das Ministerium für Gesundheitswesen, das sich »erstmals unter Hinzuziehung der Gesellschaft für Rehabilitation mit der Situation auf diesem Gebiet«[27] befasst hatte, hatte daher durch den Kollegiumsbeschluss eine zentrale Organisation angeordnet.

Kern verwechselt hier die Bezeichnungen: Die Gesellschaft Rehabilitation war bereits die Nachfolgeorganisation der Forschungsgruppe Rehabilitation und wurde erst im Mai 1962 gegründet. Sie war Teil der »Deutschen Gesellschaft für die gesamte

23 Siehe ebd.
24 Siehe BArch, DQ 1/3088, unpag., MfG (Hauptabteilung Sozialwesen), Protokoll über die Arbeitsbesprechung vom 9.11.1959.
25 Siehe BArch, DQ 1/3088, unpag., MfG (Hauptabteilung Sozialwesen), Abteilungsplanung, Jahresanalyse zu Durchführung des Volkswirtschaftsplanes 1959, 28.3.1960.
26 Siehe BArch, DQ 1/22581, unpag., MfG (Hauptabteilung Sozialwesen), Notizen für Kaderseminar.
27 Siehe SAPMO BArch, DY 30/IV 2/19/103, Bl. 34–42, hier Bl. 34, MfG (Hauptabteilung Sozialwesen), Entwicklung der Rehabilitation in der Deutschen Demokratischen Republik, o. D.

Hygiene«, welche sich in die Gesellschaften für Seuchenschutz, für Gesundheitsschutz und für Rehabilitation aufgliederte. Der Vorstand der Gesellschaft für Rehabilitation bestand aus zwölf Mitgliedern. Die Kommissionen der Forschungsgruppe Rehabilitation wurden in Arbeitsgemeinschaften umgewandelt.[28] Die Gründung der Gesellschaft für Rehabilitation hing eng mit dem für Juni 1962 in Dresden geplanten II. Internationalen Kongress für Rehabilitation zusammen. Karlheinz Renker, der die Gesellschaft leitete, hatte die Mitglieder der Forschungsgruppe Rehabilitation zuvor aufgefordert, den Neuantrag für die Aufnahme in die Gesellschaft für Rehabilitation möglichst vor diesem Termin zu stellen, »damit wir während des Kongresses als eine repräsentative Gesellschaft auftreten können«.[29] Auf dem Kongress stellte die Gesellschaft für Rehabilitation zudem einen Antrag auf Aufnahme in die »International Society for Rehabilitation of the Disabled« (ISRD) und wurde als »Associated Member« aufgenommen.[30]

Ende der 1950er-Jahre stand die Versorgung bestimmter Schwerbeschädigtengruppen im Fokus der Hauptabteilung Sozialwesen. Hierzu gehörte die Einführung eines Sonderpflegegeldes für Blinde. Mit einer neuen Verordnung über die Leistungen der Sozialversicherung vom 18. Juni 1959 wurde ein Pflegegeld auch dann gezahlt, wenn eine Rente wegen der Höhe des Verdienstes oder des Einkommens nicht gewährt wurde.[31]

Anlass der Verbesserungen war eine Eingabe von Helmut Pielasch an den Ministerpräsidenten Grotewohl.[32] Pielasch war neben seiner Funktion als Präsident des Allgemeinen Deutschen Blindenverbandes Hauptreferent in der Abteilung Sozialwesen.[33] Er wies darauf hin, dass die soziale Lage der Blinden in der DDR weit ungünstiger als in der Sowjetunion und in Westdeutschland sei. Wegen der hohen in der Bundesrepublik gezahlten Kriegsblindenrenten von bis zu 600 Mark hätten viele Blinde die DDR verlassen. Pielasch fügte demütig hinzu, dass ein Vergleich zwischen Westdeutschland und der DDR natürlich »unrichtig« sei, aber »dennoch können wir nicht umhin, festzustellen, daß die materielle Versorgung unserer Blinden nicht

28 Siehe Klaus-Peter Becker/Klaus-Dietrich Große: 60 Jahre Pädagogik für Behinderte an der Humboldt-Universität zu Berlin. Ein geschichtlicher Abriss, Münster 2007, S. 69 (künftig zitiert: Becker/Große, 60 Jahre Pädagogik für Behinderte).

29 SAPMO BArch, DY 30/IV 2/19/103, Bl. 73, Schreiben der Gesellschaft für Rehabilitation, 1.6.1962.

30 Siehe SAPMO BArch, DY 30/IV 2/19/130, Bl. 307 f., Renker an Stellvertreter des Ministers für Gesundheitswesen (Friedberger), 22.9.1962.

31 Siehe Verordnung über die weitere soziale Sicherung der Blinden und anderer Schwerstbeschädigter vom 18.6.1959, GBl. der DDR I 1959, S. 606 f.

32 Vgl. auch Schwartz, Kriegsbeschädigte und Kriegshinterbliebene, Bd. 8, S. 638–640.

33 Siehe ebd., S. 528.

ausreichend gesichert und eine soziale Verbesserung dringend erforderlich ist«.[34] Er schlug vor, das Pflegegeld zu erhöhen, und zwar für hochgradig Sehschwache (Stufe I) auf 40 Mark, für praktisch Blinde (Stufe II) auf 80 Mark und für Blinde (Stufe III) auf 150 Mark. Personen, die aufgrund fehlender Anspruchsberechtigung nicht durch die Sozialversicherung versorgt werden konnten, sollten das Geld von der staatlichen Sozialfürsorge erhalten. Von den laut Pielasch in der DDR lebenden 21.000 blinden Bürgern, unter denen sich etwa 3.000 Kriegsblinde befanden, erhielten bis dahin 16.401 Personen ein Pflegegeld aus Mitteln der Sozialversicherung und 1.900 Personen ein Pflegegeld aus Mitteln der Sozialfürsorge.[35] Pielasch schlug zudem vor, Empfängern eines Blindenpflegegeldes die Rente bis zu einem Arbeitseinkommen von 400 Mark zu belassen und bei einer Überschreitung eine Teilrente von 50 Prozent zu zahlen, wobei Arbeitseinkommen und Teilrente den Betrag von 600 Mark nicht übersteigen dürften. Insgesamt ging nur etwa ein Viertel der Blinden einer Erwerbstätigkeit nach, davon etwa 2.000 im Blindenhandwerk, 2.500 in der Industrie oder in »Blindenberufen« wie Stenotypisten, Masseure und Telefonisten, ein kleiner Teil als Akademiker, Freischaffende, Gewerbetreibende oder sonstige Angestellte.[36]

Am 11. September 1958 legte Pielasch einen Entwurf für »die weitere soziale Sicherung der Blinden und einige andere[...] Schwerbeschädigten-Gruppen« vor.[37] In diesem hatte er das Blindengeld etwas nach unten korrigiert, und zwar für Blinde auf 120 Mark, für praktisch Blinde auf 60 Mark und für hochgradig Sehschwache auf 30 Mark. Die neue Pflegegeldregelung sah einen Mehraufwand von insgesamt 11,8 Millionen Mark vor. Bei blinden Invalidenrentnern sollte das Einkommen bis zu 350 Mark nicht angerechnet werden; der Freibetrag für Kriegsblinde sollte bei 415 Mark liegen. Pielasch hielt eine Veränderung der einkommensfreien Grenze für erforderlich, da die derzeitige Regelung die Arbeitsproduktivität blockiere.[38] Zudem beinhaltete der Entwurf eine Erhöhung des Sonderpflegegeldes für doppelt geschädigte Blinde auf 45 bzw. 90 Mark und für dreifach Amputierte und »Ohnhänder« auf 120 Mark. Auch Querschnittsgelähmte und beidbeinig Amputierte sollten in den Kreis einbezogen werden und ein Sonderpflegegeld von 60 Mark erhalten. Pielasch begründete dies mit der hohen Zahl von Eingaben, in denen die Betroffenen ihren

34 BArch, DQ 1/21906, unpag., Pielasch an Grotewohl, Eingabe, 23.4.1958.

35 Siehe BArch, DQ 1/24081, unpag., Hauptabteilung Sozialwesen (Pielasch), Entwurf, »Grundsätze für die weitere soziale Sicherung der Blinden und einiger anderer Schwerbeschädigten-Gruppen«, 11.9.1958.

36 Siehe BArch, DQ 1/21906, unpag., Pielasch an Grotewohl, Eingabe, 23.4.1958.

37 BArch, DQ 1/24081, unpag., Hauptabteilung Sozialwesen (Pielasch), Entwurf, »Grundsätze für die weitere soziale Sicherung der Blinden und einiger anderer Schwerbeschädigten-Gruppen«, 11.9.1958.

38 Siehe ebd.

Ausschluss als »unbillige Härte« kritisierten. Eine Erhöhung des Sonderpflegegeldes war seiner Ansicht nach notwendig, »da es sich um Personen handelt, die infolge ihrer sehr schweren Behinderungen aussergewöhnlichen körperlichen und seelischen Belastungen ausgesetzt sind«.[39] Insgesamt lag der Mehraufwand für alle Maßnahmen bei ca. 20,8 Millionen Mark.[40]

Aufgrund der anstehenden Volkswahlen wurde Pielaschs Entwurf zunächst begrüßt. Zwischen den zentralen Stellen des Staatsapparates bestand die »einmütige Auffassung«, soziale Härten baldmöglichst zu beseitigen, um dadurch »der Schwere und Eigenart der Behinderung in gebührender Weise Rechnung zu tragen« und einen Entwurf spätestens bis Anfang November 1958 zur Beschlussfassung vorzulegen.[41] Nur die Heraufsetzung der Einkommensgrenze für Blinde von 105 auf 350 Mark war umstritten, denn »eine solche Regelung dürfte Anlaß sein, daß sich auch die anderen Invaliden verstärkt angesprochen fühlen eine Änderung, d. h. eine Heraufsetzung der Einkommensgrenze, zu fordern«.[42] Stattdessen sollten Teilrenten eingeführt und zunächst genauer untersucht werden, »in welchem Verhältnis sich der Mehraufwand an Rentenleistungen zum gesteigerten Produktionsvolumen verhält«.[43]

Auch die Deutsche Versicherungsanstalt hatte Einwände, da für selbstständige Landwirte und Handwerker keine Prüfung der Einkommensverhältnisse erfolgen sollte. Sie schlug vor, blinden selbstständigen Landwirten und Handwerkern (Handwerkssteuer A) die Rente ohne Prüfung der Einkommensverhältnisse zu gewähren, blinden Handwerkern nach Handwerkssteuer B und blinden selbstständigen Erwerbstätigen, Unternehmern oder freiberuflich Tätigen eine Invalidenrente zu gewähren, wenn die Einkünfte aus selbstständiger Tätigkeit 4.200 Mark jährlich nicht überstiegen. Für Kriegsblinde sollte der Jahresfreibetrag auf 4.980 Mark festgelegt werden.[44] Mit der Einführung eines Blindengeldes, einer Rente für erwerbstätige Blinde und der Erhöhung des Sonderpflegegeldes wurde eine Besserstellung gegenüber den westdeutschen Regelungen angestrebt.[45]

Am 24. Januar 1959 fand eine Besprechung in der ZK-Abteilung Gewerkschaften und Sozialpolitik statt, in der geplant wurde, eine Politbürovorlage bzw. eine

39 Ebd.
40 Siehe ebd.
41 Siehe BArch, DQ 1/21906, unpag., Hauptabteilung Sozialwesen (Kern), Rundschreiben, 12.9.1958.
42 BArch, DQ 1/21096, unpag., MdF an MfG, 16.10.1958.
43 BArch, DQ 1/24081, unpag., MdF (Rumpf) an MfG (Matern), 4.11.1958.
44 Siehe BArch, DQ 1/24081, unpag., DVA an MfG, 4.10.1958.
45 Siehe BArch, DQ 1/21096, unpag., Beschluss über die Einführung eines Blindengeldes und über weitere Maßnahmen zur Verbesserung der Leistungen der Sozialversicherung und Sozialfürsorge, o. D.

»Komplexregelung« über »verschiedene Verbesserungen der sozialen Leistungen für Werktätige, für Blinde usw.« vorzubereiten. Die zuständige ZK-Abteilung und auch Politbürokandidat Paul Verner waren der Auffassung, die Einkommensbegrenzung für berufstätige Blinde abzuschaffen und grundsätzlich eine Rente zu gewähren. Horst Petruschka machte zur Auflage, dass das Ministerium der Finanzen der Bereitstellung der erforderlichen Mittel zustimmen müsse. Dieses habe bereits »eine zustimmende Meinung« geäußert.[46]

Das Finanzministerium weigerte sich jedoch auf einer Sitzung im April, dem Wegfall der Einkommensgrenze zuzustimmen. Die Vertreter des Ministeriums waren der Auffassung, dass diese Regelung für alle Invalidenrentner gelten solle. Alle anderen Beteiligten waren der Ansicht, »die Blindenregelung vorab zu treffen und gleichzeitig zu erklären, dass nach und nach alle invaliden Menschen auch bei voller Berufstätigkeit eine Rente erhalten werden«.[47] Einig war man sich darin, Querschnittsgelähmten und doppelt Oberschenkel-Amputierten ein Sonderpflegegeld von 60 Mark monatlich zu gewähren, Jugendlichen auch vor Erfüllung der fünfjährigen Versicherungspflicht bei Invalidität eine Rente zu zahlen und das Pflegegeld der Stufe III weiter zu zahlen, auch wenn Verdienst und Rente zusammen monatlich höher lagen als 800 Mark.[48]

Der Ministerrat beriet am 30. April 1959 über die Einführung eines Blindengeldes und über weitere Verbesserungen der Leistungen der Sozialversicherung und der Sozialfürsorge.[49] Das Ministerium für Gesundheitswesen wurde beauftragt, die erforderlichen gesetzlichen Bestimmungen auszuarbeiten und zur Beschlussfassung einzureichen.[50] Am 18. Juni entschied der Ministerrat über die weitere soziale Sicherung der Blinden und anderer Schwerstbeschädigter. Fortan wurde die Rente für Blinde unabhängig vom Arbeitseinkommen gezahlt und Blinde erhielten mit Wirkung zum 1. Juli 1959 ein Blindengeld anstelle des bisherigen Pflegegeldes nach sechs Stufen.[51] An hochgradig Sehschwache, praktisch Blinde und Blinde (Stufen I–III) wurden demnach 30, 60 bzw. 120 Mark gezahlt. Stufe IV sah Blindengelder von 50, 80 bzw. 160 Mark vor, wenn die Betroffenen neben ihrer Blindheit bzw. Sehbehin-

46 BArch, DQ 1/24081, unpag., MfG (Richter), Aktenvermerk über die Besprechung in der Fachabteilung des ZK am 24.1.1959.

47 BArch, DE1/12102, unpag., Besprechung am 1.4.1959, 2.4.1959.

48 Siehe ebd.

49 Siehe BArch, DC 20-I/4/328, Bl. 53–55, 10. Sitzung des Präsidiums des MR vom 30. Apr. 1959, Anlage 4: Beschluss über die Einführung eines Blindengeldes und über weitere Maßnahmen zur Verbesserung der Leistungen der Sozialversicherung und der Sozialfürsorge.

50 Siehe ebd., Bl. 55.

51 Siehe BArch, DC 20-I/4/333, Bl. 4, Anlage: Bl. 15–19. 13. Sitzung des Präsidiums des MR vom 18. Juni 1959, Anlage C: Verordnung über die weitere soziale Sicherung der Blinden und anderer Schwerstbeschädigter.

derung einseitig arm- oder beinamputiert oder von schweren organischen Leiden betroffen waren, sodass Pflegebedürftigkeit im Sinne der Sozialversicherung vorlag. In Stufe V erhielten Blinde mit Lähmungen, dem Verlust beider Beine oder mindestens 70-prozentiger Hirnverletzung 120, 150 oder 210 Mark. Die letzte Stufe betraf Taubblinde, »dreifach Amputierte« und »Ohnhänder«. Sie erhielten ein Blindengeld von 180, 210 und 240 Mark. Auch Querschnittsgelähmte und Oberschenkelamputierte erhielten durch die Verordnung ein Sonderpflegegeld von 120 Mark. Bei einem Aufenthalt im Pflegeheim wurde an die Anspruchsberechtigten 50 Prozent des Blinden- und des Sonderpflegegeldes gezahlt. Blinde Kinder erhielten mit Vollendung des sechsten Lebensjahres die Hälfte des Blindengeldes.[52]

Insgesamt bewirkten die Maßnahmen für die Blinden eine starke Verbesserung, die restlichen Invalidenrentner blieben von den Vergünstigungen ausgeschlossen. Dies führte zu Widerspruch und Enttäuschung und zahlreiche Eingaben von verzweifelten Betroffenen, die zwar mehrere Amputationen, aber keine Blindheit vorweisen konnten und zum Teil auch aufgrund versicherungsrechtlicher Regelungen keine Invalidenrente erhielten,[53] erreichten die staatlichen Stellen. Diesen Eingaben hielt die Hauptabteilung Sozialwesen entgegen, dass weitere soziale Maßnahmen die erforderlichen Mittel notwendig machten. Aufgrund der erfolgten Lohn- und Rentenerhöhungen sowie anderen sozialen Verbesserungen könnten zunächst »keine weiteren Maßnahmen, die finanzielle Mehraufwendungen« erforderten, durchgeführt werden.[54]

Auch im Gesundheitswesen wurden kritische Stimmen laut. So berichtete der Bezirksarzt des Rates des Bezirkes Erfurt, dass bei einer Reihe von Schwerstbeschädigten, »die aufgrund ihrer Körperschäden erhöhte Wartung und Pflege benötigen«, Enttäuschung darüber herrsche, dass sie in die Vergünstigungen nicht einbezogen worden seien.[55] Sie hätten aufgrund der Veröffentlichungen in der Presse »ohne Zweifel an eine Besserstellung geglaubt«.[56] Beispielsweise hatten pflegebedürftige Personen mit Multipler Sklerose oder Epilepsie einen Antrag auf Sonderpflegegeld gestellt. Der Bezirksarzt hielt das Unverständnis dieser Personen, bei denen die pflegerische Betreuung keinesfalls geringer sei, für nachvollziehbar. Er betonte, dass eine Erweiterung der Regelungen auf diesen Personenkreis keine bedeutenden finanziellen Ausgaben

52 Siehe Helmut Pielasch: Maßnahmen der Regierung zur weiteren sozialen Sicherung der Blinden und anderer Schwerstbeschädigter, in: AuS, 14. Jg. (1959), S. 477 f.

53 Vgl. BArch, DQ 1/24081, unpag., Eingabe von A.K. an den Stellvertreter des Vorsitzenden des Ministerrates (Rau) 29.7.1959.

54 BArch, DQ 1/24081, unpag., MfG (Hauptabteilung Sozialwesen) an A.K., 15.8.1959.

55 BArch, DQ 1/24081, unpag., RdB Erfurt (Bezirksarzt) an MfG (Hauptabteilung Sozialwesen), 17.8.1959.

56 Ebd.

zur Folge hätte.[57] Das Ministerium für Gesundheitswesen entgegnete daraufhin, dass Personen mit körperlichen Leiden, »die der Schwere einer Querschnittslähmung bei totaler Lähmung beider Beine gleichkommen«, ein Sonderpflegegeld erhalten sollten.[58] Diese Regelung war in Abstimmung mit dem Komitee für Arbeit und Löhne, dem Büro des Ministerrates, dem Magistrat von Berlin, der Hauptverwaltung der Sozialversicherung und der Deutschen Versicherungsanstalt getroffen worden. Auch die ZK Abteilung Gesundheitswesen war damit einverstanden und hatte das Ministerium für Gesundheitswesen im Juli 1959 instruiert, entsprechende Informationen für die Gutachter herauszugeben. Das Ministerium hatte dies trotz Zusage nicht umgesetzt.[59] Eine Überprüfung der Zentralen Kommission für staatliche Kontrolle ergab im November 1959, dass die Verordnung unterschiedlich ausgelegt wurde.[60]

Ausweitung und Begrenzung: Organisation der beruflichen Rehabilitation in der DDR

Die neue Ordnung im Ministerium für Gesundheitswesen wirkte sich zunächst nicht förderlich auf die Arbeit in der Rehabilitation aus. 1962 konstatierte Käthe Kern, dass es bislang nicht gelungen sei, die Zentrale Rehabilitationskommission als beratendes Gremium zu etablieren.[61] In Bezug auf ihre eigene Abteilung habe sie bereits zwei Jahre zuvor personelle Verstärkung gefordert, da Überprüfungen »eine gewisse Unterschätzung des Aufgabengebietes Sozialwesen in den Bezirken und Kreisen« ergeben hätten.[62] Auch mit der Tätigkeit einiger Mitarbeiter war die Abteilungsleiterin unzufrieden. So urteilte sie über Richard Weise, dass dieser zwar einen »besonders guten Kontakt mit den Wissenschaftlern und Ärzten« habe, aber mithelfen müsse, »daß die Prinzipien unserer Partei in diesem Gremium (...) [gemeint ist die Forschungsgruppe Rehabilitation] besser beachtet werden«.[63] Die Forschungsgruppe Rehabilitation beschwerte sich hingegen bei dem Stellvertreter des

57 Siehe ebd.

58 BArch, DQ 1/24081, unpag., MfG (Hauptabteilung Sozialwesen) an RdB Erfurt (Abteilung Gesundheits- und Sozialwesen), 10.9.1959.

59 Siehe SAPMO BArch, DY 30/IV 2/6.11/56, Bl. 94, Sektor Leistungen, Vorlage für die Leitung, 22.12.1959.

60 Siehe SAPMO BArch, DY 30/IV 2/6.11/56, Bl. 86–91, Zentrale Kommission für Staatliche Kontrolle, Bericht über die Überprüfung der Anwendung der Verordnung über die weitere soziale Sicherung der Blinden und anderer Schwerstbeschädigten am 18. Juni 1959, 6.11.1959.

61 Siehe BArch, DQ 1/6386, unpag., Hauptabteilung Sozialwesen (Kern), Analyse zur Arbeit im Jahre 1961, 23.1.1962.

62 BArch, DQ 1/6386, unpag., Hauptabteilung Sozialwesen (Kern), Kaderanalyse, o. D.

63 Ebd.

Gesundheitsministers über die Hauptabteilung Sozialwesen: »Die Wirksamkeit des Genossen Weise erscheint uns wesentlich eingeschränkt, und wir vertreten die Ansicht, dass es notwendig ist, den Sektor Rehabilitation zur Abt. Heilwesen zu nehmen, wo dieser Sektor wohl auch sächlich hingehört.«[64] Denn Weise plane, aufgrund der »erschwerten Arbeitsbedingungen« aus dem Sektor Rehabilitation auszuscheiden. Karlheinz Renker bat darum, den Sachverhalt zu klären und betonte, dass die Forschungsgruppe eine Zusammenarbeit mit dem Ministerium anstrebe, »wie sie schon einmal in hervorragender Weise vorhanden war«.[65]

Auch innerhalb der Abteilung gab es Streitigkeiten. Mitarbeiter der Hauptabteilung Sozialwesen kritisierten, dass: »unsere fachlichen Probleme seitens der Abteilungsleiterin [...] nicht immer die notwendige Beachtung erhalten und dadurch bei uns der Eindruck entsteht, dass gegenüber diesen Fragen eine gewisse Unterschätzung zu verzeichnen ist, wie sie bei Problemen des Hauptreferates Krippen und Heime nicht vorliegt. Wir sind auch der Meinung, daß eine Überbelastung der Abteilungsleiterin durch zahlreiche andere gesellschaftliche Funktionen besteht, was sich zeitweise auch auf die Zusammenarbeit mit den Mitarbeitern der Abteilung auswirkt.«[66] In eine ähnliche Richtung ging die Kritik Renkers, der die fachlichen Qualifikationen der Staatssekretärin Kern in der Rehabilitation in Frage stellte. Er bemängelte, dass die Rehabilitationskommission in Berlin nur unter ihrem Vorsitz tage und sie sich manchmal sogar vertreten lasse. Dies führe dazu, dass andere Stellen die Bedeutung der Kommission unterschätzten und fachlich unqualifizierte Vertreter schickten, die dann lediglich in der Lage seien, »ihre persönliche Meinung zum Ausdruck zu bringen«.[67] Renker forderte daher, die Zentrale Rehabilitationskommission einem Leiter in hoher politischer Position zu unterstellen, wie zum Beispiel in Polen, wo sie ein Stellvertreter des Ministerpräsidenten leitete. Wenigstens sollte ein fachkundiger Vertreter der Abteilung Organisation des Gesundheitsschutzes des Ministeriums für Gesundheitswesen an den Sitzungen teilnehmen.[68]

Dieser Konflikt spiegelt gleichzeitig den Generationenwechsel innerhalb des Parteiapparates wider: Kern repräsentierte die ältere Generation, die ihre politische Sozialisation in den Gewerkschaften, in der kommunistischen Jugendarbeit oder

64 BArch, DQ 1/2237, unpag., Hygieneinstitut der Universität Halle-Wittenberg (Renker) an MfG (Stellvertretender Minister für Gesundheitswesen), 15.3.1961.

65 Ebd.

66 BArch, DQ 1/22581, unpag., MfG (Hauptabteilung Sozialwesen), Kaderanalyse für den Sektor Soziale Betreuung, 6.12.1961.

67 BArch, DQ 1/2237, unpag., MfG (Staatssekretär Jahnke), Aktennotiz, Rücksprache mit Professor Dr. Renker (auf seinen eigenen Wunsch) in Anwesenheit des Genossen Knabe über Probleme der Rehabilitation (am 4.6.1962), 16.7.1962.

68 Siehe ebd.

in den Apparaten der KPD vollzogen hatte. Diese hatte damit eine »durchaus elitäre Selbstperzeption als Führung der führenden Partei der führenden Klasse«, die einem »revolutionären Adelsprädikat« entsprach, entwickelt.[69] Die Besetzung von Schlüsselpositionen mit diesem Personenkreis, der seine Glaubwürdigkeit aufgrund von Exil, Haft oder Illegalität während der NS-Zeit unter Beweis gestellt hatte, führte gleichzeitig zu einer Deprofessionalisierung und zu ernsthaften Steuerungsdefiziten.[70] Renker hingegen, der rund 20 Jahre jünger war als Kern, gehörte der weit besser ausgebildeten Nachfolgegeneration an.

Vielleicht war die geübte Kritik ein Grund dafür, dass die Hauptabteilung Sozialwesen ihr Personal aufstockte und 1961 plante, zwei neue Mitarbeiter in der Hauptabteilung Sozialwesen einzustellen.[71] Für den Sektor Rehabilitation wurde der kommissarische Leiter der Abteilung Arbeit des Wirtschaftsrates von Berlin, Erich Knabe, vorgeschlagen. Knabe verfügte über einige Erfahrung in der Schwerbeschädigtenbetreuung.[72] Er hatte bereits in der SBZ bei der Versicherungsanstalt Berlin die sozial- und arbeitsfürsorgerische Betreuung der Schwerbeschädigten mit aufgebaut und 1953 das dortige Hauptreferat der Berufsversorgung für Schwerbeschädigte übernommen.[73] Knabe konnte das Ministerium für Gesundheitswesen nur kurz mit seinen Fähigkeiten bereichern. Nachdem er einen Schlaganfall erlitten hatte, wurde das Dienstverhältnis im Oktober 1965 aufgehoben.[74]

Die Vertretung des Sektors Rehabilitation innerhalb der Abteilung Sozialwesen erfolgte bis Mitte der 1960er-Jahre maßgeblich durch Erich Knabe und Richard Weise. Der ursprüngliche Plan, einen Arzt als Leiter des Sektors einzusetzen, wurde fallen gelassen. Offenbar war dies überhaupt nur in Erwägung gezogen worden, weil Kern in ihrer Abteilung einen Mitarbeiter brauchte, »der sich gegenüber der Forschungsgruppe entsprechend gut durchsetzen kann«.[75] Denn diese scheute vor Kritik an der Hauptabteilung Sozialwesen nicht zurück. Kern berichtete, dass bei der

69 Peter Hübner: Einleitung: Antielitäre Eliten? (künftig zitiert: Hübner, Einleitung: Antielitäre Eliten?), in: Ders. (Hrsg.): Eliten im Sozialismus. Beiträge zur Sozialgeschichte der DDR (Herrschaftsstrukturen und Erfahrungsdimensionen der DDR-Geschichte, Bd. 4), (= Zeithistorische Studien, Bd. 15), Köln 1999, S. 9–36, hier S. 23 (künftig zitiert: Hübner, Eliten im Sozialismus).

70 Jürgen Danyel: Die unbescholtene Macht. Zum antifaschistischen Selbstverständnis der ostdeutschen Eliten, in: Hübner, Eliten im Sozialismus, S. 67–86, hier S. 76.

71 Siehe BArch, DQ 1/21094, unpag., Stellenplan des Ministeriums für Gesundheitswesen 1960/1961.

72 Siehe BArch, DQ 1/3088, unpag., MfG (Hauptabteilung Sozialwesen), Protokoll über die Arbeitsbesprechung vom 9.11.1959.

73 Siehe BArch, NY 4145/44, Bl. 191, MfG (Hauptabteilung Sozialwesen, Kern) an MfG (Kaderabteilung), 19.7.1977.

74 Siehe BArch, NY 4145/44, Bl. 186 f., H. Knabe an Kern, 27.6.1977.

75 BArch, DQ 1/3088, unpag., MfG (Hauptabteilung Sozialwesen), Protokoll über die Arbeitsbesprechung am 11.1.1960.

Jahresversammlung der Forschungsgruppe Rehabilitation im Januar 1960 fast ausschließlich Mediziner anwesend gewesen seien und dies unbedingt geändert werden müsse. Sie forderte, bei der Berufung der Rehabilitationskommission darauf zu achten, »nicht in den gleichen Fehler zu verfallen«. In Zukunft müssten auch Mitglieder des Gesundheitsministeriums an solchen Tagungen teilnehmen, um zu Kritik direkt Stellung nehmen zu können.[76] Der Einfluss der Hauptabteilung Sozialwesen in diesem Gremium blieb allerdings schwierig. Kern kritisierte in einem Rückblick auf das Jahr 1961, dass »wir in der Forschungsgruppe nicht offensiv genug waren, sondern uns des öfteren in die Defensive drängen liessen und nicht in genügendem Maße die ideologische Auseinandersetzung führten.«[77]

Auf regionaler Ebene hatte sich das Ministerium für Gesundheitswesen darum bemüht, eine Organisationsform für die Rehabilitation zu finden, »die unter geringstem Aufwand an zusätzlichen Arbeitskräften den grösstmöglichen Erfolg bringt und weitestgehend die Werktätigen mit in diese Arbeit einbezieht«.[78] Dabei hatten sich die Verantwortlichen an einer in Rostock bestehenden Rehabilitationskommission orientiert und versuchten nun, dieses Modell auf die Bezirke und Kreise zu übertragen.[79] Das Ministerium für Gesundheitswesen entwarf zu diesem Zweck eine Richtlinie, die es der ZK-Abteilung Gewerkschaften und Sozialpolitik übersandte.[80] Petruschka war offenbar mit dem gesamten Konzept nicht einverstanden. Denn Kern ließ ihm drei Wochen später telefonisch ausrichten, dass die Bildung von Rehabilitationskommissionen im Perspektivplan beschlossen worden sei und zudem alle verantwortlichen staatlichen Stellen zugestimmt hätten. Sie empfahl Petruschka zudem, nachzulesen, dass auch die Sowjetunion zunehmend dazu übergehe, solche Aufgaben ehrenamtlich durchzuführen.[81]

Im Entwurf war vorgesehen, zunächst die Zentrale Kommission für Rehabilitation beim Ministerium für Gesundheitswesen zu bilden. Nach dem gleichen Muster sollten bei den Abteilungen Gesundheits- und Sozialwesen der Räte der Bezirke, Stadt- und Landkreise oder der Stadtbezirke Kommissionen für Rehabilitation entstehen. Die ehrenamtlichen Mitglieder sollten lediglich eine beratende Funktion haben und eng mit den Leitstellen der Ärzteberatungskommissionen und den Beratungsstellen

76 Siehe ebd.

77 BArch, DQ 1/6386, unpag., MfG (Hauptabteilung Sozialwesen), Analyse zur Arbeit im Jahre 1961, 23.1.1962.

78 SAPMO BArch, DY 30/IV 2/19/103, Bl. 34–42, hier Bl. 35, MfG (Hauptabteilung Sozialwesen), Entwicklung der Rehabilitation in der Deutschen Demokratischen Republik, o. D.

79 Siehe ebd.

80 Siehe SAPMO BArch, DY 30/IV 2/19/103, Bl. 55, MfG (Kern) an ZK-Abt. Gewerkschaften und Sozialpolitik (Petruschka), 22.11.1960.

81 Siehe SAPMO BArch, DY 30/IV 2/19/103, Bl. 57, Vermerk: Telefonanruf von Kern, 12.12.1960.

für Berufsausbildung zusammenarbeiten, um eine »schöpferische Berufsfindung« zu gewährleisten.[82] Gemeint war damit augenscheinlich Kreativität bei der Arbeitsplatzfindung für Schwerbeschädigte in den Betrieben. Zudem war vorgesehen, die soziale Betreuung behinderter Menschen zu verbessern. Hierzu sollten Hausbesuche organisiert, Sprechzeiten abgehalten und spezielle Kulturveranstaltungen für besondere Schwerstbeschädigtengruppen durchgeführt werden. Für Blinde und Gehörlose sollten Kurse und allgemeinbildende Lehrgänge angeboten werden. Die Mitglieder der Rehabilitationskommissionen sollten beim Ministerium für Gesundheitswesen in der Regel alle vier Monate, bei den Räten der Bezirke alle drei, und bei den Räten der Kreise alle zwei Monate tagen. Neu war der Aspekt des Sportes, der ab den 1960er-Jahren stark aufgewertet und als probates Mittel für die Rehabilitation betrachtet wurde. Den Kommissionen wurde vorgeschrieben, sich für die Bildung neuer Sportgruppen und die Einbeziehung der zu betreuenden Menschen in die bereits bestehenden Sportgruppen des Deutschen Verbandes für Versehrtensport einzusetzen.[83]

Das Zentralkomitee stimmte dem Entwurf über die Bildung von Rehabilitationskommissionen schließlich zu und er erschien am 5. April 1961 als »Arbeitsrichtlinie über die Bildung und Tätigkeit der Rehabilitationskommissionen«[84]. An den beschlossenen Grundsätzen und der personellen Zusammensetzung wurde festgehalten. Neben Vertretern der wichtigsten Fachministerien und gesellschaftlichen Organisationen sollten auch Ärzte und »auf dem Gebiete der Rehabilitation erfahrene Schwerbeschädigte« der Zentralen Rehabilitationskommission angehörten.[85]

Einige Bezirke reagierten mit Zustimmung auf die Arbeitsrichtlinie, wie ein Schreiben des Bezirkes Frankfurt (Oder) verdeutlicht: »Mit dieser Arbeitsrichtlinie wird unseren Schwerstbeschädigten eine wunderschöne Perspektive aufgezeigt, die ihnen ihr Leben wieder lebenswert erscheinen läßt. Damit wird uns die Möglichkeit gegeben, alle Schwerstbeschädigten zu erfassen und sie für unser gesellschaftliches Leben zu gewinnen. Uns sind Fälle bekannt, wo Schwerstbeschädigte ganz abgeschlossen leben und ihr Leben als völlig nutzlos ansehen. Unsere Schwerstbeschädigten werden bestimmt dieses Arbeitsprogramm begrüßen, damit wird ihr Wunsch, als vollwertiges Mitglied unserer Gesellschaft zu arbeiten, erfüllt.«[86]

82 SAPMO BArch, DY 30/IV 2/19/103, Bl. 50–54, Entwurf: Arbeitsrichtlinie über die Bildung und Tätigkeit der Rehabilitationskommissionen, 10.11.1960.

83 Siehe ebd.

84 Arbeitsrichtlinie über die Bildung und Tätigkeit der Rehabilitationskommissionen vom 5. April 1961, abgedruckt in: Verfügungen und Mitteilungen des Ministeriums für Gesundheitswesen, Nr. 4/1961, S. 19.

85 BArch, DQ1/2237, unpag., MfG, Vorlage für die Leitungssitzung am 17. Juni 1961.

86 BArch, DQ 1/21105, unpag., Rat des Bezirkes Frankfurt (Oder) (Gesundheits- und Sozialwesen) an MfG (Sachgebiet Sozialwesen), Entwurf vom 30. und 31. März 1960, 14.4.1960.

Diese Meinung teilten offenbar nicht alle Bezirke. 1962 resümierte Kern, dass mittlerweile zwar Kommissionen in den Bezirken gebildet worden seien, diese aber in vielen Fällen »noch nicht entsprechend der Aufgabenstellung« arbeiteten.[87] In den Kreisen gab es zum Teil noch gar keine Kreiskommissionen für Rehabilitation. Der Sektor Rehabilitation machte daraufhin jeden seiner Mitarbeiter für die Anleitung bestimmter Bezirke verantwortlich und verpflichtete ihn dazu, einmal im Quartal über »den Erfolg seiner Anleitung« zu berichten.[88] Richard Weise war für den Bezirk Frankfurt (Oder) verantwortlich, den er im Februar 1962 kontrollierte. Weise konstatierte, dass nach anfänglichen Schwierigkeiten nun eine Kommission bestehe, der auch zwei Schwerbeschädigte aus dem Halbleiterwerk Frankfurt (Oder) und den dortigen Möbelwerken angehörten. Ab dem ersten April 1962 sollte eine halbe Planstelle für Rehabilitation innerhalb des Sozialwesens zur Verfügung stehen. Bei der Bildung einiger Kreisrehabilitationskommissionen war eine Situation eingetreten, die Kern unbedingt vermeiden wollte. So hatte der Kreisarzt in Angermünde die Kommission nur aus Ärzten gebildet. Die Kreiskommission wurde daraufhin nach Vorstellung des Ministeriums umgebildet. Die Mitarbeiter des Ministeriums für Gesundheitswesen gaben den Mitarbeitern des Gesundheits- und Sozialwesens bei ihren Kontrollen Hinweise. Weise beispielsweise kritisierte im Bezirk die starke Konzentration auf die Tuberkulose-Rehabilitation und hatte die zuständige Sachbearbeiterin dazu aufgefordert, sich auf die Erfassung und Versorgung der »orthopädischen Behinderten« und die Rehabilitation in der Landwirtschaft zu konzentrieren.[89]

In einigen Bezirken, zum Beispiel in Rostock und Gera, wurden anstelle von Rehabilitationskommissionen »Aktivs« für Rehabilitation bei den »Ständigen Kommissionen Gesundheits- und Sozialwesen« gebildet, so wie es die Abteilung Sozialfürsorge des Ministeriums für Arbeit und Berufsausbildung 1957 vorgeschlagen hatte. Der Mitarbeiter Erich Knabe wies Kern im Juni 1962 darauf hin, dass die Ständigen Kommissionen keine Betreuungsaufgaben im Sinne der Richtlinie vom 5. April 1962 übernehmen könnten.[90] Im Juli 1962 wurde das Thema auf einer Sitzung in der Fachabteilung des Zentralkomitees zu Fragen der Rehabilitation thematisiert und ein ähnlicher Standpunkt vertreten.[91] Die Ergebnisse der Besprechung wurden auch so an die Bezirke weitergegeben. Auf das Schreiben eines Oberarztes aus Zwickau entgegnete Knabe, dass »wir die Initiative der Bezirke keineswegs hemmen wollen

87 BArch, DQ 1/6386, unpag., MfG (Hauptabteilung Sozialwesen), Analyse zur Arbeit im Jahre 1961, 23.1.1962.
88 Ebd.
89 Siehe BArch, DQ 1/21106, unpag., Sektor Rehabilitation (Weise), Aktenvermerk, 5.2.1962,
90 Siehe BArch, DQ 1/21106, unpag., Sektor Rehabilitation (Knabe) an Kern, 7.6.1962.
91 Siehe BArch, DQ 1/2325, unpag., Sektor Rehabilitation (Knabe), Aktenvermerk, 31.8.1962.

und auch kein Verstoss gegen die Gesetzlichkeit darin sehen, wenn anstatt der Rehabilitations-Kommissionen Rehabilitations-Aktivs der Ständigen Kommissionen gebildet werden. Wenn die Arbeit auf diese Weise wesentlich verbessert werden kann, so wird uns das nur recht sein.«[92] Auf dem 17. Plenum des Zentralkomitees der SED im Oktober 1962 war entschieden worden, die Volksvertretungen mit ihren Ständigen Kommissionen und Aktiven stärker für die Durchführung staatlicher Aufgaben zu nutzen. Knabe hielt dies für positiv, da in den Ständigen Kommissionen nicht nur Experten, sondern auch »Körperbeschädigte« selbst in die Arbeit mit einbezogen werden konnten.[93] Insgesamt bestanden im Oktober 1964 bei allen Räten der Bezirke außer in Potsdam Bezirksrehabilitationskommissionen. In den Kreisen sah es hingegen unterschiedlich aus: In etwa 161 Kreisen waren Rehabilitationskommissionen oder Aktive bei den Ständigen Kommissionen erfasst.[94]

Die Förderung der ehrenamtlichen Arbeit in der Rehabilitation in den Bezirken und Kreisen hatte den Hintergrund, dass die Staatliche Plankommission und das Ministerium der Finanzen den Antrag auf neue Planstellen aufgrund der angespannten Arbeitskräfte- und Finanzsituation abgelehnt hatten. Staatssekretär Jahnke hatte sich 1960 an beide Stellen sowie an das Innenministerium gewandt und zusätzliche Planstellen für Rehabilitationsbearbeiter bei den Abteilungen Gesundheits- und Sozialwesen der Räte der Bezirke, Stadt- und Landkreise und Stadtbezirke beantragt. Denn das Ministerium für Gesundheitswesen hatte geplant, die Rehabilitation zunächst in einigen Kreisen stark auszubauen. Der Rehabilitationsbearbeiter sollte die Betriebe auf Arbeitsmöglichkeiten für Schwerbeschädigte überprüfen sowie über die Ausstellung von Schwerbeschädigten-Ausweisen entscheiden. Unterstützen sollten ihn die Rehabilitationskommission und die Arbeitsgruppen der Abteilungen für Gesundheits- und Sozialwesen. Den finanziellen Aufwand bezifferte Jahnke auf 143.000 Mark für das verbleibende Jahr 1960 und auf ca. 800.000 Mark für 1961.[95] Der Staatlichen Plankommission leuchtete die Notwendigkeit zusätzlicher Planstellen jedoch nicht ein. Sie verweigerte ihre Unterstützung und ging aufgrund der konstanten Zahl des zu betreuenden Personenkreises nicht von einem erhöhten Arbeits-

92 BArch, DQ 1/21106, unpag., Sektor Rehabilitation (Knabe) an Oberarzt der Medizinischen Klinik des Bezirkskrankenhauses »Heinrich-Braun«, Zwickau, 27.12.1962.

93 Siehe BArch, DQ 1/2237, unpag., Sektor Rehabilitation (Knabe), Die Aufgaben auf dem Gebiete der Rehabilitation nach dem 17. Plenum des ZK der SED.

94 Siehe BArch, DQ1/22594, unpag., FDGB-Bundesvorstand (Verwaltung der Sozialversicherung), »Einschätzung zur Durchführung des Sekretariatsbeschlusses vom 21 März 1964 über die gewerkschaftliche Mitwirkung bei der Rehabilitation«, 8.1.1965, Anlage 2.

95 Siehe BArch, DQ 1/22594, unpag., MfG (Staatssekretär Jahnke) an MdF (Rumpf), SPK (Leuschner), MdI (Staatssekretär Jendretzky), Arbeitsrichtlinie für die Bildung und Tätigkeit der Rehabilitationskommissionen, 27. Juni 1960.

aufwand aus.[96] Auch der stellvertretende Minister für Finanzen erteilte Jahnke eine Absage mit der Begründung, dass es sich bei den vorgesehenen Tätigkeitsfeldern des Rehabilitationsbearbeiters nicht um neue Aufgaben handele.[97]

Die Forschungsgruppe Rehabilitation hatte dieses Berufsbild angeregt und kritisierte nun die Entscheidung des Ministeriums für Gesundheitswesen gegen die Ausbildung von Rehabilitationsbearbeitern aufgrund der fehlenden finanziellen Unterstützung.[98] Die Kommission wandte sich im September erneut an das Ministerium für Gesundheitswesen und forderte, im Jahr 1961 wenigstens 30 Rehabilitationsbearbeiter in einem Lehrgang auszubilden, wobei über Einzelfragen der Unterrichtsthematik noch abgestimmt werden könne. Die Kosten für einen solchen Kurs schätzte die Forschungsgruppe auf 30.000 bis 50.000 Mark, die in ihren Augen eine geringe Aufwendung gegenüber dem »zu erwartenden politischen und ökonomischen Nutzen« darstellten.[99] Das Ministerium für Gesundheitswesen ging auf diesen Vorschlag nicht ein.

Der Vorsitzende der Forschungsgruppe Rehabilitation, Ernst Holstein, versuchte im Juli 1961 Staatssekretär Jahnke die Bedeutung dieses neuen Berufes klarzumachen. Denn die Forschungsgruppe interessierte der Personenkreis, der bei den Referaten Arbeit und Sozialwesen »als schwer in Arbeit zu lenken« gelte. Dazu gehörten nicht registrierte Schwerbeschädigte, Rentenuntersuchungsfälle, Frühinvaliden, Pflegefälle, nicht erfasste und betreute Personen sowie »Geschwulstkranke« und »Geschwulstrekonvaleszenten«.[100] Holstein betonte die Bedeutung eines Arbeitsplatzes für die Betroffenen. So hänge die Überlebensrate von Menschen mit Krebserkrankungen im hohen Maße von den sozialhygienischen Bedingungen ab. Holstein warf dem Ministerium vor, Pflegefälle zu ignorieren und kritisierte offen: »Die Forschungsgruppe Rehabilitation schätzt die Situation in den Referaten Arbeit und Sozialwesen nicht so günstig ein, wie Sie diese in Ihrem Schreiben schildern. Die vielen Ärzte aus der DDR, die unserer Forschungsgruppe angehören, berichten immer wieder, dass die örtlichen Organe total überlastet sind und nicht die Kraft besitzen,

96 Siehe BArch, DQ 1/21105, unpag., SPK (Abteilung Kultur, Volksbildung, Gesundheits- und Sozialwesen) an MfG (Staatssekretär Jahnke), 16.7.1960.

97 Siehe BArch, DQ 1/21105, unpag., MdF (Stellvertreter des Ministers) an MfG (Staatssekretär Jahnke), 28.7.1960.

98 Siehe BArch, DQ 1/3087, unpag., Zentrale Poliklinik der Bauarbeiter, Protokoll über die Beratungen der Kommission »Organisationen und gesetzliche Grundlagen der Rehabilitation« am Freitag den 16. September 1960 in der städtischen Poliklinik Rostock, 29.10.1960.

99 BArch, DQ 1/3087, unpag., Abschrift: Zentrale Poliklinik der Bauarbeiter (Chefarzt) an MfG (Abteilung Arbeit) und MfG (Weise), 18.10.1960.

100 Siehe BArch, DQ 1/23163, unpag., Forschungsgruppe Rehabilitation (Holstein), an MfG (Staatssekretär Jahnke), Anerkennung der Berufsbilder für den Rehabilitationsberater und den Rehabilitationsbearbeiter und Schaffung von zusätzlichen Planstellen bei den Räten der Bezirke, Kreise, Städte und Stadtbezirke, 1.6.1961.

die Ärzte bei der Arbeitsvermittlung Geschädigter wirksam zu unterstützen. Das Bemühen der Ärzte, die Frühinvalidisierung zu vermeiden und Invaliden wieder in Arbeit zu vermitteln, scheitert vielfach an den geschilderten Zuständen.«[101] Holstein verwies auf die Beispiele Berlin und Rostock. In Berlin gab es ein spezielles Referat zur Betreuung dieses Personenkreises und auch in Rostock habe sich die Stadtverordnetenversammlung zur Einrichtung spezieller Planstellen für die Rehabilitation entschlossen. Der Vorsitzende der Forschungsgruppe warnte das Ministerium, dass die Arbeit der Rehabilitationskommissionen ohne Rehabilitationsbearbeiter »in kürzester Zeit im Sande verlaufen« werde. Hierüber hatte die Forschungsgruppe mit den Zentralkomitee-Mitgliedern Weber und Petruschka sowie dem Vorsitzenden des Komitees für Arbeit und Löhne im April 1961 beraten. Holstein gab an, bei diesen »größtes Verständnis« für das Thema gefunden zu haben.[102]

Offenbar hatte das Schreiben Wirkung gezeigt, denn die Hauptabteilung Sozialwesen setzte sich 1962 im Rahmen der Perspektivplanung erneut für den Einsatz von Rehabilitationsbearbeitern ein und berief sich auf die Beispiele Berlin und Rostock. Dort habe sich gezeigt, dass eine schnelle Eingliederung von Rehabilitanden einen hohen ökonomischen Nutzen zur Folge habe. Die Abteilung sah einen Nachteil darin, dass ein zusätzlicher Arbeitskräftebedarf von 260 Personen und ein damit verbundenes Lohnvolumen von etwa zwei Millionen Mark pro Jahr entstanden. Daher schlug sie vor, diese Arbeitskräfte aus dem Kreis der Rehabilitanden selbst zu gewinnen und zunächst nur in Schwerpunktbezirken Planstellen für diese bereitzustellen.[103] Doch der Stellvertreter des Ministers hatte diesem Plan offenbar eine Absage erteilt. Die Hauptabteilung Sozialwesen informierte die ZK-Abteilung Gewerkschaften und Sozialpolitik zwar darüber, dass im Kollegiumsbeschluss der Einsatz von Rehabilitationsbearbeitern bei den Räten der Bezirke und Kreise in Erwägung gezogen worden sei, sie aber zunächst »die spontane Entwicklung der Rehabilitation in der DDR« beobachten werde.[104] Hier wurde die Arbeit an die unteren Stellen delegiert, die für den Sachverhalt eine eigene Lösung finden sollten, während das Ministerium für Gesundheitswesen lediglich eine beobachtende Position einnahm. Allerdings wurde das Berufsfeld des Rehabilitationsbearbeiters nicht komplett aufgegeben, da es die Möglichkeit eines Fernstudiums für diesen Beruf gab.[105]

101 Ebd.

102 Siehe ebd.

103 Siehe BArch, DQ 1/6386, unpag., Hauptabteilung Sozialwesen an Stellvertreter des Ministers (Gehring), Vorbereitung der Berichterstattung des Ministeriums vor dem Politbüro und Ministerrat über die Durchführung des Perspektivplanes zur Entwicklung der medizinischen Wissenschaft und des Gesundheitswesens, 12.3.1962.

104 SAPMO BArch, DY 30/IV 2/19/103, Bl. 23–29, hier Bl. 23 f., MfG (Hauptabteilung Sozialwesen), Zum Stand der Entwicklung der Rehabilitation, 27.3.1962.

105 Siehe ebd.

Konzepte der beruflichen Rehabilitation gegen drohende Frühinvalidität

Zu Beginn der 1960er-Jahre wurden Konzepte der beruflichen Rehabilitation, die zum Teil schon in den 1950er-Jahren entwickelt worden waren, aufgegriffen und stärker popularisiert. Ein Beispiel war die Schonarbeit, die »Werktätigen« mit leichten Unfallschäden oder Erkrankungen verordnet wurde, um einen Arbeitsausfall zu vermeiden und einen Übergang zwischen Krankheit und Arbeitstätigkeit herzustellen. Dabei war man im Ministerium für Gesundheitswesen nicht der Ansicht, dass es sich bei Schonarbeit unbedingt nur um sogenannte »leichte Arbeit« handeln müsse. Fast jeder Arbeitsplatz, der »nicht mit ausgesprochen körperlich schwerer Arbeit« verbunden sei, eigne sich hierfür.[106]

Der FDGB führte 1957 eine Untersuchung in den Bezirken durch, bei der sich herausstellte, dass Schonarbeit bereits seit Mitte der 1950er-Jahre in den größeren volkseigenen Betrieben (VEB) praktiziert wurde und teilweise auch in den Betriebskollektivverträgen verankert war.[107] So berichtete der Betriebsarzt des Mähdrescherwerkes Weimar, dass dort seit 1952 die Schonarbeit erprobt werde. Im Mähdrescherwerk war festgelegt worden, dem Betroffenen den Durchschnittslohn der letzten drei Monate weiterzuzahlen, sodass er auf jeden Fall 10 Prozent mehr Verdienst erhielt als bei einer Arbeitsbefreiung. Die Arbeit auf einem Schonplatz war freiwillig und die ärztliche Behandlung sollte fortgesetzt werden. Als geeignete Arbeitsplätze waren im Mähdrescherwerk acht bis zehn Planstellen ausgewählt worden, die insbesondere Wach- und Botendienste umfassten. Diese Stellen waren für Verletzte reserviert und wurden ansonsten nicht besetzt. Der Bezirksarzt berichtete, dass dieses Verfahren aufgrund von Schwierigkeiten 1956 neu organisiert worden war. Von da an wurde jeder Beschäftigte, dem der Betriebsarzt die Eignung für einen Schonplatz bestätigt hatte und der diesen auch in Anspruch nehmen wollte, mit einem Laufzettel ausgestattet. Auf diesem vermerkte der Betriebsarzt die Art der Einsatztätigkeit bzw. der notwendigen Schonung. Anschließend prüfte der zuständige Meister, ob in seiner Abteilung geeignete Arbeitsmöglichkeiten vorhanden waren. Dieses Verfahren war bei zwei Drittel der Betroffenen erfolgreich. Für das restliche Drittel suchte die Abteilung Arbeitskräftelenkung »irgendwo im Betrieb eine Arbeitsmöglichkeit«. Mit der Aufgabe von festen Schonarbeitsplätzen stehe nun »eine viel größere, praktisch unbegrenzte Anzahl von Schonplätzen zur Verfügung«.[108] Schonarbeit wurde im Mähdrescherwerk häufig von

106 BArch, DC 20/1722, Bl. 134 f., Begründung zum Entwurf einer VO über Schonarbeitsplätze in Betrieben, Verwaltungen und Einrichtungen.

107 Siehe die Berichte in BArch DQ 1/3150.

108 BArch, DQ 1/3150, unpag., Mähdrescherwerk Weimar (Betriebsarzt), an MfG (Abteilung Gesundheitsschutz in den Betrieben), 12.7.1957.

Beschäftigten mit Verletzungen der oberen Extremitäten und nach Operationen in Anspruch genommen. Täglich waren im Durchschnitt 11,8 Personen auf Schonplätzen tätig, womit der Krankenstand der Belegschaft um fast 0,3 Prozent verringert und etwa 14.847 Mark an Sozialversicherungsgeldern eingespart worden waren. Bei der Beschreibung des Betriebsarztes zeigt sich, dass Schonarbeit nicht freiwillig war. Denn dieser schilderte, dass es Auseinandersetzungen mit Beschäftigten gegeben hatte, die nicht bereit waren, einen Schonplatz anzunehmen: »Sie vertraten vielmehr die Ansicht, es gäbe keine Bestimmung, die sie zwingen könne, eine andere Arbeit als die gewohnte zu übernehmen, es sei ihnen vielmehr Krankengeld und Arbeitsbefreiung garantiert.«[109] Dies treffe vor allem auf neu eingestellte Personen zu, die aus Betrieben kamen, in denen das Konzept noch nicht verbreitet war. Eine weitere Schwierigkeit sah der Betriebsarzt darin, dass chronisch Kranke, bei denen ein dauerhafter Arbeitsplatzwechsel notwendig sei, häufig von ihrem Arzt Schonarbeit verordnet bekamen. Sie seien dann verärgert über Verdiensteinbußen. Der Betriebsarzt des Mähdrescherwerkes forderte daher gesetzliche Regelungen, um die Betriebe grundsätzlich zur Schonarbeit zu verpflichten und Art und Dauer der Entlohnung festzulegen.[110]

Das Ministerium für Gesundheitswesen novellierte zunächst im April 1959 nur die gesetzlichen Bestimmungen bei Arbeitsunfähigkeit, welche die Zeitdauer der Arbeitsbefreiung auf höchstens sieben Tage begrenzte.[111] Eine eigenständige Verordnung für Schonarbeit wurde nicht erlassen. Der Ministerrat gab einen Entwurf des Ministeriums für Gesundheitswesen mit der Begründung zurück, dass eine gesetzliche Regelung der Schonarbeit zu unbedeutend sei, als dass sie als Ministerratsverordnung veröffentlicht werden könne. Stattdessen war vorgesehen, diese in die geplante zweite »Verordnung zum Schutze der Arbeitskraft« einzubeziehen. Da der Ministerrat den Beschluss darüber bis zur Veröffentlichung des neuen Gesetzbuches der Arbeit ausgesetzt hatte, votierte der Leiter der Abteilung »Gesundheitsschutz in den Betrieben« im Ministerium für Gesundheitswesen dafür, doch eine eigene Verordnung für Schonarbeit herauszugeben. Als Begründung gab er an, dass Anfragen von Seiten der Ärzte vorlägen, die ein so langes Aufschieben unmöglich machten.[112]

Auch Mitglieder der Forschungsgruppe Rehabilitation kritisierten kurz darauf die Termini »Arbeitsunfähigkeit« und »Erwerbsunfähigkeit«. Die Definition der Verordnung über die Sozialpflichtversicherung entsprach ihrer Ansicht nach aufgrund »der Änderung der ökonomischen Verhältnisse« nicht mehr den Gegebenheiten.

109 Ebd.
110 Siehe ebd.
111 Siehe Boldorf, Rehabilitation und Hilfen für Behinderte, Bd. 8, S. 471 f.
112 Siehe BArch, DC 20/1722, Bl. 136, Abteilung Gesundheitsschutz in den Betrieben (Stettiner) an Stellvertreter des Ministers (Gehring), Gesetzliche Regelungen über Schonarbeitsplätze, 1.10.1960.

Der Leiter der Zentralen Poliklinik der Bauarbeiter in Rostock, Ernst Klotzbüchner, schlug vor, den Begriff folgendermaßen neu zu definieren: »Arbeitsunfähigkeit liegt dann vor, wenn sie durch Krankheit oder einen Unfall herbeigeführt wurde und wenn der Erkrankte nicht mehr fähig ist, seiner bisher ausgeübten Tätigkeit nachzugehen, vorausgesetzt, daß keine angemessene andere Tätigkeit im gleichen Betrieb (Schonplatz) verrichtet werden kann, was im Einvernehmen zwischen dem Betrieb und dem behandelnden Arzt zu prüfen ist.«[113] Arbeitsunfähig sei damit nur derjenige, der nicht »schonplatzfähig« sei.[114]

Mit dem Gesetzbuch der Arbeit (GBA), das Anfang Juli 1961 in Kraft trat, wurde die Schonarbeit in der DDR festgeschrieben.[115] Nach Paragraph 95 des Gesetzbuches konnte den Beschäftigten bei vorübergehender Verminderung der Arbeitsfähigkeit oder als vorbeugende Maßnahme zur Erhaltung ihrer Leistungsfähigkeit eine andere »zumutbare« Arbeit übertragen werden. Der Lohn wurde entsprechend der Arbeitsleistung gezahlt. Lag er unter dem bisherigen Durchschnittsverdienst, erhielt der Beschäftigte den Differenzbetrag als Ausgleich. Der behandelnde Arzt, der Betriebsarzt oder die für den Betrieb zuständige Ärzteberatungskommission (ÄBK) konnte nur dann einen Antrag auf Schonarbeit stellen, wenn innerhalb von vier Wochen mit einer Wiederherstellung der Leistungsfähigkeit zu rechnen war. Die Betriebsleitung sollte zusammen mit der Betriebsgewerkschaftsleitung und dem Betriebsarzt bzw. mit einem vom Kreisarzt beauftragten Arzt die Arbeitsplätze festlegen. Dauerte die Schonarbeit länger als einen Monat, musste die Ärzteberatungskommission der staatlichen Gesundheitseinrichtungen der Verlängerung zustimmen. Nach Ablauf einer einmonatigen Schonarbeit war es möglich, dass der Betroffene nur noch einen verminderten Leistungslohn erhielt.[116]

Im EKO wurde im August 1961 auf einer Vollversammlung der FDGB-Vertrauensleute[117] »das viel umstrittene Problem [der] Schonplatz-Frage« thematisiert und konstatiert, dass die Beschäftigten häufig nicht einfach andere Tätigkeiten übernehmen konnten.[118] Schonarbeit wurde im EKO offenbar nicht positiv aufgenommen, da der

113 BArch, DQ 1/3087, unpag., Zentrale Poliklinik der Bauarbeiter, Protokoll über die Beratungen der Kommission »Organisationen und gesetzliche Grundlagen der Rehabilitation« am Freitag, den 16. September 1960 in der städtischen Poliklinik Rostock, Paulstraße, 29.10.1960.

114 Ebd.

115 Zu den Festlegungen über die betriebliche Sozialpolitik im GBA vgl. Hübner, Betriebliche Sozialpolitik, Bd. 8, S. 734 f.

116 Siehe BArch, DC 20/1722, Bl. 128–133, Vorlage.

117 Zur Rolle der Vertrauensleute des FDGB vgl. Renate Hürtgen: Zwischen Disziplinierung und Partizipation. Vertrauensleute des FDGB DDR-Betrieb, Köln 2005 (künftig zitiert: Hürtgen, Zwischen Disziplinierung und Partizipation).

118 Siehe UA EKO, BGL A 14, Bl. 122–125, hier Bl. 125, Zentraler Frauenausschuss EKS, Protokoll: Frauen-Forum am 11.07.1961.

Betriebsarzt darauf pochte, »dass Schonarbeit keine strafweise Wiedereinsetzung in die Arbeit ist, sondern eine ärztliche Behandlungsweise zum Zweck des Wiedereinlebens in den Produktionsprozess«.[119] Ein Jahr später hatte sich die Situation offenbar noch nicht wesentlich verändert. Der Betriebsarzt berichtete auf einer Sicherheitskonferenz 1962, dass das »Problem« der Schonarbeit häufig zu einem der Schonplätze werde, da es nur wenige geeignete Arbeitsplätze gebe, »und die, die wir haben, sind [...] bereits mit Menschen besetzt, deren Leistungsfähigkeit für dauernd durch Krankheit oder Verletzungsfolgen eingeschränkt ist«.[120] Damit bestand ein Konflikt zwischen der Maßgabe, Schwerbeschädigte und Invalidenrentner weiter zu beschäftigen, und dem Anspruch, den Krankenstand durch die Vergabe von Schonarbeit zu senken. In einigen Bereichen, wie beispielsweise dem Hochofen, gab es überhaupt keine Schonplätze. Der Betriebsarzt beklagte erneut, dass eine Schonarbeit, die als eine Art »Bestrafung« empfunden werde, ihren Zweck verfehle. Schontätigkeit sollte die Qualifikation des Arbeiters berücksichtigen und diesem nicht den Eindruck vermitteln, »irgendwo abgeschoben zu sein«. Der Betriebsarzt kritisierte zudem, dass die Betroffenen, die eine Schonarbeit ausführten, von ihren Kollegen häufig »mit Missgunst betrachtet« würden und forderte daher »Aussprachen« in den Brigaden.[121]

In der Maxhütte Unterwellenborn hingegen bestanden Unklarheiten zur Schonarbeit. Der Ärztliche Direktor der Maxhütte hatte versucht, den Schonplatz-Paragraphen auch für die Reintegration von Rehabilitanden in den Arbeitsprozess zu nutzen. So sollte ein Verwaltungsangestellter der Maxhütte nach einem Herzinfarkt wieder in seinem alten Beruf beschäftigt werden. Dabei war kein Schonplatz nötig, sondern eine Arbeitszeitverkürzung auf vier bis sechs Stunden täglich. Ein solches Vorgehen war in § 95 des Gesetzbuches der Arbeit nicht vorgesehen, weshalb der Betrieb dem Betroffenen nur die tatsächlich geleistete Arbeit vergüten konnte. Der Betriebsarzt kritisierte, dass den Bemühungen der betrieblichen Rehabilitationskommission in einem solchen Fall die Ablehnung des Betroffenen gegenüberstehe. Er erkundigte sich, ob es die Möglichkeit gebe, »die restlichen vier oder 2 Stunden über SV-Anteil laufen zu lassen, oder könnte man mit einer Übergangsrehabilitations-Rente die Schwierigkeiten beseitigen?«[122] Eine Antwort darauf ist in den Akten nicht aufzufinden. Doch es handelte sich um einen generellen Konflikt, da Schon-

119 UA EKO, BGL A 18, Bl. 92–98, hier Bl. 96, Protokoll der BGL-Sitzung vom 26.02.1962, 13.3.1962.

120 UA EKO, BGL A 13, Bl. 19–30, hier Bl. 26, Inspektion für Arbeitsschutz und technische Sicherheit, Protokoll über die Sicherheitskonferenz des EKO am 12.10.1962.

121 Siehe ebd.

122 BArch, DQ 1/22594, unpag., VEB Maxhütte Unterwellenborn (Betriebsarzt) an FDGB-Bundesvorstand (Abteilung Sozialversicherung), Arbeit der betrieblichen Rehabilitations-Kommission, 31.3.1964.

arbeit meist nur für die Dauer von 10–18 Tagen verordnet wurde. Diese Zeitspanne reichte häufig nicht aus, weshalb Karlheinz Renker eine langfristige Schonarbeit zur Vermeidung von Frühinvalidität forderte. Er schlug vor, Rehabilitationsarbeitsplätze einzurichten, die »dem systematischen Training der Funktion« dienten und etwa 64 Tage besetzt werden sollten.[123]

Im sogenannten »Modell Lichtenberg« wurde die Rehabilitation chronisch erkrankter und »gesundheitsgeminderter« oder von Erkrankungen und Invalidität bedrohter »Werktätiger« genauer erprobt. Das Projekt fand unter Anleitung der Klinik und Poliklinik für Berufskrankheiten und in Zusammenarbeit mit den Berliner Ärzteberatungskommissionen in vier Ost-Berliner Betrieben statt. Ausgewählt worden waren der VEB Elektrokohle, der VEB Bremsenwerk, der VEB Wälzlagerfabrik und das Kraftwerk Rummelsburg der Berliner Städtischen Elektrizitätswerke (BEWAG) mit insgesamt etwa 7.000 Beschäftigten.[124] Das Projekt wurde durch das Ministerium für Gesundheitswesen, den FDGB, die örtlichen Stellen und Ärzte unterstützt.[125] Die Klinik für Berufskrankheiten hatte zuvor Arbeitsplatzanalysen in den Betrieben durchgeführt und Kurmöglichkeiten in der Nähe bereitgestellt. Die Aktion sollte »als Modell dienen, der Rehabilitation im Betrieb zum Durchbruch zu verhelfen und praktische Erfahrungen zur ärztlichen, arbeitshygienischen und ökonomischen Methodik zu sammeln«.[126] Erkrankte Beschäftigte konnten entweder arbeitsunfähig geschrieben werden oder einen Arbeitsplatzwechsel verordnet bekommen. Im ersten Fall erhielten die Betroffenen das übliche Krankengeld. Bei einem Arbeitsplatzwechsel wurde bis zu sechs Wochen nach Beginn des Rehabilitationsverfahrens der volle Verdienst am alten Arbeitsplatz gezahlt. Ab der siebten Woche bis zur 26. Woche waren es nur noch 90 Prozent. Insgesamt sollte die Dauer der Rehabilitation 13 Wochen nicht überschreiten. Ein Wechsel in einen der drei anderen Betriebe war möglich.[127] Der finanzielle Aufwand für die Rehabilitation im Modell Lichtenberg wurde mit etwa 14.459 Mark und die Einsparungen und Einnahmen mit 27.626 Mark berechnet. Renker befürwortete Investitionen auf dem Gebiet der Rehabilitation und bezog

123 Siehe SAPMO BArch, DY 30/IV 2/19/103, Bl. 120–197, hier Bl. 167, Renker, Zu einigen Fragen der Rehabilitation.

124 Siehe BArch, DQ 1/6379, unpag., Dr. Thiele an MfG, Rehabilitation in einigen Lichtenberger Betrieben, Regelung der Entlohnung, 5.8.1959.

125 Siehe BArch, DQ 1/4477, unpag., Dr. Thiele, Vorschläge von Grundsätzen und Richtlinien für die Rehabilitation, 28.1.1959.

126 BArch, DQ 1/6379, unpag., Dr. Thiele an MfG, Rehabilitation in einigen Lichtenberger Betrieben, Regelung der Entlohnung, 5.8.1959.

127 Siehe ebd.

sich dabei ausgerechnet auf den »Klassenfeind«[128]: »Die Amerikaner sagen: ›Jeder für die Rehabilitation ausgegebene Dollar zahlt 10 Dollar zurück.‹«[129]

Das »Modell Lichtenberg« war Teil eines in Berlin erprobten Großprojekts zur Rehabilitation, welches das Referat Rehabilitation der Abteilung Gesundheitswesen beim Magistrat von Groß-Berlin initiiert hatte. Auch die Forschungsgruppe Rehabilitation war beteiligt, deren Kommission »Medizinische Rehabilitation« personell mit der Abteilung Gesundheitswesen des Magistrats verflochten war. Das Programm gliederte sich in mehrere Einzelprojekte, die mit unterschiedlichen Ansätzen im Prinzip das Gleiche erreichen wollten: Die Integration von Menschen mit schweren Behinderungen in den Arbeitsprozess. Hierzu gehörten neben dem »Modell Lichtenberg« Aktionen gegen Frühinvalidisierung, die Einrichtung geschützter Arbeitsplätze, der Bau eines Rehabilitationszentrums in Berlin und die Einführung der Arbeitstherapie in Psychiatrien und Krankenhäusern. Das Berliner Programm sah zudem vor, eine Invaliden-Produktionsgenossenschaft zu gründen und geschützte Werkstätten in Betrieben einzurichten. Bei den zuständigen Stellen in Berlin herrschte Uneinigkeit über die Notwendigkeit des Projekts. Entgegen der Ansicht der Abteilung Arbeit (Berufsfürsorge) ging die Abteilung Gesundheitswesen davon aus, dass es »zahlreiche vegetierende Schwer- und Schwerstbeschädigte gebe«, die nicht registriert, oder deren Arbeitsverhältnisse bald wieder aufgelöst worden seien.[130] Es wurde eine Stichprobe von 500 Personen aus der orthopädischen Hilfsmittelkartei der Versicherungsanstalt Berlin (VAB) gezogen. An 221 dieser Personen wurden Fragebögen versandt, von denen 107 von einem Hausbesuch, einer ärztlichen Untersuchung und einer Arbeitsvermittlung flankiert waren. Von den persönlich kontaktierten Personen waren 60 aus verschiedenen Gründen nicht verfügbar und 20 »unwillig«. 20 der restlichen 27 Personen, die eine Arbeit aufnehmen wollten, konnten vermittelt werden. Die Forschungsgruppe Rehabilitation nahm dies zum Anlass, eine bessere Erfassung des betroffenen Personenkreises zu fordern.[131]

Unter dem Schlagwort »Rehabilitation statt Rente« wurden in Berlin zudem je vier Bezirke von einer Rehabilitationskommission betreut, die der Leiter der Zentralen Beratungsärztlichen Dienststelle koordinierte. Die Rentenkommissionen der

128 Vgl. Dorothee Wierling: Amerikabilder in der DDR, in: Uta A. Balbier/Christiane Rösch (Hrsg.): Umworbener Klassenfeind. Das Verhältnis der DDR zu den USA, Berlin 2006, S. 32–40.

129 SAPMO BArch, DY 30/IV 2/19/103, Bl. 120–196, hier Bl. 164, Renker, Zu einigen Fragen der Rehabilitation.

130 H. Bleckwenn/Wolfgang Presber: Das Berliner Rehabilitationsprogramm im Jahre 1959/60 (künftig zitiert: Bleckwenn/Presber, Das Berliner Rehabilitationsprogramm), Sonderdruck aus: Das Deutsche Gesundheitswesen, 16. Jg. (1961), H. 11, S. 493–503, hier S. 493.

131 Siehe ebd., S. 494.

Bezirke überwiesen dieser jene Fälle, die mindestens zehn Jahre vor Erreichen der Altersgrenze eine Invalidenrente beantragt hatten. Bis April 1960 wurden 548 Fälle vor die Rehabilitationskommission geladen, von denen 245 anstelle einer Rente einen Arbeitsplatz erhalten sollten. Anschließend wurden 109 Betroffene mittels eines Fragebogens aufgefordert, über den Erfolg der Aktion zu berichten. 50 Personen antworteten, dass sie eine Arbeit gefunden hatten. Von 42 weiteren hatte die Rehabilitationskommission durch die Abteilung Berufsfürsorge erfahren, dass diese einer Tätigkeit nachgingen. Insgesamt wurde damit von einem Vermittlungserfolg von etwa 50 Prozent ausgegangen.[132] In Berlin sollte in der orthopädischen Klinik Buch eine zentrale ärztliche Rehabilitationskommission organisiert werden, »die den Kampf gegen die Frühinvalidisierung in allen Stadtbezirken beauftragt und verantwortlich leitet bzw. anleitet«.[133]

Rehabilitationsexperten betrachteten das Berliner Rehabilitationsprogramm allerdings nur als Zwischenlösung bis zu einer Rentenreform: »Die bisher erzielten Teilerfolge sind umso bemerkenswerter, als wir noch unter dem ›Alles oder nichts‹ der jetzigen Rentengesetzgebung stehen […]. Hätten wir eine besser auf Rehabilitation ausgerichtete Rentenregelung etwa im Sinne der Teilrente (Sowjetunion) oder aber auch, indem die Berufsunfähigkeit mit einer Teilrente bedacht wird (Westdeutschland), so könnte die noch bestehende Leistungsfähigkeit des einzelnen viel unbedenklicher zu irgendeiner seinem Gesundheitszustand entsprechenden Tätigkeit eingesetzt werden, weil er nicht vom Entgelt für diese Arbeit allein leben müßte. […] Ganz grundsätzlich sind wir aber zu der festen Erkenntnis gelangt, dass ein voller Erfolg unserer Rehabilitationsbemühungen letzten Endes von einer Rentenreform abhängig ist.«[134] Die Experten kritisierten die neue Verordnung zum Pflegegeld ebenso wie den Wegfall der Invalidenrente nach der Überschreitung des Lohndrittels, da dies die Eigeninitiative der Betroffenen hemme.[135]

Das Lohndrittel war schon 1960 von der Forschungsgruppe Rehabilitation kritisiert worden. Denn bei einem Verdienst darüber hinaus verloren Invalidenrentner ihren Rentenanspruch. Die Forschungsgruppe sah hier »eine große Arbeitsreserve ungenutzt«, da Invalidenrentner nur so viel arbeiteten, »als ihnen ohne Gefahr ihre Rente zu verlieren, möglich ist«.[136] Anstelle des gesetzlichen Lohndrittels hatten sie den Begriff des Leistungsrestes vorgeschlagen und zum Beispiel als Neudefinition

132 Siehe ebd., S. 496f.
133 Ebd., S. 497.
134 Ebd., S. 497f.
135 Siehe ebd., S. 498.
136 BArch, DQ 1/3087, unpag., Zentrale Poliklinik der Bauarbeiter, Protokoll über die Beratungen der Kommission »Organisationen und gesetzliche Grundlagen der Rehabilitation« am Freitag, den 16. September 1960 in der städtischen Poliklinik Rostock, Paulstraße, 29.10.1960.

formuliert, dass der Versicherte als Invalide gelte, »dessen Erwerbsfähigkeit infolge Minderung seiner körperlichen und geistigen Kräfte weniger als ein Drittel dessen beträgt, was eine gesunde Person desselben Berufs und des gleichen Bildungsganges leisten kann«.[137] Damit könne der Invalidenrentner über das gesetzliche Lohndrittel hinaus verdienen und man sei nicht mehr an diesen Begriff gebunden.[138]

Zukünftig stellten sich die Experten vor, eine Berentung zunächst durch eine Rehabilitation zu ersetzen, die Grenze des Zuverdienstes neben den Blinden auch für weitere Schwerstbeschädigtengruppen aufzulockern, einen Zuverdienst für alle Rentner um eine Aufwandsentschädigung in Höhe von 100 Mark monatlich über die Drittelgrenze hinaus zu erhöhen und neue gesetzliche Begriffe der Arbeits- und Erwerbsfähigkeit zu finden.[139] Die Forderung der Forschungsgruppe Rehabilitation nach einer Rentenreform beschied das Ministerium für Gesundheitswesen jedoch abschlägig. Aufgrund der Ausgaben der Sozialversicherung »durch den überhöhten Krankenstand« und nach Verlusten von ca. 30 Milliarden »durch die Störmaßnahmen der Gegner« sei »es wohl verständlich, dass in der nächsten Zeit die Frage einer Neuregelung von Renten nicht steht«.[140] Stattdessen sollten einzelne Aspekte aus den Modellen übernommen werden, wie zum Beispiel geschützte Werkstätten in Betrieben, die im Rahmen des Berliner Rehabilitationsprogramms vorgesehen waren. Das Ministerium für Gesundheitswesen schlug 1961 vor, deren Einrichtung innerhalb geeigneter Betriebe im Volkswirtschaftsplan zu verankern und auch die Dienstleistungsbetriebe stärker in die Pflicht zu nehmen.[141]

Einzelne Betriebe verfügten Anfang der 1960er-Jahre bereits über entsprechende Einrichtungen, wie das Nähmaschinenwerk in Wittenberge, in dem 1961 etwa 40 Menschen mit chronischer Tuberkulose in einer speziellen Abteilung Einzelteile für Nähmaschinen anfertigten. Die Betroffenen konnten dabei längere Ruhepausen einlegen und hierfür einen besonderen Liegeraum aufsuchen. Ein weiteres Beispiel war die Pelztierfarm Plau-Appelburg, die Menschen mit chronischer Tuberkulose als Pelztierzüchter einsetzte. Im Reichsbahnausbesserungswerk (RAW) Treptow arbeitete eine Blindenbrigade in der Einzelanfertigung. Technische Hilfsmittel für die Erleichterung der Arbeit wurden von dieser selbst in Zusammenarbeit mit Techni-

137 Ebd.

138 Siehe ebd.

139 Siehe Bleckwenn/Presber, Das Berliner Rehabilitationsprogramm, S. 498.

140 BArch, DQ 1/21105, unpag., Stellungnahme zur Denkschrift der Leitung der Forschungsgruppe Rehabilitation über vordringlich auf dem Gebiet der Rehabilitation zu lösende Fragen, 7.4.1962.

141 Siehe BArch, DQ 1/2325, unpag., MfG (Hauptabteilung Sozialwesen, Kern), Vorschläge für fachliche Ergänzungen zur Direktive für die Ausarbeitung des Volkswirtschaftsplanes 1962 – Rehabilitation – 5.7.1961.

kern vorgeschlagen und vom Betrieb hergestellt.[142] Auch beim Bau neuer Industriezentren, beispielsweise in der Berliner Elektroindustrie, wurden Rehabilitanden eingeplant. So bat ein Ingenieur der VVB Hochspannung und Kabel aus Karlshorst das Ministerium für Gesundheitswesen um Richtlinien oder Empfehlungen, an welchen Arbeitsplätzen diese eingesetzt werden könnten.[143]

Auch in der Landwirtschaft gab es Initiativen zur Verbesserung der beruflichen Rehabilitation. Das Ministerium für Gesundheitswesen hatte eine Liste mit Berufen und Arbeitsplätzen ausgearbeitet, um die regionalen Stellen bei der Wiedereingliederung von »leistungsgeminderten« Genossenschaftsbauern in Landwirtschaftlichen Produktionsgenossenschaften zu unterstützen. Diese sollte in Zusammenarbeit mit den Bürgermeistern und den Nachwuchs- und Arbeitskraftlenkern erfolgen. Das Ministerium für Gesundheitswesen wies darauf hin, dass Anträge auf Invalidisierung bei der »Umgestaltung« der Landwirtschaft »nicht vertretbare Formen« angenommen hatten.[144] Dies sei mittlerweile durch Beratungsangebote und persönliche Gespräche mit Ärzten eingedämmt worden. So wurden Betroffene aus der Landwirtschaft in den Ausbildungsstätten für Schwerbeschädigte in Dresden und Eisenberg in Handwerksberufen ausgebildet oder in diese umgeschult, da in den Landwirtschaftlichen Produktionsgenossenschaften Handwerksbrigaden benötigt wurden. Die Heilstätten Tangerhütte und Ganz boten einen verkürzten Lehrgang zur Ausbildung oder Umschulung von »Körperbehinderten« zu Bautischlern an und die Heilstätte Treuenbrietzen bildete Tuberkuloserekonvaleszenten als Geflügelzüchter und Gärtner aus. Zufrieden konstatierte Staatssekretärin Kern 1962, dass die Beschwerden aus den ländlichen Gebieten zwecks Arbeitsbeschaffung mittlerweile abgeflaut seien.[145]

Die Rehabilitation in der Landwirtschaft erfuhr Anfang der 1960er-Jahre eine Aufwertung und wurde auf einer Ausstellung in Markkleeberg thematisiert. Zudem führten die Rehabilitationskommissionen in Landwirtschaftlichen Produktionsgenossenschaften Arbeitsplatzanalysen durch, um die Eingliederung von Rehabilitanden zu prüfen.[146] Zwei Ärzte aus dem Bezirk Schwerin postulierten, dass man endlich von der Vorstellung abkommen müsse, »daß ein Geschädigter nur noch als Pförtner oder

142 Siehe BArch, DQ 1/5274, unpag., MfG (Sektor Rehabilitation), Zur Sitzung des Ausschusses Gesundheitswesen der Volkskammer, zum Diskussionsbeitrag der FDJ (Jugendfreund P.) »Rehabilitation in den Betrieben«, 9.3.1961.

143 Siehe BArch, DQ 1/22595, unpag., Sektor Rehabilitation (Knabe), Aktenvermerk, 9.8.1963.

144 Siehe BArch, DQ 1/2237, unpag., Hauptabteilung Sozialwesen (Sektor Rehabilitation), Zur Sitzung des Ausschusses Gesundheitswesen der Volkskammer, zu Punkt 3: Einsatz leistungsgeminderter Genossenschaftsbauern in LPGn, 9.3.1961.

145 Siehe ebd.

146 Siehe BArch, DQ 1/22593, unpag., MfG (Sektor Rehabilitation) an SPK (Sektor Landwirtschaft), Einsatz körperbeschädigter Menschen in landwirtschaftlichen Berufen, 16.10.1962.

Wächter eingesetzt werden« könne.[147] Sie forderten, eine spezielle Schwerbeschädigtenschule für Berufe in der Landwirtschaft im Norden der DDR zu errichten. Für ältere Schwerbeschädigte gebe es geeignete Arbeitsplätze in der Imkerei, in Gärtnereien mit Gemüse- und Blumenanbau oder in der Geflügel-, Fisch- und Saatzucht.[148]

Dass Arbeit in den 1960er-Jahren zum therapeutischen Mittel stilisiert wurde, zeigte sich nicht nur an der Vergabe von Schonarbeit oder geschützter Arbeit, sondern auch am Einzug der Arbeitstherapie in die Einrichtungen des Gesundheits- und Sozialwesens, insbesondere in die Psychiatrien. Eine Arbeitstherapie wurde ärztlich verordnet und von ausgebildeten Arbeitstherapeuten ausgeführt.[149] Dabei wurde Arbeit als eine Therapieform wie Massage oder Physiotherapie verstanden, die nicht ent-, sondern belohnt werden[150] und sich von westdeutschen Konzepten abgrenzen sollte, indem diese als bloße »Beschäftigungstherapie« abgewertet wurden.[151] Der Sektor Rehabilitation des Ministeriums für Gesundheitswesen hatte 1960 Grundsätze für die Arbeitstherapie erarbeitet, in denen der freiwillige Charakter und die Ziele festgelegt waren. Mit einer Arbeitstherapie sollten erkrankte Körperteile trainiert, die Belastungsfähigkeit vor der Entlassung geprüft und psychische Spannungszustände ausgeglichen werden. Die Art der Tätigkeit und Dauer der Arbeitszeit legte der behandelnde Arzt fest. Arbeit konnte für die eigene Einrichtung sowie für Betriebe ausgeführt werden, mit denen Verträge über die Arbeitsvergütung der Patienten entsprechend der geltenden tariflichen Entlohnung geschlossen wurden. Der Lohn wurde nicht direkt an die Patienten, sondern an die Einrichtung ausbezahlt, die 25 Prozent davon einbehielt.[152] In den Richtlinien für die Arbeit der Rehabilitationsausschüsse in den Stadtbezirken von Berlin hieß es hingegen, dass 50 Prozent der Einnahmen als Belohnung zu Gunsten der eingesetzten Patienten ausgezahlt werden sollten.[153]

In Berlin fand die Arbeitstherapie zunächst im Hufeland-Krankenhaus Pankow statt. Über die Höhe und Form der Belohnung für den einzelnen Patienten entschied der Chefarzt mithilfe eines Leistungsbuches, das unter Aufsicht des Abteilungsarztes

147 SAPMO BArch, DY 30/IV 2/19/103, Bl. 309–314, hier Bl. 310, Dr. Wolf/Dr. Boldt, Die Rehabilitation auf dem Lande, o. D.

148 Siehe ebd., Bl. 311 f.

149 Siehe Ulrike Katzenstein/Wolfgang Presber: Probleme und Perspektiven der Arbeitstherapie in der DDR (künftig zitiert: Katzenstein/Presber, Probleme und Perspektiven der Arbeitstherapie in der DDR), in: Sonderdruck aus: Das deutsche Gesundheitswesen, 16. Jg. (1961), H. 31, S. 1449–1455, hier S. 1450.

150 Siehe ebd., S. 1454.

151 Siehe ebd., S. 1451.

152 Siehe SAPMO BArch, DY 30/IV 2/19/103, Bl. 245 f., Hauptabteilung Sozialwesen (Sektor Rehabilitation), Grundsätze für die Durchführung der Arbeitstherapie, 1.9.1960.

153 Siehe SAPMO BArch, DY 30/IV 2/19/103, Bl. 278 f., Richtlinien für die Arbeit der Rehabilitationsausschüsse in den Stadtbezirken.

und des Arbeitstherapeuten geführt wurde.[154] Es wurde zudem ein Sonderkonto für Erlöse aus der Arbeitstherapie angelegt, aus welchem »zu einem gewissen Teil auch Belohnungen für die beteiligten Patienten« ausgezahlt werden konnten.[155] In der Psychiatrie und Tuberkulosebekämpfung lag die Arbeitsbelohnung bei 0,50 Mark pro Tag. Im Hufeland-Krankenhaus wurden unter zunehmender Mitbeteiligung des Waldhauses und des Dr. Heim-Krankenhauses in Buch Klingelbretter und -transformatoren, Haushaltsklingeln und Lampenbretter, Toilettenpapierhalter und Schlüsselbretter, Schienen für Spielzeug-Eisenbahnen und gestanzte Gummipfropfen hergestellt. Die beteiligten Betriebe zahlten insgesamt 4.500 Mark als Gegenwert auf das Sonderkonto in Pankow ein. Die Initiatoren waren unzufrieden mit der Zusammenarbeit, da einzelne Betriebe dazu neigten, »leichte Arbeit zurückzuhalten als innere Reserve, falls andere Fertigungen vorübergehend stocken – oder gar, um ihre Betriebsangehörigen durch leichte Tätigkeiten bei Stimmung und im Betrieb zu halten. In einem Fall wurde bereits gelieferte Arbeit sogar wieder abgeholt – eine Hausfrauenbrigade müsste beschäftigt werden! Gelegentlich wurde Überweisung von Arbeit abgelehnt von eben dem Betrieb, der gerade noch beim Stadtbezirk dringend um zusätzliche Hilfskräfte nachgesucht hatte [...].«[156]

Hier zeigt sich, dass Konzepte der beruflichen Rehabilitation schnell mit den Interessen der Betriebe kollidierten und die eigene Belegschaft für die Betriebsleiter im Vordergrund stand. Die Beschäftigten, deren Arbeitskraft vom Betrieb dringend benötigt wurde, besaßen dabei einen gewissen Handlungsspielraum gegenüber den betrieblichen Instanzen, insbesondere, wenn sie in Brigaden zusammenarbeiteten.[157] Für die Betriebsleitungen bedeutete dies jedoch eine erhebliche Anforderung. Um die Pläne zu erfüllen, mussten sie die Belegschaften zufriedenstellen und waren damit einem permanenten »Spagat zwischen Planerfüllung und der Befriedigung der Wünsche der Belegschaften« ausgesetzt.[158] Denn nur durch die Erfüllung der Pläne konnten sie zusätzliche Mittel erhalten, die sie dann wiederum für die Belange der Belegschaften verwenden konnten, wie zum Beispiel Prämien, die für den sozialen Frieden in der Belegschaft eine wichtige Rolle spielten.[159] Im Vordergrund stand

154 Siehe ebd., Bl. 279.

155 Bleckwenn/Presber, Das Berliner Rehabilitationsprogramm, S. 494.

156 Ebd.

157 Vgl. Arnd Bauerkämper: Lokale Netzwerke und Betriebe in der DDR (künftig zitiert: Bauerkämper, Lokale Netzwerke und Betriebe in der DDR), in: Schuhmann, Vernetzte Improvisationen, S. 179–192. – Arnd Bauerkämper: Die Sozialgeschichte der DDR (= Enzyklopädie deutscher Geschichte, Bd. 76), München 2005, S. 14.

158 André Steiner, Betriebe im DDR-Wirtschaftssystem (künftig zitiert: Steiner, Betriebe im DDR-Wirtschaftssystem), in: Hürtgen/Reichel, Der Schein der Stabilität, S. 53–68, hier S. 61.

159 Vgl. Francesca Weil: Der Betrieb als sozialer Raum zwischen Anpassung und Verweigerung, in: Heiner Timmermann (Hrsg.): Die DDR – Erinnerungen an einen untergegangenen Staat

dabei die Zuteilung von Ressourcen, die in der Mangelwirtschaft eine große Rolle spielten.[160] Dies zeigt sich auch am Beispiel der Materialbeschaffung für die Arbeitstherapie deutlich.

Die Arbeitstherapie wurde sehr schnell in die entsprechenden Einrichtungen übernommen und zum Bestandteil der Behandlung gemacht.[161] Der Staat förderte die Materialbeschaffung und die Bildung von Außenstellen in der Landwirtschaft und Industrie, um »die psychisch Kranken langsam an das normale Leben zu gewöhnen«.[162] Der Sektor Rehabilitation berichtete bereits im April 1962, dass es in der Psychiatrie mittlerweile keine Einrichtung ohne Arbeitstherapie mehr gebe, relativierte diese Aussage aber mit dem Zusatz, dass bei einigen Einrichtungen die Durchführung der Arbeitstherapie an der mangelnden Initiative und am »zweckmäßigen Einsatz« vorhandener Reserven scheitere.[163] Eine Grundausbildung in der Arbeitstherapie existierte zunächst nicht. Stattdessen wurden von 1959 bis 1961 insgesamt drei viermonatige Kurse als Zusatzausbildung für Krankengymnasten bzw. Pflegepersonal im Krankenhaus für Orthopädie und Rehabilitation Waldhaus Berlin-Buch durchgeführt.[164] Die Zahl der Arbeitstherapeuten stieg im Bereich der Orthopädie, in der die Arbeitstherapie ebenfalls schnell eingeführt wurde, von einer Person im Jahr 1958 auf 65 bis zum Jahr 1962.[165] Der Sektor Rehabilitation schlug vor, die Förderung der Arbeitstherapie in die Direktive zur Ausarbeitung des Volkswirtschaftsplanes 1965 aufzunehmen und diese auch in den Einrichtungen des Sozialwesens einzuführen.[166]

Eine wichtige Rolle bei der beruflichen Rehabilitation spielten die Ausbildungsstätten und spezielle Rehabilitationszentren, insbesondere für Menschen mit schweren körperlichen Behinderungen. Der Stellvertreter des Ministers für Gesundheitswesen, Erwin Marcusson, hob hervor, dass die Wiedereingliederung Körperbeschädigter in den Arbeitsprozess lange unterschätzt und deren Versorgung in den

(= Dokumente und Schriften der Europäischen Akademie Otzenhausen, Bd. 88), Berlin 1999, S. 307–340, hier S. 312–318.

160 Siehe Steiner, Betriebe im DDR-Wirtschaftssystem, S. 60.

161 Siehe BArch, DQ 1/2237, unpag., Aufgaben des Sozialwesens, beraten in der Bezirksärztetagung am 27.6.1961.

162 BArch, DQ 1/2325, unpag., MfG (Kern), Vorschläge für fachliche Ergänzungen zur Direktive für die Ausarbeitung des Volkswirtschaftsplanes 1962 – Rehabilitation – 5.7.1961.

163 Siehe BArch, DQ 1/21105, unpag., Stellungnahme zur Denkschrift der Leitung der Forschungsgruppe Rehabilitation über vordringlich auf dem Gebiet der Rehabilitation zu lösende Fragen, 7.4.1962.

164 Siehe Katzenstein/Presber, Probleme und Perspektiven der Arbeitstherapie in der DDR, S. 1454.

165 Siehe BArch, DQ 1/21105, unpag., Sitzung der Zentralen Rehabilitationskommission, 11.4.1962.

166 Siehe BArch, DQ 1/22590, unpag., MfG (Sektor Rehabilitation), 23.4.1964.

letzten Jahren überwiegend durch eine vorzeitige Berentung und Rentenerhöhungen gelöst worden sei. Marcusson sah hier die Krankenhäuser und Polikliniken in der Pflicht, die Betroffenen, darunter auch Menschen mit Kinderlähmung, Querschnittslähmung oder Spastiken, durch spezielle Maßnahmen in das Arbeitsleben zu integrieren. Neue Rehabilitationszentren sollten auf alle übrigen Einrichtungen ausstrahlen und eine Vorbildfunktion erfüllen.[167]

Die Forschungsgruppe Rehabilitation hatte dem Ministerium für Gesundheitswesen vorgeschlagen, drei Rehabilitationszentren in der DDR zu errichten. Pläne für den Bau eines solchen Zentrums in Berlin-Buch waren bereits ausgearbeitet. Dabei wurde nicht an eine Universitätsklinik gedacht, sondern an »eine Einrichtung, in der Ärzte, Arbeitskraftlenker und FDGB (Versicherung) gemeinsam an die Lösung der Fragen der Wiedereingliederung gehen«.[168] Die Rehabilitationszentren sollten nur Personen aufnehmen, die unter schweren körperlichen Einschränkungen litten, in ungünstigen sozialen Verhältnissen lebten oder aufgrund ihres Wohnsitzes keinen Ausbildungsplatz im Betrieb erhielten. Die betriebliche Ausbildung wurde weiterhin favorisiert, da sie als praxisverbundener galt und die Berufsausbildung in einem Rehabilitationszentrum mit höheren Kosten verbunden war. Um die Rehabilitanden stärker in die Gesellschaft zu integrieren, wurden Patenschaften mit Berufsschulen, FDJ-Gruppen und Betrieben vorgeschlagen, in denen die Betroffenen ein halbes Jahr vor ihrer Entlassung aus dem Rehabilitationszentrum ein Praktikum absolvieren sollten.[169]

Im Rahmen der Diskussion über Rehabilitation richteten die staatlichen Stellen ihre Aufmerksamkeit stärker auf einzelne Betroffenengruppen, wie Querschnittsgelähmte. Die Zentralkomitee-Abteilung Agitation/Propaganda berichtete im Dezember 1960 über heftige Diskussionen in der orthopädischen Klinik in Leipzig. In diesen war es darum gegangen, dass es in der gesamten DDR kein Zentrum für Querschnittsgelähmte gebe, in dem sie nach erfolgter Krankenhausbehandlung untergebracht werden könnten. Die Abteilung Agitation/Propaganda beschwerte sich bei der Zentralkomitee-Abteilung Gesundheitspolitik darüber, dass es unverantwortlich sei, gelähmte Personen einfach nach Hause zu entlassen, wo sie dauerhaft gepflegt werden müssten, obwohl die Angehörigen dies »bei allem guten Willen einfach nicht durchhalten« könnten. Sie kritisierte zudem die gängige Praxis, pflegebedürftige Jugendliche in Altersheimen unterzubringen: »Dass eine derartige Maßnahme auf einen jugendlichen Menschen nicht gerade optimistisch einwirkt,

167 Siehe BArch, DQ 1/20599, unpag., MfG (Marcusson) an Magistrat von Groß-Berlin (Oberbürgermeister), 24.6.1958.

168 Ebd.

169 Siehe BArch, DQ 1/2325, unpag., Niederschrift über die Arbeitstagung im Rehabilitationszentrum für Berufsausbildung in Dresden am 24./25.10.1962, 2.11.1962.

dürfte jedem einleuchten.«[170] Die Abteilung schlug vor, beim Bau eines neuen Krankenhauses auch »einmal an ein Zentrum für diese schwer erkrankten Menschen zu denken« und verwies dabei auf das neu errichtete Krankenhaus in Bernau.[171] Die ZK-Abteilung Gesundheitswesen war über den Sachverhalt nicht informiert und konsultierte daher das Ministerium für Gesundheitswesen. Dieses gab Entwarnung und antwortete, dass in der Klinik für Orthopädie und Rehabilitation Berlin-Buch eine spezielle Abteilung für Querschnittsgelähmte bestehe. Zudem sollte im Sommer 1961 in der Heilstätte für Skeletttuberkulose Carlsfeld bei Halle eine weitere spezielle Abteilung eingerichtet werden, ebenso wie in Eisenberg bis 1965.[172]

Die ZK-Abteilung Gesundheitswesen setzte die ZK-Abteilung Agitation/Propaganda darüber in Kenntnis, dass die Zahl von 130 Betten für Querschnittsgelähmte »von den Fachleuten als ausreichend betrachtet« werde.[173] Staatssekretär Gehring hatte das Politbüromitglied Kurt Hager zudem darauf hingewiesen, dass neben speziellen Kliniken auch vorgesehen sei, bei betrieblichen Neubauprojekten Abteilungen oder Arbeitsplätze für Querschnittsgelähmte einzuplanen. Ein erstes Projekt war eine Siedlung für Querschnittsgelähmte beim Halbleiterwerk Frankfurt (Oder).[174] Das 1959 in Betrieb genommene Halbleiterwerk war bis 1980 eines der größten Unternehmen der Stadt Frankfurt (Oder) und beschäftigte zuletzt etwa 8.000 Mitarbeiter.[175] Zusammen mit dem EKO, dem 1960 errichteten Erdölverarbeitungswerk Schwedt und dem Chemiefaserwerk Guben stellte es etwa 36.000 Arbeitsplätze in der Region zur Verfügung.[176]

Die Staatliche Plankommission weigerte sich jedoch, Mittel aus dem Wohnungsbaufonds für den Bau der Siedlung zur Verfügung zu stellen. Stattdessen forderte sie das Gesundheitswesen auf, die finanziellen Mittel selbst bereitzustellen. Der Rat des Bezirkes Frankfurt (Oder) beschwerte sich daraufhin, dass das Gesundheitsministerium keine Anstalten unternahm, die Staatliche Plankommission umzustimmen.[177]

170 SAPMO BArch, DY 30/IV 2/19/103, Bl. 256, ZK-Abteilung Agitation/Propaganda an ZK-Abteilung Gesundheitswesen, 21.12.1960.

171 Ebd.

172 Siehe SAPMO BArch, DY 30/IV 2/19/103, Bl. 281, MfG (Gehring) an Kurt Hager, 23.3.1961.

173 SAPMO BArch, DY 30/IV 2/19/103, Bl. 283, ZK-Abteilung Gesundheitspolitik an ZK-Abteilung Agitation/Propaganda, Behandlung von Querschnittsgelähmten, 16.5.1961.

174 Siehe SAPMO BArch, DY 30/IV 2/19/103, Bl. 281, MfG (Gehring) an Kurt Hager, 23.3.1961.

175 Siehe Cortina Gentner: WohnWenden. Wohn- und Wendegeschichten aus Brandenburg (= Internationale Hochschulschriften, Bd. 497), Münster 2007, S. 113.

176 Siehe Rita Aldenhoff-Hübinger: Die Ausstrahlung der »Halbleiterpflaume«. Folgen einer Betriebsgründung in Frankfurt (Oder), in: Andreas Ludwig (Hrsg.): Fortschritt, Norm und Eigensinn. Erkundungen im Alltag der DDR, Eisenhüttenstadt 1999, S. 39–52, S. 40.

177 Siehe BArch, DQ 1/22593, unpag., Abteilung Gesundheits- und Sozialwesen des RdB Frankfurt (Oder) (Referat Organisationen des Gesundheitsschutzes) an MfG (Knabe), 13.12.1962.

Dieses hatte selbst bereits Abstand von dem Projekt genommen. 1963 berichtete Knabe, dass der neue Leiter der Arbeitssanitätsinspektion Frankfurt (Oder) vom Bau des Zentrums abgeraten hatte.[178] Dieser hielt das Projekt für »nicht genügend durchdacht« und »ausgesprochen unzweckmäßig«.[179] Untersuchungen hätten ergeben, dass der Männeranteil unter den Querschnittsgelähmten bei etwa 80 Prozent liege, das Halbleiterwerk seine Tätigkeiten aber überwiegend von Frauen ausführen lasse. Außerdem sei klar, dass bereits rehabilitierte Querschnittsgelähmte nicht extra nach Frankfurt (Oder) ziehen, sondern in ihrer gewohnten Umgebung eine Arbeit suchen und auch finden würden. Mit pflegebedürftigen Querschnittsgelähmten, die nur halbtags einsatzfähig seien, habe man lediglich einen »echten Gewinn an Arbeitskräften« von 30 Personen – »für diesen Zuwachs aber ein Projekt von rund 9 Millionen DM zu bauen, dürfte auch 1975 noch nicht zu verantworten sein«.[180] Eine handschriftliche Notiz auf dem Dokument (»Lassen wir also die Finger davon!«[181]) verdeutlicht den weiteren Umgang mit dem Projekt: Es wurde fallengelassen.

Neben den Querschnittsgelähmten gerieten auch Menschen mit psychischen Erkrankungen oder einer geistigen Behinderung stärker in den Fokus der staatlichen Stellen. Dies stand im Zusammenhang mit einem 1963 durchgeführten Symposium der »Gesellschaft für Rehabilitation« und der »Gesellschaft für Psychiatrie und Neurologie« in Rodewisch, auf dem neue Grundsätze für die psychiatrische Therapie und Rehabilitation postuliert worden waren. Bei den sogenannten »Rodewischer Thesen« handelte es sich um ein »bemerkenswertes Reformprogramm«,[182] das neue Ansätze vorschlug, um Menschen mit psychischen Erkrankungen stärker in das soziale Leben einzubinden und Diskriminierung und Intoleranz gegenüber dieser Gruppe zu verhindern. So versuchte man bei der beruflichen Rehabilitation, einen Übergang zwischen regelmäßigen arbeitstherapeutischen Einsätzen und voller Erwerbsarbeit zu finden.[183] Ein weiteres wichtiges Prinzip war der Übergang von der geschlossenen Anstaltspsychiatrie zu einem Konzept der »offenen Krankenstation«.[184]

178 Siehe BArch, DQ 1/6386, unpag., Sektor Rehabilitation (Knabe), Analyse zur Arbeit auf dem Gebiet der Rehabilitation im Jahre 1962, 25.3.1963.

179 Brandenburgisches Landeshauptarchiv (BLHA), Rep. 601/644, unpag., RdB Frankfurt (Oder) (Arbeitssanitätsinspektion) an MfG (Knabe), 21.3.1963.

180 BLHA, Rep. 601/644, unpag., RdB Frankfurt (Oder) (Arbeitssanitätsinspektion) an MfG (Knabe), 21.3.1963.

181 Ebd., handschriftlicher Vermerk auf dem Dokument.

182 Sonja Süß: Politisch missbraucht? Psychiatrie und Staatssicherheit in der DDR (= Wissenschaftliche Reihe des Bundesbeauftragten für die Unterlagen des Staatssicherheitsdienstes der ehemaligen Deutschen Demokratischen Republik, Bd. 14), Berlin 1999, S. 74.

183 Vgl. Mürner, Werktätige in geschützter Arbeit, S. 26 f.

184 Vgl. URL: http://dgsp-brandenburg.de/sites/default/files/Rodewischer_Thesen.pdf (10.4.2014).

Das Ministerium für Gesundheitswesen orientierte sich an der Tuberkulose-Rehabilitation, die »zur Richtschnur für alle anderen Fachdisziplinen werden« sollte.[185] Da die Zahl der Tuberkulosekranken stark zurückgegangen war, plante das Ministerium, die Betreuung von Menschen mit Spastiken, Epilepsie und Querschnittslähmungen durch die Nutzung freiwerdender Betten in Tuberkuloseeinrichtungen zu verbessern. Ziel war es, durch Rehabilitationsmaßnahmen Frühinvalidität zu vermeiden, die Behandlungsdauer zu verkürzen und etwa 10.000–15.000 neue Arbeitskräfte zu gewinnen. Um dieses Ziel zu erreichen, waren unter anderem Sonderwerkstätten mit angeschlossenen Heimarbeitszentralen in allen Bezirken geplant.[186] Eine solche bestand beispielsweise in Berlin beim Städtischen Krankenhaus für Orthopädie und Rehabilitation.[187] Insgesamt gab es Mitte der 1960er-Jahre 24 Rehabilitationszentren für Berufsbildung mit etwa 1.800 Ausbildungsplätzen, darunter etwa 200 Plätze in karitativen Einrichtungen. Diese sollten den staatlichen Einrichtungen gleichgestellt werden. Damit wollte die Hauptabteilung Sozialwesen auf diese Einfluss nehmen, um eine versicherungsrechtliche Gleichstellung der dort beschäftigten Rehabilitanden zu erreichen.[188]

Neben Sonderwerkstätten, die in Dresden und Eisenberg sowie in den Bezirken Rostock und Leipzig entstehen sollten,[189] war der Bau eines Rehabilitationszentrums beim Georg-Benjamin-Krankenhaus (Bergarbeiterkrankenhaus) Erlabrunn geplant, der sich schwierig gestaltete.[190] Die Sozialversicherung der Wismut berichtete im April 1963, dass der erste Bauabschnitt, der eine Werkstatt beinhaltete, abgeschlossen war. Dort sollten zunächst 36 Rehabilitanden in den Berufen Mechaniker, Wiedergabetechniker, Orthopädiemeister und Bandagist ausgebildet werden. In einem zweiten Bauabschnitt waren Unterrichtsräume, ein Lehrschwimmbecken und weitere Wohnräume für etwa 85 Rehabilitanden im Rahmen von 700.000 Mark vorgesehen. Dieser Bauabschnitt war nun ebenso wie weitere Nachfolgeeinrichtungen gestrichen und auf unbestimmte Zeit verschoben worden. Die Sozialversicherung der Wismut hielt diese Entscheidung für unverantwortlich: »Wir haben draußen junge Menschen mit verschiedenen Leiden, die bereits das Ziel der 10. Klasse absolvieren.

185 BArch, DQ 1/4817, unpag., MfG (Hauptabteilung Sozialwesen), Konzeption für die Perspektivplanung auf dem Gebiet Rehabilitation bis 1970 (vertrauliche Dienstsache), o. D.

186 Siehe ebd.

187 Siehe BArch, DQ 1/6386, unpag., Hauptabteilung Sozialwesen (Sektor Rehabilitation), Analyse zur Arbeit auf dem Gebiet der Rehabilitation im Jahre 1962, 25.3.1963.

188 Siehe BArch, DQ 1/4817, unpag., MfG (Hauptabteilung Sozialwesen), Konzeption für die Perspektivplanung auf dem Gebiet Rehabilitation bis 1970 (vertrauliche Dienstsache), o. D.

189 Siehe BArch, DQ 1/22590, unpag., Hauptabteilung Sozialwesen (Sektor Rehabilitation), Vorschläge, 23.4.1964.

190 Siehe BArch, DQ 1/3088, unpag., Hauptabteilung Sozialwesen (Sektor Rehabilitation), Jahresarbeitsplan 1961, 30.12.1960.

Die können wir nicht auf das Jahr 1970 und 1980 vertrösten oder ich weiß nicht in welchem Jahr wir in der glücklichen Lage sein werden, diese Voraussetzungen im Plan aufzunehmen.«[191] Ohne den zweiten Bauabschnitt sei eine Rehabilitation aufgrund der hohen Auslastung des Krankenhauses kaum möglich. Die Sozialversicherung versuchte nun, das Ministerium für Gesundheitswesen von der Notwendigkeit des Projektes zu überzeugen, dass damit eine »Stätte der medizinischen und beruflichen Rehabilitation« für ca. 150 Rehabilitanden entstehen könne, »die uns auch eine internationale Anerkennung einbrächte«.[192] Deutlich wird hier, dass die staatlichen Instanzen bei Großprojekten den finanziellen Nutzen genau abwogen und diese bei finanziellen Engpässen fallen gelassen oder abgebrochen wurden.

Reformansätze in der sozialen Sicherung

Diskussionen über Rentenreform und Invaliditätsbegriff

Im Vordergrund der Rehabilitationsbemühungen stand nicht nur die Reintegration von Menschen mit Erwerbsminderungen in den Arbeitsprozess, sondern auch die Verhinderung von Invalidität. Zwar sank die Zahl der Invalidenrentner bei der Sozialversicherung der Arbeiter und Angestellten von 300.320 (1960) auf 213.933 (1970) ab. Die Zahl der Invaliden-Altersrentner stieg hingegen mit einigen Einbrüchen von 346.492 (1960) auf 527.772 (1970) an.[193] Bei der Deutschen Versicherungsanstalt kam es ebenfalls zu einem Anstieg der Invaliden-Altersrenten von 34.589 (1961) auf 124.462 (1970). Für die Zahl der Invalidenrenten war hingegen ebenfalls eine Abnahme von 119.140 (1961) auf 64.618 (1970) zu verzeichnen.[194] Die Zahl der Kriegsinvalidenrentner verringerte sich bis 1970 auf 65.251. 1950 hatte sie noch 589.514 betragen.[195] Damit ist auch die »zunehmende Marginalisierung« des kriegsfolgenspezifischen Politikfeldes, das bereits vor 1961 »auf den einzig überdauernden Strang besonderer Sozialpolitik für Kriegsbeschädigte und Kriegshinterbliebene zusammengeschrumpft« war, zu erklären.[196]

191 BArch, DQ 1/21105, unpag., Sozialversicherung Wismut (Bergarbeiter-Krankenhaus Dr. Georg Benjamin Erlabrunn), Bericht, 22.4.1963.

192 Ebd.

193 Siehe BMAS, Statistische Übersichten, Tab. 4.1.3.1 Renten der Sozialversicherung für Arbeiter und Angestellte nach Rentenarten (ohne FZR), S. 167.

194 Siehe ebd., Tab. 4.2.3.1 Renten der Staatlichen Versicherung nach Rentenarten, S. 190.

195 Siehe ebd., Tab. 4.1.3.1 Renten der Sozialversicherung für Arbeiter und Angestellte nach Rentenarten (ohne FZR) S. 167.

196 Schwartz, Kriegsbeschädigte und Kriegshinterbliebene, Bd. 9, S. 624.

Die Zentrale Revisionskommission des FDGB berichtete im Gegensatz dazu nach einer Überprüfung der Sozialversicherung der Arbeiter und Angestellten 1962, dass die Zahl der Invalidenrentner ständig steige und der hohe Frauenanteil eine »besonders ernsthafte Erscheinung« darstelle.[197] Möglicherweise beziehen sich diese Angaben auf die Invaliden-Altersrenten oder auf die Zahl der Neuzugänge an den Invalidenrenten. Im Arbeitsplan der Verwaltung der Sozialversicherung im ersten Halbjahr 1962 wurde festgelegt, die Ursachen hierfür zu untersuchen. Zudem sollte die Statistik erweitert werden, um über die Altersstruktur der Invalidenrentner, die wichtigsten Krankheiten und neue Formen der Frühinvalidität informiert zu sein. Die Zentrale Revisionskommission stellte fest, dass Nachprüfungen bei Invalidenrentnern häufig »sehr sorglos gehandhabt« würden. Unter- und Überbezahlungen im Rentenwesen seien Mängel, welche die »Werktätigen« verärgerten.[198]

Die Möglichkeiten der Versicherten, sich rechtlich gegen Entscheidungen der Sozialversicherung zu wenden, waren allerdings durch das Gesetzbuch der Arbeit von 1961 massiv eingeschränkt worden, da dieses die Zuständigkeit der Arbeitsgerichte in Angelegenheiten der Sozialversicherung abgeschafft hatte. Nun bestand für den Versicherten nur noch die Möglichkeit, Einspruch vor den Beschwerdekommissionen einzulegen, deren Mitglieder von den jeweiligen Vorständen des FDGB »gewählt«, also de facto ohne Wahlmöglichkeit für die Betroffenen eingesetzt und auch ohne jede inhaltliche Begründung wieder abgesetzt werden konnten. Damit konnte man hier nicht mehr von einem Rechtsschutzverfahren sprechen, sondern »höchstens von einem verwaltungsnahen Kontrollverfahren, das gelegentlich zu Rechtsschutzreflexen zu Gunsten des Versicherten führen konnte«.[199] Dieser Grundsatz, nach dem der Rechtsweg für den Betroffenen, der sich zudem nicht durch einen Anwalt vertreten lassen konnte, mit dem Urteil der Bezirksbeschwerdekommission endete, sollte bis zum Ende der DDR in Kraft bleiben und nur noch in Einzelheiten verändert werden. Nach der Entscheidung der Bezirksbeschwerdekommission blieb den Versicherten nur noch die Möglichkeit, eine Eingabe zu schreiben.[200]

An den organisatorischen Grundlagen der Rentenversicherung hatte sich nach der Übernahme der Sozialversicherung durch den FDGB 1956 wenig geändert. 1961 beschwerte sich die ZK-Abteilung Gewerkschaften und Sozialpolitik darüber, dass die Rentenversorgung nicht von einer Stelle geplant werde und durch Sonderregelungen immer unübersichtlicher geworden sei.[201] Diese Kritik bezog sich auf das weitver-

197 SAPMO BArch, DY 30/IV 2/6.11/77, Bl. 51–57, hier Bl. 56 f., Zentrale Revisionskommission des FDGB, Vorlage, 28.4.1962.

198 Siehe ebd.

199 Lohmann, Entwicklung des Sozialrechts in der DDR, S. 66.

200 Siehe ebd., S. 105 f.

201 BArch, DY 30/IV 2/6.11/85, Bl. 48–52. Abteilung Gewerkschaften und Sozialpolitik an Hon-

zweigte Netz von Zusatz- und Sonderversorgungssystemen für besonders privilegierte Gruppen. Darunter fiel die Sonderversorgung für die Nationale Volksarmee, die Zollverwaltung, das Ministerium für Staatssicherheit, die Volkspolizei, die Feuerwache und Angestellte im Strafvollzug.[202] Insgesamt waren 63 Zusatzversorgungssysteme bekannt, in denen die Rente in der Regel um einen Betrag aufgestockt wurde, der etwa 60 bis 80 Prozent des Entgeltes der zehn günstigsten Einkommensjahre betrug. Die Beitrittsbedingungen und Leistungsansprüche waren insgesamt sehr verschieden. Zu den Empfängern zählten bestimmte Berufsgruppen wie Ärzte, Pädagogen, künstlerisch Beschäftigte. Auch Mitarbeiter des Staats- und Parteiapparates sowie gesellschaftlicher Organisationen, Generaldirektoren zentral geleiteter Kombinate und verdienstvolle LPG-Vorsitzende fielen unter diese Regelung.[203] Diese Zusatzsysteme waren unter anderem geschaffen worden, um dringend benötigten Berufsgruppen einen Anreiz zum Bleiben zu bieten. Mit dem Bau der Mauer 1961 fiel diese Notwendigkeit zwar weg, die Sonderversorgungs- und Zusatzsysteme blieben aber bestehen.

Nicht nur die Experten für berufliche Rehabilitation forderten eine Rentenreform, sondern auch aus der Bevölkerung wurde diese Forderung immer lauter. Die ZK-Abteilung Gewerkschaften und Sozialpolitik hielt die Einführung eines neuen Rentenrechtes für vordringlich, da »seit 1956 ununterbrochen [...] Zuschriften von Rentnern und Werktätigen an die verschiedenen Organe von Partei, Staat und Gewerkschaften« zu diesem Thema eingegangen waren.[204] Eine Untersuchung des Sektors Arbeitsrecht der ZK-Abteilung Gewerkschaften und Sozialpolitik hatte ergeben, dass diese mehrere Forderungen enthielten. Hierzu gehörte neben einer Rentenerhöhung und der Differenzierung der Rente nach der Beschäftigungsdauer auch eine Herabsetzung der Altersgrenze. Zudem forderte die Bevölkerung eine Beseitigung des vorherrschenden Invaliditätsbegriffes und die Zahlung einer Teilrente bei Überschreitung des Lohndrittels.[205] Viele Rentner lehnten auch die im Programmentwurf der Partei enthaltene Formulierung über die Beschäftigung von Rentnern jenseits der Altersgrenze ab und wiesen darauf hin, dass sie nach zum Teil fünfzigjähriger Berufstätigkeit nicht mehr in der Lage seien, noch eine nennenswerte Beschäfti-

ecker, Stellungnahme zur Verantwortung und Leitung auf dem Gebiet der Rentenversorgung, 15.12.1961, Vgl. auch Dierk Hoffmann, Sicherung bei Alter, Invalidität und für Hinterbliebene, Sonderversorgungssysteme (künftig zitiert: Hoffmann, Sicherung bei Alter, Invalidität, Bd. 9), in: Geschichte der Sozialpolitik in Deutschland seit 1945, Bd. 9, S. 327–375, S. 349 f.

202 Vgl. Hoffmann, Das Alterssicherungssystem der DDR, S. 24.

203 Vgl. ebd., S. 23.

204 SAPMO Bundesarchiv DY 30/IV 2/6.11/85, Bl. 3–9, hier Bl. 8 f., ZK-Abteilung Gewerkschaften und Sozialpolitik, Die Rentenentwicklung im Siebenjahrplan auf der Grundlage eines neuen Rentenrechts, 7.1.1961.

205 Siehe SAPMO BArch, DY 30/IV 2/6.11/85, Bl. 26 f., Sektor Arbeitsrecht an Genossin Engler, Auftrag vom 25.7.1961, 2.8.1961.

gung auszuüben. Beschwerden richteten sich zudem gegen Sonderregelungen für bestimmte Bevölkerungsgruppen auf dem Rentengebiet, wie der »Intelligenz«, den Eisenbahnern und Postangestellten.[206]

Im Rahmen des 1959 begonnenen Siebenjahrplanes hatte die ZK-Abteilung Gewerkschaften und Sozialpolitik den Auftrag erhalten, Grundsätze für ein neues Rentenrecht auszuarbeiten und diese dem Politbüro zu unterbreiten. In diesen favorisierte die ZK-Abteilung Gewerkschaften und Sozialpolitik schließlich die endgültige Abkehr weg vom Versicherungsprinzip hin zu einem Versorgungsprinzip.[207] Die wichtigsten Punkte der Vorlage, zu der die Abteilung im Januar 1961 ihre Vorarbeiten abgeschlossen hatte, stellten die Einführung eines nach einheitlichen Grundsätzen entwickelten Rentenrechts mit Wirkung ab dem ersten Dezember 1961 und die Umrechnung der bereits festgesetzten Renten dar. Hierfür sollte der Durchschnittsverdienst der letzten 20 Jahre vor Rentenbeginn zu Grunde gelegt und die Mindesthöhe der künftigen Renten nach der Länge der Beschäftigungszeit gestaffelt berechnet werden.[208] Bei der Invalidenrente sollten Verbesserungen vor allem für junge Invaliden erfolgen, indem die Invalidenrente auf der Grundlage von mindestens 35 Beschäftigungsjahren berechnet werden sollte, wenn der Betroffene zuvor ununterbrochen beschäftigt war. Zudem sollte die Rente bei Überschreiten eines Drittels des früheren Verdienstes (Lohndrittel) nicht mehr wegfallen, sondern nur noch um zwei Drittel des übersteigenden Verdienstes gekürzt werden. Erst wenn der Verdienst zwei Drittel des früheren Arbeitsverdienstes überstieg, war vorgesehen, den darüber hinausgehenden Verdienst voll auf die Rente anzurechnen.[209]

Die Vorschläge der ZK-Abteilung Gewerkschaften Sozialpolitik wurden zunächst nicht umgesetzt. Hintergrund war die Wirtschaftslage und die Befürchtung, dass sich durch eine Rentenerhöhung auch die Kaufkraft erhöhe. Stattdessen wurde angeregt, erneut eine Kommission für die Ausarbeitung eines neuen Rentenrechtes zu bilden.[210] Die ZK-Abteilung Gewerkschaften und Sozialpolitik hielt an ihrem Plan fest. 1962 legte sie als eine der wichtigsten sozialpolitischen »Perspektiv-Aufgaben« ein »sozialistisches« Rentensystem fest. Dieses solle das Missverhältnis zwischen dem durchschnittlichen Arbeitseinkommen und den Renten aufheben und die

206 Siehe SAPMO BArch, DY 30/IV 2/6.11/85, Bl. 69–73, ZK-Abteilung Gewerkschaften und Sozialpolitik, Stellungnahme zu Anträgen und Anfragen auf dem Rentengebiet im Zusammenhang mit dem Entwurf des Programms der Partei, 29.12.1962.

207 Siehe Hoffmann, Sicherung bei Alter, Invalidität, Bd. 9, S. 348.

208 Siehe SAPMO Bundesarchiv DY 30/IV 2/6.11/85, Bl. 3–9, hier Bl. 4 f., ZK-Abteilung Gewerkschaften und Sozialpolitik, Die Rentenentwicklung im Siebenjahrplan auf der Grundlage eines neuen Rentenrechts, 7.1.1961.

209 Siehe ebd., Bl. 5.

210 Siehe Hoffmann, Sicherung bei Alter, Invalidität, Bd. 9, S. 349.

»Zersplitterung auf dem Rentengebiet« durch »eine Alters-, Invaliden- und Hinterbliebenenversorgung auf staatlicher Grundlage und nach einheitlichen Grundsätzen für alle Werktätigen unter Berücksichtigung der individuellen Arbeitsleistung« beseitigen.[211] Die Abteilung plante zudem, das staatliche Rehabilitationswesen auszubauen und Rehabilitationseinrichtungen einzurichten, in denen die Arbeitsfähigkeit »gesundheitsgeschädigter Werktätiger« gefördert bzw. wiederhergestellt werden sollte.[212] Die entscheidende Initiative für eine Erhöhung der Rentenleistungen kam schließlich von Walter Ulbricht selbst, der die schlechte Versorgungslage der Rentner auf dem VI. Parteitag am 15. Januar 1963 thematisierte und Verbesserungen in Aussicht stellte.[213] Sowohl die ZK-Abteilung als auch der FDGB legten Konzeptionen für eine Neuordnung des Rentenrechts vor. Die ZK-Abteilung Gewerkschaften und Sozialpolitik schlug darin einen Abbau von »bestehenden Überspitzungen in der Rentenhöhe«, insbesondere bei hohen Renten an arbeitsfähige Witwen von Angehörigen der »Intelligenz« vor. Während sie eine Anhebung der Beitragsbemessungsgrenze auf 1.000 Mark angeregt hatte,[214] wollte der FDGB diese auf 1.500 Mark und den Beitragssatz von zehn auf elf Prozent erhöhen.[215] Die ZK-Abteilung favorisierte ferner eine Erhöhung aller Renten sowie der Sozialfürsorgeunterstützung um monatlich zehn Mark. Einig waren sich FDGB und ZK-Abteilung Gewerkschaften und Sozialpolitik darin, dass Beitragsmehreinnahmen auch durch die Erhebung von Sozialversicherungsbeiträgen bei arbeitenden Alters- und Invalidenrentnern eingenommen werden könnten. Im neuen Rentenrecht sollte festgelegt werden, dass sich die Weiterbeschäftigung für Altersrentner rentenerhöhend auswirke.[216]

Die ZK-Abteilung beharrte weiter auf ihrer Forderung, die »bestehende Zersplitterung in der Rentengesetzgebung, in der Planung und Bearbeitung der sozialpolitischen Fragen« durch Übertragung an eine einzige staatliche Stelle zu beseitigen und schlug hierfür die Staatliche Plankommission (Komitee für Arbeit und Löhne) vor.[217] Die Forderung nach einer Vereinheitlichung stand dabei ganz im Zeichen der Wirtschaftsreform. Denn ein wichtiges Kennzeichen des »Neuen Ökonomischen Systems

211 SAPMO BArch, DY 30/IV 2/6.11/56, Bl. 288, ZK-Abteilung Gewerkschaften und Sozialpolitik, Zu den wichtigsten sozialpolitischen Perspektiv-Aufgaben, 19.7.1962.

212 Siehe ebd.

213 Siehe Hoffmann, Sicherung bei Alter, Invalidität, Bd. 9, S. 351.

214 Siehe SAPMO BArch, DY 3023/753, Bl. 1–4, hier Bl. 2, ZK-Abteilung Gewerkschaften und Sozialpolitik an Günter Mittag, Konzeption für die Neugestaltung des Rentenrechts im Perspektivplan von 1964–1970, 10.5.1963.

215 Vgl. Hoffmann, Sicherung bei Alter, Invalidität, Bd. 9, S. 352.

216 Siehe SAPMO BArch, DY 3023/753, Bl. 1–4, hier Bl. 2, ZK-Abteilung Gewerkschaften und Sozialpolitik an Günter Mittag, Konzeption für die Neugestaltung des Rentenrechts im Perspektivplan von 1964–1970, 10. Mai 1963.

217 Ebd., Bl. 4.

der Planung und Leitung« (NÖSPL) war eine Verwissenschaftlichung, die sich neben der Gründung wissenschaftlicher Institute auch in Forderungen nach Rationalisierungen im Staatsapparat und einer einheitlichen Leitung äußerte.[218]

Weder der FDGB noch die ZK-Abteilung Gewerkschaften und Sozialpolitik konnten sich mit ihren Vorschlägen durchsetzen. Denn auch die Staatliche Plankommission hatte eine erste Beschlussvorlage für das Politbüro in Bezug auf neue rentenrechtliche Regelungen erarbeitet. Die darin enthaltenen Vorschläge zur Verbesserung der Rentenleistungen hatte sie in ein Gesamtkonzept zur »Verbesserung der Lebenslage der Werktätigen« eingegliedert. Zwar sollte die Mindestrente nur um fünf Mark erhöht werden, die Staatliche Plankommission machte sich aber zudem für eine Bewertung der Beschäftigungsdauer stark, die sich mit 0,50 Mark pro Monat für jedes versicherungspflichtige Beschäftigungsjahr niederschlagen sollte.[219] Das Politbüro entschied sich für diese Beschlussvorlage, die kurz darauf im Gesetzblatt erschien und zum 1. Januar 1964 in Kraft trat.[220] Eine weitere Verordnung über die Erhöhung der Renten der Sozialversicherung der Arbeiter und Angestellten und der Sozialversicherung bei der Deutschen Versicherungsanstalt samt einer ersten Durchführungsbestimmung erschien am 5. September 1963, regelte jedoch lediglich Einzelheiten.[221] Insgesamt waren die Maßnahmen eher ein Entgegenkommen gegenüber der Bevölkerung als die 1956 in Aussicht gestellte Rentenreform.[222]

Der Plan einer Rentenreform wurde nicht aufgegeben, aber weiterhin von der Staatlichen Plankommission bestimmt und in ein Gesamtkonzept zur Verbesserung des Lebensstandards der Bevölkerung einbezogen. Da der Sektor »Lebensstandard« der Hauptabteilung Perspektivplanung dieses Konzept erarbeitete, geriet die geplante Rentenreform zu einem Teilaspekt der Perspektivplanung, bei der Lohn- und Urlaubsregelungen im Vordergrund standen.[223] Die Staatliche Plankommission verfolgte zudem das Ziel, die drohende Überalterung der Gesellschaft durch die Integration von Altersrentnern in den Arbeitsprozess abzufedern. In diesem Kontext befasste sich die Staatliche Plankommission auch mit dem geringen Lebensstandard

218 Siehe Dierk Hoffmann: Gemeinsame Fragen der Organisation und des Rechts der sozialen Leistungen (künftig zitiert: Hoffmann, Gemeinsame Fragen, Bd. 9), in: Geschichte der Sozialpolitik in Deutschland seit 1945, Bd. 9, S. 270–288, hier S. 284.

219 Hoffmann, Sicherung bei Alter, Invalidität, Bd. 9, S. 353.

220 Siehe Beschluss über Maßnahmen zur Verbesserung der Lebenslage der Werktätigen vom 30.7.1963, GBl. der DDR II 1963, S. 549 f.

221 Verordnung über die Erhöhung der Renten der Sozialversicherung der Arbeiter und Angestellten und der Sozialversicherung bei der Deutschen Versicherungs-Anstalt, GBl. der DDR II 1963, S. 639–642. – Zweite Durchführungsbestimmung zur Verordnung über die Sozialversicherung der Arbeiter und Angestellten, GBl. der DDR II 1963, S.639.

222 Vgl. Hoffmann, Sicherung bei Alter, Invalidität, Bd. 9, S. 351–354.

223 Siehe ebd., S. 355 f.

der Rentner. Bei 80 Prozent der Rentner lag das Einkommen unter 140 Mark monatlich.[224] Zu einem ähnlichen Ergebnis war auch die ZK-Abteilung Gewerkschaften und Sozialpolitik gekommen, nach deren Berechnungen 1963 etwa 82 Prozent der Alters- und Invalidenrentner eine Rente bis zu 155 Mark monatlich erhielten, 95 Prozent der Witwen sogar nur eine Rente, die geringfügig über der Mindestrente lag.[225] Verbesserungsmöglichkeiten sah der Sektor Lebensstandard der Staatlichen Plankommission in einer Erhöhung der Feierabend- und Pflegeheime-Plätze, in der Bildung von Rentner- und Invalidengenossenschaften und in der Einrichtung von »Veteranenclubs« durch die Volkssolidarität, welche die Rentner betreute.[226] In die Planungen zur Rentenpolitik waren in einer Arbeitsgruppe neben der Staatlichen Plankommission auch die Kommission für Arbeit und Löhne, die zuständigen ZK-Abteilungen, das Finanzministerium und der FDGB-Bundesvorstand involviert. Auch das Gesundheitsministerium wurde Ende 1964 beratend hinzugezogen.[227]

Im Zuge der Rentendiskussion und der Entwicklung der Rehabilitation war auch eine Diskussion über das ärztliche Begutachtungswesen und die Definition von Invalidität in Bezug auf das Lohndrittel entstanden. Schon im Oktober 1962 hatte Otto Lehmann, ab 1963 Direktor der Sozialversicherung, Vorschläge zur Veränderung der Begutachtung bei Rentenansprüchen vorgelegt.[228] Lehmann beklagte wachsende Schwierigkeiten bei der Erstellung ärztlicher Gutachten für die Sozialversicherung. Diese führte er auf eine zu geringe Gutachterzahl und deren unzureichende Entlohnung und Fortbildungsmöglichkeiten zurück. Auch im Bereich des Begutachtungswesens wurde eine einheitliche Organisationsform empfohlen. Lehmann schlug vor, einen Kreisgutachter für alle auf dem Gebiet der Begutachtung anfallenden Aufgaben verantwortlich zu machen. Für diese Funktion kam seiner Ansicht nach der Leiter des Kreiskrankenhauses – in Ausnahmefällen auch ein anderer besonders erfahrener Arzt – infrage. Dieser sollte die Zahl der erforderlichen Gutachter festlegen und gemeinsam mit zwei anderen »erfahrenen Ärzten aus dem Kreisgebiet als Obergutachter in Zweifelsfällen und bei Beschwerden der 1. Instanz« tätig werden.[229] Dem Kreisgutachter war der Bezirksgutachter übergeordnet, der ebenfalls mit zwei

224 Siehe ebd., S. 358.

225 Siehe SAPMO BArch, DY 30/IV A 2/6.11/111, Bl. 2–6, hier Bl. 3, ZK-Abteilung Gewerkschaften und Sozialpolitik an Mittag, Kurze Information über die Diskussion und Vorschläge zu Rentenveränderungen nach dem VI. Parteitag, 2.3.1963.

226 Siehe Hoffmann, Sicherung bei Alter, Invalidität, Bd. 9, S. 358.

227 Siehe ebd., S. 358 f.

228 Vgl. ebd., S. 351.

229 Siehe SAPMO BArch, DY 30/IV 2/6.11/85, Bl. 64–68, FDGB-Bundesvorstand (Lehmann), an Ministerium für Gesundheitswesen (Stellvertreter des Ministers, Gehring), Vorschläge zur Veränderung des Systems der ärztlichen Begutachtung bei Rentenansprüchen, 23.10.1962.

weiteren Ärzten Beschwerden der zweiten Instanz bearbeiten sollte. An der Spitze dieses Systems stand die Abteilung Ärztliches Begutachtungswesen des Instituts für Planung und Organisation des Gesundheitsschutzes. Dieses unterstand dem Ministerium für Gesundheitswesen und leitete das gesamte Begutachtungswesen. Der Leiter dieser Abteilung sollte eine Zentrale Obergutachterkommission bilden. Lehmann hatte seine Vorschläge bereits mit dem Leiter der Abteilung »Ärztliches Begutachtungswesen«, Dr. Kollmorgen, abgesprochen und dem Ministerium für Gesundheitswesen mit der Empfehlung übersandt, weitere Beratungen durchzuführen, um eine entsprechende Anordnung zu erarbeiten.[230]

Das Ministerium für Gesundheitswesen griff die Vorschläge auf und begann 1963 in einigen Bezirken mit einer Neuordnung des Begutachtungswesens.[231] Im Gegensatz zu Lehmanns Vorschlag wurde nicht zwingend vorausgesetzt, dass der Kreisbeauftragte für das Begutachtungswesen Leiter des Kreiskrankenhauses sein musste. Auch ein erfahrener Arzt aus dem Kreis sollte die Funktion übernehmen können, dem insbesondere bei Anträgen auf Invalidenrente die entsprechenden Akten vorzulegen waren. Als Vorbild im Begutachtungswesen diente die Tschechoslowakei: Nach einer medizinischen Klärung durch die Rentenkommission wurde dort im Falle einer Rentenentziehung oder -ablehnung »sofort unter Teilnahme eines Vertreters des Amtes für Arbeit und des FDGB, Verwaltung der Sozialversicherung, eine Aussprache mit dem Versicherten durchgeführt und erforderliche rehabilitative Hilfe geleistet«.[232] Der Kreisbeauftragte sollte bei Beschwerdefällen eine Kommission aus gutachterlich besonders erfahrenen Ärzten des Kreises bilden und alle Neuanträge auf einen Beschädigten-Ausweis prüfen. Mit dem Einsatz eines Kreisbeauftragten bezweckte das Ministerium für Gesundheitswesen, bestehende Probleme in der Begutachtung zu beheben. Diese waren nach Aussage des Bezirksarztes von Leipzig unter anderem auf die »unzulässige, oft stillschweigende Einbeziehung sozialer Gesichtspunkte (z. B. Schwierigkeiten bei der Beschaffung leichter Arbeit, ungünstige Verkehrsverhältnisse) in die medizinische Beurteilung als arbeitsunfähig oder invalid« zurückzuführen.[233] Der Bezirksarzt kritisierte, dass Invalidität häufig mit der prozentualen Bezifferung der Minderung der Erwerbsfähigkeit (MdE) begründet werde. Bei »Teilschäden« würden die Grade der MdE oder Körperschäden häufig addiert, »so daß z. B. ein 70 Prozent unfallbedingter Körperschaden fälschlicherweise mit Invalidität gleichgesetzt« werde.[234]

230 Siehe ebd.
231 Siehe BArch, DQ 1/22583, unpag., RdB Leipzig (Bezirksarzt), Neuordnung des Begutachtungswesens (Anleitung für den Dienstgebrauch, neue Fassung), 15.4.1964.
232 Ebd.
233 Ebd.
234 Ebd.

Auch die Forschungsgruppe lehnte den Begriff der »Erwerbsminderung« ab.[235] Diesen gab es im Sozialversicherungsrecht der DDR offiziell nicht, er wurde aber häufig in der Umgangssprache und in ärztlichen Gutachten verwendet. Die Kommission »Organisation und gesetzliche Grundlagen der Rehabilitation« der Forschungsgruppe Rehabilitation hielt die prozentuale Erwerbsminderung zur Feststellung, ob eine Invalidenrente gewährt werden könne oder nicht, für unerheblich. Zur Beurteilung von Unfall- oder Kriegsfolgen sei diese unbedingt erforderlich, wobei die ärztliche Festlegung einer prozentualen Erwerbsminderung nicht immer mit der wirtschaftlichen Erwerbsminderung parallel gehe. Als Beispiel nannte die Kommission den Zustand nach einer Beinamputation, der von ärztlicher Seite mit 70 Prozent Erwerbsminderung eingeschätzt werde, was zwar dem Körperschaden des Verletzten entspreche, nicht aber der wirtschaftlichen Schädigung, »da für einen Beinamputierten noch viele Berufsmöglichkeiten offen stehen«.[236]

Insgesamt ging es den Ärzten der Forschungsgruppe Rehabilitation darum, »eine Möglichkeit [zu] finden, zeitlich oder dauernd Leistungsgeminderte arbeiten zu lassen«.[237] Zu diesem Zweck hatte Dr. Klotzbücher, Vorsitzender der Arbeitsgemeinschaft Soziale Rehabilitation der Gesellschaft für Rehabilitation, den zentralen Stellen vorgeschlagen, eine Teilrente ab 50 Prozent Erwerbsminderung einzuführen, welche »körperlich oder geistig Geschädigte« auch bei herabgesetzter Erwerbsfähigkeit sozial sicherstellen sollte. Zudem sollte das Lohndrittel bei Invalidenrenten auf mindestens 200 Mark angehoben und die Rente nur noch um die Hälfte des Mehrverdienstes gekürzt werden. Wolfgang Presber, Chefarzt der Klinik für Rehabilitation in Berlin-Buch, regte an, dem Betrieb eine Rehabilitationsbeihilfe in Höhe der jeweiligen Rente zu Verfügung zu stellen, die dieser dem Rentner mit dem Arbeitslohn auszahlen solle und die bei einem Zuverdienst über das Lohndrittel hinaus entsprechend gekürzt werden könne.[238]

Im Dezember 1963 fand eine Besprechung über Rentenprobleme in der Fachabteilung des ZK statt, bei der neben dem Leiter des Sektors Rehabilitation, Erich Knabe, auch Dr. Klotzbücher seine Vorschläge vortrug. Es wurde festgehalten, dass grundsätzliche Rentenveränderungen nur bei einer Gesamtregelung der Renten möglich seien. Ein Teilrentensystem, wie von Klotzbücher vorgeschlagen, könne

235 Siehe BArch, DQ 1/3087, unpag., Zentrale Poliklinik der Bauarbeiter, Protokoll über die Beratungen der Kommission »Organisationen und gesetzliche Grundlagen der Rehabilitation« am Freitag, den 16. September 1960, in der städtischen Poliklinik Rostock, 29.10.1960.

236 Ebd.

237 BArch, DQ 1/22595, unpag., Gesellschaft für Rehabilitation (Arbeitsgemeinschaft Soziale Rehabilitation, Klotzbücher) an MfG (Sektor Rehabilitation, Knabe), 5.9.1962.

238 Siehe BArch, DQ 1/22591, unpag., Vorstellungen über ein neues Rentensystem in der DDR, 28.11.1963.

nicht eingeführt werden, da der Mittelbedarf zu hoch sei und die Bereitschaft »leistungsgeminderter« Personen zur Mitarbeit zweifellos eingeschränkt würde. Vor allem das Ministerium der Finanzen hatte sich gegen ein gleitendes Rentensystem ausgesprochen, da es eine vermehrte Rentenzahlung befürchtete.[239]

Im Februar 1964 fand erneut eine Besprechung bei Horst Petruschka von der ZK-Abteilung Gewerkschaften und Sozialpolitik statt, bei der neben Knabe und Dr. Klotzbücher auch Herbert Püschel vom Bundesvorstand des FDGB und ein Vertreter des Komitees für Arbeit und Löhne anwesend waren und auf der über die Erhöhung des Lohndrittels für Invalidenrentner diskutiert wurde. Püschel behauptete, dass nur sieben Prozent aller Invalidenrentner überhaupt im Lohndrittel arbeiteten und deren durchschnittlicher Verdienst bei monatlich 127 Mark liege. Geschlussfolgert wurde daraus, dass der »weitaus größte Teil« der Invalidenrentner »bisher nicht einmal die Möglichkeit eines zusätzlichen Verdienstes im Rahmen des bisher gültigen Lohndrittels in Anspruch genommen« habe.[240] Die Teilnehmer einigten sich darauf, dass zunächst konkrete Zahlen vorliegen müssten, wie viele Invalidenrentner überhaupt im Lohndrittel arbeiteten, um dann »zu gegebener Zeit« noch einmal über die Angelegenheit zu diskutieren.[241]

Welche Schwierigkeiten in der Praxis auftraten, zeigt ein Schreiben des Rates des Kreises Nordhausen an das Ministerium für Gesundheitswesen. In diesem schilderte der Kreisarzt, dass eine selbstständige Friseurmeisterin im Ort, die invalide geworden war, ihr Geschäft im verkleinerten Umfang weiterführen wollte. Bei Zahlung von Invalidenrente sei dies nur möglich, wenn sie gleichzeitig als Schwerstbeschädigte anerkannt werde, was die Ärzteberatungskommission abgelehnt habe. Der Kreisarzt bat nun um Rat, wie man aus dem Dilemma herauskommen könne, da die konkrete Lage so sei, dass »eine unter unseren örtlichen Bedingungen wichtige Arbeitskraft (Friseure sind in unseren Gemeinden ›Mangelware‹) verloren geht, bzw. die Patientin Rente bezieht und heimlich Schwarzarbeit leistet«.[242] Das Ministerium antwortete darauf, dass es sich nicht vermeiden lasse, »dass gewisse Härten in Erscheinung treten« und ein Rentenwegfall auch Invalidenrentner treffe, die als »Werktätige« über das übliche Lohndrittel hinaus verdienten. Über diese Frage habe im Laufe des Jahres eine Besprechung mit »den maßgebenden Stellen« stattgefun-

239 Siehe BArch, DQ 1/22591, unpag., Hauptabteilung Sozialwesen (Sektor Rehabilitation), Aktenvermerk, 19.12.1963.

240 BArch, DQ 1/22591, unpag., Sektor Rehabilitation (Knabe), Aktenvermerk, 8.2.1964.

241 Ebd.

242 BArch, DQ 1/32593, unpag., Rat des Kreises Nordhausen (Kreisarzt) an MfG (Hauptabteilung Sozialwesen), Selbstständige Handwerker – Invalidität – Schwerbeschädigten-Ausweis, 18.7.1962.

den, die »jede Veränderung der geltenden Bestimmungen nach dieser Richtung abgelehnt« hätten, »weil hierdurch auch Fragen der Kaufkrafterhöhung auftreten«.[243]

Die Schwierigkeiten im ärztlichen Begutachtungswesen hingen auch mit der personellen Situation zusammen. So führte der Chefarzt der Poliklinik Rostock, Grauert, diese darauf zurück, dass im Zuge der Dezentralisierung der Sozialversicherung und einer gleichzeitig einsetzenden Unterschätzung des Begutachtungswesens qualifizierte »Kollegen der Versicherungsträger zunehmend abgebaut« und deren Arbeit von weniger qualifizierten Mitarbeitern übernommen worden war.[244] Er forderte eine Vereinheitlichung der Bestimmungen und berichtete über die Maßnahmen in Rostock. Dort war ein Arzt in der Rentenabteilung der Sozialversicherung als sogenannter »medizinischer Berater« eingesetzt worden, um die fachliche Seite der Begutachtung qualitativ zu verbessern. Diese Maßnahme habe erheblichen Erfolg gezeitigt, da ungenügende Gutachten vom medizinischen Berater zurückgegeben worden waren. Grauert berichtete auch darüber, dass die Abteilung Ärztliches Begutachtungswesen beim Deutschen Zentralinstitut für Arbeitsmedizin schon seit längerer Zeit an der Ausarbeitung neuer Richtlinien für das Ministerium für Gesundheitswesen arbeitete. Die Vorschläge beinhalteten, dass ein erfahrener Facharzt als leitender ärztlicher Gutachter des Kreises die gesamte ärztliche Begutachtung in der Hand habe und gleichzeitig auch verantwortlich für die ÄBK-Leitstelle und die Abteilung Rehabilitation des Kreises sei. Zudem müsse er Mitglied im Rehabilitationsaktiv der Ständigen Kommission sein und die Kreisgutachterkommission für Beschwerdefälle leiten. Für den Bezirk Rostock war für das Jahr 1966 ein hauptamtlich leitender ärztlicher Gutachter vorgesehen.[245] Die neuen Grundsätze, an denen auch die Sektion Soziale Rehabilitation der Gesellschaft für Rehabilitation mitgearbeitet hatte, erschienen Ende 1965 als Anweisung Nr. 1 im Mitteilungsblatt des Ministeriums für Gesundheitswesen.[246]

Weniger erfolgreich war das Ministerium für Gesundheitswesen bei der Implementierung einer einheitlichen gesetzlichen Grundlage zur Rehabilitation. Zwar hatte es Anfang der 1960er-Jahre mit der Erarbeitung einer Rehabilitationsverordnung begonnen, doch diese wurde hinter dem Erlass des Gesetzbuches der Arbeit

243 BArch, DQ 1/22593, unpag., MfG (Hauptabteilung Sozialwesen) an Rat des Kreises Nordhausen (Abteilung Gesundheits- und Sozialwesen), Selbstständige Handwerker – Invalidität – Schwerbeschädigten-Ausweis, 2.8.1962.

244 Siehe BArch, DQ 1/22590, unpag., Poliklinik-Krankenhaus der Stadt Rostock (Ärztlicher Direktor), Referat in der Sondersitzung der Rostocker Medizinischen Gesellschaft anlässlich des 10-jährigen Bestehens der Poliklinik Rostock am 19.8.1965, 9.8.1965.

245 Siehe ebd.

246 Siehe BArch, DQ 1/23163, unpag., Vorsitzender der Sektion »Soziale Rehabilitation« (Organisation und Gesetzgebung) (Grauert), Bericht über die bisherige Arbeit der Sektion »Soziale Rehabilitation« (Organisation und Gesetzgebung), 8.3.1968.

(1961)[247] und der »Ordnung über die Arbeitsweise der örtlichen Organe«[248] (1961) zurückgestellt. Im Arbeitsplan für das erste Halbjahr 1962 hatte das Ministerium für Gesundheitswesen festgelegt, eine gesetzliche Konzeption zur Rehabilitation zu erarbeiten. Darin ging es vor allem um die Organisation der Rehabilitation, für die ausschließlich das Gesundheitsministerium verantwortlich sein sollte. Bislang waren auch andere staatliche Stellen in diese involviert und erließen gemeinsam mit dem Ministerium für Gesundheitswesen entsprechende Durchführungsbestimmungen zu den Grundsätzen.[249]

Im November 1962 wurde auf einer Tagung der Zentralen Rehabilitationskommission über die Rehabilitationsverordnung diskutiert. Zuvor war ein entsprechender Thesenplan überreicht worden. Darin wurde die Bedeutung der innerbetrieblichen Rehabilitation festgeschrieben. Rehabilitanden sollten mindestens im Verhältnis von 1:10 zur Belegschaft in den Produktionsbetrieben und von 1:5 der Belegschaft in Verwaltungen eingestellt werden.[250] Blinde und pflegebedürftige Personen »zählten« bei der Arbeitsunterbringung so viel wie vier Schwerbeschädigte.[251]

In einem vertraulichen Entwurf der Rahmenverordnung für Rehabilitation war den Ämtern für Arbeit und Berufsberatung sogar das Recht eingeräumt worden, auf Vorschlag der »Aktivs« für Rehabilitation bei den Ständigen Kommissionen Gesundheits- und Sozialwesen den Betrieben bevorzugt körperbehinderte Lehrlinge zuzuweisen.[252] Eine Vorlage brachte Käthe Kern im Oktober 1965 in einer Ministerdienstbesprechung ein. Sie betonte, dass der vorliegende Verordnungsentwurf keine finanziellen Folgen habe und die einzelnen Paragraphen Raum für eventuelle Erweiterungen böten. Der Entwurf war noch nicht mit »den zuständigen zentralen Organen« und dem Bundesvorstand des FDGB abgestimmt.[253] Offenbar hatten Kerns Bemühungen keinen Erfolg: Eine Rahmenverordnung für Rehabilitation wurde nicht erlassen. Einige Punkte wurden in die Bestimmungen der 1970er-Jahre zur Rehabilitation aufgenommen.

247 Gesetzbuch der Arbeit der Deutschen Demokratischen Republik vom 12. April 1961, GBl. der DDR I 1961, S. 27.

248 Erlass des Staatsrates der Deutschen Demokratischen Republik zu den Ordnungen über die Aufgaben und die Arbeitsweise der örtlichen Volksvertretungen und ihrer Organe vom 28. Juni 1961, GBl. der DDR I 1961, S. 51.

249 Siehe SAPMO BArch, DY 30/IV 2/19/103, Bl. 23–29, hier Bl. 25 f., Zum Stand der Entwicklung der Rehabilitation, 27.3.1962.

250 Siehe SAPMO BArch, DY 30/IV 2/19/103, Bl. 60–69, hier Bl. 65 f., MfG (Hauptabteilung Sozialwesen), Entwurf, Thesen für eine Rahmenverordnung über Rehabilitation.

251 Siehe ebd., Bl. 68.

252 Siehe BArch, DQ 1/2842, unpag., Entwurf Verordnung über Rehabilitation (vertraulich! Nicht zur Veröffentlichung bestimmt), o. D.

253 BArch, DQ 1/2842, unpag., MfG (Hauptabteilung Sozialwesen, Kern), Vorlage für die Ministerdienstbesprechung, 12.10.1965.

Kritik aus dem Staatsapparat und stärkere Mitwirkung des FDGB

Die Organisation der Rehabilitation war ein manifester Streitpunkt zwischen den staatlichen Stellen. 1963 setzten sich das Gesundheitsministerium und der Staatsrat über die berufliche Rehabilitation auseinander. Der Sekretär der Staatsrates hatte aufgrund von Eingaben eine unzureichende Integration von Menschen mit Erwerbsminderungen in den Arbeitsprozess kritisiert.[254] Er bemängelte, dass dadurch »tausende Menschen in ihrer Entwicklung gehemmt« würden, und der Volkswirtschaft »erhebliche ökonomische Verluste« entstünden, weil »erstens diese Arbeitskräfte verloren gehen und zweitens unsere Gesellschaft vielfach durch die Gewährung von Invalidenrenten bzw. Sozialfürsorgeunterstützung für den Lebensunterhalt dieser Bürger sorgen muß«.[255]

Hauptkritikpunkt des Sekretärs war die Organisation der Rehabilitation, die der Staatsrat der Medizin und nicht dem Sozialwesen zuordnete. Er machte die Tatsache, dass im Ministerium für Gesundheitswesen kein einziger Arzt die Rehabilitation leite, dafür verantwortlich, dass internationale Erfahrungen und Pionierarbeit viel zu langsam verallgemeinert würden.[256] Als Beispiel führte er die Arbeit der Ständigen Kommission für Gesundheits- und Sozialwesen des Bezirkstages und der Stadtverordnetenversammlung Rostock an. Dort hätten in der Zeit von September 1959 bis Dezember 1962 245 Invalidenrentner bzw. Sozialfürsorgeempfänger durch Rehabilitationsmaßnahmen wieder in den Arbeitsprozess integriert werden können. Dadurch habe der Staat etwa eine halbe Million Mark eingespart und etwa 8,6 Millionen Mark erwirtschaftet. Dabei sei das Projekt ausschließlich »mit örtlicher Initiative und mit örtlichen Reserven« durchgeführt worden – für eine Übertragung auf alle übrigen Städte und Kreise und die Fortsetzung in Rostock seien staatliche Mittel notwendig.[257]

Zudem hielt man im Staatsrat die bestehenden Bestimmungen in der Anerkennungspraxis von Schwerbeschädigten für »überholungsbedürftig«. In der Beurteilung werde anstelle des verbliebenen Leistungsrestes »das nicht mehr Vorhandene« herausgestellt, obgleich zahlreiche Personen mit Schwerbeschädigten-Ausweis »fast alle Arbeiten vollwertig verrichten« und überdurchschnittlich verdienen könnten. Mit solchen Ausweisinhabern erfüllten wiederum viele Betriebe ihre gesetzlichen Auflagen, was dann dazu führe, dass geeignete Arbeitsplätze für »wirkliche Rehabilitanden« fehlten. Dem Staatshaushalt gingen zudem durch »die ungerechtfertigte Gewährung von Schwerbeschädigten-Ausweisen« aufgrund der damit zusammen-

254 Siehe BArch, DQ 1/22594, unpag., Information, 8.4.1963.
255 Ebd.
256 Siehe ebd.
257 Siehe ebd.

hängenden Sondervergünstigungen »erhebliche Mittel« verloren, die dann wiederum für die Durchführung »echter Rehabilitationsmaßnahmen« fehlten.[258]

Staatssekretär Jahnke wies die Vorwürfe in einem Schreiben an den Stellvertretenden Vorsitzenden des Staatsrates, Willi Stoph, vehement zurück. Aufgrund der Mittelbereitstellung im Volkswirtschaftsplan könnten nicht alle Bereiche in der Rehabilitation abgedeckt werden. Für das kritisierte Sonderschulwesen sei das Ministerium für Volksbildung verantwortlich.[259]

Käthe Kern hingegen wandte sich entschieden gegen die Forderung, die Rehabilitation durch eine medizinische Abteilung zu leiten und kritisierte die im Schreiben des Staatsrates dargelegten Informationen als »nicht richtig«.[260] Es treffe nicht zu, dass die Mittel für Rehabilitationsmaßnahmen ausschließlich in der Abteilung Sozialwesen geplant würden, sondern die Planung in den einzelnen Bereichen erfolge entsprechend der Aufgabenstellung, die sich aus dem Volkswirtschaftsplan ergebe. Für die schleppende Umsetzung machte Kern die Rentengesetzgebung verantwortlich, welche die Rehabilitationsmaßnahmen bei Invalidenrenten hemme. Eine Veränderung sei zurzeit aus ökonomischen und politischen Gründen nicht möglich, obwohl Verhandlungen mit Vertretern des ZK, des Komitees für Arbeit und Löhne, des Ministeriums der Finanzen und der Verwaltung der Sozialversicherung darüber stattgefunden hatten. Kern wies empört darauf hin, dass ihre Abteilung die Rehabilitationsarbeit in Rostock von Anfang an unterstützt habe. Für die gescheiterte Umsetzung dieses Projekts auf DDR-Ebene machte sie die Staatliche Plankommission und das Ministerium der Finanzen verantwortlich. Die vorgesehenen 250 Planstellen für Rehabilitationsbearbeiter waren aus Kostengründen abgelehnt worden. Kern machte darauf aufmerksam, dass nun Grundsätze zur Bildung von Rehabilitationsabteilungen in den Kreisen nach dem Rostocker Beispiel erarbeitet worden waren, die keine zusätzlichen Planstellen beinhalteten.[261] In Bezug auf den Schwerbeschädigten-Ausweis hätten Beratungen mit dem Institut für Organisation des Gesundheitsschutzes und der Verwaltung der Sozialversicherung stattgefunden, um die Begutachtung dahingehend zu beeinflussen, dass der Gutachter vom verbliebenen Leistungsrest ausgehe. Doch vom Ministerium für Gesundheitswesen schon häufiger geplante Veränderungen auf dem Gebiet der sozialen Vergünstigungen für Schwerbeschädigte seien bisher »wegen der erheblichen

258 Ebd.

259 Siehe BArch, DQ 1/22594, unpag., MfG (Staatssekretär Jahnke) an Ersten Stellvertreter des Vorsitzenden des Ministerrates der DDR (Stoph), 25.6.1963.

260 Siehe BArch, DQ 1/22594, unpag., Hauptabteilung Sozialwesen (Kern), Anlage 1, Stellungnahme zur Information des Sekretärs des Staatsrates über Probleme der Leitung und Arbeit bei der Wiedereingliederung arbeitsbehinderter Bürger in den Arbeitsprozess durch Rehabilitationsmaßnahmen, 25.6.1963.

261 Siehe ebd.

politischen Folgeerscheinungen abgelehnt« worden.[262] Bei Veränderungen sei erfahrungsgemäß mit »Tausende[n] von Eingaben« an die verschiedenen zentralen Stellen zu rechnen. Zusammenfassend machte die Abteilungsleiterin darauf aufmerksam, dass wesentliche Aufgaben des Perspektivplanes erfüllt worden waren.[263]

Die Kritik des Staatsrates zum Schwerbeschädigten-Ausweis berührte eine empfindliche Stelle. Denn das Ministerium für Gesundheitswesen hatte bereits 1962 selbst festgestellt, dass die Zahl der Schwer- und Schwerstbeschädigten mit amtlichem Ausweis einen Umfang annehme, »der nicht mehr vertreten werden kann«.[264] Nach Gesprächen mit Sachbearbeitern aus einigen Kreisen und Ermittlungen in Berlin schätzte Knabe die Zahl der anerkannten Schwerbeschädigten auf ca. 1,3 Millionen. Den Grund für die hohe Zahl sah er in der erfolgreichen Integration von Rentnern in den Arbeitsprozess, denen infolge ihrer Arbeitsaufnahme ein Schwerbeschädigten-Ausweis zuerkannt worden war. Die Zahl der Schwerbeschädigten, die einer Tätigkeit nachgingen, war nach Angaben der Hauptabteilung Sozialwesen von 637.000 im Jahr 1958 bis 1961 auf 494.000 gesunken, wohingegen sich die Zahl der beschäftigten Rentner auf 528.000 erhöht hatte.[265]

Auch aus den Kreisen häuften sich die Beschwerden. So beklagte der Sachgebietsleiter Sozialwesen des Rates des Kreises Sangershausen, dass der Schwerbeschädigten-Ausweis »seinen eigentlichen Sinn und Zweck verloren« habe.[266] Zunehmend sei dieser für Rentner bzw. für Personen im Rentenalter ausgestellt worden, welche den Ausweis vor allem dazu nutzen würden, um in den Genuss von Fahrpreisermäßigungen im öffentlichen Personennahverkehr und zwei verbilligten Eisenbahnfahrten im Jahr zu gelangen. Ähnlich wie der Staatsrat pochte der Sachgebietsleiter darauf, im Rahmen des im Jahr 1964 geplanten Umtausches der Schwerbeschädigten-Ausweise den Personenkreis zu überprüfen und die gängigen Bestimmungen zu verändern. Aufgrund der befürchteten politischen Wirkung bei Leistungskürzungen machte er den Vorschlag, zukünftig allen Rentnern eine Fahrpreisermäßigung zu gewähren. Rentnern sollte ein befristet geltender Rentenausweis ausgestellt werden, der auch Vergünstigungen im Kulturbereich einschloss. Somit werde künftig kein Rentner mehr Interesse an einem Schwerbeschädigten-Ausweis zeigen und die Zahl der Schwerbeschädigten sich deutlich verringern.[267]

262 Ebd.
263 Siehe ebd.
264 Siehe BArch, DQ 1/6386, unpag., Hauptabteilung Sozialwesen (Sektor Rehabilitation), Analyse zur Arbeit auf dem Gebiet der Rehabilitation im Jahre 1962, 25.3.1963.
265 Siehe ebd.
266 BArch, DQ 1/22593, unpag., Rat des Kreises Sangerhausen (Abt. Gesundheits- und Sozialwesen), Verbesserungsvorschlag hinsichtlich der Ausstellung von Beschädigtenausweisen auf Grund der z. Zt. bestehenden gesetzlichen Bestimmungen, 27.7.1963.
267 Siehe ebd.

Das Ministerium für Gesundheitswesen lehnte den Vorschlag einer generellen Fahrpreisermäßigung ab. Knabe wies darauf hin, dass es etwa 2,3 Millionen Rentner in der DDR gebe, zu denen dann noch die Unfall-Vollrenten, die Bergmanns-Vollrenten und die Renten für arbeitsunfähige Sozialfürsorgeempfänger kämen. Die Zahl der Personen, die diese Fahrpreisvergünstigungen als »neue Leistung« in Anspruch nehmen würden, bezifferte er auf zwei Millionen, womit ein Fahrgeldausfall in Höhe von 75 Millionen Mark vorauszusehen wäre. Das Ministerium der Finanzen hatte jedoch verfügt, dass gesetzliche Veränderungen in der Rehabilitation »keineswegs zusätzliche finanzielle Aufwendungen enthalten« dürften.[268] Knabe wies den Rat des Kreises darauf hin, dass die Vorschläge sowohl aus finanziellen als auch organisatorischen Gründen nicht realisierbar seien.[269] Die Umtauschaktion sollte zum 2. Januar 1964 anlaufen.[270] Ende 1964 berichtete Knabe, dass 90 Prozent der Ausweise umgetauscht worden waren.[271]

Neben der Anerkennungspraxis für Schwerbeschädigte blieb auch die Rehabilitation im Fokus des Staats- und Parteiapparates. Die wachsende Mitwirkung des FDGB konzentrierte sich nicht nur auf das Ärztliche Begutachtungswesen, sondern im März 1964 war ein Sekretariatsbeschluss des Bundesvorstandes des FDGB zur Rehabilitation erfolgt. Der Gewerkschaftsbund legte darin fest, stärker bei der Reintegration langfristiger oder chronischer Kranker oder vorübergehend arbeitsunfähiger Beschäftigter in den Arbeitsprozess mitzuwirken und Invalidität vorzubeugen.[272] In einigen Städten hatten sich bei den Vorständen der Räte für Sozialversicherung bereits Arbeitsgruppen für Renten/Rehabilitation gebildet, um die Gewerkschaftsfunktionäre über die Inhalte und Ziele der Rehabilitation aufzuklären. Der Direktor der Sozialversicherung der Arbeiter und Angestellten, Otto Lehmann, räumte ein, dass sich die innerbetriebliche Zusammenarbeit zwischen Gesundheitswesen und den Betriebs- und Gewerkschaftsleitungen in der Vergangenheit überwiegend auf die Senkung des Kranken- und Unfallstandes konzentriert habe.[273] Lehmann hielt die Voraussetzungen für eine

268 BArch, DQ 1/22593, unpag., Sektor Rehabilitation (Knabe) an RdK Sangerhausen (Abt. Gesundheits- und Sozialwesen), 22.8.1963.

269 Siehe ebd.

270 Siehe BArch, DQ1/22590, unpag., Hauptabteilung Sozialwesen (Kern) an Staatssekretär Jahnke, 31.7.1963.

271 Siehe BArch, DQ 1/22590, unpag., Sektor Rehabilitation (Knabe), Erfüllungsbericht zum Arbeitsplan III. Quartal 1964, 22.10.1964.

272 Siehe BArch, DQ1/22594, unpag., Verwaltung der Sozialversicherung (Lehmann), Einschätzung zur Durchführung des Sekretariatsbeschlusses vom 21. März 1964 über die gewerkschaftliche Mitwirkung bei der Rehabilitation, 8.1.1965.

273 Siehe ebd. – Es handelt sich hierbei um den Beschluss über Maßnahmen zur Senkung des Krankenstandes, vgl. BArch, DC 20-I/4/560, Bl. 87–110, hier Bl. 102, Sitzung des Präsidiums des MR vom 1. Juni 1962, Anlage 7.

erfolgreiche Tätigkeit der betrieblichen Rehabilitationskommissionen in mittelgroßen und kleinen Betrieben für weniger günstig, als in den Großbetrieben. Um die Rehabilitation zur Verhütung von Invalidität zu nutzen, müsse die Prophylaxe im Betriebsgesundheitswesen stärker im Vordergrund stehen. Vor allem sei es notwendig, »die zum Teil noch vorhandenen Auffassungen zu zerschlagen, man sollte Menschen mit körperlichen und geistigen Schäden lieber Rente geben, dann würden sie auch nicht die betriebliche Planerfüllung und den Krankenstand belasten«.[274]

Der FDGB orientierte sich bei seinen Bemühungen in der Rehabilitation auch an dem Berliner Rehabilitationsprogramm und plante, alle Invaliden- und Unfallrentner mithilfe einer Kerblochkartei zu erfassen, »um jederzeit territorial eine gründliche Analyse des Invalidenrentenbestandes nach medizinischen, beruflichen, sozialen und anderen Gesichtspunkten vornehmen zu können«.[275] Bis Januar 1965 sollte dies in Neubrandenburg und Erfurt erprobt werden, um das Verfahren dann bei allen Kreisvorständen einzuführen.[276] Dieses Vorhaben wurde teilweise auch umgesetzt. So berichtete der für Rehabilitation zuständige Arzt der »Bezirksinspektion für den Gesundheitsschutz in den Betrieben« des RdB Magdeburg darüber, dass im Kreis Wolmirstedt alle Invalidenrentner in einer Kerblochkartei erfasst worden waren, die insgesamt etwa 1.700 Karten umfasste. Die Überprüfung des Invalidenrentenbestandes auf »rehabilitationsfähige Rentner« sollte bis Ende September 1967 in allen Kreisen abgeschlossen werden.[277]

Zusammenfassend stellte die Verwaltung der Sozialversicherung 1965 fest, dass der Beschluss vom März 1964 zwar Aktivitäten der gewerkschaftlichen Vorstände und Leitungen auf dem Gebiet der Rehabilitation nach sich gezogen habe, man mit den Erfolgen und Ergebnissen aber noch keineswegs zufrieden sein könne. Der FDGB-Bundesvorstand plante, Sachleistungen und Kuren zukünftig stärker zur Abwendung von Invalidität zu nutzen und Schwächen der lokalen Rehabilitationskommissionen zu beheben.[278]

Beispiele für solche »Schwächen« bot der Bezirk Frankfurt (Oder). Der Bezirksvorstand des FDGB musste 1964 bei einer Untersuchung der Umsetzung des oben

274 BArch, DQ1/22594, unpag., Verwaltung der Sozialversicherung (Lehmann), Einschätzung zur Durchführung des Sekretariatsbeschlusses vom 21. März 1964 über die gewerkschaftliche Mitwirkung bei der Rehabilitation, 8.1.1965.

275 Ebd.

276 Siehe ebd.

277 Siehe BArch, DQ 1/23136, unpag., Abteilung Gesundheits- und Sozialwesen des RdB Magdeburg (Bezirksinspektion Gesundheitsschutz in den Betrieben) an MfG (Sektor Rehabilitation, Weise) o. D.

278 Siehe BArch, DQ1/22594, unpag., Verwaltung der Sozialversicherung (Lehmann), Einschätzung zur Durchführung des Sekretariatsbeschlusses vom 21. März 1964 über die gewerkschaftliche Mitwirkung bei der Rehabilitation, 8.1.1965.

genannten Sekretariatsbeschlusses zur Kenntnis nehmen, dass die betrieblichen Gewerkschaftsleitungen diesen »überhaupt nicht beachtet« hatten und »in keinem Fall Maßnahmen zur Verwirklichung der gewerkschaftlichen Aufgaben auf dem Gebiete der Rehabilitation festgelegt wurden«.[279] Obwohl die Zahl der Invalidenrentner im Bezirk von insgesamt 10.121 im Jahr 1962 auf 10.894 1964 gestiegen war, von denen etwa zehn bis zwölf Prozent einer Tätigkeit innerhalb des gesetzlichen Lohndrittel nachgingen, existierten nur in wenigen Kreisen des Bezirkes Rehabilitationskommissionen. Die Ämter für Arbeit und Berufsberatung besaßen keinen Überblick über potentielle Arbeitsmöglichkeiten und den genauen Personenkreis. Die Ergebnisse der Beratungen der Bezirksrehabilitationskommission wirkten sich auf der Kreisebene zudem kaum aus. Um Abhilfe zu schaffen, sollte der Vorsitzende des Rates des Bezirkes darum gebeten werden, diese Probleme auf die Tagesordnung der Ständigen Kommission für das Gesundheitswesen zu setzen. Als Aufgabe wurde festgelegt, die Betriebsgewerkschaftsleitungen zu verpflichten, sich um die Verankerung der Rehabilitation in Form von Schonplätzen, Arbeitsplatzwechseln, Umschulungen und Kurkontingenten in den innerbetrieblichen Dokumenten zu kümmern.[280] Trotzdem änderte sich zunächst nur wenig. Das Ministerium für Gesundheitswesen forderte die SED-Bezirksleitung Frankfurt (Oder) Anfang des Jahres 1970 dazu auf, die Arbeit im Bezirk weiter zu verbessern und Rehabilitationskommissionen in allen Kreisen zu bilden.[281]

Der FDGB ging infolge des Sekretariatsbeschlusses auch dazu über, die Invalidität stärker zu untersuchen, die neben Krankheit und Unfall als »wesentlich beeinflussbarer Faktor des Ausfalls von Arbeitskräften in der Volkswirtschaft« betrachtet wurde.[282] Denn im Rahmen des NÖSPL hatte sich die SED stärker dem Problem der Frühinvalidität zugewandt. Der Lehrstuhl für Arbeitshygiene der Humboldt-Universität unter Siegfried Eitner hatte vorgeschlagen, die Frühinvalidität und den Krankenstand von Rentnern systematisch zu untersuchen.[283] Die Analyse des FDGB ergab, dass 1966 infolge von Krankheit und Unfall 290.172 Arbeitskräfte und infolge von Invalidität 240.981 Arbeitskräfte ausgefallen waren. Der Anteil der einzelnen Bezirke an der Entwicklung der Frühinvalidität war sehr unterschiedlich. Besonders

279 BLHA, Rep. 747/144, unpag., Einschätzung der gewerkschaftlichen Tätigkeit auf dem Gebiet der Rehabilitation, 12.10.1964.

280 Siehe ebd.

281 Siehe BLHA, Rep. 730/3626, unpag., MfG, Bericht über die Tätigkeit der Inspektionsgruppe des Ministeriums für Gesundheitswesen im Bezirk Frankfurt (Oder) in der Zeit vom 18. bis zum 21. und vom 25. bis zum 28.11.1969, 12.1.1970.

282 SAPMO BArch, DY 30/IV A 2/6.11/109, Bl. 160–161, Lehmann, Anlage 4, Die Entwicklung der Frühinvalidität innerhalb der einzelnen Bezirke im Jahre 1966.

283 Siehe Hoffmann, Sicherung bei Alter, Invalidität, Bd. 9, S. 357.

hoch waren die Zahlen in den Bezirken Potsdam, Frankfurt und Magdeburg, am niedrigsten in den Bezirken Dresden und Leipzig.[284]

Das Deutsche Zentralinstitut für Arbeitsmedizin nahm zu den Untersuchungen des FDGB Stellung, die einen Rückgang im Invalidenrentenbestand ergeben hatten. Abteilungsleiter Kollmorgen und sein Stellvertreter Kahle wiesen darauf hin, dass dies zu erwarten gewesen sei, weil die zahlenmäßig schwachen Jahrgänge 1915 bis 1925 in die Altersgruppen aufrückten, die einen bedeutenden Anteil an den Zugängen hätten. Gleichzeitig seien die stärker besetzten Jahrgänge durch die Altersgrenze statistisch ausgeschieden, ebenso wie die Invaliden-Altersrentner und Personen, die als Verfolgte des Naziregimes (VdN) eine Rente erhielten. Zudem habe sich die 1966 in einem Teil der Kreise erfolgte Reorganisation des ärztlichen Begutachtungswesens in der Qualität der ersten Gutachten bemerkbar gemacht. Die Differenzen zwischen den Bezirken führten Kollmorgen und Kahle auf eine unterschiedliche Entwicklung des ärztlichen Begutachtungswesens zurück. Die beiden Mediziner beklagten, dass es bislang nicht gelungen sei, hauptamtliche Gutachter in allen Kreisen einzusetzen, obwohl nahezu zwei Jahre seit dem Erlass der »Anweisung über die Organisation des Ärztlichen Begutachtungswesens« vergangen waren. In den Kreisen waren lediglich 89 hauptberufliche Gutachter tätig, auf Bezirksebene waren es nur sieben. Kollmorgen und Kahle betonten, dass sich eine rechtzeitige fachärztliche Begutachtung auf die Anzahl und Qualität der Gutachten und das Eintrittsalter der Invalidität auswirke. Offen forderten sie eine »Rentenreform mit entscheidenden gesetzlichen Veränderungen im Gesamtsystem der sozialen Sicherheit«, ein Rehabilitationsgesetz unter dem Schlagwort »Arbeit geht vor Rente« und die Bereinigung der Bestimmungen zum Schwerbeschädigten-Schutz.[285]

Rentenreform? Veränderungen im Rentenrecht 1968

1968 fanden wichtige Veränderungen im Rentenrecht statt. Bereits ein Jahr zuvor hatte sich die SED-Führung mit dieser Thematik beschäftigt, da zunehmend deutlicher wurde, dass Sozialpolitik als »Relikt aus der kapitalistischen Vorzeit«[286] durch

284 Siehe SAPMO BArch, DY 30/IV A 2/6.11/109, Bl. 160 f., Lehmann, Anlage 4, Die Entwicklung der Frühinvalidität innerhalb der einzelnen Bezirke im Jahre 1966.

285 BArch, DQ 1/5714, unpag., Deutsches Zentralinstitut für Arbeitsmedizin (Kollmorgen und Kahle) an MfG (Stellvertreter des Ministers, Mecklinger) Stellungnahme zur Analyse der Verwaltung der Sozialversicherung beim Bundesvorstand des FDGB über die Entwicklung der Invalidenrentenzugänge des Jahres 1966, 29.9.1967.

286 Hoffmann, Sicherung bei Alter, Invalidität, Bd. 9, S. 360.

den Aufbau des Sozialismus keineswegs obsolet geworden war.[287] Im Februar 1967 hatte die ZK-Abteilung Gewerkschaften und Sozialpolitik in einem streng vertraulichen Schriftstück darauf hingewiesen, dass das »Rentenproblem« eine »der kompliziertesten sozialpolitischen Fragen« und die Verbesserung der materiellen Lage der Rentner eine dringende Aufgabe sei. Dabei verwies sie darauf, dass die durchschnittliche Altersrente der Arbeiter und Angestellten mit etwa 164 Mark bei 33,5 Prozent des durchschnittlichen Nettoeinkommens der Arbeiter und Angestellten im Jahr 1966 liege, womit das Rentenniveau »gegenwärtig äußerst niedrig« sei, die Zahl der Rentner hingegen immer weiter steige. Die Abteilung forderte daher eine Grundrente, die sich nach dem beitragspflichtigen Verdienst der »Werktätigen« errechnen sollte, eine Zusatzrente und Verbesserungen in der betrieblichen Sozialpolitik.[288]

Auf dem VII. Parteitag der SED im April 1967 thematisierte Ulbricht die Rentenversorgung und propagierte eine Erhöhung der Mindestrenten von monatlich 129 Mark auf 150 Mark als »dringendste Aufgabe«.[289] Zudem sprach er sich für die Einführung einer freiwilligen Zusatzrentenversicherung aus, mit der das Problem der starren Leistungsgrenze gelöst werden sollte.[290] Ideologisch brachte der Parteitag eine Wende: Mit der »Doktrin einer sozialistischen Sozialpolitik« wurde die bisher »verschämte Leugnung fortbestehender Sozialpolitik« in der DDR aufgegeben.[291] Diese war von der SED-Führung in den Vorjahren nicht explizit thematisiert worden, obwohl de facto Sozialpolitik betrieben wurde.[292]

Schon einen Monat vor dem Parteitag, im März 1967, waren dem Politbüro einige sozialpolitische Vorschläge vorgelegt worden. Unter anderem hatte eine Arbeitsgruppe, bestehend aus Vertretern des FDGB und der Staatlichen Plankommission, Vorschläge unterbreitet. Die ZK-Abteilung Gewerkschaften und Sozialpolitik hatte Bedenken gegen diese geäußert und die vorgeschlagene Berechnung durch Stichproben geprüft. Dabei hatte sich herausgestellt, dass »bei der Hälfte der Betroffenen Verschlechterungen hinsichtlich der Höhe ihrer Renten eintreten« würden.[293] Lediglich bei denjenigen Rentnern, deren Rente unter der vorgeschlagenen neuen Mindesthöhe von 150 Mark liege, sei die Sicherheit einer Rentenverbesserung ge-

287 Siehe ebd., S. 359 f.

288 Siehe SAPMO BArch, DY 30/IV A 2/6.11/111, Bl. 15 f., Entwicklung auf dem Gebiet der Renten und der allgemeinen Sozialfürsorgeleistungen, 15. Februar 1967.

289 Zitiert nach Hoffmann, Sicherung bei Alter, Invalidität, Bd. 9, S. 360.

290 Siehe Frerich/Frey, Handbuch der Geschichte der Sozialpolitik in Deutschland, Bd. 2, S. 335.

291 Schwartz, Kriegsbeschädigte und Kriegshinterbliebene, Bd. 9, S. 621.

292 Siehe Hoffmann, Sicherung bei Alter, Invalidität, Bd. 9, S. 359 f.

293 SAPMO BArch, DY 30/IV A 2/6.11/111, Bl. 50–52, hier Bl. 51, ZK-Abteilung Gewerkschaften und Sozialpolitik, Information über die Auswirkungen der Vorschläge der Gestaltung der Renten im Perspektivzeitraum bis 1970, 11.4.1967.

geben. Ein weiteres Problem sah die ZK-Abteilung darin, dass nach Vorschlägen der Arbeitsgruppe auch bereits festgesetzte Renten umgerechnet werden sollten.[294] Die Vorschläge der Arbeitsgruppe wurden trotz der Einwände der ZK-Abteilung am 28. November 1967 vom Politbüro bestätigt. Die Mindestrenten sollten auf 150 Mark monatlich und die Altersrenten um zehn bis 20 Mark monatlich erhöht werden. Zudem war vorgesehen, die Renten nach dem beitragspflichtigen monatlichen Durchschnittsverdienst der letzten 20 Jahre und der Gesamtzahl der geleisteten Jahre zu berechnen, womit man die negative Auswirkung der geringen Löhne und Gehälter der Jahre vor 1933 ausklammern wollte.[295]

Eine neue Arbeitsgruppe des Ministerrates und des FDGB-Bundesvorstandes unter der Leitung von Gesundheitsminister Max Sefrin sollte die Beschlüsse des Politbüros konkretisieren. Die Arbeitsgruppe sollte dabei verhindern, dass sich die Rentenmaßnahmen negativ auf die Diskussion über die geplante neue Verfassung auswirkten und eine einheitliche Rentenumrechnung in den Bezirken koordinieren.[296] Eine erste gemeinsame Sitzung der Kommission fand am 22. Januar 1968 statt. Der FDGB hatte zusammen mit dem Staatlichen Amt für Arbeit und Löhne ein »zentrales Argumentationsmaterial« in Bezug auf die ab dem 1. Juli 1968 wirksam werdenden Rentenmaßnahmen erarbeitet und dieses mit der ZK-Abteilung Gewerkschaften und Sozialpolitik abgestimmt.[297] Diese war im Prinzip mit der erarbeiteten Vorlage einverstanden, wies gegenüber Mittag aber darauf hin, dass unbedingt vermieden werden müsse, »Illusionen oder unerfüllbare Forderungen« in der Bevölkerung zu wecken. Denn die finanziellen Mittel ließen letztlich nur Rentenerhöhungen in Höhe von fünf bis 30 Mark monatlich zu; auch die neu berechneten Renten würden durchschnittlich für Frauen nur um etwa 15 Mark und für Männer um 27 Mark erhöht. Zudem würden nicht alle »Unzulänglichkeiten des bisherigen Rentenrechts« beseitigt. Es müsse daher herausgehoben werden, dass mit den Veränderungen erst begonnen werde.[298]

Der Staatsrat veröffentlichte den Erlass am 15. März 1968 mit Wirkung zum 1. Juli 1968. Darin war die Verbesserung der Situation von Rentnern durch eine Erhöhung der neu festgesetzten Renten, ein verbessertes Rentenberechnungsverfahren nach der Anzahl der Arbeitsjahre und dem monatlichen Durchschnittsverdienst

294 Siehe ebd.

295 Siehe Hoffmann, Sicherung bei Alter, Invalidität, Bd. 9, S. 362.

296 Siehe ebd., S. 362f.

297 Siehe BArch, DQ 1/4026, unpag., Verwaltung der Sozialversicherung (Thude) an FDGB-Bundesvorstand (Warnke), Informationen über den gegenwärtigen Stand der Umrechnung und Erhöhung der Renten ab 1.7.1968, 5.2.1968.

298 SAPMO BArch, DY 3023/753, Bl. 42–43, ZK-Abteilung Gewerkschaften und Sozialpolitik, Stellungnahme zur Konzeption des Staatratsbeschlusses über die Rentenmaßnahmen, 7.2.1968.

der letzten 20 Jahre sowie die Einführung einer freiwilligen Zusatzrentenversicherung festgelegt. Zudem war eine Verbesserung der Altersvorsorge für Frauen und der Sozialfürsorgeleistungen vorgesehen. Weitere sieben Verordnungen des DDR-Ministerrates sowie zwei Durchführungsbestimmungen vom 15. März und vom 20. Dezember 1968 regelten die Einzelheiten des neuen Rentenberechnungsverfahrens. Die zentrale Arbeitsgruppe des Ministerrates und des FDGB-Bundesvorstandes hatte weiterhin Bestand. Sie sollte ebenso wie die ZK-Abteilung Gewerkschaften und Sozialpolitik die Umsetzung des Staatsratserlasses fördern und kontrollieren.[299]

Obwohl das neue Rentenrecht die Renten nicht an die wirtschaftliche Entwicklung koppelte, bedeutete es eine »spürbare Verbesserung der materiellen Lage der Rentner in der DDR«.[300] Pläne zur Einführung einer freiwilligen Zusatzrentenversicherung hatte es bereits 1967 im Zusammenhang mit dem VII. Parteitag gegeben. Nachdem die Staatliche Plankommission entsprechende Vorschläge beim Politbüro eingereicht hatte, brachte die Arbeitsgruppe Sozialpolitik die Einführung einer freiwilligen Zusatzrentenversicherung als Alternative zur Beitragsanhebung ins Spiel.[301] Diese sollte auch dazu dienen, den Kaufkraftüberhang abzuschöpfen, da sich die SED schon seit Anfang der 1960er-Jahre mit dem Problem befasste, dass mehr Geld vorhanden war, als Güter angeboten werden konnten.[302] Eine freiwillige Zusatzrentenversicherung war nicht neu: Seit 1947 gab es für Personen, die nicht der Pflichtversicherung unterlagen, die Möglichkeit, sich freiwillig zusätzlich zu versichern. Mit den Beschlüssen von 1968 wurden die Bestimmungen von 1947 außer Kraft gesetzt und die freiwillige Zusatzrentenversicherung auf alle Erwerbstätigen ausgedehnt.[303] Der Versicherte hatte die Möglichkeit, einen Betrag zwischen 10 und 200 Mark monatlich festzusetzen und zwischen zwei Tarifen zu wählen: Tarif A gewährte zusätzliche Leistungen für den Versicherten, in Tarif B wurde auch die Absicherung der Hinterbliebenen gesichert.[304] Invalidenrentner waren ebenso wie Personen, die vor Antragstellung weniger als fünf Jahre pflichtversichert waren und deren Leistungsvermögen um zwei Drittel oder mehr gemindert war, vom Abschluss einer freiwilligen Zusatzrentenversicherung ausgeschlossen.[305]

Ein großes Problem der neuen Rentenregelungen war die Aufteilung in Alt- und Neurentner mittels einer Stichtagsregelung, die auf den 1. Juli 1968 datiert worden war. Für die sogenannten Neurentner erhöhten sich die Mindestrenten für Alters- und

299 Siehe Hoffmann, Sicherung bei Alter, Invalidität, Bd. 9, S. 363 f.
300 Frerich/Frey, Handbuch der Geschichte der Sozialpolitik in Deutschland, Bd. 2, S. 336.
301 Siehe Hoffmann, Sicherung bei Alter, Invalidität, Bd. 9, S. 368.
302 Siehe ebd.
303 Siehe ebd., S. 369.
304 Siehe Frerich/Frey, Handbuch der Geschichte der Sozialpolitik in Deutschland, Bd. 2, S. 338.
305 Siehe ebd.

Invalidenrenter auf 150 Mark und damit real um 21 Mark. Die Rentenhöhe sollte sich den neuen Regelungen nach aus dem beitragspflichtigen monatlichen Durchschnittsverdienst der letzten 20 Jahre sowie der Anzahl der Arbeitsjahre errechnen.[306] Diese Regelung umging tatsächlich das Problem der niedrigen Löhne der Vorkriegszeit. Gleichzeitig machte sie damit aber die Kriegsbeschädigten- und -hinterbliebenenrenten »indirekt zu einem systemfremden Relikt«.[307] Letztlich wurden damit vor allem die Renten der unteren Einkommensgruppen verbessert. Höhere Renten wurden insgesamt nur geringfügig angehoben, wodurch sich Mindest- und Durchschnittsrenten stark einander annäherten, sodass sogar die Mindestrenten für Altersinvaliden und Witwen über den Durchschnittsrenten dieser beiden Gruppen lagen.[308]

Invalidenrente konnte dann bezogen werden, wenn aufgrund von Krankheit, Unfall oder sonstigen körperlichen Schädigungen eine Erwerbsminderung um mindestens zwei Drittel vorlag. Zudem musste in zwei Dritteln der Zeit – vom 16. Lebensjahr bis zum Eintritt der Erwerbsminderung (mindestens aber 15 Jahre) – eine versicherungspflichtige Tätigkeit ausgeübt worden sein. Bei Eintritt der Invalidität während der Ausübung einer versicherungspflichtigen Tätigkeit betrug die Zurechnungszeit 70 Prozent der möglichen Jahre bis zum Erreichen der Altersgrenze, sofern die Zeit seit Vollendung des 16. Lebensjahres voll mit einer versicherungspflichtigen Tätigkeit belegt war (in anderen Fällen verringerte sich die Zurechnungszeit in einem entsprechenden Verhältnis).[309] Alters- und Invalidenrenten wurden nun aus einem Festbetrag von 110 Mark sowie unterschiedlichen Steigerungsbeträgen berechnet, mit denen der monatliche Durchschnittsverdienst der letzten 20 Kalenderjahre der versicherungspflichtigen Tätigkeit multipliziert wurde. Der Steigerungsbetrag für die Versicherungszeiten vor dem 1. Januar 1946 lag bei 0,7 Prozent des Durchschnittsverdienstes, für die Zeit danach bei einem Prozent.[310] Frauen konnten sich Unterbrechungen infolge von Geburt und Erziehung von Kindern und die um fünf Jahre geringere Arbeitsmöglichkeit als zusätzliche Arbeitsjahre anrechnen lassen.[311]

Insgesamt waren für die Rentenmaßnahmen zunächst 800 Millionen Mark pro Jahr bereitgestellt worden. Nach Vorschlägen der Abteilung Sozialpolitik beim Staat-

306 Siehe Hoffmann, Sicherung bei Alter, Invalidität, Bd. 9, S. 363.
307 Schwartz, Kriegsbeschädigte und Kriegshinterbliebene, Bd. 9, S. 621.
308 Siehe Frerich/Frey, Handbuch der Geschichte der Sozialpolitik in Deutschland, Bd. 2, S. 336.
309 Siehe ebd., S. 337.
310 Siehe Verordnung über die Gewährung und Berechnung von Renten der Sozialversicherung vom 15.3.1968, GBl. der DDR II 1968, S. 135–148, hier S. 136 (§ 6 Abs. 2).
311 Siehe Verordnung über die Gewährung und Berechnung von Renten der Sozialversicherung vom 15.3.1968, GBl. der DDR II 1968, S. 135–148. – Verordnung über die Umrechnung und Erhöhung der Renten der Sozialversicherung der Arbeiter und Angestellten und der Sozialversicherung bei der Deutschen Versicherungsanstalt vom 15.3.1968, Ebd., S. 154–157.

lichen Amt für Arbeit und Löhne sollte noch einmal etwa fast genauso viel investiert werden, um die Altrenten den Neurenten anzugleichen.[312] Denn die Stichtagsregelung war in der Bevölkerung ablehnend aufgenommen worden.[313]

Das Staatliche Amt für Arbeit und Löhne, das ab Anfang 1969 akteurspolitisch stärker in den Vordergrund rückte, betrachtete die Angleichung der alten an die neuen Renten als wichtigste Aufgabe und plante, einen allgemeinen Steigerungssatz in Höhe von einem Prozent einzuführen und die Mindestrenten stärker nach dem Leistungsprinzip zu berechnen. Hinsichtlich dieser Ziele konnte es sich mit der Staatlichen Plankommission verständigen, die für das Jahr 1971 eine Summe von einer Milliarde Mark für die Verbesserung der Rentenleistungen bereitstellen wollte, dabei aber offen ließ, ob der Betrag für eine Erhöhung des Steigerungsbetrages auf ein Prozent ausreichen werde. Aufgrund des engen finanzpolitischen Rahmens sollte die Diskussion über eine weitere Rentenerhöhung zunächst verschoben werden.[314] Ende 1968 wurde die ungleiche Behandlung der Rentenempfänger teilweise modifiziert.[315] Nach einem Vorschlag des Staatlichen Amtes für Arbeit und Löhne von September 1970 sollten nur noch die Mindestrenten in Abhängigkeit von den geleisteten Arbeitsjahren erhöht werden: Bei weniger als 15 Jahren sollten die Alters- und Invalidenrenten maximal um zehn Mark angehoben werden, bei mehr als 15 Jahren höchstens um 20 Mark. Dieser Regelung stimmte das Politbüro am 19. Januar 1971 zu, und sie trat als »Verordnung über die Erhöhung der Mindestrenten« am 1. März 1971 in Kraft.[316] Damit war das eigentliche Ziel, nämlich die Angleichung von Alt- und Neurenten, nicht erreicht worden. Dies beschäftigte die betroffenen Stellen weiterhin und spiegelte sich auch in Kritik aus der Bevölkerung wider.[317]

»Sicherung des Rechts auf Arbeit« und erste internationale Vernetzung

Während die Rentengesetzgebung Ende der 1960er-Jahre verbessert worden war, gestaltete sich die Reintegration von Menschen mit Erwerbsminderungen in der Praxis schwieriger als geplant und erforderte zusätzliche gesetzliche Festlegungen. Verantwortlich hierfür waren unklare Vorgaben zu Lohn und Arbeitszeit ebenso wie

312 Siehe Hoffmann, Sicherung bei Alter, Invalidität, Bd. 9, S. 365.

313 Vgl. Bouvier, Die DDR – Ein Sozialstaat?, S. 207 f.

314 Siehe Hoffmann, Sicherung bei Alter, Invalidität, Bd. 9, S. 365 f.

315 Siehe Zweite Durchführungsbestimmungen zur Verordnung über die Gewährung und Berechnung von Renten der Sozialversicherung vom 20.12.1968, GBl. der DDR II 1969, S. 2–6.

316 GBl. der DDR II 1971, S. 133 f.

317 Vgl. Hoffmann, Sicherung bei Alter, Invalidität, Bd. 9, S. 367 f.

die Tatsache, dass die Betriebe ihren Plan einhalten wollten und schwerbeschädigte Arbeitnehmer häufig als Hemmnis hierbei betrachteten. Das Rehabilitationsaktiv der Ständigen Kommission des Bezirkstages Halle berichtete im September 1964, dass die Integrationsbemühungen meist daran scheiterten, dass Invalidenrentner »angerechnet werden und die Verrechnung der Entlohnung nicht geregelt« sei, weshalb die Betriebe »eine ablehnende Haltung gegenüber der Einstellung solcher Arbeitskräfte einnehmen«. Das Aktiv forderte daher Sonderregelungen für diesen Personenkreis.[318] Das Ministerium für Gesundheitswesen entgegnete darauf, dass Invalidenrentner meist zusätzlich eine Anerkennung als Schwer- oder Schwerstbeschädigter durch einen amtlichen Ausweis erhalten hätten und aus diesem Grund alle arbeitsrechtlichen Sonderregelungen für Schwerbeschädigte in Anspruch nehmen könnten.[319]

Im Rahmen einer Anordnung der Staatlichen Plankommission vom 23. Februar 1963,[320] welche die Integration von Altersrentnern in den Arbeitsprozess erleichtern sollte, konnten auch Invalidenrentner beschäftigt werden. Denn darin wurde den Betrieben die Möglichkeit eingeräumt, die Zahl der Vollbeschäftigungseinheiten[321] zu überschreiten.[322] Dadurch besaßen die Betriebsleiter die Möglichkeit, Rentner unter leichteren Bedingungen einzustellen. Diese Anordnung der Staatlichen Plankommission 1963 war für jenen Anstieg der Zahl der Schwerbeschädigten im Rentenalter verantwortlich, der das Ministerium für Gesundheitswesen zu Überlegungen einer Einschränkung des Kreises der Schwerbeschädigten-Ausweisinhaber gezwungen hatte. Die Anordnungen der Staatlichen Plankommission und des Gesundheitsministeriums waren selten aufeinander abgestimmt und führten häufiger zu Zielkonflikten. M. Rainer Lepsius hat darauf hingewiesen, dass das Organisationsmodell der DDR durch einen »völlige[n] Mangel« an kollektiver Willensbildung und Entscheidungsfindung« gekennzeichnet war.[323] Dieser Mangel zeigt sich hier deutlich, denn die Staatliche Planbürokratie und das Ministerium für Gesundheits-

318 BArch, DQ 1/22593, unpag., Abschrift: Ständige Kommission des Bezirkstages Halle (Saale) (Aktiv Rehabilitation) an Amt für Arbeit und Berufsausbildung (im Hause), Rehabilitation – Beschäftigung von Frühinvalidenrentnern und sich hieraus ergebene Fragen, 18.9.1964.

319 Siehe BArch, DQ 1/22593, unpag., Hauptabteilung Sozialwesen (Sektor Rehabilitation), Rehabilitation – Beschäftigung von Invalidenrentnern, 11.11.1964.

320 Siehe AO zur Schaffung leichterer Beschäftigungsbedingungen für Rentner vom 25.2.1963, Mitteilungen des Ministerrates Nr. 3 vom 4.3.1963 (Schwarze Ausgabe), S. 11.

321 Vollbeschäftigungseinheiten waren eine Abrechnungsgröße im Plan eines Betriebes, die den jährlich geleisteten tariflichen Arbeitsstunden eines Beschäftigten entsprachen, vgl. Birgit Wolf: Sprache in der DDR. Ein Wörterbuch, Berlin 2000, S. 243.

322 Siehe BArch, DQ 1/22593, unpag., Hauptabteilung Sozialwesen (Sektor Rehabilitation), Rehabilitation – Beschäftigung von Invalidenrentnern, 11.11.64.

323 M. Rainer Lepsius: Die Institutionenordnung als Rahmenbedingung der Sozialgeschichte der DDR, in: Kaeble u. a., Sozialgeschichte der DDR, S. 17–30, hier S. 25.

wesen verfolgten im Bereich der beruflichen Rehabilitation unterschiedliche Ziele, die sich vor allem in den 1980er-Jahren noch stärker akzentuieren sollten.

In einer weiteren Weisung vom 25. Februar 1965 hatte die Staatliche Plankommission auch den Arbeitseinsatz Schwerstbeschädigter zu verbessern versucht. Die Leiter der Ämter für Arbeit und Berufsberatung sollten das staatliche Gesundheitswesen auf regionaler Ebene durch die Sicherung von Arbeitsplätzen für diesen Personenkreis unterstützen. Die Beschäftigung sollte im Rahmen des geplanten Lohnfonds erfolgen.[324] Allerdings waren die Betriebe in einigen Fällen dazu veranlasst worden, »bei Nichterfüllung der Normen einen Zuschlag bis zum Grundlohn« oder »aus Gründen der Menschlichkeit ein höheres Gehalt als der Qualifikation und Leistung angemessen ist, zu gewähren«.[325] Dieses Vorgehen war Minister Sefrin »völlig unverständlich«; für eine solche Regelung gebe es keine gesetzliche Grundlage, und sie sei aus ökonomischen Gründen nicht vertretbar. Der Arbeitslohn könne nur an der »Erfüllung der Arbeitsaufgabe, unabhängig von der tatsächlichen Zeit, die der Rentner für ihre Erfüllung aufwendet«, gemessen werden.[326]

1967 wurde die Problematik der Integration von Schwerstbeschädigten in die Betriebe besonders brisant, da eine Verordnung erschienen war, die den monatlichen Mindestbruttolohn von 220 auf 300 Mark erhöhte. Damit mussten die Betriebe unabhängig von der tatsächlichen Leistung den angeordneten Mindestbruttolohn von 300 Mark zahlen.[327] Beim Sektor Rehabilitation gingen daraufhin laufend Hinweise von Vorsitzenden der Rehabilitationskommissionen und Mitarbeitern des Gesundheits- und Sozialwesens ein, dass viele Betriebe versuchten, Schwerstbeschädigte zu entlassen. Die Betriebe seien mittlerweile kaum mehr gewillt, diesen Personenkreis in den Arbeitsprozess einzureihen, da dessen tatsächliche Arbeitsleistung nur zwischen 30 und 70 Prozent liege. In der DDR waren zu diesem Zeitpunkt etwa 8.000 Personen auf geschützten Arbeitsplätzen untergebracht.[328] Bisher hatten die staatlichen Stellen immer auf das Gesetz der Arbeit und die dazu erschienenen Auslegungen in der Schriftenreihe »Arbeitsrecht« verwiesen. Nach diesen waren Schwerstbeschädigte entsprechend ihres tatsächlichen Erfüllungsgrades der Arbeit

324 Siehe BArch, DQ 1/1787, unpag., SPK (Stellvertreter des Vorsitzenden, Halbritter) Weisung, 25.2.1965.

325 BArch, DQ 1/22594, unpag., MfG (Sefrin) an Mitglied des Staatsrates der DDR F. Kind, 20.7.1965.

326 Ebd.

327 Siehe Verordnung über die Erhöhung des monatlichen Mindestbruttolohnes von 220 auf 300 MDN und die differenzierte Erhöhung der monatlichen Bruttolöhne unter 400 MDN vom 1. Juni 1967, GBl. der DDR II 1967, S. 313.

328 Siehe BArch, DQ 1/23916, unpag., MfG (Hauptabteilung Sozialwesen), Schreiben von Kern, 17.2.1968.

zu entlohnen. Eine solche Formulierung war in der Neufassung des Gesetzbuches der Arbeit nicht mehr enthalten.[329]

Das Ministerium für Gesundheitswesen geriet nun in ein Dilemma, da der Perspektivplan für 1966 bis 1970 eine forcierte Arbeitsintegration von »physisch schwerbeschädigten und psychisch schwergeschädigten Bürgern« festgelegt hatte. Der Sektor Rehabilitation schlug vor, auf der Basis der bestehenden gesetzlichen Bestimmungen für Rentner eine gemeinsame Weisung mit dem Staatlichen Amt für Arbeit und Löhne für die Rehabilitanden zu erlassen, die laut ärztlichem Gutachten wesentlich unter der geforderten Arbeitsleistung blieben. Darin müsse der Personenkreis klar abgegrenzt werden, der für eine solche Ausnahmeregelung bei der Entlohnung infrage komme.[330]

Der Stellvertreter des Ministers hatte die Hauptabteilung Sozialwesen mit der Vorlage eines entsprechenden Entwurfs beauftragt, um »physisch Schwerstbeschädigten oder psychisch schwergeschädigten Bürgern (Rehabilitanden) im Interesse ihrer Persönlichkeitsentwicklung das Recht auf Arbeit zu sichern«.[331] In dem kurz darauf vorliegenden Entwurf wurden Betriebe und Einrichtungen sowie die staatlichen Stellen dazu verpflichtet, geschützte Arbeitsplätze einzurichten. Auf diesen Arbeitsplätzen sollten Rehabilitanden, die von den stationären oder ambulanten Behandlungseinrichtungen vorgeschlagen worden waren, Invaliden- und Unfallrentner sowie Inhaber eines Schwerbeschädigten-Ausweises tätig sein. Die Entscheidung darüber, wer einen Anspruch auf geschützte Arbeit erhielt, blieb einer Arbeitsgruppe der Kreisrehabilitationskommission vorbehalten. Dieser gehörten ein Facharzt, ein Mitarbeiter des Amtes für Arbeit und Berufsberatung sowie ein Vertreter des Kreisvorstandes des FDGB an. Aufgabe der Kreisrehabilitationskommission war es, jährlich zu überprüfen, ob die Rehabilitanden in den regulären Arbeitsprozess überführt werden konnten. Für die Arbeitsvermittlung waren die Ämter für Arbeit und Berufsberatung verantwortlich, denen die Betriebe geeignete Arbeitsplätze zu melden hatten. Im Entwurf war ferner festgelegt, dass Rehabilitanden im Rahmen des bestätigten Lohnfonds außerhalb des Arbeitskräfteplanes beschäftigt werden konnten, der in Ausnahmefällen überschritten werden durfte. Die Höhe des Arbeitslohnes der Betroffenen sollte sich am »Grad der Erfüllung der Arbeitsnormen« orientieren.[332]

Vorgesehen war, den Entwurf Ende Mai 1968 in den Ministerrat einzubringen. Eine Verzögerung entstand durch unterschiedliche Auffassungen über das Arbeits-

329 Siehe BArch, DQ 1/23916, unpag., MfG (Sektor Rehabilitation) an Sektor Arbeit, 25.8.1967.

330 Siehe ebd.

331 BArch, DQ 1/23916, unpag., Hauptabteilung Sozialwesen (Kern), 17.2.1968.

332 BArch, DQ 1/1787, unpag., Entwurf: Grundsätze zur Sicherung des Rechts auf Arbeit für die physisch Schwerstgeschädigten oder psychisch schwergeschädigten Bürger (Rehabilitanden) im Interesse der Persönlichkeitsentwicklung dieser Werktätigen, 24.5.1968.

rechtsverhältnis der Rehabilitanden, die beim FDGB-Bundesvorstand, dem Staatlichen Amt für Arbeit und Löhne und der Problemkommission Rehabilitation des Gesundheitsministeriums bestanden.[333] Die Problemkommission Rehabilitation war Teil des »Rates für Planung und Koordinierung der medizinischen Wissenschaft« beim Ministerium für Gesundheitswesen, der sich 1962 konstituiert hatte. Seine Mitglieder wurden vom Minister für Gesundheitswesen berufen und hatten die Aufgabe, Schwerpunkte in der medizinischen Forschung zu setzen, staatliche Organe zu beraten und die Verwendung materieller Mittel sicherzustellen.[334] Die Problemkommission Rehabilitation plante unkoordinierte wissenschaftliche Untersuchungen auf dem Gebiet der Rehabilitation.[335] Der Entwurf wurde am 19. Februar 1969 vom Ministerrat bestätigt[336] und erschien im August 1969 mit einigen Änderungen als »Anordnung zur Sicherung des Rechts auf Arbeit für Rehabilitanden«.[337]

1969 hatte sich die Zahl der Bürger, die in rund 150 geschützten Werkstätten und Abteilungen tätig waren, auf etwa 9.000 erhöht. Die Problemkommission Rehabilitation hielt diese Zahl im Vergleich zu anderen Ländern für nicht ausreichend. Sie regte an, eine vom Gesundheitsministerium geleitete Bezirkszentrale zu entwickeln, welche die Anleitung und Koordination der geschützten Arbeit im Bezirk übernehmen sollte. Die Problemkommission kritisierte die Ignoranz gegenüber praktischen Aspekten wie behindertengerechtem Wohnen, Barrierefreiheit und der Bereitstellung orthopädischer Hilfsmittel. Innerhalb der sozialistischen Staaten gebe es keine Produktion von Elektrofahrzeugen.[338] Auch ein Bericht über Eingaben an den Staatsrat und die Volkskammer aus dem Jahr 1970 ging auf diese Kritikpunkte ein. Darin wurde kritisiert, dass das in der Verfassung garantierte »Recht auf Arbeit« für Schwerstbeschädigte nicht gesichert sei. Weder stehe eine ausreichende Anzahl ge-

333 Siehe BArch, DQ 1/23916, unpag., Hauptabteilung Sozialwesen (Richter) an MfG (Staatssekretär Erler), Entwurf eines Beschlusses zur Sicherung des Rechts auf Arbeit für die physisch Schwerstgeschädigten oder psychisch schwergeschädigten Bürger (Rehabilitanden) im Interesse der Persönlichkeitsentwicklung dieser Werktätigen, 24.5.1968.

334 Siehe Jürgen Wasem u. a.: Gesundheitswesen und Sicherung bei Krankheit und im Pflegefall (künftig zitiert: Wasem. u. a., Gesundheitswesen, Bd. 9), in: Geschichte der Sozialpolitik in Deutschland seit 1945, Bd. 9, S. 379–428, hier S. 408.

335 Siehe BArch, DQ 1/2842, unpag., Stellungnahme zu den Thesen der ČSSR zur Vorbereitung der Ministerkonferenz, o. D.

336 Siehe BArch, DC 20-I/4/1929, Anlage 10, Bl. 123, 69. Sitzung des Präsidiums des Ministerrates vom 19. Februar 1969.

337 Siehe Anordnung vom 26. August 1969 zur Sicherung des Rechts auf Arbeit für Rehabilitanden, GBl der DDR II 1969, S. 470.

338 Siehe BArch, DQ 1/4817, unpag., Rat für Planung und Koordination der medizinischen Wissenschaft (Problemkommission Rehabilitation), Protokoll der Tagung der Problemkommission mit den Vorsitzenden der Bezirksrehabilitationskommissionen in Berlin am 6. November 1969, 18.11.1969.

schützter Werkstätten und Arbeitsplätze zur Verfügung noch Wohnheime in der unmittelbaren Nähe des Arbeitsplatzes oder orthopädische Hilfsmittel wie Rollstühle.[339]

Die Problemkommission Rehabilitation hatte aufgrund der »unzureichenden Berücksichtigung der Belange schwer körperbehinderter Bürger bei der Planung auf verschiedenen Gebieten« auch eine Eingabe an den Vorsitzenden des Ausschusses für Gesundheitswesen der Volkskammer gerichtet. In dieser beschwerte sie sich über die Gewichtung der Rehabilitation: »[...] erste Erfolge in Bezug auf Aufnahme entsprechender Objekte in die Planung als Frucht langjähriger Bemühungen werden ohne jede Begründung bzw. mit unzureichenden Bekundungen durch Herausnahme aus den Planungen und durch Nichteinhaltung von Abmachungen auf Kosten der Versehrten zunichte gemacht [...] Wir sehen in der Behandlung der schwer versehrten Menschen und ihrer Bedürfnisse [...] eine den Grundsätzen unseres Staates entsprechende Missachtung menschlicher Anliegen [...]. Wir halten es nicht für richtig, dass bei notwendig werdender Beschränkung grundsätzlich zunächst die betroffen werden, die vom Schicksal bereits schwer getroffen worden sind.«[340] Als besonders problematisch schätzte die Problemkommission ein, dass »die gegenwärtigen Rehabilitationserfolge [...] insbesondere auf dem vorhandenen Arbeitskräftemangel« beruhten. Erste Anzeichen in einigen Gebieten, in denen kein Arbeitskräftemangel mehr herrsche, zeigten Rückschläge auf dem Gebiet der Rehabilitation und bedeuteten ein »nicht mehr zu verantwortendes Zurückbleiben hinter dem Weltniveau«.[341]

Offenbar orientierte sich die Problemkommission bei ihren Überlegungen an Ideen und Initiativen in Westdeutschland, wo das Thema Rehabilitation ebenfalls auf der Agenda stand.[342] Neben Rehabilitationszentren in Polen und der ČSSR pflegte die Problemkommission Rehabilitation auch eine Zusammenarbeit mit einem Rehabilitationszentrum in Heidelberg.[343]

Die Rehabilitationsexperten der DDR orientierten sich in den 1960er-Jahren zunehmend an internationalen Entwicklungen. Schon in den 1950er-Jahren hatte sich die DDR um internationale Kontakte bemüht. Nachdem die Aufnahme in interna-

339 BArch, DQ 1/23914, unpag., Abschrift: Informationsbericht über den wesentlichen Inhalt der an den Vorsitzenden und die Mitglieder des Staatsrates sowie an die Volkskammer gerichteten Eingaben im Monat Februar 1970, o. D.

340 Ebd.

341 BArch, DQ 1/4817, unpag., Rat für Planung und Koordinierung der medizinischen Wissenschaft (Problemkommission Rehabilitation), Analyse der Forschungstätigkeit auf dem Gebiet der Rehabilitation 1967, 1.4.1968.

342 Siehe BArch, DQ 1/23917, unpag., Bundesminister für Arbeit und Sozialordnung, Broschüre: Ideenwettbewerb des guten Willens, o. D.

343 Siehe BArch, DQ 1/4817, unpag., Rat für Planung und Koordinierung der medizinischen Wissenschaft (Problemkommission Rehabilitation), Analyse der Forschungstätigkeit auf dem Gebiet der Rehabilitation 1967, 1.4.1968.

tionale Gremien wie die International Labour Organisation (ILO) zunächst gescheitert war, hielt sich die DDR mit Anträgen auf Mitgliedschaft im System der Vereinten Nationen bis 1966 zurück.[344] Zudem konnte sie erst Ende der 1960er-Jahre den »Alleinvertretungsanspruch« der Bundesrepublik aufweichen.[345] Die Gesellschaft für Rehabilitation war erst 1967 als ordentliches Mitglied der International Society for Rehabilitation of the Disabled anerkannt worden.[346] Eine Zusammenarbeit bestand allerdings schon vorher, ebenso wie mit den sozialistischen Staaten des Rates für gegenseitige Wirtschaftshilfe (RGW). Im Bereich des Gesundheitswesens gab es eine intensive Zusammenarbeit, da die Gesundheitsminister der RGW-Staaten seit 1956 jährlich gemeinsam über spezielle Problemlagen diskutierten.[347]

Ende der 1950er-Jahre hatte sich die Gruppe der Rehabilitationsexperten sozialistischer Länder gebildet, aus der 1966 eine »Ständige Kommission der Rehabilitationsexperten der sozialistischen Länder« erwuchs.[348] Auf gemeinsamen Treffen, beispielsweise auf Symposien in Halle und in Warschau Mitte der 1960er-Jahre, beschäftigten sich die Teilnehmer explizit mit der geschützten Arbeit. Zudem gab es zwischen einzelnen Ländern Pläne zur Vereinheitlichung des Invaliditätsbegriffes und der ärztlichen Begutachtung, so zum Beispiel zwischen der ČSSR und der Sowjetunion ab 1966.[349]

Das Ministerium für Gesundheitswesen unterstützte den Austausch mit den anderen sozialistischen Staaten, um mit Informationen über die dortige Vorgehensweise eigene Probleme zu lösen. So gab Kern 1966 eine Direktive für das II. Internationale Symposium der sozialistischen Länder über Rehabilitation heraus. Darin

344 Siehe Peter A. Köhler: Internationale Sozialpolitik (künftig zitiert: Köhler, Internationale Sozialpolitik, Bd. 8), in: Geschichte der Sozialpolitik in Deutschland seit 1945, Bd. 8, S. 777–797, hier S. 777.

345 Siehe Hermann Wentker: Die gesamtdeutsche Systemkonkurrenz und die durchlässige innerdeutsche Grenze. Herausforderung und Aktionsrahmen für die DDR in den fünfziger Jahren, in: Hoffmann u. a., Vor dem Mauerbau, S. 59–76, hier S. 65 f.

346 Vgl. Klaus-Peter Becker: Zur Geschichte der Gesellschaft für Rehabilitation in der Deutschen Demokratischen Republik, in: Deutsche Vereinigung für die Rehabilitation Behinderter (Hrsg.): Von der »Krüppelfürsorge« zur Rehabilitation von Menschen mit Behinderungen – 90 Jahre Deutsche Vereinigung für die Rehabilitation Behinderter e. V. Heidelberg 1999, S. 47–60.

347 Siehe Köhler, Internationale Sozialpolitik, S. 787. – Vgl. auch Marcel Boldorf/Annette Wilczeck: Internationale Sozialpolitik (künftig zitiert: Boldorf/Wilczek, Internationale Sozialpolitik, Bd. 9), in: Geschichte der Sozialpolitik in Deutschland seit 1945, Bd. 9, S. 765–797, hier S. 779 f.

348 Siehe BArch, DQ1/2842, unpag., MfG, Bericht über die Realisierung der von der IX. Konferenz der Ministerien für Gesundheitswesen der sozialistischen Länder bestätigten Resolution.

349 Siehe BArch, DQ 1/2789, unpag., MfG (A VII), Entwurf eines Arbeitsprogramms zur Untersuchung der Invalidität und zur Beeinflussung ihrer weiteren Entwicklung, 28.6.1968.

forderte sie die Delegierten der DDR dazu auf, darauf zu achten, wie in den anderen Staaten Personen entlohnt wurden, die nicht im Leistungslohn arbeiten konnten oder die durchschnittliche Arbeitsleistung nicht erreichten. Die Delegationsmitglieder sollten sich außerdem einen Überblick über Arbeitshilfen für Schwer- und Schwerstbeschädigte verschaffen und versuchen, »Prospekte zu bekommen, um Vergleichsmöglichkeiten zu erhalten und um diese Hilfen eventuell auch bei uns herzustellen oder einzuführen«.[350] Hiermit waren zwei der dringendsten Desiderata in der beruflichen Rehabilitation angesprochen, nämlich eine Lösung in Bezug auf den Arbeitslohn von Rehabilitanden und eine Verbesserung der mangelhaften Versorgung mit orthopädischen Hilfsmitteln.

In anderen sozialistischen Ländern existierten zunächst nur zum Teil Gesellschaften für Rehabilitation, so zum Beispiel in der Volksrepublik Polen und in der ČSSR. 1968 wurde eine Gesellschaft für Rehabilitation in der Volksrepublik Ungarn gegründet, in Moskau erst 1970, dafür aber mit dem Anspruch, eine »Allunionsgesellschaft für Rehabilitation im Laufe des Jahres 1972« zu bilden. In Bulgarien und Rumänien hingegen bestanden nach Aussage Renkers Schwierigkeiten; in beiden Ländern gebe es lediglich ein Staatliches Komitee für Rehabilitation, das im Laufe des Jahres 1971/1972 in eine Gesellschaft umgewandelt werden sollte.[351] Diese Einschätzung entsprach der Haltung der SED-Führung, die bereits Mitte der 1960er-Jahre die Zusammenarbeit mit den weniger entwickelten sozialistischen Staaten wie Bulgarien und Rumänien als »lähmend« empfand.[352]

Die Gesellschaft für Rehabilitation organisierte zudem internationale Zusammenkünfte, unter anderem den gemeinsam mit der »International Society for Rehabilitation of the Disabled« (ISRD) ausgerichteten III. Internationalen Kongress für Rehabilitation. Dieser fand vom 10. bis zum 15. Juni 1967 in Erfurt statt und 1.500 Rehabilitationsexperten aus 28 Ländern, darunter auch der Bundesrepublik, nahmen teil.[353] Auf dem Kongress wurde festgehalten, dass die Rehabilitation integraler Bestandteil der Sozialpolitik sei. Der Begriff Sozialpolitik hatte kurz zuvor auf dem VII. Parteitag der SED eine Aufwertung erfahren, indem Ulbricht ihm erstmalig ein programmatisches Referat gewidmet hatte. In diesem hatte er die generelle Aufgabe der Sozialpolitik darin definiert, »Arbeits- und Lebensbedingungen zu schaffen, die

350 BArch, DQ 1/1873, unpag., Hauptabteilung Sozialwesen (Kern) an Sektor Internationale Verbindungen, Direktive für das II. Internationales Symposium der sozialistischen Länder über Rehabilitation, 15.11.1966.

351 Siehe BArch, DQ 1/23910, unpag., Komitee der Rehabilitationsexperten für Behinderte in den sozialistischen Ländern/Präsident Renker an MfG/HA Soziale Betreuung/Weise, 25.2.1971.

352 Siehe Boldorf/Wilczeck, Internationale Sozialpolitik, Bd. 9, S. 779.

353 Siehe BArch, DQ 1/1873, unpag., Renker, III. Internationaler Kongress der Gesellschaft für Rehabilitation in Erfurt, Rehabilitationsexperten aus 28 Ländern trafen sich in der DDR, o. D.

der Entwicklung aller Bürger und der Erhaltung und Förderung der Arbeitskraft dienen« sollten.[354] Auf dem Kongress wurde ferner festgelegt, die Rehabilitation durch eine Rahmenverordnung zu regeln und diese in die volkswirtschaftlichen Jahres-Perspektivpläne mit aufzunehmen. Die Möglichkeit der Betroffenen, am beruflichen und gesellschaftlichen Leben teilzunehmen, müsse durch die Einrichtung geeigneter Wohnungen und öffentlicher Einrichtungen und durch die Bereitstellung von Fahrzeugen unterstützt werden. Die Betriebe wurden dazu verpflichtet, Arbeitsplätze, Arbeitsanlagen und Maschinen so einzurichten, »daß der Geschädigte im gleichen Maße wie der Gesunde tätig sein kann«.[355]

Auf dem Kongress in Erfurt fand zudem eine außerordentliche Sitzung des Ständigen Komitees der Rehabilitationsexperten der sozialistischen Länder zur Vorbereitung der Gesundheitsministerkonferenz vom 6. bis zum 10. Oktober 1967 in Prag statt. Bereits im Vorfeld hatte ein Meinungsaustausch zwischen den DDR-Medizinern Prof. Renker, Dr. Walther und Dr. Presber sowie dem tschechischen Präsidenten des Komitees, Dr. Janda, stattgefunden. Dabei wurden unter anderem politische Mitspracherechte von Betroffenen thematisiert und übereinstimmend festgehalten, dass sich ein einheitlicher »Invalidenverband« negativ auf die Rehabilitation auswirken werde. Denn daraufhin seien »verstärkte Bestrebungen sowie Forderungen« zu erwarten, welche »die Lage der Invaliden wohl verbessern, kaum jedoch den Wunsch des Ausscheidens aus der Gruppe der Invaliden zum Ausdruck bringen werden«.[356] Die Betreuung durch die »bestehenden Verbände eines eindeutig abgegrenzten Personenkreises« wie den Blinden- und den Gehörlosenverband wurde hingegen bejaht. Der FDGB sollte berufstätige Invaliden unterstützen, nicht berufstätige Invaliden sollten im Rahmen des Versehrtensportverbandes »in die gesellschaftliche Arbeit« einbezogen werden. Zudem war geplant, beim Ministerrat ein koordinierendes Rehabilitationsgremium einzurichten, um Abstimmungen auf allen Gebieten, zum Beispiel im Bau- oder Verkehrswesen zu treffen. Bei diesen Plänen orientierte sich die Problemkommission an dem Präsidentenausschuss für Rehabilitation der USA und dem nationalen Rehabilitationsrat in Großbritannien.[357]

354 Hans Günter Hockerts: Soziale Errungenschaften? Zum sozialpolitischen Legitimitätsanspruch der zweiten deutschen Diktatur (künftig zitiert: Hockerts, Soziale Errungenschaften?), in: Jürgen Kocka u. a. (Hrsg.): Von der Arbeiterbewegung zum modernen Sozialstaat. Festschrift für Gerhard A. Ritter zum 65. Geburtstag, München u. a. 1994, S. 790–804, S. 792 (künftig zitiert: Kocka u. a., Von der Arbeiterbewegung zum modernen Sozialstaat).

355 BArch, DQ 1/1873, unpag., Renker, III. Internationaler Kongress der Gesellschaft für Rehabilitation in Erfurt, Rehabilitationsexperten aus 28 Ländern trafen sich in der DDR, o. D.

356 BArch, DQ 1/2842, unpag., Problemkommission Rehabilitation, Aktennotiz, 1.2.1967.

357 Siehe ebd.

Auf der Konferenz der Minister für Gesundheitswesen der sozialistischen Länder in Prag 1967 wurde eine Resolution verabschiedet, nach der »Maßnahmen zur Sicherung des Rechts auf Arbeit für physisch Schwerstbeschädigte oder psychisch schwergeschädigte Bürger im Interesse der Persönlichkeitsentwicklung dieser Werktätigen« ergriffen werden sollten.[358] Die Verabschiedung einer gleichlautenden Anordnung in der DDR zwei Jahre später war damit nicht nur auf bestehende Probleme in der beruflichen Rehabilitation zurückzuführen, sondern auch konkreten Festlegungen innerhalb der RGW-Staaten geschuldet. Koordinator der wissenschaftlichen Zusammenarbeit wurde der Lehrstuhl für Rehabilitation in Warschau; die entsprechende Kontakteinrichtung der DDR war die Klinik für Rehabilitation in Berlin-Buch.[359]

Auch in den folgenden Jahren fanden Beratungen über Formen der Zusammenarbeit statt, so im Mai 1968 und im Oktober 1969 in Konstancin in der Nähe von Warschau. Das Expertenkomitee »Rehabilitation« der sozialistischen Länder hatte ein Arbeitsprogramm entwickelt, Renker zum Vorsitzenden des Komitees gewählt und ein ständiges Büro in Polen eingerichtet.[360] Durch diese Maßnahmen sollte ein gemeinsames Auftreten der sozialistischen Länder auf dem XI. Weltkongress der ISRD in Dublin im September 1969 gewährleistet werden.[361] Hier wird deutlich, dass sich die Bemühungen in der Rehabilitation in die allgemeinen Zielstellungen der internationalen Sozialpolitik der DDR einreihten.

Insgesamt bleibt festzuhalten, dass die DDR die Zusammenarbeit mit anderen RGW-Ländern auf dem Gebiet der beruflichen Rehabilitation seit Mitte der 1960er-Jahre erheblich vertiefte. Die Aufnahme in die UNO und in die Weltgesundheitsorganisation (WHO) blieben wichtige Ziele. Die Autoren Marcel Boldorf und Annette Wilczek konstatieren, dass bei den internationalen Aktivitäten der DDR, wie in der ILO, das hauptsächliche Ziel darin bestand, die eigenen sozialpolitischen Erfolge herauszustellen und der Wissenserwerb eher von sekundärer Bedeutung war.[362] In Bezug auf die Rehabilitation war die DDR bereit, zumindest von den RGW-Ländern zu lernen, um Lösungsmöglichkeiten für Schwierigkeiten, die beispielsweise in Bezug auf die Entlohnung von Rehabilitanden bestanden, zu finden.

358 BArch, DQ 1/2842, unpag., Stellungnahme zu den Thesen der ČSSR zur Vorbereitung der Ministerkonferenz.

359 Ebd.

360 Siehe BArch, DQ1/23910, unpag., MfG (Hauptabteilung Soziale Betreuung), Bericht über Maßnahmen zur Erfüllung der Resolution der IX. Konferenz der Minister für Gesundheitswesen der sozialistischen Länder vom 21. bis 24. November 1967 in Prag, 6.5.1970.

361 Siehe BArch, DQ1/2842, unpag., MfG, Bericht über die Realisierung der von der IX. Konferenz der Minister für Gesundheitswesen der sozialistischen Länder bestätigten Resolution.

362 Boldorf/Wilczeck, Internationale Sozialpolitik, Bd. 9, S. 771.

Das »Jahrzehnt der Rehabilitation«? Bewegung in der Sozialpolitik (1971–1980)

Aufwertung der Sozialpolitik und Folgen für die soziale Sicherung

Kurswechsel unter Honecker

Seit den 1970er-Jahren kam der Sozialpolitik in der DDR eine neue Bedeutung zu. Sie sollte nun nicht mehr nur die Folgen der vorangetriebenen ökonomischen Modernisierung abfedern, sondern zu einer »umfassenden Lebensstandardpolitik« werden. Zudem erhielt sie damit stärker eine legitimatorische Funktion und entwickelte sich zunehmend zum »Markenzeichen« des real existierenden Sozialismus.[1] Dabei propagierte die SED eine Überlegenheit des sozialistischen Systems gegenüber dem kapitalistischen Gesellschaftsmodell, war aber gleichzeitig gezwungen, ihre Sozialpolitik immer weiter auf Kosten des Staatshaushaltes auszuweiten.[2]

Die massive öffentliche Aufwertung der Sozial- und Konsumpolitik hing vor allem mit dem Machtwechsel im Politbüro zusammen. Dieser hatte sich schon seit längerem angebahnt, denn die Diskussion um die von Walter Ulbricht eingeleiteten Wirtschaftsreformen (NÖSPL/ÖSS) hatte die SED-Machtelite innerlich gespalten. Bereits seit Mitte der 1960er-Jahre kam es zu einer »Doppelherrschaft und Machtkonkurrenz zwischen Ulbricht und Honecker«.[3] Honecker, der die Unterstützung des ZK-Sekretariats genoss, intrigierte ab dem Sommer 1970 offensiver gegen Ulbricht

1 Peter Skyba: Gesellschaftliche Strukturen und sozialpolitische Denk- und Handlungsfelder 1971–1981 (künftig zitiert: Skyba, Gesellschaftliche Strukturen, Bd. 10), in: Geschichte der Sozialpolitik in Deutschland seit 1945, Bd. 10, S. 70–115, hier S. 70.

2 Siehe Beatrix Bouvier: Sozialpolitik als Legitimationsfaktor? Die DDR seit den siebziger Jahren (zukünftig zitiert: Bouvier, Sozialpolitik als Legitimationsfaktor?), in: Friedhelm Boll/Anja Kruke (Hrsg.): Der Sozialstaat in der Krise. Deutschland im internationalen Vergleich, 2008, S. 127–161, hier S. 127.

3 Malycha/Winters, Die SED, S. 192.

und trieb dessen Absetzung aktiv voran.[4] Dabei stellte er schon lange vor seiner auf dem VIII. Parteitag der SED am 19. Juni 1971 erfolgten Bestätigung als erster Sekretär des ZK die Weichen für neue politische Entwicklungen. In einer Politbürositzung am 16. Februar 1971, in der weder Ulbricht noch führende Wirtschafts- und Sozialpolitikexperten des Politbüros anwesend waren, gelang es Honecker, einen Politbürobeschluss durchsetzen, der darauf abzielte, den Volkswohlstand im kommenden Fünfjahrplan zu verbessern.[5] Neben diesen internen Faktoren lag der Kurswechsel auch in der Rezeption des Parteitages der KPdSU vom März 1971 und den polnischen Arbeiterunruhen begründet, die im Dezember 1970 ausgebrochen waren. Die DDR stellte damit keine Ausnahme dar, denn in allen Ländern des Ostblocks, außer Rumänien, kam es 1970/71 zu einem Wandel in der Wirtschafts- und Sozialpolitik.[6]

Honecker nutzte die Unruhen in Polen, um seine Position, die darin bestand, den Lebensstandard der Bevölkerung mit umfassenden konsum- und sozialpolitischen Maßnahmen anzuheben, im Politbüro durchzusetzen.[7] Auf dem VIII. Parteitag der SED wurde dementsprechend das Wachstum des »materiellen und kulturellen Lebensniveaus des Volkes« zur »Hauptaufgabe« ausgerufen[8] und eine Verbesserung der Konsumgüterversorgung, der Rentengesetzgebung, der Wohnsituation und der Löhne sowie der Ausbau des Bildungs-, Gesundheits- und Erholungswesens angekündigt.[9] Damit brach Honecker mit dem Kurs, Investitionen zu Lasten des Konsums voranzutreiben. Stattdessen sollten die Früchte der Arbeit der Bevölkerung unmittelbar zugutekommen, weshalb Sozialpolitik nicht nur in der offiziellen Sprache der Partei aufgewertet wurde, sondern auch in der politischen Praxis eine höhere Bedeutung erhielt.[10] Mit dem Begriff »Sozialpolitik« wurde in den Ankündigungen des Parteitages allerdings sparsam umgegangen und das Politikfeld konzeptionell nicht klar umrissen.[11] Insgesamt waren die Konsum- und Sozialpolitik zum Zeitpunkt der Verkündung der »Hauptaufgabe« noch kein ausgearbeitetes Programm, sondern es handelte sich anfänglich häufig um ad-hoc-Entscheidungen.[12]

4 Vgl. ebd., S. 190–200.
5 Siehe Peter Skyba: Sozialpolitik als Herrschaftssicherung. Entscheidungsprozesse und Folgen in der DDR der siebziger Jahre (zukünftig zitiert: Skyba: Sozialpolitik als Herrschaftssicherung), in: Clemens Vollnhals/Jürgen Weber (Hrsg.): Der Schein der Normalität. Alltag und Herrschaft in der SED-Diktatur, München 2002, S. 39–80, hier S. 44 (zukünftig zitiert: Vollnhals/Weber, Der Schein der Normalität).
6 Siehe Steiner, Von Plan zu Plan, S. 187.
7 Siehe ebd., S. 190 f.
8 Protokoll des VIII. Parteitages der SED, Berlin (Ost) 1971, S. 61 f.
9 Siehe Skyba, Gesellschaftliche Strukturen, S. 75.
10 Siehe Hockerts, Soziale Errungenschaften?, S. 793.
11 Siehe Skyba, Gesellschaftliche Strukturen, S. 79 f.
12 Siehe Bouvier, Die DDR – Ein Sozialstaat?, S. 83.

Im Parteiprogramm war vorgesehen, die soziale Sicherung der Bürger bei Krankheit, Invalidität und im Alter zu verbessern, den Gesundheitsschutz auszuweiten und älteren Bürgern eine stärkere Teilnahme am gesellschaftlichen Leben zu ermöglichen. Dies schloss auch die Einrichtung geeigneter Arbeitsplätze für ältere Arbeitnehmer entsprechend ihren Wünschen und Möglichkeiten ein. »Physisch und psychisch geschädigte Bürger« sollten durch »komplexe« Rehabilitationsmaßnahmen, geeignete Bildungs- und Arbeitsmöglichkeiten und die medizinische und soziale Betreuung besser als zuvor in das gesellschaftliche Leben eingegliedert werden.[13] Der Terminus »physisch/psychisch Geschädigter« löste den im amtlichen Sprachgebrauch vorherrschenden Begriff »Schwerstbeschädigter« zunehmend ab und entsprach dem des »Behinderten« in der westdeutschen Heilpädagogik.[14]

Wichtigster Akteur in der Sozialpolitik blieb auch unter Honecker das Politbüro. In diesem verschob sich die Kräftekonstellation zugunsten einflussreicher Einzelpersonen wie dem ZK-Sekretär für Wirtschaftsfragen, Günter Mittag, dem Präsidenten der Volkskammer, Horst Sindermann, und dem Vorsitzenden des Ministerrates, Willi Stoph. Auch die Staatliche Plankommission nahm weiterhin Einfluss auf die Sozialpolitik, da sie für sämtliche Planungen, wie die Perspektiv- und die Volkswirtschaftspläne, zuständig war.[15] Durch die Vorrangstellung politischer Kriterien kam es unter Honecker zu einem »grassierenden Planungsfiktionalismus«.[16] Der in der Regel als Gesetz verabschiedete Plan entsprach meist nicht der Realität, sondern fiel häufig eher in die Kategorie »Wunschdenken«.[17] Wirtschaftspolitische Akteure waren zudem permanent damit konfrontiert, dass ihre für notwendig erachteten Planungsmethoden in Frage gestellt wurden.[18] So überging Honecker Mahnungen aus dem Staats- und Parteiapparat, insbesondere von Mitgliedern der Staatlichen Plankommission, oder wies diese sogar zurück.[19]

13 Siehe Lohmann, Entwicklung des Sozialrechts in der DDR, S. 72.

14 Siehe Hübner, Die Rehabilitationspädagogik in der DDR, S. 99 f.

15 Siehe Dierk Hoffmann: Sicherung bei Alter, Invalidität und für Hinterbliebene, Sonderversorgungssysteme (künftig zitiert: Hoffmann, Sicherung bei Alter, Invalidität, Bd. 10), in: Geschichte der Sozialpolitik in Deutschland seit 1945, Bd. 10, S. 327–361, hier S. 330.

16 Peter Skyba: Die Sozialpolitik der Ära Honecker aus institutionentheoretischer Perspektive (künftig zitiert: Skyba, Sozialpolitik der Ära Honecker), in: Christoph Boyer/Peter Skyba (Hrsg.): Repression und Wohlstandsversprechen. Zur Stabilisierung von Herrschaft in der DDR und der ČSSR (= Berichte und Studien des Hannah-Arendt-Instituts, Bd. 20), Dresden 1999, S. 49–62, hier S. 57 (künftig zitiert: Boyer/Skyba, Repression und Wohlstandsversprechen).

17 Peter C. Caldwell: Plan als Legitimationsmittel, Planung als Problem: Die DDR als Beispiel staatssozialistischer Modernität, in: GuG, 34. Jg. (2008), H. 3, S. 361–374, hier S. 366.

18 Siehe ebd.

19 Siehe Bouvier, Sozialpolitik als Legitimationsfaktor?, hier S. 136. – Dies., Die DDR – Ein Sozialstaat?, S. 82.

Das Ministerium für Gesundheitswesen blieb weiterhin der entscheidende Motor in der Rehabilitation. Die in eine »Hauptabteilung Soziale Betreuung« umbenannte Hauptabteilung Sozialwesen koordinierte diesen Bereich weiterhin. Abteilungsleiterin Käthe Kern schied 1970 nach 20 Jahren aus dem Ministerium für Gesundheitswesen aus.[20] Elfriede Garreis übernahm ihre Funktion und konnte als Mitglied des Präsidiums des Zentralausschusses der Volkssolidarität beide Bereiche wirkungsvoll miteinander verbinden.[21] Ludwig Mecklinger, zunächst Stellvertreter des seit 1958 amtierenden Gesundheitsministers Max Sefrin (CDU), löste diesen 1971 ab und schied erst im Januar 1989 aufgrund schwerer Vorwürfe der ZK-Abteilung Gesundheitspolitik aus dem Amt.[22] Mecklinger gehörte als erster DDR-Gesundheitsminister der SED an. Daran und an Mecklingers fachlichem Hintergrund zeigte sich, dass der Bereich des Gesundheitswesens an Bedeutung gewann.[23] Insgesamt versuchte die SED jedoch, durch das verstaatlichte Gesundheitswesen die Medizin ihrem Herrschaftsanspruch unterzuordnen.[24] Die Ärzteschaft wurde daher »mit Argusaugen« beobachtet und innerhalb dieser war der Anteil inoffizieller Mitarbeiter für das Ministerium für Staatssicherheit besonders hoch.[25]

Der Einfluss des Parteiapparates wuchs in der Ära Honecker, indem parteilose Fachleute zunehmend als »Technokraten« stigmatisiert und durch jüngere, parteitreue Funktionäre ersetzt wurden.[26] Prägend für die Entwicklung im Gesundheitswesen war vor allem die ZK-Abteilung Gesundheitspolitik unter Werner Hering,

20 Siehe BArch, NY4145/44, Bl. 100, Käthe Kern an Günter F., 27.5.1981.

21 Siehe Marcel Boldorf: Sozialfürsorge, in: Geschichte der Sozialpolitik in Deutschland seit 1945, Bd. 10, S. 453–469, S. 458.

22 Siehe Jürgen Wasem u. a.: Gesundheitswesen und Sicherung bei Krankheit und im Pflegefall (künftig zitiert: Wasem u. a., Gesundheitswesen, Bd. 10), in: Geschichte der Sozialpolitik in Deutschland seit 1945, Bd. 10, S. 365–415, hier S. 374.

23 Siehe ebd.

24 Siehe Francesca Weil: Ärzte als inoffizielle Mitarbeiter des Ministeriums für Staatssicherheit in der DDR (künftig zitiert: Weil, Ärzte als inoffizielle Mitarbeiter), in: Rainer Erices/Andreas Frewer (Hrsg.): Medizinethik in der DDR. Moralische und menschenrechtliche Fragen im Gesundheitswesen (= Geschichte und Philosophie der Medizin, Bd. 13), Stuttgart 2015, S. 29–58, hier: S. 55. Zur einer Politisierung der Medizin vgl. Florian Steger/Maximilian Schochow: Disziplinierung durch Medizin. Die geschlossene Venerologische Station in der Poliklinik Mitte in Halle (Saale) 1961 bis 1982 (= Studienreihe der Landesbeauftragten für die Unterlagen des Staatssicherheitsdienstes in der ehemaligen DDR in Sachsen-Anhalt, Sonderband), 3. Aufl., Halle (Saale) 2015. Dies.: Traumatisierung durch politisierte Medizin. Geschlossene Venerologische Stationen in der DDR, Berlin 2016. Steger u.a.: Vertuschter Skandal. Die kontaminierte Anti-D-Prophylaxe in der DDR 1978/1979 und ihre Folgen (= Studienreihe der Landesbeauftragten für die Unterlagen des Staatssicherheitsdienstes in der ehemaligen DDR in Sachsen-Anhalt, Sonderband), Halle (Saale) 2017.

25 Weil, Ärzte als inoffizielle Mitarbeiter, S. 55 f.

26 Wasem u. a., Gesundheitswesen, Bd. 10, S. 371.

die sich seit Mitte der 1970er-Jahre »mehr und mehr zu einer ›Oberregierung‹ entwickelt[e], die das Arbeitsklima zwischen Partei- und Staatsapparat vergiftete und mit Vorwürfen [...] dem MfG schwer zusetzte.«[27] Hering musste 1981 seinem Stellvertreter Karl Seidel das Amt überlassen. Grund hierfür waren Auseinandersetzungen im Politbüro, die sich an einem von der ZK-Abteilung eingebrachten Beschlussentwurf zur Erhöhung der Schwesterngehälter entzündeten.[28] Offiziell sollte der Ministerrat ab Oktober 1972 das Gesundheitswesen planen und leiten. Das Ministerium für Gesundheitswesen hatte lediglich die festgelegten gesundheitspolitischen Aufgaben in konkrete Pläne für die unteren Stellen umzuwandeln.[29]

Konzeptionen in der Rentenpolitik wurden neben der ZK-Abteilung Gewerkschaften und Sozialpolitik auch durch das Staatliche Amt für Arbeit und Löhne erarbeitet, das 1972 in ein Staatssekretariat umgewandelt und beim Ministerrat angesiedelt wurde. Andere Akteure in der Sozialpolitik verloren hingegen sukzessive an Einfluss, beispielsweise das Finanzministerium.[30] Auch der FDGB, der zwar formal in der Sozialpolitik eine große Rolle spielte, de facto aber kaum Mitspracherechte besaß, ist hier zu nennen. Offiziell gemeinsam beschlossene Maßnahmen des ZK der SED, des Ministerrates und des FDGB-Bundesvorstandes sollten darüber hinwegtäuschen, dass die Gewerkschaft bei wichtigen Entscheidungen kaum hinzugezogen wurde und letztlich die SED-Führung alle wichtigen Entscheidungen traf.[31] Einzelne Mitglieder des FDGB versuchten, Diskussionen über die Rentenpolitik anzustoßen, so beispielsweise Fritz Rösel in seiner Funktion als Vorsitzender des Volkskammerausschusses für Arbeit und Sozialpolitik zu Beginn der 1970er-Jahre.[32] Der FDGB gestaltete auch die berufliche Rehabilitation in den Bezirken deutlich stärker mit als in den 1960er-Jahren und war insbesondere für die Umsetzung staatlicher Initiativen im Betrieb bedeutsam.

Insgesamt erhielten die maßgeblichen Akteure in der Umbruchphase von Ulbricht zu Honecker zunächst insofern Unterstützung, dass Probleme im Bereich der Arbeits- und Lebensbedingungen stärker thematisiert werden konnten.[33] Hierzu trug auch die Bildung von Arbeitsgruppen bei, wie beispielsweise der 1974 gegründete Wissenschaftliche Rat für Sozialpolitik und Demographie unter dem Vorsitz von Gunnar Winkler.[34] Für wissenschaftliche Experten, die an sich in der DDR nur eine eingeschränkte

27 Ebd., S. 372.
28 Siehe Erich Fischer, Geständnisse und Bekenntnisse, Schkeuditz 2002, S. 150 f.
29 Statut des Ministeriums für Gesundheitswesen. Beschluss des Ministerrates der DDR vom 25.9.1975. GBl. der DDR I 1975, S. 673.
30 Siehe Hoffmann, Sicherung bei Alter, Invalidität, Bd. 10, S. 330.
31 Siehe Skyba, Gesellschaftliche Strukturen, Bd. 10, S. 84.
32 Siehe Hoffmann, Sicherung bei Alter, Invalidität, Bd. 10, S. 330.
33 Siehe Skyba, Gesellschaftliche Strukturen, Bd. 10, S. 80.
34 Vgl. Hoffmann, Sicherung bei Alter, Invalidität, Bd. 10, S. 331 f.

Funktion besaßen, verengte sich der Spielraum unter Honecker jedoch zunehmend.[35] Nach den abgebrochenen Wirtschaftsreformen 1968 sollten die Experten Honeckers auf machtpolitische Aspekte ausgerichtete Sozialpolitik lediglich legitimieren.[36]

Wichtigstes Kriterium bei den Entscheidungen im sozialpolitischen Bereich war unter Honecker der »größte politische Effekt«.[37] Dies wurde auch in der Rentengesetzgebung deutlich. Zwar fanden angekündigte Rentenerhöhungen statt, an den bestehenden Problemen, wie der ungleichen Rentenhöhe zwischen Männern und Frauen, änderte sich hingegen kaum etwas. Die Ausrichtung auf den »größten politischen Effekt« führte nicht zuletzt dazu, dass wichtige Bereiche hinter anderen zurückfielen: »So blieb das anerkannt dringend modernisierungsbedürftige Gesundheitswesen stets ein Stiefkind der Mittelallokation, während die Subventionspraxis für Konsumgüter des Grundbedarfs den Staatshaushalt bald überlastete.«[38]

Rentenpolitische Erweiterungen 1972/73

Die DDR-Rentenversicherung befand sich zu Beginn der 1970er-Jahre in einer prekären Lage. Die Renten belasteten den Staatshaushalt stark und beanspruchten den größten Anteil der Ausgaben innerhalb der Sozialversicherung.[39] Die Belastung war kontinuierlich gewachsen, und der Anteil des Staatszuschusses an den Gesamtausgaben hatte sich von etwa 18 Prozent im Jahr 1961 auf ca. 34 Prozent im Jahr 1969 nahezu verdoppelt.[40] Trotzdem erhöhte die SED-Führung den Beitragssatz von 10 Prozent weder für Arbeitgeber noch für Arbeitnehmer und änderte auch die Beitragsbemessungsgrenze von 600 Mark bis zur Auflösung der DDR nicht.[41] Eine wirkliche Reform war trotz der Maßnahmen Ende der 1960er-Jahre nicht erfolgt. Stattdessen hatten sich durch die Rentenerhöhung bestehende Nivellierungstendenzen verstärkt, da vor allem die unteren Renten angehoben worden waren. Ein weiterer Kritikpunkt der Bevölkerung war die eingeführte Stichtagsregelung zum 1. Juli 1968, bei der zwischen Alt- und Neurenten unterschieden wurde. Die Beseitigung dieser Differenz war ein wichtiges Desiderat bei neuen Plänen in der Rentenpolitik. Auf dem VIII. Parteitag

35 Siehe ebd., S. 331.
36 Siehe Lutz Raphael: Experten im Sozialstaat, in: Hockerts, Drei Wege deutscher Sozialstaatlichkeit, S. 231–258, hier S. 241.
37 Skyba, Sozialpolitik der Ära Honecker, S. 56.
38 Ebd.
39 Hoffmann, Sicherung bei Alter, Invalidität, Bd. 10, S. 328.
40 Siehe BMAS, Statistische Übersichten, Tab. 4.1.2.3. (1). – Hoffmann, Sicherung bei Alter, Invalidität, Bd. 10, S. 327.
41 Siehe ebd., S. 328.

der SED verkündete Ministerpräsident Stoph das Vorhaben, die alten Renten innerhalb des laufenden Fünfjahrplanes an das Niveau der neuen Renten anzugleichen und die Mindestrenten in Abhängigkeit von der Anzahl der Arbeitsjahre zu erhöhen.[42]

Die ZK-Abteilung Gewerkschaften und Sozialpolitik nahm im Oktober 1971 gegenüber Günter Mittag zur Umrechnung der Altrenten mit dem Hinweis Stellung, dass dieses Problem seit mehr als drei Jahren im Vordergrund aller die Sozialpolitik betreffenden Eingaben an das ZK der SED stehe. Die Ausführungen Honeckers auf dem VIII. Parteitag hätten zwar eine »große Befriedigung« unter den Rentnern ausgelöst, man erwarte jedoch im Allgemeinen eine »sofortige Änderung« der Situation. Diese Haltung äußere sich in einer wachsenden Zahl von Eingaben, in denen viele Rentner »recht verbittert« darauf hinwiesen, dass eine Lösung des Problems seit 1968 anstehe und die Umrechnung wohl so lange hinausgeschoben werden solle, »bis ein großer Teil der Altrentner gestorben« sei.[43] Fritz Brock, seit 1965 Abteilungsleiter der ZK-Abteilung Gewerkschaften und Sozialpolitik, hielt die bestehende Stichtagsregelung für ein »nicht zu unterschätzendes Problem«. Diese untergrabe das Vertrauen der Bevölkerung, und nicht nur die Rentner, sondern zunehmend auch die »Werktätigen« beschwerten sich darüber. Teile der Bevölkerung hatten kritisiert, dass diejenigen Rentner die Erhöhung erhalten hatten, die nur wenige Arbeitsjahre nachweisen konnten und den Rentenanspruch im Wesentlichen durch freiwillige Beitragszahlungen erworben hatten.[44] Neben den Forderungen der Bevölkerung setzten auch die Entwicklungen in der Bundesrepublik die SED-Spitze unter Druck. Dazu gehörten die Herabsetzung der Altersgrenze in der Rentenversicherung und die geplante Einführung einer flexiblen Altersgrenze.[45]

Um die Situation der Bevölkerung schnell zu verbessern, hatte der Ministerrat den Leiter des Staatssekretariates für Arbeit und Löhne, Horst Rademacher, beauftragt, Vorschläge zur Rentenpolitik vorzulegen.[46] In den gemeinsam mit dem FDGB ausgearbeiteten Vorschlägen war vorgesehen, auch die Altrenten nach den Grundsätzen des neuen Rentenrechts umzurechnen und diese prozentual zu erhöhen, wenn es für den Rentner günstiger war.[47] Das Präsidium des Bundesvorstandes des

42 Siehe ebd., S. 333.

43 SAPMO BArch, DY 30/IV A 2/6.11/118, Bl. 62–64, hier Bl. 62, ZK-Abteilung Gewerkschaften und Sozialpolitik, Stellungnahme (zum Schreiben des Genossen Ebert), Umrechnung der Altrenten entsprechend den Festlegungen des VIII. Parteitages, 19.10.1971.

44 Siehe SAPMO BArch, DY 30/IV 2/6.11/2, Bl. 2–14, hier Bl. 11, Brock an Lamberz, 12.2.1971.

45 Siehe ebd., Bl. 12 f.

46 Siehe Hoffmann, Sicherung bei Alter, Invalidität, Bd. 10, S. 334.

47 Siehe SAPMO BArch, DY 30/IV A 2/6.11/118, Bl. 62–64, hier Bl. 63 f., ZK-Abteilung Gewerkschaften und Sozialpolitik, Stellungnahme (zum Schreiben des Genossen Ebert), Umrechnung der Altrenten entsprechend den Festlegungen des VIII. Parteitages, 19.10.1971 (Notiz: am 19.10.1971 an Genosse Dr. Mittag).

FDGB hatte im Oktober 1971 beschlossen, die Vorschläge dem Ministerrat vorzulegen.[48] Die Staatliche Plankommission, welche sich Anfang November 1971 in die Diskussion einschaltete,[49] wollte allerdings »nur geringe Mittel für die Lösung des Rentenproblems zur Verfügung« stellen und dies auch erst gegen Ende des Fünfjahrplanes.[50] Brock verwies Mittag gegenüber auf die politische Außenwirkung. Nur ein Drittel der Renten könne dann verbessert werden und etwa 1,7 Millionen der Rentner erhielten überhaupt keine Rentenverbesserungen, darin eingeschlossen fast alle an Frauen gezahlten Renten.[51] Die Abteilung sah sich mit der wachsenden Zahl von Eingaben konfrontiert und drohte, »daß es auf völliges Unverständnis in der Bevölkerung stoßen und sicherlich zu politischen Schwierigkeiten führen würde, wenn die Beschlüsse des Parteitages in ihrer Realisierung beschränkt und zeitlich verzögert werden«.[52]

Das Politbüro mischte sich schließlich Anfang Januar 1972 in die Debatte ein und verlangte Entwürfe über Rentenerhöhungen, Wohnungsmieten und andere soziale Problemstellungen, die durch Stoph in einem sozialpolitischen Maßnahmenkatalog zusammengefasst eingereicht wurden.[53] Die Parteispitze lehnte diesen Katalog, den der Historiker Peter Skyba als einen »zwischen SED-Apparat, Gewerkschaft und Staatsorganen abgestimmten Kompromiss« über Schwerpunkte in der Sozialpolitik bezeichnet, ab.[54] Stattdessen beauftragte das Politbüro eine Arbeitsgruppe unter Sindermann mit der Ausarbeitung der in der Politbürositzung diskutierten Vorschläge. Die Arbeitsgruppe konzentrierte sich dabei auch auf andere sozialpolitische Themenkomplexe, wie die Frauenerwerbstätigkeit oder den Kultur- und Sozialfonds, und bündelte ihre Vorschläge in einer Politbürovorlage.[55] In Bezug auf die Renten übernahm sie allerdings die Anregungen des Staatssekretariates für Arbeit und Löhne und des FDGB über die Umrechnung aller Altrenten, die prozentuale Erhöhung der Renten nach der Zahl der Arbeitsjahre und des Rentenbeginns sowie die Staffelung der Mindestrenten.[56]

48 Siehe SAPMO BArch, DY 30/IV A 2/6.11/118, Bl. 67–70, hier Bl. 67, ZK-Abteilung Gewerkschaften und Sozialpolitik (Brock) an Mittag, Umrechnung der Altrenten entsprechend den Festlegungen des VIII. Parteitages, 1.11.1971.

49 Siehe Hoffmann, Sicherung bei Alter, Invalidität, Bd. 10, S. 334.

50 SAPMO BArch, DY 30/IV A 2/6.11/118, Bl. 67–70, Bl. 68, ZK-Abteilung Gewerkschaften und Sozialpolitik (Brock) an Mittag, Umrechnung der Altrenten entsprechend den Festlegungen des VIII. Parteitages, 1.11.1971.

51 Siehe ebd.

52 Ebd., Bl. 69 f.

53 Siehe Hoffmann, Sicherung bei Alter, Invalidität, Bd. 10, S. 336.

54 Skyba, Gesellschaftliche Strukturen, Bd. 10, S. 81.

55 Siehe Hoffmann, Sicherung bei Alter, Invalidität, Bd. 10, S. 335.

56 Siehe ebd., S. 336.

Auch die ZK-Abteilung Gewerkschaft und Sozialpolitik arbeitete Vorschläge aus. Darin schlug Brock vor, auch die Mindestrenten in Abhängigkeit von der Anzahl der Arbeitsjahre von 200 auf 240 Mark zu erhöhen. Mit diesen Maßnahmen erhielten alle Altrentner eine durchschnittliche Erhöhung von 45 Mark, mindestens von 18 Mark im Monat, alle Mindestrentner eine Erhöhung von mindestens 40 Mark monatlich und die ältesten Rentner, deren Renten am niedrigsten waren, die größte Erhöhung.[57] Damit war das Problem einer einheitlichen Bewertung der Arbeitsjahre in der Rentenberechnung noch nicht gelöst. Brock kritisierte, dass die unterschiedliche Bewertung der Arbeitsjahre bis 1945 mit 0,7 Prozent und ab 1946 mit einem Prozent je Jahr dazu führe, dass Differenzen zwischen den Altrenten und den später festgesetzten Renten bestehen blieben, die mit jedem Jahr weiter anwachsen würden. Entsprechende Unterschiede träten auch innerhalb der Neurenten auf. Beispielsweise sei eine Rente, die im Jahr 1973 erstmals festgesetzt werde, bereits um 1,5 Prozent höher als eine im Jahr 1968 festgesetzte Rente. Die Kosten für die Lösung dieses Problems – nämlich eine einheitliche Bewertung aller Arbeitsjahre mit einem Prozent – bezifferte Brock für das Jahr 1972 auf weitere 160 Millionen Mark und für das Jahr 1973 auf 480 Millionen Mark. Er betonte, dass sich damit in der Rentenversorgung »die wichtigsten Probleme« regeln ließen und »für einige Jahre eine stabile Lage erreicht werde«.[58] Auch die Tendenz zur Nivellierung der Beträge könne vermindert werden. Brock warnte davor, dass der Mittelaufwand bei einer späteren Lösung erheblich höher sei, weil dann die Mindestrenten erneut angehoben werden müssten. Eine sofortige Lösung steigere zudem die politische Außenwirkung, weil alle Rentner von der Erhöhung profitierten.[59] Die ZK-Abteilung Gewerkschaften und Sozialpolitik arbeitete die Vorschläge weiter aus, die insgesamt 16 Milliarden Mark kosten sollten.[60]

Der Vorschlag der Arbeitsgruppe setzte sich schließlich gegenüber einem von der Staatlichen Plankommission erarbeiteten Entwurf[61] durch und wurde am 7. März 1972 durch das Politbüro bestätigt.[62] Nach einer weiteren Diskussion im Politbüro wurde diesem ein entsprechender Entwurf einer Arbeitsgruppe, bestehend aus Sin-

57 Siehe SAPMO BArch, DY 3023/1249, Bl. 111–114, hier Bl. 112, ZK-Abteilung Gewerkschaften und Sozialpolitik (Brock) an Mittag, 6.3.1972.
58 Ebd., Bl. 114.
59 Siehe ebd.
60 Siehe Hoffmann, Sicherung bei Alter, Invalidität, Bd. 10, S. 336.
61 BArch, DE 1/58428, unpag., SPK, Vorschläge zum Sozialprogramm in Durchführung der Beschlüsse des VIII. Parteitages, 24.2.1974.
62 Siehe SAPMO BArch, DY 30/J IV 2/2/1382, Bl. 4, Protokoll der Politbürositzung vom 7.3.1972.

dermann, Mittag, Warnke[63] und Lamberz, am 13. April 1972 vorgelegt.[64] Der »Gemeinsame Beschluss des Zentralkomitees der SED, des Bundesvorstandes des FDGB und des Ministerrates der DDR über sozialpolitische Maßnahmen in Durchführung der auf dem VIII. Parteitag beschlossenen Hauptaufgabe des Fünfjahrplanes« wurde am 28. April 1972 offiziell verabschiedet.[65]

Der Ministerrat veröffentlichte im Mai 1972 eine Verordnung, nach der das 1968 eingeführte neue Rentenrecht auch für die vor dem 1. Juli 1968 festgesetzten Alters- und Invalidenrenten galt.[66] Diese wurden in Abhängigkeit von der Anzahl der Arbeitsjahre und vom Jahr des Rentenbeginns um zehn bis 30 Prozent erhöht. Auch die Mindestrenten wurden in Abhängigkeit von der Anzahl der Arbeitsjahre angehoben; die Spannbreite reichte dabei von 200 Mark bei 15 Arbeitsjahren bis zu 240 Mark bei 45 und mehr Arbeitsjahren. Ebenso erhöhten sich die Witwen-, Waisen- und Kriegsbeschädigtenrenten.[67] Eine weitere Verordnung regelte die Erhöhung der Mindestrenten und der Ehegattenzuschläge für die seit dem 1. Juli 1968 fällig gewordenen Renten und die Neurenten.[68]

Von der Rentenerhöhung profitierten letztlich vor allem die Mindestrentner. Entgegen der Vorschläge der ZK-Abteilung Gewerkschaften und Sozialpolitik blieb der Steigerungsbetrag des monatlichen Durchschnittsverdienstes für die Arbeitsjahre vor 1946 bei 0,7 Prozent. Eine Angleichung wurde aus Kostengründen zunächst zurückgestellt. Insgesamt verbesserte die Rentenerhöhung das niedrige Einkommen der Rentner und stoppte das zunehmende Auseinanderdriften von Löhnen und Renten.[69] Die Reaktion vieler Rentner war dementsprechend positiv: »Es gab Freudentränen und Blumen für die in der Zahlstelle eingesetzten Mitarbeiter als

63 Herbert Warnke (1902–1975), Erster Vorsitzender des FDGB Bundesvorstandes 1948–1975, vgl. zur Rolle Warnkes: Peter Hübner: Im Auftrag: Herbert Warnke an der Spitze des FDGB, in: Karl Lauschke (Hrsg.): Die Gewerkschaftselite der Nachkriegszeit: Prägung – Funktion – Leitbilder (= Mitteilungsblatt des Instituts für soziale Bewegungen, 35), Bochum 2006, S. 101–120.

64 Siehe Hoffmann, Sicherung bei Alter, Invalidität, Bd. 10, S. 338.

65 Dritte Verordnung über die Gewährung und Berechnung von Renten der Sozialversicherung und erste Durchführungsbestimmung zur Dritten Verordnung vom 11.4.1973, GBl. der DDR I 1973, S. 197.

66 Verordnung über die Umrechnung und Erhöhung der vor dem 1. Juli 1968 festgesetzten Renten der Sozialversicherung vom 10. Mai 1972, GBl. der DDR II 1972, S. 301–306.

67 Siehe SAPMO BArch, DY 3023/1249, Bl. 451–464, Gemeinsamer Beschluss des ZK der SED, des Bundesvorstandes des FDGB und des Ministerrates der DDR über sozialpolitische Maßnahmen in Durchführung der auf dem VIII. Parteitag beschlossenen Hauptaufgabe des Fünfjahrplanes.

68 Siehe Zweite Verordnung über die Gewährung und Berechnung von Renten der Sozialversicherung vom 10.5.1972, GBl. der DDR II 1972, S. 306 f.

69 Siehe Hoffmann, Am Rande der sozialistischen Arbeitsgesellschaft, S. 50 f.

Zeichen des Dankes und der Freude.«[70] Diese Darstellung verdeutlicht, wie sehr die Rentenerhöhung das Bild von einer sorgenden Staatsmacht transportieren sollte. Trotz der Propaganda gab es kritische Meinungen. So wurde die Erhöhung für Rentnerinnen als ungerecht bewertet, da diese nicht so lange wie Männer gearbeitet und überwiegend freiwillige Beiträge gezahlt hätten. Empfänger einer Altersversorgung der Intelligenz und Rentner, deren Renten bereits nach neuem Recht berechnet und nicht erhöht worden waren, brachten ihre Enttäuschung darüber zum Ausdruck. Nach ersten Berechnungen hatte in beiden Versicherungen eine Erhöhung von fast vier Millionen Renten stattgefunden, die einen monatlichen Mehraufwand von rund 151,2 Millionen Mark erforderte.[71]

Infolge des »Gemeinsamen Beschlusses« gewährte die SED-Führung auch jugendlichen Invaliden, Witwen und Frauen mit mehreren Kindern einen Rentenanspruch.[72] So erhielten Frauen mit fünf oder mehr Kindern eine Mindestrente von 200 Mark monatlich, Witwen und Witwer erhielten eine Übergangsrente in derselben Höhe, welche nach dem Tod des Haupternährers zwei Jahre lang ausgezahlt wurde. Jugendliche Invaliden über 18 Jahre, die keine Arbeit aufnehmen konnten, sollten ebenfalls eine Mindestrente von 200 Mark bekommen. Voraussetzung hierfür war allerdings, dass eine berufliche Rehabilitation nicht möglich war, beziehungsweise der Betroffene im Rahmen der Rehabilitation einer Tätigkeit nachging, die den Mindestbruttolohn von 350 Mark nicht überschritt.[73] Diese Bedingung hatte das Ministerium für Gesundheitswesen durchgesetzt, da es Eltern »geschädigter« Kinder gebe, »die Vorbehalte gegen Rehabilitationsmaßnahmen haben und die von der Medizin bereits widerlegte Auffassung vertreten, dass ihre Kinder von jeder sinnvollen Tätigkeit ferngehalten werden müßten«.[74] Auch der FDGB ging davon aus, dass die Betroffenen oder ihre Verwandten Vorbehalte gegenüber einer möglichen Rehabilitation hegten und warnte sogar davor, dass eine materielle Absicherung des Personenkreises in Form einer Rente »den Rehabilitationswillen« hemme.[75]

70 SAPMO BArch, DY 3023/1250, Bl. 187–192, ZK-Abteilung Gewerkschaften und Sozialpolitik an Mittag, 8.9.1972, Informationen über die Durchführung der erstmaligen Auszahlung der erhöhten Renten entsprechend dem gemeinsamen Beschluss vom 27.4.1972 in allen Bezirken der DDR, 7.9.1972.

71 Siehe ebd. Die Abteilung bezieht sich auf eine Einschätzung der Verwaltung der Sozialversicherung vom 4.10.1972, vgl. SAPMO BArch, DY 34/25006, unpag.

72 Siehe Hoffmann, Sicherung bei Alter, Invalidität, Bd. 10, S. 342.

73 Siehe Dritte Renten-Verordnung vom 11. April 1973, GBl. der DDR I 1973, S. 197.

74 SAPMO BArch, DY 3023/1250, Bl. 448 f., ZK-Abteilung Planung und Finanzen an Mittag, Informationen über eine Vorlage für den Ministerrat zu sozialpolitischen Maßnahmen, die ab 1. Juli 1973 in Kraft treten, 5.4.1973.

75 SAPMO BArch, DY 34/25231, unpag., FDGB-Bundesvorstand, Sekretariatsbeschluss S 39/73, Weitere Maßnahmen zur Verbesserung der Rentenleistungen und zur Lösung angrenzender

Die Zahlung eines Sonderpflegegeldes wurde zudem ausgedehnt auf »Schwerstbeschädigte, die aufgrund ihres Körperschadens den bisherigen Sonderpflegegeldempfängern gleichgestellt werden müssen« sowie auf »Personen, die aufgrund eines psychischen Schadens schulbildungs- und förderungsunfähig sind, die oberen Gliedmaßen nicht sinnvoll gebrauchen können und im hohen Maße der Pflege bedürfen« und auf »Hilfsbedürftige die tagsüber oder Tag und Nacht gepflegt werden müssen und keinen Pflegegeldanspruch bei der Sozialversicherung haben«.[76] Zudem erhielten Kinder bereits ab Vollendung des dritten Lebensjahres ein Sonderpflege- oder Blindengeld, sofern ein Elternteil durch die Pflege an der Ausübung einer Berufstätigkeit gehindert war.[77] Grund für die späte Verabschiedung – der Beschluss trat erst ab dem 1. Juli 1973 in Kraft – waren offenbar die hohen Kosten, welche sich jährlich auf etwa 400 Millionen Mark beliefen.[78] Mittag hatte den Minister der Finanzen, Böhm, instruiert, dass »keine Einschränkung oder Minderung der Maßnahmen gegenüber dem Beschluss« erfolgen dürfe,[79] woran sich der schwindende Einfluss des Ministeriums der Finanzen[80] deutlich zeigt. Mit den Maßnahmen wurden nach Meinung der ZK-Abteilung Planung und Finanzen »nach der Beseitigung der Unterschiede zwischen Alt- und Neurenten die gegenwärtig dringendsten angrenzenden sozialpolitischen Probleme gelöst«.[81] Der anspruchsberechtigte Personenkreis, der nun auch eine Invalidenrente beantragen konnte, war den staatlichen Stellen nicht genau bekannt. Es wurde geschätzt, dass es in der DDR etwa 36.000 Invaliden gab, die keine Berufstätigkeit aufnehmen konnten.[82]

Mit den Rentenmaßnahmen vom 1. Juli 1973 trat die letzte Etappe des gemeinsamen Beschlusses vom 27. April 1972 in Kraft. Damit wurden weitere 260.000 Renten- und Pflegegeldleistungen der Sozialversicherung erhöht bzw. zum ersten Mal festgesetzt. Erstmalig wurden überhaupt durch die Sozialversicherung Renten- und Pflegegeldleistungen gezahlt, ohne dass zuvor eine Pflichtversicherung bestanden hatte oder Beiträge zur Sozialversicherung entrichtet worden waren. Etwa 20.000

Probleme ab dem 1. Juli 1973 entsprechend des Gewerkschaftsbeschlusses vom 27.4.1972, 24.1.1973.

76 SAPMO BArch, DY 3023/1249, Bl. 451–464, Gemeinsamer Beschluss des ZK der SED, des Bundesvorstandes des FDGB und des Ministerrates der DDR über sozialpolitische Maßnahmen in Durchführung der auf dem VIII. Parteitag beschlossenen Hauptaufgabe des Fünfjahrplanes.

77 Siehe ebd.

78 Siehe Hoffmann, Sicherung bei Alter, Invalidität, Bd. 10, S. 342.

79 SAPMO BArch, DY 3023/1250, Bl. 34, Mittag an Honecker, 4.5.1972.

80 Vgl. Hoffmann, Sicherung bei Alter, Invalidität, Bd. 10, S. 330.

81 SAPMO BArch, DY 3023/1250, Bl. 515 f., ZK-Abteilung Planung und Finanzen (Sektor Arbeitsökonomie), Informationen über die Durchführung der ab 1. Juli 1973 wirksam gewordenen sozialpolitischen Maßnahmen, 29.8.1973.

82 Siehe ebd.

Invalidenrenten von monatlich 200 Mark wurden an Bürger gezahlt, die wegen Invalidität keine Berufstätigkeit aufnehmen konnten. Zudem zahlte die Sozialversicherung rund 180.000 Pflege-, Sonderpflege- oder Blindengelder zwischen 20 und 180 Mark monatlich.[83]

Invaliden, die in einem Pflegeheim oder einer ähnlichen Einrichtung untergebracht waren, erhielten für die Dauer ihres Aufenthaltes keine Invalidenrente. Stattdessen wurden die Unterbringungskosten aus staatlichen Mitteln finanziert und den Betroffenen ein Taschengeld von 60 Mark monatlich gezahlt. Nach den neuen Regelungen ruhte der Anspruch auf sämtliche Gelder, wenn diese aufgrund eines »psychischen Schadens« gewährt wurden, wohingegen alle anderen Insassen ein Sonderpflegegeld von 50 Prozent erhielten.[84] Die Verwaltung der Sozialversicherung begründete die Regelung damit, dass die Zahlung von Invalidenrente, Sonderpflege- oder Blindengeld an die in einer Einrichtung des Gesundheits- und Sozialwesen untergebrachten »psychisch Geschädigten« »in vielen Fällen zu einer Ansammlung von Geldern auf Konten führen [würde], da nicht immer eine sinnvolle Verwendung der den Beitrag zu den Unterhaltskosten übersteigenden Beträge zu Gunsten des Patienten bzw. Heimbewohners möglich wäre«.[85] Sie verletzte damit elementar die Rechte der Betroffenen, indem sie sich die Deutungshoheit darüber anmaßte, inwieweit eine Zahlung für diese sinnvoll sei. Zwar gab es nach Angaben des FDGB-Bundesvorstandes nur wenige Eingaben und Einsprüche zu den sozialpolitischen Beschlüssen, doch diese Regelung löste massive Kritik innerhalb der Bevölkerung aus. Gesundheitsminister Mecklinger musste schließlich anordnen, Patienten in Krankenhäusern für Psychiatrie, deren Invalidenrente ruhte, rückwirkend ab dem 1. Juli 1973 ein monatliches Taschengeld in Höhe von 60 Mark zu zahlen. Das Ministerium für Gesundheitswesen hatte zudem die Verwaltung der Sozialversicherung angewiesen, für Patienten in psychiatrischen Krankenhäusern bis zum Ablauf von sechs Monaten der Heilbehandlung die Invalidenrente weiterzuzahlen.[86]

83 Siehe SAPMO BArch, DY 34/25231, unpag., FDGB-Bundesvorstand, P 92/73, Abschlussbericht über die Verwirklichung des gemeinsamen Beschlusses [...] vom 27.4.1972, 16.11.1973.

84 Siehe SAPMO BArch, DY 34/25231, unpag., FDGB-Bundesvorstand, Sekretariatsbeschluss S. 39/73, Weitere Maßnahmen zur Verbesserung der Rentenleistungen und zur Lösung angrenzender Probleme ab dem 1. Juli 1973 entsprechend des Gewerkschaftsbeschlusses vom 27.4.1972, 24.1.1973.

85 SAPMO BArch, DY 34/23089, unpag., Verwaltung der Sozialversicherung (Thude) an alle Bezirks- und Kreisdirektoren, Weitere Erläuterungen zur Arbeitsrichtlinie vom 10.5.1973 – Rentenmaßnahmen 1973 –, 10.7.1973.

86 Siehe SAPMO BArch, DY 34/25231, unpag., FDGB-Bundesvorstand, Vorbereitung der sozialpolitischen Maßnahmen, die ab dem 1. Juli 1973 wirksam werden, Präsidiumsbeschluss 20/73, 9.3.1973.

Konflikte bei der Begutachtung von Invalidität und Berufskrankheiten

Die sozialpolitischen Beschlüsse hatten zur Folge, dass sich die Verwaltung der Sozialversicherung »in ungewöhnlichem Umfang« den anfallenden Gutachtenanforderungen ausgesetzt sah. Sie führte daher ein vereinfachtes Verfahren durch und griff bei einer Reihe von Leistungsansprüchen auf vorhandene ärztliche Befunde zurück.[87] Die Lage auf dem Gebiet des ärztlichen Begutachtungswesens schätzte sie besonders in den medizinischen Fachdisziplinen Psychiatrie/Neurologie und Orthopädie, aus denen relativ viele Gutachten erforderlich wurden, als kritisch ein.[88]

Trotz der Aufnahme neuer Gruppen in die Sozialversicherung, wie jugendliche Invaliden und Frauen mit mehr als fünf Kindern, entwickelte sich die Invalidität Anfang der 1970er-Jahre nach Angaben der Verwaltung der Sozialversicherung der Arbeiter und Angestellten rückläufig.[89] Dieses Ergebnis stimmt allerdings nicht mit den Ergebnissen neuerer statistischer Übersichten überein, laut derer die Zahl der Invalidenrentner von 213.933 1970 auf 222.067 1973 anwuchs.[90] Im Gegenzug bezifferte die Verwaltung der Sozialversicherung einen Rückgang des Gesamtbestandes an Invalidenrenten von 212.953 auf 204.137 und schätzte die Entwicklung der Invalidität in den Jahren 1970 bis 1973 als »relativ günstig« ein. Für das Absinken machte die Sozialversicherung unter anderem die nach dem VIII. Parteitag eingeführte Verlängerung der Krankengeldbezugsdauer bis zu 78 Wochen der Arbeitsunfähigkeit verantwortlich, da mit dieser Regelung »die bisher oftmals vorgenommene vorübergehende Invalidisierung« vermieden werden konnte.[91]

Der Ministerrat hatte das Ministerium für Gesundheitswesen 1973 mit einer »komplexen Krankenstandforschung« beauftragt, die 1974 beginnen und sich mit den Ursachen für langfristige Arbeitsunfähigkeit und Invalidität auseinandersetzen sollte. Häufigste Ursachen für Invalidität waren Erkrankungen des Herz-Kreislaufsystems und »bösartige Neubildungen«. Dabei dominierten vor allem die Krankheiten des Kreislaufsystems: Bei Männern waren 41,0 Prozent der Neuzugänge darauf zurückzuführen, bei Frauen 30,2 Prozent. 1973 lag das Durchschnittsalter bei Ein-

87 SAPMO BArch, DY 34/25231, unpag., FDGB-Bundesvorstand, P 92/73, Abschlussbericht über die Verwirklichung des gemeinsamen Beschlusses [...] vom 27.4.1972, 16.11.1973.

88 SAPMO BArch, DY 34/25231, unpag., FDGB-Bundesvorstand, Vorbereitung der sozialpolitischen Maßnahmen, die ab dem 1. Juli 1973 wirksam werden, Präsidiumsbeschluss 20/73, 9.3.1973.

89 SAPMO BArch, DY 34/25296, unpag., Analyse über die Entwicklung der Invalidität der Arbeiter und Angestellten im Zeitraum von 1970–1973.

90 Vgl. BMAS, Statistische Übersichten, Tab. 4.1.3.1, Renten der Sozialversicherung für Arbeiter und Angestellte nach Rentenarten (ohne FZR), S. 167.

91 SAPMO BArch, DY 34/25296, unpag., Analyse über die Entwicklung der Invalidität der Arbeiter und Angestellten im Zeitraum von 1970–1973.

tritt der Invalidität für Männer bei 55 Jahren und für Frauen bei 49,3 Jahren, wobei diese deutlich häufiger vorübergehend invalidisiert wurden. Für unterschiedliche Zahlen in den Bezirken macht die Verwaltung der Sozialversicherung Schwächen in der Begutachtung verantwortlich.[92] Nach den gemeinsamen Beschlüssen war das überschrittene Lohndrittel deutlich seltener als zuvor die Ursache für den Wegfall der Rente, da Invalidenrentner ab September 1972 neben der Rente einen Verdienst bis zur Höhe des jeweiligen Mindestlohnes erzielen durften. Eine Analyse des FDGB ergab, dass prophylaktische Maßnahmen nur wenig genutzt wurden. Beispielsweise hatten nur 18,2 Prozent der Frauen vor Eintritt der Invalidität eine Kur erhalten, obwohl deutlich mehr Frauen als Männer invalidisiert wurden. Schonarbeit und die Möglichkeit eines Arbeitswechsels wurden kaum genutzt. Weniger als sieben Prozent der invalidisierten Personen hatten hiervon Gebrauch gemacht. Die Verwaltung der Sozialversicherung brachte diese Entwicklung mit »dem nur geringen Wirksamwerden der Rehabilitationskommissionen« für etwa 44,4 Prozent der invalidisierten Männer und 20,2 Prozent der invalidisierten Frauen in Zusammenhang.[93] Hier zeigt sich, dass deutlich mehr Männer von einer Rehabilitationskommission betreut wurden, obwohl die Anzahl der Frauen an den Invalidisierungen höher war. Die Verwaltung der Sozialversicherung analysierte die Entwicklung der Invalidität der Arbeiter und Angestellten seit Anfang der 1970er-Jahre regelmäßig.[94] 1976 legte sie fest, auch bei nicht abwendbarer Invalidität möglichst rechtzeitig die Rehabilitationskommission einzuschalten und zeitnah ein ärztliches Gutachten erarbeiten zu lassen.[95]

Doch das ärztliche Begutachtungswesen war ein Zankapfel zwischen der Sozialversicherung und dem Ministerium für Gesundheitswesen, obwohl sich die Zahl der Gutachten von 338.000 im Jahr 1965 auf 253.000 im Jahr 1971 verringert hatte. Der Sozialversicherung fehlte in diesem Bereich jeglicher Einfluss. Sie konnte die Qualität der Gutachten lediglich im Spiegel von Eingaben und Beschwerden prüfen. Die Zahl der Gutachten, die einer Korrektur bedurften, war insgesamt gesunken. So hatte 1965 noch fast ein Drittel der Gutachten aufgrund von Beschwerden vor der Kreisbeschwerdekommission korrigiert werden müssen; 1970 waren es weniger als ein Viertel. Dies führte die Verwaltung der Sozialversicherung auf eine »gewisse

92 Siehe ebd.

93 SAPMO BArch, DY 34/25296, unpag., Analyse über die Entwicklung der Invalidität der Arbeiter und Angestellten im Zeitraum von 1970–1973.

94 So hatte die Verwaltung der Sozialversicherung dem Ministerium für Gesundheit auch eine Analyse von 1970–1977 übergeben, vgl. SAPMO BArch, DY 34/25439, unpag., Bericht über die Entwicklung der Invalidität der Arbeiter und Angestellten im Jahr 1978 und Ergebnisse der zusätzlichen Datenerfassung für Invalidenrenten-Neuzugänge im Jahre 1978.

95 Siehe SAPMO BArch, DY 34/25296, unpag., P 106/75, Entwurf des Planes der Sozialversicherung von 1976, 14.11.1975.

Verbesserung der Qualität der ärztlichen Begutachtung« zurück,[96] für die sie unter anderem die Anweisung des Ministeriums für Gesundheitswesen von 1969 verantwortlich machte, in allen Kreisen »Ärzteberatungskommissionen für die Begutachtung von langfristig arbeitsbefreiten Werktätigen« (L-ÄBK) zu bilden. Diese Kommissionen betreuten die Betroffenen ab der zwölften Woche der Arbeitsunfähigkeit fachärztlich und waren zu Beginn der 1970er-Jahre bereits in fast allen Kreisen der DDR vertreten. Die Sozialversicherung hielt es für problematisch, dass die Ärzteberatungskommissionen die Frage der Invalidität meist nicht gutachterlich prüften und auch nicht ausreichend mit den Rehabilitationskommissionen auf regionaler Ebene zusammenarbeiteten.[97]

Hauptkritikpunkt am Gesundheitswesen war die fehlende Möglichkeit einer stationären Begutachtung. Diese hielt die Sozialversicherung bei komplizierten Begutachtungsfällen zur Klärung des Gesundheitszustandes für unbedingt erforderlich. Doch der Platz stand nicht zur Verfügung. Zwar war im Fünfjahrplanzeitraum von 1971 bis 1975 vorgesehen, für die stationäre Begutachtung »0,1 Krankenhausbett« auf 1.000 Einwohner bereitzustellen, die gegenwärtige Lage lasse aber »ernste Zweifel an der Realisierung dieser Festlegung aufkommen«.[98] Gerade Anfang der 1970er-Jahre war die Situation im Gesundheitswesen der DDR problematisch und gekennzeichnet von einer schlechten Bausubstanz der Gebäude, Versorgungsengpässen bei Arzneimitteln und einem zunehmenden Bettenabbau in Krankenhäusern.[99] Die geringe Entlohnung des medizinischen Personals führte zudem zu einer dauerhaften Fluktuation. Eine Verbesserung wurde erst mit dem »Gemeinsamen Beschluss« vom 25. September 1973 erreicht, der eine »Trendwende bei der Gewichtung des Gesundheitswesens im gesellschaftlichen System der DDR« einleitete und bis zum Ende der DDR die wichtigste gesundheitspolitische Entscheidung bleiben sollte.[100]

Neben der Qualität ärztlicher Gutachten kritisierte die Verwaltung der Sozialversicherung auch die Bearbeitungsdauer. Denn diese musste bei einem ausstehenden Gutachten nach Ablauf der Krankengeldzahlung Rentenvorschüsse bis zur endgültigen Festsetzung und Berechnung der Rente auf der Grundlage des ärztlichen Gutachtens gewähren. In der Übergangszeit zwischen Krankengeld und Invalidenrente erhielt der Betroffene solange nur eine Mindestrente, bis das Gutachten die Invalidität bestätigte. Der Differenzbetrag wurde zwar nach Bestätigung der Invalidität

96 SAPMO BArch, DY 34/25006, unpag., FDGB (Verwaltung der Sozialversicherung), Bericht über die Situation, den Stand und einige spezielle Probleme der ärztlichen Begutachtung, Vorlage für das Sekretariat des Bundesvorstandes, 6.1.1972.

97 Siehe ebd.

98 Ebd.

99 Vgl. hierzu Wasem u. a., Gesundheitswesen, Bd. 10, S. 383–388.

100 Siehe ebd., S. 376.

und der Rentenberechnung nachgezahlt, bei den Betroffenen stieß dieses Vorgehen häufig auf Unverständnis. Wenn das später eingehende Gutachten die Invalidität nicht bestätigte, konnte die Sozialversicherung den gezahlten Betrag nicht zurückfordern, da der Betroffene den Tatbestand nicht verschuldet hatte. Die Erstellung der ärztlichen Gutachten konnte sich lange hinziehen und lag zum Beispiel in der Poliklinik Berlin bei 94,3 Tagen. Zum Teil standen sogar noch Gutachten aus dem Jahr 1969 aus.[101]

Besonders kritisch bewertete die Verwaltung der Sozialversicherung die Begutachtung von Berufskrankheiten. Diese machten im Vergleich zu allen anderen Gutachten für die Neufestsetzung von Renten nur 4,6 Prozent aus, waren für den FDGB aber besonders heikel.[102] Seit 1957 waren die Arbeitssanitätsinspektionen bei den Räten der Bezirke für die Begutachtung von Berufskrankheiten zuständig.[103] Der FDGB betreute die von Berufskrankheiten betroffenen »Werktätigen« im Betrieb, welche die Gewerkschaft häufig für Schwächen und lange Bearbeitungszeiten verantwortlich machten.[104] Obwohl sich der Schutz bei Berufskrankheiten verbessert hatte,[105] beschwerte sich die Verwaltung der Sozialversicherung darüber, dass das gesamte Begutachtungsverfahren aus der »Anweisung über das Ärztliche Begutachtungswesen« von 1965 ausgeklammert worden war. Besonderer Streitpunkt war hier die Begutachtung der berufsbedingten Lärmschwerhörigkeit, auf die 1970 63 Prozent der wegen Berufskrankheitsfolgen festgesetzten Unfallrenten der Sozialversicherung zurückzuführen waren. Durch die lange Bearbeitungsdauer ergaben sich nicht selten Nachzahlungen von zwei oder mehr Jahren.[106]

Der FDGB forderte das Ministerium für Gesundheitswesen dazu auf, gemeinsam ein einheitliches Arbeitsmaterial für die Begutachtung zu erarbeiten.[107] Dieses antwortete im Mai 1972, dass es die »kritischen Hinweise [...] sehr ernst genommen«

101 Siehe SAPMO BArch, DY 34/25006, unpag., FDGB (Verwaltung der Sozialversicherung), Bericht über die Situation, den Stand und einige spezielle Probleme der ärztlichen Begutachtung, Vorlage für das Sekretariat des Bundesvorstandes, 6.1.1972.

102 Siehe ebd.

103 Siehe Verordnung über Melde- und Entschädigungspflicht bei Berufskrankheiten vom 14.11.1957, GBl. der DDR I 1958, S. 1.

104 Siehe SAPMO BArch, DY 34/25006, unpag., FDGB (Verwaltung der Sozialversicherung), Bericht über die Situation, den Stand und einige spezielle Probleme der ärztlichen Begutachtung, Vorlage für das Sekretariat des Bundesvorstandes, 6.1.1972.

105 Vgl. Wolfgang Gitter: Soziale Sicherung bei Unfall und Berufskrankheit, in: Geschichte der Sozialpolitik in Deutschland seit 1945, Bd. 8, S. 435–452, S. 446 f.

106 Siehe SAPMO BArch, DY 34/25006, unpag., FDGB (Verwaltung der Sozialversicherung), Bericht über die Situation, den Stand und einige spezielle Probleme der ärztlichen Begutachtung, Vorlage für das Sekretariat des Bundesvorstandes, 6.1.1972.

107 Siehe ebd.

habe und einen radikalen Abbau der überhängenden Gutachtenanträge plane.[108] Zudem hatte Mecklinger die Bezirksärzte per Erlass dazu verpflichtet, monatlich den erreichten Stand der Bearbeitung zu analysieren, sich mit verantwortlichen Mitarbeitern der Sozialversicherung zu beraten und die Invaliditätsbegutachtung häufiger stationär durchzuführen. Gegenseitige Vereinbarungen zwischen dem staatlichen Gesundheitswesen und den Versicherungsträgern auf Bezirks- und Kreisebene sollten die Lösung von Begutachtungs- und Rehabilitationsaufgaben sichern. Die Begutachtung von Berufskrankheiten sollte in Zukunft durch die »Bezirksinspektionen Gesundheitsschutz in den Betrieben (BIG)« zusammen mit den leitenden ärztlichen Gutachtern und den »Ärzteberatungskommissionen für die Begutachtung von langfristig arbeitsbefreiten Werktätigen« (L-ÄBK) durchgeführt werden. Ferner versprach das Ministerium für Gesundheitswesen, im zweiten Halbjahr 1972 eine Anordnung zum ärztlichen Begutachtungswesen herauszugeben.[109] Die Verwaltung der Sozialversicherung berichtete ein halbes Jahr später über erste Verbesserungen in den Bezirken. Eine Ausnahme blieben die Gutachten zu Berufskrankheiten, deren Laufzeit sie als deutlich zu lang einschätzte. Im Bezirk Halle standen beispielsweise noch 1.237 Gutachten wegen Berufslärmschwerhörigkeit aus.[110]

Das Ministerium für Gesundheitswesen veröffentlichte Ende 1973 eine neue Anordnung über ärztliche Begutachtungen, in der unter anderem festgehalten war, dass Erstgutachten in der Regel innerhalb von sechs Wochen fertigzustellen waren. Falls diese Frist nicht eingehalten werden konnte, musste der Kreis- bzw. Bezirksgutachter über weitere Maßnahmen entscheiden.[111] Im Juli 1974 räumte die »Anordnung über Arbeitsbefreiung bei Arbeitsunfähigkeit«[112] weitere der angesprochenen Kritikpunkte aus dem Weg. Denn diese autorisierte die Ärzteberatungskommissionen, Invaliditätsgutachten anzufertigen und dem Kreisgutachter zu übermitteln, falls sie bis zur 20. Woche der Arbeitsbefreiung festgestellt hatten, dass die Arbeitsfähigkeit des Betroffenen wahrscheinlich nicht innerhalb von 78 Wochen wiederhergestellt

108 SAPMO BArch, DY 34/5006, unpag., MfG (Erler), Bericht des Ministers für Gesundheitswesen über die Auswertung der Sekretariatssitzung des FDGB-Bundesvorstandes vom 19.1.1972 zur Vorlage: Situation, den Stand und einige spezielle Probleme der ärztlichen Begutachtung, 27.5.1972.

109 Siehe ebd.

110 Siehe SAPMO BArch, DY 34/25006, unpag., Verwaltung der Sozialversicherung (Thude), Stellungnahme zum Bericht des Ministers für Gesundheitswesen über die Auswertung der Beratung des Sekretariats des FDGB-Bundesvorstandes am 19.1.1972 zu Problemen des ärztlichen Begutachtungswesens und die bisher erreichten Ergebnisse bei der Verwirklichung der durch das Sekretariat gegebenen Empfehlungen (Sekretariatsbeschluss 45 a/72), 1.6.1972.

111 Siehe § 8, Abs. 2 der Anordnung über ärztliche Begutachtungen vom 18. Dezember 1973, GBl. der DDR I 1974, S. 30.

112 SAPMO BArch, DY 34/25296, unpag., Jahresbericht der Sozialversicherung für 1974.

werden konnte.[113] Zuvor musste sie mit den Rehabilitationskommissionen über einen alternativen Arbeitsplatz für den Betroffenen beraten.[114]

»Imagepolitik« der DDR im Bereich der beruflichen Rehabilitation

Auch im Bereich der Rehabilitation sollte sich in den 1970er-Jahren, die von der International Society for Rehabilitation of the Disabled (ISRD)[115] und daraufhin auch von führenden Rehabilitationsexperten der DDR zum »Jahrzehnt der Rehabilitation« proklamiert wurden,[116] einiges verbessern. Nachdem die Rehabilitation in den 1960er-Jahren stark unter ökonomischen Aspekten betrachtet worden war, gerieten nach dem Machtwechsel soziale und humanitäre Aspekte stärker in den Fokus der staatlichen Stellen.[117] In der Ära Honecker kam es zu einer Ausweitung der pädagogischen Rehabilitation, wodurch auch andere Akteure, wie das Ministerium für Volksbildung, größeren Einfluss gewannen.[118]

Neue Initiativen waren dringend notwendig. In Bezug auf die Zahl der Rehabilitationseinrichtungen hatte der Ärztliche Direktor des Rehabilitationszentrums Halle-Rammelburg schon 1970 festgestellt, dass bei diesen nicht nur ein Mangel bestehe, »sondern im Grunde genommen ein totales Vakuum«.[119] Die Hauptabteilung Soziale Betreuung kam zu dem Schluss, dass die Betreuung und Förderung von »psychisch und physisch geschädigten Kindern und Jugendlichen« trotz des 1969 erlassenen Beschlusses zur Rehabilitation nicht entscheidend hatte verbessert werden können.[120]

113 Siehe § 10, Anordnung über die Arbeitsbefreiung bei Arbeitsunfähigkeit vom 1. Juli 1974, GBl. der DDR I 1974, S. 326.

114 Siehe Hinweise vom 1. August 1974 zur Anordnung über die Arbeitsbefreiung bei Arbeitsunfähigkeit, in: Verfügungen und Mitteilungen des Ministeriums für Gesundheitswesen (VuM), Nr. 14, S. 89.

115 Die ISRD war 1922 unter dem Namen »The International Society for Crippled Children« gegründet worden, hieß ab 1939 »The International Society for the Welfare of Cripples«, ab 1960 »The International Society for the Rehabilitation of the Disabled« und ab 1972 »Rehabilitation International (RI)«. Die Organisation existiert auch heute noch: The story of RI-Global, URL http://www.riglobal.com (23.8.2014).

116 Siehe BArch, DQ 1/2136, unpag., National Secretary of the International Society for Rehabilitation of the Disabled in the German Democratic Republic (Prof. Renker) an MfG (Sektorleiter Weise) u. a., 8.4.1970.

117 Siehe Boldorf, Rehabilitation und Hilfen für Behinderte, Bd. 10, S. 433–450, hier S. 436.

118 Siehe ebd., S. 446 f.

119 BArch, DQ 1/2136, unpag., Rehabilitationszentrum des Bezirkes Halle-Rammelburg (Weißbach) an U. Renker, 27.10.1970.

120 Siehe BArch, DQ 1/10763, unpag., Hauptabteilung Soziale Betreuung des MfG (Abteilung Re-

Staatssekretär Erler hatte den Abteilungsleitern für Heilwesen und Soziale Betreuung einen Monat zuvor zu verstehen gegeben, dass angesichts einer großen Anzahl von Eingaben »eine realisierbare Konzeption zur Verbesserung der Lage auf diesem Gebiet« diskutiert werden müsse.[121] Mitglieder der Abteilung Soziale Betreuung konstatierten, dass Menschen mit geistiger Behinderung oder psychischer Erkrankung in der Gesellschaft diskriminiert würden, der »bis heute ein ausreichendes richtiges Verhältnis [...] zu psychisch kranken Menschen« fehle und die Betroffenen häufig als »unerwünschten Bestandteil der Familie« und »notwendiges Übel« ansehe.[122] Daran hatten auch die 1963 formulierten Rodewischer Thesen wenig geändert, die zwar als neue Grundsätze für die psychiatrische Therapie und Rehabilitation postuliert, aber nur teilweise umgesetzt worden waren. Die Hauptabteilung Soziale Betreuung beklagte das Fehlen geschützter Werkstätten und psychiatrischer Betreuungsstellen. 1971 verfügte die Psychiatrie nur über 40 Einrichtungen mit 34.374 Betten, wobei insbesondere für Pflegefälle die Plätze nicht ausreichten. Pflegebedürftige Kinder und Jugendliche, die erst ab dem 18. Lebensjahr in Pflegeheime aufgenommen wurden, blieben in Fachkrankenhäusern »und blockieren damit die für Diagnostik und Therapie notwendigen Bettenkapazitäten«.[123] Die Abteilung stellte zwar fest, dass durch die Zusammenarbeit mit den nichtstaatlichen – also den konfessionellen – Einrichtungen eine gewisse Entlastung erreicht worden war, die Kapazitäten aber immer noch nicht ausreichten.[124]

Tatsächlich war das Budget des Gesundheits- und Sozialwesens stark begrenzt und bedeutete für die in Psychiatrien untergebrachten Kinder und Jugendlichen mit Behinderungen eine Betreuung, die mit »Hospitalisierungsschäden« einherging.[125] Da für den Aufbau und die Entwicklung benötigter Einrichtungen keine Mittel und Planstellen zur Verfügung standen, hingen diese von der Initiative der regionalen Stellen ab. Die Beschäftigung von erwachsenen Rehabilitanden in den volkseigenen Betrieben bereitete trotz des Ministerratsbeschlusses von 1969 erhebliche Schwierigkeiten, die die VEB mit dem erheblich höheren Betreuungsaufwand und fehlenden geeigneten Produktions- sowie Unterbringungsmöglichkeiten für Rehabilitanden

habilitation), Analyse des Standes der Betreuung und Förderung der psychisch und physisch geschädigten Kinder und Jugendlichen, 5.4.1972.

121 BArch, DQ 1/10763, unpag., Erler an Leiter HA II und an Leiter HA IV, Problematik psychisch geschädigter Kinder und Jugendlicher, 21.3.72.

122 BArch, DQ 1/10763, unpag., MfG (Hauptabteilung Soziale Betreuung), Programm zur planmäßigen Qualifizierung der psychiatrischen Betreuung in Verbindung mit einer analytischen Einschätzung des erreichten Standes (Vorlage für die Ministerdienstbesprechung am 5. Juli 1971) o. D.

123 Ebd.

124 Siehe ebd.

125 Hübner, Die Rehabilitationspädagogik in der DDR, S. 120.

begründeten. Im Gegensatz dazu waren private Betriebe und Betriebe mit staatlicher Beteiligung offenbar eher bereit, Rehabilitanden zu beschäftigen. Die Abteilung Soziale Betreuung war mit der Situation in der beruflichen Integration unzufrieden und konstatierte, dass 30.000 Rehabilitanden einen geschützten Arbeitsplatz und die Hälfte von ihnen einen Wohnheimplatz benötigten.[126]

Ein Jahr später thematisierte das Ministerium für Gesundheitswesen einzelne Probleme vor dem Ministerrat und stellte fest, dass es »komplexe Rehabilitationsmaßnahmen« nur für Blinde und Sehgeschädigte gebe. Zwar habe sich die Berufsberatung und -lenkung von Rehabilitanden insgesamt in den letzten Jahren deutlich verbessert, doch die betroffenen Stellen arbeiteten immer noch nicht richtig zusammen, die Meldepflicht werde vernachlässigt, und die Betriebe und Einrichtungen hegten Vorbehalte gegenüber den Rehabilitanden. Ohne Rehabilitation sei aber in der Regel mit einer Pflegebedürftigkeit der Betroffenen zu rechnen, die Arbeitskräfte für die Pflege binde.[127] Das Ministerium für Gesundheitswesen kritisierte insbesondere den Zustand der Rehabilitationszentren (RZ) und Abteilungen für berufliche Rehabilitation (AbR), die zwar 1.062 Plätze, aber nur 33 Ausbildungsberufe anboten[128] und deren baulicher Zustand vor allem für Menschen im Rollstuhl ungeeignet war. Denn es handelte sich dabei überwiegend um »Altbauten ohne Fahrstühle, mit engen Gängen und anderen Hindernissen«, deren technische Ausrüstung und Maschinen völlig veraltet waren und denen Räumlichkeiten für die Freizeitgestaltung und die medizinische Betreuung der Insassen fehlten.[129] Die Verantwortung schob das Ministerium für Gesundheitswesen den Räten der Bezirke zu, die ihrer Aufgabe, die Zentren zu rekonstruieren, nicht nachgekommen seien. Das Ministerium kritisierte die Bemühungen der Verantwortlichen vor Ort, die sich weder um den Einsatz hauptamtlicher Kräfte noch um geeignete Räumlichkeiten gekümmert hatten, obwohl in den kommenden Jahren mit einem Bedarf von ca. 40.000 geschützten Arbeitsplätzen gerechnet werden müsse.[130] Die Ausbildung von Jugendlichen an Universitäten und Fachhochschulen war noch problematischer, denn neben »vor-

126 Siehe BArch, DQ 1/10763, unpag., MfG (Hauptabteilung Soziale Betreuung), Programm zur planmäßigen Qualifizierung der psychiatrischen Betreuung in Verbindung mit einer analytischen Einschätzung des erreichten Standes (Vorlage für die Ministerdienstbesprechung am 5. Juli 1971) o. D.

127 BArch, DC 20/I-3/1071, Bl. 225–235, hier Bl. 225 f., Anlage: Analyse des Standes der Rehabilitation nach ausgewählten Schwerpunkten und ihre weitere Entwicklung.

128 Ebd., Bl. 230.

129 Ebd., Bl. 231.

130 Siehe ebd., Bl. 234.

handenen architektonischen Barrieren in den Bildungseinrichtungen und Unterkünften« gebe es große Vorbehalte den Behinderten gegenüber.[131]

Der Ministerrat nahm die Analyse am 16. August 1973 zur Kenntnis und verpflichtete die Betriebe, geschützte Betriebsabteilungen und Einzelarbeitsplätze einzurichten. Die Räte der Kreise wurden aufgefordert, Ausbildungsmöglichkeiten für Schulabgänger zu sichern, in der Nähe der Betriebe Wohnheime für berufstätige Rehabilitanden und geeignete Produktionsmöglichkeiten für Heimarbeit einzurichten. Die Maßnahmen sollten in die Pläne der Betriebe und Einrichtungen aufgenommen werden.[132] Der Beschluss verpflichtete die »örtlichen Organe« ferner, die Rekonstruktion der Rehabilitationszentren und Abteilungen für berufliche Rehabilitation sowie die Errichtung weiterer Arbeitstherapieabteilungen in die »komplexe territoriale Planung« mitaufzunehmen. Die Anweisungen des Ministerrates blieben dabei ungenau. Beispielsweise sollten die Universitäten, Hoch- und Fachschulen durch »geeignete Maßnahmen«, die nicht näher erläutert wurden, die Immatrikulation von »physisch Schwerstgeschädigten« unterstützen.[133] Die Bezirke und Kreise forderten ihrerseits eine größere Zahl hauptamtlich tätiger Experten, da die nebenamtliche Tätigkeit der Mitarbeiter und deren Unterstützung durch ehrenamtliche Helfer nicht mehr ausreiche.[134] Hier zeigt sich, dass die Verlagerung der Rehabilitation auf die Bezirke ohne konkrete Planungen und Mittelzuweisungen scheitern musste. Denn die örtlichen Stellen schenkten diesem Bereich wenig Aufmerksamkeit, eben weil hierfür keine ausreichenden personellen Kapazitäten und finanziellen Mittel zur Verfügung standen.

Das System der beruflichen Rehabilitation, das sich bereits in den 1950er- und 1960er-Jahren herausgebildet hatte, sollte sich nicht mehr ändern und blieb auf die drei Stufen »Ausbildung und Umschulung«, »Integration in den Arbeitsprozess« und »Sicherstellung einer langfristigen Beschäftigung« konzentriert.[135] Voraussetzung für eine Rehabilitationsmaßnahme war eine Anerkennung als »physisch oder psychisch Beschädigter«. Die in den 1950er-Jahren erfolgte Einstufung der Beschädigung in vier Kategorien wurde durch eine Anordnung des Gesundheitsministers

131 Siehe BArch, DC 20/I/3/1072, Bl. 163–164, hier Bl. 164, Vorsitzender des RdB Karl-Marx-Stadt an MfG (Mecklinger), 16.7.1973, Stellungnahme zum Entwurf über den Beschluss zur weiteren Entwicklung der Rehabilitation nach ausgewählten Schwerpunkten.

132 Siehe BArch, DC 20/I-3/1071, Bl. 222–224, hier Bl. 222, Ministerrat, Beschluss zur weiteren Entwicklung der Rehabilitation nach ausgewählten Schwerpunkten vom 16. August 1973 (Vertrauliche Ministerratssache), 42. Sitzung vom 16.8.1973.

133 Ebd.

134 Siehe BArch, DC 20/I/3/1072, Bl. 163–164, hier Bl. 164, Vorsitzender des RdB Karl-Marx-Stadt an MfG (Mecklinger), 16.7.1973, Stellungnahme zum Entwurf über den Beschluss zur weiteren Entwicklung der Rehabilitation nach ausgewählten Schwerpunkten.

135 Siehe Boldorf, Rehabilitation und Hilfen für Behinderte, Bd. 10, S. 440.

Sefrin im Juni 1971 noch einmal festgelegt.[136] Bei der Ausgabe neuer Beschädigten-Ausweise im Jahr 1972 zählte man insgesamt 1,3 Millionen Ausweisinhaber, die etwa 7,7 Prozent der DDR Bevölkerung ausmachten. 78,3 Prozent davon waren Schwerbeschädigte, nur 4,8 Prozent Schwerstbeschädigte. Von den 54.886 Personen, die einen Ausweis der Stufe IV (Schwerstbeschädigte, die eines ständigen Begleiters bedürfen) besaßen, gingen 12,3 Prozent einer Vollbeschäftigung und 6,3 Prozent einer Teilzeitbeschäftigung nach.[137] Die deutliche Erhöhung der Zahl der Schwerbeschädigten führte man auf die Einbeziehung neuer Gruppen wie Menschen mit geistigen Behinderungen zurück.[138] Nach 1976 wurden die Regelungen gelockert: Die Zentralstelle für Ärztliches Begutachtungswesen nahm nun auch explizit altersbedingte Leiden in den Kriterienkatalog für die Anerkennung als Schwerbeschädigter auf.[139]

Die DDR orientierte sich auch in den 1970er-Jahren an internationalen Entwicklungen und bemühte sich, bestehende Kontakte in diesem Bereich strategisch zu nutzen.[140] Durch ihre Kontakte in der Rehabilitation versuchte sie eine Aufnahme in die World Health Organisation (WHO) voranzutreiben, war aber bislang bei diesen Versuchen auf allen WHO-Konferenzen von der Bundesrepublik ausgebremst worden.[141] Eine neue Möglichkeit bot die Teilnahme am internationalen Programm des »Jahrzehnts der Rehabilitation«, das die ISRD auf ihrem 11. Weltkongress in Dublin im September 1969 verkündet hatte.[142] Professor Karlheinz Renker schlug daraufhin 1970 vor, hierfür einen Maßnahmeplan zu erarbeiten.[143] Er hatte bereits auf einer Reise nach Norwegen mit Vertretern der ISRD über den Antrag der DDR auf eine Mitgliedschaft in der WHO gesprochen.[144]

Renkers Vorschlag fiel auf fruchtbaren Boden. Kurz darauf lag ein Entwurf eines Maßnahmeplanes vor, in dem auch ein Treffen zwischen Ministerpräsident Stoph

136 Anordnung über die Anerkennung als Beschädigte und Ausgabe von Beschädigtenausweisen vom 10.6.1971, GBl. der DDR II 1971, S. 493–500.

137 Zu diesen Zahlen siehe Frerich/Frey, Handbuch der Geschichte der Sozialpolitik in Deutschland, Bd. 2, S. 381.

138 Siehe ebd.

139 Siehe Boldorf, Rehabilitation und Hilfen für Behinderte, Bd. 10, S. 441.

140 Siehe Marcel Boldorf/Annette Wilczek: Internationale Sozialpolitik, in: Geschichte der Sozialpolitik in Deutschland seit 1945, Bd. 10, S. 739–763, hier S. 741.

141 Siehe ebd., S. 750.

142 Siehe BArch, DQ 1/2136, unpag., Gedanken zu einem Maßnahmeplan zur Verstärkung der Aktivitäten der DDR auf dem Gebiet der Rehabilitation im Rahmen des »Jahrzehnts der Rehabilitation«, o. D.

143 BArch, DQ 1/2136, unpag., National Secretary of the International Society for Rehabilitation of the Disabled in the German Democratic Republic/Prof. Dr. Karlheinz Renker, an MfG (Sektorleiter Weise) u. a., 8.4.1970.

144 Siehe BArch, DQ 1/2136, unpag., Zusatzbericht zur Reise von Professor Dr. Karlheinz Renker vom 23. bis 30.6.1970 nach Norwegen (Streng vertraulich!).

und dem Präsidenten der ISRD, Jean Regniers, sowie dem Generalsekretär der Organisation, Norman Acton, vorgesehen war.[145] Auf diesem Treffen, das im Juni 1972 stattfand, überreichten die beiden ausländischen Gäste Stoph eine »Deklaration zum Jahrzehnt der Rehabilitation«, welche die ISRD 1970 beschlossen hatte.[146] Gesundheitsminister Mecklinger hatte sich zuvor sehr für ein solches Treffen ausgesprochen. Es sei aufgrund der engen Bindung zwischen der ISRD und der WHO möglich, »die humanitätsfeindliche Entscheidung der letzten Vollversammlung der Weltgesundheitsorganisation bloßzustellen, da mit der weiteren Verzögerung der gleichberechtigten Mitgliedschaft der DDR die in unserem sozialistischen Staat in der Rehabilitation geschädigter Bürger gewonnenen Erfahrungen und Ergebnisse vielen anderen Ländern vorenthalten werden«.[147]

Die ISRD, die 1922 gegründet worden war und etwa 60 Mitgliedstaaten aus allen Kontinenten umfasste, änderte ihren Namen 1972 in »Rehabilitation International« (RI) und veranstaltete regelmäßig internationale Seminare, die – neben den alle drei Jahre stattfindenden Weltkongressen – zu speziellen wissenschaftlichen und gesundheitspolitischen Problemen abgehalten wurden. In der DDR, die der IRSD seit 1967 als volles Mitglied angehörte, war 1968 ein Seminar über berufliche Rehabilitation und 1969 eine Tagung des Europäischen Regionalkomitees der ISRD durchgeführt worden. 1973 sollte in Halle ein Internationales Seminar über die Rehabilitation chronischer Krankheiten stattfinden.[148] Für die Durchführung des Seminars gab das Ministerium für Gesundheitswesen, welches die Schirmherrschaft übernommen hatte, Richtlinien heraus. In diesen wurde angeordnet, alle Möglichkeiten auszuschöpfen, um das Ansehen der DDR international zu stärken und die Verbindungen der ISRD zur Weltgesundheitsorganisation und zur UNO zu nutzen. Die »Errungenschaften« des sozialistischen Gesundheitswesens sollten herausgestellt und gleichzeitig »jede Bevorzugung von Referenten aus den nichtsozialistischen Ländern« verhindert werden, ebenso wie Festlegungen, die nicht den Interessen der DDR entsprachen.[149]

145 Siehe BArch, DQ 1/2136, unpag., Gedanken zu einem Maßnahmeplan zur Verstärkung der Aktivitäten der DDR auf dem Gebiet der Rehabilitation im Rahmen des »Jahrzehnts der Rehabilitation«, o. D.

146 Siehe BArch, DQ 1/10722, unpag., Bericht (von Mecklinger am 12.6.1972 an den Leiter des Büros des Ministerrates übersandt), o. D.

147 BArch, DQ 1/10722, unpag., Mecklinger an Stoph, 24.5.1972.

148 Siehe BArch, DC 20- I/3/964, Bl. 122–124, hier Bl. 122f., »Beschluss zur Information des Ministers für Gesundheitswesen über die Visite der Repräsentanten der Internationalen Gesellschaft für die Rehabilitation Geschädigter (ISRD) beim Vorsitzenden des Ministerrates am 2. Juni 1972.

149 BArch, DQ 1/6533, unpag., Begründung und Direktive für die Vorbereitung und Durchführung des internationalen Seminars über die Rehabilitation chronisch Kranker vom 15. bis 20.10.1973 in Halle, Vorlage Nr. 16/72 der Ministerdienstbesprechung am 13.3.1972.

Das Ministerium für Gesundheitswesen hielt das Thema des Seminars für besonders wichtig. Aufgrund der zunehmenden Überalterung der Gesellschaft lasse sich ein Zuwachs von chronischen Erkrankungen und daraus resultierenden Sterbefällen erkennen.[150] Insgesamt hatte die Zahl der Neuerkrankungen an Zivilisationskrankheiten wie Bluthochdruck und Zuckerkrankheit in den vergangenen Jahren nicht gesenkt werden können. Dies lag auch daran, dass die DDR ihre Prophylaxe-Strategien nur begrenzt an die Gegebenheiten anpassen konnte und Maßnahmen wie Röntgenreihenuntersuchungen aufgrund des Rückgangs von Infektionskrankheiten zunehmend an Wirksamkeit verloren. Kampagnen zur Durchsetzung einer gesunden Lebensweise wurden von der Bevölkerung nicht angenommen und waren aufgrund des Mangels an geeigneten Lebensmitteln und der hohen Umweltverschmutzung, die sich vor allem in Atemwegserkrankungen äußerte, kaum umsetzbar.[151] Auf dem Seminar sollte daher über die Ursachen chronischer Krankheiten beraten werden, welche die Rehabilitationsmaßnahmen erschwerten.[152]

In der Vorlage war vorgesehen, ein Komitee zur wissenschaftlichen und organisatorischen Vorbereitung des Seminars unter der Leitung von Professor Renker zu bilden.[153] Neben Karlheinz Renker und Ursularenate Renker waren auch Helga Ulbricht und Wolfgang Presber in den Kommissionen der ISRD aktiv.[154] Helga Ulbricht hat in der Forschung vor allem aufgrund ihrer 1965 vorgelegten Habilitationsschrift, die sich explizit mit der Sozialpolitik in der DDR befasste, Aufmerksamkeit gefunden,[155] spielte aber auch in der Rehabilitation eine wichtige Rolle. Sie war Mitglied der Rehabilitation International Social Commission[156] und leitete die entsprechende Kom-

150 Siehe ebd.

151 Vgl. Wasem u. a., Gesundheitswesen, Bd. 10, S. 410 f.

152 Siehe BArch, DQ 1/6533, unpag., Begründung und Direktive für die Vorbereitung und Durchführung des internationalen Seminars über die Rehabilitation chronisch Kranker vom 15. bis 20.10.1973 in Halle, Vorlage Nr. 16/72 der Ministerdienstbesprechung am 13.3.1972.

153 Siehe ebd.

154 Siehe BArch, DQ1/24210, unpag., Generalssekretariat der medizinisch-wissenschaftlichen Gesellschaften beim MfG der DDR, Konzeption für die weitere Arbeit in der Internationalen Gesellschaft für die Rehabilitation Geschädigter (ISRD), 31.3.1978.

155 Vgl. dazu z. B. Peter Hübner/Christa Hübner: Sozialismus als soziale Frage: Sozialpolitik in der DDR und Polen 1968–1976, Wien 2008, S. 395 (künftig zitiert: Hübner/Hübner, Sozialismus als soziale Frage). – Peter Hübner: Reformen in der DDR der sechziger Jahre: Konsum und Sozialpolitik (künftig zitiert: Hübner, Reformen der DDR der sechziger Jahre), in: Christoph Boyer (Hrsg.): Sozialistische Wirtschaftsreformen. Tschechoslowakei und DDR im Vergleich (= Das Europa der Diktatur, Bd. 11), Frankfurt am Main 2006, S. 501–542, hier S. 516 f. (künftig zitiert: Boyer, Sozialistische Wirtschaftsreformen).

156 Siehe BArch, DQ 1/2136, unpag., Gedanken zu einem Maßnahmeplan zur Verstärkung der Aktivitäten der DDR auf dem Gebiet der Rehabilitation im Rahmen des »Jahrzehnts der Rehabilitation«, o. D.

mission in der DDR. Die DDR-Experten versuchten, einen guten Kontakt zur ISRD/RI zu halten und betonten vor allem den inhaltlichen Austausch. Sie behaupteten, dass die konzeptionelle Arbeit der ISRD/RI durch Vertreter aus der DDR wesentlich beeinflusst werde, insbesondere in Hinsicht auf die berufliche Integration Betroffener. Auch die DDR ziehe einen Nutzen aus den internationalen Erfahrungen: »Es sei hier nur ein Beispiel genannt, das aufgrund dieser internationalen Zusammenarbeit für uns bedeutungsvoll wurde. Das war die Einführung der geschützten Arbeit, die heute als ein Netz in der DDR existiert und auf der Grundlage des internationalen Seminars für berufliche Rehabilitation der ISRD in Stockholm 1964 bei uns eingeführt wurde.«[157]

1973 wurde die DDR schließlich nach dem Scheitern ihres ersten Antrags als Vollmitglied in die WHO aufgenommen. Die ersten Ärzte aus der DDR wurden Mitte der 1970er-Jahre in das WHO-Hauptquartier in Genf und in das europäische WHO-Regionalbüro in Kopenhagen berufen. »Collaboration Center« war das Zentralinstitut für Arbeitsmedizin in Berlin, das mit der WHO zusammenarbeitete. Weitere acht Institutionen der DDR waren Kooperationszentren der WHO.[158] Trotz abgeschlossener Gesundheitsabkommen und einem geplanten Informationsaustausch über übertragbare Krankheiten, Arzneimittelnebenwirkungen und Suchtmittelmissbrauch änderte die Mitgliedschaft der DDR in der WHO kaum etwas an der »weit gehenden Isolierung der Forscher und Wissenschaftler der DDR vom Westen«.[159]

Zwischen den sozialistischen Staaten existierte im Rahmen des RGW ab 1975 eine Ständige Kommission für die Zusammenarbeit auf dem Gebiet des Gesundheitswesens. Gute Beziehungen bestanden vor allem zu Polen, zur Tschechoslowakei und zu Ungarn, welche auch durch die Verträge in den 1950er- und 1960er-Jahren gefestigt worden waren.[160] Im November 1975 beispielsweise trafen sich die sozialistischen Länder auf Initiative der Tschechoslowakei in Prag, um eine gemeinsame Linie in Bezug auf die Zusammenarbeit mit »Rehabilitation International« festzulegen.[161] Der Kontakt mit der Sowjetunion nahm im Bereich des Gesundheitswesens ab, da die Zusammenarbeit daran krankte, dass sowjetische Partnerinstitute oft noch schlechter ausgestattet waren als die Institute in der DDR.[162] Die UdSSR wollte

157 Ebd.

158 Siehe Wasem u. a., Gesundheitswesen, Bd. 10, S. 380.

159 Siehe ebd. S. 381.

160 Siehe ebd.

161 Siehe BArch, DQ1/24210, unpag., Generalssekretariat der medizinisch-wissenschaftlichen Gesellschaften beim MfG der DDR, Konzeption für die weitere Arbeit in der Internationalen Gesellschaft für die Rehabilitation Geschädigter (ISRD), 31.3.1978.

162 Siehe Wasem u. a., Gesundheitswesen, Bd. 10, S. 381.

»Rehabilitation International« selbst nicht beitreten, hinderte die anderen sozialistischen Länder aber nicht an einer Mitarbeit in dieser Organisation.[163]

Grenzen der Rentenleistungen

Der Erfolg auf internationaler Ebene konnte innenpolitische Probleme nicht kaschieren. Schon Ende 1973 war von der »Reformeuphorie«, die zu Beginn der 1970er-Jahre mit dem Machtwechsel aufgekommen war, nicht mehr viel zu spüren.[164] Grund hierfür waren unter anderem Finanzprobleme im Haushalt der Sozialversicherung, die Einbußen von 220 Millionen Mark aufgrund sinkender Beitragseinnahmen hinnehmen musste.[165] Auch das fortwährende Festhalten der Parteispitze an der Beitragsbemessungsgrenze in der Rentenpolitik begrenzte die Möglichkeit zur Verbesserung. 1974 wurden die Veränderungen im Rentenrecht, die bis dahin stattgefunden hatten, zusammengefasst und ältere Bestimmungen außer Kraft gesetzt.[166] Bis 1976 kam es zu keinen weiteren Gesetzesinitiativen innerhalb der Rentenversicherung mehr.[167]

Spätestens 1975 zeigte sich, dass sich der ökonomische Spielraum stark verengt hatte. Die Gesamtverschuldung der DDR im nichtsozialistischen Ausland war allein von 1970 bis 1971 um 43 Prozent gestiegen und erhöhte sich bis 1972 erneut um 36 Prozent.[168] Insgesamt erhöhte sich die Auslandsverschuldung im nichtsozialistischen Wirtschaftsgebiet von etwa 2 Milliarden Valutamark Anfang der 1970er-Jahre auf 23,6 Milliarden Valutamark 1980.[169] Schon Mitte der 1970er-Jahre waren die wirtschaftlichen Möglichkeiten erschöpft und das »Gespenst der drohenden Zahlungsunfähigkeit«[170] aufgetaucht, das die SED-Parteispitze bis zum Zerfall der DDR nicht mehr verlassen sollte. Diese Tatsache wirkte sich auch auf die Sozialpolitik aus. Honecker propagierte zwar die »soziale Sicherheit« als Ziel der »Hauptaufgabe«, dem folgten allerdings nur wenige praktische Schritte, und Konzeptionen konzentrierten sich vor allem auf die »Stimulierung von Leistung«.[171]

163 Siehe BArch, DQ1/24210, unpag., Generalssekretariat der medizinisch-wissenschaftlichen Gesellschaften beim MfG der DDR, Konzeption für die weitere Arbeit in der Internationalen Gesellschaft für die Rehabilitation Geschädigter (ISRD), 31.3.1978.
164 Hoffmann, Sicherung bei Alter, Invalidität, Bd. 10, S. 343.
165 Siehe ebd., Anm. 107.
166 Siehe Verordnung über die Gewährung und Berechnung von Renten der Sozialversicherung (Renten VO) vom 4. April 1974 inkl. 1. DB, GBl. der DDR I 1974, S. 215.
167 Siehe Hoffmann, Sicherung bei Alter, Invalidität, Bd. 10, S. 343.
168 Siehe Steiner, Von Plan zu Plan, S. 217.
169 Siehe ebd., S. 221.
170 Skyba, Sozialpolitik als Herrschaftssicherung, S. 57.
171 Ebd., S. 58f.

1976 kam es allerdings zu einer Rentenerhöhung. Unter der Federführung der Staatlichen Plankommission wurde ein entsprechender »Gemeinsamer Beschluss« ausformuliert, der eine Verbesserung der Mindestrenten und Veränderungen in der Rentenberechnung beinhaltete.[172] Dieser erhöhte den Steigerungsbetrag für jedes Jahr der versicherungspflichtigen Tätigkeit von 0,7 Prozent auf ein Prozent, sofern nicht bereits zuvor ein höherer Steigerungsbetrag gewährt worden war.[173] Diese Festlegung schaffte endgültig die Regelung ab, dass in der Rentenberechnung zwischen den Jahren vor und nach 1946 unterschieden wurde. Der »Gemeinsame Beschluss« hatte auch Auswirkungen auf die berufliche Rehabilitation, da infolge dessen das Mindestlohndrittel auf 400 Mark angehoben worden war. Der FDGB berichtete zwei Jahre später, dass dies einen positiven Einfluss auf die Beschäftigung von Invalidenrentnern habe, führte als Beleg jedoch nur Absichtserklärungen von Betroffenen an.[174]

Die Verhütung von Invalidität stand weiterhin auf der Agenda der Sozialversicherung. Diese wollte zusammen mit den Stellen des ärztlichen Begutachtungswesens und der Rehabilitation langfristig arbeitsunfähigen Beschäftigten eine »optimale intensive Heilbehandlung« gewähren und hierfür »alle Möglichkeiten«, wie Kuren, Heil- und Hilfsmittel nutzen.[175] Die Zahl der Neuzugänge an Invalidenrenten war von 29.896 im Jahr 1976 auf 32.660 1978 gewachsen, insgesamt war jedoch seit 1970 ein »spürbarer Rückgang der Anzahl der Neuzugänge an Invalidenrenten« eingetreten.[176] Das Durchschnittsalter bei Eintritt der Invalidität hatte sich nur geringfügig verändert, ebenso wie die Ursachen für eine Invalidisierung.[177]

Nach § 32 der »Verordnung zur Pflichtversicherung der Arbeiter und Angestellten« vom 17. November 1977 war festgelegt worden, während der Krankengeldzah-

172 Siehe Hoffmann, Sicherung bei Alter, Invalidität, Bd. 10, S. 344 f. Die Mindestrenten erhöhten sich um 30 bis 60 Mark, das heißt, bei mehr als 45 Arbeitsjahren wurde eine Mindestrente von 300 Mark (zuvor 240 Mark) gezahlt. Invalidenrentner erhielten durchschnittlich 37,80 Mark mehr im Monat, für die Altersrentner verbesserte sich die Rente im Durchschnitt um monatlich 40,30 Mark. Schlusslicht bildeten einmal mehr die Witwen und Witwer mit 33,20 Mark monatlich mehr im Durchschnitt. Siehe Frerich/Frey, Handbuch der Geschichte der Sozialpolitik in Deutschland, Bd. 2, S. 344 f.

173 Zweite VO über die Gewährung und Berechnung von Renten der Sozialversicherung (Rentenverordnung) vom 27.7.1976, GBl. der DDR I 1976, S. 379.

174 Siehe SAPMO BArch, DY 34/25439, unpag., Bericht über die Entwicklung der Invalidität der Arbeiter und Angestellten im Jahre 1978 und Ergebnisse der zusätzlichen Datenerfassung für Invalidenrenten-Neuzugänge im Jahre 1978.

175 SAPMO BArch, DY 34/25371, unpag., Plan der Sozialversicherung der Arbeiter und Angestellten für das Jahr 1978, P 58/77, 10.11.1977.

176 Ebd.

177 Das Durchschnittsalter war bei Männern auf 53,5 Jahre gesunken und bei Frauen auf 50,3 Jahre gestiegen. Bei den Erkrankungen standen weiterhin Herz-Kreislauferkrankungen, Atemwegserkrankungen und »bösartige Neubildungen« im Vordergrund, vgl. ebd.

lung (maximal 78 Krankheitswochen) alle medizinischen Möglichkeiten zur Wiederherstellung der Arbeitsfähigkeit des Betroffen zu nutzen und diesen erst dann zu begutachten, wenn mit einer Arbeitsaufnahme bis zum Ablauf der 78. Woche nicht gerechnet werden konnte. Daneben trug auch die Betreuung langfristig arbeitsunfähiger Beschäftigter durch die zuständigen Ärzteberatungskommissionen (L-ÄBK), die 1978 bei etwa 80 Prozent der Männer und 73 Prozent der Frauen erfolgte, zur Verringerung der Invalidität bei. Eine stationäre Behandlung hingegen wurde im Vergleich zum Jahr 1976 deutlich weniger genutzt und auch bei den Kuren kam es nur zu einem geringen Anstieg. Nur etwa ein Viertel der als Invaliden anerkannten Männer und rund ein Fünftel der entsprechenden Frauen hatten in den letzten fünf Jahren vor Eintritt der Invalidität eine Kur in Anspruch genommen.[178] Die Sozialversicherung konstatierte 1977, dass sich das ärztliche Begutachtungswesen weiter verbessert habe. Rund 80 Prozent aller Erstgutachten seien innerhalb von sechs Wochen erarbeitet und den Verwaltungen der Sozialversicherung übergeben worden.[179]

Der »Gemeinsame Beschluss« von 1976 sollte bis 1989 die letzte große Veränderung innerhalb der Rentengesetzgebung bleiben.[180] Trotzdem verbesserte er die wirtschaftliche Lage der Rentner kaum. Die unverändert bestehende Divergenz zwischen Renten- und Lohnentwicklung spiegelte sich unter anderem in einem niedrigen Bruttorentenniveau wider.[181]

1977 kam die Abteilung Lebensstandard der Staatlichen Plankommission zu dem Schluss, dass die Rentenmaßnahmen im Ergebnis zu einer Annäherung zwischen dem durchschnittlichen Renten- und dem Nettoeinkommen aus Arbeit geführt hätten. Bei detaillierten Analysen zeige sich hingegen, dass die Einkommensrelation seit 1973 jährlich abgenommen habe. Während die durchschnittlichen Renten der Sozialversicherung 1972 einen hohen Zuwachs erhalten hatten, blieben die neu festgesetzten Renten in den Folgejahren trotz steigendem Arbeitseinkommen konstant. Die bestehende Lücke, die zwischen durchschnittlicher Rentenhöhe und Nettogeldeinnahmen aus Lohnentwicklung klaffte, hatte mit den Rentenmaßnahmen 1976 insgesamt schlechter als 1972 ausgeglichen werden können. Auch der absolute Niveauunterschied von etwa 50 Mark pro Monat zwischen den durchschnittlichen Renten der männlichen und weiblichen Rentner hatte im Zeitraum von 1971 bis 1976 nicht eingeschränkt werden können und sich in der freiwilligen Zusatzrentenversicherung sogar von 67 Mark 1970 auf 80 Mark 1976 vergrößert.

178 Siehe ebd.

179 Siehe SAPMO BArch, DY 34/25371, unpag., Jahresbericht der Sozialversicherung der Arbeiter und Angestellten für das Jahr 1976, 1.4.1977.

180 Siehe Skyba, Sozialpolitik als Herrschaftssicherung, S. 62.

181 Siehe ebd., vgl. auch Hoffmann, Sicherung bei Alter, Invalidität, Bd. 10, S. 345.

Die Staatliche Plankommission beklagte, dass durch die stärkere Einführung von Sonderrenten und Zusatzversorgungen »eine starke Zersplitterung des einstmals einheitlichen Rentensystems entstanden« sei, da es mindestens 16 verschiedene Rentenregelungen in der DDR gebe.[182] Sie forderte, dass auch diese Frage »Gegenstand grundlegender Überlegungen zur weiteren langfristigen Gestaltung des Rentensystems« sein müsse und plante, diese Thematik gemeinsam mit dem Staatssekretariat für Arbeit und Löhne und dem Ministerium der Finanzen zu untersuchen.[183] Die erfolgreichste Entwicklung auf dem Gebiet der Renten sah die Staatliche Plankommission in dem kontinuierlich steigenden Rentenfonds, der sich von 9,7 Milliarden Mark 1970 auf 15,2 Milliarden Mark 1977 erhöht hatte. Sie schlug zukünftig kontinuierliche Rentenerhöhungen in kürzeren Zeitabständen mit niedrigeren Steigerungssätzen vor, die einen ähnlich positiven Effekt gegenüber den Rentnern erzielen würden, wie die bisherige Vorgehensweise. Gleichzeitig stelle dieses Vorgehen jährlich geringere Anforderungen an die Volkswirtschaft, indem die außerordentlich hohen Belastungen eines Jahres auf einen längeren Zeitraum verteilt würden.[184]

Doch das Politbüro hielt am Kurs der sporadischen Rentenerhöhungen zu entsprechenden Anlässen, wie Parteitagen, fest. Anlässlich des 30. Jahrestages der DDR am 7. Oktober 1979 hatten Honecker und Stoph im Politbüro für eine Erhöhung der Mindestrenten und anderer Rentenleistungen votiert.[185] Der Entwurf dazu wurde vom Politbüro am 25. September 1979 bestätigt und kurz darauf im Gesetzblatt der DDR veröffentlicht.[186] Das Politbüro wollte vor allem die älteren Rentner begünstigen, indem es die Erhöhung aller vor 1978 festgelegten Alters- und Invalidenrenten, die unter den bisherigen Mindestbeträgen lagen, um bis zu 20 Prozent, sofern der jeweils gesetzlich mögliche Höchstbeitrag von 410 Mark nicht überschritten wurde, festlegte.[187]

Mit Wirkung zum 1. Dezember 1979 wurden die Renten von insgesamt etwa drei Millionen Rentnern erhöht,[188] davon ca. 2,5 Millionen bei der Sozialversiche-

182 BArch, DE 1/58928, unpag., SPK (Abteilung Lebensstandard), Zur Entwicklung auf dem Gebiet der Renten im Zeitraum 1971–1975 und im Jahr 1976, 1.8.1977.

183 Ebd.

184 Siehe ebd.

185 Hoffmann, Sicherung bei Alter, Invalidität, Bd. 10, S. 346.

186 Dritte Verordnung über die Gewährung und Berechnung von Renten der Sozialversicherung vom 11.10.1979. GBl. der DDR I 1979, S. 331–333.

187 Hoffmann, Sicherung bei Alter, Invalidität, Bd. 10, S. 346.

188 Die Mindestrenten wurden um 40 Mark auf 270 Mark erhöht. Die Renten, die in Abhängigkeit von den Arbeitsjahren gezahlt wurden, erhöhten sich ebenfalls um 40 Mark und variierten nun zwischen 280 Mark (bis zu 20 Arbeitsjahre) und 340 Mark (45 und mehr Arbeitsjahre). Die Mindestrenten der Unfallrentner stiegen von 300 auf 340 Mark, ebenso wie die Mindestrenten für Kriegsbeschädigte. Witwen, Frauen mit fünf und mehr Kindern, berufsunfä-

rung der Arbeiter und Angestellten und 564.566 bei der Sozialversicherung der Staatlichen Versicherung der DDR.[189] Insgesamt waren 90,78 Prozent der Altersrenten, 97,36 Prozent der Invaliden-Altersrenten und 83,78 Prozent der Invalidenrenten erhöht worden. Nach wie vor bestanden bei den Durchschnittsrentenbeträgen erhebliche Unterschiede zwischen Männern und Frauen, obwohl der FDGB feststellte, dass diese durch die Rentenerhöhung »etwas abgebaut« werden konnten. Die durchschnittliche Rentenhöhe zwischen den Geschlechtern unterscheide sich nun um 86,85 Mark zugunsten der Männer. Der prozentuale Anteil der Frauen an den Alters-Mindestrenten war auch nach der Rentenerhöhung immer noch deutlich höher als der der Männer und erhöhte sich sogar nun von 84,86 (1978) auf 87,5 Prozent. Die Sozialversicherung erklärte den gestiegenen Frauenanteil mit dem nach wie vor niedrigeren Durchschnittsverdienst der Frauen. Frauen mit fünf oder mehr Kindern, die insgesamt 15 Arbeitsjahre nachweisen konnten, erhielten ab dem 1. Dezember 1979 den neuen Mindestbetrag von 340 Mark. Nicht erhöht wurden die 1978 und 1979 festgesetzten Renten, mit Ausnahme der Erhöhung auf die neue Mindestrente bzw. die neuen Mindestbeträge, Unfallrenten mit einem Körperschaden unter 66 $^{2}/_{3}$ Prozent, die Renten für Empfänger einer zusätzlichen Altersversorgung sowie für Empfänger einer Ehrenpension.[190]

Die Verordnung wurde durch eine erneute Rentenverordnung einige Monate später wieder aufgehoben, welche nur einige sprachliche Verbesserungen brachte und Einzelheiten veränderte. Beispielsweise wurden die Bestimmungen einiger ausgewählter Berufsgruppen mit einbezogen, wie Mitarbeiter des Gesundheits- und Sozialwesens, Bergarbeiter, Mitglieder der Intelligenz, VdN-Rentner, Kämpfer gegen den Faschismus sowie ehemalige Angehörige der bewaffneten Organe und der Zollverwaltung.[191] Grundsätzliche strukturelle Veränderungen erfolgten nicht. Die Rentenverordnung hatte bis zur Wiedervereinigung Deutschlands Bestand.[192]

Mit der Verordnung von 1979 konnte das Rentenniveau auf 44,94 Prozent gesteigert werden. Dies war der höchste Wert in der Geschichte der DDR; in den 1980er-

hige Jugendliche und Unterhaltsrentenempfänger sowie Übergangs-Hinterbliebenenrentner erhielten eine Mindestrente von 270 Mark, siehe Hoffmann, Sicherung bei Alter, Invalidität, Bd. 10, S. 346.

189 Siehe SAPMO BArch, DY 34/25230, unpag., Bericht über die Durchführung des gemeinsamen Beschlusses des Zentralkomitees der SED, des Ministerrates der DDR und des Bundesvorstandes des FDGB vom 25. September 1979.

190 Siehe ebd.

191 Verordnung über die Gewährung und Berechnung von Renten der Pflichtversicherung – Rentenverordnung – und erste DB zur Verordnung vom 23.11.1979, Gesetzblatt der DDR I 1979, S. 401 und 413.

192 Siehe Hoffmann, Sicherung bei Alter, Invalidität, Bd. 10, S. 348.

Jahren sank das Niveau wieder drastisch ab (auf 37,67 Prozent).[193] Letztlich blieben aber trotz der Erhöhungen die Grundprobleme bestehen, die auf eine fehlende Dynamisierung der Renten zurückzuführen waren. Das Rentensystem der DDR bot insgesamt nur noch den »Charakter einer Grundsicherung«.[194] Unterschiede zwischen höheren und niedrigeren Renten wurden durch die häufige Anhebung der Mindestrenten weiter nivelliert. Die Rentenverbesserungen wirkten sich nur begrenzt auf den Lebensstandard der Betroffenen aus und wurden durch Preissteigerungen beträchtlich geschmälert.[195]

Ausbau der geschützten Arbeit in der DDR

Im Rahmen des Gemeinsamen Beschlusses von 1976 versuchte die SED, die Situation von Menschen mit schweren körperlichen und geistigen Behinderungen zu verbessern. Einen Schritt in diese Richtung stellte die »Verordnung zur weiteren Verbesserung der gesellschaftlichen Unterstützung schwerstgeschädigter Bürger«[196] dar, die am 1. Dezember 1976 in Kraft trat. Sie galt für volljährige Bürger mit einem Schwerstbeschädigten-Ausweis und deren Ehegatten. Auch Kinder und Jugendliche vom vollendeten dritten bis zum vollendeten 18. Lebensjahr, die blind waren oder einen Anspruch auf Pflegegeld der Stufen III und IV bzw. auf Blindengeld der Stufen IV und VI oder ein Sonderpflegegeld hatten sowie deren Eltern fielen in den Geltungsbereich der Verordnung. Die Verordnung galt hingegen nicht für Personen, die in einem Feierabend- oder Pflegeheim, einem Dauerheim für »geschädigte« Kinder und Jugendliche oder länger als sechs Monate in einem Krankenhaus untergebracht waren.[197]

Die Verordnung war deswegen von besonderer Bedeutung, da in ihr explizit die Unterstützung durch die regionalen Stellen bei der Betreuung des betroffenen Personenkreises festgelegt war.[198] Die in vorherigen Entwürfen aufzufindende Festlegung, dass solchen Personen auch ohne Antrag finanzielle Zuwendungen gewährt werden

193 Ebd., S. 346. – Vgl. Tabelle 86: Entwicklung der Arbeitseinkommen und der Renten in Mark 1947–1989, in: Frerich/Frey, Handbuch der Geschichte der Sozialpolitik in Deutschland, Bd. 2, S. 345.

194 Hoffmann, Sicherung bei Alter, Invalidität, Bd. 10, S. 347. – Frerich/Frey, Geschichte der Sozialpolitik in Deutschland, Bd. 2, S. 347.

195 Siehe Hoffmann, Sicherung bei Alter, Invalidität, Bd. 10, S. 349.

196 Verordnung zur weiteren Verbesserung der gesellschaftlichen Unterstützung schwerst- und schwergeschädigter Bürger vom 29.7.1976, GBl. der DDR I 1976, S. 411–413.

197 Siehe ebd., § 1.

198 Siehe ebd., § 2.

sollten, wurde allerdings gestrichen.[199] Die örtlichen Stellen sollten dem festgelegten Personenkreis Mietzuschüsse und sonstige finanzielle Zuwendungen gewähren sowie dessen Wohnverhältnisse, gesundheitliche Betreuung und Erholung verbessern.[200] Zunächst war auch vorgesehen, »Werktätigen«, welche ihre Angehörigen pflegten, Vorbeugungskuren und Urlaub zu gewähren. Ihre dauerhaft pflegebedürftigen Angehörigen sollten währenddessen vorübergehend in stationäre Einrichtungen und Heime aufgenommen werden.[201] Hier zeigt sich, dass die staatlichen Stellen darauf abzielten, die Angehörigen von Pflegebedürftigen zu entlasten, um deren Arbeitsvermögen zu sichern. In der Verordnung wurde im Gegensatz zu vorherigen Entwürfen zunächst die gesundheitliche Betreuung der Betroffenen selbst in den Vordergrund gestellt. In der Verantwortung der Räte der Kreise und Bezirke lag laut der Verordnung die Unterhaltung von Einrichtungen der Volksbildung und des Gesundheits- und Sozialwesens für die »Betreuung, Bildung und Erziehung« von Kindern und Jugendlichen mit Behinderungen und der Abbau architektonischer Barrieren. Bei »besonderer Dringlichkeit« sollte für die Betroffenen ein Telefonanschluss eingerichtet werden, wobei die Kriterien für »Dringlichkeit« unklar blieben. Völlig undefiniert waren »geeignete Dienstleistungen« der Räte der Gemeinden, Städte und Stadtbezirke, welche diese für Rehabilitanden erbringen sollten.[202] In früheren Entwürfen fielen hierunter Parkmöglichkeiten, ein »Hol- und Bringedienst« bei Inanspruchnahme von Wasch- und anderen Dienstleistungen sowie die Unterstützung beim Einkauf und bei Wohnungsrenovierungen.[203]

Die Verordnung verpflichtete die Räte der Bezirke und Kreise, jährlich den Bedarf an geschützten Arbeitsplätzen zu ermitteln und Möglichkeiten für die Beschäftigung von Rehabilitanden zu prüfen. Dabei erhielten sie die Möglichkeit, geeigneten Betrieben, Einrichtungen und sozialistischen Produktionsgenossenschaften Auflagen zu erteilen. Rehabilitanden sollten entsprechend ihres Leistungsvermögens im Arbeitskräfteplan und Lohnfonds der Betriebe eingeplant und im Betriebsplan gesondert ausgewiesen werden.[204] Dies unterschied sich von vorherigen Entwürfen, in denen festgelegt war, dass Rehabilitanden zwar im Rahmen des bestätigten

199 Siehe SAPMO BArch, DY 34/25230, unpag., Fünfter Entwurf: Verordnung zur weiteren Verbesserung der gesellschaftlichen Unterstützung schwerstgeschädigter Bürger, 15.6.1976.

200 Siehe GBl. der DDR I 1976, S. 411–413, § 7–12.

201 Siehe SAPMO BArch, DY 34/25230, unpag., Fünfter Entwurf: Verordnung zur weiteren Verbesserung der gesellschaftlichen Unterstützung schwerstgeschädigter Bürger, 15.6.1976.

202 Siehe Verordnung zur weiteren Verbesserung der gesellschaftlichen Unterstützung schwerst- und schwergeschädigter Bürger vom 29.7.1976, GBl. der DDR I 1976, S. 411–413.

203 Siehe SAPMO BArch, DY 34/25230, unpag., Fünfter Entwurf: Verordnung zur weiteren Verbesserung der gesellschaftlichen Unterstützung schwerstgeschädigter Bürger, 15.6.1976.

204 Siehe § 5, Verordnung zur weiteren Verbesserung der gesellschaftlichen Unterstützung schwerst- und schwergeschädigter Bürger vom 29.7.1976, GBl. der DDR I 1976, S. 411–413.

Lohnfonds, aber außerhalb des Arbeitskräfteplanes im laufenden Planjahr beschäftigt werden sollten.[205] Falls weitere Rehabilitanden über den Plan hinaus beschäftigt wurden, konnte eine Veränderung des Arbeitskräfteplanes einschließlich des Lohnfonds beim »übergeordneten Organ« beantragt werden. Die Kreisrehabilitationskommissionen sollten das Leistungsvermögen der Rehabilitanden jährlich in Zusammenarbeit mit den Betrieben neu überprüfen.[206]

Für die berufliche Rehabilitation waren zudem die Festlegungen des 1977 erlassenen Arbeitsgesetzbuches[207] bedeutsam, welches 1978 das unter Ulbricht verabschiedete Gesetzbuch der Arbeit ablöste. Im Gesetzbuch wurde gemäß der »Einheit von Wirtschafts- und Sozialpolitik« die »soziale Sicherheit« und »Geborgenheit« in den Vordergrund gerückt. Die SED-Führung feierte dabei das in der DDR bestehende »Recht auf Arbeit« mit Blick auf die KSZE-Nachfolgekonferenz als Beitrag der DDR zur Entwicklung der Menschenrechte. Sie konnte damit aber nicht verschleiern, dass es in vielen Bereichen keine Mitbestimmungsrechte gab.[208] Ein Zusammenhang zwischen der internationalen Entwicklung und der Verabschiedung des Gesetzbuches, das lange geplant und schließlich sehr rasch verabschiedet wurde, liegt nahe.[209]

Das Arbeitsrecht hing als politisches Erziehungsrecht eng mit der Sozialpolitik zusammen.[210] Danach sollte sich die »Verwirklichung der Hauptaufgabe in ihrer untrennbaren Einheit von Wirtschafts- und Sozialpolitik [...] entscheidend in der Arbeit« vollziehen, die als die wichtigste Sphäre des gesellschaftlichen Lebens klassifiziert wurde.[211] Das Arbeitsgesetzbuch galt für Arbeiter und Angestellte in staatlichen und anderen Betrieben, darunter auch für Heimarbeiter und Lehrlinge. Zudem regelte es Arbeitsrechtsverhältnisse zwischen Privatpersonen.[212] Es verpflichtete die Betriebe dazu, »unter Nutzung aller Möglichkeiten« auch für Frauen, Jugendliche, »Werktätige im höheren Lebensalter« und »Werktätige, deren Arbeitsfähig-

205 Siehe SAPMO BArch, DY 34/25230, unpag., Fünfter Entwurf: Verordnung zur weiteren Verbesserung der gesellschaftlichen Unterstützung schwerstgeschädigter Bürger, 15.6.1976.

206 Siehe § 5GBl. der DDR I 1976, S. 411–413.

207 Siehe Arbeitsgesetzbuch der Deutschen Demokratischen Republik vom 16.6.1977, GBl. der DDR I 1977, S. 185–228.

208 Vgl. Bouvier, Die DDR – Ein Sozialstaat?, S. 123 f.

209 Siehe ebd. – Hübner, Arbeit, Arbeiter und Technik in der DDR, S. 394. – Zu den Vorarbeiten vgl. ebd., S. 384–395.

210 Siehe Peter Hübner: Arbeitsverfassung und Arbeitsrecht (künftig zitiert: Hübner, Arbeitsverfassung und Arbeitsrecht, Bd. 10), in: Geschichte der Sozialpolitik in Deutschland seit 1945, Bd. 10, S. 149–197, hier S. 150.

211 Siehe Arbeitsgesetzbuch der Deutschen Demokratischen Republik (AGB) vom 16.6.1977, GBl. der DDR I 1977, S. 185–228.

212 Vgl. dazu Ulrich Lohmann: Das Arbeitsrecht der DDR, Analysen und Texte, Berlin 1997, S. 19 (künftig zitiert: Lohmann, Arbeitsrecht der DDR).

keit gemindert ist«, geeignete Arbeitsplätze einzurichten.[213] Im Arbeitsgesetzbuch bestand für Schwerbeschädigte und andere Personengruppen ein besonderer Kündigungsschutz,[214] der diese Gruppen im Prinzip unkündbar machte.[215] Zudem schrieb es für bestimmte Gruppen, darunter vor allem Schichtarbeiter, »Werktätige« mit mehreren Kindern, im höheren Lebensalter und mit geminderter Arbeitsfähigkeit eine besondere gesundheitliche und soziale Betreuung vor. Zwischen den Betrieben und den örtlichen Volksvertretungen wurden hierzu Kooperationen festgelegt.[216] Die Betriebe waren zudem dazu verpflichtet, eigene Gesundheitseinrichtungen zu schaffen und zu unterhalten.[217] Mit dem Arbeitsgesetzbuch sollten auch Berufskrankheiten und Arbeitsunfälle verhütet werden, wobei die festgelegten Maßnahmen häufig die tatsächlichen Möglichkeiten der Betriebe überstiegen.[218] Arbeitern mit gesundheitlichen Einschränkungen sollte entweder eine andere zumutbare Arbeit angeboten oder eine Schonarbeit im Rahmen des verbliebenen Leistungsvermögens übertragen werden.[219]

Insgesamt stärkte das Arbeitsgesetzbuch die Position des FDGB, da es die Tätigkeiten und die Rechte der Gewerkschaft gesetzlich festschrieb und diese zur Umsetzung politischer Maßgaben in Bereichen verpflichtete, in denen besonders viel Initiative erforderlich war: So arbeitete der FDGB unter anderem bei der Aufstellung und dem Abschluss von Betriebskollektivverträgen mit, kontrollierte die Arbeitsschutzbestimmungen und verwaltete die Sozialversicherung.[220]

1979 beschloss der Bundesvorstand des FDGB, »die allseitige soziale Betreuung der Werktätigen, ihre medizinische Versorgung, den vorbeugenden Gesundheitsschutz und die Rehabilitation geschädigter Bürger [zu fördern], um den Krankenstand zu senken, Invalidität abzuwenden und die Ausfallzeiten infolge [von] Arbeitsunfähigkeit zu verringern«.[221] Dabei stand die Betreuung von »Schwerst- oder Schwergeschädigten«, langfristig arbeitsunfähigen Beschäftigten, deren Invalidisierung vermieden werden sollte, und Beschäftigten, die bereits infolge von Invalidität, Unfall oder Berufskrankheit aus dem Arbeitsprozess ausgeschieden waren, im Vor-

213 Siehe § 74, Abs. 4, AGB.
214 Siehe §§ 58, 59 AGB.
215 Vgl. Hübner, Arbeitsverfassung und Arbeitsrecht, Bd. 10, S. 183.
216 Siehe § 227 AGB.
217 Siehe § 201, Abs. 3, AGB.
218 Siehe Hübner, Arbeit, Arbeiter und Technik in der DDR, S. 402.
219 Siehe § 209, § 216, AGB.
220 Siehe Bouvier, Die DDR – Ein Sozialstaat?, S. 128.
221 Entschließung des 9. FDGB-Kongresses – Abschnitt II, Die Gewerkschaften arbeiten aktiv für die weitere Lösung der Hauptaufgabe, für die Einheit von Wirtschafts- und Sozialpolitik, in: Dokumente des 9. FDGB Kongresses, Berlin (Ost) 1977, S. 94.

dergrund.[222] Der FDGB berief sich explizit auf seine im Arbeitsgesetzbuch festgelegten Mitwirkungs- und Kontrollrechte und plante eine Überprüfung der Betriebe und Räte der Kreise und Bezirke. Untersucht werden sollten die Einrichtung geschützter Arbeitsplätze und deren Meldung an die Ämter für Arbeit. Um Invalidität im Betrieb zu vermeiden, plante der FDGB regelmäßige »Aussprachen« mit Betroffenen und der Werkleitung, die spätestens nach der 26. Woche der Arbeitsunfähigkeit und dann in vierteljährlichen Abständen erfolgen sollten. Durch die Bereitstellung von Kuren, Heil- und Hilfsmitteln wollte die Sozialversicherung Invalidität abwenden und auch versuchen, Invalidenrentner zur Wiederaufnahme einer Beschäftigung zu motivieren.[223] Im Arbeitsgesetzbuch war beispielsweise festgelegt, dass mit diesen auf ihren Wunsch hin eine Teilzeitbeschäftigung vereinbart werden konnte.[224]

In diesem Zusammenhang spielte auch eine Anordnung vom 14. Juni 1978[225] eine wichtige Rolle. Sie schrieb die Bildung von zum Teil schon seit über 20 Jahren in den Betrieben bestehenden Rehabilitationskommissionen fest. Die Betriebsrehabilitationskommissionen, die in Betrieben mit einem hauptamtlichen Betriebsarzt zu bilden waren,[226] hatten dabei die Aufgabe, den Betriebsleiter bei der Integration von »geschädigten« Jugendlichen und Erwachsenen sowie durch Unfall oder Krankheit eingeschränkter »Werktätiger« in den Betrieb zu unterstützen.[227] Sie setzten sich aus dem ökonomischen Leiter, dem Leiter der Kaderabteilung, dem Sicherheitsinspektor, dem Vorsitzenden des Rates für Sozialversicherung, dem Betriebsarzt und bis zu zwei »geschädigten Werktätigen« des Betriebes zusammen.[228] Die Kommission unterbreitete dem Betriebsleiter Vorschläge, erarbeitete Analysen und führte Beratungen durch, die in einem vom Betriebsleiter und Vorsitzenden der Kreisrehabilitationskommission bestätigten Arbeitsplan festgelegt waren. Zu diesen waren der Betroffene selbst, dessen Abteilungsleiter, der Gewerkschaftsvertrauensmann und gegebenenfalls ein Vertreter der Grundorganisationen des Deutschen Roten Kreuzes (DRK) und der Freien Deutschen Jugend (FDJ) einzuladen.[229] Die Kommission arbeitete außerhalb des Betriebes mit den Rehabilitationskommissionen anderer Betriebe, der zuständigen Ärzteberatungskommission, den geschützten Werkstätten

222 Siehe SAPMO BArch, DY 34/25439, unpag., Gewerkschaftliche Aufgaben auf dem Gebiet der Rehabilitation, o. D.
223 Siehe ebd.
224 Siehe § 147, Abs. 1, AGB.
225 Siehe AO über die Bildung und Tätigkeit von Betriebsrehabilitationskommissionen vom 14.6.1978, GBl. der DDR I 1978, S. 229.
226 Siehe ebd., § 3, Abs. 1.
227 Siehe ebd., § 2.
228 Siehe ebd., § 5 Abs. 1.
229 Siehe ebd., § 6.

des Gesundheitswesens, den Rehabilitationszentren für Berufsbildung, Fachkrankenhäusern, Berufsberatungszentren und den Ämtern für Arbeit zusammen.[230] Die Verwaltung der Sozialversicherung stellte 1979 fest, dass im Vorjahr rund ein Drittel der Betroffenen einer Rehabilitationskommission vorgestellt worden war, ein großer Teil allerdings erst nach der Invaliditätsbegutachtung. Sie forderte, die Betreuung durch die Rehabilitationskommission zeitlich in jedem Falle vor der Invaliditätsbegutachtung zu beginnen, »um bei den betroffenen Werktätigen eine vorzeitige psychische Einstellung auf die Invalidität zu vermeiden«.[231]

Nach dem Erlass der Verordnung vom 29. Juli 1976 hatten alle Bezirke und teilweise auch einzelne Kreise Ratsbeschlüsse zu deren Durchsetzung gefasst. Das Ministerium für Gesundheitswesen und das Staatssekretariat für Arbeit und Löhne übergaben den Räten der Bezirke und Kreise zudem im Juni 1978 Vorgaben für geschützte Arbeit in den Betrieben und Werkstätten und forderten diese und auch die Fachministerien dazu auf, die Realisierung der Verordnung einzuschätzen.[232] Ähnlich wie bereits in den 1950er-Jahren lehnten viele Betriebe die Einstellung von Rehabilitanden immer noch ab, wofür sie ökonomische Gründe, ungeeignete Produktionsmöglichkeiten, bestimmte Sicherheitsbestimmungen oder fehlendes Betreuungspersonal verantwortlich machten. Auch die Vergabe von Heimarbeit scheiterte weiterhin häufig am Materialmangel. Trotzdem hatten bis Ende 1977 immerhin 239 Betriebe die Vorgaben erfüllt.[233]

Die Räte der Gemeinden, Städte und Stadtbezirke sowie der Kreise waren dabei primär für diejenigen verantwortlich, die nicht im Arbeitsprozess standen, wohingegen die Betreuung von Veteranen und »geschädigten« Betriebsangehörigen in den Aufgabenbereich der Betriebe fiel. Die Bezirke lösten diese Aufgabenstellung unterschiedlich: So wurden beispielsweise im Bezirk Schwerin Ratsmitglieder und Mitglieder der Sozialkommission sowie Abgeordnete persönlich dafür verantwortlich gemacht, sich um die Belange »Schwerstgeschädigter« zu kümmern und darüber regelmäßig Bericht zu erstatten. Im Bezirk Cottbus waren Patenschaften für Betrof-

230 Siehe ebd., § 7.

231 SAPMO BArch, DY 34/25371, unpag., Jahresbericht der Sozialversicherung der Arbeiter und Angestellten für das Jahr 1976, 1.4.1977.

232 Siehe BArch, DQ 1/10789, unpag., Einschätzung der Wirksamkeit der Verordnung vom 29.7.1976 zur weiteren Verbesserung der gesellschaftlichen Unterstützung schwerst- und schwergeschädigter Bürger, 30.1.1979.

233 Siehe BArch, DQ 1/10728, unpag., Zusammenfassender Bericht der Bezirke und zentralen Staatsorgane zum Stand der Durchsetzung der Verordnung vom 29.7.1976 zur weiteren Verbesserung der gesellschaftlichen Unterstützung schwerst- und schwergeschädigter Bürger, 15.12.1978.

fene übernommen worden. In den Bezirken Karl-Marx-Stadt, Halle und Magdeburg gab es organisierte Hausbesuche.[234]

Die Zahl der geschützten Arbeitsplätze war in der DDR von 4.439 im Jahr 1973 auf 24.915 1977 gestiegen. Das Ministerium für Gesundheitswesen mahnte jedoch mit Verweis auf das Recht auf Arbeit, dass auch in Zeiten ohne Arbeitskräftemangel und bei steigender Automatisierung den Rehabilitanden Arbeitsplätze gesichert bleiben müssten und Tätigkeiten für diese nicht wegrationalisiert werden durften.[235] Geschützte Betriebsabteilungen fehlten bislang vor allem in der Landwirtschaft und im Bereich der Großindustrie. Das Ministerium für Gesundheitswesen kritisierte, dass viele Großbetriebe aus den unterschiedlichsten Gründen »eine zu große Zurückhaltung zur Bildung geschützter Betriebsabteilungen zeigen«, obwohl gerade sie die größte Unterstützung leisten könnten. Auch das Ministerium für Land-, Forst- und Nahrungsgüterwirtschaft berichtete über Schwierigkeiten bei der Integration von Rehabilitanden in den Arbeitsprozess. Geschützte Betriebsabteilungen in der Landwirtschaft existierten vor allem in den Bezirken Dresden und Cottbus. Als besonders gutes Beispiel wurde die Psychiatrie Brandenburg hervorgehoben, durch deren Aktivität schon lange vor der Verordnung in landwirtschaftlichen Betrieben des Bezirkes sechs geschützte Abteilungen, in denen durchschnittlich 70 Plätze mit einer fachärztlich betreuten Wohnheimunterkunft zur Verfügung standen, entstanden waren. Auch bei der Einrichtung geschützter Werkstätten im Gesundheits- und Sozialwesen gab es Schwierigkeiten, da diese von Kooperationen mit Betrieben abhängig waren, um Material und Arbeitsmöglichkeiten zu erhalten. Neben den geschützten Werkstätten betraf dies auch die in Arbeitstherapieabteilungen und Förderungseinrichtungen ausgeübten Tätigkeiten.[236]

Eine aus den Leitern der Rehabilitationszentren bestehende Arbeitsgruppe war zu dem Schluss gekommen, dass sich die »früher unzulängliche Lenkung« von »beschädigten Schulabgängern« durch den Beschluss des Ministerrates von 1973 verbessert habe.[237] Insgesamt verfügten die Zentren nur über 1.178 Plätze mit 31 Berufen. Einige Rehabilitationszentren waren mit einem Aufzug ausgestattet worden, so zum Beispiel in Dresden, Bad Berka, Rathmannsdorf und Sülzhayn. Werkstätten und Unterrichtsräume waren in Flachbauten, die teils als Neubau oder Ausbau vorhandener Gebäude entstanden waren, untergebracht worden.[238]

234 Siehe ebd.
235 Ebd.
236 Siehe ebd.
237 BArch, DQ 1/10728, unpag., Stand der derzeitigen beruflichen Rehabilitation der Schwer- und Schwerstgeschädigten in den Einrichtungen für berufliche Rehabilitation.
238 Siehe ebd.

Das Ministerium für Gesundheitswesen setzte sich zum Ziel, bis 1980 ca. 36.400 geschützte Arbeitsplätze, davon 31.800 in Betrieben und 4.600 in geschützten Werkstätten, einzurichten und diese Zahl bis 1985 auf 49.805 Plätze (davon etwa ein Fünftel in geschützten Werkstätten) zu erhöhen. Standortschwerpunkte sollten dabei »ungenügend versorgte Territorien, Großbetriebe, Kreisstädte und Landgebiete« sein. Um die Entwicklung geschützter Arbeitsplätze zu gewährleisten, sollte die Staatliche Plankommission in den nächsten Fünfjahrplan eine Plankennziffer mit dem Titel »geschützter Arbeitsplatz« aufnehmen.[239] Das Ministerium für Gesundheitswesen übermittelte diese Analyse dem Ministerrat. Es wies darauf hin, dass es in 164 Kreisen der DDR, darunter im gesamten Bezirk Frankfurt (Oder), keine geschützten Werkstätten gebe, obwohl das Leistungsvermögen von etwa 80 Prozent der Abgänger aus Förderungseinrichtungen zeitlebens nur die Arbeit auf einem geschützten Arbeitsplatz oder in einer geschützten Werkstatt des Gesundheits- und Sozialwesens zulasse.[240]

Die Analyse macht auch deutlich, wie schwierig die Situation für gehbehinderte Menschen war. Technische Hilfsmittel wie Rollstühle gab es kaum, denn diese mussten häufig aus dem nichtsozialistischen Ausland importiert werden. 1978 waren nur 943 motorisierte »Versehrtenfahrzeuge« – sog. DUO – und 514 importierte »Elektrofaltwagen« sowie 5.563 »handbetriebene Versehrtenfahrzeuge« ausgegeben worden. 560 Personen, die Anspruch auf einen DUO hatten, erhielten lediglich einen Zuschuss zum Kauf eines Pkws in Höhe des Kaufpreises des DUOs,[241] womit der Staat kaum auf ihre Notsituation einging.[242]

Trotz aller Beteuerungen, die Situation von Menschen mit Behinderungen zu verbessern, lehnte das Ministerium für Gesundheitswesen auch in den 1970er-Jahren weiterhin einen von den Betroffenen geforderten Verband ab. Dies wurde mit der Begründung verweigert, dass gesonderte Verbände im Widerspruch zum Hauptanliegen der Rehabilitation – dem »Erreichen des Zusammenlebens und -arbeitens mit den anderen Bürgern« – stünden.[243] Lediglich den Blinden und Gehörlosen wurde mit dem Verweis auf die »gestörte Kommunikation« durch den Ausfall von Sinnesorganen ein eigener Verband zugestanden, der nur pro forma eine wirkliche

239 Siehe BArch, DQ 1/10789, unpag., Einschätzung der Wirksamkeit der Verordnung vom 29.7.1976 zur weiteren Verbesserung der gesellschaftlichen Unterstützung schwerst- und schwergeschädigter Bürger, 30.1.1979.

240 Siehe BArch, DC 20/I/4/4417, Bl. 135–145, hier Bl. 135–137, Informationen über den Stand der Durchsetzung der Verordnung zur weiteren Verbesserung der gesellschaftlichen Unterstützung schwerst- und schwergeschädigte Bürger.

241 Ebd., Bl. 142.

242 Siehe ebd., Bl. 143.

243 Ebd., Bl. 145.

Interessenvertretung darstellte. Allerdings wurden »Foren« veranstaltet, beispielsweise mit Rollstuhlfahrern in Berlin und Neubrandenburg.[244] Das Präsidium des Ministerrates beauftragte die Minister und Leiter zentraler Staats- und örtlicher Organe sowie die Generaldirektoren der Kombinate und der Vereinigung volkseigener Betriebe (VVB) mit einer Auswertung dieser Informationen.[245]

Anspruch und Wirklichkeit: Berufliche Rehabilitation im Bezirk Frankfurt (Oder)

Organisation der Rehabilitation auf Bezirksebene

Durch die Beschlüsse der siebziger Jahre wurden die lokalen Stellen stärker in die Pflicht genommen worden, Lösungen zu deren Umsetzung vorzulegen. Hierbei kam vor allem den Räten der Bezirke eine wichtige Rolle zu. Im Bezirk galt das Prinzip der »doppelten Unterstellung«: Die Räte der Bezirke wurden zwar durch den Bezirkstag gewählt, durch den Ministerrat der DDR kontrolliert und übten gegenüber den ihnen unterstellten örtlichen Räten die gleiche Funktion aus.[246] Der Vorsitzende des Rates des Bezirkes musste Mitglied der SED und der Bezirksparteileitung der SED sein. Daneben bestand der Rat aus seinem Stellvertreter, einem Sekretär, den Vorsitzenden einzelner Ressorts und ihren Stellvertretern sowie den Vorsitzenden der Bezirksplankommission und des Bezirkswirtschaftsrates. Auch Bezirksarzt, Bezirksbaudirektor und Bezirksschulrat gehörten dem Rat an.[247]

Zu Beginn der Ära Honecker hatte sich die SED-Führung zum Ziel gesetzt, ihre Herrschaftsmechanismen effektiver zu gestalten und die Arbeit innerhalb des Staatsapparates durch qualifizierte Fachkräfte zu professionalisieren.[248] Dies hatte nicht nur zur Folge, dass der Ministerrat ab 1972 einen starken Kompetenzzuwachs ver-

244 Ebd., Bl. 145.

245 Siehe BArch, DC 20/I/4/4417, Bl. 134, Beschluss zur Information über den Stand der Durchsetzung der Verordnung zur weiteren Verbesserung der gesellschaftlichen Unterstützung schwerst- und schwergeschädigter Bürger vom 8. Oktober 1979.

246 Siehe Gesetz über die örtlichen Volksvertretungen und ihre Organe in der DDR vom 12.7.1973 in: GBl. der DDR I 1973, S. 313–335.

247 Siehe Andreas Herbst u. a.: So funktionierte die DDR. Lexikon der Organisationen und Institutionen, Bd. 2, Reinbek bei Hamburg 1994, S. 836.

248 Siehe Veit Scheller: Die regionale Staatsmacht. Der Rat des Bezirkes Chemnitz/Karl-Marx-Stadt 1952–1990 (= Veröffentlichungen des sächsischen Staatsarchivs, Reihe A: Archivverzeichnisse, Editionen und Fachbeiträge, Bd. 12), Halle/Saale 2009, S. 414 f. (künftig zitiert: Scheller, Die regionale Staatsmacht).

zeichnete, sondern auch die unteren Stellen sollten selbstständiger agieren können, um die zentralen Stellen zu entlasten.[249] Vor allem nach dem VIII. Parteitag sollten die örtlichen Stellen und Betriebe mithilfe des Konzeptes der »territorialen Gemeinschaftsarbeit« stärker für die Verbesserung der Arbeits- und Lebensbedingungen der Bevölkerung sorgen. Die »Territoriale Gemeinschaftsarbeit« war eine Variante der Ende der 1950er-Jahre propagierten »Sozialistischen Gemeinschaftsarbeit«, die eine engere Kooperation zwischen Institutionen bzw. Kollektiven vorsah.[250] 1973 definierte ein Gesetz die Aufgaben der örtlichen Volksvertretungen[251] in der Umsetzung der Staatspolitik, welche »in enger Verbindung mit den Werktätigen und den gesellschaftlichen Organisationen« erfolgen sollte.[252]

Dabei war eine Zusammenarbeit mit den Betrieben, Kombinaten, Genossenschaften und weiteren Einrichtungen vorgesehen, um »auf die effektivste Weise« die gesamtstaatlichen Aufgaben zu erfüllen.[253] Hierzu gehörten unter anderem die Arbeits- und Lebensbedingungen der Bevölkerung und die »Territoriale Rationalisierung«. Zu diesem Zweck schlossen die örtlichen Volksvertretungen mit den Betrieben Verträge ab, in denen Rationalisierungsmaßnahmen festgelegt wurden.[254] Insgesamt mussten sie unterschiedliche politische Zielstellungen berücksichtigen, die zum Teil nicht deckungsgleich waren. Ein Beispiel war die Integration von Menschen mit schweren Behinderungen in den Arbeitsprozess, die mit dem Konzept der »Territorialen Rationalisierung« nicht in Einklang zu bringen war.

Auch im Bezirk lag die berufliche Rehabilitation in den Händen mehrerer Akteure. Entscheidende Instanz war die Bezirksleitung der SED. Für Fragen des Gesundheitswesens und somit auch der Rehabilitation war im Bezirk Frankfurt (Oder) der von 1969 bis 1989 amtierende Sekretär für Wissenschaft, Volksbildung und Kultur verantwortlich.[255] Die Tatsache, dass die Stellvertreter des Vorsitzenden des Rates des Bezirkes ebenso wie die Sekretäre der SED-Bezirksleitung mit den gleichen Themen betraut waren, führte zu parallelen und häufig unproduktiven Strukturen

249 Siehe ebd.

250 Siehe Heinz Mestrup: Die Interessengemeinschaft »Territoriale Rationalisierung« in Jena. Offizielle Netzwerkstrukturen sowie Formen informellen Zusammenwirkens (künftig zitiert: Mestrup, Die Interessengemeinschaft »Territoriale Rationalisierung« in Jena), in: Schuhmann, Vernetzte Improvisationen, S. 77–102, hier S. 80 f.

251 Gesetz über die örtlichen Volksvertretungen und ihre Organe in der DDR vom 12.7.1973 in: GBl. der DDR I 1973, S. 313–335.

252 Ebd.

253 Ebd., § 4, Abs. 1.

254 Siehe Heinz Mestrup, Die Interessengemeinschaft »Territoriale Rationalisierung« in Jena, S. 81 f.

255 Siehe BLHA, Rep. 747/5166, unpag., Bezirksseminar zu Problemen des Gesundheitswesens.

innerhalb der Bezirksverwaltung.[256] Um das sozialpolitische Programm der SED im Bezirk umzusetzen, fasste der Rat des Bezirkes verbindliche Beschlüsse, die sich an den Festlegungen des Partei- und Staatsapparates orientierten. »Im Allgemeinen folgte auf einen zentralen staatlichen Beschluss – häufig auf einen Beschluss des ZK der SED – oder ein Gesetz ein entsprechender Beschluss des Bezirkstages oder des Rates des Bezirkes.«[257]

Innerhalb des Rates beschäftigte sich die Abteilung Gesundheits- und Sozialwesen mit den Themen Rehabilitation und Invalidität, welcher der Bezirksarzt vorstand. Der Abteilung Gesundheits- und Sozialwesen war die Bezirksstelle für Rehabilitation untergeordnet, zu der auch die Bezirksrehabilitationskommission gehörte. Im Bezirk Frankfurt (Oder) hatte sich diese 1974 nach einer längeren inaktiven Pause neu konstituiert.[258] Sie wurde von der Leiterin der Bezirksstelle für Rehabilitation geleitet.[259] Organisatorisch war die Bezirksstelle Rehabilitation der Bezirksinspektion Gesundheitsschutz in den Betrieben (BIG) angegliedert, die in Frankfurt (Oder) 1967 als Unterabteilung der Abteilung Gesundheits- und Sozialwesen entstanden war.[260] Gleichzeitig unterstand die BIG der Zentralen Inspektion Gesundheitsschutz in den Betrieben des Ministeriums für Gesundheitswesen, welche für sämtliche Fragen der Arbeitshygiene und des Betriebsgesundheitswesens in der DDR verantwortlich war. Die Bezirksinspektion Gesundheitsschutz in den Betrieben analysierte die arbeitshygienische Situation und die Entwicklung der arbeitsmedizinischen Betreuung in den Betrieben und Kombinaten und kontrollierte Rechtsvorschriften zum Gesundheitsschutz. Eine weitere wichtige Aufgabe war die Begutachtung, Verhütung und Bekämpfung von Berufskrankheiten in den Betrieben.[261] Auch in anderen Bezirken war die Bezirksinspektion Gesundheitsschutz in den Betrieben für den Bereich der Rehabilitation zuständig. In Leipzig hatte sich diese für den Perspektivplanzeitraum bis 1975 vorgenommen, »ein System von Re-

256 Mario Niemann/Andreas Herbst (Hrsg.): SED Kader: Die mittlere Ebene. Biografisches Lexikon der Sekretäre der Landes- und Bezirksleitungen, der Ministerpräsidenten und der Vorsitzenden der Räte der Bezirke 1946–1989, Paderborn 2010, S. 39.

257 Rickmers, Aufgaben und Struktur des Bezirkstages und der Räte der Bezirke, S. 13.

258 Siehe BLHA, Rep. 601/6695, unpag., 13. Sitzung des Rates des Bezirkes vom 3.7.1975.

259 Siehe BLHA, Rep. 601/20050, unpag., Bezirksstelle für Rehabilitation Frankfurt (Oder), Wild an Dr. Pomerenke, 28.8.1973.

260 Siehe BLHA, Rep. 601/20335, unpag., Bezirksinspektion Gesundheitsschutz in den Betrieben (BIG) Frankfurt (Oder), Bericht über die Entwicklung des Betriebsgesundheitsschutzes im Bezirk Frankfurt (Oder) in den Jahren 1967–1974.

261 Siehe BArch, DQ 1/24192, unpag., MfG, Grundsätzliche Orientierung zur Erhöhung der Verantwortung des Betriebsgesundheitswesens und der Inspektion Gesundheitsschutz in den Betrieben bei der weiteren Verbesserung der Arbeits- und Lebensbedingungen der Werktätigen, 7.9.1972.

habilitationseinrichtungen im Bezirk aufzubauen, die es ermöglichen, eine fließende Rehabilitation von der medizinischen Rehabilitation bis zur beruflichen Wiedereingliederung aller physisch und psychisch geschädigten Bürger durchzuführen«.[262] In Frankfurt (Oder) plante der Leiter der Bezirksinspektion eine »komplexe betriebsärztliche Betreuung«. Diese sah nicht nur geschützte Arbeitsplätze in den Betrieben vor, sondern auch eine Verbesserung der Arbeitshygiene und Dispensairebetreuung, um den Krankenstand zu regulieren.[263]

Für diese Aufgaben waren auch die Arbeitssanitätsinspektionen zuständig, da sie die arbeitshygienischen Verhältnisse im Betrieb untersuchten und den Gesundheitszustand der Beschäftigten analysierten. Sie sollten Gesundheitsgefahren systematisch bekämpfen und medizinische Vorbeugungsmaßnahmen durchführen. Dabei kontrollierten die Arbeitssanitätsinspektionen die Betriebsärzte und konnten gegebenenfalls auch Ordnungsstrafen verhängen.[264] In der Praxis führte der Einsatz von Arbeitssanitätsinspektionen, die 1956 eingeführt worden waren, zu »einer Aufspaltung der sicherheitstechnischen und arbeitsmedizinischen Überwachung« im Betrieb.[265] Denn hierfür waren neben den Unterorganen der Staatlichen Plankommission, denen die technische Überwachung besonders gefährlicher Anlagen im Betrieb oblag, ab 1958 die Arbeitsschutzinspektionen des FDGB verantwortlich. Diese »Dreigliedrigkeit« im Arbeitsschutz bestand bis zum Ende der DDR und verhinderte ein einheitliches Vorgehen.[266]

Neben der Abteilung Gesundheits- und Sozialwesen des Rates des Bezirkes spielte auch das Amt für Arbeit eine wichtige Rolle in der beruflichen Rehabilitation, da es die Arbeitskräftelenkung im Bezirk organisierte. Auf zentraler Ebene war das Staatliche Amt für Arbeit und Löhne 1972 in ein Staatssekretariat umgewandelt worden. Die neue Aufgabe bestand darin, »erste Analysen über die Verteilung und Struktur der Beschäftigten, über Ursachen der Fluktuationen, die Einbeziehung von Frauen, Rehabilitanden und Heimarbeitern in den Arbeitsprozess«[267] zu erstellen. Staatssekretär Rademacher sah sich schon bald mit Kaderproblemen auf der regionalen

262 BArch, DQ 1/23914, unpag., Rat des Bezirkes Leipzig (Bezirksstelle für ärztliches Begutachtungswesen und Rehabilitation), Perspektivplan 1971–1975 der Bezirksinspektion Gesundheitsschutz in den Betrieben des Bezirkes Leipzig, Bereich Rehabilitation, Abschrift, 16.9.1971.
263 Siehe BLHA, Rep. 601/20335, unpag., Bezirksinspektion Gesundheitsschutz in den Betrieben (BIG) Frankfurt (Oder), Bericht über die Entwicklung des Betriebsgesundheitsschutzes im Bezirk Frankfurt (Oder) in den Jahren 1967–1974.
264 Siehe Wienhold, Arbeitsschutz, Bd. 8, S. 205 f.
265 Wienhold, Arbeitsschutz in der DDR, S. 219.
266 Siehe ebd.
267 Zitiert nach Jörg Roesler: Arbeitskräftegewinnung/Arbeitskräftelenkung (künftig zitiert: Roesler, Arbeitskräftegewinnung/Arbeitskräftelenkung, Bd. 10), in: Geschichte der Sozialpolitik in Deutschland seit 1945, Bd. 10, S. 246–288, hier S. 256.

Ebene konfrontiert. Denn die 1961 geschaffenen Ämter für Arbeit und Berufsausbildung waren im Zuge der ulbrichtschen Wirtschaftsreform sukzessive verkleinert worden. Trotz Aufstockungen verbesserte sich die personelle Besetzung der Ämter für Arbeit erst Ende der 1970er-Jahre.[268] Dies war insbesondere für die Anlage einer Arbeitskräftekartei problematisch, da diese aufgrund personeller Engpässe oft nicht aktualisiert wurde. Obwohl sich die Ämter für Arbeit in den 1970er-Jahren noch im (Wieder)Aufbau befanden, mussten sie die Arbeitsvermittlung, die in den 1960er-Jahren weitgehend von den Betrieben und Beschäftigten selbst durchgeführt worden war, übernehmen.[269]

Die Ämter für Arbeit waren durch die Festlegungen des Arbeitsgesetzbuches von 1977 stärker als zuvor für die Integration »physisch und psychisch beschränkt Arbeitsfähiger« und »bedingt Arbeitswilliger« (sog. »Asozialer«) in den Arbeitsprozess verantwortlich.[270] Diese Zielsetzung verschärfte den bereits bestehenden »Widerspruch zwischen ökonomisch effektivem und sozial begründetem Arbeitseinsatz«.[271] Er sollte sich zum Grundproblem bei der Arbeitsintegration von Menschen mit Erwerbsminderungen entwickeln. Federführend für die Erarbeitung von Beschlüssen und Vorlagen zur Rehabilitation im Bezirk Frankfurt (Oder) war die Abteilung Gesundheits- und Sozialwesen im Bezirk Frankfurt (Oder).[272] Das Amt für Arbeit wirkte hier lediglich mit, ebenso wie die Bezirksplankommission, die das gesellschaftliche Arbeitsvermögen in den Volkswirtschaftsplänen bilanzierte.[273]

Die Akteurskonstellation im Bezirk entsprach weitgehend der Situation auf der zentralen Ebene, mit dem Unterschied, dass die Rolle des FDGB hier etwas stärker zu gewichten ist. Neben der Verwaltung der Sozialversicherung, die Analysen und Jahresberichte zu Invalidität und Rehabilitation anfertigte, war vor allem die Abteilung Sozialpolitik des FDGB-Bezirksvorstandes für die Rehabilitation bedeutsam. Weil der FDGB auch auf Bezirksebene die Funktion eines »Transmissionsriemens«[274] zu erfüllen versuchte, hatte er eine bessere Übersicht über die Situation in den Betrie-

268 Siehe ebd., S. 257.
269 Siehe ebd., S. 258.
270 Ebd., S. 251.
271 Ebd. – Wichtig in diesem Zusammenhang ist auch der »Ämterbeschluss« für die Ämter für Arbeit vom 6.12.1978, vgl. Holle Grünert/Astrid Karl: Beschäftigungssystem und Arbeitsmarkt in der DDR, Opladen 1977, S. 211–215.
272 Siehe z. B. BLHA, Rep. 601/6756, unpag., »Gemeinsame Informationen zum Stand der Durchsetzung des Beschlusses des Rates des Bezirkes vom 20.5.1976 über Maßnahmen zur Entwicklung der geschützten Arbeit zur Rehabilitation geschädigter Bürger in den Betrieben des Bezirkes Frankfurt (Oder) in der 18. Sitzung des RdB«, 8.9.1977.
273 Siehe BLHA, Rep. 601/21170, unpag., Bezirksplankommission (Amt für Arbeit und Löhne) Frankfurt (Oder) an Vorsitzenden des Rates des Bezirkes Frankfurt (Oder), 25.7.1975.
274 Hürtgen, Zwischen Disziplinierung und Partizipation, S. 25.

ben als das staatliche Gesundheitswesen. Denn der FDGB kontrollierte den Arbeitsschutz und verwaltete die Gelder der Sozialversicherung. Dabei gab es, analog zur zentralen Ebene, Kompetenzstreitigkeiten und Konflikte, vor allem zwischen dem FDGB-Bezirksvorstand und der Abteilung Gesundheits- und Sozialwesen des Rates des Bezirkes. Hauptstreitpunkt war auch hier die ärztliche Begutachtung von Invalidität, Berufskrankheiten und Unfallschäden. Die Arbeitssanitätsinspektionen waren der Verwaltung der Sozialversicherung ein Dorn im Auge, da sie bei Berufskrankheiten über die laufenden Fälle entschieden und dies nicht immer termingerecht vonstattenging. Dadurch ergaben sich häufig Rentennachzahlungen für mehrere Jahre, welche die Sozialversicherung zahlen musste. Sie erhielt erst bei den Nachuntersuchungen die Möglichkeit, die Fälle zu kontrollieren.[275]

Das zentralistische Leitungs- und Planungssystem, zu dem Honecker in den 1970er-Jahren zurückkehrte, ermöglichte den örtlichen Stellen, die Rehabilitation zentral zu lenken. Noch Ende der 1980er-Jahre wurde als Argument gegen eine Dezentralisierung angeführt, dass nur mit einer zentralen Steuerung der Arbeitskräftelenkung Rehabilitanden in den Betrieben untergebracht werden könnten und andere »sozialbedingte Beschäftigung« erhalten bleibe.[276]

Von »Maßnahmeplan« zu »Maßnahmeplan« – Verwirklichung sozialpolitischer Beschlüsse im Bezirk

In den 1970er-Jahren wurde im Bezirk Frankfurt (Oder) deutlich häufiger über das Thema Rehabilitation diskutiert als zuvor. Obwohl der FDGB-Bezirksvorstand Mitte der 1960er-Jahre die schlechten Ergebnisse in der Rehabilitation kritisiert und dem Rat eine entsprechende Analyse vorgelegt hatte, änderte sich zunächst nur wenig. Eine Inspektionsgruppe des Ministeriums für Gesundheitswesen setzte zwar Anfang des Jahres 1970 die SED-Bezirksleitung darüber in Kenntnis, dass die nun arbeitsfähige Rehabilitationskommission »gute Voraussetzungen« biete, aber eine »allseitig entwickelte Komplexität« auf dem Gebiet der Rehabilitation bislang fehle.[277]

Anfang der 1970er-Jahre konzentrierten sich die Bemühungen des Rates des Bezirkes erneut auf das Halbleiterwerk Frankfurt (Oder). Zwar war das in den 1960er-Jahren geplante Großprojekt einer Siedlung für Querschnittsgelähmte am

275 Siehe BLHA, Rep. 747/314, unpag., Sekretariatssitzung des FDGB-Bezirksvorstandes am 7.4.1972, Bericht über die Situation und den Stand der ärztlichen Begutachtung.

276 Roesler, Arbeitskräftegewinnung/Arbeitskräftelenkung, Bd. 10, S. 255.

277 BLHA, Rep. 730/3626, unpag., MfG, Bericht über die Tätigkeit der Inspektionsgruppe des Ministeriums für Gesundheitswesen im Bezirk Frankfurt (Oder) in der Zeit vom 18. bis zum 21. und vom 25. bis zum 28.11.1969, 12.1.1970.

Widerstand der Staatlichen Plankommission gescheitert, nun fasste die SED-Bezirksleitung jedoch einen Beschluss zur Errichtung eines Rehabilitationszentrums in der Bezirksstadt Frankfurt (Oder) und im Halbleiterwerk. Der Rat des Bezirkes bildete daraufhin eine Arbeitsgruppe, die eine Übersicht über die Zahl der infrage kommenden Bürger erarbeitete und mit diesen den Einsatz besprach.[278] Etwa 60 Rehabilitanden aus dem Stadtgebiet Frankfurt (Oder) hatten sich dazu bereit erklärt, im Halbleiterwerk zu arbeiten. Da das staatliche Gesundheitswesen nur »ungenügend konkrete Vorstellungen« zum Bau eines Rehabilitationszentrums kundgetan hatte, konsultierte die Arbeitsgruppe den Ärztlichen Direktor des Rehabilitationszentrums Halle, der eine Expertise zu dem Vorhaben anfertigte.[279] Geplant war, 1971 25 Rehabilitanden auf geschützten Arbeitsplätzen im Halbleiterwerk einzusetzen und ab 1972 eine geschützte Abteilung mit ca. 50 bis 60 Plätzen einzurichten.[280] Zu diesem Zweck sollte ein zweistöckiges Gebäude in der Nähe des Halbleiterwerkes errichtet werden.[281]

Nach diesen zaghaften Anfängen standen Rehabilitation und Invaliditätsverhütung häufiger auf der Tagesordnung. Hintergrund war ein Beschluss des Bezirkstages im September 1972.[282] Dieser hatte festgelegt, geschützte Arbeitsplätze einzurichten und das Krankenhaus in Schwedt bis Dezember 1973 in eine »bezirkswirksame Rehabilitationseinrichtung« umzuwandeln.[283] Der Beschluss wirkte sich nachhaltig auf die Tätigkeit der örtlichen Stellen aus. Auch die Verwaltung der Sozialversicherung hatte sich vorgenommen, die Bildung von Ärzteberatungskommissionen für die Begutachtung langfristig erkrankter Beschäftigter und betrieblichen Rehabilitationskollektiven voranzutreiben.[284]

278 Siehe BLHA, Rep. 747/284, unpag., FDGB-Bezirksvorstand, Bericht zum gegenwärtigen Stand der Schaffung eines Rehabilitationszentrums im Halbleiterwerk Frankfurt (Oder).

279 BLHA, Rep. 601/644, unpag., Rehabilitationszentrum des Bezirkes Halle – Rammelburg-Schloß, Expertise des Ärztlichen Direktors des Rehabilitationszentrums des Bezirkes Halle, 3.4.1971.

280 Siehe BLHA, Rep. 747/284, unpag., FDGB-Bezirksvorstand, Bericht zum gegenwärtigen Stand der Schaffung eines Rehabilitationszentrums im Halbleiterwerk Frankfurt (Oder).

281 Siehe BLHA, Rep. 601/644, unpag., Maßnahmeplan zum Aufbau eines Rehabilitationszentrums in der Bezirksstadt Frankfurt (Oder) und im Halbleiterwerk Frankfurt (Oder), Rat des Bezirkes, 20.4.1971.

282 Es handelte sich hierbei um den Beschluss Nr. 31 der 5. Tagung des Bezirkstages Frankfurt (Oder) am 15.9.1972: Maßnahmen für die Gesunderhaltung der Bürger und Erhöhung der Qualität und Effektivität der medizinischen und sozialen Betreuung im Bezirk Frankfurt (Oder).

283 BLHA, Rep. 601/20050, unpag., Bezirksstelle Rehabilitation Frankfurt (Oder) an Rat des Bezirkes (Fachabteilung) und Räte der Kreise (Kreisarzt), 22.8.1973.

284 Siehe BLHA, Rep. 747/268, unpag., Perspektivplan 1971–1975 der von der Gewerkschaft geleiteten Sozialversicherung der Arbeiter und Angestellten im Bezirk Frankfurt (Oder).

Noch ambitioniertere Pläne verfolgte die Bezirksinspektion Gesundheitsschutz in den Betrieben, die plante, bis 1990 »eine Art Gesundheits-Polizei«[285] im Bezirk zu implementieren. Gleichzeitig wollte sie ein System der geschützten Arbeit für ältere und erwerbsgeminderte Beschäftigte in den Betrieben des Bezirkes entwickeln, um diesen einen angemessenen Arbeitseinsatz ohne Lohneinbußen zu gewährleisten, und hierfür einen »Katalog für geschützte Arbeit« entwerfen.[286]

Daher wandte sich der Ärztliche Direktor der Bezirksinspektion Gesundheitsschutz in den Betrieben 1973 an einige Großbetriebe, unter anderem an das EKO, um herauszufinden, welche Möglichkeiten für ein derartiges Programm bestanden. Es war nicht nur vorgesehen, mit diesem die Fluktuation und die Frühinvalidität zu reduzieren, sondern auch den »Persönlichkeitsabbruch« bei älteren Beschäftigten zu verhindern, die weniger qualifizierte Tätigkeiten übernehmen sollten.[287] Das EKO antwortete, dass hierzu Arbeitsplatzanalysen und auch Umbesetzungen durchgeführt worden waren, wobei allerdings nicht alle lohnrechtlichen Fragen zufriedenstellend hatten gelöst werden können. Die Bezirksinspektion Gesundheitsschutz in den Betrieben wies daraufhin die Abteilung Sozialpolitik des FDGB-Bezirksvorstandes an, das Vorhaben im Stammwerk EKO zu unterstützen, damit dann in anderen Betrieben ähnliche Maßnahmen »anlaufen« könnten.[288]

Obwohl sich die Zahl der Rehabilitationsverfahren im Bezirk von null im Jahr 1967 auf 1.319 im Jahr 1974 erhöht hatte,[289] war die Bezirksinspektion Gesundheitsschutz in den Betrieben mit der Initiative der Betriebe nicht zufrieden und verwies auf den Anstieg der Berufskrankheiten. Insbesondere Haut- und Lärmerkrankungen hatten zugenommen, ebenso wie durch CO_2-Vergiftungen ausgelöste Erkrankungen. So kam es im EKO wiederholt zu Vergiftungen durch den Austritt von CO_2 und zu einer Zunahme des Lärms. Ganzkörpervibrationen (8.641 Arbeitsplätze) und Lärm (11.027 Arbeitsplätze) waren die Hauptursachen für Belastungen am Arbeitsplatz im Bezirk Frankfurt (Oder). Dort waren insgesamt 48.238 Beschäftigte auf 26.268 sogenannten »exponierten« Arbeitsplätzen, die mit einer gesundheitlichen

285 BLHA, Rep. 601/20050, unpag., RdB Frankfurt (Oder) (Bezirksinspektion Gesundheitsschutz in den Betrieben (BIG), Bezirksspezifische prognostisch orientierte Planung bis 1990, 1.5.1973.

286 BLHA, Rep. 601/20050, unpag., RdB Frankfurt (Oder) (BIG) an Betriebspoliklinik Bandstahlkombinat Eisenhüttenstadt (Ärztlicher Direktor), Katalog für Schonarbeit und geschützte Arbeitsplätze bzw. geschützte Abteilungen, 18.7.1973.

287 Ebd.

288 BLHA, Rep. 601/20050, unpag., RdB Frankfurt (Oder) (BIG) an den Leiter des AMZ/Schwedt, den Ärztlichen Direktor des Halbleiterwerk-Kombinates Frankfurt (Oder) und den Kreisbetriebsarzt Fürstenwalde, 2.11.1973.

289 Siehe BLHA, Rep. 601/20335, unpag., RdB Frankfurt (Oder) (BIG), Bericht über die Entwicklung des Betriebsgesundheitsschutzes im Bezirk Frankfurt (Oder) in den Jahren 1967–1974.

Belastung einhergingen, tätig. Laut Bericht der Bezirksinspektion betraf die Überschreitung der arbeitshygienischen Standards etwa 50 Prozent der Arbeitsplätze in der DDR.[290] Sie kritisierte in diesem Zusammenhang, dass bislang nur in drei von zwölf Kreisen eine »Kreisinspektion Gesundheitsschutz in den Betrieben« gebildet worden sei. Der Großteil der Betriebsärzte übe die Funktion nur nebenamtlich aus, womit für etwa 4.000 Beschäftigte lediglich ein Betriebsarzt zur Verfügung stehe. Allerdings konnte die Bezirksinspektion Gesundheitsschutz in den Betrieben auch einige Erfolge verzeichnen. Rehabilitationsmaßnahmen hatten im Bezirk 1973 bei über 1.200 Invaliden oder »zur Invalidität anstehenden Werktätigen« eine berufliche Wiedereingliederung ermöglicht.[291]

Auch der Rat des Bezirkes befasste sich 1974 mit dem Thema Rehabilitation und behauptete, dass der Bezirkstagsbeschluss 1972 die Entwicklung der Rehabilitation »entscheidend stimuliert« habe.[292] Allerdings gab es im Bezirk noch immer kein Rehabilitationszentrum für Berufsbildung oder eine Abteilung für berufliche Rehabilitation. Der Rat kritisierte, dass die Zahl der geschützten Arbeitsplätze nur einem Versorgungsgrad von 24 Prozent entsprach und damit »in keiner Weise den Bedarf« deckte. Denn es wurde davon ausgegangen, dass 0,3 Prozent der Wohnbevölkerung einen geschützten Arbeitsplatz benötigten, obwohl »statistische Totalerhebungen zum Bedarf« in der gesamten DDR fehlten.[293] Bei einer Wohnbevölkerung von 687.771 Personen im Bezirk Frankfurt (Oder) hätten also 2.063 geschützte Arbeitsplätze zur Verfügung stehen müssen; insgesamt gab es aber nur 495, die meisten im Kreis Fürstenwalde (175), die wenigsten in Kreis Eisenhüttenstadt/Land (1).[294] Der Rat des Bezirkes beschloss, bis Ende 1975 339 weitere geschützte Arbeitsplätze einzurichten, davon 17 im Stadtkreis Eisenhüttenstadt.[295] Hierfür sollte unter der Koordination des Direktors des Amtes für Arbeit und Löhne ermittelt werden, welche Arbeitsplätze für die Vergabe von Heimarbeit, industrielle Arbeitstherapie und eine geschützte Werkstatt geeignet waren.[296]

290 Siehe BLHA, Rep. 601/20335, unpag., RdB Frankfurt (Oder) (BIG), Berichterstattung über die Entwicklung des Betriebsgesundheitswesens im Bezirk Frankfurt (Oder) für das Jahr 1973, März 1974.

291 Ebd.

292 BLHA, Rep. 601/6659, unpag., Analyse über den Stand der Rehabilitation nach ausgewählten Schwerpunkten/Maßnahmeplan zur weiteren Entwicklung der Rehabilitation im Bezirk Frankfurt (Oder) [1974].

293 Ebd.

294 Siehe BLHA, Rep. 601/6659, unpag., Anlage 2, Geschützte Arbeitsplätze (nach Angaben der Ämter für Arbeit der Räte der Kreise, Stand: 31.12.1973).

295 Siehe BLHA, Rep. 601/6659, unpag., Anlage 3, Bis zum Jahresende 1975 neu zu schaffende geschützte Arbeitsplätze.

296 Siehe BLHA, Rep. 601/6659, unpag., Analyse über den Stand der Rehabilitation nach ausge-

Ein Jahr später konstatierte der Rat, dass lediglich 175 neue Arbeitsplätze entstanden waren und die Bereitschaft der Betriebe, Rehabilitanden zu beschäftigen, nachgelassen habe. Dies ging nach Ansicht des Rates auf die bereits genannte Weisung der Staatlichen Plankommission zurück, Rehabilitanden in die Bilanzentscheidung zum Einsatz des gesellschaftlichen Arbeitsvermögens, also in den Arbeitskräfteplan und in die Kennziffer Arbeitsproduktivität einzubeziehen. Dabei sollte zwischen Rehabilitanden und voll leistungsfähigen »Werktätigen« nicht mehr unterschieden werden, weshalb viele Betriebsleiter die geschützte Arbeit als wirtschaftliches Risiko einstuften.[297] Die Staatliche Plankommission milderte ihre Entscheidung zwar dahingehend ab, dass Rehabilitanden nur noch prinzipiell in die Bilanzentscheidungen einzubeziehen waren und außerhalb des Planes beschäftigt werden konnten. Dennoch hatten einige Betriebsleitungen Bedenken geäußert.[298] Diese standen im Dauerkonflikt zwischen der Planerfüllung, dem wirtschaftlich-unternehmerischen Handeln und der Anforderung, zeitgleich zusätzliche politische Ansprüche zu befriedigen. Dies war von den Führungskräften nur schwer zu bewerkstelligen, weshalb sie häufig auf halblegale oder illegale Möglichkeiten und Austauschbeziehungen zurückgriffen oder dies zumindest duldeten.[299]

Durch die unterschiedlichen Anweisungen entstanden allerdings auch Handlungsspielräume,[300] die sich nicht nur auf den Bereich der Wirtschaftspolitik beschränkten. Das zeigt das Vorgehen im Bezirk Frankfurt (Oder) deutlich. Dort hatten der Vorsitzende der Bezirksplankommission, der Bezirksarzt und der Direktor des Amtes für Arbeit und Löhne dem Vorsitzenden des Rates des Bezirkes vorgeschlagen, falls über den bestätigten Arbeitskräfteplan hinaus im Laufe des Planjahres Rehabilitanden beschäftigt wurden, diese erst im darauffolgenden Planjahr als Rehabilitanden in den Arbeitskräfteplan einzubeziehen.[301] Der Vorsitzende des Bezirkwirtschaftsrates berichtete, dass insbesondere im VEB Statron Fürstenwalde, der einen Großteil geschützter Arbeitsplätze zur Verfügung gestellt hatte und dessen Belegschaft zu mindestens einem Drittel aus Rehabilitanden bestand, die Kennziffern des Betriebes nicht mehr dessen »echte« Leistung widerspiegelten. Der

wählten Schwerpunkten. Maßnahmeplan zur weiteren Entwicklung der Rehabilitation im Bezirk Frankfurt (Oder), 7. Sitzung des Rates des Bezirkes vom 8. April 1974.

297 Siehe BLHA, 601/6695, unpag., Informationen zur Entwicklung der Rehabilitation und der pharmazeutischen und medizinischen Versorgung im Bezirk, 13. Sitzung des Rates des Bezirkes vom 3.7.1975.

298 Siehe BLHA, Rep. 601/21170, unpag., Bezirksplankommission, Bezirksarzt und Amt für Arbeit und Löhne an den Vorsitzenden des Rates des Bezirkes Frankfurt (Oder), 25.7.1975.

299 Siehe Steiner, Betriebe im DDR-Wirtschaftssystem, S. 65.

300 Siehe ebd., S. 66.

301 Siehe BLHA, Rep. 601/21170, unpag., Bezirksplankommission, Bezirksarzt und Amt für Arbeit und Löhne an den Vorsitzenden des Rates des Bezirkes Frankfurt (Oder), 25.7.1975.

Vorschlag, Rehabilitanden entsprechend ihres Leistungsvermögens in den Arbeitskräfteplan aufzunehmen, führe zu Problemen in der statistischen Abrechnung. Der Wirtschaftsrat wandte daher den Faktor »Leistungsvermögen« für die Erarbeitung des Planentwurfes 1976 in Abstimmung mit dem VEB Statron Fürstenwalde nicht mehr an.[302] Hier wurde also eigenmächtig nach Lösungen gesucht, um den Konflikt zwischen der Planerfüllung und der Einstellung von Rehabilitanden zu vermeiden. Der Vorsitzende des Rates des Bezirkes wies schließlich im November 1975 an, für die Bilanzierung das Leistungsvermögen der Rehabilitanden zugrunde zu legen. Diese Maßnahme sollte »den Betrieben das Argument über nachteilige ökonomische Auswirkungen« nehmen.[303]

Tatsächlich konnte der Rat 1976 feststellen, dass mehr geschützte Arbeitsplätze als vorgesehen entstanden waren, dies jedoch überwiegend in der bezirksgeleiteten Industrie, die insgesamt 263 Rehabilitanden beschäftigte. Bis 1980 war vorgesehen, 74 weitere Einzelarbeitsplätze für Rehabilitanden einzurichten, darunter auch eine geschützte Abteilung mit 20 Arbeitsplätzen im VEB Elektroinstallation Eisenhüttenstadt in Kooperation mit dem dortigen Bandstahlkombinat, zu dem auch das EKO gehörte.[304] Die Entwicklung geschützter Abteilungen, von denen es 1976 im Bezirk Frankfurt (Oder) sechs mit insgesamt 58 Plätzen gab, bemängelte der Rat als nicht ausreichend, ebenso wie die Zahl geschützter Arbeitsplätze in Kombinaten und Betrieben der zentralgeleiteten Industrie. Der Anteil der Rehabilitanden an der Gesamtbeschäftigtenzahl war nämlich Ende 1975 in den wichtigsten Großbetrieben des Bezirkes relativ gering und bewegte sich zwischen 0,1 und 1,7 Prozent (Tabelle 6).[305]

Im EKO waren von den zehn beschäftigten Rehabilitanden sechs in der Betriebspoliklinik tätig.[306] Als positive Gegenbeispiele wurden das Kabelwerk Schönow und der VEB Schiffsarmaturen- und Leuchtenbau Finow hervorgehoben. Eine Ursache für die Haltung der zentralgeleiteten Betriebe zur Einstellung von Rehabilitanden war die Tatsache, dass diese aufgrund einer fehlenden Plankennziffer geschützte

302 Siehe BLHA, Rep. 601/21170, unpag., Wirtschaftsrat des Bezirkes Frankfurt (Oder) an Rat des Bezirkes Frankfurt (Oder), 31.7.1975.

303 BLHA, Rep. 601/6721, unpag., Dritter Bericht über den Stand der Entwicklung der geschützten Arbeit zur Rehabilitation geschädigter Bürger in den Betrieben des Bezirkes Frankfurt (Oder), 13. Sitzung des Rates des Bezirkes vom 20. Mai 1976.

304 Siehe ebd.

305 Siehe BLHA, Rep. 601/6721, unpag., Dritter Bericht über den Stand der Entwicklung der geschützten Arbeit zur Rehabilitation geschädigter Bürger in den Betrieben des Bezirkes Frankfurt (Oder), 13. Sitzung des Rates des Bezirkes vom 20. Mai 1976.

306 Siehe BLHA, Rep. 747/531, unpag., Stand der Maßnahmen bei der Mitwirkung der Gewerkschaften in der Entwicklung der geschützten Arbeit zur Rehabilitation geschädigter Bürger in den Betrieben und die sich daraus ergebenden Schlussfolgerungen für die gewerkschaftliche Tätigkeit.

Betrieb	Anzahl der beschäftigten Rehabilitanden	Prozentsatz beschäftigte Rehabilitanden
PCK Schwedt (Oder)	6	0,1
Halbleiterwerk Frankfurt (Oder)	27	0,5
Eisenhüttenkombinat Ost	10	0,14
Kranbau Eberswalde	20	0,6
Reifenkombinat Fürstenwalde	67	1,7
CTK Fürstenwalde	16	0,7

Tabelle 6: Rehabilitanden in Großbetrieben des Bezirkes Frankfurt (Oder)

Quelle: Tabelle in: BLHA, Rep. 747/531, unpag., Stand der Maßnahmen bei der Mitwirkung der Gewerkschaften in der Entwicklung der geschützten Arbeit zur Rehabilitation geschädigter Bürger in den Betrieben und die sich daraus ergebenden Schlussfolgerungen für die gewerkschaftliche Tätigkeit.

Arbeitsplätze und geschützte Abteilungen nicht abrechnen konnten. In der Land-, Forst- und Nahrungsgüterwirtschaft gab es weiterhin kaum geschützte Arbeitsplätze im Bezirk, mit Ausnahme einer LPG im Kreis Angermünde.[307] Erneut beschloss der Rat einen Maßnahmeplan, der den Betrieben vorschrieb, in Zusammenarbeit mit dem Gesundheitswesen geschützte Arbeitsplätze einzurichten. Das Halbleiterwerk Frankfurt (Oder) sollte zum Vorbild für die berufliche Wiedereingliederung von Rehabilitanden werden. Der Rat verpflichtete die Vorsitzenden der Räte der Kreise und die Oberbürgermeister zur Erstellung von Konzeptionen zur geschützten Arbeit in ihren Kreisen, die als verbindliche Arbeitsgrundlage für die Ausarbeitung der Jahresvolkswirtschaftspläne beschlossen werden sollten.[308]

Eine Analyse des FDGB ergänzt das Bild über die Situation der beruflichen Rehabilitation im Bezirk Frankfurt (Oder). Ein großes Problem sah der Bezirksvorstand darin, dass es keine exakte Übersicht über geeignete Arbeitsplätze gab und viele Betriebsleiter keine Rehabilitanden einstellen wollten.[309] Umso mehr hob FDGB-Bezirksvorstand positive Beispiele hervor, die auf eine Steigerung der Arbeitsproduktivität verzichteten, indem sie Arbeiten von Rehabilitanden ausführen ließen,

307 Siehe BLHA, Rep. 601/6721, unpag., Dritter Bericht über den Stand der Entwicklung der geschützten Arbeit zur Rehabilitation geschädigter Bürger in den Betrieben des Bezirkes Frankfurt (Oder), 13. Sitzung des Rates des Bezirkes vom 20. Mai 1976.

308 Siehe ebd. (Maßnahmeplan).

309 Siehe BLHA, Rep. 747/531, unpag., Stand der Maßnahmen bei der Mitwirkung der Gewerkschaften in der Entwicklung der geschützten Arbeit zur Rehabilitation geschädigter Bürger in den Betrieben und die sich daraus ergebenden Schlussfolgerungen für die gewerkschaftliche Tätigkeit, o. D.

die auch automatisierbar waren. Insgesamt gab es 1976 im Bezirk 851 geschützte Arbeitsplätze, die sich allerdings ganz unterschiedlich verteilten. Im Kreis Fürstenwalde, in dem sich der VEB Statron befand, standen siebenmal so viele geschützte Arbeitsplätze zur Verfügung wie im Kreis Strausberg. Im Gegensatz zum Rat des Bezirkes ging der FDGB-Bezirksvorstand von einem höheren Bedarf an Arbeitsplätzen für Rehabilitanden aus, da er zu den 0,3 Prozent der Wohnbevölkerung noch ein Drittel der Frühinvaliden rechnete und die Zahl der benötigten Arbeitsplätze im Bezirk auf 2.000 bis 3.000 bezifferte. Die Analyse der gewerkschaftlichen Vertreter zeigt zudem, dass in einzelnen Betrieben eigenverantwortlich Arbeitsplatz-Umsetzungen, Schonarbeit und andere Praktiken üblich waren, die in keiner Statistik nachgewiesen werden konnten. Über die Größe dieser »Dunkelziffer«, die aus innerbetrieblichen Lösungen resultierte, herrschte völlige Unklarheit.[310] Bemängelt wurde, dass Rehabilitationsverfahren oft nur sporadisch durchgeführt und Invalidisierungen aufgrund von fehlenden oder ungeeigneten Arbeitsmöglichkeiten ausgesprochen wurden. Insgesamt waren im Bezirk im Zeitraum von September 1974 bis August 1975 978 Beschäftigte invalidisiert worden, von denen fast 70 Prozent in den letzten fünf Jahren vor ihrer Invalidisierung keine Kur erhalten hatten. Auch die Möglichkeit eines Arbeitsplatzwechsels oder einer Schontätigkeit war in fast 90 Prozent der Fälle nicht genutzt worden. Nur etwas mehr als ein Fünftel war einer Rehabilitationskommission vorgestellt worden.[311] Ebenso wie der Rat des Bezirkes hatte auch der FDGB-Bezirksvorstand einen Maßnahmeplan erarbeitet. Darin war festgelegt, die Zahl der Arbeitsplätze für Rehabilitanden jährlich einzuschätzen und die Realisierung der in den Betriebskollektivverträgen verankerten Maßnahmen zu überprüfen.[312]

Aufgrund zweier Beschlüsse der SED-Bezirksleitung zur Rehabilitation 1976 und 1977 führten die Abteilung Gesundheits- und Sozialwesen, das Amt für Arbeit und Löhne, die Bezirksplankommission und der FDGB-Bezirksvorstand eine groß angelegte Analyse im Bezirk durch, um die genaue Zahl der Rehabilitanden zu ermitteln. Erfasst wurden anhand ärztlicher Gutachten alle Invaliden- und Unfallrentner, alle »förderungsfähigen« Jugendlichen zwischen 14 und 18 Jahren, die in den Arbeitsprozess eingegliedert werden sollten, alle in den letzten fünf Jahren in das System der geschützten Arbeit eingegliederten Rehabilitanden sowie alle bis zum 30. Juni 1976 »ungelösten Fälle«. Im Ergebnis stellte der Rat des Bezirkes fest, dass sich der gesamte Bedarf an neuen geschützten Arbeitsplätzen in den Betrieben nicht verändert hatte und vor allem Frauen wieder in den Arbeitsprozess eingegliedert werden

310 Siehe ebd.

311 Siehe ebd.

312 Siehe BLHA, Rep. 747/531, unpag., FDGB-Bezirksvorstand Frankfurt (Oder) (Stellvertretender Vorsitzender), Beschluss Nr. 102/76 vom 15.4.1976.

müssten. 36 Prozent der Neuzugänge seien nicht älter als 40 Jahre. Der Rat des Bezirkes plante bis 1980 2.271 geschützte Arbeitsplätze einzurichten.[313]

Auch der FDGB-Bezirksvorstand war zu dem Ergebnis gekommen, dass es nur 1.473 Rehabilitanden im Bezirk gab und die geforderte Zahl an geschützten Arbeitsplätzen zu hoch sei. Der FDGB hatte 113 ausgewählte Betriebe geprüft, die als potenzielle Arbeitgeber in Frage kamen und versucht herauszufinden, in welchen Betrieben geschützte Abteilungen aufgebaut werden konnten. Im EKO – in Kooperation mit dem VEB Elektroinstallation – und im Petrolchemischen Kombinat Schwedt sollten geschützte Betriebsabteilungen mit je 20 Plätzen entstehen. In der Landwirtschaft waren Saisonarbeitsplätze für Rehabilitanden vorgesehen, so beispielsweise 72 im Kartoffellagerhaus Neuzelle der LPG Möbiskruge. Mitte 1977 existierten im Bezirk neun geschützte Abteilungen mit insgesamt 98 Plätzen. Neu eingerichtet wurden geschützte Abteilungen im Kreisbetrieb für Landtechnik Angermünde (11), im Schuhschäfte [sic!] Schwedt (8), dem PCK Schwedt (9) und der LPG Concordia Ahrensfelde (7).[314] Der FDGB vertrat den Standpunkt, dass der Anteil der geschützten Abteilungen zu Lasten der Einzelarbeitsplätze erhöht werden müsse, da in diesen die Produktivität höher sei und eine Betreuung der Rehabilitanden besser gesichert werden könne. Die Gewerkschaft hatte die Betriebskollektivverträge auf die Bestimmungen zu geschützten Arbeitsplätzen überprüft und stellte fest, dass diese »noch zu global und allgemein gehalten oder zu einem Teil gar nicht vorhanden« seien. So waren 1977 im Kreis Eisenhüttenstadt lediglich in sechs der überprüften 18 Betriebskollektivverträge Festlegungen zur Rehabilitation getroffen worden. Der VEB Elektroinstallation Eisenhüttenstadt, der als einziger Betrieb bereit gewesen war, Aufgaben zur Rehabilitation aus dem Volkswirtschaftsplan in den Betriebskollektivvertrag zu übernehmen, hatte den Termin nicht eingehalten.[315]

1979 lag die Zahl der geschützten Abteilungen im Bezirk Frankfurt (Oder) immer noch bei neun, die Zahl der Arbeitsplätze hatte sich aber auf 111 erhöht. Insgesamt waren im Zeitraum von 1976 bis 1978 755 geschützte Arbeitsplätze entstanden und 753 Rehabilitanden in den Arbeitsprozess eingegliedert worden. Der Bezirk plante, bis 1980 weitere 346 geschützte Arbeitsplätze einzurichten.[316] Damit hatten in den

313 Siehe BLHA, Rep. 601/6756, unpag., Gemeinsame Informationen zum Stand der Durchsetzung des Beschlusses des Rates des Bezirkes Nr. 0076 vom 20.5.1976 über Maßnahmen zur Entwicklung der geschützten Arbeit zur Rehabilitation geschädigter Bürger in den Betrieben des Bezirkes Frankfurt (Oder).

314 Ebd.

315 Siehe BLHA, Rep. 747/627, unpag., Bericht zum Stand der Verwirklichung des Beschlusses der Bezirksleitung der SED vom 9.6.1976 zur Einbeziehung von Rehabilitanden in den Arbeitsprozess sowie der Schaffung geschützter Arbeitsplätze und Abteilungen.

316 Siehe BLHA, Rep. 601/22321, unpag., RdB Frankfurt (Oder) (Bezirksstelle für ärztliches Be-

1970er-Jahren im Bezirk Frankfurt (Oder) bedeutende Veränderungen stattgefunden. Die Zahl der Rehabilitationsverfahren war stark gestiegen, ebenso wie die Zahl der geschützten Arbeitsplätze, die von 495 im Jahr 1973 auf 1.858 im Jahr 1979 angewachsen war. Trotz der Einwände des FDGB-Bezirksvorstandes wurde unverändert davon ausgegangen, dass für 0,3 Prozent der Wohnbevölkerung des Bezirkes geschützte Arbeitsplätze zur Verfügung stehen mussten. Die Zahlen des Bezirksrates unterschieden sich dabei von denen des FDGB, der auf eine Eingliederung von Frühinvaliden pochte. Denn prophylaktische Maßnahmen zur Vermeidung einer Frühinvalidität hatten sich als wenig erfolgreich erwiesen. Dies zeigen die Ergebnisse der Untersuchungen des FDGB-Bezirksvorstandes, der herausgefunden hatte, dass Kuren, ein Arbeitsplatzwechsel oder Schonarbeit kaum in Anspruch genommen wurden. Bei der beruflichen Rehabilitation gab es zudem Schwierigkeiten in den Großbetrieben des Bezirkes, da diese kaum Rehabilitanden eingestellt hatten. Das EKO lag hier mit 0,14 Prozent Rehabilitanden an der Gesamtbeschäftigtenzahl vor dem PCK Schwedt auf dem vorletzten Platz. Doch warum gestaltete sich die Umsetzung staatlicher Beschlüsse in diesem wichtigen Großbetrieb so schwierig?

Hauptakteur Betrieb: Das betriebliche Gesundheits- und Sozialwesen im Eisenhüttenkombinat Ost

Im EKO hatten seit den 1950er-Jahren einige tiefgreifende Veränderungen stattgefunden. Im Januar 1969 wurde es Teil des Bandstahlkombinates Eisenhüttenstadt (BKE), einem Zusammenschluss von sieben Betrieben. Das EKO blieb als »Stammwerk« der wichtigste Betrieb im Kombinat und verfügte 1969 über 70 Prozent dessen Produktionsvolumens. Erich Markowitsch wurde erster Generaldirektor des Bandstahlkombinates und war dem Minister für Erzbergbau, Metallurgie und Kali direkt unterstellt. Die einzelnen Kombinatsbetriebe waren juristisch selbstständige Betriebe und arbeiteten nach einem eigenen Plan, der im Kombinat festgelegt wurde.[317] Der Zusammenschluss zu einem Bandstahlkombinat sowie die 1968 erfolgte Inbetriebnahme des neuen Kaltwalzwerkes ließen die volkswirtschaftliche Bedeutung des EKO stark ansteigen.[318] Auch die stärkere Ausrichtung auf die Veredelungsmetallurgie steigerte den Stellenwert des Kombinates, das ab dem 1. Juli 1971 nach dem SED-Politiker Hermann Matern benannt wurde und der expandierenden Kon-

gutachtungswesen und Rehabilitation), Schwerpunktaufgaben auf dem Gebiet der Rehabilitation, 25.7.1979.

317 Siehe Schmidt, Einblicke, S. 160.

318 Siehe ebd., S. 164.

sumgüterindustrie in den 1970er-Jahren hochwertige Bleche und Bänder liefern sollte.[319] Die Betriebe in der DDR wurden zunehmend dazu angehalten, Konsumgüter herzustellen. Im EKO nahm dies allerdings weniger groteske Formen an als in anderen Betrieben, die Konsumgüter völlig unabhängig von ihrem Produktionssortiment – beispielsweise Bücherregale in einem Betrieb für Kältetechnik[320] – herstellen mussten. Geplant war, die Produktion im Bandstahlkombinat auf 151,6 Prozent und die Arbeitsproduktivität auf 145,6 Prozent zu erhöhen und neue Anlagen in Betrieb zu nehmen, allerdings mit einer relativ konstanten Belegschaftsstärke. Im BKE sollte die Zahl der Arbeiter und Angestellten von 20.172 im Jahr 1971 bis 1975 auf lediglich 20.840 anwachsen, wobei vorgesehen war, die Zahl der Produktionsarbeiter geringfügig zu steigern und die der übrigen Beschäftigten zu verringern.[321]

Die Belegschaft des EKO hatte sich insgesamt seit Ende der 1960er-Jahre durch die Inbetriebnahme des Kaltwalzwerkes stark vergrößert: Waren 1969 noch 7.565 Beschäftigte im EKO tätig gewesen, stieg deren Zahl bis 1979 auf 9.353 Personen. Arbeitskräfte wurden mit Sonderkonditionen wie der Gewährung eines betrieblichen Rentenanteils nach einer Betriebsangehörigkeit von 20 Jahren nach Eisenhüttenstadt gelockt. Durch soziale Maßnahmen und die damit verbundenen Verbesserungen der Arbeits- und Lebensbedingungen konnte die Fluktuation im Werk eingeschränkt werden. Probleme bei der Lohnfrage blieben allerdings bestehen. Ende der 1970er-Jahre existierten zum Teil völlig ungerechtfertigte Lohnverhältnisse, beispielsweise im Fall von Transportarbeitern, die mehr Geld verdienten als hochqualifizierte Entwicklungsingenieure. Obwohl sich die Lohnsituation »zunehmend zum Gegenstand berechtigter und ständiger Unzufriedenheit« im EKO entwickelte, galt das Werk weiterhin als »Vorzeigebetrieb mit hohen Löhnen und zahlreichen Vergünstigungen«.[322] Beschäftigte des EKO wurden als privilegiert angesehen, wobei es innerhalb des Werkes Abstufungen gab. Die »Roten Hochöfner« beispielsweise wurden besonders bei Ferientagen, Urlaubsmöglichkeiten, dem Verdienst sowie der Zuteilung von Pkws bevorzugt.[323] Diese hatten sich ihren Namen dadurch erworben, dass sie sich an den Unruhen des 17. Juni 1953 nicht beteiligt, sondern stattdessen ihren Produktionsplan erfüllt hatten.[324]

319 Siehe ebd., S. 166.
320 Vgl. Bouvier, Die DDR – Ein Sozialstaat?, S. 145.
321 Siehe UA EKO, A 1890, Bl. 22–25, hier Bl. 22, VEB Bandstahlkombinat »Hermann Matern«, Maßnahmenplan des VEB Bandstahlkombinat »Hermann Matern« zur rationelleren Nutzung des gesellschaftlichen Arbeitsvermögens, 9.5.1972.
322 Schmidt, Einblicke, S. 177.
323 Siehe ebd., S. 175.
324 Vgl. Dagmara Jajeśniak-Quast: Stahlgiganten in der sozialistischen Transformation. Nowa Huta in Krakau, EKO in Eisenhüttenstadt und Kunčice in Ostrava (= Studien zur Sozial- und Wirtschaftsgeschichte Ostmitteleuropas, Bd. 20), Wiesbaden 2010, S. 194.

Aufgabenkomplexe	Finanzbedarf in TM		Finanzierungsquellen		
	Plan 1971	Plan 1972	Invest	KSF	Sonstige Quellen
Materielle Lebensbedingungen	10.644,5	9.212,5	6.085,3	-	3.127,2
Arbeiterversorgung	3.488,3	3.585,2	264,6	3.320,6	-
Gesundheitliche und sozialhygienische Betreuung	1.736,6	771,5	554,0	217,5	-
Kinderbetreuung	1.660,7	2.590,6	1.094,8	1.175,8	320,0
Kulturelle und sportliche Betätigung	2.232,6	2.251,0	694,5	1.556,5	-
Ferien- und Erholungswesen	1.158,6	1.689,6	248,7	360,9	1.080,0
Wohnungswirtschaft	228,7	280,2	60,0	220,2	-
Arbeiter Berufsverkehr	692,0	795,0	-	-	795,0
Sonstige Verwendung	94,4	48,5	-	48,5	-
Plan ALB insgesamt	21.936,4	21.224,1	9.001,9	6.900,0	5.323,2

Tabelle 7: Planteil Arbeits- und Lebensbedingungen 1972, Teil I: Finanzieller Aufwand nach Aufgabenkomplexen und Finanzierungsquellen

Quelle: UA EKO, A 1090, Bl. 2–4, Direktor für Produktion, Planteil Arbeits- und Lebensbedingungen 1972, Teil I: Finanzieller Aufwand nach Aufgabenkomplexen und Finanzierungsquellen.

Generaldirektor Markowitsch schied 1975 aus dem Werk aus. Sein Nachfolger wurde Manfred Drodowsky, der einen »neuen Typ von Industriemanager«, qualifiziert durch seine Kenntnisse im metallurgischen Bereich, verkörperte.[325]

Die Betriebe legten die Arbeits- und Lebensbedingungen in der Jahresplanung und in der Fünfjahrplanung fest. Im Plan der Arbeits- und Lebensbedingungen, den der Direktor für Produktion erarbeitete, hatten sich acht Aufgabenkomplexe herausgebildet, die aus unterschiedlichen Quellen finanziert wurden, so beispielsweise aus dem Kultur- und Sozialfonds, dem Leistungsfonds und dem Investitionsfonds (Tabelle 7).[326] Dabei fällt auf, dass im Vergleich zum Plan von 1971 erheblich bei der gesundheitlichen und sozialhygienischen Betreuung eingespart wurde. Den Verlust von mehr als einer Million Mark trugen die sanitären Einrichtungen; die

325 Schmidt, Einblicke, S. 184. – Vgl. dazu Peter Hübner: Industrielle Manager in der SBZ/DDR. Sozial- und mentalitätengeschichtliche Aspekte (künftig zitiert: Hübner, Industrielle Manager in der SBZ/DDR), in: GuG, 24. Jg. (1998), H. 1, S. 55–80.

326 Vgl. Günter Manz/Gunnar Winkler (Hrsg.): Sozialpolitik, Berlin (Ost) 1985, S. 61–63.

Investitionen hierfür sanken von etwa 1,5 Millionen Mark auf 384.000 Mark.[327] Dies erklärt sich daraus, dass das EKO Anfang der 1970er-Jahre zahlreiche neue Investitionen getätigt hatte. Neue Ambulanzen und Sanitätsstationen waren im Werk entstanden – was den Rückgang der finanziellen Mittel 1972 im gesundheitlichen Bereich im Vergleich zum Vorjahr erklärt – und 1978 wurde die Poliklinik erweitert. Acht Ärzte und acht Zahnärzte sowie 37 Schwestern waren für die gesundheitliche Betreuung der Belegschaft verantwortlich. Die betriebseigene Poliklinik hatte sich 1970 aus dem Verbund der »Vereinigten Gesundheitseinrichtungen des Kreises Eisenhüttenstadt« herausgelöst und erhielt nun den Status einer juristisch selbstständigen Einrichtung. Neuer Ärztlicher Direktor wurde Obermedizinalrat Dr. Manfred Schieche.[328]

Im Bereich der »materiellen Arbeitsbedingungen« kam es ebenfalls zu wichtigen Veränderungen. So wurde für die Erhöhung der Arbeitssicherheit fast eine Million Mark mehr ausgegeben, für die Verbesserung der Arbeitshygiene mehr als drei Millionen Mark weniger.[329] Dabei zeigt sich, dass 1972 von 8.509 Beschäftigten 1.819 Produktionsarbeiter schwere körperliche Arbeit verrichteten. Unter Einwirkung von Hitze arbeiteten 738 Arbeiter und Angestellte, 1.504 unter Lärm und 1.360 unter toxischen Stoffen und »nichttoxischen Stäuben«. Es handelte sich also insgesamt um 5.421 Personen und damit um etwas mehr als 63 Prozent der Belegschaft des EKO, die unter erschwerten Bedingungen arbeiteten.[330]

Mit der stärkeren Ausrichtung auf soziale und konsumpolitische Verbesserungen im Betrieb änderten sich zu Beginn der 1970er-Jahre auch die Verantwortlichkeiten im Betrieb. Die Betriebsleitungen in der DDR waren im Wesentlichen nach einem einheitlichen Muster aufgebaut.[331] Der Direktor für Kader und Bildung (DKB), der für die sozialpolitischen Aufgaben im Werk maßgeblich verantwortlich war, stellte fest, dass die Kapazitäten seines Direktionsbereiches nicht ausreichten, um neue Aufgabenstellungen wie die Verbesserung der Arbeitsbedingungen und der sozialen und kulturellen Betreuung zu übernehmen.[332] Daher wurde zum 1. Juli 1973 ein

327 Siehe UA EKO, A 1090, Bl. 2–4, Direktor für Produktion, Planteil Arbeits- und Lebensbedingungen 1972, Teil I: Finanzieller Aufwand nach Aufgabenkomplexen und Finanzierungsquellen.

328 Vgl. Schmidt, Einblicke, S. 176.

329 Siehe UA EKO, A 1090, Bl. 2–4, Direktor für Produktion, Planteil Arbeits- und Lebensbedingungen 1972, Teil I: Finanzieller Aufwand nach Aufgabenkomplexen und Finanzierungsquellen.

330 Siehe UA EKO, A 1090, Bl. 6–8, hier Bl. 6, Direktor für Produktion, Planteil Arbeits- und Lebensbedingungen 1972, Teil III, Entwicklung ausgewählter Kennziffern.

331 Vgl. dazu Hübner, Industrielle Manager in der SBZ/DDR, S. 61 f.

332 Siehe UA EKO, A 1901, Bl. 29 f., Vorschlag als Grundlage einer durchzuführenden Problemdiskussion im Direktionsbereich Kader und Bildung, o. D.

Direktionsbereich für Arbeits- und Lebensbedingungen gebildet, dem die Arbeiterversorgung zugeordnet wurde und der sich in fünf Abteilungen aufgliederte.[333] Dem Direktor für Arbeits- und Lebensbedingungen oblag dabei unter anderem der Bereich der gesundheitlichen und sozialen Betreuung in Zusammenarbeit mit der Betriebspoliklinik und der zentralen Betriebsgewerkschaftsleitung. Er sollte Krankenstandanalysen auswerten und finanzielle, materielle und soziale Leistungen für Betriebsangehörige entsprechend der Festlegungen im Betriebskollektivvertrag sichern. Neben der Arbeiterversorgung gehörten auch die Bereiche des Kultur-, Erholungs- und Wohnungswesens sowie des Werkverkehrs zu seinen Aufgaben.[334] Die Aufteilung sozialpolitisch relevanter Bereiche zwischen dem Direktor für Kader und Bildung und dem Direktor für Arbeits- und Lebensbedingungen blieb bis zum Ende der 1980er-Jahre bestehen. Der Direktor für Kader und Bildung befasste sich mit der beruflichen Rehabilitation, da zu seinem Bereich die Arbeitskräftelenkung gehörte. Ihm oblag die »Bearbeitung, Koordinierung und Kontrolle von Grundsatzentscheidungen und Maßnahmen auf dem Gebiet der Rehabilitation«, ebenso wie die Frauenförderung und sämtliche Aus-, Weiterbildungs- und Qualifizierungsaufgaben.[335]

Die 1970er-Jahre markierten für große Teile der DDR-Bevölkerung einen spürbaren Anstieg des Lebensstandards, der sich in Rentenerhöhungen, Arbeitszeitverkürzungen, einem Anstieg des Durchschnittseinkommens und einem forcierten Wohnungsbau zeigte. »Was so für andere Regionen der DDR in den 70er Jahren Realität wurde, existierte in Eisenhüttenstadt bereits seit Anfang der 60er Jahre.«[336] Trotzdem wurde im EKO viel Wert auf weitere Verbesserungen gelegt und dabei die Zusammenarbeit mit der Stadt intensiviert. In einer Konzeption zur Verbesserung der Arbeits- und Lebensbedingungen 1974 betonte der zuständige Direktor, dass die gemeinsamen Interessen der »Werktätigen« des Betriebes und der Wohnbezirke den Festlegungen im Kommunalvertrag entsprechend »planmäßiger und noch enger wahrgenommen« werden sollten.[337] Im Kommunalvertrag, der für die Jahre 1971 bis 1975 abgeschlossen worden war, stellte das EKO der Stadt zur Verbesserung der Wohn- und Lebensbedingungen finanzielle Mittel zur Verfügung. Für das Jahr 1974

333 Siehe UA EKO, A 3248, Bl. 349–351, hier Bl. 349, Generaldirektor, Mitteilung Nr. 3/1973, Veränderung der Leitung und Organisation im VEB Bandstahlkombinat »Hermann Matern«, 12.07.1973.

334 Siehe UA EKO, A 2452, Bl. 204–206, Funktionsplan, Direktor für Arbeits- und Lebensbedingungen, verbindlich ab 9.11.1982.

335 UA EKO, A 2452, Bl. 375–378, Funktionsplan, Direktor für Kader und Bildung, verbindlich ab 9.11.1982.

336 Schmidt, Einblicke, S. 175.

337 UA EKO, A 3096, Bl. 2–6, hier Bl. 6, Konzeption zur weiteren Verbesserung der Arbeits- und Lebensbedingungen im Jahre 1974.

waren dies 700.000 Mark, die vor allem für den Wohnungsbau vorgesehen waren.[338] Entsprechende Kooperationen sind ein Beleg für lokale Netzwerke. Betriebe und Gemeinden waren vor allem ab den 1960er-Jahren stark aufeinander angewiesen, denn die Gemeinden brauchten die Ressourcen der Betriebe, die Betriebe hingegen die Unterstützung der Gemeinderäte bei der Beschaffung neuer Ressourcen.[339]

Für betriebsinterne Verbesserungen stand dem EKO ein Betrag von 7,2 Millionen Mark aus dem Kultur- und Sozialfonds zur Verfügung. Großes Augenmerk lag dabei auf dem Bereich der Arbeitsbedingungen. Investitions- und Rationalisierungsmaßnahmen sollten schwere körperliche Arbeit reduzieren und die Einwirkung von Hitze, Lärm, Giftstoffen und Staub vermindern.[340] Zudem war vorgesehen, die gesundheitliche und sozialhygienische Betreuung zu verbessern. Neben gebetsmühlenartig wiederkehrenden Forderungen wie der Senkung des Krankenstandes und der Unfallverhütung wurden auch konkrete Aufgaben formuliert, etwa die Erweiterung der Poliklinik bis 1975, eine spezielle Betreuung der Mitarbeiter in der neuen Beschichtungsanlage zur Vermeidung von Vergiftungen und die Schulung von Gesundheitshelfern durch das Deutsche Rote Kreuz in Zusammenarbeit mit dem betrieblichen Gesundheitswesen.[341] Der Direktor für Arbeits- und Lebensbedingungen beschloss zudem eine Verbesserung der Arbeiterversorgung. Die Qualität des Werksessens sollte gehoben, Wartezeiten vermieden und Sauberkeit und Ordnung in den Speisesälen erhöht werden.[342]

Neben diesen Neuerungen wurde die Zahl der Ferienplätze erweitert, indem 1970 neben den bereits bestehenden Betriebsferienheimen in Müllrose und auf der Insel Rügen eine Ferienanlage am nahe gelegenen Helenesee gebaut wurde. Das EKO nutzte zudem Ferienplätze in der ČSSR, in Ungarn und in Polen.[343] Der Direktor für Arbeits- und Lebensbedingungen plante dabei, die Erhöhung der Urlaubsplätze für Beschäftigte des Bandstahlkombinates durch »Einleitung von Maßnahmen zur schrittweisen Reduzierung der Kurdurchgänge« zu erreichen.[344] Über die Vergabe der Erholungsaufenthalte gibt ein Bericht der Feriendienstkommission der Betriebsgewerkschaftsleitung für das Jahr 1979 Aufschluss: Insgesamt standen der Betriebsgewerkschaftsleitung zu diesem Zeitpunkt 6.968 Ferienplätze zur Verfügung, davon

338 Siehe ebd.

339 Siehe Bauerkämper, Lokale Netzwerke und Betriebe in der DDR, S. 185.

340 Siehe UA EKO, A 3096, Bl. 2–6, hier Bl. 2, Konzeption zur weiteren Verbesserung der Arbeits- und Lebensbedingungen im Jahre 1974.

341 Siehe ebd., Bl. 3.

342 Siehe ebd., Bl. 4.

343 Siehe Schmidt, Einblicke, S. 176.

344 UA EKO, A 3096, Bl. 2–6, hier Bl. 5, Konzeption zur weiteren Verbesserung der Arbeits- und Lebensbedingungen im Jahre 1974.

1.930 durch den FDGB-Feriendienst organisierte Plätze, 4.730 in den betriebseigenen Anlagen wie den Betriebsferienheimen Haus Goor und Müllrose sowie am Helenesee und 308 in Siofok in der Volksrepublik Ungarn. Mit den insgesamt 6.660 betriebseigenen Ferienplätzen hatte die Gewerkschaft, die im BKE 11.203 Mitglieder besaß, einen Verteilerschlüssel von 1:1,7.[345] Die Betriebsgewerkschaftsleitung konstatierte, dass das EKO damit weit über dem Republikmaßstab liege, denn im Durchschnitt sei für sechs FDGB-Mitglieder ein Ferienplatz vorhanden. Dennoch war sie nicht in der Lage, die Wünsche der Beschäftigten in Bezug auf einen Ferienplatz zu erfüllen, da die Plätze vor allem in den Sommermonaten beantragt wurden und es so zu Engpässen kam.[346]

Die Ausweitung sozialpolitischer Maßnahmen brachte für die Produktion Schwierigkeiten mit sich. Beispielsweise litten die Bereiche, in denen vorwiegend Frauen beschäftigt waren, unter der Verkürzung der Arbeitszeit für »werktätige« Mütter bei gleichzeitiger Erhöhung des Urlaubs.[347] Der Frauenanteil der Belegschaft war seit der Errichtung des Kaltwalzwerkes und den nachgeordneten Produktionsanlagen stetig gestiegen, womit das Werk auch vor der Aufgabe stand, eine entsprechende Kinderbetreuung zur Verfügung zu stellen.[348] Ab 1978 war geplant, die Produktion durch neue Konzepte zu intensivieren. Unter dem Aufruf »Weniger produzieren mehr«, der in der PCK-Raffinerie Schwedt als sogenannte »Schwedter Initiative« ausgegeben worden war, wurde auch im EKO versucht, die Leistung zu erhöhen und zugleich Arbeitskräfte einzusparen.[349] Der Grundsatz der Schwedter Initiative war, durch Rationalisierungen Stellen zu streichen und die Arbeitskräfte an anderen Arbeitsplätzen bzw. in anderen Betriebsbereichen einzusetzen. Insgesamt erfüllten sich die Erwartungen nicht. Kontrollen Ende der 1980er-Jahre ergaben, dass die Vorgaben der Schwedter Initiative häufig nur auf dem Papier erfüllt wurden.[350] Dennoch hatten diese Rationalisierungsmaßnahmen starke Auswirkungen auf die innerbetriebliche Arbeitskräfteplanung. Dies war insbesondere bei der Einstellung von Menschen mit Erwerbsminderungen der Fall.

345 Siehe UA EKO, Betriebsgewerkschaftsleitung A 55, Bl. 102–104, Ferienkommission Betriebsgewerkschaftsleitung/EKO, Bericht über die Vergabe der Erholungsaufenthalte 1979, 30.5.1979.
346 Siehe ebd.
347 Siehe Schmidt, Einblicke, S. 177.
348 Siehe ebd.
349 Siehe ebd., S. 179.
350 Vgl. Roesler, Arbeitskräftegewinnung/Arbeitskräftelenkung, Bd. 10, S. 267–271.

Probleme der beruflichen Rehabilitation in Großbetrieben

Die 1970er-Jahre markieren den Beginn einer stärkeren Auseinandersetzung mit der beruflichen Rehabilitation im EKO. Zwar hatte es schon in den 1950er-Jahren entsprechende Initiativen und Diskussionen über Schonarbeit sowie einschlägige Bemühungen der Schwerbeschädigtenkommission gegeben, in den durch eine verstärkte Ökonomisierung gekennzeichneten 1960er-Jahren gab es hingegen nur wenige Hinweise darauf, dass sich die Betriebsgewerkschaftsleitung, das Betriebsgesundheitswesen oder einzelne Direktoren mit der Thematik der Wiedereingliederung von erwerbsgeminderten Personen in den Arbeitsprozess beschäftigt hätten – mit Ausnahme der Schonarbeit, die meist für kurzfristig Erkrankte bereitgestellt wurde. Diese Situation sollte sich zu Beginn der 1970er-Jahre ändern. Dafür waren zwei Gründe ausschlaggebend: Zum einen die Aufwertung der Thematik auf der zentralen Ebene, die von entsprechenden gesetzlichen Vorgaben flankiert wurde, welche in den Bezirken und damit auch in den Betrieben umgesetzt werden mussten, zum anderen eigene Initiativen innerhalb des Betriebes, die im EKO vor allem durch die wachsende Berufsunfähigkeit innerhalb der Belegschaft notwendig wurden.

Bereits 1971 war in der Stadtverordnetenversammlung von Eisenhüttenstadt die Einrichtung geschützter Arbeitsplätze beschlossen worden. Ein Jahr später wurde dieser Beschluss in einer Sitzung des Rates der Stadt Eisenhüttenstadt konkretisiert und der Personenkreis, der eine Tätigkeit auf diesen Arbeitsplätzen ausüben sollte, näher definiert.[351] Dabei wird deutlich, dass unterschiedliche Gruppen in die Rehabilitationsmaßnahmen einbezogen werden sollten. Dazu gehörten 50 »körperlich geschädigte« und 72 »förderungsfähige und schulbildungsunfähige« Kinder und Jugendliche, wobei Letztere durch die Einrichtung einer Tagesstätte mit einer Kapazität von 17 Plätzen gefördert werden sollten. Ein wesentlich größerer Teil der Rehabilitanden bestand aus 666 Invalidenrentnern, davon 212 Männer und 454 Frauen. Den Mammutanteil machten Besitzer eines Beschädigten-Ausweises aus. In Eisenhüttenstadt besaßen insgesamt 3.560 Personen einen solchen Ausweis, darunter 2.712 Schwerbeschädigte, 111 Schwerstbeschädigte und 727 Leichtbeschädigte.[352]

Im Durchschnitt waren in Eisenhüttenstadt jährlich 90 Rehabilitationsverfahren nötig. Die Rehabilitanden wurden dabei durch die behandelnden Ärzte, das Begutachtungswesen und die Ärzteberatungskommissionen für langfristig erkrankte Werktätige erfasst und gemeldet. In Eisenhüttenstadt waren nach den Berechnun-

351 Siehe Stadtarchiv (StA) Eisenhüttenstadt, RS 13.12.72, unpag., Rat der Stadt Eisenhüttenstadt (Kreisärztin), Konzeption zur Sicherung des Einsatzes von Rehabilitanden und der Schaffung entsprechender Arbeitsplätze in den Betrieben und Einrichtungen unseres Territoriums (Vorlage für die 25/72 Sitzung des Rates der Stadt Eisenhüttenstadt am 13.12.1972), 13.12.1972.

352 Siehe ebd.

gen des Rates des Bezirkes 170 geschützte Arbeitsplätze erforderlich, die auch beim Neubau oder bei der Erweiterung von Betrieben berücksichtigt werden sollten.[353] Vertreter der zuständigen Stellen hielten die vorhandenen Möglichkeiten der beruflichen Wiedereingliederung in Eisenhüttenstadt allerdings für »völlig ungenügend«, da in vielen Betrieben Umsetzungsmöglichkeiten auf leichtere Arbeitsplätze »ausgeschöpft« seien und so häufig »die Einleitung eines Invalidisierungverfahrens als einziger Ausweg« infrage komme.[354] Dabei erklärten sie die Einrichtung geschützter Arbeitsplätze schon deshalb zu einer ständigen Aufgabe, weil viele Betriebe diese nach der Einarbeitung des Rehabilitanden meistens wieder in reguläre Arbeitsplätze umwandelten.

Als besonders negatives Beispiel wurde das EKO herangezogen. Dort war seit längerer Zeit die Einrichtung einer geschützten Abteilung mit zehn bis 15 Plätzen gefordert worden, aber bislang nichts geschehen. Dabei hatte Werkleiter Markowitsch am 19. November 1969 die Werkdirektoren, Werkleiter und Fachdirektoren mit einer entprechenden Weisung für die Realisierung der gesetzlichen Anforderungen im Bereich der Rehabilitation bis zum 31. März 1970 verantwortlich gemacht. Daraufhin war im EKO eine Rehabilitationskommission gebildet worden. Doch anstatt sich um die Einrichtung einer geschützten Betriebsabteilung zu kümmern, stellte die Kommission nur Überlegungen zu einem Arbeitsplatzaustausch für gesundheitlich beeinträchtigte Mitarbeiter an. Der Rat der Stadt kritisierte die Vorschläge, da auf diese Weise »das Anliegen im Territorium unerfüllt« bleibe.[355] Das Amt für Arbeit und die Kreisrehabilitationskommission übten deshalb Druck auf das EKO aus, da sie der Ansicht waren, dass nur dort eine geschützte Abteilung entstehen könne.[356]

Der Direktor für Kader und Bildung des EKO hatte in einer Beratung der Ständigen Kommission Gesundheitswesen der Stadtverordnetenversammlung Eisenhüttenstadt Anfang Dezember 1972 zusammen mit einem Vertreter des Direktors für Instandhaltung die Zusage gegeben, geschützte Arbeitsplätze und Abteilungen im EKO einzurichten. Diese sollten »in der nächsten Zeit […] im Rahmen der Konsumgüterproduktion und im Zusammenhang mit der Instandhaltung von Arbeitsschutzbekleidung« entstehen.[357] Hierzu legte der Direktor für Kader und Bildung dem Werkleiter im Mai 1973 Vorschläge vor. Ausgearbeitet hatte diese die Rehabilitationskommission des EKO. Bei den Vorschlägen und Empfehlungen zur Einrichtung von Arbeitsplätzen für Rehabilitanden berief sich die Rehabilitationskommission

353 Siehe ebd.
354 Ebd.
355 Ebd.
356 Siehe ebd.
357 UA EKO, A 530, 30.5.1973 Bl. 74–80, hier Bl. 75, VEB Bandstahlkombinat »Hermann Matern«, Direktor Kader und Bildung, GD-Vorlage, 30.5.1973.

auf Beschlüsse der örtlichen Akteure und wies auf die Stadtverordnetenversammlung vom 6. Juni 1973 hin, auf der seitens des EKO ein Bericht über die Resultate der bisherigen Bemühungen erwartet wurde.[358]

Zeitgleich gab die Rehabilitationskommission einen Überblick über bisherige Ergebnisse beim Einsatz von Rehabilitanden und »gesundheitsgeschädigter« Beschäftigter. Viele Beschäftigte, die wegen einer Verschlechterung des Gesundheitszustandes bzw. aus Altersgründen ihre bisherige Tätigkeit nicht mehr ausüben konnten und zum Teil schon Jahre im EKO beschäftigt waren, hatten »durch umfangreiche Kleinarbeit« auf geeignete Arbeitsplätze umgesetzt werden können. Im ersten Quartal 1973 handelte es sich dabei um 16 Personen, eine größere Zahl an Umsetzungsforderungen lag noch vor. Bislang waren viele berufsunfähige Beschäftigte aus dem Bereich Hütte in das neu errichtete Kaltwalzwerk gewechselt. Die Rehabilitationskommission hatte große Hoffnungen in die forcierte Konsumgüterfertigung gesetzt. Diese hatten sich nicht erfüllt, denn nur zwölf Personen mit Erwerbsminderungen konnten dort beschäftigt werden. Spezielle Arbeitsplätze für Rehabilitanden hingegen gab es im EKO noch nicht.[359]

Die Rehabilitationskommission wies auf große Herausforderungen für das in den 1950er-Jahren entstandene EKO hin: Zur Zeit der Werksgründung hatte es sich um eine »verhältnismäßig junge Belegschaft« gehandelt. Die Altersstruktur hatte sich mittlerweile stark verändert. Dies forderte neue Herangehensweisen für die Arbeit der Beschäftigten, die 20 Jahre und länger im EKO tätig waren, nicht mehr alle körperlich schweren Arbeiten verrichten konnten und die unter Gesundheitsschäden litten. Nach Angaben der Rehabilitationskommission handelte es sich dabei mit 1.680 Personen um rund 20 Prozent der Belegschaft. 1973 gab es im Werk 255 Altersrentner, 172 Leichtbeschädigte, 407 Schwerbeschädigte und 14 Schwerstbeschädigte. Zudem wurde in den kommenden Jahren mit einer wachsenden Zahl an Altersrentnern gerechnet, die ebenfalls weiter beschäftigt werden mussten, wenn sie es wollten.[360]

Der Handlungsbedarf wuchs, da in den Reihenuntersuchungen der Poliklinik ständig weitere Beschäftigte ermittelt wurden, die möglichst bald auf Arbeitsplätzen mit leichteren Arbeitsbedingungen untergebracht werden mussten. Auch die Beschäftigten selbst stellten Anträge auf eine Umsetzung oder Einschichtarbeitszeit, denen nicht stattgegeben werden konnte, da keine geeigneten Arbeitsplätze vorhanden waren. Bislang waren derartige Probleme so gelöst worden, dass in vielen

358 Siehe ebd., Bl. 74.

359 Siehe ebd., Bl. 76 f.

360 Grundlage bildete die Anordnung zur Schaffung leichterer Beschäftigungsbedingungen für Rentner vom 25.2.1963. Die Weiterbeschäftigung von Altersrentner wurde auch im Arbeitsgesetzbuch von 1977 verankert, vgl. Hoffmann, Sicherung bei Alter, Invalidität, Bd. 10, S. 351.

Betriebsabteilungen Beschäftigte offiziell auf bestimmten Planstellen geführt wurden, aus Alters- oder Gesundheitsgründen aber andere Tätigkeit ausübten.[361] Dies verdeutlicht den Spielraum der Betriebe bei der Arbeitskräfteplanung und ist ein Hinweis auf die Existenz innerbetrieblicher Netzwerke, welche die Defizite des Wirtschaftssystems im Bereich der Beschäftigungspolitik zu kompensieren versuchten. Hierbei ist dem Historiker Thomas Reichel zuzustimmen, der darauf hinweist, dass solche »innerbetrieblichen informellen Arrangements« zwar eine Kompensationsfunktion besaßen, aber nicht überschätzt werden dürfen. Denn sie korrigierten das zunehmend aus dem Gleichgewicht geratene System nicht.[362] Auch der Historiker Arnd Bauerkämper kommt zu dem Schluss, dass innerbetriebliche Netzwerke das System nicht veränderten und durch ihre Kompensationsfunktion im Herrschafts- und Wirtschaftssystem dessen Zusammenbruch letztlich nur hinauszögerten.[363]

Das zunehmende Ineinandergreifen von betrieblicher und staatlicher Sozialpolitik und die Funktion der Betriebe als Träger kommunaler Sozialpolitik[364] zeigte sich auch im EKO. Die Kreisrehabilitationsärztin hatte dem Werk gegenüber kundgetan, dass es eine größere Anzahl an überwiegend jungen Bürgern mit Erwerbsminderungen gebe, »die unbedingt in den Arbeitsprozess eingereiht werden müssen«.[365] Die Rehabilitationskommission forderte aus diesen Gründen, geschützte Abteilungen und geschützte Einzelarbeitsplätze für Rehabilitanden, aber auch für Betriebsangehörige, die aus gesundheitlichen oder altersmäßigen Gründen nicht mehr voll eingesetzt werden konnten, einzurichten. Sie kritisierte das lange Verfahren der beruflichen Rehabilitation, da häufig erst nach ausgedehnten Beratungen in der Rehabilitationskommission und vielfachen Gesprächen mit den Leitern einzelne geschützte bzw. geeignete Arbeitsplätze bereitgestellt werden konnten. Die Auswahl eines geeigneten Arbeitsplatzes für einen Querschnittsgelähmten hatte beispielsweise ein Jahr gedauert.

Für geschützte Arbeit eigneten sich im EKO mehrere Bereiche, darunter die Instandhaltungswerkstatt für Arbeitsschutzbekleidung. Dort sollten zehn geschützte Arbeitsplätze eingerichtet werden.[366] Zudem sollte in der EKO-Wohnstadt eine Ba-

361 Siehe UA EKO, A 530, 30.5.1973 Bl. 74–80, Bl. 77, VEB Bandstahlkombinat »Hermann Matern«, Direktor Kader und Bildung, GD-Vorlage, 30.5.1973.

362 Siehe Thomas Reichel: Die »durchherrschte Arbeitsgesellschaft«. Zu den Herrschaftsstrukturen und Machtverhältnissen in DDR-Betrieben, in: Hürtgen/Reichel, Der Schein der Stabilität, S. 85–110, hier S. 109.

363 Siehe Arnd Bauerkämper, Lokale Netzwerke und Betriebe in der DDR, S. 190.

364 Vgl. Peter Hübner: Personale Netzwerke im lokalhistorischen Kontext, in: Schuhmann, Vernetzte Improvisationen, S.193–216, hier S. 214.

365 UA EKO, A 530, Bl. 74–80, hier Bl. 77, VEB Bandstahlkombinat »Hermann Matern«, Direktor Kader und Bildung, GD-Vorlage, 30.5.1973.

366 Siehe ebd., Bl. 78.

racke für die Konsumgüterproduktion umgebaut und als geschützte Abteilung eingerichtet werden. Eine dritte Möglichkeit waren geschützte Arbeitsplätze im Bereich des Direktors für »IRZ«,[367] in welchem die Rehabilitanden bestimmte Reinigungs-, Demontage- und Montagearbeiten übernehmen konnten. Mit der Einrichtung geschützter Arbeitsplätze wollte die Rehabilitationskommission zusammen mit der Poliklinik und der Sicherheitsinspektion Anfang Juli 1973 beginnen. Zunächst war die Ausarbeitung einer Konzeption vorgesehen. Diese sollte Vorschläge zur Entlohnung der Rehabilitanden und Lösungsvorschläge enthalten, »in welcher Form Härten für die Werktätigen abgefangen werden« konnten, die einen neuen Arbeitsplatz benötigten. Die Einrichtung geschützter Arbeitsplätze sollte zudem in den Volkswirtschaftsplan 1974 und in den Plan zur Verbesserung der Arbeits- und Lebensbedingungen aufgenommen werden.[368]

Trotz dieser Pläne hagelte es auf der Stadtverordnetenversammlung im Juni 1973 Kritik. Die Versammlung stellte erneut fest, dass die Ergebnisse bei der Mitwirkung der geschützten Arbeit in den Kombinaten und Betrieben der zentral geleiteten volkseigenen Industrie nicht ausreichten. Stattdessen hatte sich eine Reihe von kleineren Betrieben um die Eingliederung von Rehabilitanden gekümmert, so beispielsweise der VEB Stadtwirtschaft Eisenhüttenstadt, der für »psychisch geschädigte« Jugendliche eine geschützte Abteilung eingerichtet hatte. Die Stadtverordnetenversammlung erwartete auch ein Engagement weiterer Betriebe, da die 1973 eröffnete Tagesstätte für »geschädigte« Kinder im Alter von drei bis sechs Jahren und deren voraussichtliche Erweiterung für Kinder im Alter zwischen sechs und 14 Jahren im Januar 1974 die Absicherung einer anschließenden Berufstätigkeit erforderlich machte.[369]

Die Kritik war berechtigt, denn der Generaldirektor des EKO hatte die Vorschläge der Rehabilitationskommission nicht umgesetzt. Aus diesem Grund wandte sich der Direktor für Kader und Bildung fast ein Jahr später, im März 1974, an die Generaldirektoren-Stammwerksberatung. Er hatte mit Mitgliedern der Rehabilitationskommission eine Vorlage, die von einigen Fachdirektoren ergänzt worden war, erarbeitet.[370] Darin wurde noch einmal betont, dass neben den 400 Altersrentnern

367 Es handelt sich hier wahrscheinlich um einen Tippfehler, gemeint ist offenbar der Bereich Organisation und Rechenzentrum (ORZ), der zum Direktorenbereich Ökonomie gehörte und dem Generaldirektor direkt unterstellt war.

368 Siehe UA EKO, A 530, Bl. 74–80, hier Bl. 79, VEB Bandstahlkombinat »Hermann Matern«, Direktor Kader und Bildung, GD-Vorlage, 30.5.1973.

369 Siehe StA Eisenhüttenstadt, SV 06.06.73, unpag., Stadtverordnetenversammlung vom 6.6.1973.

370 Siehe UA EKO, A 294, Bl. 422–427, VEB Bandstahlkombinat »Hermann Matern«, Direktor Kader und Bildung, Vorlage für die GD-Stammwerksberatung, 15.3.1974.

und 450 Schwerbeschädigten im Werk die Zahl der Beschäftigten, die aus gesundheitlichen Gründen keine Schichtarbeit oder schwere körperliche Tätigkeiten verrichten konnten, wachse, ebenso wie die Zahl derjenigen, die einen lärm-, staub- oder gasfreien Arbeitsplatz benötigten. Gleichzeitig sei »die zielstrebige Arbeit zur Einsparung von Arbeitsplätzen« so erfolgreich, dass sich potenzielle Arbeitsplätze für »gesundheitsgeschädigte Werktätige« von Jahr zu Jahr verringerten. Der Direktor für Kader und Bildung bemängelte, dass bisher keine geschützten Arbeitsplätze entstanden und einzelne Umbesetzungen nur auf besondere Forderung der Ärzte erfolgt seien. Dies habe auch verstärkt Kritik und Eingaben der Beschäftigten zur Folge gehabt, weshalb nun der Handlungsdruck zunehmend größer werde.[371] Das EKO war zudem durch den Volkswirtschaftsplan der Stadt Eisenhüttenstadt verpflichtet worden, zwölf geschützte Arbeitsplätze einzurichten.[372] Die Rehabilitanden sollten über die Kreisrehabilitationskommission eingesetzt und auf der Grundlage gesetzlicher Bestimmungen entlohnt werden. Geplant war, die Rehabilitanden im bereits vorgeschlagenen Instandsetzungslager für Arbeitsschutzbekleidung unterzubringen, in dem etwa zehn Arbeitsplätze eingerichtet werden konnten. Auch die Baracke außerhalb des Werkes wurde erneut vorgeschlagen. Dort könne man zehn bis 20 Arbeitsplätze für Rehabilitanden einrichten, worüber bereits eine Abstimmung mit dem örtlichen Gesundheitswesen stattgefunden habe.[373]

Letztlich hatte der Direktor für Kader und Bildung keine neuen Vorschläge, sondern berichtete über den bestehenden Zustand und mögliche Maßnahmen zur Verbesserung der Arbeit mit »gesundheitsgeschädigten« Beschäftigten und Beschäftigten im höheren Lebensalter. Insbesondere im Hochofenbereich sei in Zusammenhang mit den Reihenuntersuchungen eine große Anzahl Arbeiter ermittelt worden, die kurzfristig umgesetzt worden waren und hauptsächlich in der Normalschicht tätig sein sollten. Der Direktor für Kader und Bildung hielt es für besonders problematisch, dass in fast allen Abteilungen »Werktätige« beschäftigt seien, die nicht die in ihrem Arbeitsvertrag vereinbarten Tätigkeiten ausübten. Rehabilitationskommission und Personalbüro hätten trotz der bisherigen Bemühungen noch keinen anderen Lösungsweg gefunden. Er sprach zudem den wichtigen Punkt an, dass die Umbesetzung auf einen anderen Arbeitsplatz in den meisten Fällen mit einer Verdienstminderung verbunden war. Ein Einsatz entsprechend der Qualifikation oder der bisherigen Tätigkeit sei sehr schwierig. Auf der anderen Seite hätten viele Be-

371 Ebd., Bl. 423.

372 Siehe StA Eisenhüttenstadt, RS 19.12.1973, unpag., Rat der Stadt Eisenhüttenstadt, Beschlussvorlage für die XXVI./1974 öffentliche Stadtverordnetenversammlung am 16.1.1974, Volkswirtschaftsplan der Stadt Eisenhüttenstadt für das Jahr 1974, 19.12.1973.

373 Siehe UA EKO, A 294, Bl. 422–427, hier Bl. 424, VEB Bandstahlkombinat »Hermann Matern«, Direktor Kader und Bildung, Vorlage für die GD-Stammwerksberatung, 15.3.1974.

troffene nicht die vorhandene Ausbildung für einen anderen Arbeitsplatz. Der Direktor für Ökonomie und Planung hatte daher einen Antrag an das Ministerium für Gesundheitswesen gestellt, um die Zustimmung zur Zahlung von Übergangs- oder Ausgleichsgeld zu erbitten, den dieses jedoch abgelehnt hatte.[374]

Zusätzlich konterkarierten andere sozialpolitische Beschlüsse die Integration von Rehabilitanden. Beispielsweise mussten aufgrund eines Ministerratsbeschlusses vom 4. März 1963 Altersrentner, wenn diese es wünschten, weiter beschäftigt werden.[375] In den vorangegangenen Jahren war zu diesem Zweck vor allem auf das Kaltwalzwerk zurückgegriffen worden, hier konnten Umbesetzungen realisiert werden. Der Direktor für Kader und Bildung beklagte, dass in der Zwischenzeit so viele Arbeitsplätze durch die Reduzierung des Arbeitskräfteplanes eingespart worden seien, dass bisher genutzte Plätze nicht mehr existierten. Er schlug vor, in Zusammenarbeit mit der Poliklinik und der Rehabilitationskommission Übersichten über den betroffenen Personenkreis und entsprechende Qualifizierungsmaßnahmen zu erarbeiten. Die staatlichen Leiter sollten geeignete Arbeitsplätze für Beschäftigte mit gesundheitlichen Einschränkungen nur noch in Absprache mit der Rehabilitationskommission des EKO besetzen.[376] Der Direktor für Arbeits- und Lebensbedingungen sollte gemeinsam mit dem betrieblichen Gesundheitswesen die zehn geschützten Arbeitsplätze im Instandsetzungslager einrichten. In der Baracke, die als geschützte Werkstatt eingerichtet werden sollte, hatte der Direktor für Kader und Bildung als Arbeitsaufgaben Konsumgüteranfertigungen und Dienstleistungen wie die Reparatur von Elektrotechnik und Schlössern oder die Anfertigung von Schlüsseln vorgesehen. Entsprechende Verhandlungen mit dem Rat der Stadt über die Baracke mussten noch geführt werden.[377]

Ende November 1974 wandte sich der Direktor für Kader und Bildung an den Direktor für Ökonomie und Planung und schilderte ihm noch einmal die Situation, über die am 23. September 1974 in der Stammwerksberatung diskutiert worden war.[378] Demnach hatte sich einiges getan, denn auf Weisung des Generaldirektors waren entsprechende Übersichten ausgearbeitet worden. Es lägen namentliche Listen von »Werktätigen« des Bereiches Hütte vor, welche in der nächsten Zeit wegen

374 Siehe ebd.

375 Es handelt sich hier um die AO zur Schaffung leichterer Beschäftigungsbedingungen für Rentner vom 25.2.1963, in: Mitteilungen des Ministerrates Nr. 3 vom 4.3.1963 (Schwarze Ausgabe), S. 11.

376 Siehe UA EKO, A 294, Bl. 422–427, hier Bl. 425, VEB Bandstahlkombinat »Hermann Matern«, Direktor Kader und Bildung, Vorlage für die GD-Stammwerksberatung, 15.3.1974.

377 Siehe ebd., Bl. 426 f.

378 Siehe UA EKO, A 2050, Bl. 84–85, Direktor für Kader und Bildung an Direktor für Ökonomie und Planung, 21.11.1974.

gesundheitlicher Probleme auf andere Arbeitsplätze umgesetzt werden müssten. Hierbei handele es sich insgesamt um 121 Beschäftigte. Im Personalbüro lägen derzeit Anträge der Poliklinik zur Umbesetzung von 35 Arbeitskräften vor. 1973 seien nachweisbar 26 und 1974 zehn »Werktätige« entsprechend der Empfehlungen der Ärzte umgesetzt worden, vorwiegend in die Normalschicht ohne schwere körperliche oder gesundheitliche Belastungen. Das Hauptproblem sah der Direktor für Kader und Bildung darin, dass die Umsetzung auf »geeignete Arbeitsplätze« wie »Haushandwerker, Pförtner, Wächter, Fährleute, Hilfs- und Wartungskräfte in der Normalschicht« an der Bereitschaft der Betroffenen scheitere, »gegenüber dem bisherigen Verdienst einen monatlichen Verdienstausfall von einigen hundert Mark zu akzeptieren«. Zudem seien immer mehr Arbeitsplätze mit einfachen Arbeiten ohne körperliche Belastung durch Rationalisierungs- oder Einsparungsmaßnahmen beseitigt worden. In den nächsten Jahren stünden auch keine Umsetzungsmöglichkeiten mehr zur Verfügung, wie dies in Zusammenhang mit der Inbetriebnahme des Kaltwalzwerkes, der Abteilung Oberflächenveredelung und der Konsumgüterabteilung der Fall gewesen sei.[379] Erschwerend auf die Gesamtsituation wirke sich zudem der hohe Frauenanteil aus, der derzeit im EKO bei 34,1 Prozent liege. Alle »Arbeitsplätze, die leichte Anforderungen an das physische Arbeitsvermögen stellen«, seien in den letzten Jahren durch die Einstellung von Frauen und aufgrund des »hohen Anteils weiblicher Jungfacharbeiter« besetzt worden.[380] Zusammengefasst scheiterten alle bisher aufgezeigten Lösungswege daran, dass der größte Teil der »Werktätigen« nicht bereit sei, den bisherigen Arbeitsplatz zu verlassen, wenn nicht auf dem neuen Arbeitsplatz der gleiche oder ein ähnlicher Verdienst zugesichert werde und die vorhandenen Arbeitsplätze nicht mit der vorhandenen Qualifikation und der bisherigen Tätigkeit der Betroffenen übereinstimmten.[381]

Aufgrund dieser internen Erfordernisse geschah im EKO in Hinsicht auf die Einrichtung einer geschützten Abteilung zunächst nichts. 1976 berichtete der Sekretär für Sozialpolitik des FDGB-Kreisvorstandes Eisenhüttenstadt über die Situation im Kreis. Im Kreis Eisenhüttenstadt waren seit 1973 140 Rehabilitationsverfahren durchgeführt worden. Dabei waren einige Bürger in das mittlerweile errichtete Rehabilitationszentrum nach Schwedt überwiesen worden, andere auf geschützten Einzelarbeitsplätzen tätig. Ende 1975 gab es in Eisenhüttenstadt 57 geschützte Einzelarbeitsplätze, für die spezielle Arbeitsverträge mit den Rehabilitanden abgeschlossen wurden. Dabei waren vor allem im städtischen Gesundheitswesen und in der EKO-Poliklinik Rehabilitanden beschäftigt (insgesamt 17 Personen). Die

379 Siehe ebd., Bl. 84.
380 Ebd., Bl. 85.
381 Siehe ebd.

volkseigenen Betriebe der Handelsorganisation (7) und der Elektroinstallation (6) stellten ebenfalls einen größeren Anteil an Arbeitsplätzen zur Verfügung, ebenso wie die Stadtwirtschaft (5), der Rat der Stadt (4) und das Gartenbau-Kombinat (4). Insgesamt verteilten sich die Plätze auf 17 verschiedene, überwiegend bezirksgeleitete Betriebe. In die Festlegungen der »territorialen Rationalisierung« für das Jahr 1976 war aufgenommen worden, dass eine geschützte Abteilung mit 20 Arbeitsplätzen als Betriebsteil des VEB Elektroinstallation eingerichtet werden sollte. Hierfür hatte das EKO eine Baracke zur Verfügung gestellt, die aber erst ab 1977 in Betrieb genommen wurde.[382]

Der FDGB schätzte die Bereitschaft der Betriebe, Rehabilitanden aufzunehmen, sehr unterschiedlich ein. So hatte als positives Beispiel der VEB Kraftverkehr eine Schonplatzordnung erstellt, nach der Betriebsangehörige mit gesundheitlichen Problemen umgesetzt wurden, beispielsweise in die Autowaschanlage oder als Schlosser, Klempner oder Werkzeugausgeber. Im Krankenhaus Eisenhüttenstadt wurden die oft betriebsfremden Rehabilitanden als Stationshilfen oder Reinigungskräfte eingesetzt. Weitere positive Beispiele waren der VEB Yachtwerft und die Handelsorganisation, in der 1975 acht Rehabilitationsplätze und 30 Schonplätze geschaffen worden waren. Der FDGB-Bezirksvorstand bemängelte dennoch die Einstellung einiger Betriebe zur beruflichen Rehabilitation. So schätzte die Betriebsgewerkschaftsleitung des Bau- und Montage-Kombinats-Ost (BMK-Ost), dass »einige der mittleren Leitungskader […] die Meinung vertreten, dass wenn 1 Koll. arbeitsfähig ist, er entsprechende Leistungen zu bringen habe. Andernfalls sei er eben Invalide.«[383]

Der Sekretär für Sozialpolitik kritisierte auch das EKO. Trotz einer eigenen Betriebsrehabilitationskommission müsse deren Wirksamkeit als »völlig ungenügend« eingeschätzt werden. Die Kommission trete nur selten zusammen und Einzelfälle löse überwiegend das Einstellungsbüro im Zusammenhang mit dem Betriebsgesundheitswesen. Im Betrieb gebe es weder einen Schonplatzkatalog noch eine Festlegung über die Einrichtung geschützter Arbeitsplätze. 1975 hatte keine Auskunft darüber gegeben werden können, wie viele Kollegen tatsächlich eine Rehabilitation erfahren hatten. Trotz der Weisung des Generaldirektors von 1969 bestehe seit längerer Zeit die Meinung, dass die Voraussetzungen für eine geschützte Abteilung im EKO nicht gegeben seien. Entsprechende gesonderte Arbeitsverträge waren nicht ausgearbeitet worden. Im Instandsetzungslager für Arbeitsschutzkleidung seien lediglich drei Rehabilitanden tätig. Einzig positiver Aspekt war für den Sekretär für

382 Siehe BLHA, Rep. 748/63, unpag., FDGB-Kreisvorstand Eisenhüttenstadt (Sekretär für Sozialpolitik), Bericht über die Schaffung von geschützten Arbeitsplätzen in den Betrieben unseres Kreises und die Einflussnahme der gewerkschaftlichen Leitungen auf die Rehabilitation von Werktätigen, 31.3.1976.

383 Ebd.

Sozialpolitik die regelmäßige Kontrolle der von Rehabilitanden besetzten Arbeitsplätze durch das Betriebsgesundheitswesen. Die Betriebsgewerkschaftsleitung des EKO wurde beauftragt, eine Übersicht über geschützte Arbeitsplätze zu erarbeiten bzw. derartige Arbeitsplätze einzurichten.[384]

Bei einzelnen Stellen herrschte allerdings Unklarheit darüber, welcher Personenkreis überhaupt unter dem Begriff »Rehabilitand« zu verstehen war. Der Sekretär für Sozialpolitik des FDGB-Bezirksvorstandes berichtete, dass dieser Begriff unterschiedlich definiert werde, sowohl von den Betrieben als auch von den Ärzten. Dies führe dazu, dass sich die Kreisrehabilitationskommission mit Bürgern beschäftigen müsse, »die keine echten Rehabilitanden« seien und die Kommission lediglich zur Arbeitsbeschaffung nutzten. In den Betrieben würden häufig Beschäftigte als Rehabilitanden bezeichnet, »für die aufgrund gesundheitlicher Schäden eine Arbeitsplatzumbesetzung, ohne vorherige längere Krankheit oder Invalidität, erforderlich wird, die aber in Wirklichkeit noch keine echten Rehabilitanden sind«.[385]

Hier wird deutlich, dass die Betriebe vielerorts die Rehabilitationsmöglichkeiten für berufsunfähige Beschäftigte nutzten und unter »Rehabilitanden« keinesfalls nur Menschen mit schweren körperlichen und geistigen Behinderungen verstanden, obwohl dies von staatlicher Seite so vertreten wurde. Beispielsweise definierte Joachim Mandel, Leiter der Abteilung Recht im Ministerium für Gesundheitswesen, Rehabilitanden ausschließlich als »physisch Schwerstbeschädigte oder psychisch Schwergeschädigte«.[386] Physisch Schwerbeschädigte galten demnach nicht als Rehabilitanden. Diese Definition war auch in der Anordnung vom 26. August 1969 und im Arbeitsgesetzbuch von 1977 festgelegt worden. Für Schwerbeschädigte galten stattdessen die Festlegungen des Gesetzes der Arbeit und dessen Durchführungsbestimmung von 1951 unverändert weiter. Allerdings war Mandels Feststellung, dass als Rehabilitanden nur diejenigen »geschädigten Bürger« galten, »denen ein geschützter Arbeitsplatz übertragen wurde«,[387] insofern irreführend, als dass – wie vom FDGB-Kreisvorstand berichtet – geschützte Arbeitsplätze auch für andere Beschäftigte mit Erwerbsminderungen genutzt wurden.

Daneben bereitete die Bilanzierung des Leistungsvermögens der Rehabilitanden in den Plänen den gewerkschaftlichen Stellen Schwierigkeiten. Bei Einzelarbeitsplätzen bestehe keine Vergleichsmöglichkeit für die Umrechnung in Vollbeschäftigungseinheiten (VbE), sodass die Handhabung sehr unterschiedlich sei. Insgesamt schätzten die Betriebe das Leistungsvermögen oft niedriger ein, um über Arbeits-

384 Siehe ebd.
385 Ebd.
386 Joachim Mandel, Schwerbeschädigte, S. 24f.
387 Ebd., S. 24.

kräftereserven zu verfügen. Eine annähernd reale Einschätzung sei nur durch die Einbeziehung des Gesundheitswesens möglich; bislang werde überwiegend durch die Betriebe selbstständig in VbE umgerechnet.[388]

Im EKO blieben das Thema Rehabilitation und die Weiterbeschäftigung von Berufsunfähigen und (Invaliden-)Rentnern weiterhin auf der Agenda. Im Vordergrund der Diskussion standen Schonarbeit, altersadäquate und geschützte Arbeitsplätze und der Abbau sogenannter »exponierter Arbeitsplätze«.[389] Die Rehabilitationskommission des EKO, die unter der Leitung des Direktors für Kader und Bildung stand, tagte zweimal jährlich beim Ärztlichen Direktor der Poliklinik. Für die Rehabilitanden, die auf diesen Sitzungen als solche bestätigt wurden, musste ein Antrag zur Genehmigung bei der Kreisrehabilitationskommission gestellt werden. Besorgt konstatierte die Betriebsgewerkschaftsleitung, dass »über die Einsatzfindung für Rehabilitanden hinaus für ca. 600 altersbedingte und leistungsgeminderte Werktätige kein adäquater Arbeitsplatz zur Verfügung steht und Normalschichtarbeitsplätze für werktätige Mütter bzw. für Nachtschichtuntaugliche nicht angeboten werden können«.[390]

Im Instandsetzungslager waren tatsächlich, den Forderungen entsprechend, zehn geschützte Arbeitsplätze eingerichtet und mit Rehabilitanden besetzt worden. Resigniert wurde festgestellt, dass die Einsatzfindung für weitere Rehabilitanden sich »gegenwärtig schon zum Problem« gestalte und sich dieses Problem in Zukunft weiter verschärfen werde, »da keine planmäßig geschaffenen Arbeitsplätze für Rehabilitanden und andere leistungsgeminderte Werktätige zur Verfügung stehen«. Wie kleinschrittig die Bemühungen um Arbeitsplätze für diesen Personenkreis vorangingen, zeigt die Aussage, dass derzeit »unter erheblichen Schwierigkeiten« der Einsatz von drei Rehabilitanden vorbereitet werde.[391]

388 Siehe BLHA, Rep. 748/63, unpag., FDGB-Kreisvorstand Eisenhüttenstadt (Sekretär für Sozialpolitik), Bericht über die Schaffung von geschützten Arbeitsplätzen in den Betrieben unseres Kreises und die Einflussnahme der gewerkschaftlichen Leitungen auf die Rehabilitation von Werktätigen, 31.3.1976.

389 Siehe UA EKO, A 54, Betriebsgewerkschaftsleitung, Bl. 116–119, hier Bl. 116, Beschluss Nr. 565, in: Protokoll Nr. 38 über die Sitzung der Betriebsgewerkschaftsleitung am 25.5.1978, 2.6.1978. – UA EKO, A 54, Betriebsgewerkschaftsleitung, Bl. 72–74, hier Bl. 73, Protokoll Nr. 43 über die Sitzung der Betriebsgewerkschaftsleitung am 3.8.1978, 16.8.1978. – UA EKO, A 54, Betriebsgewerkschaftsleitung, Bl. 1–6, hier Bl. 2, Beschluss Nr. 700, Protokoll Nr. 49 über die Sitzung der Betriebsgewerkschaftsleitung am 26.10.1978, 7.11.1978. – UA EKO, A 55, Betriebsgewerkschaftsleitung, Bl. 58–61, hier Bl. 58, Beschluss Nr. 780, Protokoll Nr. 54 über die Sitzung der Betriebsgewerkschaftsleitung am 16.8.1979, 23.8.1979.

390 UA EKO, A 47, Betriebsgewerkschaftsleitung, Bl. 41–45, hier Bl. 44.

391 Ebd.

Stagnation und Verschärfung von Konflikten (1980–1989)

Fehlende Handlungsspielräume in der Rentengesetzgebung

In den 1980er-Jahren war endgültig nichts mehr von der Aufbruchsstimmung nach dem Machtwechsel zu spüren. Das Rentenrecht wurde kaum verändert und die Mindestrenten und -beträge wurden lediglich zweimal erhöht. Die Kluft zwischen auseinanderdriftenden Löhnen und Renten wurde immer offensichtlicher.[1] Trotz der Rentenerhöhungen verbesserte sich die soziale Situation der Rentner nicht, da gleichzeitig die Preise für Konsumgüter stiegen. Auch strukturell wurde wenig geändert. Insgesamt stieg die Mindestrente, welche bei weniger als 15 versicherungspflichtigen Jahren und Zurechnungszeiten gezahlt wurde, von 270 Mark auf 300 Mark ab dem 1. Dezember 1984 sowie auf 330 Mark ab Dezember 1989.[2] Obwohl sich die SED-Führung über die Problematik der Rentengesetzgebung durchaus im Klaren war, hielt sie eine allgemeine Anhebung aller Rentenleistungen oder Reformen für ausgeschlossen. Hierzu trug möglicherweise auch eine Prognose des FDGB-Bundesvorstandes von 1968 bei, in der dieser eine grundlegende Rentenreform aufgrund der sinkenden Zahl der Rentner für überflüssig erklärt hatte.[3] Tatsächlich sank der Rentneranteil an der Wohnbevölkerung im Zeitraum von 1975 bis 1989 von 19,6 Prozent auf 16,2 Prozent.[4]

Aufgrund der kargen rentenpolitischen Leistungen waren viele Rentner dazu gezwungen, weiterzuarbeiten. Dies war vom Regime durchaus gewollt, da die Berufstätigkeit von Rentnern die Zahl der Erwerbstätigen erhöhte.[5] Untersuchungen des FDGB Anfang der 1980er-Jahre ergaben, dass insgesamt 28 Prozent der männlichen und 18,4 Prozent der weiblichen Invalidenrentner neben ihrer Rente einer Arbeit

1 Siehe Bouvier, die DDR – Ein Sozialstaat?, S. 214.
2 Vgl. Frerich/Frey, Handbuch der Geschichte der Sozialpolitik in Deutschland, Bd. 2, S. 348.
3 Siehe Hoffmann, Sicherung bei Alter, Invalidität, Bd. 10, S. 352.
4 Vgl. ebd., Tabelle 5: Wohnbevölkerung im Rentenalter, Rentneranteil an der Wohnbevölkerung und Relation zwischen arbeitsfähigen Personen und Rentnern (1975–1989).
5 Siehe Bouvier, Die DDR – Ein Sozialstaat?, S. 221.

nachgingen.[6] Die Tatsache, dass viele Rentner arbeiteten, belegen auch die Untersuchungen von Michael Schwartz: Ende der 1980er-Jahre waren dreimal so viele Kriegsbeschädigte Teilrentner und damit erwerbstätig, als es Vollrentner, die nicht neben der Rente arbeiteten, gab.[7] Die Notwendigkeit zur Arbeitsaufnahme zeigt sich auch anhand von Beschwerden vor den gewerkschaftlichen Beschwerdekommissionen. Hauptbeschwerdekomplex waren 1980 die Renten und hier insbesondere die Nichtgewährung oder Einstellung von Invalidenrenten und Pflegegeldern sowie die Einschätzung der Höhe des Körperschadens bei Unfallrenten.[8]

Ein ausschlaggebendes Argument für eine Weiterarbeit war die geringe Rentenhöhe, denn Invalidenrentner der Sozialversicherung der Arbeiter und Angestellten erhielten 1981 durchschnittlich 342,85 Mark Rente, Invaliden-Altersrentner 313,50 Mark, wobei beide Gruppen damit sogar noch weit über den Witwenrenten (275,50 Mark) lagen.[9] 1970 verfügten 85,4 Prozent aller Rentnerhaushalte nur über ein monatliches Haushaltseinkommen von unter 600 Mark. Die Staatliche Plankommission schätzte zwar ein, dass 1980 »nur noch« 61,6 Prozent der Rentnerhaushalte in dieser Kategorie zu finden waren, dennoch war das Einkommen der Rentner deutlich geringer als das der arbeitenden Bevölkerung.[10] So lag die durchschnittliche Kriegsbeschädigtenrente 1980 bei 18,98 Prozent des durchschnittlichen Arbeitseinkommens von Arbeitern und Angestellten in den volkseigenen Betrieben, 1985 bei 20,8 Prozent und 1988/89 bei 29,9 Prozent.[11]

Während die Zahlen der Altersrenten und der Invaliden-Altersrenten in den 1980er-Jahren kontinuierlich sanken, stieg die Zahl der Invalidenrenten in der Sozialversicherung der Arbeiter und Angestellten von 231.492 im Jahr 1981 auf 279.545 im Jahr 1989.[12] Bei der Staatlichen Versicherung war im selben Zeitraum die Zahl der Invalidenrenten von 35.720 auf 37.375 gestiegen, die Zahl der Invaliden-Altersrenten

6 Siehe SAPMO BArch, DY 34/25501, unpag., Bericht über die bisherige Durchführung des Beschlusses des Präsidiums des Bundesvorstandes des FDGB Nr. 5/79 vom 12.1.1979 »Gewerkschaftliche Aufgaben auf dem Gebiet der Rehabilitation«.

7 Vgl. Schwartz, Kriegsbeschädigte und Kriegshinterbliebene, Bd. 10, S. 592.

8 Siehe SAPMO BArch, DY 34/25501, unpag., Analyse über die Tätigkeit der Beschwerdekommissionen für Sozialversicherung des FDGB im Jahre 1980 und die Einschätzung der Eingaben.

9 Siehe SAPMO BArch, DY 34/15351, unpag., Jahresbericht der Sozialversicherung der Arbeiter und Angestellten für das Jahr 1982.

10 Siehe BArch, DE 1/58928, unpag., SPK (Abteilung Lebensstandard), Zur Entwicklung der Verteilung der Nettogeldeinnahmen nach sozialökonomischen Gruppen der Bevölkerung im Zeitraum 1971–1980 [August 1980].

11 Siehe Schwartz, Kriegsbeschädigte und Kriegshinterbliebene, Bd. 10, S. 592.

12 Siehe BMAS, Statistische Übersichten, Tab. 4.1.3.1. Renten der Sozialversicherung für Arbeiter und Angestellte nach Rentenarten (ohne FZR).

hingegen hatte sich von 112.261 auf 79.252 verringert.[13] Nach Angaben des FDGB war die Zahl der Invalidisierungen bis Anfang der 1980er-Jahre stark zurückgegangen. Während 1971 auf 10.000 Arbeiter und Angestellte 60 Invalidisierungen erfolgten, waren es 1980 nur noch 47. Als Erfolg konnte die Sozialversicherung verbuchen, dass deutlich mehr Invalidenrentner einer Rehabilitationskommission vorgestellt wurden; der Anteil war von 31,9 Prozent 1976 auf 38 Prozent 1980 gewachsen.[14] 1982 stieg die Invaliditätsquote jedoch wieder leicht an, woraufhin die Zentralvorstände der IG-Gesundheitswesen mit den Bezirksvorständen Analysen in den Bezirken durchführten.[15]

Dagegen war die Zahl der Inhaber von Schwerbeschädigten-Ausweisen seit 1972 relativ konstant geblieben (Tabelle 8) und nur eine leichte Verringerung erfolgt, welche das Ministerium für Gesundheitswesen als »Ausdruck einer besseren rehabilitativen Arbeit und einer präziseren ärztlichen Begutachtung« bewertete.[16] Der prozentuale Anteil der Ausweisinhaber an der Gesamtbevölkerung hatte sich jedoch seit 1972 nicht verändert, und lag bei 7,7 Prozent.[17] Eine 1980 im Rahmen einer Umtauschaktion[18] durchgeführte Analyse ergab, dass in der DDR etwa 1,3 Millionen Personen im Besitz eines Beschädigten-Ausweises waren, darunter 213.666 Leichtbeschädigte, 1.004.517 Schwerbeschädigte und 85.819 Schwerstbeschädigte, von denen 67.045 einen ständigen Begleiter benötigten. Regional waren die Zahlen sehr unterschiedlich: Die Bezirke mit der größten Zahl an Ausweisinhabern waren Berlin (9,37 Prozent), Leipzig (8,62 Prozent) und Erfurt (8,5 Prozent).[19]

Den Anstieg der Zahl der Ausweisinhaber mit »psychischen Schädigungen« führte die Hauptabteilung Soziale Betreuung auf eine Zunahme der in Förderungseinrichtungen betreuten »psychisch geschädigten« Kinder und Jugendlichen zurück. Während das Ministerium für Gesundheitswesen die Zahl der »schwer-

13 Siehe ebd., Tab. 4.2.3.1., Renten der Staatlichen Versicherung nach Rentenarten (ohne Zusatzrenten).

14 Siehe SAPMO BArch, DY 34/25501, unpag., Jahresbericht der Sozialversicherung der Arbeiter und Angestellten für das Jahr 1980, 15.5.1981.

15 Siehe SAPMO BArch, DY 34/15351, unpag., Jahresbericht der Sozialversicherung der Arbeiter und Angestellten für das Jahr 1982.

16 BArch, DQ 1/13534, unpag., MfG, Informationen über die Ergebnisse des Umtausches der Beschädigtenausweise 1980.

17 Vgl. Frerich/Frey, Handbuch der Geschichte der Sozialpolitik in Deutschland, Bd. 2, S. 381.

18 Siehe Anordnung Nr. 2 über die Anerkennung als Beschädigte und Ausgabe von Beschädigtenausweisen – Umtausch der Beschädigtenausweise vom 15.10.1979, GBl. der DDR I, S. 315.

19 Siehe BArch, DQ 1/13534, unpag., MfG, Informationen über die Ergebnisse des Umtausches der Beschädigtenausweise 1980, o. D..

Schädigungsarten	1972	1980	Differenz absolute Zahlen
Beschädigte insgesamt	1.320.229	1.303.215	- 17.014
Körperbeschädigungen	1.172.569	1.163.331	- 9.238
Psychische Schädigungen	34.188	43.904	+ 9.716
Blinde	20.765	15.688	- 5.077
Sehschwache	44.571	42.902	- 1.669
Sehgeschädigte insgesamt	65.336	58.590	- 6.746
Gehörlose	12.722	8.776	- 3.946
Schwerhörige	35.414	28.614	- 6.800
Hörgeschädigte insgesamt	48.136	37.390	- 10.746

Tabelle 8: Anzahl der Ausweisinhaber nach Schädigungsarten im Vergleich zu 1972

Quelle: BArch, DQ 1/13534, unpag., MfG, Informationen über die Ergebnisse des Umtausches der Beschädigtenausweise 1980, o. D.

und schwerstgeschädigten Bürger« im arbeitsfähigen Alter auf 678.316 bezifferte,[20] schätzte der FDGB-Bundesvorstand diese auf 550.000.[21]

Die Lebenssituation der Rentner war den staatlichen Stellen bekannt. Im Mai 1984 übersandte Harry Tisch, Vorsitzender des FDGB-Bundesvorstandes, Günter Mittag hierzu eine Einschätzung der Verwaltung der Sozialversicherung.[22] Darin wurde konstatiert, dass die Renten in der DDR bislang elfmal erhöht und die Mindestrenten von 50 Mark 1949 auf 270 Mark 1984 gestiegen waren. Die Verwaltung der Sozialversicherung wies darauf hin, dass Rentner, die ein volles Arbeitsleben nachweisen konnten und bei denen der beitragspflichtige Höchstverdienst von 600 Mark zugrunde gelegt werde, eine Rente zwischen 70 und 90 Prozent des Nettoverdienstes erhielten. Die Relation zwischen Rente und Durchschnittsverdienst sei jedoch bei einem Verdienst über 600 Mark monatlich deutlich ungünstiger, da die Rente im Verhältnis zum Nettoverdienst dann auf 50 Prozent und weniger absinke. Obschon die Verwaltung der Sozialversicherung hier die freiwillige Zusatzrentenversicherung als Lösungsansatz sah, kritisierte sie, dass damit erst zu einem späte-

20 Ebd.

21 Siehe SAPMO BArch, DY 34/25501, unpag., Bericht über die bisherige Durchführung des Beschlusses des Präsidiums des Bundesvorstandes des FDGB Nr. 5/79 vom 12.1.1979 »Gewerkschaftliche Aufgaben auf dem Gebiet der Rehabilitation«.

22 Siehe SAPMO BArch, DY 3023/1254, Bl. 61, FDGB-Bundesvorstand (Tisch) an Mittag, 17.5.1984.

ren Zeitpunkt ein Ausgleich zwischen Rente und Gesamtverdienst zu erwarten sei.[23] Ende 1983 hatte die durchschnittliche monatliche Rentenhöhe bei den Altersrenten 410,02 Mark für Männer und 314,23 Mark für Frauen betragen. Bei den Invaliden-Altersrenten und Invalidenrenten war der Unterschied zwischen Männern und Frauen etwas geringer: Die Durchschnittsrente betrug hier 381,56 Mark für Männer, für Frauen 297,26 Mark. Selbst die Witwen waren mit 257,82 Mark im Durchschnitt deutlich schlechter gestellt als die Witwer mit 276,75 Mark. Die durchschnittlichen Erträge aus der freiwilligen Zusatzrentenversicherung lagen für Frauen bei weniger als der Hälfte der Rentenhöhe für Männer (Tabelle 9).[24]

Insgesamt wurde das deutlich niedrigere Rentenniveau der Frauen sichtbar, in der Pflichtversicherung ebenso wie in der freiwilligen Zusatzrentenversicherung. Grund hierfür war vor allem der niedrige beitragspflichtige Durchschnittsverdienst der Frauen und die oft geringere Anzahl anzurechnender Arbeitsjahre. Insgesamt erhielten 84 Prozent der bei der Sozialversicherung der Arbeiter und Angestellten versicherten Frauen nur eine Mindestrente, im Gegensatz zu 13 Prozent der Männer. Bei den Invaliden-Altersrenten lag der Anteil der an Frauen ausgezahlten Mindestrenten und -beträge sogar bei 90 Prozent. Die Renten für Frauen waren so niedrig, dass sie zum Teil unter den festgelegten Mindestbeträgen lagen und auf den jeweiligen Mindestbetrag aufgestockt werden mussten.[25]

Der FDGB sah aufgrund dessen den größten Handlungsbedarf in der Rentenversicherung darin, die Mindestrenten und -beträge und die Festbeträge zu verbessern und diese einheitlich um 30 Mark monatlich und die Ehegattenzuschläge um 50 Mark monatlich auf 150 Mark zu erhöhen. Frauen, die drei und mehr Kinder geboren hatten, sollten bei der Berechnung der Rente für jedes Kind drei Jahre als Zurechnungszeit angerechnet werden. Dieses Vorgehen war für die Verwaltung der Sozialversicherung »der einzig gangbare Weg für die weitere Erhöhung des Rentenniveaus der Pflichtversicherung«.[26] Das heißt, an eine Rentenreform wurde überhaupt nicht mehr gedacht, sondern nur noch versucht, bestehende Probleme auszugleichen. Allerdings war der Spielraum begrenzt, da die Spanne zwischen dem höchsten Mindestbetrag von 340 Mark und der Höchstrente aus der Pflichtversicherung von 410 Mark (600 Mark beitragspflichtigen Bruttodurchschnittsverdienst, 45 Arbeitsjahre, ein Prozent Steigerungsbetrag pro Arbeitsjahr) nur noch bei 70 Mark lag. Der FDGB riet jedoch davon ab, den Prozentsatz bei der Berechnung

23 Siehe SAPMO BArch, DY 3023/1254, Bl. 62–65, hier Bl. 62 f., Entwurf der Verwaltung der Sozialversicherung, 10.5.1984.

24 Siehe SAPMO BArch, DY 3023/1254, Bl. 66–77, hier Bl. 66, Perspektivische Gedanken auf dem Gebiet der Rentenversorgung für den Zeitraum bis 1990, 28.3.1984.

25 Siehe ebd., Bl. 67.

26 Siehe ebd., Bl. 69 f.

	In der Pflichtversicherung		In der freiwilligen Zusatzrentenversicherung	
	männlich	weiblich	männlich	weiblich
Altersrenten	410,02	314,23	66,83	23,45
Invaliden- Altersrenten	381,56	297,26	74,65	30,44
Invalidenrenten	371,23	323,28	86,87	36,82
Witwen-/Witwer-Renten	257,82	276,75	95,78	41,02

Tabelle 9: Durchschnittliche monatliche Rentenhöhe Ende 1983 in Mark
Quelle: SAPMO BArch, DY 3023/1254, Bl. 66.

aufzustocken (beispielsweise auf 1,5 Prozent), da dies unweigerlich zu Forderungen von »Werktätigen« aus den Bereichen führen werde, in denen der Steigerungsbetrag gegenwärtig bereits bei 1,5 Prozent (Eisenbahn, Post, Gesundheitswesen) bzw. zwei Prozent (Bergbau) liege.[27] Das Leistungsprinzip konnte damit nur noch über die freiwillige Zusatzrentenversicherung berücksichtigt werden. Um die Situation alleinstehender Rentner und Rentnerinnen zu verbessern, schlug der FDGB einen Zuschlag in Höhe von 50 Mark monatlich vor, der frühestens ab Vollendung des 30. Lebensjahres (bei Invaliden- und Unfallrentnern) einsetzen sollte.[28]

Verbessert werden sollte zudem die Zurechnungszeit bei der Berechnung der Invalidenrente, welche bisher 7/10 der möglichen Zeit vor Beginn der Zahlung bis zur Vollendung des 65. Lebensjahres betragen hatte und künftig in voller Höhe dieser Zeit angerechnet werden sollte. Begründet wurde der Vorschlag damit, dass der in den 1970er-Jahren gegangene erste Schritt, für jedes Jahr der Zurechnungszeit bei Invalidität statt 0,7 Prozent ein Prozent des beitragspflichtigen Durchschnittsverdienstes bei der Rentenberechnung zu gewähren, mit der künftigen Anrechnung der vollen Zeit seine Fortsetzung finden sollte. Insgesamt waren davon 115.300 Frauen und 126.100 Männer betroffen. Frauen sollten zudem nicht mehr durch die Pflege von Familienangehörigen benachteiligt werden. Die für den Rentenanspruch geforderte versicherungspflichtige Tätigkeit von mindestens 15 Jahren sollte für jedes Pflegejahr um ein Jahr verlängert werden (zum Beispiel acht Jahre versicherungspflichtige Tätigkeit plus sieben Pflegejahre gleich Erlangung des Rentenanspruchs). Mitte der 1970er-Jahre waren bereits Regelungen eingeführt worden, nach denen für vier Jahre Pflege ein Jahr als versicherungspflichtige Tätigkeit angerechnet wurde.[29]

27 Siehe ebd., Bl. 70.
28 Siehe ebd., Bl. 73.
29 Siehe ebd., Bl. 74 f.

Der FDGB schlug als weitere Variante vor, dass sich die Pflegejahre zugleich rentensteigernd auswirken sollten. Neben einer Erhöhung der Mindestrenten für Waisen sollte das Pflegegeld für Pflegebedürftige nach Pflegestufe IV (Pflegebedürftigkeit tagsüber und nachts) von 80 auf 100 Mark monatlich erhöht werden.[30] Insgesamt belief sich der finanzielle Rahmen der vom FDGB vorgeschlagenen zusätzlichen Maßnahmen auf 736,9 Millionen Mark. Der FDGB übersandte die Vorschläge auch der Staatlichen Plankommission, die diesen im Prinzip zustimmte, sich jedoch für eine Staffelung der Mindestbeträge in Hinsicht auf die geleisteten Arbeitsjahre aussprach.[31]

Denn auch die Staatliche Plankommission hatte eine Konzeption für eine Rentenerhöhung im Rahmen des Volkswirtschaftsplans 1985 ausgearbeitet, welche sie Günter Mittag im Mai 1984 vorlegte.[32] Die Rentenmaßnahmen sollten sich dabei auf die Erhöhung der niedrigen Renten konzentrieren und eine gestaffelte Erhöhung von 10 bis 30 Mark sollte stattfinden.[33] Die höchste Steigerung sollte bei den niedrigsten Renten einsetzen. Die Staatliche Plankommission sah jedoch grundsätzlich ein Problem darin, den leistungsbezogenen Unterschied zu verringern und forderte, zukünftige Rentenmaßnahmen wieder »stärker auf die Berücksichtigung des Leistungsaspektes, das heißt auf die Höhe des Arbeitseinkommens auszurichten«. Auch nach Ansicht der Staatlichen Plankommission bestand die einzige Möglichkeit darin, die freiwillige Zusatzrentenversicherung zu verbessern, »da der Höchstbetrag aus der Sozialpflichtversicherung von 410 M für die Rentengestaltung nahezu ausgeschöpft ist«. Die für 1985 vorgeschlagenen Maßnahmen sollten dafür jedoch kein Hindernis darstellen.[34]

Das Politbüro entschied sich unter Berücksichtigung des bevorstehenden Gründungstages der DDR schließlich für die Vorschläge des FDGB, die eine generelle Erhöhung der Mindestrenten vorsahen.[35] Diese wurden als »Gemeinsamer Beschluss des Zentralkomitees der SED, des Bundesvorstandes des FDGB und des Ministerrates der DDR über die weitere Erhöhung der Mindestrenten und anderer Renten vom 22. Mai 1984« veröffentlicht. Die vom FDGB vorgeschlagenen weiteren Maßnahmen zur Verbesserung der sozialen Lage der Rentner sollten jedoch erst in einem zweiten Schritt 1985 durchgeführt werden.[36]

30 Siehe ebd., Bl. 77.

31 Siehe Hoffmann, Sicherung bei Alter, Invalidität, Bd. 10, S. 354.

32 Siehe SAPMO BArch, DY 3023/1254, Bl. 79, Vorsitzender der SPK (Schürer) an ZK-Wirtschaftssekretär (Mittag), 17.5.1984.

33 Siehe SAPMO BArch, DY 3023/1254, Bl. 80–82, hier Bl. 80 f., Konzeption für eine Erhöhung der Renten mit dem Volkswirtschaftsplan 1985, 17.5.1984.

34 Ebd., Bl. 82.

35 Siehe Hoffmann, Sicherung bei Alter, Invalidität, Bd. 10, S. 354 f.

36 Siehe SAPMO BArch, DY 30/J IV 2/2/2056, Bl. 52, Protokoll der Politbürositzung am 22.5.1984.

Am 5. Juli 1984 machte Wolfgang Bayreuther, Leiter des Staatssekretariats für Arbeit und Löhne, Vorschläge für eine Umsetzung des Gemeinsamen Beschlusses. Ausgearbeitet hatte diese eine Arbeitsgruppe mit Vertretern aller zuständigen Stellen unter Leitung des Staatssekretariats für Arbeit und Löhne. Danach sollten in einer ersten Etappe ab dem 1. Dezember 1984 die Mindestrenten und -beträge einheitlich um 30 Mark erhöht werden. In einer zweiten Etappe ab dem 1. Dezember 1985 sollten die Renten erhöht werden, die über den Mindestbeträgen lagen und sich aus dem Bruttoverdienst von Arbeitsjahren errechneten. Für diese Renten sollte der Festbetrag (Sockelbetrag) ebenfalls um 30 Mark erhöht werden.[37]

Mit der Zweiten Verordnung über die Gewährung und Berechnung von Renten der Sozialversicherung (Zweite Rentenverordnung) vom 26. Juli 1984[38] wurde die Rentenerhöhung festgelegt: Die Alters- und Invalidenrenten wurden einheitlich um 30 Mark angehoben und bewegten sich nun zwischen 310 und 370 Mark. Bei Frauen mit drei und mehr Kindern wurden je Kind drei Jahre auf die versicherungspflichtige Zeit angerechnet und die Pflege eines Angehörigen zukünftig als versicherungspflichtige Tätigkeit berücksichtigt.[39] Eine Durchführungsbestimmung, die Bayreuther am 8. April 1985 im Einvernehmen mit dem Minister der Finanzen und in Übereinstimmung mit dem FDGB-Bundesvorstand ausgearbeitet hatte, regelte den zweiten Teil des »Gemeinsamen Beschlusses« ab Dezember 1985.[40] Die ZK-Abteilung Gewerkschaften und Sozialpolitik informierte Politbüro-Mitglied Mittag, dass die Altersrente durch die Maßnahmen durchschnittlich um 33,79 Mark und die Invalidenrente um 50,89 Mark gestiegen war.[41]

Bereits kurz nach dem Beschluss setzten erneut Vorarbeiten zu einer weiteren Rentenerhöhung ein, die jedoch erst 1989 stattfinden sollte. 1986 unterbreitete Günter Mittag Erich Honecker sozialpolitische Vorschläge, die sich inhaltlich in drei Schwerpunkte aufteilten: Die schrittweise Weiterführung der Produktivlöhne, eine Rentenerhöhung sowie die Geburtenförderung und Unterstützung von Familien mit Kindern. Mittag hielt vor allem die Vorschläge zu dem letzten Punkt für wichtig. Diese basierten auf einer Analyse, die intern in Vorbereitung des XI. Parteitages der

37 Siehe SAPMO BArch, DY 3023/1254, Bl. 167–169, Staatssekretariat für Arbeit und Löhne (Bayreuther) an Mittag, 5.7.1984.

38 GBl. der DDR I 1984, S. 281–283.

39 Vgl. auch Bouvier, Die DDR – Ein Sozialstaat?, S. 217.

40 Siehe SAPMO BArch, DY 3023/1254, Bl. 363–365, hier Bl. 363, ZK-Abteilung Gewerkschaften und Sozialpolitik (Brock) an Mittag, 16.10.1985.

41 Siehe SAPMO BArch, DY 3023/1254, Bl. 383 f., ZK-Abteilung Gewerkschaften und Sozialpolitik (Brock) an Mittag, Abschlussinformationen über die Durchführung der Rentenmaßnahmen, 17.12.1985.

SED vorgenommen worden war.[42] Ausgearbeitet hatte die Analyse die ZK-Abteilung Planung und Finanzen, die vor allem die Lage der Familien mit »geschädigten« Kindern für verbesserungswürdig ansah. Als Lösungsansätze wurden Unterstützungsleistungen, eine bezahlte Freistellung von der Arbeit zur Kinderbetreuung und weitere Plätze in Sondereinrichtungen vorgeschlagen. Mit einem Mittelaufwand von 50 Millionen Mark sollte die Situation der rund 27.000 betroffenen Familien verbessert und »lang anstehende Fragen einer Lösung zugeführt [werden], die wiederholt Gegenstand von Eingaben waren«.[43]

In Hinsicht auf die Rentenversicherung schlug Mittag vor, »den bewährten Weg« fortzusetzen, die Mindestrenten und -beträge der Alters- und Invalidenrentner im Fünfjahrplanzeitraum zu erhöhen und eine Erhöhung ab dem 1. Dezember 1989 durchzuführen.[44] Dabei griff der ZK-Sekretär für Wirtschaft die mittlerweile zwei Jahre zurückliegenden Vorschläge der Staatlichen Plankommission auf, die Mindestbeträge »zu einer besseren Verwirklichung des Leistungsprinzips« in Abhängigkeit von der Anzahl der Arbeitsjahre stärker zu staffeln, damit die Rentner mit den meisten Arbeitsjahren eine spürbar höhere Rente erhielten. Diese Staffelung sollte zwischen 30 und 100 Mark liegen. Rentner, die weniger als 15 Jahre gearbeitet hatten, sollten dabei den niedrigsten Betrag bekommen (330 Mark). Die ältesten Rentner mit einer durchgängigen Beschäftigung sollten hingegen die umfangreichste Erhöhung erhalten (470 Mark bei 45 und mehr Arbeitsjahren). An den verschiedenen Steigerungsbeträgen, die im Bergbau, bei Eisenbahn und Post, im Gesundheits- und Sozialwesen und »in Betrieben der speziellen Produktion« deutlich höher lagen, sollte keine Änderung erfolgen.[45]

Mittag regte an, die geplanten Maßnahmen unmittelbar nach dem Parteitag am 25. April 1989 als einen »Gemeinsamen Beschluss« zur weiteren Verbesserung der Arbeits- und Lebensbedingungen der Familien mit Kindern wie zur Förderung junger Ehen zu veröffentlichen. Die Renten nannte er dabei nicht explizit; sie waren jedoch in den Vorschlägen enthalten.[46] Die geplante Rentenerhöhung wurde 1988 veröffentlicht, und ab dem 1. Dezember 1989 sollte an die Stelle eines einheitlichen Betrages für neue Renten ein nach der Anzahl der Arbeitsjahre gestaffelter individueller Grundbetrag treten.[47]

42 Siehe SAPMO BArch, DY 3023/1254, Bl. 410, Mittag an Honecker, 11.2.1986.
43 SAPMO BArch, DY 3023/1254, Bl. 421, ZK-Abteilung Planung und Finanzen, Vorschläge, 20.1.1986.
44 Siehe SAPMO BArch, DY 3023/1254, Bl. 424–426, hier Bl. 424, Anlage 3: Vorschlag zur weiteren Erhöhung der Renten ab 1. Dezember 1989.
45 Ebd., Bl. 425.
46 Siehe SAPMO BArch, DY 3023/1254, Bl. 429, Mittag an Honecker, 7.3.1986.
47 Vierte Verordnung über die Gewährung und Berechnung von Renten der Pflichtversicherung vom 8. Juni 1989, GBl. der DDR I 1989, S. 229–231.

Erfolgreiche Rehabilitations-Politik?

»Internationales Jahr der Geschädigten« 1981 in der DDR

Die UNO hatte das Jahr 1981 zum »International Year of Disabled Persons« (IYDP) ausgerufen. Die DDR, welche diese Formel als »Internationales Jahr der Geschädigten« übersetzte, nahm daran teil, um Anerkennung auf dem Gebiet der Rehabilitation zu erhalten. Schon 1976 hatte die UNO das IYDP auf ihrer 31. Vollversammlung proklamiert und daraufhin ein Organisationsbüro und ein beratendes Komitee gebildet, in dem 23 Staaten, darunter auch die DDR, vertreten waren.[48] Zudem hatte die UNO einen langfristigen Weltaktionsplan herausgegeben, zu dem sie eine Stellungnahme der teilnehmenden Regierungen bis Mai 1980 erwartete.[49]

In der DDR waren bereits 1977 dem Ministerium für Auswärtige Angelegenheiten ein Redeentwurf und eine Resolution sowie Hintergrundmaterial zur Entwicklung der Rehabilitation übergeben worden. Daraufhin forderte dieses das Ministerium für Gesundheitswesen dazu auf, eine Stellungnahme und einen Diskussionsbeitrag zu erarbeiten, einen Verbindungsbeauftragten zu benennen und zu prüfen, ob in der DDR ein Organisationskomitee für das »Internationale Jahr der Geschädigten« gebildet werden sollte.[50] Anstelle eines solchen Komitees entstand jedoch am 1. September 1980 eine Regierungskommission, die unter der Leitung Ludwig Mecklingers stand.[51] Der Regierungskommission sollten neben Vertretern sämtlicher Regierungsstellen, Massenorganisationen und der Kirchen auch Privatpersonen angehören, die entweder selbst betroffen waren oder im Bereich der Rehabilitation arbeiteten.[52] Der Deutsche Caritasverband lehnte die Entsendung eines Vertreters in die Regierungskommission jedoch »aus prinzipiellen Gründen der Trennung von Staat und Kirche« ab. Unterhalb der Ebene einer Regierungskommission biete die katholische Kirche jedoch ihre Unterstützung und Mithilfe an, so im Rahmen ihrer

48 Siehe BArch, DQ 1/13532, unpag., Zentrale Parteileitung (ZPL), Stand der Aktivitäten zum Internationalen Jahr der Geschädigten, 5.2.1980.

49 Siehe BArch, DQ 1/13532, unpag, Inhaltliche Zusammenfassung des vorläufigen Entwurfes für den langfristigen Weltaktionsplan für Geschädigte, 27.5.1980.

50 Siehe BArch, DQ 1/13532, unpag., Zentrale Parteileitung (ZPL), Stand der Aktivitäten zum Internationalen Jahr der Geschädigten, 5.2.1980.

51 Siehe BArch, DQ 1/13532, unpag. Informationsvorlage 57/81, Zwischeneinschätzung der Durchführung des Internationalen Jahres der Geschädigten 1981 in der DDR, Bereich Gesundheits- und Sozialwesen, 23.6.1981.

52 Siehe BArch, DQ 1/13532, unpag., MfG (Hauptabteilung Soziale Betreuung), Beschlussvorlage und Konzeption zur Durchführung des Internationalen Jahres der Geschädigten 1981 in der DDR.

kirchlich-karitativen Dienste für Menschen mit Behinderungen.[53] Die evangelische Kirche erklärte sich hingegen dazu bereit, »im Rahmen unserer Möglichkeiten und entsprechend der Zielsetzung des christlichen Glaubens bei der Durchführung des Jahres der Geschädigten mitzuarbeiten«. Sie verwies gleichzeitig jedoch darauf, dass die bisherigen Ergebnisse in der Rehabilitation nicht ausreichten.[54]

Dieser Ansicht war auch die Hauptabteilung Soziale Betreuung, die vor allem in der beruflichen Rehabilitation Handlungsbedarf sah. In 19 Kreisen der DDR gebe es keine Förderungseinrichtungen für Menschen mit Behinderungen, in 154 Kreisen keine geschützten Werkstätten des Gesundheits- und Sozialwesens und in 93 Kreisen keine geschützten Betriebsabteilungen. Die Zahl der Plätze in geschützten Betriebsabteilungen war um 1.700 auf 3.942 gesunken.[55] Auch mit den geschützten Einzelarbeitsplätzen war die Abteilung nicht zufrieden, da diese zwar in allen Kreisen existierten, aber nicht auf die Bedürfnisse der Betroffenen zugeschnitten waren. Insgesamt arbeiteten etwa 27.000 Rehabilitanden in Betrieben der DDR, in geschützten Werkstätten waren 3.621 Rehabilitanden tätig.[56] Mecklinger machte Kurt Hager auf eine »Reihe ungelöster Probleme« im Bereich der geschützten Arbeitsplätze, technischer Hilfen sowie in Hinsicht auf die Barrierefreiheit aufmerksam. Daraus resultiere eine zunehmend auch aus Eingaben ersichtliche »Erwartungshaltung der Geschädigten« an das Jahr 1981.[57] Aus diesem Grund wurde ein Maßnahmeplan verabschiedet, der in Bezug auf die berufliche Rehabilitation jedoch kaum Neuerungen bot. Eine Ausnahme bildete das Vorhaben, die Einführung einer Standardarbeitsplatzkarte in den Kombinaten und Betrieben der Industrie und des Bauwesens auch für die Auswahl geschützter Arbeitsplätze zu nutzen, ebenso wie arbeitswissenschaftliche Erkenntnisse zur Gestaltung von »Typenarbeitsplätzen für Geschädigte«.[58]

Die Ergebnisse des »Internationalen Jahres der Geschädigten« blieben überwiegend im Dunkeln. Hierüber geben die Berichte unterschiedlicher staatlicher Stellen Auskunft, in deren Plänen und Initiativen zwar auf den geplanten Ausbau der Rehabilitation verwiesen wurde, konkrete Festlegungen dazu jedoch ausblieben. So kam das Ministerium für Schwermaschinen- und Anlagenbau zu dem Schluss, dass der betroffene Personenkreis »immer besser und umfassender in das gesellschaftliche

53 BArch, DQ 1/13532, unpag., Deutscher Caritasverband (Zentralstelle Berlin) an Ministerium für Gesundheitswesen (Mecklinger), 10.3.1980.

54 BArch, DQ 1/13532, unpag., OMR Dr. P., Diskussionsbeitrag, 1.9.1980.

55 Siehe BArch, DQ 1/13532, unpag., MfG (HA IV) an M5, 14.3.1980.

56 Siehe BArch, DQ 1/13532, unpag., Zuarbeit zur Dritten Sitzung der Regierungskommission am 1.12.1980.

57 BArch, DQ 1/13532, unpag., Mecklinger an Hager.

58 BArch, DQ 1/13532, unpag., Maßnahmeplan zum Internationalen Jahr der Geschädigten, 1.9.1980.

Leben der Betriebskollektive« einbezogen werde, blieb jedoch einen Beleg darüber schuldig. Der Bericht macht deutlich, dass das Ministerium seinen Beitrag zur Rehabilitation lediglich in einer allgemeinen Verbesserung der Arbeitsbedingungen aller Beschäftigten erfüllt sah.[59]

Etwas konkreter wurde das Ministerium für Land-, Forst- und Nahrungsgüterwirtschaft, das über sechs geschützte Abteilungen im Kreis Lübben und Kooperationen zwischen Psychiatrien und den Landwirtschaftlichen Produktionsgenossenschaften berichtete. Eine solche bestand zwischen der Bezirkspsychiatrie Brandenburg-Görden und einigen landwirtschaftlichen Produktionsgenossenschaften im Kreis Rathenow. In diesen wurden die Insassen der Psychiatrie als Schäfer, Melker und Fütterer in der Tierproduktion und als Arbeitskräfte in der Pflanzenproduktion eingesetzt. Untergebracht waren sie währenddessen in Wohngemeinschaften mit einer medizinisch-pädagogischen Betreuung. Obwohl auch Rehabilitanden in landwirtschaftlichen Berufen, wie dem Landwirtschaftskaufmann, ausgebildet wurden, verrichteten viele unqualifizierte Arbeiten. Das Ministerium wies darauf hin, dass »eine Vielzahl geschädigter Werktätiger als Waager, Pförtner, Materialausgeber und Tankwarte tätig« sei.[60]

Aufgrund des »Internationalen Jahres der Geschädigten« kam es kaum zu Verbesserungen, lediglich die Zahl geschützter Arbeitsplätze wuchs bis Ende 1981 auf 34.950. Im Rahmen des IYDP hatte zudem eine arbeitshygienische Untersuchung aller geschützten Arbeitsplätze stattgefunden, bei der sich herausgestellt hatte, dass fünf Prozent Mängel aufwiesen oder nicht dem Leistungsvermögen bzw. der Qualifikation der Rehabilitanden entsprachen.[61]

1982 sollte ein Weltaktionsprogramm zur Verbesserung der Situation von Menschen mit Behinderungen von der UN-Vollversammlung beschlossen werden. In einer Information zu dessen Verwirklichung wurde konstatiert, dass es in der DDR nach wie vor mehr Arbeitsplätze als Arbeitskräfte gebe, jeder Schulabgänger einen Ausbildungsplatz erhalte und es keine arbeitslosen »Geschädigten« gebe, »soweit deren Leistungsmöglichkeit eine Tätigkeit« überhaupt zulasse.[62] Das Risiko der Ar-

59 Siehe BArch, DQ 1/13532, unpag., Ministerium für Schwermaschinen- und Anlagenbau, Bericht über Maßnahmen und Ergebnisse der komplexen Betreuung Geschädigter und ihre Eingliederung in das gesellschaftliche Leben, 30.11.1981.

60 BArch, DQ 1/13532, unpag., Ministerium für Land-, Forst- und Nahrungsgüterwirtschaft, Bericht über eingeleitete Aktivitäten und Maßnahmen der Betreuung Geschädigter im Bereich der Land-, Forst- und Nahrungsgüterwirtschaft, 8.12.1981.

61 Siehe BArch, DQ 1/13532, unpag., MfG, Bericht über die Durchführung des Internationalen Jahres der Geschädigten in der DDR, 15.3.1982.

62 BArch, DQ 1/13532, unpag., Informationen zur Verwirklichung des Weltaktionsprogramms für Geschädigte, o. D.

beitslosigkeit, welches durch die Festlegungen im Arbeitsgesetzbuch von 1977 als versicherungsrechtlicher Tatbestand ersatzlos gestrichen worden war, wurde damit allerdings in das Produktionssystem verlagert.[63] Schwierigkeiten zeigten sich unter anderem beim behindertengerechten Wohnen und der Barrierefreiheit. Dies stand in Eingaben Anfang der 1980er-Jahre im Vordergrund, obwohl einige Erfolge, wie die Zugänglichkeit von 110 Bahnhöfen und dem Flughafen Berlin-Schönefeld für Reisende mit Rollstühlen, erzielt werden konnten.[64] Nach Abschluss des »Internationalen Jahres der Geschädigten« wurde die Regierungskommission in eine Zentrale Koordinierungsgruppe »Rehabilitation« umgebildet, in der sich die wichtigsten Staatsorgane unter Leitung Mecklingers mit Problemen befassen und Vorschläge einbringen sollten.[65]

Das »Internationale Jahr der Geschädigten« hatte jedoch den Effekt, dass in der DDR die Rehabilitation in einem gewissen Rahmen öffentlich thematisiert wurde. Die Ost-CDU nutzte dies, um ein Gesetz zur Erfassung, Betreuung und Rehabilitation »geschädigter« Bürger vorzuschlagen. Dies begründete sie mit einem höheren Grad an Verbindlichkeit und der Möglichkeit einer Zusammenfassung der geltenden Bestimmungen. Die Ost-CDU machte auf die außenpolitische Wirkung eines solchen Gesetzes aufmerksam. Außerdem könne auch die Arbeit konfessioneller Gesundheitseinrichtungen durch ein Gesetz entsprechend eingeordnet werden.[66]

Beim Hauptvorstand der Ost-CDU bestand eine Arbeitsgruppe Gesundheits- und Sozialpolitik, die regelmäßig Beratungen durchführte und Konzeptionen zu diesem Politikfeld, insbesondere vor Parteitagen der SED, ausarbeitete. Mitglieder der Arbeitsgruppe waren auch im Volkskammerausschuss für Gesundheitswesen vertreten.[67] 1980 hatten die Mitglieder der Arbeitsgruppe zudem über die »Verbesserung der Integration physisch und psychisch geschädigter Bürger in das gesellschaftliche Leben durch umfassende Fürsorge und Rehabilitation« diskutiert und Vorschläge erarbeitet.[68]

63 Siehe Hans Günter Hockerts: Grundlinien und soziale Folgen der Sozialpolitik, in: Kaelble u. a., Sozialgeschichte der DDR (künftig zitiert: Hockerts, Grundlinien und soziale Folgen der Sozialpolitik), S. 519–546, hier S. 522.

64 Siehe BArch, DQ 1/13532, unpag., MfG, Bericht über die Durchführung des Internationalen Jahres der Geschädigten in der DDR, 15.3.1982.

65 Siehe BArch, DQ 1/13532, unpag., Informationen zur Verwirklichung des Weltaktionsprogramms für Geschädigte, o. D.

66 Siehe BArch, DQ 1/13532, unpag., Sekretär des Hauptvorstandes der CDU, Vorschlag für ein Gesetz über Erfassung, Betreuung und Rehabilitation geschädigter Bürger, o. D.

67 Vgl. Archiv für Christlich-Demokratische Politik (ACDP), 07-011-2640, Sekretariat des Hauptvorstandes, Protokolle, unpag. Weitere Mitglieder waren u. a. Dr. Johannes Zillig und OMR Dr. Gerhard Fickel, unter deren Leitung die Tagung der Arbeitsgruppe stattfand.

68 ACDP, 07-011-2640, Sekretariat des Hauptvorstandes, Protokolle, unpag., 66. Sitzung des Sekretariats des Hauptvorstandes am 25. November 1980, Beschluss 190/80.

Diese wurden im Juni 1981 im Ministerium für Gesundheitswesen beraten,[69] welches eine höhere Verbindlichkeit durch ein einheitliches Gesetz bezweifelte und grundsätzlich Schwierigkeiten bei der Teilhabe von Menschen mit Behinderungen leugnete. Das Ministerium räumte nur ein, dass die Intensivierung der »territorialen Rationalisierung« in Zukunft möglicherweise die Entstehung und Unterhaltung geschützter Arbeitsplätze und Wohnmöglichkeiten erschwerte. Eine Lösung sahen die verantwortlichen Akteure in gesetzlichen Schutzmaßnahmen für Rehabilitanden analog den Regelungen für Schwerbeschädigte aus den 1950er-Jahren.[70] Auch im ZK-Apparat wurde der Vorschlag auf Anweisung Hagers geprüft und beraten. Der Leiter der ZK-Abteilung Gesundheitspolitik, Werner Hering, berichtete daraufhin, dass seit dem VIII. Parteitag über 30.000 neue geschützte Arbeitsplätze entstanden seien. Hering hob zudem die Arbeit kirchlicher Einrichtungen bei der Förderung von »physisch und psychisch schwergeschädigten« Kindern und Jugendlichen anerkennend hervor.[71]

Die Bedeutung konfessioneller Wohlfahrtsorganisationen war von der SED-Führung bislang kaum gewürdigt worden, obwohl eine Betreuung von Menschen mit Behinderungen zu einem großen Teil durch die Kirchen stattfand. Die konfessionellen Einrichtungen stellten seit Anfang der 1980er-Jahre mehr als 47 Prozent aller in der DDR vorhandenen Plätze zur medizinischen Rehabilitation zur Verfügung und ersparten dem Staat damit Kosten und Mühen in erheblichem Umfang. Der Umgang mit den konfessionellen Trägern war in der Ära Honecker insgesamt weniger angespannt als unter Ulbricht.[72] Die SED-Führung war sogar bereit, die Rahmenbedingungen für die konfessionellen Einrichtungen und Dienste durch Vereinbarungen und rechtliche Regelungen zu verbessern und deren Leistungen zu einem bedeutenden Teil mitzufinanzieren.[73]

Werner Hering nahm zu dem von der Ost-CDU vorgeschlagenen Gesetz eine ambivalente Position ein. Zunächst behauptete er, »dass unsere Partei die Probleme und Belange der Geschädigten gut kennt und beachtliche Anstrengungen zu deren Lösung unternimmt«.[74] Gleichzeitig kritisierte er jedoch, dass Regelungen sich auf

69 Siehe ACDP, 07-11-4867, Sekretariat des Hauptvorstandes, unpag., Zur politisch-ideologischen Arbeit mit Unionsfreunden im Gesundheits- und Sozialwesen und zu den dabei erzielten Ergebnissen, Vorlage für die Sitzung des Präsidiums des HV der CDU am 17.11.1981.

70 Siehe BArch, DQ 1/13532, unpag., MfG (Tischendorf), Arbeitsgrundlage für die Beratung des Vorschlages des Sekretariats des Hauptvorstandes der CDU [...], 26.2.1981.

71 Siehe BArch, DQ 1/13532, unpag., ZK-Abteilung Gesundheitspolitik (Hering) an Hager, 6.3.1981.

72 Siehe Thomas Olk: Soziale Infrastruktur und soziale Dienste, in: Geschichte der Sozialpolitik in Deutschland, Band 10, S. S. 641–677, hier S. 665.

73 Siehe ebd., S. 677.

74 BArch, DQ 1/13532, unpag., ZK-Abteilung Gesundheitspolitik (Hering) an Hager, 6.3.1981.

mehr als 20 verschiedene Gesetze, Verordnungen und Verfügungen aufteilten. Selbst für Juristen sei es schwierig, alle diesbezüglichen gesetzlichen Regelungen zu überblicken, von denen einige noch gültige Bestimmungen aus den 1950er- und 1960er-Jahren dringend einer Überarbeitung bedürften. Das Ministerium für Gesundheitswesen hatte 1978 hierzu ein Nachschlagewerk herausgegeben, doch nach Herings Bericht häuften sich Beschwerden und Eingaben aus der Bevölkerung. Obwohl der ZK-Abteilungsleiter dem Vorschlag aufgrund der zu erwartenden Übersichtlichkeit nicht grundsätzlich ablehnend gegenüberstand, hielt er die Durchsetzung für ausgeschlossen. Denn damit sei zu erwarten, dass »bei einem großen Teil der Bürger, insbesondere bei vielen Schwergeschädigten und ihren Angehörigen, zwangsläufig auch Wünsche und Hoffnungen geweckt werden, die ohne zusätzlichen materiellen und finanziellen Aufwand in absehbarer Zeit nicht befriedigt werden können«.[75] Der Erfolg der Sozialpolitik der SED begründe sich schließlich nicht nur darin, dass rein formal die sozialen Rechte der Bürger erweitert, sondern »die erforderlichen finanziellen und materiellen Voraussetzungen für deren Verwirklichung geschaffen« würden.[76]

In den 1980er-Jahren war dies nur noch durch die Vernachlässigung anderer Bereiche möglich. Die DDR verschuldete sich zunehmend im Ausland und konnte nur mithilfe zweier milliardenschwerer Kredite der Bundesrepublik 1983 und 1984 dem Bankrott entgehen.[77] Für Mahnungen war Honecker kaum zugänglich. So hatte Gerhard Schürer, Vorsitzender der Staatlichen Plankommission, dem Leiter der Abteilung XVIII/4 des Ministeriums für Staatssicherheit bereits im April 1978 offen sein Leid geklagt. Honecker verlasse sich ausschließlich auf den Rat Mittags und hatte Schürers Vorschläge zu Einsparungen in der Konsum- und Sozialpolitik abgelehnt.[78]

Die ZK-Abteilung Gesundheitspolitik versuchte daher, finanzielle Folgen zu vermeiden. Sie schlug vor, nach dem X. Parteitag einen Beschluss zur weiteren Entwicklung der medizinischen und sozialen Betreuung der Bürger zu fassen, der ohne zusätzliche Mittel auf der Grundlage des Fünfjahrplanes ausgearbeitet werden könne. Dies sei sicherlich »noch bevölkerungswirksamer« als ein durch die Volkskammer verabschiedetes Gesetz.[79] Der Vorschlag macht die zunehmende Handlungsunfähigkeit der SED-Führung deutlich, sobald es um Investitionen ging. Letztlich wurde der

75 Ebd.

76 Ebd.

77 Siehe Dierk Hoffmann: Von Ulbricht zu Honecker. Die Geschichte der DDR 1949–1989 (= Deutsche Geschichte im 20. Jahrhundert, Bd. 15), Berlin 2013, S. 136.

78 Vgl. dazu Andreas Malycha: Ungeschminkte Wahrheiten. Ein vertrauliches Gespräch von Gerhard Schürer, Chefplaner der DDR, mit der Stasi über die Wirtschaftspolitik der SED im April 1978, in: VfZ, 59. Jg. (2011), H. 2, S. 283–305, hier S. 292–295.

79 BArch, DQ 1/13532, unpag., ZK-Abteilung Gesundheitspolitik (Hering) an Hager, 6.3.1981.

Vorschlag der Ost-CDU nicht aufgegriffen und kein Gesetz zur Rehabilitation verabschiedet. Die Drohung, dass die Erwartungen der Bevölkerung geweckt und diese durch finanzielle Mittel gestillt werden müssten, hatte offenbar Wirkung gezeigt. Damit blieben die Betroffenen weiterhin auf Eingaben angewiesen und konnten ihre Rechte kaum einfordern.

Von Eingaben wurde 1981 zahlreich Gebrauch gemacht: Allein von Januar bis Oktober 1981 gingen 1.426 Eingaben zur Lebenssituation von Menschen mit Behinderungen beim Staatsrat ein. 70 Prozent davon betrafen die Wohnverhältnisse. Beschwerden gab es außerdem von Eltern behinderter Kinder über die fehlende Unterstützung, diesen einen Ausbildungs- oder Arbeitsplatz zu vermitteln. Weitere Beschwerdepunkte waren die fehlende finanzielle Unterstützung bei Erkrankung von Pflegebedürftigen und zu lange Wartezeiten für »hirngeschädigte« Kinder bei der Aufnahme in ein Pflegeheim. Außerdem wurden fehlende Ferienplatzmöglichkeiten und Kuren beklagt, ebenso wie die langen Anfertigungszeiten von Prothesen und orthopädischen Schuhen.[80]

Die Eingaben können nicht darüber hinwegtäuschen, dass es in der DDR durchaus gelang, ein funktionierendes System der geschützten Arbeit zu implementieren und dies in den 1980er-Jahren trotz aller Schwierigkeiten weiter auszubauen. In der DDR existierten 1983 insgesamt 400 geschützte Betriebsabteilungen mit 5.603 Plätzen, rund 151 geschützte Werkstätten des Gesundheitswesens mit 4.596 Plätzen und 29.527 geschützte Einzelarbeitsplätze in Betrieben. Die Plätze wurden jedoch nicht komplett ausgenutzt, sondern zum Teil nur kurzfristig in Anspruch genommen, da sie sich nicht für alle Rehabilitanden eigneten.[81] Insgesamt hatte sich die geschützte Arbeit in der DDR nahezu kontinuierlich entwickelt. Lediglich bei den geschützten Einzelarbeitsplätzen war 1981 ein leichter Rückgang und bei den Werkstätten 1982 ein Rückgang um 369 Plätze zu verzeichnen (Tabelle 10).

In der ersten Hälfte der 1980er-Jahre verfügten 28 Kreise der DDR jedoch weder über geschützte Werkstätten noch über geschützte Betriebsabteilungen, darunter über die Hälfte der Kreise im agrarisch geprägten Bezirk Neubrandenburg. Auch der Bezirk Frankfurt (Oder) konnte in vier seiner zwölf Kreise, nämlich in Bad Freienwalde, Seelow, Beeskow und Angermünde, keine geschützten Werkstätten oder geschützten Betriebsabteilungen vorweisen. Ähnlich sah die Situation in den Bezirken Rostock und Schwerin aus.[82] Frankfurt (Oder) und Rostock hatten jeweils die ge-

80 Siehe BArch, DQ 1/13532, unpag., Sekretariat des Staatsrates, Information über Probleme und Hinweise auf Eingaben von gesundheitsgeschädigten Bürgern, 16.11.1981.

81 Siehe BArch, DQ 1/14137, unpag., MfG, Stand der geschützten Arbeit 31.12.1983.

82 Siehe BArch, DQ 1/14173, unpag., Anlage 3 (zur o.g. Information): Kreise ohne geschützte Werkstätten und ungeschützte Betriebsabteilungen (Stand 31.12.1983).

Jahr	Geschützte Werkstätten			Geschützte Betriebsabteilungen			Geschützte EAP[83]		Gesamt	
	Anzahl	Plätze	Rehab.	Anzahl	Plätze	Rehab.	Plätze	Rehab.	Plätze	Rehab.
1972	39	1.381		58	893		1.500		3774	
1975	54	2.722		205	3.615		9.000[84]		15.337	
1980	86	3.858	3.921	317	4.685	4.151	26.580	25.340	35.123	33.412
1981	113	4.444	4.394	379	5.449	4.761	26.493	25.795	36.386	34.950
1982	133	4.075	4.800	393	5.659	4.938	28.072	27.258	37.806	36.996
1983	166	4.596	5.193	400	5.603	4.982	29.527	28.879	39.726	39.054
1984	188	5.252	5.780	416	6.134	5.535	30.169	28.852	41.555	40.167

Tabelle 10: Entwicklung der geschützten Arbeit in der DDR 1972–1984

Quelle: BArch, DQ 1/14173, unpag., Entwicklung der geschützten Arbeit (Anlage 1).

ringste Zahl geschützter Werkstätten (3) im Bezirk, wohingegen Dresden und Leipzig mit 22 und 20 Werkstätten an der Spitze lagen. Rostock wies mit 941 geschützten Arbeitsplätzen insgesamt den geringsten Anteil von beschäftigten Rehabilitanden im Vergleich zur Bevölkerungszahl des Bezirkes auf, wohingegen der Bezirk Leipzig mit 3.154 geschützten Arbeitsplätzen die höchste Zahl vorweisen konnte.[85]

Auf regionaler Ebene bestanden Kooperationen. In Berlin zum Beispiel beschäftigte das Klinikum Berlin-Buch 800 Rehabilitanden, die in insgesamt 15 Rehabilitationswerkstätten einer geschützten Arbeit nachgingen. Diese wurden von einer Spezialabteilung des Rehabilitationszentrums im städtischen Klinikum Berlin-Buch geleitet. Die Rehabilitationswerkstätten waren dafür verantwortlich, mit den Betrieben Verträge abzuschließen, um industrielle Arbeit für alle Arbeitstherapie-Abteilungen der Berliner Krankenhäuser, für die Tagesstätten geistig behinderter Kinder und Jugendlicher, für Feierabend- und Pflegeheime und für die Clubs der Volkssolidarität bereitstellen zu können. Allerdings gestalteten sich diese Kooperationen nicht ganz unproblematisch. Der Leiter der Rehabilitationswerkstätten Berlin-Buch beschwerte sich 1982 bei der Staatlichen Plankommission darüber, dass aufgrund von Rationalisierungsmaßnahmen Waren im Wert von 600.000 Mark nicht hatten angeliefert werden können. Er brachte sein Unverständnis darüber zum Ausdruck, dass es trotz

83 Einzelarbeitsplätze.

84 BArch, DQ 1/14137, unpag., MfG, Stand der geschützten Arbeit 31.12.1983. Die Zahlen der geschützten Einzelarbeitsplätze für 1972 und 1975 waren dabei vom MfG nur geschätzt.

85 Siehe BArch, DQ 1/14137, unpag., Stand der geschützten Arbeit 31.12.1983, Anlage 2.

des vorhandenen Arbeitskräftemangels in der Industrie so schwer sei, Arbeit aus Berliner Betrieben zu erhalten. So würden einfache Montier-, Sortier-, Etikettier- und Verpackungsarbeiten häufig von den Belegschaften der Betriebe übernommen, die damit »bei weitem unterfordert« seien.[86] Hier wird erneut deutlich, dass die berufliche Rehabilitation zunehmend durch die wachsende »verdeckte Arbeitslosigkeit« in den Betrieben konterkariert wurde. Beschäftigte wurden häufig auf Arbeitsplätzen unterhalb ihres Qualifikationsniveaus eingesetzt oder waren nur einen Bruchteil ihrer Arbeitszeit wirklich beschäftigt. Schätzungen zufolge waren Ende der 1980er-Jahre etwa 1,4 Millionen Personen von einer solchen verdeckten Arbeitslosigkeit betroffen, womit die DDR realiter eine Arbeitslosenquote von 15 Prozent aufwies.[87]

Konfliktpunkte: Rehabilitationszentren und Rehabilitanden im Plan

Die schwierige Materialbeschaffung für geschützte Werkstätten sollte in den 1980er-Jahren nicht die einzige Schwierigkeit in der beruflichen Rehabilitation bleiben. Diese geriet zunehmend in den Sog der Konflikte zwischen Wirtschafts- und Sozialpolitik. Hauptstreitpunkt war die Abrechnung der geschützten Arbeit in den Plänen der Betriebe. 1983 machte die Hauptabteilung Soziale Betreuung die Staatliche Plankommission auf Probleme der betrieblichen Rehabilitation aufmerksam.[88] Die Gesellschaft für Rehabilitation hatte zuvor kritisiert, dass es für die Betriebe keine »Stimuli materieller oder ideeller Art zum Einsatz von Rehabilitanden« gebe. Stattdessen sei die Einstellung von Rehabilitanden aufgrund deren Leistungsvermögen und ihrer eingeschränkten Verfügbarkeit mit Unsicherheiten verbunden und verfälsche zudem Aussagen der Betriebe über den Schichtkoeffizienten, die Normerfüllung, die Steigerung der Arbeitsproduktivität und die Freisetzung von Arbeitskräften durch Rationalisierungsmaßnahmen.[89]

Die Mitarbeiter der Hauptabteilung Soziale Betreuung machten für diese Situationen den Paragraphen 5 der Verordnung vom 29. Juli 1976[90] verantwortlich.[91] Dieser

86 BArch, DQ 1/14173, unpag., Leiter der Rehabilitationswerkstätten des Städtischen Klinikums Berlin-Buch an SPK (Schürer), 11.5.1982.
87 Siehe Bouvier, Die DDR – Ein Sozialstaat?, S.149 f.
88 Siehe BArch, DQ 1/14173, unpag., MfG (Hauptabteilung Soziale Betreuung) an SPK (Leiter der Abteilung örtliche Wirtschaft, Kultur und Gesundheitswesen), 27.7.1983.
89 BArch, DQ 1/14173, unpag., Gesellschaft für Rehabilitation, Vorschlag zur Problemlösung – Sicherung des Rechts auf Arbeit für Rehabilitanden, o. D.
90 VO zur weiteren Verbesserung der gesellschaftlichen Unterstützung schwerst- und schwergeschädigter Bürger vom 26.7.1976, GBl. der DDR I 1976, S. 411–413.
91 Siehe BArch, DQ 1/14173, unpag., MfG (Hauptabteilung Soziale Betreuung) an SPK (Leiter der Abteilung ökonomische Wirtschaft, Kultur und Gesundheitswesen), 11.5.1984.

hatte die Festlegung in der »Anordnung zur Sicherung des Rechts auf Arbeit für Rehabilitanden« von 1969 abgelöst, nach dem Rehabilitanden im Rahmen des bestätigten Lohnfonds außerhalb des Arbeitskräfteplanes beschäftigt werden konnten und es in Ausnahmefällen auch möglich war, den Lohnfonds um den Betrag des Lohnes für die Rehabilitanden zu überschreiten.[92] In der Verordnung von 1976 war jedoch auf Veranlassung der Staatlichen Plankommission folgende Regelung getroffen worden: »Der Einsatz der Rehabilitanden ist entsprechend ihrem Leistungsvermögen im Arbeitskräfteplan und im Lohnfonds zu planen und im Betriebsplan gesondert auszuweisen. Das Leistungsvermögen der Rehabilitanden wird regelmäßig entsprechend der Schädigung durch die Kreisrehabilitationskommission in Zusammenarbeit mit den Betrieben neu überprüft. Werden im laufenden Planjahr weitere Rehabilitanden über den Plan hinaus beschäftigt, kann eine Veränderung des Arbeitskräfteplanes, einschließlich des Lohnfonds, beim übergeordneten Organ beantragt werden.«[93] Die Betriebe argumentierten aufgrund dieser Regelung, dass die Beschäftigung von Rehabilitanden negative Auswirkungen auf ihre »Effektivitätsaussagen« habe, da diese häufig weniger Leistung erbringen konnten als der Rest der Belegschaft.[94]

Es war kein Zufall, dass diese Regelung 1984 Thema wurde, obwohl sie seit 1976 existierte. Denn eine Verordnung von 1983 bot den Betrieben die Möglichkeit, durch die Verringerung ihrer Arbeitskräfte den Nettogewinn zu erhöhen.[95] Aus diesem Grund bemühten sich viele Betriebe, die Rehabilitanden zu entlassen, beziehungsweise gar nicht erst einzustellen. Die Hauptabteilung Soziale Betreuung schlug daher intern im Ministerium für Gesundheitswesen vier Lösungsvarianten vor. Variante eins sah vor, die alte Regelung von 1969 wiedereinzuführen, Variante zwei, die gegenwärtige Regelung beizubehalten, diese jedoch in den Aussagen der Betriebspläne und bei der Beurteilung des Betriebsergebnisses entsprechend zu berücksichtigen. Laut Variante drei sollte die gegenwärtige Regelung beibehalten und eine »Stimulierung der Betriebe in geeigneter Form« eingeführt werden. Bisher war dies in Abgrenzung zur Marktwirtschaft nicht für notwendig erachtet worden, wurde nun aber diskutiert. Die Hauptabteilung Soziale Betreuung führte an, dass sich bei der Rehabilitation Blinder Anreize wie Vergünstigungen für Produktionsgenossenschaften des

92 Siehe § 6, Abs. 2 und 3 der Anordnung zur Sicherung des Rechts auf Arbeit für Rehabilitanden vom 26.8.1969, GBl. der DDR II 1969, S. 470.

93 § 5, Abs. 3 der Verordnung zu weiteren Verbesserung der gesellschaftlichen Unterstützung schwerstgeschädigter Bürger vom 29.7.1976, GBl. der DDR I 1976, S. 411–413.

94 BArch, DQ 1/14173, unpag., MfG (Hauptabteilung Soziale Betreuung) an SPK (Leiter der Abteilung ökonomische Wirtschaft, Kultur und Gesundheitswesen), 11.5.1984.

95 Es handelte sich hierbei um die »Verordnung über den Beitrag für gesellschaftliche Fonds vom 14. April 1983« mit Gültigkeit ab 1. Januar 1984, vgl. Roesler, Arbeitskräftegewinnung/Arbeitskräftelenkung, Bd. 10, S. 273.

Blindenhandwerks, Steuerbefreiungen und Subventionierungen bewährt hätten und in anderen sozialistischen Ländern »Invalidenbetriebe« und Genossenschaften mit Vergünstigungen arbeiteten. Dabei wurde an Anreize in Form einer Unterstützung geschützter Betriebsabteilungen, beispielsweise durch Finanzierung des Betreuungspersonals sowie durch einen Zuschlag für »rehabilitative Aufgabenstellung, bauliche Adaptierung und Regelungen auf sozialem Gebiet« gedacht[96] Auch die vierte Variante sah Anreize für die Betriebe vor, allerdings auf der Basis der alten Regelung von 1969. Die Abteilung stellte jedoch zur Diskussion, ob unter die letzten beiden Varianten nur Rehabilitanden nach der Anordnung von 1969 fallen oder diese auf alle Schwerstbeschädigten im Sinne der ersten Durchführungsbestimmung zu § 28 des Gesetzes der Arbeit ausgedehnt werden sollten.[97]

Die Staatliche Plankommission griff die Vorschläge auf. Sie beauftragte die Bezirksplankommissionen, herauszufinden, welche rechtlichen Möglichkeiten bestanden, um den Betrieben Auflagen zur Entwicklung geschützter Betriebsabteilungen und Einzelarbeitsplätze zu machen. Außerdem sollten diese Lösungsansätze für auftretende Probleme suchen und über Anreize für die Übernahme von Aufgaben in der beruflichen Rehabilitation nachdenken.[98]

Daraufhin antwortete die Bezirksplankommission Frankfurt (Oder), dass es wenige Probleme bei der Integration von Rehabilitanden gebe. 1984 waren 1.514 in den Arbeitsprozess eingegliedert worden. Gemeinsam mit der Bezirksstelle für Rehabilitation schätzte die Bezirksplankommission jährlich den Bedarf an geschützten Arbeitsplätzen ein und gab konkrete Vorgaben für den Volkswirtschaftsplan an die Räte der Kreise weiter. Insgesamt gab es im Bezirk 1984 2.003 geschützte Arbeitsplätze. Die Zahl war nicht valide, denn ein Teil der statistisch ausgewiesenen geschützten Arbeitsplätze wurde nach dem Ausscheiden eines Rehabilitanden oft anderweitig genutzt. Als Verbesserungsmöglichkeit schlug die Bezirksplankommission vor, Rehabilitanden, die unter einer Leistungsgrenze von 0,5 Vollbeschäftigungseinheiten lagen, außerhalb des Betriebsplanes zu beschäftigen. Betriebe, die mehr als zehn Rehabilitanden bzw. 0,3 Prozent der Gesamtbeschäftigten auf geschützten Arbeitsplätzen beschäftigten, sollten als Anreiz erhöhte Zuführungen zum Prämienfonds erhalten. Kooperationen zwischen den geschützten Werkstätten und Betrieben hielt die Bezirksplankommission aufgrund der »verstärkten Anstrengungen der Betriebe zur Verminderung ihrer Transportaufwendungen und zum rationellen Materialeinsatz« für »außerordentlich problematisch«. Sie schlug deshalb vor, Kooperations-

96 BArch, DQ 1/14173, unpag., MfG (Hauptabteilung Soziale Betreuung) an M5, 23.10.1984.

97 Siehe ebd.

98 Siehe BArch, DQ 1/14173, unpag., SPK (Stellvertreter des Vorsitzenden für territoriale Planung), Anlage, o. D.

verträge über die Bezirksgrenzen hinaus abzuschließen oder den Kombinaten und Betrieben einen wirtschaftlichen Anreiz für einen solchen Abschluss zu bieten.[99]

Die Staatliche Plankommission unterbreitete dem Ministerium für Gesundheitswesen schließlich Vorschläge zur »Stimulierung der geschützten Arbeit in den Betrieben«. Mit diesen erklärte sich das Ministerium nicht uneingeschränkt einverstanden. Gegen die Einschätzung der Staatlichen Plankommission, dass sich die Planung der Rehabilitanden im Rahmen des Arbeitskräfteplanes bewährt habe, führte das Ministerium für Gesundheitswesen die Kritik einiger Bezirksplankommissionen an. Diese sahen in der Regelung von 1976 »keine Erleichterung in der rehabilitativen Arbeit«, da sie die Bereitschaft der Betriebe zum Einsatz von Rehabilitanden nicht unterstütze.[100] Die Staatliche Plankommission hatte unter anderem vorgeschlagen, Rehabilitanden im Jahr ihrer Neueinstellung nicht in die VbE-Berechnungen aufzunehmen. Diesen Vorschlag hielt das Ministerium für Gesundheitswesen für einen Anreiz für die Betriebe, wies aber darauf hin, dass Rehabilitanden trotzdem in die Arbeitskräftepläne der folgenden Planjahre einbezogen werden müssten. Die Vorschläge der Staatlichen Plankommission, Rehabilitanden auch bei den Zuwendungen zum Kultur- und Sozialfonds zu berücksichtigen und geschützte Betriebsabteilungen in Investitionsvorhaben langfristig mit einzubeziehen, entsprachen hingegen den Vorstellungen des Gesundheitsministeriums, das vorschlug, für die Überarbeitung der Verordnung von 1976 eine Arbeitsgruppe zu bilden.[101] Diese entstand 1984 unter der Leitung der Abteilung Rehabilitation. Ihr gehörten neben den zentralen staatlichen Stellen auch Vertreter des FDGB und einige mit der Rehabilitation befasste Ärzte aus den Bezirken an.[102] Auf einer ersten Beratung im September 1985 wurden Vorschläge der Staatlichen Plankommission zur Veränderung der Verordnung vom 29. Juli 1976 diskutiert. Der FDGB befürwortete Anreize für die Betriebe, da deren Anstrengungen auf dem Gebiet der beruflichen Rehabilitation bisher noch nicht ausreichten.[103]

Das Ministerium für Gesundheitswesen entwarf schließlich eine erste Durchführungsbestimmung zur Verordnung vom 29. Juli 1976 und übersandte der Staat-

99 BArch, DQ 1/14173, unpag., Rat des Bezirkes Frankfurt (Oder), Stellvertreter des Vorsitzenden und Vorsitzender der Bezirksplankommission an SPK, Stellvertreter des Vorsitzenden für territoriale Planung, 3.12.1984.

100 BArch, DQ 1/14173, unpag., MfG, HA IV, Schreiben der SPK vom 21.6.1985 zu Fragen der geschützten Arbeit, 19.7.1985.

101 Siehe ebd.

102 Siehe BArch, DQ 1/14173, unpag., OMR Harig an SPK (Müller), 3.9.1985.

103 Siehe BArch, DQ 1/14173, unpag., MfG, HA IV, Zum Stand der Überarbeitung der Verordnung vom 29.7.1976 […] hinsichtlich Maßnahmen zur Verbesserung der Durchführung geschützter Arbeit/Bildung einer Arbeitsgruppe, 11.10.1985.

lichen Plankommission den Entwurf.[104] Doch diese hielt an ihren Festlegungen in der Verordnung von 1976 fest, die sie dahingehend erweiterte, dass Betriebe bei der Verwendung des Prämienfonds sichern sollten, dass die Prämien der Rehabilitanden dem Niveau einer Vollbeschäftigungseinheit entsprachen.[105] Die Bemühungen des Ministeriums für Gesundheitswesen erwiesen sich als erfolglos, denn eine entsprechende Durchführungsbestimmung wurde vor 1990 nicht mehr verabschiedet. Gesetzliche Initiativen in der beruflichen Rehabilitation fanden damit mit Ausnahme einer Anordnung von 1986, die die Aufgaben des Gesundheits- und Sozialwesens in der Rehabilitation näher regelte, nicht mehr statt. Die Anordnung legte fest, dass die Räte der Bezirke und Kreise Aufgaben der »komplexen« Rehabilitation übernehmen, die Zusammenarbeit der verschiedenen Stellen koordinieren und mit der Bezirksstelle für Rehabilitation und einem Bezirksrehabilitationszentrum »Leiteinrichtungen« zur Verfügung stellen sollten.[106]

Trotz der fehlgeschlagenen Einigung mit der Staatlichen Plankommission hatte die Hauptabteilung Soziale Betreuung neben der Förderung der geschützten Arbeitsplätze in den Betrieben bis 1990 geplant, 2.542 Arbeitsplätze in geschützten Werkstätten des Gesundheits- und Sozialwesen einzurichten. Daneben sah die Abteilung Wohn- und Betreuungsmöglichkeiten für Rehabilitanden vor, die nur einer Teilzeitbeschäftigung nachgingen oder nicht in einem Arbeitsrechtsverhältnis standen.[107]

Aufgrund dieser Pläne hatte das Staatssekretariat für Arbeit und Löhne eine umfassende Untersuchung in allen Bezirken und Kreisen veranlasst.[108] Dessen Abteilung Arbeitskräfte machte darauf aufmerksam, dass durch verstärkte Rationalisierungsmaßnahmen und Produktionsumstellungen der Betriebe viele Arbeitsplätze eine hohe Qualifikation der »Werktätigen« und die Bereitschaft zur Schichtarbeit erforderten. Der Leiter der Abteilung Arbeitskräfte schlug dem Ministerium für Gesundheitswesen vor, die örtlichen Räte stärker zur Mitarbeit zu verpflichten und ausgearbeitete Konzeptionen mit den jährlichen Volkswirtschaftsplänen zu verwirklichen. Gleichzeitig kritisierte die Abteilung Arbeitskräfte die Ausbildung in den Re-

104 Siehe BArch, DQ 1/13554, unpag., MfG, HA IV, an M 3 über M 5, Einschätzung zur Erfüllung des Fünfjahrplanes des 1986–1990, 21.9.89.

105 Siehe BArch, DQ 1/14172, unpag., SPK, Abteilung Kultur, Gesundheitswesen und gesellschaftliche Konsumtion, an Stellvertreter des Ministers für Gesundheitswesen, 9.3.1988.

106 Siehe Anordnung über die Aufgaben des Gesundheits- und Sozialwesens auf dem Gebiet der Rehabilitation geschädigter Bürger, GBl. der DDR I 1987, S. 10 f.

107 Siehe BArch, DQ 1/13554, unpag., MfG, HA IV an HA VIII, Vorbereitung des Planprojektes 1986–1990, 26.4.1985.

108 Siehe BArch, DQ 1/14173, unpag., Staatssekretariat für Arbeit und Löhne (Abteilung Arbeitskräfte) an Ministerium für Gesundheitswesen, 6.1.1986.

habilitationszentren für Berufsbildung (RZB) und in den Abteilungen für berufliche Rehabilitation (AbR) und empfahl, die Struktur der Ausbildungsberufe zu prüfen. Diese entsprach ihrer Ansicht nach nicht mehr den Bedürfnissen der Volkswirtschaft.[109]

Insgesamt existierten in der DDR sechs große Rehabilitationszentren in Dresden (199 Plätze), Eisenberg (140), Bad Berka (132), Erlabrunn (50), Rathmannsdorf (96) und Langenstein (191). Daneben gab es Abteilungen für berufliche Rehabilitation in drei Kliniken, nämlich in Berlin-Buch (75), in Sülzhayn (75) und in der Leipziger Klinik für Orthopädie »Georg Sacke« (40). Gleichzeitig existierten konfessionelle Einrichtungen wie das Oberlin-Haus in Potsdam-Babelsberg und die Pfeifferschen Stiftungen in Magdeburg[110] sowie die Rehabilitationszentren für Blinde in Karl-Marx-Stadt, Halle und Neukloster, womit insgesamt 14 Einrichtungen zur Verfügung standen.[111]

Zu den RZB und AbR hatte das Zentralinstitut für Berufsbildung 1985 eine »Problemstudie« angefertigt. Diese ergab, dass viele Rehabilitanden »überanteilig« in Facharbeiter-Berufen wie Wirtschaftskaufmann oder Facharbeiter für Schreibtechnik vertreten seien, die sich für die »Erzielung von Rationalisierungseffekten« eigneten. Daher wurden neue Facharbeiterberufe und Teilausbildungsmöglichkeiten vorgeschlagen, zum Beispiel Elektronikfacharbeiter, Wartungsmechaniker für Datenverarbeitungs- und Büromaschinen, Werkzeugmacher, Verkehrskaufmann und Facharbeiter für Datenverarbeitung.[112] Das Zentralinstitut wies zudem auf die Rolle der Berufskrankheiten bei einer Spätschädigung hin und konstatierte besorgt, dass der Anteil junger Beschäftigter an den Berufskrankheits-Zugängen von 8,6 Prozent 1973 auf 14 Prozent 1983 angestiegen sei. Häufigste Berufskrankheiten waren »Arbeitsdermatosen«, gefolgt von Vergiftungen, allergischen Atemwegserkrankungen und Überlastungen des Bewegungsapparates. Die Studie kam zu dem Ergebnis, dass »zwischen den erhöhten Anforderungen an die Disponibilität und Mobilität aller Werktätigen und den begrenzten Möglichkeiten einer Reihe von Geschädigten, ihren Arbeitsplatz zu wechseln« ein Widerspruch bestehe, der sich nicht einfach auflösen lasse.[113] Deshalb war geplant, bis 1987 Entscheidungsvorschläge zu erarbeiten. Festgehalten wurde zudem, dass nicht alle Abgänger aus Körperbehindertenschulen

109 Siehe ebd.

110 Stand von 1977, vgl. Boldorf, Rehabilitation und Hilfen für Behinderte, Bd. 10, S. 442.

111 Vgl. Mandel, Schwerbeschädigte, S. 62.

112 BArch, DQ 1/14124, unpag., Zentralinstitut für Berufsausbildung der DDR, Problemstudie zur langfristigen Entwicklung des Berufswahlfeldes für Geschädigte, 30.12.1985.

113 BArch, DQ 1/14124, unpag., Hinweise zur Problematik spätgeschädigter Werktätiger, Anlage 4.

beruflich integriert werden konnten, sondern entweder im Elternhaus blieben oder zusammen mit älteren Menschen in Pflegeheimen untergebracht wurden.[114]

Gerade dieser Punkt sorgte für wachsende Kritik aus der Bevölkerung und regte die zentralen Stellen Ende der 1980er-Jahre zu neuen Überlegungen an. Konkreter Auslöser war eine Eingabe der Vorsitzenden der Kommission »Berufsberatung« im Elternbeirat einer Berliner Körperbehindertenschule an Honecker, welche die Berufsausbildung Körperbehinderter scharf kritisierte. Trotz der Entstehung von zehn modernen Körperbehindertenschulen in der DDR sei die anschließende Berufsausbildung weder quantitativ noch qualitativ weiterentwickelt worden. Auch bemängelte sie das Prinzip der »territoriale[n] Unterstellung«, durch das Jugendliche aus dem eigenen Bezirk bei der Aufnahme in ein Rehabilitationszentrum vorgezogen wurden sowie die Praxis, Plätze an Jugendliche aus normalen Polytechnischen Oberschulen zu vergeben. Dies förderte nach Ansicht des Elternbeirates die »Tendenz der Invalidisierung körperbehinderter Jugendlicher«.[115] Anhand der Eingabe zeigt sich auch, wie schlecht die Verhältnisse in den Rehabilitationszentren waren. So führte die Vorsitzende des Elternbeirates Beispiele dafür an, dass Eltern eine Ausbildung ihrer Kinder im Rehabilitationszentrum Eisenberg abgelehnt hatten, »weil nicht einmal die primitivsten sanitären Voraussetzungen gewährleistet waren«.[116] Nur fünf von elf Zentren konnten überhaupt Rollstuhlfahrer aufnehmen. Die Vorsitzende des Elternbeirates kritisierte zudem die geringe Berufsauswahl und den Rückgang der Zahl geeigneter Berufe von 101 auf 75 seit 1971. Es sei unverständlich, dass es für Berufe, die auch für Personen mit schwersten körperlichen Behinderungen geeignet seien, wie beispielsweise Facharbeiter für Datenverarbeitung, Bibliotheksfacharbeiter, Finanzkaufmann usw., keine Ausbildungsmöglichkeiten gebe. Auch die Versorgung mit Hilfsmitteln sei problematisch, obwohl hinter jedem fehlenden Hilfsmittel ein behinderter Mensch stehe, dem durch die langen Wartezeiten eine aktive Teilnahme am gesellschaftlichen Leben erschwert oder gar verwehrt werde.[117]

Honecker hatte die Eingabe offenbar an die ZK-Abteilung Gesundheitspolitik weitergeleitet, die im August 1986 das Ministerium für Gesundheitswesen kontaktierte. Die Hauptabteilung Soziale Betreuung verteidigte sich gegenüber Minister Mecklinger, dass viele Jugendliche trotz Ausbildung im Rehabilitationszentrum den Wunsch nach einer Invalidisierung äußerten und es im Mai 1986 immerhin noch 78 unbelegte Plätze in den Zentren gegeben habe. Zudem sei es auch in Zukunft notwendig, neben den Abgängern aus den Körperbehindertenschulen einen Teil Ab-

114 Siehe BArch, DQ 1/14124, unpag., Zentralinstitut für Berufsausbildung der DDR, Problemstudie zur langfristigen Entwicklung des Berufswahlfeldes für Geschädigte, 30.12.1985.

115 BArch, DQ 1/14149, unpag., Eingabe: I. Z. an Honecker, 3.7.1986.

116 Ebd.

117 Siehe ebd.

gänger aus den Polytechnischen Oberschulen und Hilfsschulen sowie erwachsene Bürger nach Krankheit oder Unfall aufzunehmen. Eine Studie des Ministeriums für Volksbildung hatte ergeben, dass etwa 20 Prozent der Abgänger aus den Schulen, »bedingt durch ein sehr begrenztes Leistungsvermögen, mangelnde Möglichkeiten im Heimatterritorium [...] sowie durch einschränkende materielle und personelle Bedingungen der RZB«, keinen Ausbildungsplatz erhielten. Zehn Prozent dieser Schulabgänger nähmen ein Arbeitsverhältnis ohne Ausbildung auf, die anderen zehn Prozent könnten weder eine Berufsausbildung noch eine Tätigkeit beginnen. Die Hauptabteilung Soziale Betreuung musste zugeben, dass die Einschätzung des Elternbeirates in Bezug auf die Bedingungen in Eisenberg und anderen Einrichtungen stimmte. Die Verantwortung schob sie auf den Bezirk ab, in dessen Plänen das Rudolf-Elle-Krankenhaus bei baulichen Maßnahmen im Vordergrund stand. Derzeit umfasse das Berufswahlfeld in den Rehabilitationszentren 43 Facharbeiterberufe und 27 Teilausbildungen sowie drei Fachschulberufe.[118]

Die in der Eingabe aufgeführten Kritikpunkte waren dem Ministerium für Gesundheitswesen also bekannt. Zwar existierten Lösungsvorschläge wie eine Erweiterung der Berufspalette und Baumaßnahmen,[119] doch diese wurden offenbar nicht umgesetzt. Nach einer erneuten Eingabe der Vorsitzenden des Elternbeirates wurde diese zu einer Besprechung in das Ministerium für Gesundheitswesen eingeladen. Einige Tage zuvor hatte Mecklinger den Leiter der ZK-Abteilung Gesundheitspolitik darüber informiert, dass das Ministerium versucht hatte, das Berufsangebot in den Rehabilitationszentren zu erweitern. Lediglich in Sülzhayn war mit der Ausbildung zum Elektronikfacharbeiter begonnen worden. Weitere Berufe waren nur in Langenstein und Berlin geplant. Auch in Bezug auf bauliche Maßnahmen war das Ministerium für Gesundheitswesen nicht weitergekommen. Mecklinger sah keine Möglichkeit, bis 1990 zusätzliche Kennziffern für die Rehabilitationszentren zu erhalten. Es sei wohl »realistisch«, die Investitionsmaßnahmen bis 1990 vorzubereiten und den Baubeginn auf 1991 anzusetzen.[120] Auch hier wird deutlich, dass dem Ministerium Mittel fehlten oder es nicht bereit war, für den Bereich Mittel zur Verfügung zu stellen.

Stattdessen hatte das Ministerium für Gesundheitswesen eine Studie zu den Ausbildungs-, Arbeits- und Lebensbedingungen in den Zentren in Auftrag gegeben, die 1989 fertiggestellt wurde und im Prinzip die Schwierigkeiten noch einmal wiederholte. Darin wurde vorgeschlagen, die Entscheidungsbefugnis der einzelnen Zentren

118 BArch, DQ 1/14149, unpag., MfG, HA IV über M 7 an M 1, Zur Eingabe I. Z. [...]/Schreiben der ZK-Abteilung Gesundheitspolitik vom 13. August 1986, 27.8.1986.

119 Siehe ebd.

120 BArch, DQ 1/14149, unpag., Mecklinger an Seidel, 15.10.1987.

über die Berufe und die Verteilung von Facharbeiter- bzw. Teilfacharbeiterausbildungen zentral zu bündeln. Mitte 1985 gab es 886 Ausbildungsplätze und 112 Plätze für Teilfacharbeiter sowie 220 Ausbildungsplätze für Blinde und Sehschwache.[121] Die Abteilung Rehabilitation resümierte daraufhin, dass die Zahl der Plätze ausreiche und sah das Hauptproblem im baulichen Zustand der Zentren, der einen behindertengerechten Zugang verhindere. Investitionen in diesem Bereich kamen aber in Abstimmung mit dem ZK bis 1990 nicht infrage. Einen Ausweg sah die Abteilung in einer »externen Rehabilitation«.[122] Bei dieser sollten »besonders schwer geschädigte Jugendliche« eine arbeitsplatzbezogene Teilausbildung erhalten.[123] Es wird deutlich, dass der finanzielle Spielraum Mitte der 1980er-Jahre endgültig ausgereizt war und es in der beruflichen Rehabilitation nicht einmal mehr gelang, den Status quo in den dafür vorgesehenen Einrichtungen zu halten, geschweige denn, Verbesserungen einzuführen. Auch hier sollten die Betriebe einspringen.

Arbeitsintegration als Sozialdisziplinierung: Eingliederung von »Asozialen« in Sonderbrigaden

Gleichzeitig dehnten die verantwortlichen Stellen die Arbeitsintegration immer weiter aus. Dies betraf in den 1980er-Jahren zunehmend auch weitere Bevölkerungsgruppen. So fasste das Präsidium des Ministerrates am 9. Januar 1985 einen folgenschweren »Beschluss über die Aufgaben zur Einflussnahme und Kontrolle gegenüber psychisch auffälligen Bürgern, die sich asozial verhalten und kriminell gefährdet sind«.[124]

Die Kriminalisierung sogenannter »Asozialer« hatte in Deutschland eine lange Tradition, und »Asozialität« wurde im Recht der DDR ein Straftatbestand.[125] Darunter fiel in § 249 des StGB von 1968 auch derjenige, der »sich aus Arbeitsscheu einer geregelten Arbeit hartnäckig entzieht, obwohl er arbeitsfähig ist«.[126] Die sogenannte »Arbeitsscheu« war bereits in früheren Regelungen aufzufinden. So bestand in § 3 Abs. 2 der 1961 erlassenen »Verordnung über Aufenthaltsbeschränkung« eine

121 Siehe BArch, DQ 1/14157, unpag., Studie zur langfristigen Entwicklung der Ausbildungs-, Arbeits- und Lebensbedingungen in den RZB und AbR.
122 BArch, DQ 1/14128, unpag., Beratung M7 mit Genossin Z., 6.11.1987.
123 Boldorf, Rehabilitation und Hilfen für Behinderte, Bd. 10, S. 443.
124 BArch, DC 20-I/4/5530, Bl. 172–173, 162. Sitzung des Präsidiums des Ministerrates vom 9.1.1985.
125 Vgl. hierzu die ausführliche Darstellung von Korzilius, »Asoziale« und »Parasiten« im Recht der SBZ/DDR.
126 Zitiert nach: Lindenberger, »Asoziale Lebensweise«, S. 245.

erhebliche Verschärfung zum alten Recht des § 361 des StGB, da darin nun nicht mehr die »Arbeitsscheu« eines Unterstützungsempfängers (wie in § 361 StGB) gemeint war, sondern »arbeitsscheues Verhalten« insgesamt.[127] § 249 StGB von 1968 verschärfte die Kriterien erneut. Durch den weiten Tatbestand wurde nicht nur der Missbrauch des Strafrechts für politische Zwecke möglich, sondern es bestand auch die Gefahr, dass das Strafrecht zum »Spielball gesellschaftlicher Interessen« wurde. Beides geschah in der Ära Honecker, in der die Zahl der Verurteilten aufgrund dieses Straftatbestandes explodierte und 1973, im Zusammenhang mit »Säuberungen« vor den Weltfestspielen der Jugend, mit 14.000 einen Höhepunkt erreichte.[128] Korzilius führt dies auf eine Entsolidarisierung der Gesellschaft zurück, die sich auf den »staatlichen Verfolgungseifer« dieser Phase unterstützend auswirkte: »Indem die integrativen Momente in der alltäglichen Praxis weitgehend an Bedeutung verloren, konstituierten ›Asoziale‹ in der Ära Honecker eine soziale Randgruppe, die massiver gesellschaftlicher Ausgrenzung bei gleichzeitiger harter strafrechtlicher Verfolgung ausgesetzt waren.«[129] Als »Endpunkt« einer Entwicklung, die von zunehmendem Scheitern sozialer Eingliederungsmaßnahmen aufgrund gesellschaftlichen Widerstandes gekennzeichnet sei, sieht Korzilius die Eingliederung von »Gefährdeten« in sogenannte Sonderbrigaden, womit die Betroffenen ein »Außenseiterdasein« im Betrieb führten.[130]

In einem Zeitungsartikel wurde über die Arbeit in einer solchen Sonderbrigade berichtet. Es handelte sich hierbei um den Berliner VEB Kühlautomat, der etwa 2.000 Arbeiter beschäftigte. 21 von ihnen waren »psychisch auffällige Bürger«, deren Auffälligkeit überwiegend darin bestand, dass sie alkoholabhängig waren und damit als »labil, willensschwach, und unstetig, undiszipliniert und instabil« diskriminiert wurden. Zuständig für die Sonderbrigade war ein Mitglied der Betriebsgewerkschaftsleitung. Nach seinen Angaben arbeitete der Betrieb mit »differenzierten Disziplinarmaßnahmen, mit Lohnabzügen, mit Geduld aber auch mit Konsequenz« und stelle nicht das Leistungsprinzip, sondern den »sozialen Halt« in den Vordergrund: »Sie alle wissen, daß sie jederzeit etwa auch nach einem Rückfall, in unsere Brigade wieder aufgenommen werden. Zwar nicht kritiklos, doch ihr Arbeitsplatz ist ihnen sicher. Natürlich ist Alkohol während der Arbeitszeit tabu.« Dabei ging der Brigadier, ganz im Sinne einer weitreichenden sozialen Kontrolle, soweit, die Mitarbeiter der Sonderbrigade auch zuhause aufzusuchen, wenn sie nicht zur Arbeit erschienen.[131]

127 Korzilius, »Asoziale« und »Parasiten« im Recht der SBZ/DDR, S. 262 f.
128 Siehe ebd., S. 706–710.
129 Ebd., S. 709.
130 Ebd.
131 BLHA Rep. 601/25587, unpag., Kein Gläschen in Ehren? – Geduld, Verständnis, Hilfe. Aus dem Alltag einer Berliner Sonderbrigade/anerkannte Arbeit im VEB Kühlautomat.

In dieser Darstellung zeigen sich zwei wichtige Prinzipien des Umgangs mit sogenannten »Asozialen«: Zum einen wird der Versuch einer Sozialdisziplinierung jener DDR-Bürger deutlich, die eigentlich kaum noch zu disziplinieren waren. Dafür wurde einiger Aufwand in Kauf genommen. Zum anderen wird deutlich, dass die Ursachen für die »Gefährdung« keinesfalls auf strukturelle Probleme oder gar ein Milieu zurückgeführt werden konnten, da beides einen eigenen Bereich gebildet hätte, der sich dem umfassenden Herrschaftsanspruch der SED entzog.[132] Aus diesem Grund konnte die Verantwortung von staatlicher Seite nur beim Einzelnen, beispielsweise in individuellen Persönlichkeitsschwächen, gesucht werden. Ein ähnliches Vorgehen zeigt sich bei der Bewertung von Arbeitsunfällen, die ebenfalls selten auf strukturelle Schwächen oder veraltete Anlagen, sondern meist auf die Unfähigkeit des Betroffenen oder der Personen in seinem Umfeld zurückgeführt wurden.[133]

Ein Diskussionsbeitrag in der Hauptabteilung Innere Angelegenheiten des Ministeriums des Inneren gibt Aufschluss über das genaue Vorgehen. Um den betroffenen Personenkreis zu ermitteln, war man von »problembehafteten« Personen beim Amt für Arbeit, »kriminell Gefährdeten und Strafentlassenen« beim Ministerium des Inneren und vom Gesundheitswesen betreuten »Alkoholikern« ausgegangen. In einem zweiten Schritt wurde versucht, Betriebe oder Bereiche mit einfacher manueller Tätigkeit ausfindig zu machen, in denen die Planerfüllung einen niedrigeren Stellenwert besaß als in anderen Betrieben, wie beispielsweise im Straßenwesen, in der Stadtwirtschaft und den VEB Grünanlagen. Das »soziale Anliegen« wurde daraufhin den Betriebsleitern, BGL-Vorsitzenden und BPO-Sekretären näher gebracht und darauf geachtet, die Betroffenen, mit denen ein persönliches Gespräch geführt wurde, in einer »gesunde[n] Mischung von leichten, mittleren und komplizierten Fällen« in die Brigaden einzuordnen. Diese sollten »durch ständige Arbeit mit Lob und Tadel« und die Übernahme »besonderer Arbeitsaufgaben« diszipliniert und das Verhalten anderthalb jährlich eingeschätzt werden. Die Hauptabteilung Innere Angelegenheiten befand die Arbeitsproduktivität der Betroffenen jedoch für zu gering und hielt deren Integration für »unökonomisch«. Der »soziale Nutzen« definiere sich jedoch darin, dass die Betroffenen durch Arbeit nicht auf der Straße »liegen« und keine staatliche Sozialunterstützung in Anspruch nähmen.[134]

1986 gab es im Bezirk Frankfurt (Oder) bereits 47 »besondere« Brigaden, in die fast 500 Personen eingegliedert waren. Bei etwa zwei Drittel der Personen bestand

132 Vgl. Lindenberger, »Asoziale Lebensweise«, S. 242.

133 Zahlreiche Beispiele hierfür finden sich in einer etwa tausendseitigen Akte zu einzelnen Unfällen im EKO, vgl. UA EKO, A 3618.

134 BLHA Rep. 601/25587, unpag., Diskussionsbeitrag für die Durchführungsbestimmungen in der Hauptabteilung Innere Angelegenheiten des Ministeriums des Inneren am 27.2.1985.

die »psychische Auffälligkeit« in einer Alkoholabhängigkeit.[135] Bis 1989 wurden die Bemühungen verstärkt, den Personenkreis von Strafentlassenen und »kriminell gefährdeten Bürgern« zu ermitteln und diesen in den Arbeitsprozess einzubeziehen. 1988 waren im Bezirk Frankfurt (Oder) 10.279 solcherart definierte Personen ermittelt worden. Von diesen waren 3.732 in ausgewählte Arbeitskollektive eingegliedert worden, »die durch ihre Leistungsstärke und ihr moralisches Niveau« auf die Betroffenen positiven Einfluss nehmen sollten. 4.881 Bürger »mit eingeschränktem physischen und psychischen Leistungsvermögen, bei denen die Isolierung von der Gesellschaft, die Arbeitsscheu und die primitive Lebensweise besonders fortgeschritten« sei, wurden in 600 besondere Brigaden eingegliedert, von denen 295 in örtlich und 259 in zentral geleiteten Betrieben bestanden und 46 auf landwirtschaftliche Produktionsgenossenschaften entfielen. Mit 1.666 Bürgern müsse noch über ihre Zukunft »beraten und entschieden« werden.[136]

Das Beispiel zeigt, wie weit die SED in ihren Bemühungen ging, das »Recht auf Arbeit« zu verwirklichen und damit eine Sozialdisziplinierung anstrebte. Der Aussage von Korzilius, dass die Betroffenen zunehmend in geschlossene Randbereiche wie Sonderbrigaden abgeschoben wurden,[137] kann jedoch nur eingeschränkt zugestimmt werden, denn dies relativiert den Erziehungsanspruch des SED-Staates. Dieser Anspruch bestand trotz aller Verschärfungen in Strafrecht und Gesellschaft weiterhin – bei den im Bezirk Frankfurt (Oder) in Brigaden eingegliederten Personen wurde immerhin bei 36 Prozent versucht, diese durch Mitarbeit in einer »normalen« Brigade zu reintegrieren.

Geschützte Arbeit im Bezirk Frankfurt (Oder)

Im Bezirk Frankfurt (Oder) bemühten sich die örtlichen Stellen auch zu Beginn der 1980er-Jahre um verbindliche Festlegungen im Bereich der geschützten Arbeit. 1979 gab es nach Information des FDGB-Bezirksvorstandes 1.858 geschützte Arbeitsplätze im Bezirk, darunter 187 in neun geschützten Betriebsteilungen. Insgesamt waren nur 1.560 Plätze besetzt. Diese Tatsache führte der Bezirksvorstand darauf zurück, dass deutlich weniger Invalidenrentner dazu bereit waren, im Rahmen der gesetzlichen Verdienstmöglichkeiten weiterzuarbeiten. So hatten 68,7 Prozent der neu invalidisierten Personen eine Berufstätigkeit nach der Invalidisierung zum Teil

135 BLHA Rep. 601/25587, unpag., Rat des Bezirkes, Beschlussgegenstand, Informationen zur Verwirklichung des Beschlusses des Präsidiums des Ministerrates vom 9.1.1985 […].
136 Ebd.
137 Siehe Korzilius, »Asoziale« und »Parasiten« im Recht der SBZ/DDR, S. 709.

zunächst, teilweise jedoch gänzlich abgelehnt. Eine Auswertung durch die Verwaltung der Sozialversicherung im April 1980 ergab, dass »tatsächlich nur 19,1 Prozent der Invalidenrentner in Arbeit stehen«, womit »weitere Reserven für die volle Ausschöpfung des gesellschaftlichen Arbeitsvermögens« genutzt werden könnten.[138] 1982 bezogen 9.330 Einwohner des Bezirkes eine Invalidenrente, 5.600 eine Unfallrente und 12.901 ein Pflege-, Sonderpflege- oder Blindengeld. Insgesamt waren von 1977 bis 1981 im Bezirk 6.189 Personen invalidisiert worden, denen »verstärkt Aufmerksamkeit" gewidmet werden sollte. Von den insgesamt 880 jugendlichen Invalidenrentnern hatten Vertreter der Sozialversicherung über 800 im »Internationalen Jahr des Geschädigten« persönlich aufgesucht und daraufhin veranlasst, bei einem Zehntel die Leistungen zu erhöhen.[139] Das IYDP hatte also in einem geringen Umfang im Bezirk Folgen gezeitigt. Inwieweit sich hierdurch die Lebenssituation der Betroffenen wirklich verbesserte, bleibt jedoch unklar.

Die Bereitschaft, geschützte Arbeitsplätze einzurichten, war in den Großbetrieben des Bezirkes immer noch geringer als in den dortigen Klein- und Mittelbetrieben. Im EKO gab es 1980 nur 41, im PCK nur 42 und im Halbleiterwerk nur 38 geschützte Arbeitsplätze, wohingegen Klein- und Mittelbetriebe wie der VEB Statron Fürstenwalde über 112, der Starkstrom-Anlagenbau Fürstenwalde über 41 und der Schiffsarmaturen- und Leuchtenbau Finow über 27 geschützte Arbeitsplätze verfügten.[140] Das Beispiel des VEB Kranbau Eberswalde zeigt, dass innerbetriebliche ökonomische Belange deutlich im Vordergrund standen. Die dort geplante geschützte Abteilung wurde zurückgestellt, weil »die dafür vorgesehene Halle unbedingt für die Erweiterung des Exportes gebraucht« wurde.[141] Auch Rationalisierungen schränkten den Spielraum erheblich ein. So konnte man sich im Halbleiterwerk Frankfurt (Oder) nicht vorstellen, »wie bei der komplexen Rationalisierung und den steigenden Anforderungen die geschützten Arbeitsplätze aufrecht erhalten« werden sollten. Insbesondere in den Großbetrieben dominierte zudem die innerbetriebliche wachsende Berufsunfähigkeit die Aufgaben des dortigen Gesundheits-, Sozial- und Personalwesens. So gab es im PCK Schwedt zahlreiche »Kollegen, die nach längerer Krankheit, schwerer Operation und manifestierten Gesundheitsschäden nicht mehr ihrem Arbeitsvertrag

138 BLHA Rep. 747/720, unpag., Bericht über die Ergebnisse und Erfahrungen der gewerkschaftlichen Tätigkeit auf dem Gebiet der Rehabilitation in den Betrieben und Kombinaten, 15.8.1980 (Präsidiumsbeschluss des Bundesvorstandes des FDGB vom 12.1.1979).

139 Siehe BLHA Rep. 747/1398, unpag., FDGB-Bezirksvorstand Frankfurt (Oder), Abteilung Sozialpolitik, Erfahrungsaustausch mit BGL-Vorsitzenden und Gewerkschaftsvertretern in Rehabilitationskommissionen ausgewählter Betriebe zur Erhöhung der Qualität gewerkschaftlicher Mitwirkung auf dem Gebiet der Rehabilitation, 2.12.1982.

140 Siehe ebd.

141 Ebd.

entsprechend eingesetzt werden können, aber der Körperschaden für eine Invalidität nicht ausreicht und [die] keinen Anspruch auf einen geschützten Arbeitsplatz haben. Die Eingliederung dieser Werktätigen ist in der Regel mit einer Verdienstminderung verbunden und dadurch schwierig. Notwendige Umbesetzungen ziehen sich oft über Monate hin.«[142] Auch im EKO konnte »trotz umfangreicher Aktivitäten« für etwa 80 Beschäftigte, die aus gesundheitlichen Gründen ihren Arbeitsplatz aufgeben mussten, keine zufriedenstellende Lösung gefunden werden. Auch hier waren Umbesetzungen in fast allen Fällen mit Verdienstminderungen verbunden.[143]

Ein Jahr später kritisierte der Rat des Bezirkes, dass ein Teil der statistisch ausgewiesenen geschützten Arbeitsplätze nach dem Ausscheiden eines Rehabilitanden nicht mehr weiter genutzt wurde. Einzelarbeitsplätze waren nach Ansicht des Rates genügend vorhanden, es fehlten jedoch in fast allen Kreisen Arbeitsplätze in geschützten Abteilungen.[144] Der Rat beschloss erneut einen Maßnahmeplan zur Verbesserung der Rehabilitation, der die Kreise des Bezirkes dazu verpflichtete, Konzeptionen für die Entwicklung der geschützten Arbeit bis 1985 auszuarbeiten. Der Schwerpunkt der Arbeit sollte darin bestehen, geschützte Werkstätten des Gesundheitswesens sowie geschützte Abteilungen in den großen Betrieben der zentralgeleiteten Industrie und Landwirtschaft einzurichten. Auch im Bauwesen waren Verbesserungen geplant: Beim Neubau sollte auf den Abbau architektonischer Barrieren geachtet und ein Prozent der Neubauwohnungen als Wohnraum für »Beschädigte« reserviert werden.[145]

Im Dezember 1982 fand ein Erfahrungsaustausch des FDGB-Bezirksvorstandes mit den BGL-Vorsitzenden und den Gewerkschaftsvertretern in den Rehabilitationskommissionen ausgewählter Betriebe statt.[146] Dabei wurde deutlich, warum es nicht gelang, ausreichend geschützte Arbeitsplätze in der Landwirtschaft zu etablieren. So berichtete der Sekretär für Sozialpolitik des Kreisvorstandes Eberswalde, dass es nicht gelungen sei, »einen größeren Durchbruch zu erzielen […], da wir auf die ganze Problematik der LPG so gut wie keinen gewerkschaftlichen Einfluss haben«.[147] Neben der anstrengenden körperlichen Tätigkeit war dies tatsächlich eine Erklärung für das

142 Ebd.

143 Siehe ebd.

144 Siehe BLHA Rep. 601/10393, unpag., Bericht über den Stand der Rehabilitation geschädigter Bürger im Bezirk und Schlussfolgerungen für die Arbeit auf diesem Gebiet, 7. Sitzung des Rates des Bezirkes, 2.4.1981.

145 Siehe BLHA Rep. 601/10393, unpag., Maßnahmen für die weitere Entwicklung der Rehabilitation im Bezirk Frankfurt (Oder), o. D.

146 Siehe BLHA Rep. 747/1398, unpag., FDGB-Bezirksvorstand Frankfurt (Oder), Abteilung Sozialpolitik, Erfahrungsaustausch mit BGL-Vorsitzenden und Gewerkschaftsvertretern in Rehabilitationskommissionen ausgewählter Betriebe zur Erhöhung der Qualität gewerkschaftlicher Mitwirkung auf dem Gebiet der Rehabilitation, 2.12.1982.

147 Ebd.

Fehlen geschützter Arbeitsplätze in der Landwirtschaft. Die gewerkschaftliche Arbeit in der Landwirtschaft zählte nicht zu den Schwerpunkten des FDGB, da die Beschäftigten in landwirtschaftlichen Produktionsgenossenschaften als Eigentümer von Produktionsmitteln galten und damit von einer Mitgliedschaft im FDGB grundsätzlich ausgeschlossen blieben.[148] Die Zahl der geschützten Arbeitsplätze sollte sich in den Folgejahren in diesem Bereich auch nicht mehr wesentlich erhöhen. 1985 waren nur 208 Rehabilitanden in der Land-, Forst- und Nahrungsgüterwirtschaft tätig.[149]

Über die Situation in einzelnen Betrieben gaben vor allem die Beiträge der Referenten des PCK Schwedt, des Halbleiterwerkes Frankfurt (Oder) und des VEB Elektroinstallation Eisenhüttenstadt Aufschluss. Die Vorsitzende der Arbeitsschutzkommission der Zentralen Betriebsgewerkschaftsleitung (ZBGL) des PCK Schwedt berichtete, dass dort Rehabilitanden auf 53 geschützten Arbeitsplätzen tätig waren und es weitere Einsatzmöglichkeiten auf »normalen« Arbeitsplätzen gebe. Hinderlich für die Einstellung weiterer Personen sei, dass Rehabilitanden im Rollstuhl den Betrieb mit öffentlichen Verkehrsmitteln überhaupt nicht erreichen konnten. Daneben blieb auch die wachsende Berufsunfähigkeit virulent. Notwendige Umbesetzungen zögen sich häufig über Monate hin. Sie könnten zwar mit der in § 216 des AGB festgelegten Schonarbeit überbrückt werden, jedoch sei diese »in der Regel schon voll ausgeschöpft bevor über die Kollegen in der betrieblichen Rehabilitandenkommission beraten« werde.[150]

Im Halbleiterwerk Frankfurt (Oder) gab es keine geschützte Betriebsabteilung, sondern nur geschützte Einzelarbeitsplätze, auf denen 43 Rehabilitanden tätig waren. Der Betriebsarzt kontrollierte diese und bezog die Betroffenen in die Dispensairebetreuung mit ein. Die Kurenkommission des Betriebes bemühte sich dabei, den Rehabilitanden vorrangig Kuren zu vermitteln. 1981 war in Frankfurt (Oder) endlich eine geschützte Werkstatt des Gesundheits- und Sozialwesens mit 22 Plätzen entstanden, die mit drei Betrieben Kooperationsvereinbarungen unterhielt. Rehabilitanden wurden im Rahmen der Arbeitstherapie aufgenommen und erhielten einen Stundenlohn von 2,16 Mark. Finanziert wurde dieser durch die Abteilung Finanzen

148 Landwirtschaftliche Gewerkschaftsarbeit, in: FDGB-Lexikon. Funktion, Struktur, Kader und Entwicklung einer Massenorganisation der SED (1945–1990), hrsg. von Dieter Dowe u. a., bearb. von Michael Kubina, Berlin 2009 (http://library.fes.de/FDGB-Lexikon/Stand: 14.9.2014).

149 Siehe BLHA, Rep. 601/10511, unpag., Bericht über den Stand der Rehabilitation geschädigter Bürger im Bezirk und Schlussforderungen für die Arbeit auf diesem Gebiet, 11. Sitzung des Rates 1985, o. D.

150 BLHA Rep. 747/1398, unpag., FDGB-Bezirksvorstand Frankfurt (Oder), Abteilung Sozialpolitik, Erfahrungsaustausch mit BGL-Vorsitzenden und Gewerkschaftsvertretern in Rehabilitationskommissionen ausgewählter Betriebe zur Erhöhung der Qualität gewerkschaftlicher Mitwirkung auf dem Gebiet der Rehabilitation, 2.12.1982.

des Rates der Stadt. Der zuständige Referent beklagte auf dem Erfahrungsaustausch, dass das Arbeitsangebot zu gering sei, obwohl die Rehabilitanden, mit denen eine vierstündige Arbeitszeit festgelegt worden war, im Grunde länger arbeiten könnten. Jährlich müssten mindestens zehn Rehabilitanden aufgenommen werden, der Bedarf sei also bei Weitem nicht gedeckt.[151]

Im VEB Elektroinstallation Eisenhüttenstadt waren 21 Rehabilitanden tätig, davon 19 in der geschützten Betriebsabteilung und drei auf Einzelarbeitsplätzen. Das aus diesem Betrieb anwesende BGL-Mitglied sah eine besondere Schwachstelle darin, dass die geschützte Abteilung in einem Gebäude des Bandstahlkombinates »Hermann Matern« untergebracht war. Denn das BKE komme trotz »einer Vielzahl von Aufforderungen« seinen Instandhaltungspflichten nicht nach, sodass das Wasser »bei Regen und Tauwetter eimerweise durch das seit langen [sic!] defekte Dach« laufe und die Betroffenen ihre Sozialräume nicht nutzen konnten. Auch die Zufahrtswege zum Gebäude seien »derart vernachlässigt und reparaturbedürftig«, dass »jeder Gang zur Arbeitsstelle für unsere gehbehinderten Kollegen ein unvertretbares Risiko« darstelle. Das BGL-Mitglied forderte, dass die zuständigen Mitarbeiter des Bandstahlkombinates »einmal etwas weiter denken [sollten], als nur an die eigenen Plankennziffern«.[152] Ökonomische Erwägungen gab es aber offenbar auch im eigenen Betrieb. Durch Rationalisierungsmaßnahmen fielen dort die manuellen Tätigkeiten der Rehabilitanden zunehmend weg oder wurden von Automaten übernommen. Das BGL-Mitglied des VEB Elektroinstallation bemängelte das Fehlen einer geschützten Werkstatt unter Leitung des Gesundheitswesens in Eisenhüttenstadt. Deshalb würden für die Tätigkeiten ungeeignete Rehabilitanden trotzdem im Betrieb beschäftigt, die Arbeitsplätze für andere blockierten. Das BGL-Mitglied verwies erneut auf das Bandstahlkombinat: »Wenn man dabei bedenkt, daß sich z. B. in Eisenhüttenstadt das Bandstahlkombinat befindet, in dem Tausende [sic!] Werktätige beschäftigt sind und dieser Betrieb keine geeignete geschützte Betriebsabteilung hat, sollte unseres Erachtens doch hier ein konkreter Ansatzpunkt dafür sein, um über einen entsprechenden Kommunalvertrag mit dem Betrieb auch eine geschützte Werkstatt kurzfristig zu realisieren.«[153] Abschließend wurde auf dem Erfahrungsaustausch resümiert, den Fokus stärker auf die geschützten Betriebsabteilungen zu legen und in diesen 600 Plätze einzurichten.[154]

Dieses Ziel wurde jedoch nicht erreicht. 1984 war zwar die Zahl der geschützten Arbeitsplätze auf 2.081 angewachsen. Diese Zahl hatte jedoch kaum Relevanz, denn

151 Siehe ebd.
152 Ebd.
153 Ebd.
154 Siehe ebd.

der Rat schätzte den zuvor festgelegten Bedarf von 2.500 geschützten Arbeitsplätzen als viel zu hoch ein. 1.600 Arbeitsplätze würden ausreichen, »wenn sie den spezifischen territorialen Erfordernissen entsprechend verteilt wären«. Insgesamt waren 1.582 Rehabilitanden in das System der geschützten Arbeit eingegliedert, fast die Hälfte davon aufgrund einer körperlichen Behinderung. Damit hatte sich die Zahl der besetzten geschützten Arbeitsplätze seit 1979 kaum verändert. In einigen Kreisen war eine berufliche Rehabilitation nur auf betrieblichen Einzelarbeitsplätzen möglich, die für viele Rehabilitanden ungeeignet waren.[155] Der Rat bestimmte daher, dass in den Volkswirtschaftsplänen dieser Kreise der Aufbau geschützter Abteilungen in Betrieben und Landwirtschaftlichen Produktionsgenossenschaften festgelegt werden sollte.[156]

Um Informationen über die Entwicklung der Rehabilitation im Bezirk zu erhalten, hatte der Rat einen Fragenkatalog an die für die einzelnen Kreise zuständigen »Instrukteure« gesandt. Darin wurde unter anderem danach gefragt, wie viele Bürger 1984 über die Rehabilitationskommissionen einen Arbeitsplatz erhalten hatten, wie lange dies gedauert hatte und welche Schwierigkeiten dabei aufgetreten waren.[157] Die Instrukteure meldeten daraufhin, dass besonders die Eingliederung von Invalidenrentnern, die eine Arbeit im Lohndrittel ausüben wollten, und die Eingliederung »psychiatrisch erkrankter Erwachsener« problematisch seien.[158] Ende 1984 standen von den 9.335 Invalidenrentnern des Bezirkes 1.673 in einem Arbeitsverhältnis.[159] Genauso schwierig gestaltete sich die Arbeitsplatzfindung für Beschäftigte mit geringer Schulbildung, die aufgrund ihres körperlichen Einsatzes im bisherigen Beruf ein gutes Einkommen gehabt hatten und nun nicht mehr imstande waren, schwere körperliche Arbeiten auszuführen. Hiervon waren vor allem Beschäftigte im Bauwesen betroffen.[160] Neben »Bürgern, die infolge psychischer Erkrankungen oder ihrer abnormen Persönlichkeitsstruktur schwer vermittelbar« seien, zeige sich »größte

155 Siehe BLHA, Rep. 601/10511, unpag., Bericht über den Stand der Rehabilitation geschädigter Bürger im Bezirk und Schlussforderungen für die Arbeit auf diesem Gebiet, 11. Sitzung des Rates 1985.

156 Siehe BLHA, Rep. 601/10511, unpag., Maßnahmeplan, Beschluss Nr. 0074/85, 11. Sitzung des Rates 1985.

157 Siehe BLHA, Rep. 601/24778, unpag., Anlage 2, Bericht über den Stand der Entwicklung der Rehabilitation geschädigter Bürger im Bezirk Frankfurt (Oder), Schlussfolgerungen für die weitere Arbeit.

158 Siehe BLHA, Rep. 601/24778, unpag., Kreis Fürstenwalde/Instrukteur, Information zur Entwicklung der Rehabilitation geschädigter Bürger im Kreis Fürstenwalde, 26.3.1985.

159 Siehe BLHA, Rep. 747/891, unpag., FDGB-Bezirksvorstand, Rehabilitation geschädigter Bürger, 12.7.1985.

160 Siehe BLHA, Rep. 601/24778, unpag., Kreis Fürstenwalde, Instrukteur, Information zur Entwicklung der Rehabilitation geschädigter Bürger im Kreis Fürstenwalde, 26.3.1985.

Uneinheitlichkeit der Auffassungen« bei der Eingliederung »alkoholgefährdeter Bürger«, die nicht als Rehabilitanden galten.[161] Schwierig war zudem die Arbeitsvermittlung von Absolventen des Rehabilitationszentrums Berlin-Buch, da einige der dort vertretenen Berufe »territorial nicht oder nur gering vorhanden« waren.[162]

Die Rehabilitationskommissionen konnten gemeinsam mit der Kreisplankommission und dem Amt für Arbeit ausgewählten Betrieben zur Auflage machen, geeignete Arbeitsplätze für Rehabilitanden zur Verfügung zu stellen.[163] Der Rat des Bezirkes hielt den Einfluss der Rehabilitationskommissionen auf die Einrichtung geschützter Arbeitsplätze allerdings für sehr gering.[164] Mit manchen Kaderleitungen in den Betrieben gab es jedoch bei der Eingliederung von »Bürgern, die sich als so genannte ›Grenzfälle‹ zum Status des Rehabilitanden erwiesen«, Unstimmigkeiten, »wenn nach Meinung des Rates der Stadt der § 209 des AGB zur Anwendung gebracht werden mußte«.[165] Danach war der Betrieb verpflichtet, Beschäftigten mit gesundheitlichen Problemen oder im höheren Lebensalter einen anderen Arbeitsplatz in ihrem oder einem anderen Betrieb zur Verfügung zu stellen sowie diesen eine berufliche Qualifizierung zu ermöglichen.[166] Beklagt wurde auch, dass sich die Betriebe oft nicht verantwortlich für die Rehabilitanden fühlten und ihre Aufgabe mit der Einrichtung eines entsprechenden Arbeitsplatzes als erledigt betrachteten, sodass anschließend die staatlichen Stellen die Betreuung übernehmen mussten.[167]

In Eisenhüttenstadt gab es 1985 etwa 100 geschützte Arbeitsplätze, von denen 90 dauerhaft besetzt waren und zehn kurzfristig zur Verfügung standen. Auch hier arbeiteten die Kreisrehabilitationskommission, das Amt für Arbeit und die Plankommission eng zusammen. Wie schwierig es war, einen geeigneten Arbeitsplatz zu finden, zeigt sich vor allem in der verstrichenen Zeit bis zur Arbeitsaufnahme, die zwischen drei Wochen und 18 Monaten lag, sowie an der Tatsache, dass den

161 BLHA, Rep. 601/24778, unpag., Instrukteur für die Bezirksstadt Frankfurt (Oder), Informationen über den Stand der Entwicklung der Rehabilitation geschädigter Bürger und Schlussfolgerungen für die weitere Arbeit, 25.3.1985.

162 BLHA, Rep. 601/24778, unpag., Instrukteur Bernau, Information zum Stand der Rehabilitation geschädigter Bürger im Kreis Bernau und Schlussfolgerungen für die weitere Arbeit, 26.3.1985.

163 Siehe BLHA, Rep. 601/24778, unpag., Information zur Entwicklung der Rehabilitation geschädigter Bürger im Kreis Strausberg, 26.3.1985.

164 Siehe BLHA, Rep. 601/24778, unpag., Instrukteur für die Bezirksstadt Frankfurt (Oder), Informationen über den Stand der Entwicklung der Rehabilitation geschädigter Bürger und Schlussfolgerungen für die weitere Arbeit, 25.3.1985.

165 Ebd.

166 Siehe § 209, AGB.

167 Siehe BLHA, Rep. 601/24778, unpag., Instrukteur Bernau, Information zum Stand der Rehabilitation geschädigter Bürger im Kreis Bernau und Schlussfolgerungen für die weitere Arbeit, 26.3.1985.

Betroffenen teilweise bis zu sieben Arbeitsplätze angeboten werden mussten, da die »Vorstellungen der Bürger« nicht mit den »realen Möglichkeiten« übereinstimmten. Als besonders vorbildlich bei der Einrichtung von geschützten Arbeitsplätzen wurden in Eisenhüttenstadt das Staatliche Gesundheitswesen, die »Volksbildung«, die Handelsorganisation (HO) und der VEB Elektroinstallation hervorgehoben.[168]

Der Rat griff Berichte der Kreise auf und stellte fest, dass fast alle Eingaben die Arbeitsvermittlung für zu lang einschätzten. Der Rat änderte daraufhin seine Zielsetzung: Anstelle eines weiteren Ausbaus der geschützten Arbeit sollte im Vordergrund der weiteren Arbeit nun ein erhöhtes Tempo beim Abbau von Arbeitsplätzen mit erschwerten Bedingungen stehen. Beschäftigte, »die unter erschwerten Bedingungen arbeiten, sollten über langfristige Vereinbarungen weit vorausschauend auf einen Arbeitsplatzwechsel vorbereitet werden«.[169] Damit reagierte der Rat deutlich auf die spezielle Problematik in den Großbetrieben des Bezirks. Diese hatte er zuvor weitgehend ignoriert und stattdessen immer wieder eine Erweiterung der geschützten Arbeit gefordert und in Plänen festgehalten.

Die Instrukteurabteilung des Rates legte 1989 erneut eine Information über den Stand der Rehabilitation in den Kreisen vor, in der sie kritisierte, dass bei kommunalen Vorhaben den Problemen und Wünschen der Rehabilitanden insgesamt kaum Rechnung getragen werde. Hauptkritikpunkt der Instrukteurabteilung war die Unterbringung von Rehabilitanden. Diese waren im Kreis Bernau zum Beispiel mit Jugendlichen aus Kinderheimen, Jugendwerkhöfen oder dem Strafvollzug untergebracht. Nach Ansicht des Instrukteurs führte dies zu großen Schwierigkeiten, »da die Letzteren den Ersteren überlegen sind und das raffiniert ausnutzen«. Auch die Kapazität der Bernauer Fördertagesstätte mit zwölf Plätzen reiche bei weitem nicht aus, weshalb die betroffenen Eltern »zunehmend ungeduldig und verbittert [reagierten] und [...] Kontakt zu konfessionellen Einrichtungen und Gruppen« aufnähmen. Auf der anderen Seite gebe es beispielsweise im Stadtteil Fürstenberg in Eisenhüttenstadt »massiven Widerstand« der Bevölkerung gegen die Umprofilierung einer Kinderkrippe in ein Dauerheim für »förderungsunfähige Kinder«.[170]

168 BLHA Rep. 601/24778, unpag., Instrukteur für den Kreis Eisenhüttenstadt, Information zum Stand der Entwicklung der Rehabilitation geschädigter Bürger in Eisenhüttenstadt, 25.3.1985.

169 BLHA Rep. 601/22983, unpag., Rat des Bezirkes Frankfurt (Oder), Zum Bericht über den Stand der Entwicklung der Rehabilitation geschädigter Bürger im Bezirk Frankfurt an der Oder und Schlussfolgerungen für die weitere Arbeit, 8.4.1985.

170 BLHA Rep. 601/25452, unpag., Rat des Bezirkes Frankfurt (Oder), Instrukteurabteilung, Informationen zum Stand der komplexen Rehabilitation geschädigter Bürger (entsprechend den Informationen der Genossen Instrukteure – außer Frankfurt (Oder) und Beeskow), 24.10.1989.

Die Darstellung unterschied sich deutlich von den Informationen der vorangegangenen Jahre. Auf Probleme wurde konkreter eingegangen und auch der gesellschaftlichen Entwicklung stärker Rechnung getragen, wenn beispielsweise von einer zunehmenden Verbitterung der Eltern von Kindern mit Behinderungen die Rede ist oder vom »massiven Widerstand« gegen ein Heim für Kinder mit Behinderungen in Eisenhüttenstadt. Letzteres macht gleichzeitig die häufig von den örtlichen Stellen verschleierte Haltung der Gesellschaft zu Menschen mit Behinderungen deutlich und zeigt auch, dass um die knappen Ressourcen ein harter Kampf ausgefochten wurde.

Hintergründe für Invalidität und Berufskrankheiten im Eisenhüttenkombinat Ost

Das EKO war von den örtlichen Stellen in Bezug auf die geschützte Arbeit heftig kritisiert worden. Dabei erfuhr es Anfang der 1980er-Jahre eine starke Aufwertung, denn das Politbüro hatte mit einem »Beschluss zur Entwicklung der Veredelungsmetallurgie im Zeitraum von 1981–1985« vom 21. Oktober 1980 vorgesehen, die Produktion von veredeltem Walzstahl und höherwertigen metallurgischen Erzeugnissen zu steigern.[171] Aus diesem Grund wurde das EKO weiter ausgebaut; ein Konverterstahlwerk, dessen Bau 1980 bei der österreichischen Firma VOEST Alpine in Auftrag gegeben wurde, sollte die Roheisenkapazität enorm erweitern.[172] Der Ausbau des Eisenhüttenkombinates in den 1980er-Jahren bedeutete auch, dass verstärkt Arbeitskräfte benötigt wurden. Daher lag ein stärkerer Fokus auf der Frauenerwerbstätigkeit im EKO. 1981 arbeiteten im Werk etwa 3.367 Frauen, davon 1.458 in der unmittelbaren Produktion.[173] Die Zahl der Beschäftigten stieg insgesamt in den 1980er-Jahren – mit Ausnahme eines Einbruchs um etwa 500 Arbeitskräfte im Jahr 1983 – von 9.362 1980 stetig an und lag 1989 bei 11.934 Personen. Mit der Inbetriebnahme des Konverterstahlwerkes wurden veraltete Anlagen wie in Hennigsdorf, Riesa und Gröditz nicht mehr genutzt und die dort freigesetzten Arbeitskräfte als »Erfahrungsträger« im neuen Werk beschäftigt. Durch Einsparungen wurden Arbeitskräfte intern »umbesetzt« und zudem ein umfangreiches Qualifizierungsprogramm begonnen, welches zum Teil eine praktische Ausbildung in anderen Werken der DDR und Betrieben in der UdSSR, der ČSSR und in Ungarn beinhaltete.[174]

171 Siehe Schmidt, Einblicke, S. 192.

172 Siehe ebd., S. 194.

173 Siehe UA EKO, BGL A 44, Bl. 94–103, hier Bl. 101 f., ZBGL, Zuarbeit zur Erarbeitung eines Berichtes zu den Ergebnissen, Erfahrungen und Problemen bei der weiteren Verbesserung der Arbeitsbedingungen der Frauen in der materiellen Produktion im Bereich der IG Metall, o. D.

174 Siehe Schmidt, Einblicke, S. 200.

Das Konverterstahlwerk, das im November 1984 offiziell den Betrieb aufnahm, bot aufgrund der modernen technischen Ausstattung erheblich leichtere Arbeitsbedingungen als die alten Öfen, stellte jedoch höhere Anforderungen an den Qualifizierungsgrad der Beschäftigten. Im EKO verfügten jedoch Anfang der 1980er-Jahre 93 Prozent der Belegschaft über eine Berufsausbildung.[175]

Der Minister für Erzbergbau, Metallurgie und Kali hatte angewiesen, bis 1985 eine Gesamtarbeitsplatzkartei zu erstellen, in der die Zentrale Betriebsgewerkschaftsleitung (ZBGL) eine Möglichkeit sah, Fragen für eine Tätigkeit von Frauen, Schwangeren, Rehabilitanden oder Beschäftigten, die Schonarbeit benötigten, »mit in den Griff« zu bekommen.[176] Die Einführung sogenannter »Standard-Arbeitsplatzkarten« (SAPK), die der Direktor für Ökonomie erarbeitete, war deshalb bedeutsam, da ab 1984 ein neuer Erschwerniskatalog eingeführt werden und die Höhe der Erschwerniszulage über die Arbeitsplatzkarte bestimmt werden sollte.[177] Neben der Arbeitsplatzkarte gab es weitere Instrumente zur Einschätzung der Arbeitskräftesituation, zum Beispiel die Fluktuationsanalyse, die der Direktor für Kader und Bildung regelmäßig durchführte und in der Abgänge aus dem EKO aus persönlichen und betrieblichen Gründen sowie aus gesundheitlichen Motiven festgehalten wurden.[178]

Neben dem Arbeitskräftemangel war das Thema Unfallverhütung weiterhin aktuell. 1981 hatte der Hauptsicherheitsinspektor festgestellt, dass mit 217 meldepflichtigen Arbeitsunfällen im Vorjahr »seit Jahren das schlechteste Ergebnis« dieser Art zu verzeichnen war.[179] Der Hauptsicherheitsinspektor schätzte die erlittenen Verletzungen der Unfallbetroffenen »außerordentlich schwer« ein, da es neben Frakturen und Quetschungen sogar zu tödlichen Folgen gekommen sei. Diese Einschätzung ging auch auf einen im September 1981 stattgefundenen Unfall mit Todesfolge zurück. Dabei war ein Hochofenwasserschlosser von aus dem Hochofen geschleuderten »glühenden und teigigen Einsatzstoffen« so verbrannt worden, dass er infolge dieser Verletzungen verstarb.[180]

175 Siehe ebd., S. 202.

176 UA EKO, BGL A 44, Bl. 216–220, hier Bl. 218 f., Direktor für Kader und Bildung, Mündliche Einschätzung über den Stand der Überarbeitung des Frauenarbeitsplatzkataloges, Protokoll Nr. 28 über die Sitzung der ZBGL am 4.12.1980, 16.12.1980.

177 Siehe UA EKO, BGL A 44, Bl. 10 f., Direktor für Ökonomie an ZBGL, Beschluss Nr. 497: Stand der Erarbeitung der Standard-Arbeitsplatzkarte (SAPK) im EKO, 18.5.1982.

178 Siehe UA EKO, A 4266, unpag., Protokoll der Dienstberatung des Generaldirektors vom 10.3.1986, 13.3.1986.

179 UA EKO, A 2257, Bl. 9–11, hier Bl. 9, Hauptsicherheitsinspektor, Probleme der Unfallentwicklung im EKO, 16.2.1981.

180 UA EKO, A 2257, Bl. 16–20, hier Bl. 18, Hauptsicherheitsinspektor, Zuarbeit zur Funktionärskonferenz am 6.10.1981, 5.10.1981.

Obwohl im Betrieb entsprechend den zentralen Festlegungen ein »Gemeinsamer Beschluss« zur Erhöhung der Arbeitssicherheit im BKE gefasst wurde, der eine monatliche Unfallauswertung vorsah,[181] ließen sich Unfälle im EKO nicht so leicht eindämmen. 1989 beriet die ZBGL erneut über die negative Unfallentwicklung.[182] Die Arbeitsschutzkommission musste ihr Ziel, eine »Planerfüllung ohne Unfälle, Havarien und Störungen« zu gewährleisten, bereits im September 1989 aufgeben. Die Arbeitsschutzkommission machte deutlich, dass Unfälle hauptsächlich eingetreten waren, »weil die Technologien ganz fehlen oder den tatsächlichen Ablauf nicht widerspiegeln. Damit arbeiten die Kollegen am Arbeitsplatz so, wie sie am besten zurechtkommen, ohne dabei zu berücksichtigen, daß große Gefahren für Leben und Gesundheit bestehen.« Für 1989/90 wurde daher eine erhöhte Kontrolle und Zusammenarbeit zwischen den Sicherheitsinspektoren und der BGL festgelegt, die Disziplinarverstöße in den Gewerkschaftsgruppenversammlungen deutlicher thematisieren sollten, um »die Grundhaltung unserer Werktätigen zu verbessern«.[183]

Hier wird deutlich, dass die BGL – entgegen dem ohnehin eher formalen Anspruch, die »Werktätigen« zu vertreten – diese für die Unfälle selbst verantwortlich machte, ohne auf den deutlich wichtigeren Aspekt der veralteten Anlagen einzugehen. Der Verschleißgrad der Produktionsanlagen in der DDR im »produzierenden Bereich« lag Ende der 1980er-Jahre bei 46,5 Prozent, womit ein geregelter Arbeitsablauf quasi unmöglich war.[184] Selbst im EKO konnten neu angeschaffte Anlagen, die zudem sehr wenig Spielraum für Improvisationen bei Funktionsproblemen ermöglichten, nicht darüber hinwegtäuschen, dass Ergebnisse nur mit einer höheren Belastung der Arbeitskräfte erzielt werden konnten.[185] Die Haltung der BGL war offenbar Konsens, denn Parteichef Honecker hatte knapp ein Jahr zuvor in einer jährlich stattfindenden Rede vor den Kreisleitungen beklagt, dass »Havarien«, welche die volkswirtschaftlichen Ergebnisse in hohem Maße beeinträchtigt hätten, hauptsächlich auf »subjektives Fehlverhalten« zurückzuführen seien.[186] Dieses Argumentationsmuster, den Einzelnen für Unfälle verantwortlich zu machen, zog sich also bis

181 Siehe UA EKO, A 324, Bl. 3–5, hier Bl. 3, Gemeinsamer Beschluss der Zentralen Parteileitung, der Zentralen Betriebs-Gewerkschaftsleitung, der Zentralen FDJ-Leitung und des Generaldirektors zur Erhöhung der Arbeitssicherheit im VEB Bandstahlkombinat »Hermann Matern«, 21.2.1983.

182 Siehe UA EKO, BGL A 59, Bl. 159, ZBGL, Arbeitsschutzkommission, Beschluss der ZBGL, 9.5.1989.

183 UA EKO, BGL A 59, Bl. 45, ZBGL, Arbeitsschutzkommission, Standpunkt der Arbeitsschutzkommission der ZBGL zu den bisherigen Ergebnissen auf dem Gebiet des Arbeits- und Gesundheitsschutzes, 1.9.1989.

184 Siehe Hürtgen, Entwicklung in der Stagnation?, S. 28.

185 Siehe ebd., S. 29, vgl. insbesondere die Aussage von Günther Reski.

186 Malycha/Winters, Die SED, S. 303.

in die Parteispitze hinauf und bot dieser die Möglichkeit, ihren eingeschlagenen Kurs weiter beizubehalten, ohne über Ursachen für Probleme oder Konsequenzen nachzudenken.

Auch der Gesundheitsschutz war in den 1980er-Jahren von einer verstärkten Disziplinierung und Kontrolle gekennzeichnet. 1983 forderte die ZBGL den Ärztlichen Direktor der Poliklinik dazu auf, darüber zu berichten, ob der Einsatz von Rehabilitanden in jedem Fall abgesichert werden könne und welchen Einfluss die Poliklinik auf eine Verringerung des Krankenstandes nehme.[187] Dabei galt der Erfassung von mehrfach oder längerfristig Kranken besondere Aufmerksamkeit. Diese mussten nach 35 Tagen Krankheit durch den behandelnden Arzt der Ärzteberatungskommission (ÄBK) vorgeführt werden. Von einer vorzeitigen Vorladung zur ÄBK versprach sich die ZBGL eine Verringerung des Krankenstandes, da Untersuchungen gezeigt hatten, »dass auch bei kurzen Vorladefristen (etwa 5.–10. Tag nach der Krankschreibung) der Anteil der Werktätigen, die sich vor dem ÄBK-Termin vom behandelnden Arzt arbeitsfähig erklären lassen, hoch ist (etwa 50 % der Werktätigen)«.[188] Es wurde empfohlen, Beschäftigte, die sich außerhalb der Betriebspoliklinik behandeln ließen, zusätzlich zum Betriebsarzt zu schicken, da bisherige Auswertungen gezeigt hatten, dass Krankschreibungen von Ärzten außerhalb der Poliklinik durchschnittlich länger erfolgten.[189] Um längerfristige Krankschreibungen zu verhindern, beauftragte der Direktor für Arbeit und Lebensbedingungen die Leiter der Kollektive, für alle geeigneten Krankenfälle in Abstimmung mit dem Betriebsarzt »verstärkt Schonplatztätigkeit« bereitzustellen.[190]

Das System der Schonplatztätigkeit funktionierte offenbar in einigen Bereichen reibungslos, im Gegensatz zu den Reihenuntersuchungen. Die BGL Roheisenwerk (REW) berichtete, dass gerade ältere »Werktätige« versuchten, die Reihenuntersuchungen zu umgehen, »um ihren Arbeitsplatz nicht aufgeben zu müssen«.[191] Hier zeigt sich erneut die Problematik für ältere Beschäftigte mit gesundheitlichen Einschränkungen, denen klar war, dass sie keinen adäquaten Ersatz für ihren derzeitigen Arbeitsplatz erhielten und so lieber gesundheitliche Probleme in Kauf nahmen, als auf einen anderen Arbeitsplatz zu wechseln.

187 Siehe UA EKO, BGL A 47, Bl. 46, ZBGL an Direktor der Poliklinik, 16.5.1983.
188 UA EKO, BGL A 47, Bl. 41–45, hier Bl. 45.
189 Siehe ebd., Bl. 44.
190 UA EKO, A 1996, Bl. 267, Direktor für Arbeits- und Lebensbedingungen, Ergänzungen zur GD-Information »Krankenstandsanalyse EKO 1. Halbjahr« vom 16.7.1984, 6.8.1984.
191 UA EKO, BGL A 58, Bl. 77 f., BGL Roheisenwerk, Zuarbeit zum Tagesordnungspunkt 2 der ZBGL Sitzung am 8.12.1988, 2.12.1988.

Kuren	1983	1984	1985	1986	1987	1988
Heilkuren	190	189	189	191	185	194
Genesungskuren	18	14	13	11	6	8
Prophylaktische Kuren	142	138	135	126	120	109
Gesamt	350	341	337	328	307	311
Auslandskuren	24	30	30	22	1. Hj.: 19	93

Tabelle 11: Vergebene Kuren der BGL 1983–1988

Quelle: Zusammenstellung aus: UA EKO, BGL A 58, Bl. 23–24. – UA EKO, BGL A 50, Bl. 325. – UA EKO, BGL A 56, Bl. 306 f.

Bei besonderer Belastung konnte eine Kur in Anspruch genommen werden.[192] Doch auch in diesem Bereich wirkte sich die zunehmende Mittelverknappung aus. 1984 waren im EKO wesentlich mehr Kuranträge für Heil- und Genesungskuren eingegangen als im Kontingent vorgesehen.[193] Die einzelnen Betriebsgewerkschaftsleitungen und die Betriebspoliklinik wurden 1987 von der ZBGL angewiesen, »bei der Vorauswahl von Kurvorschlägen einen strengeren Maßstab anzulegen«, da es immer noch mehr Kurvorschläge gab als Plätze zur Verfügung standen.[194] Häufig mussten auch noch Kuranträge aus dem Vorjahr berücksichtigt werden (Tabelle 11).[195] Bei Betrachtung des Kurkontingents wird deutlich, dass die Zahl der von der Sozialversicherung bereitgestellten Kuren insgesamt zurückging. Die ZBGL hatte aus diesem Grund, und »um dieser Entwicklung entgegenzuwirken«, einen Vertragsentwurf mit der Verwaltung der Sozialversicherung Frankfurt (Oder) über die Nutzung des Betriebsferienheimes Haus Goor auf Rügen für die Durchführung von Kuren ausgearbeitet, in dem jeweils 80 Kurpatienten in Ein- bis Fünfbettzimmern untergebracht werden sollten.[196]

Neben Unfällen standen auch Berufskrankheiten im Fokus des betrieblichen Gesundheits- und Sozialwesens. In den 1980er-Jahren spielten Berufskrankheiten

192 Siehe UA EKO, A 1996, Bl. 267, Direktor für Arbeits- und Lebensbedingungen, Ergänzungen zur GD-Information »Krankenstandsanalyse EKO 1. Halbjahr« vom 16.7.1984, 6.8.1984.

193 Siehe UA EKO, BGL A 50, Bl. 324–327, Berichterstattung der Kurkommission über die Kurvorgabe im Jahr 1984 auf der ZBGL Sitzung am 28.11.1984, 10.12.1984.

194 UA EKO, BGL A 56, Bl. 70–72, hier Bl. 71, Beschluss Nr. 144, Protokoll Nr. 18 über die Sitzung der ZBGL am 06.8.1987, 10.8.1987.

195 Siehe ebd., Bl. 85.

196 Siehe UA EKO, BGL A 59, Bl. 74–76, hier Bl. 75, Direktor für Arbeits- und Lebensbedingungen, ZBGL-Vorlage, Bereitstellung des Betriebsferienheimes Haus Goor für die Durchführung von Kuren, 11.8.1989.

Platz	DDR	Ministerium EMK	EKO
1	Lärm	Physische Belastung (Verschleißschäden)	Lärm
2	Hautschäden	Lärm	Chemische Noxen
3	Infektionskrankheiten	fibrogene Stäube (Silikose)	Physische Belastung (Verschleißschäden)
4	fibrogene Stäube (Silikose)	Chemische Noxen	Hautschäden
5	Physische Belastung (Verschleißschäden)	Hautschäden	fibrogene Stäube (Silikose)
6	Chemische Noxen	Übrige Berufskrankheiten	Übrige Berufskrankheiten
7	Übrige Berufskrankheiten	–	–

Tabelle 12: Vergleich der Rang- und Reihenfolge Berufskrankheiten auslösender Faktoren zwischen Statistik der DDR, Betrieben im Ministerium für Erzbergbau, Metallurgie und Kali und EKO

Quelle: Schieche, Entwicklung der Berufskrankheiten im Eisenhüttenkombinat Ost, S. 19, Tab. 2.

im EKO eine große Rolle. Berufskrankheiten entstanden vor allem als Folge von Lärmeinwirkung, Teilkörpervibrationen und Quecksilberbelastung. Im Vergleich zu anderen Kombinaten schnitt das BKE hier allerdings gut ab, da es mit 4,6 Prozent an Gesamtzugängen der Berufskrankheiten auf dem vorletzten Platz in der DDR lag.[197] Im EKO waren im Zeitraum von 1960 bis 1983 bei insgesamt 449 Personen Berufskrankheiten anerkannt worden. Die meisten Berufskrankheiten gingen zwar auf eine Lärmschwerhörigkeit zurück, bis 1982 standen bei den Erkrankungen allerdings Vergiftungen durch Kohlenmonoxid an erster Stelle. Erst durch die Inbetriebnahme des Kaltwalzwerkes war die Anzahl der Arbeitsplätze an lärmintensiven Anlagen stark angestiegen. Damit dominierten diese beiden Gruppen mit einem Anteil von 87,7 Prozent über einen Zeitraum von 20 Jahren das Gesamtgeschehen der Berufskrankheiten im EKO. Damit stand diese Entwicklung »im krassen Gegensatz zur Epidemiologie der Berufskrankheiten der DDR und des Ministeriums EMK« (Tabelle 12).[198]

197 Manfred Schieche: Die Entwicklung der Berufskrankheiten im Eisenhüttenkombinat Ost im Vergleich zur Bilanz der Berufskrankheitsentwicklung der DDR im Bereich des Ministeriums Erzbergbau, Metallurgie und Kali (künftig zitiert: Schieche, Die Entwicklung der Berufskrankheiten im Eisenhüttenkombinat Ost), in: Technische Informationen (Kombinatsaktiv der Kammer der Technik des VEB Bandstahlkombinats »Hermann Matern« Eisenhüttenstadt), 5. Jg. (1984), H. 3, S. 17–19, hier S. 17.

198 Ebd., S. 19.

Im EKO traten auch Silikosen auf, im Untersuchungszeitraum von 1960 bis 1983 insgesamt bei 12 Personen. In der Vergangenheit war diese Krankheit im EKO durch die Betriebspoliklinik und die Organe des Arbeitsschutzes meist geleugnet worden.[199] Schieche betonte, dass »die hierzu führenden Expositionen [...] fast ausschließlich vor Arbeitsbeginn im EKO in anderen belastenden Industriebereichen« zu finden gewesen seien. Das Hauptanliegen für die Prophylaxe zukünftiger Erkrankungen sah der Ärztliche Direktor in der »Minderung der Lärmbelastung und Lärmarbeiterbetreuung«, sowie körperlich schwerer Arbeit und Vibrationsarbeit.[200]

Körperlich schwere Arbeiten fielen vor allem in der Roheisenerzeugung an, also an der Sinteranlage, den Hochöfen und der Masselgießmaschine. Zu diesen Arbeitsbereichen hatte der Ärztliche Direktor ebenfalls eine Untersuchung durchgeführt, in der er Befunde von 57 Sinterarbeitern, 200 Hochöfnern und 75 Masselgießern mit gleichaltrigen Personen verglich, deren Berufsanamnese keine körperlich schwere Arbeit aufwies. Als Ergebnis wurde festgehalten, dass in der Sinteranlage der zulässige Dauerschallpegel »an nahezu allen Arbeitsplätzen überschritten« wurde, und eine starke Staubbelastung vorherrschte.[201] Veränderungen der Wirbelsäule traten jedoch bei Arbeitern an der Sinteranlage im Gegensatz zu den Hochöfnern kaum auf, weshalb Schieche die Anerkennung eines Berufsschadens bei Letzteren für »gerechtfertigt« befand.[202]

Invalidisiert wurden Mitte der 1980er-Jahre jedoch vor allem Personen mit Herz-Kreislauf-Erkrankungen. Dies zeigt eine Analyse zur langandauernden Arbeitsunfähigkeit im EKO, bei der 1.135 Fälle über zwei Jahre untersucht wurden, »um ihre Bedeutung für den Krankenstand zu ermitteln und Faktoren, die an der Länge der Arbeitsunfähigkeit beteiligt waren, festzustellen«.[203] Bei dieser Untersuchung konnten aus den Krankenblattunterlagen 23 Patienten eruiert werden, bei denen ein Invalidisierungsverfahren durchgeführt wurde. Insgesamt handelte es sich um 18 Männer und fünf Frauen, die der Altersgruppe der 41- bis 65-jährigen angehörten. 19 von ihnen wurden aufgrund von Herz-Kreislauf-Erkrankungen invalidisiert, die restlichen vier zu gleichen Teilen wegen Erkrankungen des Muskel-Skelett-Systems,

199 Vgl. z. B. UA EKO, A 181, Bl. 15–25, hier Bl. 21, Analyse der Unfall- und Krankenstatistik 1951–1960.

200 Schieche, Die Entwicklung der Berufskrankheiten im Eisenhüttenkombinat Ost, S. 19.

201 M. Schieche/H. Weise: Wirbelsäulenveränderungen als Folge körperlich schwerer Arbeit bei Hüttenwerkern, in: Zeitschrift für ärztliche Fortbildung, 75. Jg. (1981), S. 821–824, hier S. 821 f.

202 Ebd., S. 824.

203 StA Eisenhüttenstadt, S XXII, ohne Signatur, Erika Schneider: Untersuchungen zur langdauernden Arbeitsunfähigkeit von Werktätigen eines metallurgischen Betriebes, Dissertation, Berlin 1991, S. 29.

Atemwegserkrankungen, Tumoren/Neubildungen und psychischen Erkrankungen. Bis zur Einleitung des Invalidisierungsverfahrens waren die Betroffenen im Durchschnitt 40 Wochen arbeitsunfähig; bis zur Berentung vergingen durchschnittlich 53,4 Wochen.[204] Bei einer Reihe von Fällen wurde jedoch angezweifelt, dass das Verfahren rechtzeitig eingeleitet worden war. Dahinter standen offenbar finanzielle Erwägungen, die mit den niedrigen Invalidenrenten zusammenhingen: »Bei zwei Patienten fanden wir den Vermerk des behandelnden Arztes, daß der Patient weiter arbeitsunfähig geschrieben wird, da das Krankengeld höher ist als die Invalidenrente. Finanzielle Aspekte spielen offensichtlich eine nicht zu unterschätzende Rolle bei einer verzögerten Einleitung von Invalidisierungverfahren.«[205] Frauen hatten im Untersuchungszeitraum einen höheren Anteil an langdauernden Arbeitsunfähigkeiten als Männer, jedoch eine wesentlich niedrigere Beteiligung am Unfallgeschehen.[206]

Im Gegensatz zu diesen innerbetrieblichen Problemlagen hatte die Integration von externen Rehabilitanden an Relevanz verloren. Es ist zu vermuten, dass wirtschaftliche Probleme stärker das Geschehen im Betrieb dominierten und die staatlichen Instanzen des Bezirkes aufgrund der formal erreichten Zahlen bei aller Kritik deutlich weniger Druck auf die Betriebe ausübten. Im Oktober 1981 hatte in Reinhardsbrunn-Friedrichsroda die fünfte Jahresarbeitstagung der Sektion Erzbergbau, Metallurgie und Kali und der Sektion Schwermaschinen- und Anlagenbau der Gesellschaft für Arbeitshygiene und Arbeitsschutz stattgefunden. Sie stand unter dem Thema »Nutzung des gesellschaftlichen Arbeitsvermögens unter Einbeziehung der Geschädigten bei der Realisierung ihres Rechtes auf Bildung und Arbeit«. Der Ärztliche Direktor des EKO, welcher Vorsitzender der Sektion EMK war, eröffnete die Tagung und berief sich dabei unmittelbar auf das »Internationale Jahr der Geschädigten«.[207] Im EKO waren zwei Wege der beruflichen Rehabilitation gewählt worden. Einer davon war die Entstehung einer geschützten Werkstatt in Kooperation mit dem VEB Elektroinstallation Eisenhüttenstadt, die anschließend in die Rechenträgerschaft des Kleinbetriebes überführt worden war. Dort arbeiteten 1981 16 Rehabilitanden, die dem Betrieb durch die Kreisrehabilitationskommission zugewiesen wurden, darunter vier »Unfallgeschädigte«, fünf Menschen mit geistiger Behinderung sowie sieben Personen mit einem inneren Leiden oder Schäden seit

204 Siehe ebd., S. 47.
205 Ebd., S. 30.
206 Siehe ebd., S. 48.
207 StA Eisenhüttenstadt, S XXII, ohne Signatur, Schieche, Eröffnung und Begrüßung, in: Referate der fünften Jahresarbeitstagung der Sektion Erzbergbau, Metallurgie und Kali der Gesellschaft für Arbeitshygiene und Arbeitsschutz der Deutschen Demokratischen Republik, Manuskript, S. 1.

Geburt an. Schieche ging davon aus, dass eine Tätigkeit in der geschützten Abteilung für zwei Drittel der Rehabilitanden »sicher eine endgültige Lösung« darstellte.[208]

Als zweiten Weg präsentierte der Ärztliche Direktor den Versuch, innerhalb der Betriebsabteilungen des EKO Bedingungen für schwerbeschädigte Beschäftigte im Sinne eines geschützten Einzelarbeitsplatzes zu schaffen. Auf diesen waren 38 Mitarbeiter des Werkes, die »im Laufe ihres Berufslebens eine Minderung des Gesundheitszustandes durch Unfall oder Krankheit« erfahren hatten, beschäftigt.[209] Bei den 28 Männern und zehn Frauen handelte es sich in zwölf Fällen um einen Unfallschaden, bei acht Personen um ein »neurologisch psychiatrisches Leiden« und bei 18 um ein inneres Leiden. Für 23 Rehabilitanden stellte der geschützte Arbeitsplatz nur eine temporäre Episode dar; sie sollten nach erfolgreicher Rehabilitation in ein normales Arbeitsverhältnis zurückkehren. Die tatsächliche Zahl der Schwerbeschädigten im Betrieb lag jedoch weit höher, laut Schieche handelte es sich dabei um 453 Personen.[210]

Im Juni 1983 forderte die ZBGL den Direktor für Kader und Bildung dazu auf, eine Vorlage zu »Fragen der Rehabilitation und geschützten Arbeitsplätze sowie der Einsatzfindung für altersbedingte und leistungsgeminderte Werktätige« zu erarbeiten.[211] Dieser berichtete zwei Jahre später, dass die Zahl der Rehabilitanden etwas gesunken sei und von den »bisher 43 Rehabilitanden« 35 die Rehabilitation abgeschlossen hatten. Davon verblieben 23 auf ihrem geschützten Arbeitsplatz, die restlichen zwölf waren »voll einsatzfähig«. Weitere acht Personen befanden sich in Rehabilitation, für die ein Arbeitsplatz durch die Abteilung Personalwesen des Direktors für Kader und Bildung in Absprache mit dem Ärztlichen Direktor der Poliklinik und dem entsprechenden Leiter der Einsatzabteilung gesucht wurde. Der Direktor für Kader und Bildung berichtete jedoch, dass für die Schaffung einer betriebsinternen geschützten Werkstatt bisher keine Möglichkeit bestanden habe, »da der Investaufwand zu kostenaufwendig« sei.[212] Chancen sah er in der Neuprofilierung des Stammwerkes. Er nahm auch Bezug auf die Möglichkeit einer beruflichen Tätigkeit für die infolge von Invalidität, Unfall oder Erkrankung ausgeschiedenen »Werktätigen«. Invalidenrentner erhielten beim Ausscheiden aus dem Betrieb aufgrund von

208 Schieche/Grund: Geschützte Arbeit in einer zentralen Abteilung für und auf Einzelarbeitsplätzen in einem Großbetrieb der Schwerindustrie, in: ebd., S. 97 f.

209 Ebd., S. 98.

210 Schieche: Einsatz und Arbeitsunfähigkeit Schwerbeschädigter in einem Großbetrieb der Schwerindustrie, in: ebd., S. 81 f.

211 UA EKO, BGL A 47, Bl. 21–24, hier Bl. 22, ZBGL, Beschluss Nr. 485, in: Protokoll Nr. 40 über die Sitzung der ZBGL am 2. Juni 1983, 13.6.1983.

212 UA EKO, BGL A 51, Bl. 410–411, hier Bl. 410, Direktor für Kader und Bildung, Zuarbeit zu Berichterstattung »Rehabilitation im EKO« vor der ZBGL, 27.9.1985.

Arbeitsunfähigkeit eine »Vereinbarung über ein ruhendes Arbeitsverhältnis«. Falls der Arzt eine Genehmigung darüber ausstellte, dass der Betroffene einer Tätigkeit im Lohndrittel nachgehen konnte, wurde nach einem Arbeitsplatz im bisherigen Tätigkeitsbereich oder in einer anderen Abteilung gesucht. Wenn der Beschäftigte eine neue Tätigkeit aufnehmen musste, erfolgte die Einarbeitung auf dem neuen Arbeitsplatz durch eine Rehabilitation. Beschäftigte, die aufgrund eines Unfalls oder einer Berufskrankheit aus dem Betrieb ausscheiden mussten, wurden entweder Invalidenrentner oder blieben Werksangehörige und wurden »vom behandelnden Arzt so lange krankgeschrieben, bis ein für sie zumutbarer Arbeitsplatz im Betrieb gefunden« worden war. Längerfristig Arbeitsunfähige wurden durch die Poliklinik betreut. Die ZBGL war allerdings der Ansicht, dass die Zahl geschützter Arbeitsplätze im EKO nicht ausreiche.[213] Der Vorsitzende der ZBGL wollte daher zusammen mit den Direktoren für Ökonomie, für Arbeits- und Lebensbedingungen sowie für Kader und Bildung dieses Problem klären.[214]

Insgesamt waren in Eisenhüttenstadt 1985 91 Rehabilitanden tätig, davon 75 auf geschützten Einzelarbeitsplätzen, 15 in einer geschützten Betriebsabteilung und elf in einer geschützten Werkstatt des Gesundheits- und Sozialwesens, die im Oktober 1984 eröffnet worden war und in der die Rehabilitanden zunächst unter den Bedingungen der Arbeitstherapie arbeiteten. Der FDGB-Kreisvorstand Eisenhüttenstadt hielt die Zahl der geschützten Arbeitsplätze insgesamt für ausreichend. Mit der Anzahl der Plätze im EKO zeigte er sich zwar weniger zufrieden, deutete aber an, dass dort »andere Wege« beschritten wurden, ohne dies jedoch näher zu erläutern. Im EKO waren 42 Rehabilitanden tätig, davon fünf in einer geschützten Abteilung und 37 »über individuelle Absprachen zwischen Rehabilitationskommission und den betreffenden Leitern« in ihren Kollektiven. Die ZBGL hatte eine Rehabilitationskartei angelegt, die Auskunft über den Beginn der Rehabilitation gab und die weitere Entwicklung des Betroffenen bis zur Wiedereingliederung in den Arbeitsprozess dokumentierte. Insgesamt reichte dem Kreisvorstand die Arbeit der Rehabilitationskommission im EKO noch nicht aus.[215] Die Instrukteurabteilung des Rates des Bezirkes Frankfurt (Oder) kam jedoch 1989 zu dem Schluss, dass der Stand der Versorgung und Betreuung der »Reha-Bürger« den Anforderungen im Territorium entspreche. Insgesamt gebe es für 72 Erwachsene in Eisenhüttenstadt geschützte Arbeitsrechtsverhältnisse. Trotz des »positiven Standes« bestünden immer noch Probleme in Be-

213 Ebd., Bl. 411.

214 Siehe UA EKO, BGL A 51, Bl. 405–407, hier Bl. 407, ZBGL, Beschluss Nr. 198, in: Protokoll Nr. 23 der Sitzung der ZBGL vom 03.10.1985, 22.10.1985.

215 BLHA, Rep. 747/1399, unpag., FDGB-Kreisvorstand Eisenhüttenstadt, Verwaltung der Sozialversicherung an FDGB-Bezirksvorstand, Bericht über den Stand der Entwicklung der Rehabilitation, 4.6.1985.

zug auf den Wohnraum, Urlaubsplätze für Rollstuhlfahrer und den Widerstand der Bevölkerung im Stadtteil Fürstenberg gegen die »notwendige Umprofilierung einer Kindergruppe in ein wirksames Dauerheim für förderungsfähige Kinder«.[216]

Ausblick

Mit dem erzwungenen Rücktritt Honeckers im Oktober 1989 und den sich wandelnden politischen Verhältnissen fand im Ministerium für Gesundheitswesen eine Reflexion über die Situation von Menschen mit Behinderungen statt. Im Februar 1990 räumte die Abteilung Soziale Betreuung des MfG in einer Konzeption, die nicht mehr umgesetzt werden sollte, gravierende Versäumnisse bei der Betreuung dieser Bürger ein, die sie nun nicht mehr als »Geschädigte«, sondern als »Behinderte« bezeichnete und deren Zahl sie auf 2,5 Millionen Menschen schätzte, darunter 650.000 Pflegebedürftige.[217] Die Autoren waren der Ansicht, dass zwar »im Prinzip durch die Sicherheit des Arbeitsplatzes und des Wohnraumes« und durch ein »soziales Versicherungssystem« mit Invalidenrente und Pflegegeldern die soziale Sicherheit gegeben sei, wiesen jedoch darauf hin, dass der Lebensstandard und das Einkommen der Mehrzahl der Behinderten und ihrer Angehörigen sowie der Altersrentner im »allgemeinen niedriger als in der sonstigen Bevölkerung« waren.[218] Verordnungen enthielten keine einheitlichen Vergabekriterien und keinen Rechtsanspruch auf die dort genannten Sonderleistungen, was eine solche Unterstützung in die Nähe von »Wohltätigkeit« rücke.[219]

Damit kam es zum ersten Mal zu einer umfassenden offenen Kritik von beteiligten Akteuren an Grundsätzen innerhalb der sozialen Sicherung. Wichtigste Kritikpunkte waren die Bevormundung durch administrative Strukturen, fehlende Partizipationsmöglichkeiten durch das Verbot eigener Interessengruppen oder Verbände und die fehlende Möglichkeit, Rehabilitationsleistungen auf der Grundlage eines einheitlichen Rehabilitationsgesetzes oder klarer Vergabekriterien und Rechtsansprüche einklagen zu können. Die Abteilung gab zudem »schwerwiegende[n] Fehlentscheidungen« bei der Mittelvergabe für das Gesundheits- und Sozialwesen zu, die

216 BLHA Rep. 601/25452, unpag., Rat des Bezirkes Frankfurt (Oder), Instrukteur Eisenhüttenstadt, Information zum Stand der komplexen Rehabilitation geschädigter Bürger in Eisenhüttenstadt, 13.10.1989.

217 BArch DQ 1/12891, unpag., Beschlussvorlage 2/90, Konzeption über die Hilfe für pflegebedürftige Menschen aller Altersgruppen sowie die Integration von Behinderten in die Gesellschaft, 23.2.1990.

218 Ebd.

219 Ebd.

im Bereich der Rehabilitations- und Pflegeeinrichtungen »fast ausschließlich [...] Behelfslösungen« darstellten.[220] Nach Ansicht der Verfasser fehlte ein Konzept zur sozialen Sicherung, das sich an allgemeinen Regelungen orientierte und nur so viele Sonderregelungen wie unbedingt nötig zulasse. Aus diesem Grund wurde ein neues Renten- und Sozialversicherungsgesetz vorgeschlagen, das die Benachteiligung von Behinderten und ihrer Angehörigen ausgleichen sollte. Dabei wurde »von den Vorteilen eines einheitlichen Leistungsträgers« ausgegangen,[221] womit sich am Prinzip der Einheitssozialversicherung offenbar nichts ändern sollte.

Die Konzeption macht deutlich, dass die Autoren – trotz Kritik an der beruflichen Rehabilitation, die vor allem darin bestand, dass Menschen mit Erwerbsminderungen Tätigkeiten ausüben mussten, die »oftmals nicht ihrem Leistungsvermögen und ihren Fähigkeiten« entsprachen – am Recht auf Arbeit als einem zu erhaltenden Grundrecht festhielten.[222] Die Konzeption wurde auf der Stellvertreterberatung im Februar 1990 behandelt und entschieden, diese als Information an den Ministerrat zu übergeben.[223] Soweit sollte es allerdings nicht mehr kommen.

220 Ebd.

221 Ebd.

222 Ebd., ähnliche Forderungen finden sich auch in der Literatur zur Thematik, die kurz nach der Wende erschien, vgl. Klaus-Peter Schwitzer: Behinderte in der DDR, in: Dieter Voigt/Lother Mertens (Hrsg.): Minderheiten in und Übersiedler aus der DDR (= Schriftenreihe der Gesellschaft für Deutschlandforschung, Bd. 34), Berlin 1992, S. 129–140.

223 BArch DQ 1/12891, unpag., Protokoll der Ministerdienstberatung Nummer 9/1990, 26.2.1990.

Schlussbetrachtung

Arbeit vor Rente – Konstante der DDR-Sozialpolitik

Im Untersuchungszeitraum lassen sich in Bezug auf die staatliche Sozialpolitik für Menschen mit Erwerbsminderungen fünf unterschiedliche Phasen identifizieren, die eigene Spezifika aufweisen. In der Nachkriegszeit wurde das System der sozialen Sicherung neu geordnet (1945–1949), in den ersten Jahren der DDR die Sozialpolitik weiter ausdifferenziert (1949–1958) und in den 1960er-Jahren zunehmend professionalisiert (1958–1971). Mit dem Machtantritt Honeckers wurde das untersuchte Politikfeld stark erweitert (1971–1980). Ende der 1970er-Jahre gerieten sozialpolitische Initiativen jedoch immer mehr ins Stocken und stagnierten schließlich (1980–1989).

Neuordnung 1945–1949

Schon in der SBZ wurde durch die Implementierung eines neuen Sozialversicherungssystems der Weg einer forcierten Arbeitsmarktintegration bei gleichzeitiger starker Einschränkung des Kreises der Rentenempfänger eingeschlagen. Die SED-Führung orientierte sich bei ihrer grundlegenden Umgestaltung des Systems sozialer Sicherung an Forderungen der Arbeiterbewegung der Weimarer Republik, behielt jedoch auch Elemente des bismarckschen Sozialversicherungssystems bei. In einzelnen Bereichen orientierte sie sich zudem an Modellen aus der Sowjetunion, beispielsweise im Gesundheitswesen durch die Einrichtung von Polikliniken und in der beruflichen Rehabilitation durch die Gründung von Produktionsgenossenschaften für Schwerbeschädigte.

Ein radikal neuer Weg wurde mit der Abschaffung der Kriegsopferversorgung beschritten, indem Kriegsbeschädigte nicht mehr durch eine Rente versorgt, sondern vorrangig in den Arbeitsprozess integriert werden sollten. Zudem verweigerte das Regime diesen eine Anerkennung für ihren Einsatz im Krieg, indem es sie mit anderen Schwerbeschädigtengruppen zusammenfasste. Zwar wurde den Kriegsbeschädigten 1948 doch noch eine spezielle Rente zugestanden und damit von dem strikten Kurs abgewichen, diese wurde jedoch berechnet wie eine Invalidenrente und schloss damit jüngere Kriegsbeschädigte aus, welche die versicherungsrechtlichen Voraussetzungen nicht erfüllten, und gewährte denjenigen, die noch nicht lange in die Sozialversicherung eingezahlt hatten, nur eine Mindestrente.

In dieser ersten Phase entstanden wichtige Grundlagen, welche die soziale Sicherung über einen langen Zeitraum hinweg prägen sollten. Die Definition von Invalidität, die 1947 in der Verordnung über die Sozialpflichtversicherung festgeschrieben worden war, blieb bis 1974 in Kraft. Die Modalitäten zur Anerkennung von Invalidität und zur Zahlung einer Invalidenrente sollten sich erst durch den Einbezug weiterer Gruppen in die Sozialversicherung in den 1970er-Jahren ändern. Auch in Bezug auf die berufliche Rehabilitation entstanden die zentralen Grundlagen in der SBZ. Mit der Verordnung von 1946, die den Betrieben ein zehnprozentiges Einstellungssoll für Schwerbeschädigte vorschrieb und deren Kreis näher definierte, setzten die neuen Machthaber ein deutliches Signal. Die Bemühungen, alle Schwerbeschädigten in den Arbeitsprozess einzubinden, waren dabei nicht auf bestimmte Zweige oder Bereiche begrenzt, sondern galten einheitlich für alle Arbeitgeber.

Ausdifferenzierung 1949–1958

Nach der Gründung der DDR im Oktober 1949 wurden diese neuen Ansätze weiter ausdifferenziert. Besonders bedeutsam war die Verordnung zur Ausgabe von Schwerbeschädigten-Ausweisen 1951, die eine Anerkennung aufgrund der Tatsache, nicht aufgrund der Ursache einer Beschädigung festlegte und damit zu einer Verdoppelung des anspruchsberechtigten Personenkreises führte. Im Gegensatz zur Bundesrepublik, in der Kriegsopfer durch das Bundesversorgungsgesetz privilegiert wurden, kam es in der DDR damit zu einer Gleichberechtigung von Kriegs- und Zivilbeschädigten. Der vom Ministerium für Arbeit herausgestellte »soziale Fortschritt« dieser Regelung wurde jedoch dadurch geschmälert, dass sich diese nur auf potenzielle »Werktätige« bezog. Ältere Menschen ohne Arbeitsplatz und Menschen mit schweren körperlichen und geistigen Behinderungen blieben von den Vergünstigungen des Schwerbeschädigten-Ausweises ausgeschlossen. Am Kurs der Arbeitsmarktintegration hielt die SED-Führung unbeirrt fest und baute die gesetzlichen Grundlagen hierfür weiter aus. Die Verfassung der DDR schrieb das »Recht auf Arbeit« ebenso fest wie das Gesetz der Arbeit (GdA) 1950 den Einsatz von Schwerbeschädigten regelte. In der Durchführungsbestimmung zu Paragraph 28 des GdA wurden die Betriebe und Verwaltungen nun nicht mehr nur dazu verpflichtet, zehn Prozent ihrer Belegschaft aus dem Kreis der Schwerbeschädigten zu rekrutieren, sondern sie sollten darüber hinausgehend auch geeignete Arbeitsplätze ausfindig machen und den örtlichen Behörden anzeigen. Somit waren sie zu einer aktiven Mitarbeit angehalten.

Die Politik des Regimes gegenüber dem untersuchten Personenkreis war dabei jedoch nicht stringent, sondern durch eine starke Ambivalenz gekennzeichnet. Der Ausweitung des empfangsberechtigten Personenkreises standen auf der anderen Seiten Bemühungen gegenüber, diesen kurz darauf wieder einzugrenzen. Die SED-Führung konnte ihre eigenen sozialpolitischen Versprechen nicht halten, weil sie gleichzeitig durch sowjetische Forderungen nach Einsparungen gebunden war, die auch Auswirkungen auf die sozialen Leistungen hatten. Zudem wurden reale Belastungen, die zuvor schon hätten vorausgeahnt werden können, ignoriert, wie die Tatsache, dass die 1947 in der Verordnung über die Sozialpflichtversicherung festgelegte fünfjährige Versicherungspflicht für den Bezug einer Invalidenrente 1952 erfüllt war und sich der Kreis der Invalidenrentner damit schlagartig ausweitete. Hier geriet die Sozialversicherung bereits das erste Mal ernsthaft in Bedrängnis, weshalb die Verantwortlichen gezwungen waren, über Reformen und Verbesserungen nachzudenken. Die durch das Politbüro entschiedene Lösung – ein rigider Sparkurs – zeigt die fehlende Bereitschaft, sich mit der Funktion der Sozialpolitik, die als Relikt aus kapitalistischer Vorzeit betrachtet wurde, auseinanderzusetzen. Denn letztlich wurde bei denjenigen gespart, von denen wenig Widerstand zu erwarten war. Infolge des »Sparsamkeitsregimes« 1952/53 wurden vor allem die Leistungen für Invalidenrentner, Sozialfürsorge- und Pflegegeldempfänger überprüft.

Protest gegen die Sparmaßnahmen regte sich von der einzig verbliebenen Interessenorganisation der Schwerbeschädigten, dem Arbeitsausschuss für Blindenfragen. Dies wurde von Seiten der SED-Führung dazu genutzt, den eigenständigen Verband, dessen Existenz mit dem zentralistischen System der DDR nicht übereinstimmte, zur Selbstauflösung zu zwingen. Damit wurde eine Chance verspielt, das Engagement und die Kontakte seiner Leiter zu nutzen. Stattdessen wurden 1957 nach sowjetischem Vorbild je ein Verband für Blinde und Gehörlose gegründet, die der staatlichen Kontrolle unterstanden und damit keine wirkliche Interessenvertretung mehr darstellten. Insbesondere nach dem Volksaufstand 1953, der die Ohnmacht der SED-Spitze deutlich gemacht hatte, witterte diese überall Gefahren und griff gegen jede Form von Kritik hart durch. Daneben wurde nach dem Aufstand bei sozialpolitischen Entscheidungen penibel darauf geachtet, die Bevölkerung, insbesondere die »Werktätigen«, nicht allzu offensichtlich zu belasten.

Das jedoch hatte weitreichende Folgen für die soziale Sicherung: Während 1957 die Renten in Westdeutschland dynamisiert wurden, hielt die DDR unverändert an geringen Beitragsabgaben und der Beitragsbemessungsgrenze von 600 Mark fest. Im Ergebnis entwickelten sich Löhne und Renten immer weiter auseinander und viele Rentner lebten deshalb am Existenzminimum. Ausnahmen bildeten die zahlreichen Sonderversorgungssysteme, welche die Einheitssozialversicherung von Anfang an durchbrachen. Zwar wurden die Mindestrenten 1956 deutlich angehoben, zu einer echten Rentenreform kam es jedoch nicht. Auch für die Schwerbeschädigtenpolitik hatte die konfliktvermeidende Haltung der Parteispitze Folgen: Die Ausweitung traute man sich nun nicht mehr rückgängig zu machen, debattierte dabei jedoch über mögliche, weniger offensichtliche Methoden zur Eingrenzung des anspruchsberechtigten Personenkreises.

Der Zeitraum von 1949 bis 1958 markiert die erste Phase der jungen DDR, die vor allem das Ziel verfolgte, ein zentralistisches System zu implementieren, dabei Risikofaktoren wie Interessenorganisationen auszuschalten, mit Blick auf den Ausbau der Wirtschaft weitere Arbeitskräfte und mit der Integration von Schwerbeschädigten und Invaliden in den Arbeitsprozess Gelder der Sozialversicherung einzusparen.

Professionalisierung 1958–1971

Die berufliche Rehabilitation wurde in der folgenden Phase bis zur Ablösung Ulbrichts durch Honecker 1971 deutlich professionalisiert. Massiv vorangetrieben wurde dieser Prozess von einer aus Ärzten bestehenden Forschungsgruppe, die 1962 den Status einer Gesellschaft für Rehabilitation erhielt. Die Konzepte, die in den 1960er-Jahren umgesetzt wurden, waren jedoch nicht neu, sondern bezogen sich auf Vorüberlegungen und Entwicklungen aus den 1950er-Jahren und aus der Besatzungszeit. Die formale Aufwertung der Rehabilitation, die auf internationale Einflüsse zurückging, fand ihren Ausdruck in der Bildung eines Sektors für Rehabilitation, einer personellen Aufstockung im MfG und der Einberufung einer Zentralen Rehabilitationskommission, der gleichwertige Einrichtungen auf Bezirks- und Kreisebene nachgebildet wurden. Deren Aufgaben und Zusammensetzung waren nahezu identisch mit den seit den 1950er-Jahren in einigen Betrieben bestehenden Schwerbeschädigtenkommissionen. Hier zeigt sich, dass Entwicklungen »von unten« aufgegriffen wurden und staatliche Akteure diese in eigenem Sinne weiterentwickelten. Ein weiterer Beleg hierfür ist die Aufnahme der »Schonarbeit« – ein Konzept zur Verringerung des Krankenstandes in den Betrieben – in das 1961 veröffentlichte Gesetzbuch der Arbeit. Mit diesen und weiteren neuen Konzepten, wie Heimarbeit, Arbeitstherapie und geschützte Arbeit, die von der Abteilung Arbeitskräftelenkung des MfAB schon 1958 vorgeschlagen und von der Gesellschaft für Rehabilitation in Modellversuchen erprobt wurden, erweiterte sich das Politikfeld deutlich. Die Mitglieder der Gesellschaft für Rehabilitation – meist Chefärzte bedeutender Krankenhäuser oder Direktoren von Rehabilitationseinrichtungen – versuchten dabei auch, »rehabilitationshemmende« Faktoren wie den Wegfall der Invalidenrente bei einer Tätigkeit oberhalb des Lohndrittels zu beseitigen, scheiterten damit jedoch am Widerstand des Politbüros, das eine Kaufkrafterhöhung der Rentner befürchtete.

Den Kurs in der Rentenpolitik konnte das Politbüro, das bereits 1963 durch eine geringe Rentenerhöhung den Unmut der Bevölkerung auf sich gezogen hatte, die immer noch auf die 1956 versprochene Rentenreform wartete, nicht beibehalten. Die Flut von Eingaben zum Thema Renten und die Tatsache, dass immer mehr Rentner ihren Lebensunterhalt mit Mindestrenten bestritten, zwangen das Politbüro 1968 zu Zugeständnissen in Form einer freiwilligen Zusatzrentenversicherung, einer Rentenerhöhung und einem neuen Rentenberechnungsverfahren. Bei diesem wurde nach einer Stichtagsregelung verfahren, die weitere Eingaben der Rentner zur Folge hatte. Damit entstanden zugleich neue Probleme im Rentenrecht, die jedoch nicht mehr unter Ulbricht gelöst wurden, der 1971 zurücktrat.

Wichtig für die berufliche Rehabilitation war in der DDR die zunehmende Vernetzung mit Expertengruppen in sozialistischen und nichtsozialistischen Staaten. Ein Austausch mit Polen und der Tschechoslowakei hatte bereits in den 1950er-Jahren bestanden. Nun nahm die DDR auch an internationalen Kongressen teil und wurde 1967 in die »International Society for the Rehabilitation of the Disabled« (ISRD) aufgenommen. Damit hatte die DDR die Möglichkeit, Konzepte anderer Länder zu adaptieren. Wichtig war die Teilnahme an einem Internationalen Seminar für berufliche Rehabilitation der ISRD in Stockholm 1964, welches Rehabilitationsexperten später als Geburtsstunde der geschützten Arbeit in der DDR feierten. Entsprechende Konzepte existierten in der DDR jedoch bereits in den 1950er-Jahren.

Erweiterung 1971–1980

Mit dem Wechsel von Ulbricht zu Honecker kam es durch die allgemeine Aufwertung der Sozialpolitik zu wesentlichen Erweiterungen in der Rentenpolitik und der beruflichen Rehabilitation, denn trotz Rezentralisierung innerhalb des Partei- und Staatsapparates entstanden neue Handlungsspielräume. Vor allem zu Beginn der 1970er-Jahre wurden mit den »Gemeinsamen Beschlüssen« wichtige Neuerungen eingeführt. In den 1970er-Jahren wurde die geschützte Arbeit, die in Produktionsbetrieben und in geschützten Werkstätten des örtlichen Gesundheits- und Sozialwesens stattfinden sollte, massiv ausgebaut. Dazu war erheblich mehr Mitarbeit durch die unteren Stellen notwendig, die in entsprechenden Vorgaben 1973 und 1976 geregelt wurde.

Stärker im Fokus standen nun Menschen mit schwerer geistiger oder körperlicher Behinderung, die von den zentralen Stellen bislang weitgehend vernachlässigt worden waren. Die Konzentration auf diesen Personenkreis stand im Zusammenhang mit der Imagepolitik der DDR, die versuchte, in internationale Gremien wie die WHO aufgenommen zu werden. Die Situation für Menschen mit schweren körperlichen und geistigen Behinderungen wurde 1973 dadurch verbessert, dass auch sie ab dem 18. Lebensjahr eine Invalidenrente erhalten konnten, wenn eine Rehabilitation nicht möglich war. Die Veränderung fand im Kontext einer generellen Rentenverbesserung statt, mit der nicht nur die Renten erhöht wurden, sondern auch die kritisierte Stichtagsregelung von 1968 endgültig abgeschafft wurde. Die mit diesen Regelungen kurzfristig erreichten Verbesserungen sollten sich jedoch im Laufe der 1970er-Jahre wieder relativieren. Die Rentenerhöhungen 1976 und 1979 konnten die Entwicklung nicht aufhalten, dass die Renten immer weiter hinter die Lohneinkommen zurückfielen und Frauen überwiegend nur eine Mindestrente erhielten.

Die neuen Regelungen konnten zudem die abwertende Haltung der sozialpolitischen Akteure insbesondere gegenüber Menschen mit geistigen Behinderungen nicht kaschieren. Ein Beleg hierfür war die Regelung, diesen in Pflegeheimen kein Taschengeld zu zahlen, die jedoch aufgrund des Protests der Bevölkerung wieder zurückgenommen werden musste. Formal sollte der Personenkreis jedoch in die Gesellschaft integriert werden, weshalb die SED-Führung wichtige gesetzliche Bestimmungen erließ, die sich aber überwiegend auf die Integration in den Erwerbsprozess bezogen. Der Ausbau des Systems der geschützten Arbeit und die hierfür getroffenen Abrechnungsmuster in den Plänen belasteten die Betriebe allerdings stark, weshalb sie versuchten, sich den Forderungen zu entziehen. Dennoch erhöhte sich die Zahl der geschützten Arbeitsplätze massiv, womit der Begriff »Jahrzehnt der Rehabilitation«, den DDR-Rehabilitationsexperten aus dem internationalen Kontext übernommen hatten, in Ansätzen gerechtfertigt scheint.

Stagnation 1980–1989

In den 1980er-Jahren wurde zunächst ungeachtet wachsender finanzieller Probleme am eingeschlagenen Kurs festgehalten. Die Sozialpolitik drohte damit jedoch zunehmend zu erstarren, denn die SED-Führung konnte letztlich ohne Reformen nur noch versuchen, den Status quo beizubehalten – ein Unterfangen, das aufgrund des voranschreitenden wirtschaftlichen Verfalls, vor allem in Hinblick auf die Bausubstanz oder veraltete Anlagen in den Betrieben, zunehmend schwieriger wurde und Improvisationen erforderte.

In die Phase beginnender Stagnation fiel auch das »Internationale Jahr der Geschädigten« 1981, aus dem sich keine nennenswerten Initiativen ergaben. Ein im Anschluss daran von der Ost-CDU vorgeschlagenes Rehabilitationsgesetz zur Verbesserung der Situation von Betroffenen setzte die SED-Führung trotz tendenzieller Zustimmung zur Vereinheitlichung der Gesetzgebung nicht um, da sie weitere Forderungen aus der Bevölkerung befürchtete. In den 1980er-Jahren gab es dementsprechend überhaupt keine nennenswerten gesetzlichen Initiativen zur beruflichen Rehabilitation mehr. Lediglich die Organisation veränderte sich 1986, da die Rehabilitation stärker im Aufgabenbereich der Räte der Bezirke und Kreise verankert werden sollte. Deren Aufgabe war es unter anderem, die Betriebe zu kontrollieren, welche die Vorgaben nur schleppend erfüllten. Aus diesem Grund gingen die staatlichen Stellen in den 1980er-Jahren sogar so weit, über Anreize zur Beschäftigung von Rehabilitanden zu diskutieren. Zu einer konkreten Ausarbeitung dieser Vorschläge sollte es allerdings nicht mehr kommen.

Neben den wirtschaftlichen Problemen häufte sich die Kritik aus der Bevölkerung, die sich nicht nur gegen die politischen Verhältnisse richtete, sondern konkrete Missstände der Rehabilitation thematisierte. Viele Eltern von Kindern und Jugendlichen mit Behinderungen wollten das geringe Ausbildungsangebot und die fehlenden Fördermöglichkeiten immer weniger hinnehmen. Ebenso problematisch blieb die Wohnsituation für Menschen mit körperlichen Behinderungen, an der sich trotz des »Internationalen Jahres der Geschädigten« nichts geändert hatte. Die Diskussion dieser Probleme darf jedoch nicht darüber hinwegtäuschen, dass weiterhin geschützte Arbeitsplätze entstanden und Mitte der 1980er-Jahre sogar verstärkt dazu übergegangen wurde, weiteren Gruppen wie Menschen mit Suchtproblematiken, die als sehr schwer integrierbar angesehen wurden, einen Arbeitsplatz zu vermitteln.

In der Rentenpolitik kam es ähnlich wie in der Rehabilitation nur zu geringfügigen Veränderungen. 1984 und 1989 wurden die Mindestrenten angehoben, die Rentengesetzgebung jedoch nicht mehr reformiert. Die letzte Rentenerhöhung 1989, die deutlich höher ausfiel als in den Jahren zuvor, wirkte sich allerdings kaum noch aus, da der Zerfall der DDR bereits in vollem Gange war.

Hintergründe sozialpolitischer Initiativen

Obschon mit dem Zerfall des Systems Kritik von den sozialpolitischen Akteuren laut wurde, hielten diese auch in neuen Konzeptionen am »Recht auf Arbeit« unverändert fest. Dies verwundert kaum, denn dieser Grundsatz hatte die Renten- und Rehabilitationsgesetzgebung in der SBZ und in der DDR über vierzig Jahre hinweg bestimmt. Schon in der SBZ hatten die neuen Machthaber Elemente der Berufsfürsorge der Weimarer Republik wie das Schwerbeschädigten-Einstellungssoll übernommen. Im Vergleich zur Bundesrepublik bestand die Besonderheit darin, dass trotz ähnlicher Konzeptionen während der Besatzungszeit nur die DDR unverändert an der Maxime festhielt, dass eine betriebliche Integration für Menschen mit Erwerbsminderungen die beste Lösung darstellte. Diese Haltung lässt sich nicht zuletzt daraus erklären, dass die SED-Führung keinen offenen Widerstand dagegen erwarten musste. Denn während in den Westzonen bei der Einführung eines Einstellungssolls auf die Arbeitgeber Rücksicht genommen wurde, konnte es sich die SED-Führung aufgrund des zentralistischen Herrschaftsprinzips und des planwirtschaftlichen Systems leisten, Betriebe, die entweder verstaatlicht oder als Privatbetriebe repressiv behandelt wurden, mit entsprechenden Auflagen zu versehen. Das sozialistische System war hier auf den ersten Blick klar im Vorteil.

Die Dominanz des Faktors »Arbeit« bei Gesetzesinitiativen hat verschiedene Hintergründe. Der wohl wichtigste war die Bedeutung der Erwerbsarbeit in der DDR-Gesellschaft. Dies zeigt sich vor allem daran, dass die Sozialpolitik stark auf die Betriebe konzentriert war. Am Beispiel des EKO zeigt sich dies deutlich: Das EKO verfügte nicht nur über ein eigenes Gesundheitswesen für die Beschäftigten und versorgte sie mit Nahrungsmitteln, Wohnungen, Konsum- und betriebseigenen Gütern, sondern die Beschäftigten identifizierten sich auch mit »ihrem« Betrieb, da sie Urlaub oder Kuren in betriebseigenen Anlagen verbrachten, an durch den Betrieb organisierten Kultur- und Freizeitveranstaltungen teilnahmen und ihre Kinder in die Obhut der betriebseigenen Kinderbetreuungsstätten gaben. Die betriebliche Sozialpolitik wurde in der DDR zwar nicht neu erfunden, jedoch extensiv ausgebaut und die Mittel zur sozialen und kulturellen Betreuung durch den Staat zugeteilt. Ein großer Teil der Leistungen der Sozialversicherung wie Unfallrente oder Krankengeld wurde im Betrieb ausbezahlt, und Kranke, Invaliden und Unfallopfer wurden durch den Rat für Sozialversicherung betreut.

Weitere Gründe für die forcierte Integration in den Arbeitsprozess entsprangen neben der sozialistischen Ideologie in der DDR vor allem pragmatischen Erwägungen. So wurde mit allen Mitteln versucht, Gelder der Sozialversicherung einzusparen. Der Sparkurs der 1950er-Jahre zeigt dies anschaulich, ebenso wie Sonderpflegegeldregelungen in diesem Zeitraum, die nur die Lebenssituation eines sehr kleinen Teils der Betroffenen verbesserten. Selbst in der expansiven Sozialpolitik der 1970er-Jahre findet sich dieser Gedanke, gut erkennbar an den diskriminierenden Taschengeld-Regelungen für Pflegeheiminsassen mit einer geistigen Behinderung. Neben der chronischen Mittelknappheit der Sozialversicherung schuf der fortwährende Arbeitskräftemangel eine Notwendigkeit, jede verfügbare Arbeitskraft zu nutzen, und wenn es nur darum ging, mit dem Einsatz von Invalidenrentnern und Schwerbeschädigten andere Beschäftigte für wirtschaftspolitisch wichtigere Aufgaben und höher qualifizierte Bereiche »freizubekommen«. Ein Beleg dafür ist auch, dass die Ausbildungsberufe in den Rehabilitationszentren überwiegend auf die Notwendigkeiten der Wirtschaftspolitik ausgerichtet waren, allerdings im Laufe der Zeit immer mehr vernachlässigt wurden. Betroffene konnten daher nur eine Ausbildung in diesen Bereichen anstreben oder unqualifizierte Berufe wie Pförtner oder Lagerarbeiter ausüben. Neben diesen eher von wirtschaftlichen Notlagen dominierten Gründen erfüllte die Integration in den Arbeitsprozess eine sozialdisziplinierende Funktion und passte damit zu den Bemühungen der SED, die staatliche Kontrolle immer weiter auszuweiten und in alle Lebensbereiche einzudringen. Erwerbstätige waren dieser Kontrolle unmittelbar unterworfen, denn die Betriebe bildeten formal die kleinste Einheit des Staates. Im Betrieb kontrollierten und beobachteten gleich mehrere Gruppen die Beschäftigten: Die Mitarbeiter der Staatssicherheit, die SED-Betriebsparteileitung und die Sozialbevollmächtigten des

FDGB. Letztere dienten der Sozialversicherung vor allem zur Überprüfung und Disziplinierung jener Beschäftigten, die Leistungen wie Krankengeld in Anspruch nahmen. Dies zeigt sich im EKO deutlich, da sich Beschäftigte hier zunächst offen weigerten, im Rahmen eines solchen Ehrenamtes »Spionagedienste« zu übernehmen. Die Bemühungen des Staats- und Parteiapparates, die verhindern sollten, dass die Betroffenen »nicht auf der Straße hingen« und damit einen potenziellen Unruheherd darstellten, betrafen die gesamte Gesellschaft und können bei Menschen mit Erwerbsminderungen noch am ehesten als Unterstützungsmaßnahme verstanden werden, während bei anderen Gruppen, zum Beispiel den sogenannten »Asozialen«, Häftlingen, Jugendlichen oder Strafentlassenen, der Disziplinierungsaspekt deutlich im Vordergrund stand.

Gesetzliche Regelungen orientierten sich daneben auch an Entwicklungen im sozialistischen Ausland und in Westdeutschland und sollten der DDR zu Ansehen im internationalen Kontext verhelfen. Dies war insbesondere in Bezug auf die Verbesserung der Lebenslage von Menschen mit schweren geistigen und körperlichen Behinderungen Ende der 1960er- und Anfang der 1970er-Jahre der Fall. Die DDR versuchte, ihre mühsam aufgebauten Kontakte zu internationalen Gremien wie der ISRD zu nutzen, um dem Ziel einer internationalen Anerkennung näher zu kommen. In Bezug auf die Sowjetunion waren vor allem die Kontakte zu Polen und der Tschechoslowakei wichtig, die sich in den 1950er- und 1960er-Jahren durch gemeinsam durchgeführte Konferenzen festigten. Gleichzeitig musste die DDR bei gesetzlichen Regelungen immer die Systemkonkurrenz, vertreten durch die Bundesrepublik, im Visier behalten. Diese führte zahlreiche Neuerungen in der Renten- und Rehabilitationspolitik ein, auf die die DDR reagierte. Beispiele hierfür sind die stärkere Einbindung von Menschen mit Behinderungen in das gesellschaftliche Leben seit den 1970er-Jahren oder die Einführung einer flexiblen Altersgrenze, welche die DDR mit Regelungen zur verpflichtenden Weiterbeschäftigung von Altersrentnern zu kontern versuchte.

Berufliche Integration vor Ort: Das Eisenhüttenkombinat Ost

Die Akten der sozialpolitischen Akteure geben ein deutliches Zeugnis davon ab, dass viele Initiativen zur Verbesserung geplant wurden, die jedoch häufig das Fehlen konkreter Handlungen verdecken sollten. Doch wie genau funktionierte die Umsetzung und wo gab es deutliche Brüche zwischen Anspruch und Wirklichkeit gesetzlicher Initiativen?

Dies hing insbesondere davon ab, wer an der Umsetzung beteiligt war. Im Bereich der Rentenversicherung konnte die SED-Führung ihre Pläne ohne größeren Widerstand umsetzen. Der FDGB, an den die Sozialversicherung 1956 überführt worden war, führte seine Funktion als »Transmissionsriemen« aus, und aufgrund des Fehlens nennenswerter Interessenverbände war Protest letztlich nur von den Bürgern selbst zu erwarten. Nach dem Aufstand von 1953 versuchte die SED-Führung, ein öffentliches Aufbegehren tunlichst zu vermeiden und achtete daher penibel auf die Stimmung innerhalb der Bevölkerung, die sie unter anderem anhand von Eingaben prüfte und bei Entscheidungen immer mitberücksichtigte. So wurden allzu harte soziale Einschnitte häufig mit dem Hinweis auf die politischen Folgen abgelehnt.

Im Bereich des ärztlichen Begutachtungswesens gestaltete sich die Umsetzung gesetzlicher Regelungen schon schwieriger. Trotz oder gerade wegen der Verdrängung privater Ärzte, die erhebliche Engpässe zur Folge hatte, wurde die Begutachtung häufig nicht entsprechend den Vorstellungen der Sozialversicherung durchgeführt. Zudem hing das Ergebnis der Begutachtung von der fachlichen Meinung des einzelnen Arztes ab. Die nach sowjetischem Vorbild übernommenen Ärzteberatungskommissionen sollten hier zwar Abhilfe schaffen, dennoch gab es immer wieder Fälle, in denen Ärzte Betroffenen Invalidität bescheinigten, falls keine Arbeitsmöglichkeiten im Bezirk vorhanden waren oder dies für die Betroffenen eine finanzielle Verbesserung bedeutete.

Die größten Probleme im untersuchten Politikfeld bereitete jedoch die Umsetzung der staatlichen Vorgaben zur beruflichen Rehabilitation, die überwiegend in den Produktionsbetrieben erfolgen sollte. Schon bei der Verordnung von 1946 hatte sich Widerstand gegen das Einstellungssoll geregt, allerdings zunächst überwiegend von Seiten der Zentralverwaltungen. Nach dem Erlass des Gesetzes der Arbeit und der dazu erlassenen Durchführungsbestimmung 1951 wandten sich viele Betriebe mit Eingaben an das Ministerium für Arbeit. Ab den 1970er-Jahren gestaltete sich vor allem die Integration von Rehabilitanden auf geschützten Arbeitsplätzen und in geschützte Betriebsabteilungen immer schwieriger. So gelang es zwar im untersuchten Bezirk Frankfurt (Oder), die Zahl der geschützten Arbeitsplätze bis Ende der 1980er-Jahre auf über 2.000 zu erhöhen, jedoch genügten viele Arbeitsplätze den Ansprüchen nicht. Fraglich ist zudem, wie valide die Zahlen sind. Viele Betriebe gaben Arbeitsplätze als geschützte Arbeitsplätze aus, obwohl diese nicht oder nicht mehr mit Rehabilitanden besetzt waren. Im Bezirk Frankfurt (Oder) gab es zwar einige Betriebe, wie den VEB Statron, die vorbildlich geschützte Abteilungen und Einzelarbeitsplätze einrichteten. Bei diesen handelte es sich aber vor allem um kleinere bezirksgeleitete Betriebe der Konsumgüterindustrie und der Versorgungswirtschaft. Probleme bei der Integration bestanden im Bezirk Frankfurt (Oder) hingegen in der Land- und Forstwirtschaft sowie in der zentralgeleiteten Industrie. In keinem der sechs Großbetriebe des Bezirkes stellte die Zahl der geschützten Arbeitsplätze die örtlichen Stellen zufrieden. Am schlechtesten schnitten das Petrolchemische Kombinat (Schwedt) und das Eisenhüttenkombinat Ost ab.

Die Gründe für diese Unterschiede lagen zum einen an den in den Betrieben ausgeübten Tätigkeiten. Schon 1952 hatte sich Industrieminister Selbmann über das Einstellungssoll beschwert, da nur geringe Möglichkeiten bestanden, Schwerbeschädigte in der Grundstoffindustrie zu beschäftigen. Auch aus dem Bauwesen und der Land- und Forstwirtschaft kamen immer wieder Klagen, dass eine Integration von Invalidenrentnern aufgrund der Arbeitsbedingungen kaum möglich sei. Im EKO arbeiteten Anfang der 1970er-Jahre 63 Prozent der etwa 8.500 Beschäftigten unter erschwerten Bedingungen wie Lärm, Staub, Hitze oder im Schichtbetrieb. Daneben spielten barrierefreie Zugangsmöglichkeiten zu den Betrieben eine Rolle. Außerdem hatten die Bezirke nur wenig Einfluss auf die zentralgeleiteten Betriebe. Diese waren stark an ihrer Planerfüllung interessiert, da von dieser Prämienzahlungen, Ressourcenzuteilungen und weitere staatliche Zuwendungen abhängig waren, die zur Befriedung der Belegschaft und als Leistungsanreiz dringend benötigt wurden. Die Einstellung von Rehabilitanden bedeutete einen ökonomischen Nachteil, da diese als volle Arbeitskräfte abgerechnet werden sollten, obwohl sie meist weniger Leistung erbrachten.

Die mangelnde Bereitschaft vieler Betriebe, Rehabilitanden einzustellen, war zudem betriebsspezifischen Erwägungen geschuldet, die sich am Beispiel des EKO gut nachvollziehen lassen. Das EKO war das wichtigste Metallurgiekombinat der DDR. In den 1950er-Jahren mitsamt einer ganzen Stadt an der Oder errichtet, um sowjetisches Erz und polnische Kohle zu »deutschem Friedensstahl« zu verschmelzen, galt es lange Zeit als sozialistisches Prestigeobjekt und erfreute sich hoher staatlicher Zuteilungen. Obwohl man aufgrund dessen eine vorbildliche Umsetzung staatlicher Vorgaben erwarten könnte, war dies im EKO eben nicht der Fall. Mit etwa 200 Schwerbeschädigten im Werk erfüllte es das Einstellungssoll in den 1950er-Jahren nur zu etwa 3 Prozent. Auch die Vorgaben des Rates der Stadt zu den geschützten Arbeitsplätzen und zur Einrichtung einer geschützten Betriebsabteilung, für die das EKO lediglich einem anderen Betrieb eine Baracke zur Verfügung stellte, setzte es nicht um.

Zurückzuführen war dies vor allem auf innerbetriebliche Schwierigkeiten wie die wachsende Berufsunfähigkeit innerhalb der Stammbelegschaft, die sich in den 1970er-Jahren zum Problem ausweiten sollte und die Integration von Rehabilitanden blockierte. Daneben waren viele Beschäftigte nicht bereit, ihren gut bezahlten und mit Zuschlägen versehenen Arbeitsplatz gegen einen schlechter bezahlten einzutauschen. Zudem gingen mit der zunehmenden Technisierung Konzepte Hand in Hand, die für die Einstellung von Menschen mit Erwerbsminderungen, die häufig auf Arbeitsplätzen mit geringen Qualifikationsvoraussetzungen eingesetzt wurden, kontraproduktiv waren. Beispielsweise schränkten die zunehmenden Bestrebungen, durch Rationalisierungen Arbeitsplätze einzusparen und die Beschäftigten für andere Tätigkeiten freizusetzen, die Alternativen für berufsunfähige »Werktätige« und die Integration von Rehabilitanden immer weiter ein. Die Errichtung neuer Anlagen hatte den Druck zwar abfedern können, jedoch standen zu Beginn der 1970er-Jahre keine derartigen Projekte mehr auf dem Plan, sondern das EKO hatte politische Forderungen wie die forcierte Konsumgüterherstellung zu erfüllen, in der sich ebenfalls nur wenige Rehabilitanden einsetzen ließen. Zudem wurden im EKO Arbeitsplätze ohne schwere körperliche Arbeit oder Schichtarbeit gleich von mehreren Gruppen benötigt, die in den Arbeitsprozess integriert werden sollten. Dazu gehörten neben Menschen mit Erwerbsminderungen oder von Berufsunfähigkeit betroffenen Beschäftigten vor allem Frauen und Altersrentner. Im EKO konnte diese Problematik trotz verstärkter Bemühungen von Betriebsarzt, Rehabilitationskommission und Betriebsgewerkschaftsleitung bis zum Ende der 1980er-Jahre nicht gelöst werden. Und die Untersuchung der Bezirksebene ergibt, dass das EKO im Bezirk keine Ausnahme darstellte: Die Situation im Petrochemischen Kombinat in Schwedt war ähnlich.

Insgesamt zeigt sich, dass die Umsetzung zentraler Vorgaben sich nicht so einfach gestaltete, wie sich die Parteispitze und die staatlichen Stellen dies vorstellten. Vielmehr besaßen die Betriebe im zentral gelenkten System einen erheblichen Spielraum bei der Beschäftigungspolitik. Dies wird nicht nur an der Hortung von Ressourcen und Arbeitskräften deutlich, sondern auch an der Verweigerung, Rehabilitanden einzustellen und an daraus resultierenden Verschleppungs- und Verschleierungstaktiken.

Ressortinteressen und Konflikte innerhalb des Herrschaftsapparates

Die mangelnde Umsetzung gesetzlicher Vorgaben in Bezug auf die Rehabilitation zeigt nicht nur den Handlungsspielraum der Betriebe, sondern wirft auch die Frage nach Eigeninteressen der Akteure und daraus resultierenden Konflikten innerhalb des SED-Staates auf. Die Untersuchung hat ergeben, dass keinesfalls ein funktionierendes Ineinandergreifen staatlicher Strukturen zu verzeichnen ist, weder auf der Bezirksebene noch innerhalb des Staatsapparates. Vielmehr gab es handfeste Konflikte, die sich nicht lösen ließen und die deutlich machen, wie sehr jede Stelle darum bemüht war, ihre Position durchzusetzen. Zwar waren die einzelnen Stellen durch Vorgaben des Politbüros gebunden und wurden von den entsprechenden ZK-Abteilungen kontrolliert, und auch innerhalb der Abteilungen gab es ein klares Machtgefüge. Konflikte und Kompetenzstreitigkeiten innerhalb des Staatsapparates waren jedoch an der Tagesordnung, und bestehende Spielräume und Machtpositionen wurden zur Durchsetzung eigener Interessen genutzt. Ein Beispiel hierfür ist die Einführung des Sonderpflegegeldes für Blinde 1959, das Helmut Pielasch aufgrund seiner Doppelposition als Vorsitzender des Allgemeinen Deutschen Blindenverbandes und Mitarbeiter im Ministerium für Gesundheitswesen durchsetzen konnte. Ein anderes Beispiel ist die Verankerung der Rehabilitation in der Hauptabteilung Sozialwesen, die erhebliche Konflikte zwischen dieser und der Hauptabteilung Heilwesen sowie der Forschungsgruppe Rehabilitation auslöste.

Konflikte entzündeten sich vor allem zwischen den Stellen, die Gelder verwalteten und denen, die es ausgeben wollten. So kam es häufiger zum Konflikt zwischen den Ministerien für Arbeit und Gesundheitswesen auf der einen und dem Ministerium der Finanzen oder der Staatlichen Plankommission auf der anderen Seite. Gerade in der beruflichen Rehabilitation scheiterten Projekte oft, wenn sie etwas kosten sollten. Stattdessen verfolgten die zentralen Stellen hier eine Laissez-faire-Politik: Solange Projekte von angesehenen Medizinern initiiert und auf Kosten des Bezirkes oder der Stadt durchgeführt wurden, wurden diese nicht nur geduldet, sondern auch ihre Vorbildfunktion hervorgehoben. Die Präsentation von »Vorbildern« und positiver Beispiele war ein beliebtes Vorgehen, um Probleme an anderer Stelle zu verschleiern. Sobald jedoch höhere Kosten anfielen, schreckten die zentralen Stellen zurück, und Alternativen mussten gefunden werden. Vorgeschlagene Planstellen für Rehabilitation in den Abteilungen Gesundheits- und Sozialwesen der Räte der Bezirke und Kreise wurden beispielsweise Anfang der 1960er-Jahre aufgrund der angespannten Finanzlage und der Arbeitskräftesituation von der SPK abgelehnt. Stattdessen sollten Rehabilitationskommissionen beim Bezirk und Kreis gebildet werden, die deutlich weniger Geld kosteten, da bereits vorhandenes Personal mit zusätzlichen Aufgaben belastet wurde. Ein weiteres Beispiel ist das geplante Großprojekt einer Siedlung für Querschnittsgelähmte beim Halbleiterwerk Frankfurt (Oder), das aufgrund der hohen Kosten ebenfalls nicht gebaut wurde, obwohl daraus ein sozialistisches Prestigeprojekt hätte werden können.

Die von Rainer M. Lepsius konstatierten Eigenarten im Institutionengefüge der DDR zeigten sich bei den Akteuren im untersuchten Politikfeld deutlich. Durch das zentralistische Herrschaftsprinzip kam es häufig nicht zu einer Abstimmung einzelner Stellen, womit sich wirtschafts- und sozialpolitische Ziele gegenseitig blockierten. Das wohl wichtigste Beispiel im Bereich der beruflichen Rehabilitation ist der Konflikt zwischen der Staatlichen Plankommission und dem Ministerium für Gesundheitswesen über die Abrechnung von Rehabilitanden im Plan, die maßgeblich dafür verantwortlich war, dass die Betriebe sich weigerten, diese einzustellen. Obwohl eine entsprechende Regelung schon seit 1976 in Kraft war, konnten sich die beiden Stellen bis zuletzt nicht auf einen Kompromiss einigen.

Als Konsequenz dieser mangelnden Abstimmung zeigt sich, dass die Verantwortung für die Umsetzung häufig einfach auf die nächstunterste Ebene abgeschoben wurde, womit sich die Probleme jedoch nur verlagerten. Die Tendenz der zentralen Stellen, Verordnungen zu erlassen, ihre Umsetzung und die Kosten jedoch den Bezirken und Kreisen zu überlassen, sollte sich in den 1970er-Jahren noch verstärken. Mit dem Konzept der »territorialen Gemeinschaftsarbeit« mussten die örtlichen Organe und Betriebe noch stärker für eine Verbesserung der Arbeits- und Lebensbedingungen der Bevölkerung sorgen und hierfür Ressourcen innerhalb ihres Verantwortungsbereiches zur Verfügung stellen. Der Unwille, an diesem Herrschaftsprinzip etwas zu verändern, hat letztlich maßgeblich zum Zerfall der DDR beigetragen.

Ambivalenzen der Sozialpolitik für Menschen mit Erwerbsminderungen

Am Schluss bleibt die Frage nach der Relevanz des hier behandelten Themas für Forschung und Gegenwart. Thomas Lindenberger hat 2014 darauf hingewiesen, dass die DDR in der sozialhistorischen Forschung mittlerweile nicht nur als ein Fall europäischer Diktaturgeschichte, sondern als Variante moderner Sozialstaatlichkeit diskutiert werde.[1] Tatsächlich sind einige Konzepte, die in der DDR eine große Rolle spielten wie zum Beispiel die Polikliniken, heute wieder aufgelebt. Auch Jürgen Kocka warf 2003 die Frage auf, welche Schlussfolgerungen sich aus dem gescheiterten Sozialstaat DDR für die Debatte über den nötigen Umbau des Sozialstaates in Europa ergeben und wies darauf hin, dass es sich aus diesem Blickwinkel bei der Geschichte der DDR keinesfalls um die vielzitierte »Fußnote der Weltgeschichte« handele.[2]

Die DDR-Sozialpolitik für Menschen mit Erwerbsminderungen besaß im internationalen Vergleich durchaus moderne und innovative Elemente. Durch die berufliche Rehabilitation wurde der Kreis derjenigen, die einer Arbeit nachgingen und damit an den betrieblichen Sozialleistungen partizipierten, stark ausgeweitet und mit bestimmten Rechten versehen. Insbesondere die Regelungen zu den Schwerbeschädigten-Ausweisen, die vornehmlich dazu dienen sollten, erwerbstätigen Schwerbeschädigten einen Ausgleich gegenüber anderen »Werktätigen« zu schaffen, waren fortschrittlich, da sie soziale Vergünstigungen durch das Finalprinzip auf einen größeren Personenkreis ausweiteten, während etwa in der Bundesrepublik die Definition dieses Personenkreises bis 1974 an die Ursache der Beschädigung gebunden blieb. Eine berufliche Rehabilitation wurde zudem bewusst als Integration der Betroffenen in die Gesellschaft verstanden und trotz aller Schwierigkeiten gelang es, einen großen Teil von Menschen mit Erwerbsminderungen in den Arbeitsprozess und damit auch in das betriebliche soziale Leben zu integrieren. Die betriebliche Integration bedeutete eine unmittelbare Partizipation an Sozialleistungen, wie Kuren, betriebseigenen Ferien- und Kindertagesstättenplätzen, regelmäßigen ärztlichen Untersuchungen, sowie der Möglichkeit zur Teilnahme an kulturellen Veranstaltungen und Ausflügen. Zudem zeigt sich am Beispiel des EKO, dass eine Invalidität nicht den endgültigen Ausstieg aus dem ausgeübten Beruf bedeutete, sondern aus dem Betrieb ausgeschiedene Invalidenrentner erhielten eine Bescheinigung über ein ruhendes Arbeitsverhältnis, mit der sich ein Wiedereinstieg in den Beruf zumindest in der Theorie unproblematisch gestaltete. Trotz aller Schwierigkeiten gelang es, einem großen Teil der Betroffenen einen Arbeitsplatz zu vermitteln. Nach Aussage

1 Siehe Lindenberger, Ist die DDR ausgeforscht?, S. 30.
2 Jürgen Kocka: Der Blick über den Tellerrand fehlt, in: Frankfurter Rundschau vom 22. 8. 2003.

des Ministeriums für Arbeit und Berufsausbildung war das Schwerbeschädigten-Einstellungssoll Ende der 1950er-Jahre zu 7,5 Prozent erfüllt. Das MfG berichtete 1990 sogar von einer vollen Erfüllung des Einstellungssolls.

Diese Erfolge sind jedoch auf mehrere Faktoren zurückzuführen, die nicht nur positiv einzuschätzen sind. Die Aussage Günter de Bruyns, dass sich »das viel berufene Erhaltenswerte aus den Hinterlassenschaften der DDR« letztlich nur »als die Kehrseite des Verdammenswerten« erweise, mag vielleicht etwas überspitzt sein, trifft aber in Ansätzen auf die Sozialpolitik zu.[3] Denn eine Kehrseite der mit Einschränkungen erfolgreichen beruflichen Integration waren die niedrigen Rentenleistungen bei Alter und Invalidität, die für den Einzelnen einen hohen Anreiz, wenn nicht sogar einen Zwang zur Arbeitsaufnahme schufen. Rentner waren in der DDR deutlich schlechter gestellt als in der Bundesrepublik, trotz ihrer Versorgung über die Betriebe nach dem Ausscheiden aus dem Erwerbsleben im Rahmen der Veteranenbetreuung und trotz niedrigerer Lebenshaltungskosten aufgrund staatlicher Subventionen. Zwar kam es zu Rentenerhöhungen und einzelnen Verbesserungen, wie Sonderpflegegeldern und der Aufnahme von Menschen mit Behinderungen in die Invalidenrentengesetzgebung. Die SED-Führung änderte jedoch die Grundlagen des Rentensystems nicht – trotz Forderungen aus der Bevölkerung und einzelner Akteure im Staatsapparat.

Invalidenrentner, Pflegebedürftige und besonders erwerbsunfähige Witwen, deren durchschnittliche Renten am niedrigsten waren, gehörten zu den Verlierern der sozialen Sicherung in der DDR. Innerhalb dieser Gruppe gab es jedoch Abstufungen. Frauen waren besonders benachteiligt, da ihnen Pflege- und Kindererziehungszeiten lange Zeit nicht anerkannt wurden. Sie bildeten den Großteil der Mindestrentenempfänger. Klar im Vorteil waren Rentner, die neben ihrer Rente noch arbeiten konnten. Allerdings schränkte die restriktive Regelung des Lohndrittels bei den Invalidenrenten, welches von Experten regelmäßig als Hemmschuh für eine umfassende Rehabilitation angeprangert wurde, die Möglichkeit einer echten Verbesserung des Lebensstandards stark ein. Gleichzeitig galt die Maxime einer umfassenden Integration ins Arbeitsleben auch für sensible Bereiche, wie das ärztliche Begutachtungswesen, das damit nicht mehr neutral sein konnte, sondern darauf abzielte, Kranke und Invalidenrentner möglichst schnell wieder als arbeitsfähig zu deklarieren. Bezeichnend sind entsprechende Ad-hoc-Maßnahmen, um die Zahlen zu verbessern: Die Betroffenen wurden vorgeladen, begutachtet und ihnen die Aufnahme einer Tätigkeit nahe gelegt. Zwar wurde von den entscheidenden Stellen

3 Günter de Bruyn: Berlin und die Mark, FAZ, 28.12.1991, zitiert nach: Hans Günter Hockerts: Der deutsche Sozialstaat. Entfaltung und Gefährdung seit 1945 (= Kritische Studien zur Geschichtswissenschaft, Bd. 199), Göttingen 2011, S. 266.

der freiwillige Charakter einer Arbeitsaufnahme immer wieder betont, dies bleibt jedoch mit Blick auf die Zielstellung eher fraglich. Vor allem der Sparkurs zu Beginn der 1950er-Jahre macht deutlich, dass auch dieser Bereich für politische Zwecke leicht missbraucht werden konnte.

In engem Zusammenhang mit dem ärztlichen Begutachtungswesen steht die fehlende Möglichkeit, gegen Entscheidungen der Ärztekommissionen gerichtlich vorzugehen. Betroffene konnten die Leistungen der Sozialversicherung nicht einklagen, sondern hatten lediglich die Möglichkeit, vor der zuständigen Kreisbeschwerdekommission Einspruch zu erheben. Beschied diese den Einspruch abschlägig, blieb nur noch die Möglichkeit, vor der nächsthöheren Instanz, der Bezirksbeschwerdekommission, eine Beschwerde einzureichen. Das Urteil der Bezirksbeschwerdekommissionen war endgültig. Danach konnten die Betroffenen nur noch Eingaben schreiben. Aus Dokumenten der Sozialversicherung geht hervor, dass Entscheidungen auf dem Rentengebiet lange Zeit zu den »Dauerbrennern« bei den Beschwerden zählten.

Damit entschied Erwerbsfähigkeit über gesellschaftliche Teilhabe und die Partizipation an sozialen Leistungen, die über ein geringes Grundniveau hinausgingen. Selbst in der Rentenpolitik markierte diese – neben der Zugehörigkeit zu besonders umworbenen oder protegierten Berufsgruppen – die Grenze zwischen besser und schlechter gestellten Invalidenrentnern. Dies höhlte das System der sozialen Sicherung zunehmend aus und galt noch in viel größerem Maße für die ausgeweitete betriebliche Sozialpolitik, deren Leistungen eben all jenen verwehrt blieben, die nicht in den Arbeitsprozess integriert waren. Hierbei handelte es sich zwar nur um einen kleinen Teil der DDR-Gesellschaft; im System der sozialen Sicherung war er jedoch umso schlechter gestellt und blieb aus der Gesellschaft ausgeschlossen. Selbstbestimmung war nicht möglich, stattdessen blieben die Betroffenen auf die Gnade des Staates angewiesen, der seine Sozialleistungen überwiegend an die arbeitende Bevölkerung ausschüttete. Hans Günter Hockerts hat zu Recht darauf hingewiesen, dass sich durch die extensive betriebliche Sozialpolitik in der DDR die Bedeutung der kommunalen und verbandlichen Sozialpolitik – mit Ausnahme des Engagements der Kirchen – stark verminderte.[4] Dies war ebenfalls ein Grund dafür, dass erwerbsunfähige Menschen, die nicht in Betrieben untergebracht werden konnten, von Sozialleistungen und einer angemessenen sozialen Betreuung weitgehend ausgeschlossen blieben. War eine Integration in den Arbeitsprozess nicht oder nicht mehr möglich, »vergaß« der SED-Staat diese Bürger. Hiervon waren vor allem Pflegebedürftige in dramatischer Weise betroffen. Weder gab es für sie genug Pflegeheimplätze, noch stand eine soziale Infrastruktur in Form ambulanter Pflegedienste zur Verfügung. Die Betreuung von Pflegebedürftigen fiel damit vor allem engagier-

4 Hockerts, Grundlinien und soziale Folgen der Sozialpolitik, S. 535.

ten Einzelpersonen im staatlichen Gesundheits- und Sozialwesen, Ehrenamtlichen in der Volkssolidarität und insbesondere den Kirchen zu.

Vor diesem Hintergrund kann man von der DDR nur mit Einschränkungen als Sozial- oder Wohlfahrtsstaat sprechen, etwa wie Konrad Jarausch von einem »radikalisierten Wohlfahrtsstaat«[5] oder Dierk Hoffmann und Michael Schwartz von einem »diktatorischen Wohlfahrtsstaat«.[6] Denn wie Ingeborg Nahnsen treffend formuliert hat, geht es in einer freiheitlichen Sozialpolitik vor allem um die Art und die rechtliche Ausgestaltung des Anspruchs, der den Einzelnen von der Willkür eines anderen frei macht, auch wenn es sich bei dieser um eine fürsorgliche Zuwendung handelt.[7] Zwar war in Bezug auf die Renten in der DDR überwiegend ein Rechtsanspruch gegeben – sieht man von Einschränkungen wie im Rahmen des Sparkurses ab – im Bereich der Rehabilitation scheiterten jedoch alle Initiativen, ein einheitliches Rehabilitationsgesetz einzuführen, mit dem für die Betroffenen auch ein Anspruch entstanden wäre, aus Angst vor weiteren politischen Forderungen und finanziellen Folgen.

5 Jarausch, Realer Sozialismus, S. 42.

6 Dierk Hoffmann/Michael Schwartz: Einleitung, in: Dies. (Hrsg.): Sozialstaatlichkeit in der DDR, S. 2.

7 Ingeborg Nahnsen: Gegen einen verengten Sozialstaatsbegriff, in: spw – Zeitschrift für sozialistische Politik und Wirtschaft 80 (1994), S. 36–39, hier S. 37 f.

Anhang

Abkürzungen

AbR	Abteilung für berufliche Rehabilitation
Abt.	Abteilung
ACDP	Archiv für Christlich-Demokratische Politik
ADBV	Allgemeiner Deutscher Blindenverband
ADGV	Allgemeiner Deutscher Gehörlosenverband
ÄBW	Ärztliches Begutachtungswesen
ÄBK	Ärzteberatungskommission
AGB	Arbeitsgesetzbuch (1977)
AGL	Abteilungsgewerkschaftsleitung
AO	Anordnung
APuZ	Aus Politik und Zeitgeschichte
ASANI	Arbeitssanitätsinspektion
AuS	Arbeit und Sozialfürsorge
BArch	Bundesarchiv
BGL	Betriebsgewerkschaftsleitung
BIG	Bezirksinspektion Gesundheitsschutz in den Betrieben
BKE	Bandstahlkombinat »Hermann Matern« Eisenhüttenstadt (ab 1969)
BKV	Betriebskollektivvertrag
BLHA	Brandenburgisches Landeshauptarchiv
BSV	Blinden- und Sehschwachenverband
CDU	Christlich Demokratische Union
DAL	Direktor für Arbeits- und Lebensbedingungen
DDR	Deutsche Demokratische Republik
DKB	Direktor für Kader und Bildung
DRK	Deutsches Rotes Kreuz
DVA	Deutsche Versicherungsanstalt
DVAS	Deutsche Verwaltung für Arbeit und Sozialfürsorge
DZB	Deutsche Zentralbücherei für Blinde
DZVG	Deutsche Zentralverwaltung für das Gesundheitswesen
EKO	VEB Eisenhüttenkombinat Ost (bis 1953 und ab 1961)
EKS	VEB Eisenhüttenkombinat J. W. Stalin (von 1953 bis 1961)
EMK	Erzbergbau, Metallurgie und Kali
FDGB	Freier Deutscher Gewerkschaftsbund
FDJ	Freie Deutsche Jugend
FZR	Freiwillige Zusatzrentenversicherung
GBA	Gesetzbuch der Arbeit (1961)
GBl.	Gesetzblatt

GdA	Gesetz der Arbeit (1950)
GfR	Gesellschaft für Rehabilitation
GuG	Geschichte und Gesellschaft
H.	Heft
HO	Handelsorganisation
HVAS	Hauptverwaltung Arbeit und Sozialfürsorge
ISRD	International Society for Rehabilitation of the Disabled
IYDP	International Year of Disabled Persons
Jg.	Jahrgang
KPD	Kommunistische Partei Deutschlands
L-ÄBK	Ärzteberatungskommissionen für langfristig erkrankte Werktätige
LPG	Landwirtschaftliche Produktionsgenossenschaft
MdE	Minderung der Erwerbsfähigkeit
MdF	Ministerium der Finanzen
MDN	Mark der Deutschen Notenbank
MfA	Ministerium für Arbeit
MfAB	Ministerium für Arbeit und Berufsausbildung
MfG	Ministerium für Gesundheitswesen
PB	Politbüro
RdB	Rat des Bezirkes
REW	Roheisenwerk
RGW	Rat für gegenseitige Wirtschaftshilfe
RI	Rehabilitation International
RM	Reichsmark
RSFSR	Russische Sozialistische Föderative Sowjetrepublik
RZ	Rehabilitationszentrum
SAG	Sowjetische Aktiengesellschaft
SAPK	Standard-Arbeitsplatzkarte
SAPMO	Stiftung Archiv der Parteien und Massenorganisationen der DDR im Bundesarchiv
SBZ	Sowjetische Besatzungszone
SED	Sozialistische Einheitspartei Deutschlands
SMAD	Sowjetische Militäradministration in Deutschland
STAL	Staatssekretariat für Arbeit und Löhne
SPD	Sozialdemokratische Partei Deutschlands
SPK	Staatliche Plankommission
UdSSR	Union der Sozialistischen Sowjetrepubliken
VAB	Versicherungsanstalt Berlin
VbE	Vollbeschäftigungseinheit
VdN	Verfolgter des Naziregimes
VEB	Volkseigener Betrieb
VO	Verordnung
VSV	Verordnung über die Sozialpflichtversicherung
VVB	Vereinigung Volkseigener Betriebe
ZBGL	Zentrale Betriebsgewerkschaftsleitung
ZK	Zentralkomitee der SED
ZPKK	Zentrale Parteikontrollkommission der SED
ZVAS	Zentralverwaltung für Arbeit und Sozialfürsorge
ZVOBl.	Zentralverordnungsblatt

Quellen- und Literaturverzeichnis

Ungedruckte Quellen

Archiv für Christlich-Demokratische Politik

Zentrales Parteiarchiv Ost-CDU:	
Sekretariat des Hauptvorstandes	07-011
Hauptvorstand und Präsidium	07-010

Bundesarchiv (BArch)

Ministerium für Gesundheitswesen	DQ 1
Ministerium für Arbeit und Berufsausbildung	DQ 2
Staatssekretariat für Arbeit und Löhne	DQ 3
Ministerium der Finanzen	DN 1
Ministerrat	DC 20
Sitzungen und Beschlüsse des Ministerrates	DC 20-I/3
Plenum des Ministerrates	DC 20-I/4
Staatliche Plankommission	DE 1

Stiftung Archiv der Parteien und Massenorganisationen der DDR im Bundesarchiv (SAPMO-BArch)

Sozialistische Einheitspartei Deutschlands	DY 30
Protokolle des Zentralsekretariats	DY 30/J IV 2
Protokolle des Politbüros	DY 30/IV 2
Sekretariat Günter Mittag	DY 3023
Zentrale Parteikontrollkommission	DY 30/IV 2/4
ZK-Abteilung Gewerkschaften und Sozialpolitik	DY 30/IV (A) 2/6.11
ZK-Abteilung Gesundheitspolitik	DY 30/IV (A) 2/19
Freier Deutscher Gewerkschaftsbund (FDGB)	DY 34
Nachlass Käthe Kern	NY 4145

Brandenburgisches Landeshauptarchiv (BLHA)

SED-Bezirksleitung Frankfurt (Oder)	Rep. 730
Bezirkstag und Rat des Bezirkes Frankfurt (Oder)	Rep. 601
FDGB-Bezirksvorstand	Rep. 747
FDGB-Kreisvorstand Eisenhüttenstadt	Rep. 748

Stadtarchiv Eisenhüttenstadt (StA)

Nachlass Manfred Schieche
Nachlass Eduard Weigl
Rat der Stadt

Unternehmensarchiv Arcelor Mittal GmbH (UA EKO)

Einheitsbestand des VEB Eisenhüttenkombinat Ost (UA EKO A)
Betriebsgewerkschaftsleitung des VEB Eisenhüttenkombinat Ost (UA EKO BGL)

Gedruckte Quellen

Bleckwenn, H./Presber, Wolfgang: Das Berliner Rehabilitationsprogramm im Jahre 1959/60, Sonderdruck aus: Das Deutsche Gesundheitswesen, 16. Jg. (1961), H. 11, S. 493–503.

Gesetzblatt (GBl.) der Deutschen Demokratischen Republik I.

Gesetzblatt (GBl.) der Deutschen Demokratischen Republik II.

Katzenstein, Ulrike/Presber, Wolfgang: Probleme und Perspektiven der Arbeitstherapie in der DDR, in: Sonderdruck aus: Das Deutsche Gesundheitswesen, 16. Jg. (1961), H. 31, S. 1449–1455.

Lindenberg, Wladimir: Fehlbeurteilungen Hirnverletzter, in: Das Deutsche Gesundheitswesen, 5. Jg. (1947), H. 7, S. 1–4.

Lüdtke, Alf (Hrsg.): Akten, Eingaben, Schaufenster – Die DDR und ihre Texte. Erkundungen zu Herrschaft und Alltag, Berlin 1997.

Mandel, Joachim: Schwerbeschädigte – betreut und gefördert (= Recht in unserer Zeit, Bd. 48), Berlin (Ost) 1984.

Manz, Günter/Winkler, Gunnar (Hrsg.): Sozialpolitik, Berlin (Ost) 1985.

Pielasch, Helmut: Maßnahmen der Regierung zur weiteren sozialen Sicherung der Blinden und anderer Schwerstbeschädigter, in: AuS, 14. Jg. (1959), S. 477 f.

Renker, Karlheinz: Die Wandlung der Rehabilitation in der sozialistischen Gesellschaft, in: Arbeit und Sozialfürsorge, 16. Jg. (1961), H. 15, S. 349 f.

Renker, Karlheinz/Weise, Richard: Die Rehabilitation im Gesetz. Zum Nachschlagen für den Arzt, den Bevollmächtigten der Sozialversicherung und andere mit Fragen der Rehabilitation Beschäftigte, Leipzig 1960.

Renker, Karlheinz: Bericht über die Arbeit der Forschungsgruppe Rehabilitation der Sektion Hygiene der medizinisch-wissenschaftlichen Gesellschaft für die gesamte Hygiene in der Deutschen Demokratischen Republik, in: Rehabilitation. Ausgewählte Vorträge aus einem Lehrgang mit internationaler Beteiligung vom 17.–20. Oktober 1960 (= Schriftenreihe der ärztlichen Fortbildung, Bd. 20). Berlin (Ost) 1962.

Schieche, Manfred: Die Entwicklung der Berufskrankheiten im Eisenhüttenkombinat Ost im Vergleich zur Bilanz der Berufskrankheitsentwicklung der DDR im Bereich des Ministeriums Erzbergbau, Metallurgie und Kali, in: Technische Informationen (Kombinatsaktiv der Kammer der Technik des VEB Bandstahlkombinats »Hermann Matern« Eisenhüttenstadt), 5. Jg. (1984), H. 3, S. 17–19.

Schieche, Manfred/Weise, H.: Wirbelsäulenveränderungen als Folge körperlich schwerer Arbeit bei Hüttenwerkern, in: Zeitschrift für ärztliche Fortbildung, 75. Jg. (1981), S. 821–824.

Schmack, O., Zahlung eines Sonderpflegegeldes an Schwerbeschädigte, in: Arbeit und Sozialfürsorge, 9. Jg. (1954), H. 2, S. 64 f.

Schneider, Erika: Untersuchungen zur langdauernden Arbeitsunfähigkeit von Werktätigen eines metallurgischen Betriebes, Dissertation, Berlin 1991.

Schwerbeschädigtenbetreuung und Rehabilitation. Rechtliche Bestimmungen und Arbeitsmaterialien, hrsg. vom Ministerium für Gesundheitswesen und von der Akademie für Ärztliche Fortbildung der DDR, 4. Aufl., Berlin 1987.

Tellkamp, Frank: Die Ärzteberatungskommissionen. Leistungsbeurteilung und Arbeitsfähigkeit, Berlin (Ost) 1983.

Verordnung über die Sozialpflichtversicherung vom 28. Januar 1947, in: Arbeit und Sozialfürsorge (AuS), 1947, S. 92–102.

Walther, Joachim: Das spezielle betriebliche Rehabilitationsverfahren zur Verhinderung der Frühinvalidität. Arbeitsökonomische Auswertung des »Rehabilitationsmodells Lichtenberg« (= Beiträge zum Betriebsgesundheitsschutz, Bd. 15), Berlin (Ost) 1967.

Zentralverordnungsblatt (ZVOBl.)

Literatur

Aldenhoff-Hübinger, Rita: Die Ausstrahlung der »Halbleiterpflaume«. Folgen einer Betriebsgründung in Frankfurt (Oder), in: Ludwig, Andreas (Hrsg.): Fortschritt, Norm und Eigensinn. Erkundungen im Alltag der DDR, Eisenhüttenstadt 1999, S. 39–52.

Amos, Heike: Politik und Organisation der SED-Zentrale 1949–1963. Struktur und Arbeitsweise von Politbüro, Sekretariat, Zentralkomitee und ZK-Apparat (= Diktatur und Widerstand, Bd. 4), Münster 2002.

Barsch, Sebastian: Bildung, Arbeit und geistige Behinderung in der DDR. Zwischen Anspruch und Wirklichkeit, in: Deutschland Archiv, 41. Jg. (2008), H. 3, 480–487.

Barsch, Sebastian: Geistig behinderte Menschen in der DDR. Erziehung – Bildung – Betreuung. (= Lehren und Lernen mit behinderten Menschen, Bd. 12), Oberhausen 2007.

Bauerkämper, Arnd: Die Sozialgeschichte der DDR (= Enzyklopädie Deutscher Geschichte, Bd. 76), München 2005.

Bauerkämper, Arnd: Lokale Netzwerke und Betriebe in der DDR, in: Schuhmann, Annette (Hrsg.): Vernetzte Improvisationen. Gesellschaftliche Systeme in Ostmitteleuropa und in der DDR (= Zeithistorische Studien, Bd. 42) Köln u. a. 2008, S. 179–192.

Becker, Klaus-Peter: Zur Geschichte der Gesellschaft für Rehabilitation in der Deutschen Demokratischen Republik, in: Deutsche Vereinigung für die Rehabilitation Behinderter (Hrsg.): Von der »Krüppelfürsorge« zur Rehabilitation von Menschen mit Behinderung – 90 Jahre Deutsche Vereinigung für die Rehabilitation Behinderter e. V., Heidelberg 1999, S. 47–60.

Becker, Klaus-Peter/Große, Klaus-Dietrich: 60 Jahre Pädagogik für Behinderte an der Humboldt-Universität zu Berlin. Ein geschichtlicher Abriss, Münster 2007.

Bergien, Rüdiger: Die DDR-Bezirke – Akteure zwischen Macht und Ohnmacht, 30.11.2012 Berlin, in: H-Soz-Kult, 15.01.2013, URL: http://www.hsozkult.de/conferencereport/id/tagungsberichte-4573 (16.7.2016).

Bispinck, Henrik u. a.: Die Zukunft der DDR-Geschichte. Potentiale und Probleme zeithistorischer Forschung, in: VfZ, 53. Jg. (2005), H. 4, S. 547–570.

Boldorf, Marcel: Eingliederung der Kriegsopfer und Schwerbeschädigten Ostdeutschlands in den Arbeitsprozeß, in: Buchheim, Christoph (Hrsg.): Wirtschaftliche Folgelasten des Krieges in der SBZ/DDR, Baden-Baden 1995, S. 403–415.

Boldorf, Marcel: Sozialfürsorge in der SBZ/DDR 1945–1953. Ursachen, Ausmaß und Bewältigung der Nachkriegsarmut, Stuttgart 1998.

Boldorf, Marcel: Die Verdrängung der Kriegsbeschädigtenproblematik in der SBZ/DDR, in: Erker, Paul (Hrsg.): Rechnung für Hitlers Krieg. Aspekte und Probleme des Lastenausgleichs, Heidelberg 2004, S. 235–247.

Boldorf, Marcel: Rehabilitation und Hilfen für Behinderte, in: Hoffmann, Dierk/Schwartz, Michael (Hrsg.): 1949–1961. Deutsche Demokratische Republik. Im Zeichen des Aufbaus des Sozialismus (= Geschichte der Sozialpolitik in Deutschland seit 1945, Bd. 8), Baden-Baden 2004, S. 453–475.

Boldorf, Marcel: Rehabilitation und Hilfen für Behinderte, in: Kleßmann, Christoph (Hrsg.): 1961–1971. Deutsche Demokratische Republik. Politische Stabilisierung und wirtschaftliche Mobilisierung (= Geschichte der Sozialpolitik in Deutschland seit 1945, Bd. 9), Baden-Baden 2006, S. 449–470.

Boldorf, Marcel/Wilczek, Annette: Internationale Sozialpolitik, in: Kleßmann, Christoph (Hrsg.): 1961–1971. Deutsche Demokratische Republik. Politische Stabilisierung und wirtschaftliche Mobilisierung (= Geschichte der Sozialpolitik in Deutschland seit 1945, Bd. 9), Baden-Baden 2006, S. 763–788.

Boldorf, Marcel: Rehabilitation und Hilfen für Behinderte in: Boyer, Christoph u. a. (Hrsg.): 1971–1989. Deutsche Demokratische Republik. Bewegung in der Sozialpolitik, Erstarrung und Niedergang (= Geschichte der Sozialpolitik in Deutschland seit 1945, Bd. 10), Baden-Baden 2008, S. 433–450.

Boldorf, Marcel: Sozialfürsorge, in: Boyer, Christoph u. a. (Hrsg.): 1971–1989. Deutsche Demokratische Republik. Bewegung in der Sozialpolitik, Erstarrung und Niedergang (= Geschichte der Sozialpolitik in Deutschland seit 1945, Bd. 10), Baden-Baden 2008, S. 451–469.

Boldorf, Marcel/Wilczek, Annette: Internationale Sozialpolitik, in: Boyer, Christoph u. a. (Hrsg.): 1971–1989. Deutsche Demokratische Republik. Bewegung in der Sozialpolitik, Erstarrung und Niedergang (= Geschichte der Sozialpolitik in Deutschland seit 1945, Bd. 10), Baden-Baden 2008, S. 739–763.

Bouvier, Beatrix, Die DDR – Ein Sozialstaat? Sozialpolitik in der Ära Honecker, Bonn 2002.

Bouvier, Beatrix: Sozialpolitik als Legitimationsfaktor? Die DDR seit den siebziger Jahren, in: Boll, Friedhelm/ Kruke, Anja (Hrsg.): Der Sozialstaat in der Krise. Deutschland im internationalen Vergleich (= Einzelveröffentlichungen aus dem Archiv für Sozialgeschichte, Bd. 1), Bonn 2008, S. 127–161.

Brandenburgische Gesellschaft für soziale Psychiatrie e. V.: Rodewischer Thesen, http://dgsp-brandenburg.de/sites/default/files/Rodewischer_Thesen.pdf (10.4.2014).

Bundesministerium für Arbeit und Soziales, Statistische Übersichten zur Sozialpolitik in Deutschland seit 1945 (Band SBZ/DDR), Verfasser André Steiner unter Mitarbeit von Matthias Judt und Thomas Reichel, Bonn 2006.

Burdumy, Alexander Bruce: Sozialpolitik und Repression in der DDR, Ost-Berlin 1971–1989, Essen 2013.

Butterwege, Christoph: Wohlfahrtsstaat im Wandel – Probleme und Perspektiven der Sozialpolitik, 3. Auflage, Opladen 2001.

Caldwell, Peter C.: Plan als Legitimationsmittel, Planung als Problem: Die DDR als Beispiel staatssozialistischer Modernität, in: Geschichte und Gesellschaft, 34. Jg. (2008), H. 3, S. 360–374.

Danyel, Jürgen: Die unbescholtene Macht. Zum antifaschistischen Selbstverständnis der ostdeutschen Eliten, in: Hübner, Peter (Hrsg.): Eliten im Sozialismus. Beiträge zur Sozialgeschichte der DDR (= Herrschaftsstrukturen und Erfahrungsdimensionen der DDR-Geschichte, Bd. 4), (= Zeithistorische Studien, Bd. 15), Köln 1999 S. 67–86.

Deich, Ingrid/Kothe, Wolfgang: Betriebliche Sozialeinrichtungen (= Beiträge zu den Berichten der Kommission für die Erforschung des sozialen und politischen Wandels in den neuen Bundesländern e. V., Bd. 6.9), Opladen 1997.

Diedrich, Torsten: Aufrüstungsvorbereitung und -finanzierung in der SBZ/DDR in den Jahren 1948–1953 und deren Rückwirkungen auf die Wirtschaft, in: Thoß, Bruno (Hrsg.): Volksarmee schaffen – ohne Geschrei! Studien zu den Anfängen einer »verdeckten Aufrüstung« in der SBZ/DDR 1947–1952 (= Beiträge zur Militärgeschichte, Bd. 51), München 1994, S. 273–336.

Semmelmann, Dagmar/Prengel, Gudrun/Krüger, Ursula: Eisenhüttenstädter Lesebuch, Bd. II (hrsg. i. A. der Geschichtswerkstatt Eisenhüttenstadt), Berlin 2004.

Eggenkämper, Barbara u. a.: Die Staatliche Versicherung der DDR. Von der Gründung bis zur Integration in die Allianz, München 2010.

Eckert, Rainer: Zur Rolle der Massenorganisationen im Alltag der DDR-Bevölkerung, in: Materialien der Enquete-Kommission »Aufarbeitung von Geschichte und Folgen der SED-Diktatur in Deutschland« (12. Wahlperiode des Deutschen Bundestages), hrsg. vom Deutschen Bundestag, Bd. II/2: Machtstrukturen und Entscheidungsmechanismen im SED-Staat und die Frage der Verantwortung, Baden-Baden u. a. 1995, S. 1243–1300.

FDGB-Lexikon. Funktion, Struktur, Kader und Entwicklung einer Massenorganisation der SED (1945–1990), hrsg. von Dowe, Dieter u. a., bearb. von Michael Kubina, Berlin 2009 (http://library.fes.de/FDGB-Lexikon/Stand: 14.9.2014).

Fischer, Erich: Geständnisse und Bekenntnisse, Schkeuditz 2002.

Frerich, Johannes/Frey, Martin: Handbuch der Geschichte der Sozialpolitik in Deutschland. Bd. 2: Sozialpolitik in der Deutschen Demokratischen Republik, München u. a. 1993.

Fullbrook, Mary: Ein ganz normales Leben. Alltag und Gesellschaft in der DDR, Darmstadt 2008.

Geißler, Rainer: Die Sozialstruktur Deutschlands. Ein Studienbuch zur Entwicklung im geteilten und vereinten Deutschland, Opladen 1992.

Gentner, Cortina: WohnWenden. Wohn- und Wendegeschichten aus Brandenburg (= Internationale Hochschulschriften, Bd. 497), Münster 2007.

Gerlach, Rüdiger: Betriebliche Sozialpolitik im historischen Systemvergleich. Das Volkswagenwerk und der VEB Sachsenring von den 1950er bis in die 1980er Jahre (= Vierteljahrschrift für Sozial- und Wirtschaftsgeschichte, Beihefte, Bd. 227), Stuttgart 2014.

Gitter, Wolfgang: Unfallversicherung, in: Wengst, Udo (Hrsg.): 1945–1949. Die Zeit der Besatzungszonen. Sozialpolitik zwischen Kriegsende und der Gründung zweier deutscher Staaten (= Geschichte der Sozialpolitik in Deutschland seit 1945, Bd. 2/1), Baden-Baden 2001, S. 529–588.

Gitter, Wolfgang: Unfallversicherung, in: Hoffmann, Dierk/Schwartz, Michael (Hrsg.): 1949–1961. Deutsche Demokratische Republik. Im Zeichen des Aufbaus des Sozialismus (= Geschichte der Sozialpolitik in Deutschland seit 1945, Bd. 8), Baden-Baden 2004, S. 435–452.

Gräfe, Silvia: Einleitung, Findbuch ZK-Abteilung Gesundheitspolitik 1949–1971, Online-Version: URL: http://www.argus.bstu.bundesarchiv.de/dy30agesund/index.htm (28.7.2016).

Gräßler, Florian: War die DDR totalitär? Eine vergleichende Untersuchung des Herrschaftssystems der DDR anhand der Totalitarismuskonzepte von Friedrich, Linz, Bracher und Kielmannsegg (= Extremismus und Demokratie, Bd. 30), Baden-Baden 2014.

Grünert, Holle/Karl, Astrid: Beschäftigungssystem und Arbeitsmarkt in der DDR, Opladen 1977.

Hajna, Karl Heinz: Länder – Bezirke – Länder. Zur Territorialstruktur im Osten Deutschlands 1945–1990, Frankfurt am Main 1995.

Helle, Matthias: Nachkriegsjahre in der Provinz. Der brandenburgische Landkreis Zauch-Belzig 1945–1952 (= Studien zur brandenburgischen und vergleichenden Landesgeschichte, Bd. 4), Berlin 2011.

Henrich, Rolf: Der vormundschaftliche Staat. Vom Versagen des real existierenden Sozialismus, Reinbek bei Hamburg 1989.

Herbst, Andreas u. a.: So funktionierte die DDR. Lexikon der Organisationen und Institutionen, Bd. 2, Reinbek bei Hamburg 1994.

Hockerts, Hans Günter: Sozialpolitische Entscheidungen im Nachkriegsdeutschland. Alliierte und deutsche Sozialversicherungspolitik 1945 bis 1957, Stuttgart 1980.

Hockerts, Hans Günter: Grundlinien und soziale Folgen der Sozialpolitik, in: Kaelble, Hartmut u. a. (Hrsg.): Sozialgeschichte der DDR, Stuttgart 1994, S. 519–546.

Hockerts, Hans Günter: Soziale Errungenschaften? Zum sozialpolitischen Legitimitätsanspruch der zweiten deutschen Diktatur, in: Kocka, Jürgen u. a. (Hrsg.): Von der Arbeiterbewegung zum modernen Sozialstaat. Festschrift für Gerhard A. Ritter zum 65. Geburtstag, München u. a. 1994, S. 790–804.

Hockerts, Hans Günter: Der deutsche Sozialstaat. Entfaltung und Gefährdung seit 1945 (= Kritische Studien zur Geschichtswissenschaft, Bd. 199), Göttingen 2011.

Hoffmann, Dierk: Sozialpolitische Neuordnung in der SBZ/DDR. Der Umbau der Sozialversicherung 1945–1956 (= Studien zur Zeitgeschichte, Bd. 47), München 1996.

Hoffmann, Dierk: Kontinuität und Wandel beim Aufbau der ostdeutschen Sozialversicherung 1945–1947, in: Mehringer, Hartmut u. a. (Hrsg.): Erobert oder befreit? Deutschland im internationalen Kräftefeld und die Sowjetische Besatzungszone (1945/46) (= Schriftenreihe der Vierteljahrshefte für Zeitgeschichte, Sondernummer), München 1998, S. 263–286.

Hoffmann, Dierk: Die Lenkung des Arbeitsmarktes in der SBZ/DDR 1945–1961. Phasen, Konzepte und Instrumente, in: Hübner, Peter/Tenfelde, Klaus (Hrsg.): Arbeiter in der SBZ/DDR, Bochum 1999, S. 41–80.

Hoffmann, Dierk: Sozialistische Rentenreform? Die Debatte über die Verbesserung der Altersversorgung in der DDR 1956/57, in: Fisch, Stefan/Haerendel, Ulrike (Hrsg.): Geschichte und Gegenwart der Rentenversicherung in Deutschland. Beiträge zur Entstehung, Entwicklung und vergleichenden Einordnung der Alterssicherung im Sozialstaat, Berlin 2000, S. 293–309.

Hoffmann, Dierk: Die Beseitigung der Arbeitslosigkeit in der DDR, in: Ders. u. a. (Hrsg.): Die DDR vor dem Mauerbau. Politik und Gesellschaft in der DDR der fünfziger Jahre (= Schriftenreihe der Vierteljahrshefte für Zeitgeschichte, Sondernummer), München 2003, S. 87–118.

Hoffmann, Dierk: Gemeinsame Fragen der Organisation und des Rechts der sozialen Leistungen, in: Ders./Schwartz, Michael (Hrsg.): 1949–1961. Deutsche Demokratische Republik. Im Zeichen des Aufbaus des Sozialismus (= Geschichte der Sozialpolitik in Deutschland seit 1945, Bd. 8), Baden-Baden 2004, S. 270–288.

Hoffmann, Dierk: Sicherung bei Alter, Invalidität und für Hinterbliebene, Sonderversorgungssysteme, in: Ders./Schwartz, Michael (Hrsg.): 1949–1961. Deutsche Demokratische Republik. Im Zeichen des Aufbaus des Sozialismus (= Geschichte der Sozialpolitik in Deutschland seit 1945, Bd. 8), Baden-Baden 2004, S. 347–385.

Hoffmann, Dierk: Lebensstandard, Alterssicherung und SED-Rentenpolitik. Zur sozialen und wirtschaftlichen Lage der Rentner in der DDR während der fünfziger Jahre, in: Deutschland Archiv, 38. Jg. (2005), H. 3, S. 461–473.

Hoffmann, Dierk: Leistungsprinzip und Versorgungsprinzip: Widersprüche der DDR-Arbeitsgesellschaft, in: Ders./Schwartz, Michael (Hrsg.): Sozialstaatlichkeit in der DDR. Sozialpolitische Entwicklungen im Spannungsfeld von Diktatur und Gesellschaft 1945/49–1989 (= Schriftenreihe der Vierteljahrshefte für Zeitgeschichte, Sondernummer), München 2005. S. 89–114.

Hoffmann, Dierk: Gemeinsame Fragen der Organisation und des Rechts der sozialen Leistungen, in: Kleßmann, Christoph (Hrsg.): 1961–1971. Deutsche Demokratische Republik. Politische Stabilisierung und wirtschaftliche Mobilisierung (= Geschichte der Sozialpolitik in Deutschland seit 1945, Bd. 9), Baden-Baden 2006, S. 301–322.

Hoffmann, Dierk: Sicherung bei Alter, Invalidität und für Hinterbliebene, Sonderversorgungssysteme, in: Kleßmann, Christoph (Hrsg.): 1961–1971. Deutsche Demokratische Republik. Politische Stabilisierung und wirtschaftliche Mobilisierung (= Geschichte der Sozialpolitik in Deutschland seit 1945, Bd. 9), Baden-Baden 2006, S. 327–375.

Hoffmann, Dierk: Sicherung bei Alter, Invalidität und für Hinterbliebene, Sonderversorgungssysteme, in: Boyer, Christoph u. a. (Hrsg.): 1971–1989. Deutsche Demokratische Republik. Bewegung in der Sozialpolitik, Erstarrung und Niedergang (= Geschichte der Sozialpolitik in Deutschland seit 1945, Bd. 10), Baden-Baden 2008, S. 327–361.

Hoffmann, Dierk: Am Rande der sozialistischen Arbeitsgesellschaft. Rentner in der DDR 1945–1990 (= Veröffentlichung der Landeszentrale für politische Bildung Thüringen), Erfurt 2010.

Hoffmann, Dierk: Von Ulbricht zu Honecker. Die Geschichte der DDR 1949–1989 (= Deutsche Geschichte im 20. Jahrhundert, Bd. 15), Berlin 2013.

Hoffmann, Dierk/Schwartz, Michael: Politische Rahmenbedingungen, in: Dies. (Hrsg.): 1949–1961. Deutsche Demokratische Republik. Im Zeichen des Aufbaus des Sozialismus (= Geschichte der Sozialpolitik in Deutschland seit 1945, Bd. 8), Baden-Baden 2004, S. 2–71.

Hoffmann, Dierk/Schwartz, Michael: Einleitung, in: Dies. (Hrsg.): Sozialstaatlichkeit in der DDR. Sozialpolitische Entwicklungen im Spannungsfeld von Diktatur und Gesellschaft 1945/49–1989 (= Schriftenreihe der Vierteljahrshefte für Zeitgeschichte, Sondernummer), München 2005, S. 1–10.

Hoffmann, Dierk/Krause, Peter: Gemeinsame Fragen der Organisation und des Rechts der sozialen Leistungen, in: Wengst, Udo (Hrsg.): 1945–1949. Die Zeit der Besatzungszonen. Sozialpolitik zwischen Kriegsende und der Gründung zweier deutscher Staaten (= Geschichte der Sozialpolitik in Deutschland seit 1945, Bd. 2/1), Baden-Baden 2001, S. 341–390.

Hoffmann, Elke: Das Alterssicherungssystem der DDR: Zur Geschichte der Rentengesetzgebung 1946–1990, Berlin 1995.

Horn, Andreas: Einleitung, Findbuch ZK-Abteilung Gewerkschaften und Sozialpolitik im ZK der SED, 1946–1962, Online-Version: URL: http://www.argus.bstu.bundesarchiv.de/dy30agewerk/index.htm (28.7.2016).

Hudemann, Rainer: Sozialpolitik im deutschen Südwesten zwischen Tradition und Neuordnung. Sozialversicherung und Kriegsopferversorgung im Rahmen französischer Besatzungspolitik (= Veröffentlichungen der Kommission des Landtages für die Geschichte des Landes Rheinland-Pfalz, Bd. 10), Mainz 1988.

Hudemann, Rainer: Kriegsopferpolitik nach den beiden Weltkriegen, in: Pohl, Hans: Staatliche, städtische, betriebliche und kirchliche Sozialpolitik vom Mittelalter bis zur Gegenwart: vom 28. März bis 1. April 1989 in Heidelberg (= Vierteljahrschrift für Sozial- und Wirtschaftsgeschichte, Beihefte Nr. 95), Stuttgart 1991, S. 269–294.

Peter Hübner: Konsens, Konflikt und Kompromiß. Soziale Arbeiterinteressen und Sozialpolitik in der SBZ/DDR 1945–1970 (= Zeithistorische Studien, Bd. 3), Berlin 1995.

Hübner, Peter: Arbeiterklasse als Inszenierung? Arbeiter und Gesellschaftspolitik in der SBZ/DDR, in: Bessel, Richard/Jessen, Ralph (Hrsg.): Die Grenzen der Diktatur. Staat und Gesellschaft in der DDR, Göttingen 1996, S. 199–223.

Hübner, Peter: Industrielle Manager in der SBZ/DDR. Sozial- und mentalitätengeschichtliche Aspekte, in: GuG, 24. Jg. (1998), H. 1, S. 55–80.

Hübner, Peter: Einleitung: Antielitäre Eliten?, in: Ders. (Hrsg.): Eliten im Sozialismus. Beiträge zur Sozialgeschichte der DDR (= Herrschaftsstrukturen und Erfahrungsdimensionen der DDR-Geschichte, Bd. 4), (= Zeithistorische Studien, Bd. 15), Köln 1999, S. 9–36.

Hübner, Peter: Der Betrieb als Ort der Sozialpolitik in der DDR, in: Boyer Christoph/Skyba, Peter (Hrsg.): Repression und Wohlstandsversprechen. Zur Stabilisierung von Herrschaft in der DDR und der ČSSR (= Berichte und Studien des Hannah-Arendt-Instituts, Bd. 20), Dresden 1999, S. 63–74.

Hübner, Peter: Betriebe als Träger der Sozialpolitik, betriebliche Sozialpolitik (SBZ), in: Wengst, Udo (Hrsg.): 1945–1949. Die Zeit der Besatzungszonen. Sozialpolitik zwischen Kriegsende und der Gründung zweier deutscher Staaten (= Geschichte der Sozialpolitik in Deutschland seit 1945, Bd. 2/1), Baden-Baden 2001, S. 920–943.

Hübner, Peter: Betriebe als Träger der Sozialpolitik, betriebliche Sozialpolitik, in: Hoffmann, Dierk/Schwartz, Michael (Hrsg.): 1949–1961. Deutsche Demokratische Republik. Im Zeichen des Aufbaus des Sozialismus (= Geschichte der Sozialpolitik in Deutschland seit 1945, Bd. 8), Baden-Baden 2004, S. 729–773.

Hübner, Peter: Reformen in der DDR der sechziger Jahre: Konsum- und Sozialpolitik, in: Boyer, Christoph (Hrsg.): Sozialistische Wirtschaftsreformen. Tschechoslowakei und DDR im Vergleich (= Das Europa der Diktatur, Bd. 11), Frankfurt am Main 2006, S. 501–542.

Hübner, Peter: Im Auftrag: Herbert Warnke an der Spitze des FDGB, in: Lauschke, Karl (Hrsg.): Die Gewerkschaftselite der Nachkriegszeit: Prägung – Funktion – Leitbilder (= Mitteilungsblatt des Instituts für soziale Bewegungen, H. 35), Bochum 2006, S. 101–120.

Hübner, Peter: Personale Netzwerke im lokalhistorischen Kontext, in: Schuhmann, Annette (Hrsg.): Vernetzte Improvisationen. Gesellschaftliche Subsysteme in Ostmitteleuropa und in der DDR (= Zeithistorische Studien, Bd. 42), Köln u. a. 2008, S.193–216.

Hübner, Peter: Arbeitsverfassung und Arbeitsrecht, in: Boyer, Christoph u. a. (Hrsg.): 1971–1989. Deutsche Demokratische Republik. Bewegung in der Sozialpolitik, Erstarrung und Niedergang (= Geschichte der Sozialpolitik in Deutschland seit 1945, Bd. 10), Baden-Baden 2008, S. 149–197.

Hübner, Peter/Hübner, Christa: Sozialismus als soziale Frage: Sozialpolitik in der DDR und Polen 1968–1976, Wien 2008.

Hübner, Peter: Arbeit, Arbeiter und Technik in der DDR 1971–1989. Zwischen Fordismus und digitaler Revolution (= Geschichte der Arbeiter und der Arbeiterbewegung in Deutschland seit dem Ende des 18. Jahrhunderts, Bd. 15), Bonn 2014.

Hübner, Ricarda: Die Rehabilitationspädagogik in der DDR. Zur Entwicklung einer Profession. Frankfurt am Main u. a. 2000.

Hürtgen, Renate: Entwicklung in der Stagnation? Oder: was ist so spannend am Betriebsalltag der 70er und 80er Jahre in der DDR?, in: Dies./Reichel, Thomas (Hrsg.): Der Schein der Stabilität. DDR-Betriebsalltag in der Ära Honecker, Berlin 2001, S. 11–34.

Hürtgen, Renate: Zwischen Disziplinierung und Partizipation. Vertrauensleute des FDGB im DDR-Betrieb, Köln 2005.

Jaedicke, Martin: Zur Geschichte des BSV – einige Thesen und Probleme, horus 2/1991 http://www.dvbs-online.de/horus/1991-2-1959.htm (23.4.2012).

Jajeśniak-Quast, Dagmara: Stahlgiganten in der sozialistischen Transformation. Nowa Huta in Krakau, EKO in Eisenhüttenstadt und Kunčice in Ostrava (= Studien zur Sozial- und Wirtschaftsgeschichte Ostmitteleuropas, Bd. 20), Wiesbaden 2010.

Jarausch, Konrad H.: Realer Sozialismus als Fürsorgediktatur, Zur begrifflichen Einordnung der DDR, in: Aus Politik und Zeitgeschichte (APuZ), 48. Jg. (1998), H. B 20, S. 33–46.

Jarausch, Konrad H.: Jenseits von Verdammung und Verklärung. Plädoyer für eine differenzierte DDR-Geschichte, in: Bensussan, Agnès u. a. (Hrsg.): Die Überlieferung der Diktaturen. Beiträge zum Umgang mit Archiven der Geheimpolizeien in Polen und Deutschland nach 1989, Essen 2004, S. 229–240.

Jesse, Eckhard: Alltag in der DDR, in: Kötzing, Andreas u. a.: (Hrsg.): Vergleich als Herausforderung. Festschrift zum 65. Geburtstag von Günther Heydemann (= Schriften des Hannah-Arendt-Instituts für Totalitarismusforschung, Bd. 57), Göttingen 2015, S. 217–228.

Jessen, Ralph: Diktatorische Herrschaft als kommunikative Praxis. Überlegungen zum Zusammenhang von »Bürokratie« und Sprachnormierung in der DDR-Geschichte, in: Lüdtke, Alf (Hrsg.): Akten, Eingaben, Schaufenster – Die DDR und ihre Texte. Erkundungen zu Herrschaft und Alltag, Berlin 1997, S. 57–78.

Jochheim, Kurt-Alphons u. a.: Rehabilitation und Hilfen für Behinderte, in: Wengst, Udo (Hrsg.): 1945–1949. Die Zeit der Besatzungszonen. Sozialpolitik zwischen Kriegsende und der Gründung zweier deutscher Staaten (= Geschichte der Sozialpolitik in Deutschland seit 1945, Bd. 2/1), Baden-Baden 2001, S. 561–595.

Judt, Matthias: »Nur für den Dienstgebrauch« – Arbeiten mit den Texten einer deutschen Diktatur, in: Lüdtke, Alf (Hrsg.): Akten, Eingaben, Schaufenster – Die DDR und ihre Texte. Erkundungen zu Herrschaft und Alltag, Berlin 1997, S. 29–38.

Kahlenberg, Friedrich P./Hoffmann, Dierk: Sozialpolitik als Aufgabe zentraler Verwaltungen in Deutschland – Ein verwaltungsgeschichtlicher Überblick, in: Bundesministerium für Arbeit und Sozialordnung und Bundesarchiv (Hrsg.): Geschichte der Sozialpolitik in Deutschland seit 1945, Bd. 1, Baden-Baden 2001, S. 103–182.

Kiechle, Oliver: Fritz Selbmann als Kommunist und SED-Funktionär. Individuelle Handlungsspielräume im System. Eine politische Biographie (= Düsseldorfer Historische Studien, Bd. 1), Düsseldorf 2013.

Kipp, Martin (Hrsg.): Die berufliche Rehabilitation Behinderter in der ehemaligen DDR. Erfahrungen aus einem studentischen Erkundungsprojekt an der Gesamthochschule Kassel (= Gesamthochschule Kassel-Universität, Berufs- und Wirtschaftspädagogik, Bd. 15), Kassel 1993.

Kleßmann, Christoph/Stöver, Bernd (Hrsg.): Der Korea-Krieg. Wahrnehmung, Wirkung, Erinnerung, Köln 2008.

Kocka, Jürgen: Die DDR – eine moderne Diktatur? Überlegungen zur Begriffswahl, in: Grüttner, Michael u. a. (Hrsg.): Geschichte und Emanzipation, Festschrift für Reinhard Rürüp, Frankfurt am Main 1999, S. 340–350.

Kocka, Jürgen: Der Blick über den Tellerrand fehlt, in: Frankfurter Rundschau vom 22.8.2003.

Kocka, Jürgen: Bilanz und Perspektiven der DDR-Forschung. Hermann Weber zum 75. Geburtstag, in: Deutschland-Archiv 6 (2003), H. 5, S. 764–769.

Köhler, Peter A.: Internationale Sozialpolitik, in: Hoffmann, Dierk/Schwartz, Michael (Hrsg.): 1949–1961. Deutsche Demokratische Republik. Im Zeichen des Aufbaus des Sozialismus (= Geschichte der Sozialpolitik in Deutschland seit 1945, Bd. 8), Baden-Baden 2004, S. 777–797.

Kohli, Martin: Die DDR als Arbeitsgesellschaft? Arbeit, Lebenslauf und soziale Differenzierung, in: Kaelble, Hartmut u. a. (Hrsg.): Sozialgeschichte der DDR, Stuttgart 1994, S. 31–61.

Korzilius, Sven: »Asoziale« und »Parasiten« im Recht der SBZ/DDR. Randgruppen im Sozialismus zwischen Repression und Ausgrenzung (= Arbeiten zur Geschichte des Rechts in der DDR, Bd. 4), Köln 2005.

Lepsius, M. Rainer: Die Institutionenordnung als Rahmenbedingung der Sozialgeschichte der DDR, in: Kaeble, Hartmut u. a. (Hrsg.): Sozialgeschichte der DDR, Stuttgart 1994, S. 17–30.

Linek, Jenny: Gesundheitsvorsorge in der DDR zwischen Propaganda und Praxis (= Medizin, Gesellschaft und Geschichte, Beiheft 59), Stuttgart 2016.

Lindenberger, Thomas: »Asoziale Lebensweise«. Herrschaftslegitimation, Sozialdisziplinierung und die Konstruktion eines »negativen Milieus« in der SED-Diktatur, in: Geschichte und Gesellschaft, 31. Jg. (2005), H. 2, S. 227–254.

Lindenberger, Thomas: Ist die DDR ausgeforscht? Phasen, Trends und ein optimistischer Ausblick, in: APuZ, 64. Jg. (2014), H. 24–26, S. 27–32.

Lohmann, Ulrich: Die Entwicklung des Sozialrechts in der DDR (= Beiträge zu den Berichten der Kommission für die Erforschung des sozialen und politischen Wandels in den neuen Bundesländern e. V. (KSBW), Beiträge zum Bericht 6 »Die Umwandlung der Arbeits- und Sozialordnung«, Bd. 6.6), Opladen 1996.

Lohmann, Ulrich. Das Arbeitsrecht der DDR, Analysen und Texte, Berlin 1997.

Malycha, Andreas/Winters, Peter Jochen: Die SED. Geschichte einer deutschen Partei, München 2009.

Malycha, Andreas: Ungeschminkte Wahrheiten. Ein vertrauliches Gespräch von Gerhard Schürer, Chefplaner der DDR, mit der Stasi über die Wirtschaftspolitik der SED im April 1978, in: VfZ, 59. Jg. (2011), H. 2, S. 283–305.

Mestrup, Heinz: Die Interessengemeinschaft »Territoriale Rationalisierung« in Jena. Offizielle Netzwerkstrukturen sowie Formen informellen Zusammenwirkens, in: Schuhmann, Annette

(Hrsg.): Vernetzte Improvisationen. Gesellschaftliche Subsysteme in Ostmitteleuropa und in der DDR (= Zeithistorische Studien, Bd. 42), Köln u. a. 2008, S. 77–102.

Mielke, Henning: Die Auflösung der Länder in der SBZ/DDR. Von der deutschen Selbstverwaltung zum sozialistisch-zentralistischen Einheitsstaat nach sowjetischem Modell 1945–1952 (= Beiträge zur Wirtschafts- und Sozialgeschichte, Bd. 66), Stuttgart 1995.

Mürner, Christian: Werktätige in geschützter Arbeit. Ein Überblick über 40 Jahre berufliche Rehabilitation in der DDR, herausgegeben von der Bundesarbeitsgemeinschaft Werkstätten für Behinderte e. V., Frankfurt am Main 2000.

Nahnsen, Ingeborg: Gegen einen verengten Sozialstaatsbegriff, in: spw – Zeitschrift für sozialistische Politik und Wirtschaft, 80. Jg. (1994), S. 36–39.

Niedbalski, Bernd: Deutsche Zentralverwaltungen und Deutsche Wirtschaftskommission (DWK). Ansätze zur zentralen Wirtschaftsplanung in der SBZ 1945–1948, in: VfZ, 33. Jg. (1985), H. 3, S. 456–477.

Niemann, Mario/Herbst, Andreas (Hrsg.): SED Kader: Die mittlere Ebene. Biografisches Lexikon der Sekretäre der Landes- und Bezirksleitungen, der Ministerpräsidenten und der Vorsitzenden der Räte der Bezirke 1946–1989, Paderborn 2010.

Olk, Thomas: Soziale Infrastruktur und soziale Dienste, in: Boyer, Christoph u. a. (Hrsg.): 1971–1989. Deutsche Demokratische Republik. Bewegung in der Sozialpolitik, Erstarrung und Niedergang (= Geschichte der Sozialpolitik in Deutschland seit 1945, Bd. 10), Baden-Baden 2008, S. 641–677.

Raphael, Lutz: Experten im Sozialstaat, in: Hockerts, Hans Günter (Hrsg.): Drei Wege deutscher Sozialstaatlichkeit. NS-Diktatur, Bundesrepublik und DDR im Vergleich (= Schriftenreihe der Vierteljahrshefte für Zeitgeschichte, Bd. 76), München 1998, S. 231–258.

Reichel, Thomas: Die »durchherrschte Arbeitsgesellschaft«. Zu den Herrschaftsstrukturen und Machtverhältnissen in DDR-Betrieben, in: Hürtgen, Renate/Reichel, Thomas (Hrsg.): Der Schein der Stabilität. DDR-Betriebsalltag in der Ära Honecker, Berlin 2001, S. 85–110.

Richardi, Reinhard/Thiel, Wera: Arbeitsverfassung und Arbeitsrecht, in: Wengst, Udo (Hrsg.): 1945–1949. Die Zeit der Besatzungszonen. Sozialpolitik zwischen Kriegsende und der Gründung zweier deutscher Staaten (= Geschichte der Sozialpolitik in Deutschland, Bd. 2/1), Baden-Baden 2001, S. 153–210.

Rickmers, Eva: Aufgaben und Struktur der Bezirkstage und Räte der Bezirke in der DDR 1952–1990/91 am Beispiel des Bezirkes Cottbus (= Quellen, Findbücher und Inventare des brandenburgischen Landeshauptarchivs, Bd. 22), Frankfurt am Main 2007.

Ritter, Gerhard A.: Thesen zur Sozialpolitik der DDR, in: Hoffmann, Dierk/Schwartz, Michael (Hrsg.): Sozialstaatlichkeit in der DDR. Sozialpolitische Entwicklungen im Spannungsfeld von Diktatur und Gesellschaft 1945/49–1989 (= Schriftenreihe der Vierteljahrshefte für Zeitgeschichte, Sondernummer), München 2005, S. 11–30.

Ritter, Gerhard A.: Der Sozialstaat, München 2010.

Roesler, Jörg: Arbeitskräftegewinnung und Arbeitskräftelenkung, in: Boyer, Christoph u. a. (Hrsg.): 1971–1989. Deutsche Demokratische Republik. Bewegung in der Sozialpolitik, Erstarrung und Niedergang (= Geschichte der Sozialpolitik in Deutschland seit 1945, Bd. 10), Baden-Baden 2008, S. 246–288.

Rudloff, Wilfried: Rehabilitation und Hilfen für Behinderte, in: Schulz, Günther (Hrsg.): Bundesrepublik Deutschland. 1949–1957: Bewältigung der Kriegsfolgen, Rückkehr zur sozialpolitischen Normalität (= Geschichte der Sozialpolitik in Deutschland seit 1945, Bd. 3), Baden-Baden 2006, S. 515–558.

Sattler, Friederike: Wirtschaftsordnung im Übergang. Politik, Organisation und Funktion der KPD/SED im Land Brandenburg bei der Etablierung der zentralen Planwirtschaft in der SBZ/DDR 1945–1952, Teil 1 (= Diktatur und Widerstand, Bd. 5), Münster 2002.

Schagen, Udo/Schleiermacher, Sabine: Gesundheitswesen und Sicherung bei Krankheit und im Pflegefall, in: Hoffmann, Dierk/Schwartz, Michael (Hrsg.): 1949–1961. Deutsche Demokratische Republik. Im Zeichen des Aufbaus des Sozialismus (= Geschichte der Sozialpolitik in Deutschland seit 1945, Bd. 8), Baden-Baden 2004, S. 390–431.

Scheller, Veit: Die regionale Staatsmacht. Der Rat des Bezirkes Chemnitz/Karl-Marx-Stadt 1952–1990. Eine Verwaltungsstudie (= Veröffentlichungen des sächsischen Staatsarchivs, Reihe A: Archivverzeichnisse, Editionen und Fachbeiträge, Bd. 12), Halle/Saale 2009.

Schieche, Manfred: Die Betriebspoliklinik des Eisenhüttenkombinat Ost vom 1. Mai 1952 bis 31. Dezember 1990, in: Heimatkalender 1996. Eisenhüttenstadt und Umgebung, S. 31–33.

Schleiermacher, Sabine: Rückkehr der Immigranten: Ihr Einfluss auf die Gestaltung des Gesundheitswesens in der SBZ/DDR, in: Dies./Pohl, Norman (Hrsg.): Medizin, Wissenschaft und Technik in der SBZ und DDR. Organisationsformen, Inhalte, Realitäten (= Abhandlungen zur Geschichte der Medizin und der Naturwissenschaften, H. 107), Husum 2009, S. 79–95.

Schmähl, Winfried, Sicherung bei Alter, Invalidität und für Hinterbliebene, in: Wengst, Udo (Hrsg.): 1945–1949. Die Zeit der Besatzungszonen. Sozialpolitik zwischen Kriegsende und der Gründung zweier deutscher Staaten (= Geschichte der Sozialpolitik in Deutschland seit 1945, Bd. 2/1), Baden-Baden 2001, S. 403–459.

Schmidt, Lutz (Hrsg.): Einblicke. 50 Jahre EKO Stahl, hrsg. v. d. EKO Stahl GmbH Eisenhüttenstadt, Eisenhüttenstadt 2000.

Manfred G. Schmidt: Sozialpolitik in Deutschland. Historische Entwicklung und internationaler Vergleich, 2. vollst. überarb. u. erw. Aufl., Opladen 1998.

Schröder, Klaus: Die DDR. Eine (spät-)totalitäre Gesellschaft, in: Wilke, Manfred (Hrsg.): Anatomie der Parteizentrale. Die KPD/SED auf dem Weg zur Macht (= Studien des Forschungsverbundes SED-Staat an der Freien Universität Berlin), Berlin 1998, S. 525–562.

Schwartz, Michael: SED-Sozialabbau und Bevölkerungsprotest. Strukturbedingungen und Eskalation des Konflikts zwischen SED-Regime und Schwerbeschädigten im Vorfeld des Juni-Aufstands von 1953, in: Bispinck, Henrik u. a. (Hrsg.): Aufstände im Ostblock. Zur Krisengeschichte des realen Sozialismus, Berlin 2004, S. 75–96.

Schwartz, Michael: Kriegsfolgelasten und »Aufbaugesellschaft«. Vertriebene, Bombengeschädigte und Kriegsbeschädigte in den langen fünfziger Jahren der DDR, in: Hoffmann, Dierk u. a. (Hrsg.): Die DDR vor dem Mauerbau. Politik und Gesellschaft in der DDR der fünfziger Jahre (= Schriftenreihe der Vierteljahrshefte für Zeitgeschichte, Sondernummer), München 2003, S. 165–189.

Schwartz, Michael: Flüchtlinge/Vertriebene, Evakuierte, Bombengeschädigte, Kriegsheimkehrer und Kriegsbeschädigte in der SBZ, in: Wengst, Udo (Hrsg.): 1945–1949. Die Zeit der Besatzungszonen. Sozialpolitik zwischen Kriegsende und der Gründung zweier deutscher Staaten (= Geschichte der Sozialpolitik in Deutschland seit 1945, Bd. 2/1), Baden-Baden 2001, S. 769–790.

Schwartz, Michael: Vertriebene, Evakuierte, Bombengeschädigte, Kriegsheimkehrer sowie Kriegsbeschädigte und Kriegshinterbliebene, in: Hoffmann, Dierk/Schwartz, Michael (Hrsg.): 1949–1961. Deutsche Demokratische Republik. Im Zeichen des Aufbaus des Sozialismus (= Geschichte der Sozialpolitik in Deutschland seit 1945, Bd. 8), Baden-Baden 2004, S. 592–641.

Schwartz, Michael: Vertriebene, Evakuierte, Bombengeschädigte, Kriegsheimkehrer sowie Kriegsbeschädigte und Kriegshinterbliebene, in: Kleßmann, Christoph (Hrsg.): 1961–1971. Deutsche Demokratische Republik. Politische Stabilisierung und wirtschaftliche Mobilisierung (= Geschichte der Sozialpolitik in Deutschland seit 1945, Bd. 9), Baden-Baden 2006, S. 611–624.

Schwartz, Michael: Vertriebene, Evakuierte, Bombengeschädigte, Kriegsheimkehrer sowie Kriegsbeschädigte und Kriegshinterbliebene, in: Boyer, Christoph u. a. (Hrsg.): 1971–1989. Deutsche

Demokratische Republik. Bewegung in der Sozialpolitik, Erstarrung und Niedergang (= Geschichte der Sozialpolitik in Deutschland seit 1945, Bd. 10), Baden-Baden 2008, S. 585–595.

Steger, Florian/Schochow, Maximilian: Disziplinierung durch Medizin. Die geschlossene Venerologische Station in der Poliklinik Mitte in Halle (Saale) 1961 bis 1982 (= Studienreihe der Landesbeauftragten für die Unterlagen des Staatssicherheitsdienstes der ehemaligen DDR in Sachsen-Anhalt, Sonderband), 3. Aufl., Halle (Saale) 2015.

Steger, Florian/Schochow, Maximilian: Traumatisierung durch politisierte Medizin. Geschlossene Venerologische Stationen in der DDR, Berlin 2016.

Steger u. a.: Vertuschter Skandal. Die kontaminierte Anti-D-Prophylaxe in der DDR 1978/1979 und ihre Folgen (= Studien der Landesbeauftragten für die Unterlagen des Staatssicherheitsdienstes der ehemaligen DDR in Sachsen-Anhalt, Sonderband), Halle (Saale) 2017.

Stiller, Pavel: Systeme der sozialen Sicherung in der UdSSR, Polen, DDR und der ČSSR. Unter besonderer Berücksichtigung der Behindertenversorgung (= Gegenwartsfragen der Ost-Wirtschaft, Bd. 11), München 1981.

Stiller, Pavel: Sozialpolitik in der UdSSR 1950–80. Eine Analyse der quantitativen und qualitativen Zusammenhänge (= Osteuropa und der internationale Kommunismus, Bd. 12), Baden-Baden 1983.

Schwitzer, Klaus-Peter: Behinderte in der DDR, in: Voigt, Dieter/Mertens, Lothar (Hrsg.): Minderheiten in und Übersiedler aus der DDR (= Schriftenreihe der Gesellschaft für Deutschlandforschung, Bd. 34), Berlin 1992, S. 129–140.

Skyba, Peter: Gesellschaftliche Strukturen und sozialpolitische Denk- und Handlungsfelder 1971–1981, in: Boyer, Christoph u. a. (Hrsg.): 1971–1989. Deutsche Demokratische Republik. Bewegung in der Sozialpolitik, Erstarrung und Niedergang (= Geschichte der Sozialpolitik in Deutschland seit 1945, Bd. 10), Baden-Baden 2008, S. 70–115.

Skyba, Peter: Die Sozialpolitik der Ära Honecker aus institutionentheoretischer Perspektive, in: Boyer, Christoph/Skyba, Peter (Hrsg.): Repression und Wohlstandsversprechen. Zur Stabilisierung von Herrschaft in der DDR und der ČSSR (= Berichte und Studien des Hannah-Arendt-Instituts, Bd. 20), Dresden 1999, S. 49–62.

Skyba, Peter: Sozialpolitik als Herrschaftssicherung. Entscheidungsprozesse und Folgen in der DDR der siebziger Jahre, in: Vollnhals, Clemens/Weber, Jürgen (Hrsg.): Der Schein der Normalität. Alltag und Herrschaft in der SED-Diktatur, München 2002, S. 39–80.

Spaar, Horst (Red.): Dokumentation zur Geschichte des Gesundheitswesens der DDR, Berlin 1996–2000.

Steiner, André: Betriebe im DDR-Wirtschaftssystem, in: Hürtgen, Renate/Reichel, Thomas (Hrsg.): Der Schein der Stabilität. DDR-Betriebsalltag in der Ära Honecker, Berlin 2001, S. 53–68.

Steiner, André: Von Plan zu Plan. Eine Wirtschaftsgeschichte der DDR, Berlin 2007.

Süß, Sonja: Politisch missbraucht? Psychiatrie und Staatssicherheit in der DDR (= Wissenschaftliche Reihe des Bundesbeauftragten für die Unterlagen des Staatssicherheitsdienstes der ehemaligen Deutschen Demokratischen Republik, Bd. 14), Berlin 1999.

Süß, Winfried: Gesundheitspolitik, in: Hockerts, Hans Günter (Hrsg.): Drei Wege deutscher Sozialstaatlichkeit. NS-Diktatur, Bundesrepublik und DDR im Vergleich (= Schriftenreihe der Vierteljahrshefte für Zeitgeschichte, Bd. 76), München 1998, S. 55–100.

The story of RI-Global, URL http://www.riglobal.com (23.8.2014).

Wanzeck, Markus: Revolte der Rentnerinnen, in: Die Zeit, 31.3.2011, Nr. 14.

Wasem, Jürgen u. a.: Gesundheitswesen und Sicherung bei Krankheit und im Pflegefall (SBZ), in: Wengst, Udo (Hrsg.): 1945–1949. Die Zeit der Besatzungszonen. Sozialpolitik zwischen Kriegsende und der Gründung zweier deutscher Staaten (= Geschichte der Sozialpolitik in Deutschland, Bd. 2/1), Baden-Baden 2001, S. 461–528.

Wasem, Jürgen u. a.: Gesundheitswesen und Sicherung bei Krankheit und im Pflegefall, in: Kleßmann, Christoph (Hrsg.): 1961–1971. Deutsche Demokratische Republik. Politische Stabilisierung und wirtschaftliche Mobilisierung (= Geschichte der Sozialpolitik in Deutschland seit 1945, Bd. 9), Baden-Baden 2006, S. 379–428.

Wasem, Jürgen u. a.: Gesundheitswesen und Sicherung bei Krankheit und im Pflegefall, in: Boyer, Christoph u. a. (Hrsg.): 1971–1989. Deutsche Demokratische Republik. Bewegung in der Sozialpolitik, Erstarrung und Niedergang (= Geschichte der Sozialpolitik in Deutschland seit 1945, Bd. 10), Baden-Baden 2008, S. 365–415.

Weil, Francesca: Der Betrieb als sozialer Raum zwischen Anpassung und Verweigerung, in: Timmermann, Heiner (Hrsg.): Die DDR – Erinnerungen an einen untergegangenen Staat (= Dokumente und Schriften der Europäischen Akademie Otzenhausen, Bd. 88), Berlin 1999, S. 307–340.

Weil, Francesca: Ärzte als inoffizielle Mitarbeiter des Ministeriums für Staatssicherheit in der DDR, in: Erices, Rainer/Frewer, Andreas (Hrsg.): Medizinethik in der DDR. Moralische und menschenrechtliche Fragen im Gesundheitswesen (= Geschichte und Philosophie der Medizin, Bd. 13), Stuttgart 2015, S. 29–58.

Welsh, Helga A.: Deutsche Zentralverwaltung für das Gesundheitswesen (DZVG), in: Broszat, Martin/Weber, Hermann (Hrsg.): SBZ-Handbuch, München 1990, S. 244–252.

Welti, Felix: Behinderung und Rehabilitation im sozialen Rechtsstaat. Freiheitsgleichheit und Teilhabe behinderter Menschen, Tübingen 2005.

Wengst, Udo: Sozialpolitische Denk- und Handlungsfelder, in: Ders. (Hrsg.): 1945–1949. Die Zeit der Besatzungszonen. Sozialpolitik zwischen Kriegsende und der Gründung zweier deutscher Staaten (= Geschichte der Sozialpolitik in Deutschland seit 1945, Bd. 2/1), Baden-Baden 2001, S. 79–149.

Wentker, Hermann: Die gesamtdeutsche Systemkonkurrenz und die durchlässige innerdeutsche Grenze. Herausforderung und Aktionsrahmen für die DDR in den fünfziger Jahren, in: Hoffmann, Dierk u. a. (Hrsg.): Die DDR vor dem Mauerbau. Politik und Gesellschaft in der DDR der fünfziger Jahre (= Schriftenreihe der Vierteljahrshefte für Zeitgeschichte, Sondernummer), München 2003, S. 59–76.

Werner, Birgit: Sonderpädagogik im Spannungsfeld zwischen Ideologie und Tradition. Zur Geschichte der Sonderpädagogik unter besonderer Berücksichtigung der Hilfsschulpädagogik in der SBZ und DDR zwischen 1945 und 1952, Hamburg 1999.

Werner, Oliver: Die »Demokratisierung des Verwaltungsapparates« als Beispiel administrativer Mobilisierung (1949–1961), in: Ders. (Hrsg.): Mobilisierung im Nationalsozialismus: Institutionen und Regionen in der Kriegswirtschaft und der Verwaltung des »Dritten Reiches« 1936–1945, Paderborn 2013, S. 303–323.

Wienhold, Lutz: Arbeitsschutz, in: Hoffmann, Dierk/Schwartz, Michael (Hrsg.): 1949–1961. Deutsche Demokratische Republik. Im Zeichen des Aufbaus des Sozialismus (= Geschichte der Sozialpolitik in Deutschland seit 1945, Bd. 8), Baden-Baden 2004, S. 201–249.

Wienhold, Lutz: Arbeitsschutz in der DDR. Kommunistische Durchdringung fachlicher Konzepte, Hamburg 2014.

Wierling, Dorothee: Amerikabilder in der DDR, in: Balbier, Uta A./Rösch, Christiane (Hrsg.): Umworbener Klassenfeind. Das Verhältnis der DDR zu den USA, Berlin 2006, S. 32–40.

Wierling, Dorothee: Die Jugend als innerer Feind, in: Kaelble, Hartmut u. a. (Hrsg.): Sozialgeschichte der DDR, Stuttgart 1994, S. 404–425.

Willing, Matthias: »Sozialistische Wohlfahrt«. Die staatliche Sozialfürsorge in der Sowjetischen Besatzungszone und der DDR (1945–1990) (= Beiträge zur Rechtsgeschichte des 20. Jahrhunderts, Bd. 59), Tübingen 2008.

Wolf, Birgit: Sprache in der DDR. Ein Wörterbuch, Berlin 2000.

Personenregister

Danksagung

Diesem Buch liegt eine Dissertation zugrunde, die im Wintersemester 2014/2015 von der Universität Potsdam angenommen und für die Druckfassung geringfügig überarbeitet wurde. Dass das Buch in seiner jetzigen Form entstehen konnte, verdanke ich auch denjenigen Menschen, die mich hierbei unterstützt haben. Besonderer Dank gilt meinem Doktorvater, Prof. Dr. Dierk Hoffmann, und seinem Kollegen und meinem Zweitgutachter Prof. Dr. Michael Schwartz. Beide haben die Arbeit nicht nur angeregt, sondern mir über Jahre hinweg mit ihrem fachlichen Rat hilfreich zur Seite gestanden und wertvolle Hinweise gegeben. Ich werde immer gern an die regen Diskussionen in der Berliner Abteilung des Instituts für Zeitgeschichte zurückdenken.

Dem Forschungsnetzwerk Alterssicherung (FNA) der Deutschen Rentenversicherung BUND danke ich für die finanzielle Förderung meiner Promotion, die es mir ermöglicht hat, mich ganz auf die Arbeit zu konzentrieren. Ferner möchte ich mich für die Möglichkeit bedanken, auf den jährlich stattfindenden Forschungskolloquien des FNA die Entwicklung meiner Dissertation vorzustellen. Die dortigen Diskussionen und der Austausch mit Wissenschaftlern anderer Disziplinen haben mich zu neuen Sichtweisen angeregt.

Bedanken möchte ich mich auch bei den Archivaren und Mitarbeitern der einzelnen Archive. Mein besonderer Dank gilt Norbert Otto vom Archiv der Arcelor-Mittal GmbH, der mir durch sein großes Engagement sehr weitergeholfen hat. Daneben bin ich auch Gabriele Urban vom Stadtarchiv Eisenhüttenstadt für ihre Hilfe bei der Suche von Archivalien dankbar. Sie und Herr Otto haben mir zudem ermöglicht, Gespräche mit ehemaligen Mitarbeitern des EKO zu führen, denen ich für ihre Gesprächsbereitschaft ebenfalls herzlich danken möchte.

Prof. Dr. Stefan Creuzberger und Dr. Fred Mrotzek von der Universität Rostock danke ich für die Aufnahme in die Reihe »Diktatur und Demokratie im 20. Jahrhundert« und Dr. Sabine Grabowski für die Redaktion des Bandes. Ihnen gilt zudem mein Dank für die hilfreichen Anmerkungen bei der Überarbeitung der Dissertation für die Publikation.

Schlussendlich danke ich meinen Freunden, die immer ein offenes Ohr für mich hatten und deren Unterstützung während dieser Zeit für mich sehr wertvoll war.

Die Autorin

Carolin Wiethoff, Dr. phil., geboren 1983 in Warstein, Magisterstudium der Neueren und Neuesten Geschichte, Osteuropäischen Geschichte und Volkskunde an der Westfälischen Wilhelms-Universität Münster. Promotion an der Universität Potsdam 2015. Die Dissertation wurde 2015 mit dem Forschungspreis des Forschungsnetzwerkes Alterssicherung der Deutschen Rentenversicherung BUND ausgezeichnet. Seit 2016 ist die Autorin wissenschaftliche Mitarbeiterin am Institut für Geschichte, Theorie und Ethik der Medizin der Universität Ulm.